海船船员适任考试培训教材
符合《海船船员培训大纲（2016版）》培训要求

船舶管理

(操作级)

张跃文　郭军武　主编
王松明　李福海　刘瑜　副主编
任德夫　主审

ⓒ 张跃文，郭军武 2021

图书在版编目(CIP)数据

船舶管理：操作级 / 张跃文，郭军武主编. — 大连：大连海事大学出版社；北京：人民交通出版社股份有限公司，2021.4(2021.9 重印)
海船船员适任考试培训教材
ISBN 978-7-5632-4152-1

Ⅰ.①船… Ⅱ.①张… ②郭… Ⅲ.①船舶管理—职业培训—教材 Ⅳ.①U692

中国版本图书馆 CIP 数据核字(2021)第 055369 号

大连海事大学出版社出版

地址：大连市凌海路1号　邮编：116026　电话：0411-84728394　传真：0411-84727996
http://press.dlmu.edu.cn　E-mail:dmupress@dlmu.edu.cn

大连金华光彩色印刷有限公司印装　　大连海事大学出版社发行

2021 年 4 月第 1 版　　　　　　　　　2021 年 9 月第 2 次印刷
幅面尺寸：184 mm×260 mm　　字数：897 千　　印张：35.25
责任编辑：宋彩霞　　　责任校对：陈青丽　刘宝龙　史云霞　孙笑鸣
封面设计：张爱妮　　　　　　　　　　版式设计：张爱妮

ISBN 978-7-5632-4152-1　　　定价：106.00 元

前　言

为有效履行《1978年海员培训、发证和值班标准国际公约》马尼拉修正案，进一步规范海船船员培训行为，提高培训质量，根据《中华人民共和国船员条例》《中华人民共和国船员培训管理规则》规定，交通运输部编制了《海船船员培训大纲（2016版）》，自2017年4月1日起施行[交通运输部办公厅关于发布《海船船员培训大纲（2016版）》的通知（交办海〔2017〕33号）]。

为了更好地指导帮助船员进行适任考试前的培训，进一步提高船员适任水平，大连海事大学出版社、人民交通出版社股份有限公司组织全国有丰富教学、培训经验和航海实际经验的专家共同编写了与《海船船员培训大纲（2016版）》相适应的"海船船员适任考试培训教材"。本套教材编写采用图文并茂的形式，改变了长期以来以文字为主的教材编写方式，满足《海船船员培训大纲（2016版）》对船员适任培训的要求，教材知识点紧扣培训大纲，具有权威、准确、系统、实用的特点，重点突出船员适任和航海实践需掌握的知识，旨在培养船员具备在实践中应用知识的能力，并可作为工具书帮助船员上船工作使用。

本套教材分为驾驶专业、轮机专业和电子电气专业教材。

驾驶专业教材包括：《船舶操纵与避碰（管理级）》《航海学（管理级）》《船舶结构与货运（管理级）》《船舶管理（管理级）》《航海学（操作级）》《船舶操纵与避碰（操作级）》《船舶管理（操作级）》《船舶结构与货运（操作级）》《航海英语（操作级）》《GMDSS英语阅读（操作级）》《GMDSS综合业务》《值班水手业务》。

轮机专业教材包括：《轮机英语（管理级）》《主推进动力装置（管理级）》《船舶辅机（管理级）》《船舶电气与自动化（船舶电气）（管理级）》《船舶电气与自动化（船舶自动化）（管理级）》《船舶管理（管理级）》《船舶动力装置》《轮机英语（操作级）》《主推进动力装置（操作级）》《船舶辅机（操作级）》《船舶电气与自动化（船舶电气）（操作级）》《船舶电气与自动化（船舶自动化）（操作级）》《船舶管理（操作级）》《值班机工业务》。

电子电气专业教材包括：《电子电气员英语》《船舶电气》《船舶机舱自动化》《信息技术与通信导航系统》《船舶管理》《电子电气员英语听力与会话》《电子技工业务》《电子技工英语》《电子技工英语听力与会话》。

本套教材在编写、出版工作中，得到了各海事管理机构、中国海事服务中心、各航海院校、海员培训机构、航运企业等单位的关心和大力支持，特致谢意。

大连海事大学出版社

人民交通出版社股份有限公司

2020年7月

编者的话

《船舶管理(操作级)》是海船船员考试的培训系列教材之一,严格按照新修订的《海船船员培训大纲(2016版)》的框架组织编写。

本书内容紧扣STCW公约马尼拉修正案,结合了其他最新国际公约、规则、国家法律、法规和规章,具有权威、系统和全面等特点。在编写过程中,紧密结合现代船舶应用技术,强调理论与实际相结合,注意培养船员的法律意识、安全意识和环保意识。本书注重对生产实践的指导作用,旨在培养船员实践应用知识的能力,其中含有船舶关键操作的界定和指南,可同时作为船员的工具书使用,方便船舶的日常操作和管理工作。本书还可作为航海类院校相关专业的课程参考教材,也能为船舶管理公司、船舶修造厂等人员进行学习和培训提供一定的参考。

全书由大连海事大学张跃文、上海海事大学郭军武担任主编,江苏海事职业技术学院王松明、青岛远洋船员职业学院李福海、江苏航运职业技术学院刘瑜担任副主编,由张跃文统稿。浙江海事局任德夫担任本书主审。本书共有十章。第一章由李福海、孙明编写,第二章由郭军武、黄党和编写,第三章由王松明、段绪旭编写,第四章由杜太利、王飞编写,第五章由杨昆永、张跃文编写,第六章由李宏林、张跃文编写,第七章由刘瑜、孟维明编写,第八章由姜兴家、张鹏编写,第九章由李宏林、张跃文编写,第十章由李福海、李斌编写。参加本书编写的还有李文双、王迎新、邢辉、冯伟、张君彦、刘勤安、邹永久、马冉祺、王凯、郭磊、梁大龙。

本书在编写过程中得到了中国远洋海运集团有限公司、中远海运集装箱运输有限公司、中远海运能源运输股份有限公司、中远海运散货运输有限公司、中远海运特种运输股份有限公司的大力支持,有关专家对本教材及大纲提出了许多中肯的意见或建议,提供了大量的资料。在此,向上述单位和所有关心、帮助本书编写和出版的专家和老师表示衷心的感谢!

由于编者学识有限,书中难免有不当之处,恳请各位读者批评指正。

编　者

2020年9月

目 录

第一章 船舶构造与适航性 ... 1
- 第一节 船舶尺度和船型 ... 1
- 第二节 船舶强度 ... 25
- 第三节 船体结构 ... 34
- 第四节 船舶稳性控制 ... 78

第二章 船舶公约概述 ... 115
- 第一节 国际海上人命安全公约 ... 115
- 第二节 国际船舶载重线公约 ... 122
- 第三节 联合国海洋法公约 ... 127
- 第四节 商船海员安全工作守则 ... 128
- 第五节 海员培训、发证和值班标准国际公约 ... 129
- 第六节 国际船舶和港口设施保安规则(ISPS规则) ... 134

第三章 船舶运维管理 ... 142
- 第一节 国际安全管理规则(ISM规则) ... 142
- 第二节 船舶检验和船舶证书 ... 172
- 第三节 港口国监督(PSC) ... 183
- 第四节 中华人民共和国船舶监督规则 ... 198

第四章 船舶安全操作与管理 ... 203
- 第一节 船舶安全应急/临时维修方法 ... 203
- 第二节 船舶安全工作环境 ... 206
- 第三节 工具的使用 ... 248
- 第四节 焊接和钎焊 ... 264

第五章 船舶人员的安全管理 ... 285
- 第一节 保持安全的轮机值班 ... 285
- 第二节 船舶人员管理法律、法规规定的值班标准 ... 297
- 第三节 船舶人员管理公约、法规 ... 304

第六章 船舶应急反应计划 ... 329
- 第一节 安全及应急程序 ... 329
- 第二节 内部通信系统 ... 338
- 第三节 轮机值班时的快速反应 ... 342

第七章 船用工具及测量仪表 ... 347
- 第一节 黏合塑料及黏合剂 ... 347
- 第二节 管路装配 ... 360

第三节　测量仪器…………………………………368
　　第四节　密封剂及填料……………………………377
　　第五节　专用工具和测量仪器……………………384
第八章　船舶防污染公约及法规…………………………389
　　第一节　船舶防污染国际公约的相关规定………389
　　第二节　国内防污染相关法律、法规的规定……434
第九章　防污染设备的管理………………………………446
　　第一节　生活污水处理系统………………………446
　　第二节　焚烧炉……………………………………451
　　第三节　压载水处理装置…………………………458
　　第四节　油水分离器………………………………464
　　第五节　防污染管理文件及操作记录……………475
　　第六节　保护海洋环境的积极措施………………478
第十章　领导力和团队工作技能运用……………………480
　　第一节　机舱资源管理……………………………480
　　第二节　船上人员管理及训练……………………505
　　第三节　运用任务和工作量管理的能力…………518
　　第四节　运用有效资源管理的知识和能力………535
　　第五节　运用决策技能的知识和能力……………551
参考文献……………………………………………………555

第一章 船舶构造与适航性

第一节 船舶尺度和船型

一、船舶的分类

（一）船舶发展概况

船舶作为一种水上交通工具，发展至今大约有五千多年的历史。从远古的独木舟发展到现代各类船舶，其发展历程如下。

1. 以造船材料的发展划分

（1）木船时代

19 世纪以前，船舶几乎都是用木材建造的。

（2）铁船时代

19 世纪 50 年代开始进入铁船的全盛时期，其时间较短，仅二三十年时间。

（3）钢船时代

19 世纪 80 年代开始至今，绝大部分船舶采用钢材建造。20 世纪 40 年代以前，钢船都采用铆接工艺，以后部分船舶采用焊接工艺，50 年代以后基本上采用焊接工艺。

2. 以推进装置的发展划分

（1）舟筏时代

独木舟起源于石器时代，后被木筏、竹筏、兽皮做成的皮筏所取代。进入青铜器时代以后，出现了木板船。舟筏时代所用的推进工具是木制的桨、橹或竹制的篙。

（2）帆船时代

早在公元前 4000 年帆船就出现了，15 世纪到 19 世纪中叶为帆船的鼎盛时期，直到 19 世纪 70 年代以后帆船逐渐被新兴的蒸汽机船所取代。

(3) 蒸汽机船时代

蒸汽机船包括往复式蒸汽机船和回转式汽轮机船两种类型。1807年,世界上第一艘往复式蒸汽机船"克莱蒙特"号在美国建成并试航成功,从此船舶进入了机械动力代替自然力的新纪元。1894—1896年,世界上第一艘新型的回转式蒸汽轮机船"透平尼亚"号在英国建成。由于往复式蒸汽机的效率较低,重量和尺度相对较大,20世纪50年代开始,往复式蒸汽机船逐渐被淘汰。

(4) 柴油机船时代

20世纪初柴油机开始应用于船舶。1904年,世界上第一艘柴油机船"万达尔"号在俄国建成。柴油机热效率高、经济可靠,因而得到广泛应用。20世纪40年代末,柴油机船吨位就已超过蒸汽机船,目前世界船队中柴油机船占绝对优势。

动力推进船舶的推进器经历了一个从明轮到螺旋桨的发展过程。最早往复式蒸汽机驱动的是明轮,1836年,人们开始试验用螺旋桨作为船舶推进器,到1861年左右就不再大批建造使用明轮推进器的船舶。目前,绝大多数的船舶采用螺旋桨作为推进器。

近五十多年来,船舶发展的突出特点是专业化、大型化、自动化。最早的专业化运输船舶主要是运输散装石油的油船,其他海上货运船舶专业化大体是从20世纪50年代才发展起来的。船舶大型化可以降低单位造价,有利于降低运输成本。20世纪50年代以后,商船的大型化发展非常迅速,如1950年最大油船的载重量为2.8万吨,到1980年最大油船的载重量为56.3万吨,载重量增加了20多倍;大型散货船最大载重量发展到2010年的20万吨以上;大型集装箱船最大装载量发展到2014年的近20 000个标准集装箱。近几十年来,船舶的自动化程度越来越高,不少船舶实现了机舱管理全自动化,这是当代船舶发展的又一大进步。

(二) 船舶的分类

船舶分类方法很多,通常可按船舶用途、航区、推进动力装置的形式、推进器的形式、机舱位置、造船材料、航行状态以及上层建筑的结构形式等进行分类。多数船舶是按船舶的用途来分类的。

1. 按船舶用途分类

(1) 军用船

军用船是指用于从事作战或辅助作战的各种舰艇。

(2) 民用船

民用船包括运输船、工程作业船、渔业船、工作船舶等。

①运输船,又称商船,是指从事水上客货运输的船舶。其大致可分为8种类型:客船、客货船、渡船;普通货船(即杂货船);集装箱船、滚装船、载驳船;散粮船、运煤船、矿砂船;油船、液化气船、液体化学品船;多用途散货船(亦称兼用船),包括矿砂/油两用、矿砂/散货/油三用船;特种货船,指木材船、冷藏船、运输汽车的滚装船等;驳船,有拖船拖带和顶推船顶推两种作业方式。

②工程作业船,是指在港口、航道等水域从事各种工程作业的船舶,主要有挖泥船、打捞船、测量船、起重船、打桩船、钻探船等。

③渔业船,是指从事捕鱼和渔业加工的船舶。

④工作船舶,又称特殊用途船舶,是指为航行进行服务工作或其他专业工作的船舶,诸如破冰船、引航船、供应船、消防船、航标船、科学调查船、航道测量船等。

2. 按航区分类

(1) 远洋船舶

远洋船舶是能在环球航线上航行的船舶，即通常所指的能航行于无限航区的船舶。

(2) 近海船舶

近海船舶指航行于距岸不超过 200 n mile 海域（个别海区不超过 120 n mile 或 50 n mile）的船舶，即航行于近海航区的船舶，可以来往于邻近国际港口。

(3) 沿海船舶

沿海船舶指航行于距岸不超过 20 n mile 海域（个别海区不超过 10 n mile）的船舶，即沿海岸航行的船舶。

(4) 内河船舶

内河船舶是在内陆江河中航行的船舶。

(5) 极区船

极区船是在南北两极附近冰区航行的船舶。

3. 按主推进动力装置的形式分类

(1) 蒸汽机船

蒸汽机船是以往复式蒸汽机作为主机的船舶。

(2) 汽轮机船

汽轮机船是以回转式蒸汽轮机作为主机的船舶。

(3) 柴油机船

柴油机船是以柴油机作为主机的船舶。

(4) 燃气轮机船

燃气轮机船是以燃气轮机作为主机的船舶。

(5) 电力推进船

电力推进船是由主机带动主发电机发电，再通过推进电动机驱动螺旋桨的船舶。

(6) 核动力船

核动力船是利用核燃料在反应堆中发生裂变反应放出的巨大热能，再加热水产生蒸汽供汽轮机驱动螺旋桨工作的船舶。

4. 按推进器形式分类

(1) 螺旋桨船

螺旋桨船是以螺旋桨为推进器的船舶，常见的有定距桨船和调距桨船两种。

(2) 平旋推进器船

平旋推进器船是以平旋轮为推进器（又称为直翼推进器）的船舶。

(3) 明轮船

明轮船是以安装在船舶两舷或艉部的明轮为推进器的船舶。

(4) 喷水推进船

喷水推进船是用船内水泵自船底吸水，将水流从喷管向后喷出所获得的反作用力作为推进动力的船舶。

(5) 喷气推进船

喷气推进船是将航空用的喷气式发动机装在船上以供推进用的船舶。

5. 按机舱位置分类

（1）中机型船

中机型船是机舱位于其中部的船舶。

（2）艉机型船

艉机型船是机舱位于其艉部的船舶。

（3）中艉机型船

中艉机型船的机舱位于船舶中部偏后，又称为中后机型船。例如有四个货舱的船舶，机舱的前部布置三个货舱，机舱的后部布置一个货舱，通常称为"前三后一"。

6. 按造船材料分类

（1）钢船

钢船是以钢板及各种型钢为主要材料的船舶。

（2）木船

木船是以木材为主要材料，仅在板材连接处采用金属材料的船舶。

（3）钢木结构船

钢木结构船是船体骨架用钢材、船壳用木材建造的船舶。

（4）铝合金船

铝合金船是以铝合金为主要材料的船舶。

（5）水泥船

水泥船是以钢筋为骨架，涂以抗压水泥而成的船舶。

（6）玻璃钢船

玻璃钢船是以玻璃钢为主要材料的船舶。

7. 按航行状态分类

（1）排水型船

排水型船是靠船体排开水面而获得浮力，从而漂浮于水面上航行的船舶。

（2）潜水型船

潜水型船是潜入水下航行的船舶，如潜水艇等。

（3）腾空型船

腾空型船是靠船舶高速航行时所产生的水升力或靠船底向外压出空气，在船底与水面之间形成气垫，从而脱离水面在水上滑行或腾空航行的船舶，如水翼艇、滑行艇、气垫船等。

8. 按上层建筑结构形式分类

（1）平甲板型船

平甲板型船是上甲板上无船楼的船舶。

（2）艏楼型船

艏楼型船是上甲板上只设有艏楼的船舶。

（3）艏楼和艉楼型船

艏楼和艉楼型船是上甲板上设有艏楼和艉楼的船舶。

（4）艏楼和桥楼型船

艏楼和桥楼型船是上甲板上设有艏楼和桥楼的船舶。

(5)三岛型船

三岛型船是上甲板上设有艏楼、桥楼和艉楼的船舶。

二、不同船型的总体布置特点

(一)客船、客货船

根据《国际海上人命安全公约》(SOLAS)的规定,凡载客超过12人的船舶,定义为客船。包括客船和客货船。客船在结构分舱、稳性、机电设备、防火结构、救生设备、消防设施、无线电报、电话等方面的要求上,与货船有许多不同之处。一般称专门运送旅客、行李、邮件及少量需要快速运送的货物的船舶为客船。除了载运旅客之外,还装有部分货物的船舶,称为客货船。客货船在要求上与客船在要求上是相同的。

客船有如下一些主要特点:

(1)客船的外形美观,采用飞剪式艏部,艏部甲板外飘、上层建筑庞大、层数多且长,其两端呈阶梯形与船体一起形成流线型。

(2)客船水下线型较瘦,方形系数小,适用于中机型。这对于生活舱室设施和各种管系布置也较方便。

(3)为了满足布置旅客居住舱室的需要,客船设置多层甲板,大型客船的甲板多达8~9层,加上多层上层建筑,水线以上的干舷高,侧向受风面积大。

(4)客船要求保证在破舱浸水后,要有足够的浮力和稳性,因此,水密横舱壁的间距较小。

(5)客船的防火要求较严格,主竖区防火舱壁、甲板、上层建筑等必须采用不燃材料制作,而家具等设施要经过防火处理,在各个防火区之间的通道上要设防火门。

(6)由于客船的居住舱室均布置在水线以上,旅客又可以上下左右到处流动,所以船的重心高,船的侧向受风面积又大,故客船要求较高的稳性。一般需要装设有固定的压载,如生铁块等。对于客货船,水线以下的船舱尽可能用来装货。

(7)客船应按照《国际海上人命安全公约》的要求,配备有足够的救生设施。

(8)为了减少船的摇摆,大型豪华客船一般装设减摇鳍,可减小横摇角的50%~80%。

(9)为了保证客船的航班,使旅客按预期到达目的地,客船的航速高,主机功率大。大部分客船都装有2部主机、双螺旋桨,也有的大型客船装有4部主机、4个螺旋桨。一般国际航线的大型客船,航速约在20~23 kn,个别的船舶高达30 kn以上。国内沿海客船的航速为14~17 kn。

(二)杂货船

杂货船,亦称普通货船,主要用于将各种设备、建材、日用百货包装成捆、成箱后的运输。它是使用最广泛的一种运输船舶,如图1-1所示。由于受货源、货物装卸速度等因素的影响,杂货船具有下列一些特征:

(1)杂货船的载重量不大,远洋杂货船总载重量(DW)约为10 000~14 000 t;近洋的杂货船总载重量(DW)为5 000 t左右;沿海的杂货船总载重量(DW)为3 000 t以下。由于货种多、货源不足、装卸速度慢、停港时间长、杂货舱的载重量过大,经济效益较差。

(2)为了理货方便,杂货船一般设有2~3层甲板,且多数为中艉机型,也有采用艉机型。载重量为万吨级的杂货船,设有5~6个货舱。

(3)杂货船一般都设有艏楼,在机舱的上部设有桥楼。老式的5 000 t级杂货船多为三岛型。

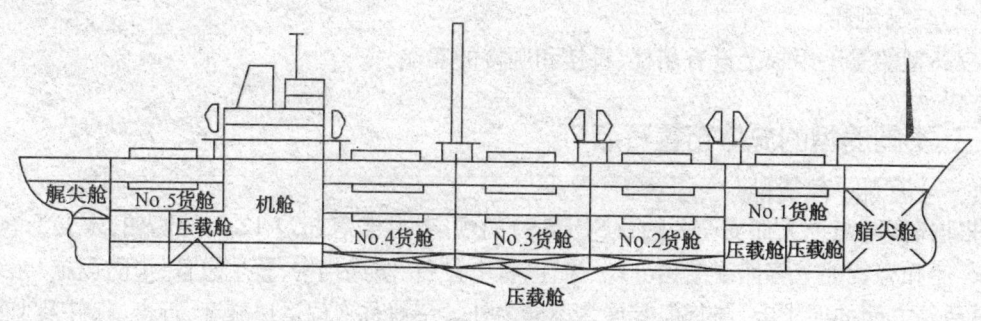

图 1-1 杂货船

(4)许多万吨级的杂货船,因压载要求,常设有深舱。深舱可以用来装载液体货物(动植物油、糖蜜等)。

(5)杂货船一般都装设起货设备,其中多数为吊杆式起货机,也有的为液压旋转吊。

(6)大多数杂货船,每个货舱有一个舱口。但少数杂货船根据装卸货物的需要,采用双排舱口。

(7)不定期的杂货船一般为低速船,航速过高对于杂货船是很不经济的。远洋杂货船的航速约为14~18 kn,续航力为12 000 n mile以上;近洋杂货船的航速约为13~15 kn;沿海杂货船的航速约为11~13 kn。

(8)杂货船一般安装一部主机,单螺旋桨、单舵。

杂货船的主要缺点是:运载的各种杂货需要包装、捆绑才能装卸;装卸作业麻烦、时间长、劳动强度大;易发生货损;装卸效率低;货运周期长;成本高等。若把各种杂货预先装在统一规格的集装箱内,再装船运输,可以克服上述缺点。

(三)集装箱船

集装箱船是20世纪50年代后期发展起来的一种新型货船,是主要用来运输集装箱货物的船舶,如图1-2所示。

(1)集装箱船的类型

集装箱船可分为三种类型:

①全集装箱船:是一种专门装运集装箱的船,不装运其他形式的货物。

②半集装箱船:在船长中部区域作为集装箱的专用货舱,而船的两端货舱装载杂货。

③可变换的集装箱船:是一种多用途船。这种船的货舱,根据需要可随时改变设施,既可装运集装箱,也可以装运其他普通杂货,以提高船舶的利用率。

(2)集装箱的型号

集装箱的尺寸和重量、种类很多,按国际标准化组织(ISO)推荐的规格,目前主要有两种型号:

①40 ft集装箱,长×高×宽为40 ft×8 ft×8 ft(即12.192 m×2.438 m×2.438 m),最大重量为30.48 t。

②20 ft集装箱,长×高×宽为20 ft×8 ft×8 ft(即6.096 m×2.438 m×2.438 m),最大重量为20.32 t。

国际上通常采用标准箱作为换算的单位。标准箱TEU(Twenty-foot Equivalent Unit)为20 ft集装箱,即装载一个40 ft的集装箱相当于装载2个标准箱。有的集装箱自身带有制冷装置,用来运输冷冻货物,这种集装箱称为冷藏箱。

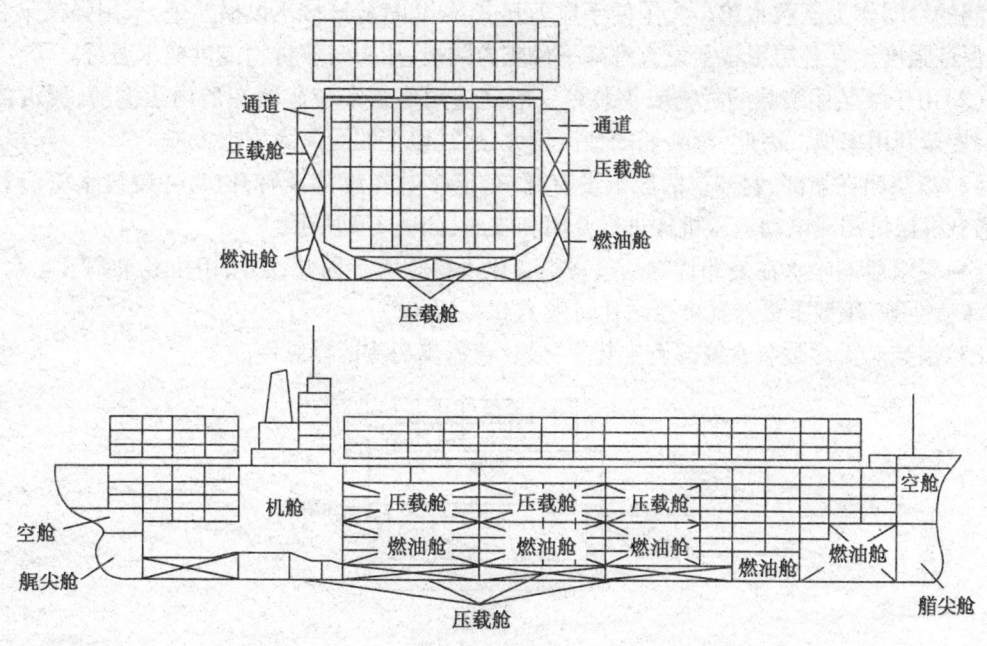

图 1-2 集装箱船

（3）全集装箱船的主要特点

①要求集装箱船的舱内货舱尽可能方整，具有较大的型深。固定集装箱采用蜂窝状格栅，根据舱的大小可堆放 4~9 层同一规格的集装箱。在集装箱船的甲板上，一般设有固定集装箱用的专用设施，故甲板上可堆放多层集装箱。

②由于集装箱货物的特点，集装箱船都是单甲板船，舱口总宽度可达船宽的 70%~80%，舱口长度为舱长的 75%~80%。

③甲板开口大，对于总纵强度和扭转强度不利，因此全集装箱船一般为双层船壳，可提高船体的抗扭强度，在两层船壳之间作为压载水舱。

④货舱尽可能方整，便于甲板堆放集装箱，一般是艉机型或中艉机型船。

⑤除了个别集装箱船在船上装设集装箱的专用起货设备以外，船上一般不设起货设备，装卸集装箱时使用岸上的集装箱专用起吊设备。

⑥集装箱船的主机功率大，航速高，有的船为 2 部主机，双螺旋桨。船型较瘦，远洋高速集装箱船的方形系数小于 0.6。

⑦由于甲板上堆放集装箱，所以集装箱船的受风面积大，重心高度也大，对于稳性、防摇、压载等一系列问题要采取相应的措施。

（四）滚装船

滚装船的货物装卸，不是从甲板上的货舱口垂直地吊进吊出，而是通过艏艉或两舷的开口以及搭到码头上的跳板，用拖车或叉车把集装箱或货物连同带轮子的底盘，从船舱至码头拖进拖出。

滚装船的主要优点是：不需要起货设备，货物在港口不需要转载就可以直接拖运至收货地点，缩短货物周转时间，减少货损。

滚装船的主要特征：

（1）滚装船的船体结构与杂货船、集装箱船等有许多不同之处。其要求甲板面积大，甲板层数多。装载小汽车的滚装船，甲板层数可达 10 层以上。其主甲板以下设双层船壳，两层船壳之间的空间作为压载水舱。为了便于拖车开进开出,货舱区域不设横舱壁,采用强横梁和强肋骨保证强度。在各层甲板上设有升降平台或内跳板,用来安放货物或供拖车通行。

(2) 由于滚装船装载的货物或集装箱一般是连同底盘车一起装在舱内运输的,所占的舱容大,货舱利用率低。因此,滚装船的型深较大,水线以上的受风面积也大。

(3) 滚装船在艏部、艉部或两舷侧设有开口,但多数在艉部设有开口,并装设水密门和跳板,依靠机械机构或电动液压机构进行开闭和收放,如图 1-3 所示。

(4) 要求船舶吃水在装卸货物的过程中变化不得很大。因此,必须用压载来调节吃水、纵横倾和稳性等,压载重量与载重量之比一般为 0.4~0.6。

(5) 滚装船大多数装有艏部侧推装置,以改善靠离码头的操纵性。

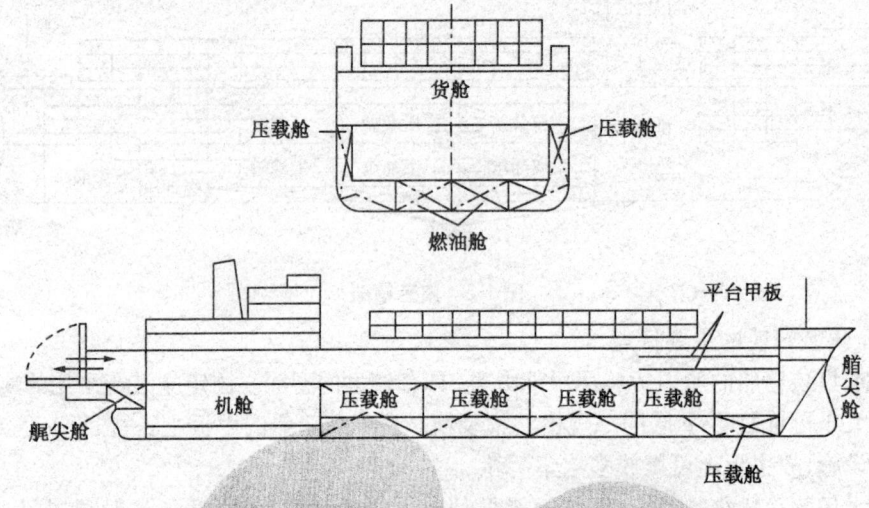

图 1-3 滚装船

(6) 滚装船航速高,远洋滚装船的船速一般为 20~30 kn。

(7) 滚装船多数为艉机型,船型较瘦削,方形系数不大于 0.6。

滚装船的主要缺点是:货舱的利用率比一般杂货船低,造价高;航行安全性问题尚未妥善解决;设在艉部的机舱体积小,工作条件差,尚待进一步解决。

(五) 散货船、矿砂船

散装运输谷物、煤、矿砂、盐、水泥等大宗干散货物的船舶,都可以称为干散货船,或简称散货船。这些货物不需要包装成捆、成包、成箱装载运输,但是,由于谷物、煤和矿砂等的积载因数(每吨货物所占的体积)相差很大,所要求的货舱容积的大小、船体的结构、布置和设备等许多方面都有所不同,因此,一般习惯上仅把装载粮食、煤等货物积载因数相近的船舶,称为散货船,而装载积载因数较小的矿砂等货物的船舶,称为矿砂船。散货船与矿砂船中横剖面图如图 1-4 所示。

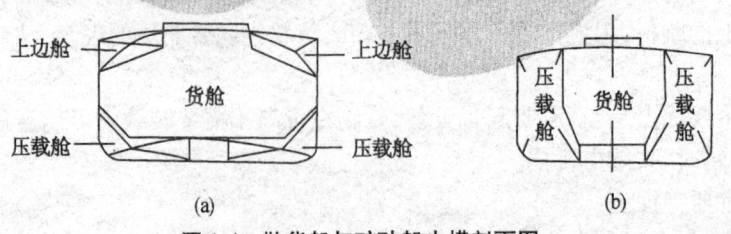

图 1-4 散货船与矿砂船中横剖面图

1. 散货船

(1) 散货船的货舱容积主要是按积载因数大致为 1.2~1.6 m³/t 的货物,如小麦、玉米、大豆、煤等为主要对象设计的。而矿砂船则是按积载因数为 0.42~0.50 m³/t 的矿砂货物设计的。

(2) 由于粮食、煤等散货的货源充足,装卸效率高,所以散货船的载重量较大。但是由于受到港口、航道等吃水的限制,以及世界经济形势的影响,散货船载重量的大小通常分为如下几个级别:

①总载重量(DW)为 60 000 t,通常称为巴拿马型。这是一种巴拿马运河所允许通过的最大船型,船长要小于 245 m,船宽不大于 32.2 m,最大允许吃水 12.04 m。

②总载重量(DW)为 35 000~40 000 t,称为轻便型散货船。

③总载重量(DW)为 20 000~27 000 t,称为小型散货船。最大船长要小于 222.5 m,船宽不大于 23.1 m,最大允许吃水 7.925 m。

(3) 因为干散货的货种单一,不怕挤压,便于装卸,所以都是单甲板船。

(4) 散货船都采用艉机型,船型肥大,机舱布置在艉部无困难。

(5) 散货船的货舱内,在船舷的上下角处设有上下边舱。由于船舶在航行中谷物等货物会下沉和横向移动,可造成船舶横倾和对稳性产生不利的影响。上边舱可以减小谷物的横向移动,上边舱底部的斜板与水平面大约成 30°角。下边舱是内底板在两舷边处向上升高而形成的,目的是使舱底货物能自然地流向舱中心部位,以便于卸货。

(6) 散货船一般是单向运输一种货物,而船型又肥大,空载时即使双层底舱和上、下边舱全部装满压载水也达不到吃水要求。因此,往往还另外用 1~2 个货舱作压载舱。

(7) 总载重量(DW)为 40 000 t 以下的散货船,一般船上都装设起货设备,且大部分采用液压旋转吊。而总载重量(DW)在 50 000 t 以上的散货船,很多船上不装起货设备。

(8) 散货船的货舱口大,舱口围板高。高的舱口围板可起添注漏斗的作用。

(9) 散货船也可以用来装积载因数较小的矿砂等货物,但是由于矿砂的密度大,占的舱容小,船的重心过低。所以,当装载矿砂时都是隔舱装货,这样可以提高船的重心。但是,这种散货船在设计上必须满足强度要求,并在装载计算书上予以注明。

(10) 散货船都是低速船,船速一般为 14~15 kn。

2. 矿砂船

(1) 矿砂船是指专门运载散装矿石的船舶。

(2) 矿砂船的载重量越大,成本越低。目前矿砂船最小的总载重量(DW)为 57 000 t,大多数矿砂船的总载重量(DW)为 120 000~150 000 t。

(3) 由于矿石的密度较大,所占的货舱体积较小,为了不使船舶重心太低,货舱横断面做成漏斗形,这样既可以提高船的重心,又便于卸底舱货,同时抬高双层底高度,矿砂船的双层底高度可达型深的 1/5。

(4) 矿砂船设置大容量的压载边舱,因为矿砂船船形肥大,当空载时,必须装载大量的压载水才能达到吃水要求。

(5) 矿砂船都是重结构船,采用高强度钢。舱内底板等要加厚,舱内骨架构件都装设在边舱的一侧。

(6) 矿砂船都是艉机型、单甲板、低速船,船速一般约为 14~15 kn。大型矿砂船不设置艏楼。

(7) 目前,大型矿砂船上都不设置起货设备,利用岸上的起货设备装卸货。但是由于船型高大,高潮时岸上的起货设备不够高,因此,这种矿砂船在装卸货的同时,利用压载水的多少来调节船舶吃水的高低,要求压载舱的容积和压载系统的能力必须与起货设备相适应。

(8) 为了装卸货方便,矿砂船的货舱口尽量加长,有的舱设置多个舱口,为了能迅速地开闭舱口盖,并且不妨碍抓斗等起货设备的操作,有的采用滚动式舱盖。

(9) 因为铁矿石会吸收氧气变成氧化铁,航行中舱口盖在关闭的状态下,舱内会缺氧,进入舱内必须注意安全。

(六) 油船、液化气船、液体化学品船

油船、液化气船和液体化学品船同属于液货船。

1. 油船

通常所称的油船,多数是指运输原油的船,如图 1-5 所示。油船具有下列一些主要特征:

(1) 载重量大。由于石油货源充足,装卸速度快,所以油船可以建造得很大。近海油船的总载重量(DW)为 30 000 t 左右;近洋油船的总载重量(DW)为 60 000 t 左右;远洋大型油船的总载重量(DW)为 20 万吨左右;超级油船的总载重量(DW)为 30 万吨以上。最大的油船总载重量可达到 55 万吨。油船的载重量越大,运输成本越低,但是太大的油船会受到航道和港口的吃水限制。

(2) 大型油船与其他货船相比,船型较肥,这主要是考虑到船舶造价、空船压载吃水要求及总纵强度等原因。

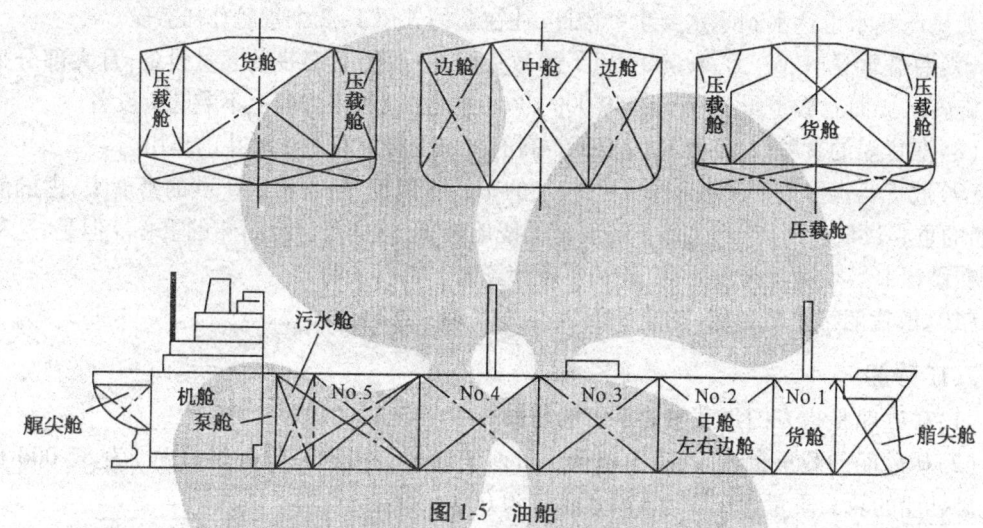

图 1-5 油船

(3) 油船都是艉机型船,机舱、锅炉舱布置在艉部,使货油舱连接成一个整体,无须布置轴隧,减少艉轴长度,增加货舱容积,对于防火、防爆、油密等都十分有利。

(4) 油船通常是单甲板船。

(5) 对于船长大于 90 m 的油船,通常要求在货油舱内设置两道纵向连续的纵舱壁、大型肋骨框架和多道水密横舱壁。

(6) 设隔离空舱。为了防止油类的渗漏和防火、防爆,在货油舱的后端设有隔离舱与机炉舱、居住舱室等隔开。

(7) 设干货舱。由于艉机型船满载时艉部轻、重心前移,会发生艏倾。为了调整纵倾,许多油船在艏尖舱之后设置一个空舱,舱内可以装载零星干货,故称为干货舱。

(8) 压载舱。由于油船船型较肥,为了保证空载时必要的吃水和稳性,需要装载大量的压载水,压载舱约占货舱容积的30%,有的高达50%。《国际防止船舶造成污染公约》(MARPOL 73/78公约,以下简称《国际防污公约》)规定,载重量2万吨以上的油船,均应设有专用的压载舱。

(9) 设污油舱。《国际防污公约》规定,船舶排放含油污水浓度不得超过15ppm。因此,清洗油舱的污水要先集中在污油舱内再经过油水分离,达到防污要求方可排放。

(10) 货油泵舱。该舱是专门用来布置货油泵的舱。油船在装油时都使用岸上的泵,但在卸油时用船上的货油泵。为了防火,驱动货油泵的电动机或柴油机不能安装在泵舱中,应设在邻近的机舱或专用舱内,传动轴可穿过防火舱壁与泵相连。蒸汽动力的原动机可装在泵舱内。

(11) 设舱底加温管系。其目的是防止舱内货油因温度下降而凝固。

(12) 上层建筑、步桥和通道设置。现代油船一般不在船中部设置桥楼,只设艉楼。起居处所等不允许布置在上甲板下面,必须位于上层建筑内,或位于货油舱以外的开敞甲板上的甲板室内。

船的艏部设置艏楼,艉楼和艏楼之间设置与艉楼同样高度的步桥,亦称天桥。其作用是:因油船干舷低,甲板易上浪,甲板上铺设各种管系也多,在甲板上行走不安全,且易引起火灾,故在步桥上通行方便安全。步桥下面可以铺设各种管系和电缆等。

大型油船可以不设艏楼,也有不设步桥而是在甲板的下面从艉楼至艏部设置一条封闭的通道,在通道内可铺设管路和电缆。

(13) 防火设施。油船上的防火是极为重要的大事,采取许多防火措施,如设置吸烟室、不准随处吸烟;在可能发生相互撞击和摩擦的部位,如舱口盖接触舱口处、步桥的伸缩接头处、吊杆与支架相接触的部位等,都用有色金属制成,避免因碰击产生火花;货油舱口的观察孔设有防火网,各种排气管、排烟管、通风管的出口装有火星熄灭器或防火装置。各种甲板机械如锚机、起货机、系泊机械等,都是采用蒸汽或液压作为动力。

(14) 油船都是单主机、单螺旋桨和单舵的低速船。

成品油船的结构与原油船基本相同。所谓成品油是指由原油加工、提炼出来的各种油,如汽油、煤油、柴油、燃料油等。《国际防污公约》规定,总载重量在3万吨以上的成品油船,需要设置专用压载舱。

2. 液化气船

液化气船,是专门散装运输液态石油气和天然气的船。这些液化气体在37.8℃时,其饱和蒸气压力大于0.274 6 MPa,如甲烷(天然气)、乙烯、丙烯、丙烷、丁烷等。在常温常压下,这些液化气体会完全汽化,为此液化气船需要装有特殊装置装载运输。

专门散装运输液化石油气(液化丙烷、丁烷等)的船舶,简称为LPG船。石油气是以丙烷为主要成分的碳氢化合物。在常温下丙烷的液化压力为4.116 MPa,而在大气压力下,丙烷的液化温度为−42.2℃。所以,液化时可采用常温下加压或在常压下冷却的方法。

专门散装运输液化天然气(液化甲烷等)的船舶,简称为LNG船。天然气是以甲烷为主要成分的碳氢化合物,其中尚含有乙烷、丙烷及石蜡等成分。天然气临界温度在常压下为−164℃,但在该温度下,一般船用钢材均呈脆性,所以天然气船的液货舱只能用镍合金钢或铝合金制成,其结构形式多采用球形贮罐式和双层船壳薄膜式两种。

由于液化气船也是一种散装液货船,故也称之为特种油船。液化气船是20世纪70年代开始发展起来的一种新型船舶。

(1) 液化气船的类型

各种石油气和天然气在某一温度下的饱和蒸气压相差很大。如在 10 ℃时，丙烷的饱和蒸气压力为 $6.29×10^5$ Pa，丁烷的液化压力为 $1.46×10^5$ Pa，而乙烷的饱和蒸气压力为 $29.82×10^5$ Pa。因此，随液化气体的液化压力和温度的不同及需要运输的液化气体的数量和运输航程的长短不同，装运的方式也有所不同。

液化气船按其运输时液化气体的温度和压力分为 6 种类型：全压式、半冷/半压式、半压/全冷式、全冷式 LPG 船、乙烯船和 LNG 船。

①全压式液化气船。这种液化气船适用于近海短途运输少量的液化气体。它是在常温下将气体加压至液化，把液化气储藏在高压容器中进行运输。这种运输方式，船体结构及操作技术要求都比较简单，但容器重量大，船舶的容积利用率低，不适用于建造大型高压容器（如图 1-6 所示）。

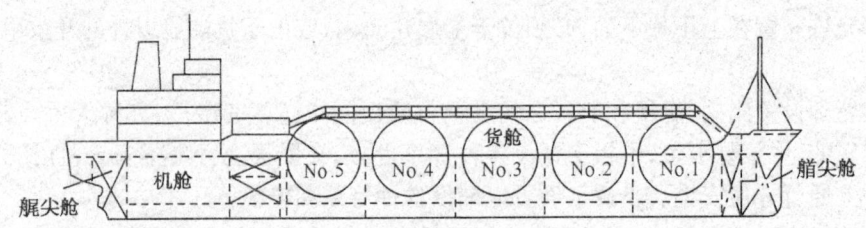

图 1-6　全压式液化气船

②半冷/半压式液化气船。液货储运采用低温压力方式，但设计压力比全压式低，一般为 0.4~0.8 MPa 表压。液货船可承受-5~10 ℃的低温，并设有对液货温度、压力控制的液化设备，通过控制液货温度来控制液化气压力，货船外表面包有保温绝热材料。该船多用于载运 LPG 和化学气体货物。

③半压/全冷式液化气船。该类船可根据装卸货港要求和液货特性灵活采用低温常压、低温加压或常温常压方式运输。与半冷/半压式液化气船类似，船舶设有控制液货温度、压力的液化装置，温度可控制到-42 ℃以下，适用于 LNG 以外其他所有液化气体的运输。

④全冷式 LPG 船。液货采用常压低温方式储运。液货装在不耐压的液货舱内并处于常压的沸腾状态。设计温度为载运货在常压下的沸点温度，一般取-48 ℃，货舱最大工作压力不超过 0.07 MPa 表压。此类船一般用于大规模载运 LPG 和氨。

⑤乙烯船。该船型为运输乙烯专门建造的船舶。其采用常压全冷方式，液货舱设计在常压下温度为-104 ℃，舱外绝热保温材料要求较高。

⑥LNG 船。该船型也是专用船舶，以常压低温储运 LNG。温度控制在-163~-160 ℃。目前 LNG 船舶不设 LNG 蒸气再液化装置，主要靠液货舱高度绝热保温，液货超压蒸气可作为双燃料主机的燃料。

(2) 液化气船船舱结构形式和材料

液化气船，一般都是在船体内部单独设置数个储藏液化气体的高压容器或低温冷藏舱。液化气船的船舱结构形式有下列几种：

①高压容器罐。在船舱内装置数个圆筒形或球形高压容器罐，罐的设计压力是根据所装载液化气体的压力决定的。罐的壳体材料采用耐压范围为 5.88~7.85 MPa 的高强度钢制成。货舱的温度在常温 45 ℃以下，故不需要设置隔热绝缘材料和温度、压力控制装置。整个船体结构和设备都比较简单。

②双层船壳薄膜式低温液化气体舱。在货舱区域内,船体是双层船壳,在两层船壳板之间的空间作为压载水舱。在船体内壳的内表面,装设厚度为0.5~0.7 mm的36%镍钢薄膜。36%镍钢薄膜在温度急剧变化时,几乎不发生伸缩变形。也有采用厚度为1.2~1.5 mm的不锈钢薄膜,由于不锈钢在温度急剧变化时会发生伸缩,故不锈钢薄膜做成皱褶形。

③球形低温液化气体舱。球体舱壁采用9%镍钢或铝合金,外部包着隔热绝缘材料。球形舱被支撑在船舱的支架上,或用铰接机构吊挂在甲板下面。采用这种固定方式的好处是,当热胀冷缩时使球形舱有伸缩的余地。

(3) 液化气船特殊的技术要求

①要求有很高的保冷技术。如在常压下必须把甲烷和乙烯分别保持在-161.5 ℃和-103.9 ℃以下才行。

②在常温下建造的液化气体冷藏舱,当装载液化气体时,要急速冷却至极低的温度,因此必须采取措施防止结构产生温差应力。

③船体结构与液化气体冷藏舱的连接处,由于热胀冷缩会产生间隙,因此必须采取各种措施防止在航行中液货舱的移动。

④必须采取措施处理液化气体的自然蒸发等问题。部分蒸汽轮机液化天然气体船将运输途中蒸发的天然气或石油气输送到锅炉中燃烧以减少损失。

3. 液体化学品船

液体化学品船是专门用于运载散装液体危险化学品货物的船舶。液体化学品一般都具有易燃、易挥发、腐蚀性强等特性,有的还有毒性。因此,对运输液体化学品的船舶在防止渗漏、防腐蚀、防火、防爆等各方面必须特别予以注意。另外,液体化学品船货舱的特点之一就是分舱多、货泵多,并且各有自己的专用货泵,不能混用。

根据所运货物的特性,液体化学品船在设计与布置上可分为下列几种类型:

(1) 装载危险性最大的货物的船舶具有双层底和双重外壳,双重外壳所形成的翼舱,其宽度不小于船宽的1/5,这就使船舶一旦发生碰撞搁浅时,液体不至于漏出船外。

(2) 装载危险性略小的货物的船舶应具有双层底和双重船壳,但翼舱宽度可小于上一种情况的翼舱宽度。

(3) 装载危险性更小的货物的船舶,结构与油船相似。

如运送酸、碱等腐蚀性较强货物的船舶,其货舱内壁、管系、泵等设备多采用不锈钢或以特殊耐腐材料覆盖。

(七) 兼用船

散货船、矿砂船和油船等专用船舶,虽然载重量都比较大,但是由于所运输的货物种类单一,回航不能装运其他种类货物,只好压载空放。兼用船亦称多用途船,是根据货物种类的变化,船舶在往返航程中,可以装载不同种类的货物,既可以装载原油,也可以装载散货或矿砂的两用船或三用船。使用兼用船既可提高运力,又可降低运输成本。

(1) 兼用船是在20世纪60年代开始发展起来的。其主要特点是:兼用船都是肥大型船,总载重量(DW)大多数在15万~25万吨。结构上都设有中间舱和两侧边舱,并都设有双层底的单甲板船。

(2) 兼用船主要有下列两种类型:

①矿/油两用船:用于运输矿砂和原油,简称为O.O.船(Ore/Oil)。

这种船的中间货舱比较窄,占整个船舶货舱舱容的40%~50%左右。运输矿砂时装在中间货舱内,而运输原油时,装在两侧边舱和中间舱内。

②矿/散/油三用船:用于运输矿砂、较轻的散货和原油,简称为 O. B. O. 船(Ore/Bulk/Oil)。

O. B. O. 船货舱的形状与散货船的货舱类似,设有上、下边舱,并且有双层船壳。因此,形成中间船舱和两侧边舱,中间船舱比较宽大,约占整个船舶货舱容积的 70%~75%,甚至更大。中间船舱用来装散货和矿砂,当装矿砂时,为了提高船舶重心,要隔舱装货;当装载原油时,是装在中间舱和两侧边舱及上边舱的。

(3)为了不妨碍散货及矿砂的装卸作业,舱内的各种加强构件均装设在边舱的一侧,而中间货舱内的壁板表面平滑。

(4)由于中间货舱既要装散货,又要装载原油,装散货时要求舱口大,而装载原油时要求舱口尺寸小。因此,兼用船的舱口盖必须是钢质耐压结构,而且要求油密。

(5)当中间舱装载原油时,必须铺设加热管,而加热管又妨碍装卸货作业,故加热管是采用可拆式的,当装载散货时将加热管取下,存放在舱口盖内。也有的兼用船,将加热管固定在双层底顶部向下凹陷的特设井内,该井可兼作残油井用。

(6)兼用船的中间货舱在装载原油时,由于自由液面影响大,对稳性不利。

(7)对于矿/油两用船,为了提高船舶的重心,双层底同矿砂船一样比较高。

(8)兼用船的中间船舱在装载散货或矿砂时,由于两侧的油舱为空舱,会充满油气。当装卸货物发生碰撞而产生火花时,可能会引起爆炸。因此,在空油舱内一般要灌满惰性气体。

(9)兼用船都是艉机型、单螺旋浆的低速船。

(10)兼用船锈蚀比较严重,洗舱也很麻烦。

三、船舶主要部位和舱室的布置

船舶主要部位的名称与舱室的布置如图 1-7 所示:

(一)甲板与平台

1. 甲板

船舶同一层中,自艏部至艉部是纵向连续的,且从一舷伸至另一舷的平板,称为甲板。其中,船体最上面一层纵向连续的、自艏部至艉部的全通甲板称为上甲板,上甲板一般是露天甲板。上甲板之下的甲板,自上而下分别称为第二甲板、第三甲板等,统称为下甲板。

2. 平台

沿着船长方向不连续的一段甲板,称为平台甲板,简称平台,例如设置辅助锅炉为主的锅炉平台、设置发电机组为主的发电机平台、设置起货机的起货机平台等。

(二)主船体与上层建筑

在上甲板以下的部分,称为主船体,或称为船舶主体。而在上甲板上及以上的所有围蔽建筑物,统称为上层建筑。上层建筑主要包括船楼与甲板室两种形式。

宽度与上甲板宽度一样,或其侧壁板距舷边的距离小于 4% 船宽的上层建筑称为船楼,如图 1-8(a)所示。船楼又分为艏楼、桥楼和艉楼。

(1)艏楼:位于艏部的船楼,称为艏楼。艏楼的长度一般为船长的 10% 左右。超过 25% 船长的艏楼称为长艏楼。艏楼一般只设一层,艏楼的作用是减小艏部甲板上浪,并可减小纵摇,改善船舶的航行条件。艏楼内的舱室可作为贮藏室,长艏楼内的舱室可用来装货。

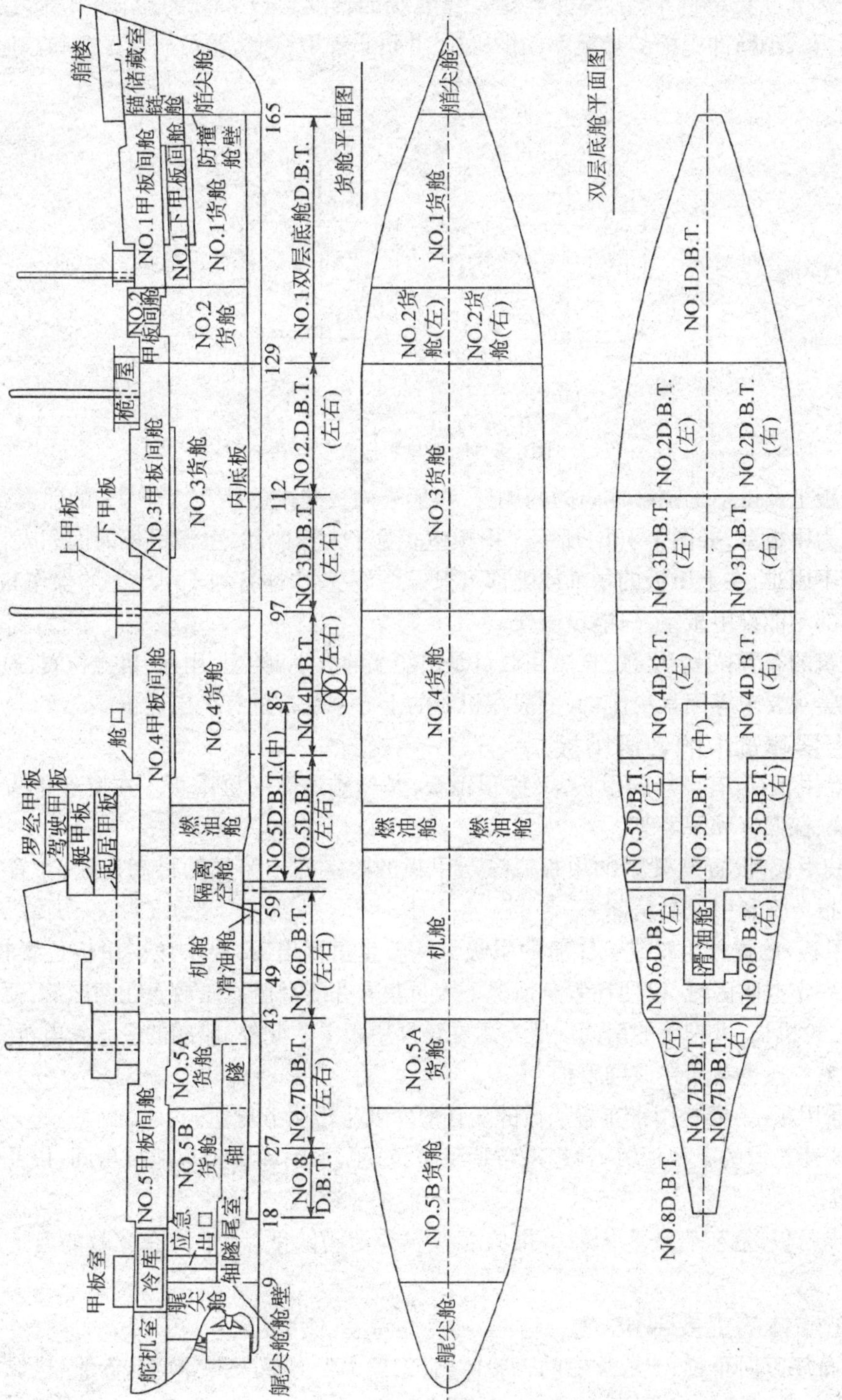

图1-7 船舶主要部位名称与舱室的布置

(2)桥楼:位于船中部的船楼,称为桥楼。当桥楼的长度大于15%的船长,且不小于本身高度6倍时,称为长桥楼。桥楼主要用来布置驾驶室和船员居住处所并保护机舱。

(3)艉楼:位于艉部的船楼,称为艉楼。当艉楼的长度超过25%的船长时,称为长艉楼。艉楼的作用可减小艉部甲板的上浪和保护机舱,并可布置甲板室、船员居住处所和其他用途的舱室。

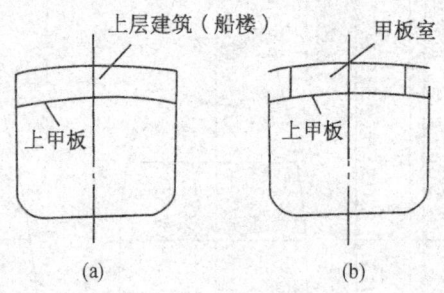

图1-8 船楼与甲板室

在上甲板上及以上的围蔽建筑的两侧壁,离船壳外板向内的距离大于4%的船宽,这种围蔽建筑物称为甲板室,如图1-8(b)所示。甲板室多见于大型船舶,由于甲板的面积大,布置船员房间等并不困难,在上甲板的中部或艉部可只设甲板室,这样有利于甲板上的操作和人员行走。船舶艏部不能设甲板室,只能设艏楼。

上层建筑的布置位置、层数、长短和数目是由船舶的大小、类型、用途、机舱位置、航海性能和船舶外形美观要求等因素决定的,一般在机舱的上方总是布置有上层建筑。

(三)上层建筑中的各层甲板

(1)罗经甲板:设有罗经的甲板,又称顶甲板,是船舶最高一层甲板。在罗经甲板上设有桅、雷达天线、探照灯和罗经等。

(2)驾驶甲板:设置驾驶室的甲板。该层甲板的舱室处于船舶的最高位置,布置有驾驶室、海图室、报务室和引航员房间等。

(3)艇甲板:放置救生艇或工作艇的甲板。从救生角度出发,要求该层甲板位置较高,艇的周围要有一定空旷区域,以便在紧急情况下人员集合并能登艇。艇放置在两舷侧,便于快速放艇。船长、轮机长、大副等的房间一般布置在该层甲板上。此外,船舶的应急发电机室、蓄电池室和空调室一般也布置在该层甲板上。

(4)起居甲板:主要是用来布置船员的居住舱室及生活服务舱室。

(5)上层建筑内的上甲板:一般用来布置厨房、餐厅、水手和厨工等船员房间,以及伙食冷库、粮食库等。

(6)游步甲板:是客船或客货船上供旅客散步或活动的甲板,常设有宽敞的通道或活动场所。

(四)主船体的主要部位

按船舶首尾方向布置,一般货船的主船体内,主要部位有艏尖舱、货舱、深舱、机舱和艉尖舱等。

(1)艏尖舱:艏尖舱是位于艏部防撞舱壁之前、舱壁甲板之下的船舱。艏尖舱主要用作压载水舱,因为它远离船中,所以其调整船舶纵倾的效果较好。必要时艏尖舱也可储存淡水。《国际海上人命安全公约》(简称SOLAS公约)规定,艏尖舱内不得装载燃油、滑油和其他易燃油类。

(2) 货舱:一般货船,在双层底内底板之上和上甲板之下、艏尖舱舱壁与艉尖舱舱壁之间,除了布置机舱和深舱之外,基本上都用于布置货舱。货舱的名称按首尾方向排号。货舱之间有水密横舱壁。

货舱内的布置,要求结构整齐,各种管系、通风管道和其他设施都应安置在船舱结构范围之外,不得妨碍货物的装卸。

(3) 深舱:有的船舶因燃油储存量较大,在机舱前舱壁与货舱之间设有深舱。有的船舶特别是艉机型船,由于船舶浮态调整的需要,或因压载水量要求大,在货舱与货舱之间设有1~2个压载深舱。

(4) 机舱:一般货船设一个机舱,个别大型客船设有主、副机舱。

机舱的位置直接关系到船舶上层建筑的形式、货舱布置、纵倾调整、船体结构与强度以及驾驶视线等。目前常见的机舱位置有设于船舶中部、艉部和中艉部三种,相应的建筑形式即称为"中机型""艉机型""中艉机型"。

(5) 艉尖舱:位于艉部最后一道水密横舱壁之后、舱壁甲板或平台甲板之下。艉尖舱主要作为压载水舱或淡水舱,以调整船舶浮态,如图1-9所示。

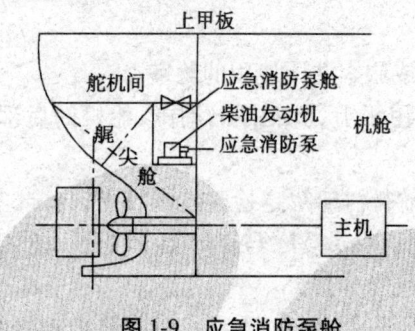

图1-9 应急消防泵舱

(五) 船舶工作舱室

船舶工作舱室可分为驾驶、轮机、甲板三类工作舱室。

驾驶工作舱室有:驾驶室、海图室和报务室。

甲板工作舱室有:理货室、锚链室、木匠工作间、灯具间、油漆间、缆绳和索具间等。

轮机工作舱室有:

(1) 机舱:该舱是集中放置船舶动力装置中绝大部分机电设备的船舱。运输船舶的机舱几乎均设在驾驶船楼的下方。机舱必须与货舱分开,因此机舱前后端均设有水密横舱壁。

(2) 应急发电机室:该室是放置应急发电机组及其配电板的舱室。应急发电机是在机舱内发电机组发生故障或船舶发生海损时为船舶提供应急电源而设置的。根据SOLAS公约的要求,应急发电机室应置于最高一层连续甲板以上易于从露天甲板到达之处,一般位于艇甲板,不能与机炉舱相通,门开向露天甲板。

(3) 蓄电池室:SOLAS公约规定,蓄电池组不应与应急配电板装设在同一处所,所以蓄电池室应是独立的舱室,一般也位于艇甲板。因蓄电池常有易爆性气体和电解液逸出,所以蓄电池室应建有适当的构造和进行有效的通风,室内要铺设防腐垫层,室内不应安装电气设备,照明要用防爆灯。

(4) 舵机间:该间是用于布置舵机的舱室,位于舵的上方艉尖舱顶部水密平台甲板上,如

图1-9所示。

(5)应急消防泵舱:根据SOLAS公约的要求,当船舶任一舱室失火会使所有的消防泵失去作用时,应设有固定独立驱动的应急消防泵。应急消防泵应布置在机舱之外的水密舱室内,如图1-9所示。

(6)空调室:该室是放置空调器的舱室。在货船上,空调室一般位于艇甲板后部。

(7)制冷机室:该室是放置制冷压缩机及其有关设备的舱室,一般靠近冷藏舱室附近。

(8)轴隧:中机型船和中艉机型船的推进轴系要通过机舱后面的货舱,因此从机舱后舱壁至艉尖舱舱壁之间必须设置一个水密结构的轴隧,将轴系围在里面,并由此通至螺旋桨。

(六)船舶生活舱室

居住舱室的布置:

(1)船员居住舱室:为了方便船员工作,保证船员休息,并尽可能改善船员的工作生活条件。船员居住舱室一般都布置在各自的工作场所附近,但各船的布置不尽相同。

(2)旅客居住舱室:旅客居住舱室应与船员居住舱室分开,也应与货舱、装卸作业区域分开。居住区域要有适当的可供旅客散步或活动的甲板(例如游步甲板),要有足够数量和宽敞的通道、楼梯和出入口,并配有一定数量的厕浴室。

公共舱室的布置:

船上的公共舱室是为船员或旅客共同使用的舱室。

(1)厨房:厨房一般设在上甲板上、机舱棚的周围、船楼的后部,并远离厕所、浴室及医疗室等处所。

(2)餐厅:按我国的《国内航行海船法定检验技术规则》规定,等于或大于1 000总吨的船舶一般应分设船长、轮机长和高级船员餐厅与普通船员餐厅。客船则根据限定载客数量分设数个餐厅。船员餐厅应与旅客餐厅分开。

(3)厕所、浴室和盥洗室:厕所、浴室、盥洗室一般都集中布置在居室附近,船员的厕浴室与旅客的厕浴室分开。各层甲板上的厕所、浴室、盥洗室基本上在同一舷侧并处于同一垂直线上。

(七)液舱

液舱是指用来装载液体的舱,如燃油舱、淡水舱、压载舱、液货舱等。

1. 液舱布置的特点

(1)与一般货物(矿石等除外)相比较,液体货物的密度大,为有利于船舶稳性,液舱一般都在船舶的低处。

(2)液舱一般都对称于船舶纵向中心线布置,以有利于船舶破舱稳性。

(3)液舱都是水密或油密舱,除开有清洗和维修用的人孔之外,不准开其他孔。

(4)液舱的横向尺寸都较小,以减小舱内液体的自由液面对稳性的影响。

(5)所有燃油和淡水都不应集中布置在一个舱内,以保证船舶在部分油、水舱破损后不致完全丧失船舶的行动力。

(6)液舱内设有输入输出管、空气管、溢流管、测深管等。

2. 液舱的种类

(1)燃油舱:因船舶主机用的燃料油(俗称重油)黏度大,需要加热后方可输送,为了减少加热管系的布置,燃料油舱一般布置在机舱的前壁处和机舱的两舷侧处,以及机舱下面的双层底内。副机目前多燃用重柴油,柴油舱一般布置在机舱下面的双层底内。

(2)燃油溢油舱:装油时,当燃油舱装满了燃油时,可通过溢油管流入到溢油舱。为了使溢出的燃油能自行流入溢油舱,溢油舱一般都布置在船舶的最低处。溢油舱中的燃油仍可通过管系再泵入燃油沉淀柜内使用。

(3)滑油舱:滑油舱的四周要设置隔离空舱,与燃油舱、淡水舱、压载水舱及舷外水等隔开,以免污染滑油。但由于船舶滑油的储存量不是很大,所以很多船舶都将滑油的储存柜以油柜的形式设在船舶双层底以上的独立舱室中,俗称滑油储存柜。

(4)滑油循环舱:滑油循环舱位于主机下面的双层底中,习惯称它为滑油循环柜,用于主机曲柄箱油强制循环系统中,汇集滑油,以便不断循环。其四周也需设置隔离空舱,与周围的燃油舱、淡水舱和船底的舷外水隔开,以免污染滑油。

(5)污油舱:污油舱用于储存污油,舱的位置较低,以利于外溢和泄漏的污油自行流入舱内。污油舱开有人孔,供清理油渣的人员进出,并设有管路通向油水分离器,以便处理污油水。

(6)淡水舱:淡水舱分为饮用水舱、清水舱和锅炉水舱等几种。要求饮用水舱舱内的结构和涂料能保持水质清洁,一般在舱的内壁涂有水泥。

(7)污水舱:污水舱的位置较低,以利于船上各处的污水通过泄水管流入污水舱中,也可将机舱舱底污水储存于污水舱内。

(8)压载水舱:压载水舱对调整船舶浮态、吃水和稳性有很大影响。可作为压载水舱的有艏尖舱、艉尖舱、双层底舱、压载深舱、散货船的上、下边舱,集装箱船和矿砂船的边舱等。

(9)其他液舱:如前面已介绍过的艏尖舱、艉尖舱、双层底舱、深舱、液货舱等。

(八)其他舱室

1. 隔离空舱

隔离空舱也称为干隔舱,专门用来隔开相邻的两个舱室,以避免不同性质的液体相互渗透,以及防止油气渗入其他舱室而引起火灾。例如不同种类的滑油舱之间、燃油舱与滑油舱之间、油舱与淡水舱之间,以及油船的货油舱与机炉舱、居住舱室之间等均需设隔离空舱。有的油舱与货舱之间也需设隔离空舱,但燃油舱与压载水舱之间不需要设隔离空舱。隔离空舱较窄,一般只有一个肋位间距,并设有人孔供人员进出检修。油船上的货油泵舱可兼作隔离舱。

2. 伙食冷库和粮库

伙食冷库和粮库一般位于厨房附近,要求出入口远离卫生间,且方便搬运物品。

根据食物对冷藏温度的要求不同,大、中型海船一般有3~4个库,分别储藏肉、鱼、蔬菜、水果和乳蛋品等。粮库用于存放米、面粉、食油、酒和饮料等。

四、船舶尺度与主要参数

(一)船体的型表面、艏垂线和艉垂线

1. 船体型表面

型表面是指不包括船舶附体在内的船体外形的设计表面。这里所指的船舶附体,主要包括舵、螺旋桨、舭龙骨、减摇鳍、艉轴架等。

对于金属船体来讲,型表面是指船壳外板和上甲板的内表面,或者说,是船体骨架外缘的表面。对于木质、水泥、玻璃钢船体,则为船壳外板和上甲板的外表面。

船体的几何形状,指的是船体型表面的几何形状,船体型线图上所表示的也是船体型表面的形状和尺寸。从船体型表面上量取的尺度，称为船舶型尺度，如型宽、型深和型吃水等。

2. 艏垂线

艏垂线是通过艏柱的前缘和设计夏季载重水线的交点所做的垂线，如图1-10所示。通常以符号"F·P"表示。艏垂线可作为垂线间长、设计夏季载重水线长、艏吃水等有关量度的基准线。

3. 艉垂线

艉垂线是沿着舵杆中心线或舵柱的后缘所做的垂线，通常以符号"A·P"表示。
艉垂线是量度垂线间长、艉吃水的基准线。

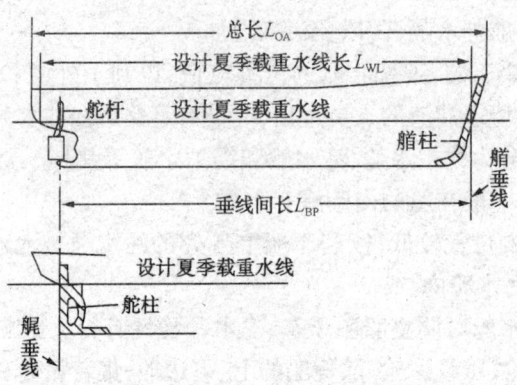

图1-10　船舶各相关长度

4. 垂线间长

垂线间长，又称两柱间长，是船舶艏垂线与艉垂线之间的水平距离，通常以符号"L_{BP}"表示。垂线间长，一般是用来代表船长。船体的重量估算、船舶主要性能、布置和绘制船体型线图等都要用到垂线间长。

（二）基准面、基线、直角坐标

1. 基准面

基准面也称为主坐标平面。它是用来确定船体上各部分位置和船体型尺度的直角坐标系统的坐标轴平面。基准面有三个（如图1-11所示）：

（1）中线面：将船体分为左右舷对称的两部分，并垂直于基平面的纵向平面。中线面是量度船体横向尺度的基准面。

（2）中站面：位于垂线间长中点处，并垂直于基平面和中线面的横向平面。中站面将船体分为前体和后体两部分，是量度船舶首尾方向尺度的基准面。

（3）基平面：通过中站面与龙骨线的交点，或船体型表面的最低点处（如为弧形龙骨时），并平行于设计水线面的平面。基平面是量度船体垂直方向尺度的基准面。

2. 基线、直角坐标

（1）基线：中站面或中线面与基平面的交线。中线面与基平面的交线，称为船体的纵向基线；中站面与基平面的交线，称为船体的横向基线。

在船舶设计中，绘制船体型线图、量度船体各部位型尺度时，都需要用到基线。

（2）直角坐标：在船舶静力学中，计算船舶重心、浮心、漂心和稳心位置时，需用船体上的直角坐标表示。

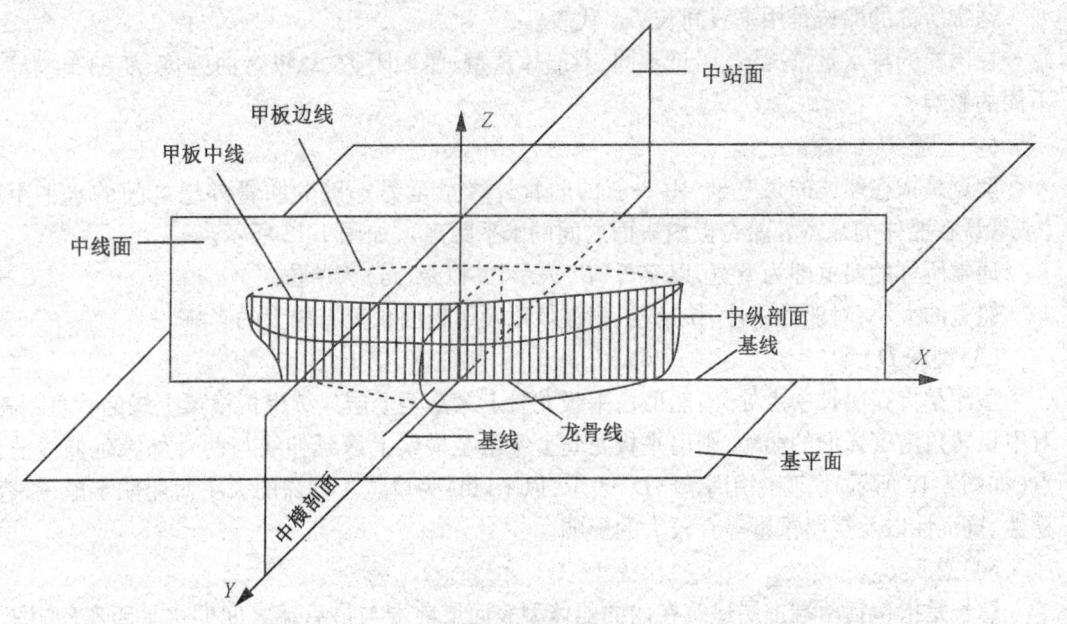

图1-11 基准面和基线

在船体上选用的直角坐标是这样规定的:将中线面、中站面和基平面的交点作为坐标原点O,中线面与基平面的交线,即纵向基线,作为坐标的纵轴,称为X轴,规定向艏方向为正值;中站面与基平面的交线,即横向基线,作为坐标的横轴,称为Y轴,规定向右舷为正值;中线面与中站面的交线,作为竖轴,称为Z轴,规定向上为正值(如图1-11所示)。

用直角坐标表示基准面时,$X-Y$坐标平面为基平面;$Y-Z$坐标平面为中站面;$X-Z$坐标平面为中线面。所以,基准面又可以称为主坐标平面。

船舶的左舷和右舷的定义是,站在船上,面向船首,左边的称为船舶左舷,右边的称为船舶右舷。

(三) 船舶尺度

船舶尺度主要是指表示船体外形大小的基本量度。

在船舶设计和建造中,船舶的性能和强度计算以及营运管理上所使用的船体外形尺度是不完全相同的,因而船舶尺度的量度位置也不完全相同。

常用的船舶尺度有三种:主尺度、登记尺度、最大尺度。

1. 主尺度

主尺度是用垂线间长L_{BP}×型宽B×型深D(或船长L×型宽B×型深D)这三个尺度表示的。

主尺度是根据《钢质海船入级规范》中的定义,从船体的型表面上量度的尺度。除此之外,在船舶的设计、建造和性能计算中,还用到总长L_{OA}、设计水线长L_{WL}和型吃水d等,它们也都是从船体的型表面上量取的尺度。

(1) 船长L

船长是沿设计夏季载重水线,由艏柱前缘量至舵柱后缘的长度;对无舵柱的船舶,由艏柱前缘量至舵杆中心线的长度,即艏艉垂线间的长度。但船长均不得小于设计夏季载重水线总长的96%,且不必大于97%,如图1-10所示。船长用字母"L"表示,以米(m)为单位。

对于箱形船体,船长 L 为沿设计夏季载重水线自艏端壁前缘量至艉端后缘的长度。

通常所称的船长是用垂线间长 L_{BP} 代表。

在同样的排水量情况下,船长不同,对船体重量、船舶阻力、总纵弯曲强度、船舶布置等有不同的影响。

(2)型宽 B

型宽是指在船体的最宽处,由一舷的肋骨外缘量至另一舷的肋骨外缘之间的水平距离(或者说在船体的最宽处船壳板内表面之间的水平距离),如图 1-12 所示。

通常所称的船宽即为型宽,以字母"B"表示,并以米(m)为单位。

船宽的大小,对船舶稳性、快速性、耐波性以及甲板面积等有较大的影响。

(3)型深 D

型深是指在船长中点处,沿船舷由平板龙骨上缘量至上层连续甲板横梁上缘的垂直距离;对甲板转角为圆弧形的船舶,则由平板龙骨上缘量至横梁上缘延伸线与肋骨外缘延伸线的交点(如图 1-12 所示)。型深用字母"D"表示,以米(m)为单位。型深的大小对船舶干舷、舱容、稳性、抗沉性以及空船重量等有较大的影响。

(4)总长 L_{OA}

总长是指包括两端上层建筑在内的船体型表面最前端与最后端之间的水平距离(如图 1-10 所示)。总长以字母"L_{OA}"表示。在船舶总布置设计和纵倾调整等方面要用到它。

(5)设计水线长 L_{WL}

设计夏季载重水线面与船体型表面艏艉端交点之间的水平距离,通常满载水线的长度即为设计水线长。设计水线长以字母"L_{WL}"表示。船舶的许多航行性能计算都是用设计水线长。

(6)型吃水 d

型吃水是指在船长中点处,沿着船舷由平板龙骨上缘量至夏季载重水线的垂直距离(如图 1-12 所示)。型吃水以符号"d"表示,以米(m)为单位。

吃水是指船舶在水面以下的深度。根据量度位置的不同,吃水主要分为:型吃水、实际吃水(或外形吃水)、设计吃水(或满载吃水)、压载吃水、空船吃水、艏吃水、艉吃水、平均吃水等。

型吃水是根据船体型表面量度的,它不计入水下突出物和船底板的厚度,而且是量至设计水线(或满载水线、夏季载重水线)。在船舶设计中,各种船舶性能的计算均会用到型吃水。它对船舶稳性、抗沉性、船体强度、船舶阻力和操纵性等都有较大的影响。

外形吃水或称实际吃水是从船舶外形的最低点(包括附体或水下突出物在内)量至某一水线面的吃水。对于平直型龙骨线船底无突出物的船型,在夏季载重水线时的实际吃水与型吃水仅差龙骨板的厚度。船舶营运中,对于吃水受限制的水域,要特别注意船舶实际吃水的大小。

设计吃水,通常指满载吃水,是船舶处于满载排水量状态时的吃水,亦是船舶在正常航行状态下的最大吃水。当计入水面下的突出物和船底板厚度时,即为实际吃水。若从型表面量度时,则为型吃水。

空船吃水,是船舶处于空船排水量状态的吃水。空船吃水主要用于设计计算,实际营运中很少出现,因为营运中的船总是留有一定量的油和水等。

压载吃水,是船舶处于压载排水量状态时的吃水。

艏吃水是艏垂线处的吃水。通常用字母"d_F"表示,可以是型吃水或实际吃水。

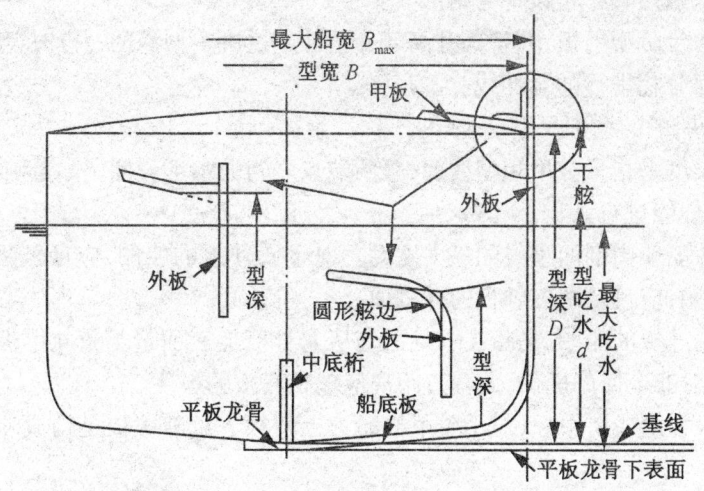

图 1-12 型宽、型深和吃水

艉吃水是艉垂线处的吃水。通常以字母"d_A"表示,可以是型吃水或实际吃水。

艏吃水和艉吃水的大小对船舶的操纵性、快速性等有很大影响。船舶在压载状态航行时,艉吃水总是要大于艏吃水,以免使螺旋桨和舵露出水面。

平均吃水,是艏吃水与艉吃水的平均值。当船舶有横倾又有纵倾时,平均吃水是左右舷相应的艏艉位置测得的吃水平均值。当船舶的纵倾角不大时,通常用平均吃水进行有关的船舶各种性能计算。当纵向倾斜角很大时,不能用平均吃水代表船舶吃水状况进行有关的计算。

2. 登记尺度

船舶在完成吨位丈量工作并填写吨位证书之后,需要申请登记。登记的内容包括船名、船籍港、螺旋桨数目、建造日期、建造地点和船舶尺度等。该处所使用的船舶尺度,也称为船舶登记尺度。

目前,我国船舶所使用的登记尺度分两种:持有"国际船舶吨位证书(1969)"的船舶,用"国际航行船舶"的登记尺度,即按《1969年国际船舶吨位公约》中所规定的定义(与《1966年国际船舶载重线公约》中规定的船舶尺度定义相同);持有"船舶吨位证书"的船舶,用"国内航行船舶"的登记尺度。

(1)国际航行船舶的登记尺度

①长度是指量自龙骨板上缘的最小型深85%处水线长度的96%,或沿该水线从艏柱前缘量到上舵杆中心的长度,取两者中较大者。如船舶设计具有倾斜龙骨,则作为测量此长度的水线应平行于设计水线。

②宽度是指船舶长度中点处的宽度。对于金属外板的船舶,其宽度量到两舷的肋骨型线;对于其他材料外板的船舶,其宽度量到船外板的外表面。

③型深:

a. 型深是指在长度中点船舷处从平板龙骨上表面量到上甲板下表面的垂直距离。对木质船舶和铁木混合结构船,垂直距离是从龙骨镶口的下缘量起。如船舶中央横剖面的底部呈凹形,或装有加厚的龙骨翼板时,垂直距离是从船底平坦部分向内延伸与龙骨侧面相交的一点量起。

b. 具有圆弧形舷边的船舶,型深是由平板龙骨上缘量到甲板型线和船舷外板型线相交点,这些线的引申是把舷边看作是设计为角形。

c. 当上甲板为台阶型甲板,并且其升高部分延伸超过决定型深的一点时,型深应量到较低部分甲板与升高部分相平行的延伸线。

(2)国内航行船舶的登记尺度

①量吨甲板长度是指量吨甲板型线艏、艉两端点之间的水平长度。如量吨甲板有台阶,则取其低者,并作延伸线进行计量。

②船宽是指在船舶中剖面型线的最大宽度。对金属外板的船舶,应量至两舷外板的内表面;对非金属的船舶,应量至两舷外板的外表面。

③船深对金属外板的船舶,是指在中剖面处从龙骨板上表面量至量吨甲板在船舷处的下表面的垂直距离;对非金属的船舶,此垂直距离应包括底板的厚度。

量吨甲板一般为第二层甲板,对于单甲板船为上甲板。量吨甲板是构成吨位规则的吨位空间的上边界。

上述的船舶尺度,除了在船舶登记中使用外,主要在船舶吨位丈量和计算中使用。

3. 最大尺度

最大尺度包括船舶最大长度、最大宽度、最大高度。船舶在停靠码头,进坞,过船闸、桥梁和狭窄航道以及船舶避碰时要用到船舶最大尺度。

(1)最大长度 L_{max}

最大长度 L_{max} 是指船舶最前端与最后端之间包括外板和两端永久性固定突出物(如顶推装置等)在内的水平距离。

对于两端无永久性固定突出物的船舶,如木质、水泥、玻璃钢等船舶的最大长度等于总长,钢质船舶的最大长度与总长相差两端外板的厚度。最大长度是船舶的实际长度。

(2)最大宽度 B_{max}

最大宽度 B_{max} 是指包括外板和永久性固定突出物(如护舷材、水翼等)在内的垂直于中线面的船舶最大水平距离。

对于两舷无永久性固定突出物的船舶,如木质、水泥、玻璃钢等船舶,最大宽度等于型宽,钢质船舶的最大宽度与型宽相差两舷外板的厚度。最大宽度是船舶的实际宽度。

(3)最大高度

最大高度是指从船舶的空载水线面垂直量到船舶固定建筑物(包括固定的桅、烟囱等在内的任何构件)最高点的距离。

(四)船舶主尺度比

船舶主尺度比是表示船体几何形状特征的重要参数,其大小与船舶的航海性能有着密切的关系。

(1)长宽比 L/B

长宽比 L/B 一般是指垂线间长与型宽的比值。该比值越大,船体越瘦长,其快速性和航向稳定性越好,但港内操纵不灵活。通常高速船的长宽比大于低速船的长宽比。

(2)宽度吃水比 B/d

宽度吃水比 B/d 一般是指型宽与型吃水的比值。该比值大,船体宽度大,船舶稳性好。但横摇周期小,耐波性变差,航行阻力增加。一般海船的宽度吃水比小于内河船的宽度吃水比。

(3) 型深吃水比 D/d

型深吃水比 D/d 一般是指型深与型吃水的比值。该比值大,干舷高,储备浮力大,抗沉性好,船舱容积增大,重心升高。一般客船的型深吃水比较大,而油船的型深吃水比较小。

(4) 长深比 L/D

长深比 L/D 一般是指垂线间长与型深的比值。该比值大对船体纵向强度不利,所以在船舶规范中规定,一般干货船的长深比 $L/D \leq 17$。

(5) 长吃水比 L/d

长吃水比 L/d 一般是指垂线间长与型吃水比值。该比值大,船舶的操纵回转性能变差。

(6) 宽深比 B/D

宽深比 B/D 一般是指型宽与型深的比值。宽深比对船体结构强度有较大影响,该比值越大,则船舶的中横剖面越扁,对船体纵横向强度越不利,因此,在船舶建造规范中规定,一般干货船宽深比 $B/D \leq 2.5$。

第二节 船舶强度

船舶强度是指船体结构抵抗各种外力作用的能力。检验船体结构抵抗外力作用能力的方法是计算出船体结构中产生的应力和变形,与结构材料的许用应力和允许的变形进行比较加以衡准。

根据作用于船体上力的性质和为了计算上的方便,将船舶强度分为总纵弯曲强度(亦称为纵向强度)、横向强度、局部强度和扭转强度。

一、总纵弯曲强度

(一) 船体发生总纵弯曲变形的原因

船体是一个中部肥大,向艏、艉两端逐渐瘦削的细长体。其由骨架和钢板组成外壳,中间是空心的。因此,可以把船体看成为是一个空心的变断面梁,简称为船体梁。船舶在营运过程中,作用在船体上的外力很多,有重力、浮力,船舶做各种运动时产生的惯性力,波浪冲击力,螺旋桨和机器等引起的振动力、碰撞力,搁浅和进坞时礁石与墩木的反作用力等。

在这些外力的作用下,船体结构可能会发生各种变形和破坏,有的属于整体性的,有的是在局部位置上。而对船体构成危害最大的是由重力和浮力引起的、沿着整个船长方向上发生的总纵弯曲变形和破坏。而其他的力,如惯性力、冲击力、振动力等,对船体总纵弯曲的影响可以忽略不计。

船舶重量是由船体自身重量,机器设备重量,装载的货物、旅客、燃料、备品等的重量组成的,这些重量的合力称为船舶重力 W,方向垂直向下,作用于船舶重心 G 上。而舷外水对船体的压力在垂直方向上分力的合力,称为船舶浮力 D,方向垂直向上,作用于船舶浮心 B 上。当船舶静浮于水上时,重力 W 和浮力 D 的大小相等、方向相反,作用于同一条直线上[如图1-13(a)所示]。但是,对于沿着船长方向上某一小区段来讲,作用于上面的重力和浮力并不一定相等。若将船体沿着船长方向分隔成若干个可活动的小分段[如图1-13(b)所示],则在各个分段上,对于重力大于浮力的分段,重力和浮力的差值是一个向下的力,这个力作用于分段上,该分段会向下沉。而重力小于浮力的分段上,其重力和浮力的差值是一个向上的力,这个力作用于分段上,该分段会向上浮。实际上,船体是一个弹性的整体结构,相当于一个弹性梁,不允许各个分段有上下相对的移动,而只能沿船长方向发生纵向的弯曲变形。因此,船体发生总纵弯曲主要是由于沿着船长方向每一点的重力和浮力分布不均匀造成的。

(二) 中拱与中垂

若船体中部所受的浮力大而艏艉端所受的浮力小,中部所受的重力小而在艏艉端所受的重力大,此时船体将发生中部上拱而艏艉端下垂的总纵弯曲变形,这种船体的弯曲变形称为中拱[如图1-13(c)所示]。相反,若船体中部所受的浮力小而艏艉端所受的浮力大,中部所受的重力大而艏艉端所受的重力小,此时船体将发生中部下垂而艏、艉两端上翘的总纵弯曲变形,这种船体的弯曲变形称为中垂[如图1-13(d)所示]。船体发生中拱还是中垂,是决定于船舶的重力和浮力沿着船长方向的分布。

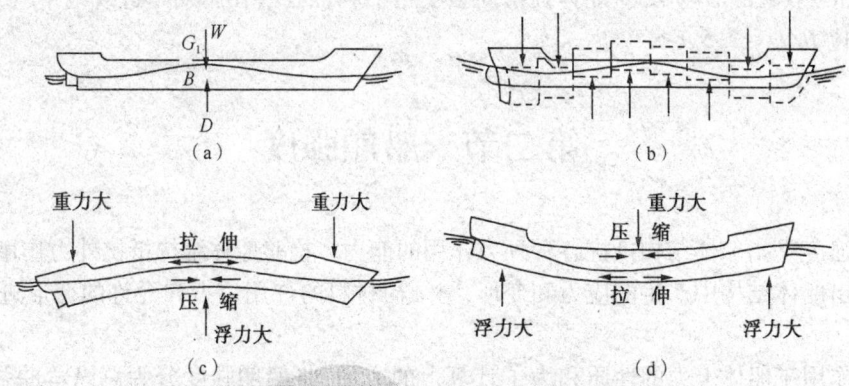

图1-13 船体总纵弯曲变形

由于船体中拱或中垂而引起的挠度,一般不得大于$L/1\,000$ mm。L为垂线间长(mm)。

船体发生过大的中拱和中垂弯曲变形时,会对船舶产生许多不利的影响:

①过大的中垂状态,使船中吃水大于艏艉吃水,根据载重线标志判断载重量,则应减小船舶装载量;

②上层建筑和甲板室连接处作用力增加;

③使轴系和管系等发生弯曲变形;

④大开口舱口的变形会影响与舱盖的配合。

(三) 总纵弯曲力矩与剪力

船舶浮于静水中,可将船体视为一根空心变断面且两端自由支持的梁,受着不均匀的重力和浮力作用。在船长方向上,某一单位船长上重力和浮力的差值,称为该段单位船长处的负荷。由于重力和浮力的不平衡,产生船舶的弯曲变形,从而在船长方向上各点产生总纵弯曲力矩和剪力。船体结构抵抗总纵弯曲力矩和剪力作用的能力,称为船体总纵弯曲强度,简称为纵向强度。

总纵弯曲力矩和剪力沿着船长方向的分布特点:

(1)由于船舶浮于水上,艏、艉两端无支持,是自由的,所以在艏、艉两端的弯曲力矩和剪力总是等于零。

(2)总纵弯曲力矩值,从艏、艉两端向船中逐渐增大,最大弯曲力矩一般位于船中$0.4L$处附近。

(3) 最大的剪力位于距艏、艉两端 0.25L 处附近。

(4) 根据梁的弯曲理论可知,最大弯曲力矩处,其剪力值等于零。

(5) 对于营运船舶来讲,每一条船舶有一个可以确定的最大弯曲力矩值和剪力值。

(四) 船体受到的水压负载和舱柜受到的负载

计算作用在船上的总纵弯曲力矩和剪力的大小及分布规律的目的是要找出船舶在营运过程中,作用在船体上可能发生的最大总纵弯曲力矩和剪力值,以及它们作用在船上的位置。若船体结构能够抵抗最大的总纵弯曲力矩和剪力的作用,则认为船体结构是满足总纵弯曲强度要求的。总纵弯曲力矩和剪力的大小及沿船长的分布规律与船舶的大小、船舶重量和浮力的大小及沿着船长方向的分布有关。

1. 浮力的大小和分布

浮力的大小及其沿着船长方向的分布与船体水线下的几何形状和大小有关。具体地讲,当船体的几何形状和大小一定时,浮力的大小和分布是与船舶吃水,船在海上所遇到的波浪形状、大小以及船与波的相对位置有关。而且船舶在航行过程中,当遇到波浪时,浮力沿着船长方向的分布是在不断地变化的。

船舶浮在平静的水面上,浮力沿着船长方向的分布是依据水线下船体横剖面沿着船长方向变化来确定的,分布越均匀,引起的弯曲力矩和剪力就越小。

研究表明,使船体可能产生最大弯曲力矩和剪力的浮力分布是当船在海上遇到波浪时。假定波的形状为坦谷波(波峰较陡而波谷较平坦),波长 λ 等于船长 L,波高 H 等于波长的 $1/20$($L>120$ m 时)或 $\lambda/30+2$ m($L<120$ m 时),船与波的相对位置是波峰位于船中或波谷位于船中,则此时船舶的浮力分布对船体总纵弯曲力矩和剪力来讲是最不利的。在船体强度中,称上述这种波为标准波。

2. 重力的大小和分布

营运船舶重力的大小与沿船长的分布主要决定于船舶的装载状态。

研究表明,在载重分布合理的情况下,船舶满载出港、满载到港、压载出港和压载到港的装载状态,船舶重力的分布对船体总纵弯曲力矩和剪力是最不利的分布。

若船舶在上述的装载状态下遇到了标准波,则作用在船体上的弯曲力矩和剪力有可能达到最大值。

例如:一条油船满载出港,当遇到了标准波,波谷位于船中时,可能会发生最大的中垂变形,作用在船体上的弯曲力矩和剪力可能达最大值。这是因为油船机舱位于艉部,满载时机舱较中部货油舱轻,油船的艏部又设有干货舱,是一个空舱,所以油船满载时艏、艉两端的重量轻,中部重量大,当波谷位于船中,中部所受浮力小,艏、艉两端受到的浮力大,所以这种重力和浮力的分布会使船体发生很大的中垂弯曲变形。

又如中机型货船满载出港,遇到了标准波,波峰位于船中,船体可能会发生最大的中拱弯曲变形,作用在船体上的弯曲力矩和剪力可能达最大值。因为机舱位于船中,满载时船中部重量轻,艏艉部的货舱重量大。当波峰位于船中时,船中受到的浮力大而艏艉部受到的浮力小,所以船体可能会发生很大的中拱弯曲变形。

综上所述,对于营运的船舶来讲,船体的几何形状和大小是一定的。船舶可能遇到的最不均匀的重力分布的装载状态是一定的;船舶可能遇到的最不均匀的浮力分布的波浪也是一定的。因此,每一条船舶就有一个可以确定的最大弯曲力矩值和剪力值。

(五) 船体总纵弯曲强度的衡准

1. 船中剖面模数

在船体结构中，从最大总纵弯曲力矩作用的一段船长上，找出船体纵向构件较少的剖面处，如船长中部的货舱口处的剖面，求出参与总纵弯曲力矩的构件对船体横剖面中和轴的惯性矩 I，并分别除以中和轴至强力甲板边线的垂直距离 Z_d 和至船底平板龙骨上缘的垂直距离强度 Z_b，所得之值分别称为甲板剖面模数 W_d 和船底剖面模数 W_b，即：

$$W_d = I/Z_d \qquad W_b = I/Z_b$$

把甲板剖面模数 W_d 和船底剖面模数 W_b 统称为船中剖面模数。

2. 总纵弯曲应力

根据梁的弯曲理论可知，将船体所承受的最大弯曲力矩 M 分别除以甲板剖面模数和船底剖面模数，则可得甲板的总纵弯曲应力 σ_d 和船底的总纵弯曲应力 σ_b 分别为：

$$\sigma_d = M/W_d \qquad \sigma_b = M/W_b$$

总纵弯曲应力的大小沿船深方向是成线性分布的。甲板和船底的弯曲应力方向相反，当船体发生中拱弯曲时，甲板受拉应力作用，船底受压应力作用；若船体发生中垂弯曲时，甲板受压应力作用，船底受拉应力作用；而位于中和轴处，总纵弯曲应力等于零（如图1-14所示）。

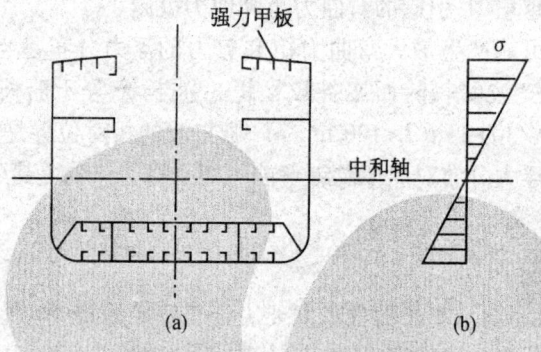

图 1-14 船中横剖面和总纵弯曲应力的分布

3. 总纵强度衡准

由于船底构件较多，中和轴一般偏低，故甲板剖面模数较船底剖面模数小。所以，一般甲板上所受的总纵弯曲应力较船底的总纵弯曲应力大。为了强度校核，取剖面模数较小者作为船中剖面模数，并以"W"表示。

设作用在船体上的最大总纵弯曲力矩为 M，则在船体结构中产生的最大弯曲应力为

$$\sigma = M/W$$

若船体结构材料的许用应力为 $[\sigma]$，当 $\sigma \leq [\sigma]$ 时，即 $M/W \leq [\sigma]$，就认为船体结构材料是满足总纵弯曲强度要求的。

当船体的几何形状、大小和布置、载重量、结构材料等是确定的时候，最大的总纵弯曲力矩 M 和结构材料的许用应力值 $[\sigma]$ 也是一个确定值，令 $M/[\sigma] = W_0$，则 W_0 也是一个确定的值。由此，船体强度要满足总纵弯曲强度的要求 $\sigma \leq [\sigma]$，则船体中实际的船中剖面模数 W 必须满足于 $W \geq W_0$。因此，剖面模数 W_0 是满足总纵弯曲强度要求的最小的船中剖面模数，故 W_0 也可以作为衡量船体总纵弯曲强度的衡准。船舶营运多年以后，船体结构材料因锈蚀而变薄，实际的船中剖面模数会变小。

二、横向强度

船舶横向强度是指船体结构抵抗横向作用力的能力。承担船体横向强度的主要构件和结构有:横梁、肋骨、肋板及由它们所组成的肋骨框架和横舱壁等。当船体受到的舷外水压力作用与舱内货物、机器设备等的压力作用不均衡时,甲板、船底和舷侧结构会在船体横向断面内发生凹变形[如图1-15(b)所示]。另外,当船在水上受到横向波浪的作用时,船的一舷水压力大于另一舷的水压力,或者船舶在横摇时由于惯性力的作用,往往也会使肋骨框架发生如图1-15(a)所示的歪斜。不过,一般海船的船体横向强度是足够的,不需要像求解总纵弯曲强度那样进行详细计算。

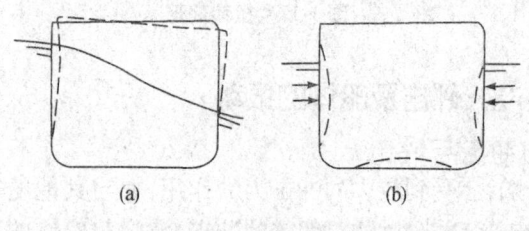

图1-15 横向变形

三、局部强度

局部强度是船体结构抵抗局部外力作用的能力。如图1-16所示,在艏部底部较平坦的部位,当船舶压载航行在波浪上发生纵摇时,由于艏部吃水浅会使艏部船底受到猛烈的冲击作用,使船底板产生凹陷变形。又如舷侧受到码头的碰撞和挤压作用、艉部受到螺旋桨的激振作用、桅以及机器设备等对船体结构的局部作用力等,都是船体受到的外力作用。对于较大的局部作用力,一般不去进行计算,主要是根据经验采取局部加强的办法。

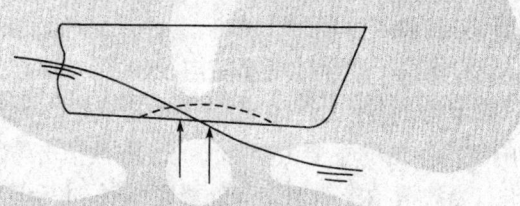

图1-16 艏部底部的冲击载荷作用

四、扭转强度

扭转强度是指整个船体抵抗扭转变形和破坏的能力。如图1-17所示,当船舶斜置在波浪上时,或船的艏、艉部的装载对于船中心线左右不对称时,以及其他原因产生的艏艉、左右不对称的作用力,都会产生作用在船体上的扭转力矩,使船体发生扭曲变形。但是,一般船舶由于舱口较小,均有足够的抗扭强度,都不进行扭转强度计算。对于集装箱船,因甲板上货舱口较大,需要考虑船体结构的扭转强度问题。

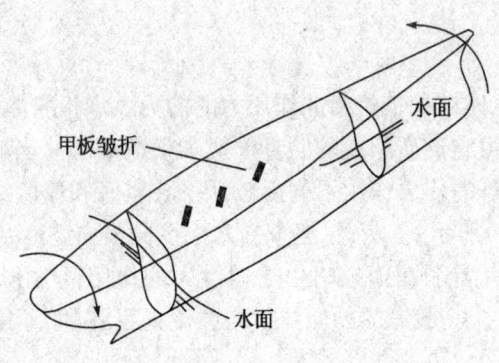

图 1-17 扭转变形

五、船舶受到的冲击、砰击及船体的振动

(一)船舶受到的冲击与砰击

停泊或航行中的船舶,会受到较大的冲击力的作用,如与其他船舶的碰撞、搁浅和进坞时礁石与墩木对船体的冲击、装载时货物对船体的冲击、波浪对船体的冲击、螺旋桨和机器等运转时对船体的冲击、军舰火炮发射时的后坐力对船体的冲击等。特别是船舶在恶劣海况下航行过程中不可避免地会受到波浪对船体的冲击作用,波浪的冲击力使轮船左右摇摆,可能使轮船倾覆,再加上船体本身的垂荡和纵摇运动,船首和其他部位会因频繁地出入水发生砰击。船首受到的砰击力会对船舶的安全构成严重的威胁,不仅会造成船体结构不可逆转的形变,甚至会引起某些关键结构的破坏从而导致严重的后果。

砰击(slamming)是船舶在恶劣的海况中航行时波浪与船体的激烈冲击现象,主要发生于艏部。船舶水动力砰击可以分为四大类:艏底砰击、波浪拍击、艏外飘砰击和甲板上浪。

(1)艏底砰击。船舶在大幅运动时,船首很容易露出水面,当再次入水时,船首底部会以较高的速度拍击水面,与波浪产生猛烈的冲击,这种现象即为艏底砰击。在砰击瞬间,会产生巨大的冲击力,此力最初作用于船体的局部结构,继而引发船体振动,传至整个船体。

(2)波浪拍击。波浪拍击常用来描述船侧的拍击问题,一般是指波系向相对静止的船舶结构传递能量。影响波浪拍击的主要因素是海况。波浪拍击常出现在船舶的水线面附近。

(3)艏外飘砰击。当波浪拍击船舶艏部外飘区域时,也会产生很大的冲击力,这种现象称为艏外飘砰击。与艏底砰击相比,艏外飘砰击的冲击力较低,但砰击持续时间更长,作用面积更大,会覆盖整个艏部,且不一定有艏部出水现象。

(4)甲板上浪。甲板上浪是指船舶在汹涌中航行,波浪超过干舷涌上甲板时出现的现象。甲板上浪会对甲板及其上部结构造成破坏。

对于浅吃水且底部平坦的船舶(如登陆舰、压载状态下的肥大型散货船),艏底砰击现象比较严重。对于艏部有着较大外张的船舶(如驱逐舰、航空母舰、集装箱船),艏外飘砰击现象较为突出。对于干舷较低的船舶(如满载状态的油船及散货船),甲板上浪现象经常发生。

在砰击过程中,一方面可能使砰击区域的局部结构在砰击压力作用下直接遭到破坏,另一方面由于船体梁在砰击时的弹性振动产生较大的砰击弯矩,也会严重地威胁船体结构的总纵强度。

(二)船体的振动

船舶是一复杂的弹性结构物,其结构及质量分布很不规则,是一变截面的空心梁,因此当船体受到干扰而振动时情况较为复杂,船体周围的水对船体振动也产生影响,这就使船体的振动更为复杂。随着船舶吨位、主机功率的不断增加,大部分船舶将艉机型船和艉部作为居住区,船体振动及舒适性问题比以前更加引起人们的关注。

1. 船体振动的原因

船体振动的主要振源是螺旋桨和主机,它们在运转时将引起周期性干扰力,使船体发生稳态强迫振动。而波浪的冲击、抛锚等引起的干扰力则是非周期性干扰力,因为这些力对船体作用时间短,只引起船体的衰减振动。

船体产生振动过大的原因可归结为下述三个方面:一是设计时考虑不周或计算的错误,如主机选择,船舶主尺度,螺旋桨与船体、附属体间隙以及与艉部线型的配合,船体结构尺寸、布置和结构的连续性等;二是建造质量问题,如螺旋桨制造质量差,轴线不对中,结构连续性被破坏,焊接残余应力与初挠度等;三是营运时航行条件及操作管理水平的影响,如航行水域为浅水或狭窄水道,装(压)载不当,轴系变形,螺旋桨受损,主机各缸燃烧不均匀,更换机、桨不当和个别结构机件磨损、松动等。

2. 船体振动的分类

通常将船体振动分为总振动和局部振动两大类。整个船体的振动称为总振动,这时将船体视为一根两端自由的变截面空心梁。而船体局部结构(如板架、梁、板格等)对于整个船体所做的附加振动称为局部振动。这两类振动往往是同时存在且互相关联的。如由主机的不平衡惯性力构成的扰动力,既能激起全船整体性的总振动,同时还会激起机舱板架及某些梁、板格的局部振动。

按振动时的不同受力情况,船体总振动和局部振动都有自由振动和强迫振动这两种不同性质的振动。如在水中航行或停泊的船舶,当受到一个较大的波浪冲击后,就能激起船体的自由振动,但由于存在阻尼而很快消失。船舶在航行中一直受到干扰力作用(如主机的不平衡惯性力)而激起的振动为强迫振动。

船舶振动所受的力有干扰力、弹性恢复力、惯性力和阻尼力。阻尼力的数值相对较小,对低谐振动的主振动形式与频率影响不大,故可当无阻尼振动考虑;高谐调阻尼影响扩大,需考虑阻尼的影响;特别在共振时,不论谐调高低,阻尼力有降低动力放大因数值的作用,因而必须予以计及。船体所受的干扰力有周期性和非周期性两种。周期性干扰力(如由主机或螺旋桨引起的干扰力)能使船体产生周期性的振动;非周期性干扰力也能使船体产生振动,但其振动性质不稳定,如船舶在不规则波浪中的振动,由于波浪外力的随机性质,其振动规律不能用简单的函数来表达,只能用概率和统计的方法来描述其数量规律,这种在任何未来时刻表征振动物理量的瞬时值不能预先精确地加以判断的非周期性的持续振动称为随机振动。

将船体作为一根梁来研究,梁的各种振动形式在船体总振动中都可能发生,故按其振动形态,将船体总振动分为以下四种:在船体的纵中剖面内的垂向弯曲振动,称为垂向振动。在船体的水线平面内的水平方向的弯曲振动,称为水平振动。这两者的振动方向均垂直于船体纵向轴线,故又称为横振动(铅垂方向的横振动和水平方向的横振动)。船体横剖面绕纵向轴线扭转的振动,称为扭转振动。船体横剖面沿其纵向轴向做纵向拉压的往复振动(即在纵轴方向的伸缩运动),称为纵向振动。

船体除总振动外,还伴随着各种局部振动。按其振动形态可分为以下三种:

垂直振动——平行于垂向轴的直线振动;

横向振动——平行于左右方向的水平振动,常称为水平振动;
纵向振动——平行于首尾方向的水平振动。
对实船,最主要的是垂向振动,而轴系、桅杆、大功率拖船的驾驶甲板、甲板室及上层建筑内某些刚度很小的横围壁等局部结构还可能产生纵向振动。

3. 船体的防振与减振

防振是指船舶在设计阶段就考虑到振动衡准的要求而采取的降低振动的措施。减振则是指使营运船舶的振动下降到振动衡准的要求。对已建成的船舶,若发现有严重的振动问题,想要根治一般是比较困难的,且付出的代价相当大。为了防患于未然,要求在设计阶段就进行必要的动力计算,这就要求设计者在设计时了解船舶的主要振源和影响振动的其他因素,并对船舶的快速性、动力装置、结构设计等全面考虑后,选出较好的方案。由于船体振动的产生还有建造和营运方面的原因,所以在船舶营运过程中进行振动测试,衡量振动的水平,对发生剧烈振动的船舶分析振源,寻找产生振动的原因,从而采取减振措施也是非常必要的。

船舶设计阶段的防振措施及营运船舶的减振措施,两者仅是对象的差异及处理角度有些不同,但其基本原理是一样的,即改变结构的固有频率或干扰力频率以避免共振;减小干扰力的幅值与减小干扰力的传递,以降低强迫振动的程度;增加结构刚度和阻尼等。营运船舶的减振措施对设计船舶一般均可采用,但设计阶段的措施有些对已建成船舶却较难实施。在理论上任何振动问题都可消除,但在实际情况下由于技术上或经济上的原因,消振工作往往不能较好地实现。

六、腐蚀

船舶在运营当中很容易发生腐蚀,尤其是金属与海水的作用发生电化学腐蚀。金属与周围介质发生化学、电化学作用或物理溶解产生变质和破坏的现象称为腐蚀。

(一)金属腐蚀的分类

依金属腐蚀过程的特点分为:化学腐蚀、电化学腐蚀。
依腐蚀表面的特征分为:全面腐蚀、局部腐蚀。
全面腐蚀是机件整个表面上发生的腐蚀,一般多为全面不均匀腐蚀,局部腐蚀是机件表面局部发生的腐蚀,而表面上其他部分几乎不发生腐蚀。局部腐蚀发生较多,危害也比全面腐蚀严重,往往会发生突然破坏,造成机件的损坏,甚至引发恶性事故。

(二)化学腐蚀

1. 化学腐蚀概念

金属与周围介质(非电解质)直接发生化学作用引起的破坏称为化学腐蚀。腐蚀过程中不产生电流。化学腐蚀分为气体腐蚀和有机介质腐蚀。

气体腐蚀是指金属在干燥气体中或高温气体中的腐蚀。金属与介质中的氧化剂直接作用后在金属表面生成一层氧化物薄膜,即腐蚀产物。

金属在有机介质中的腐蚀:有机介质为不导电的非电解质介质,例如有机酸、卤代化合物和含硫的化合物等。实际生产中纯化学腐蚀的现象较少,例如铝在四氯化碳、三氯甲烷或乙醇中,镁或钛在甲醇中,金属钠在氯化氢气体中等的腐蚀都属于化学腐蚀。但实际上这些介质中都含有少量水分而使有机介质不纯,使化学腐蚀变为电化学腐蚀。

2. 防止化学腐蚀的措施

根据化学腐蚀的机理,可在零件表面上覆盖一层保护膜,如镀锡、镀锌、发蓝处理等。

此外，还应注意零件材料的选择，对腐蚀环境下工作的零件，应选用耐腐蚀性强的材料。

(三)电化学腐蚀

1. 电化学腐蚀原理

电池作用原理可以充分说明金属在电解质溶液中的腐蚀过程。如图1-18所示的Fe-Cu电池示意图中，铁板和铜板分别为阳极和阴极，同装于盛有电解质溶液（如稀硫酸）的容器中，并用导线连接两极。电池反应发生后导线中有电流通过。电池反应：

阳极氧化反应后铁被溶解　$Fe \rightarrow Fe^{2+} 2+2e$

阴极还原反应后放出氢气　$2H^+ + 2e \rightarrow H_2 \uparrow$

所以，电池作用使阳极铁板不断地被腐蚀，溶液中氢离子不断地从阴极获得电子变成氢气逸出。

电化学腐蚀中，腐蚀电池起着重要作用。

2. 船上常见的电化学腐蚀

船上常见的电化学腐蚀是海水腐蚀。海水是含盐浓度高的电解质溶液，是腐蚀性最强的天然腐蚀剂之一。船舶常年航行在海上，在海水与海洋大气包围之中，船体、甲板机械和与海水接触的零部件等受到严重的腐蚀，如船体钢板、螺旋桨、艉轴、舵及甲板机械（起货机、起锚机、绞缆机）等。此外，柴油机的空冷器、冷却器、冷凝器、空气压缩机的机体、各种海水管等都与海水接触，均会受到海水腐蚀。

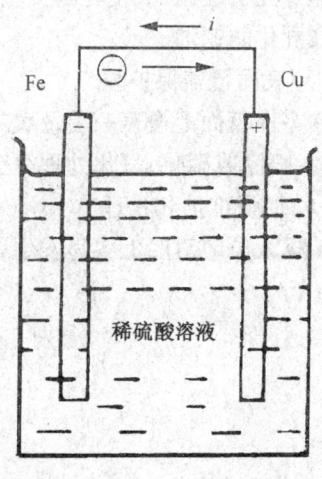

图1-18　Fe-Cu电池示意图

海水由于含盐高而成为腐蚀性介质，盐分总量为3.5%~3.7%，在世界大洋中海水的成分和总盐度恒定，内海则因地而异。海水中的盐类主要是氯化物（$NaCl$、$MgCl_2$），其次是硫酸盐（$MgSO_4$、$CaSO_4$）。由于海水能离解盐类，所以海水是一种导电性很强的电解质溶液。海水中的大量氧离子能使金属零件表面的氧化膜遭到破坏，因而海水对大多数金属有很强的腐蚀作用。腐蚀可能是微观电池作用，也可能是宏观电池作用。钢铁在海水中的腐蚀速度为0.13毫米/年。如果海水流速增加、海水温度升高等，海水腐蚀还会加速。

此外，海水中的含氧量、pH值、海洋生物等物理、化学因素都会影响海水腐蚀速度。

3. 防止电化学腐蚀的措施

根据电化学腐蚀原理可知，只要破坏产生电化学腐蚀的条件之一，就能有效地阻止腐蚀的发生，这是防止电化学腐蚀的基本原则。另外，由于电化学腐蚀破坏的形式较多，每种破坏形式都有其产生的具体原因和条件，所以防止腐蚀的方法也是多种多样。根据不同情况，选用不同方法。生产中主要有以下几种方法：

(1)合理选材

根据介质和机器的使用条件，零件的材料尽量选用相同材料或电位相近的材料或其他耐腐蚀的材料。

(2)阴极保护

阴极保护是利用电化学腐蚀原理使被保护零件成为阴极，可防止被腐蚀。一种方法是将被保护零件与外加直流电源的负极相连，用外加阴极电流使阴极电位向负的方向变化，阻止腐蚀过程的进行。另一种方法是牺牲阳极保护法,即在被保护零件上安装电位更低的金属使之成为阳极,被保护零件成为阴极而不被腐蚀。例如,在船体钢板上,气缸套外表面上安装锌块。

(3)阳极保护

阳极保护是将被保护零件与外加直流电源的正极相连,用外加电流使阳极电位向正的方向变化,腐蚀速度迅速降低并保持一定的稳定低电位,使阳极钝化降低腐蚀。

(4)介质处理

除去介质中促进腐蚀的有害成分。例如,锅炉给水的除氧处理;调节介质的 pH 值和改变介质的湿度;在介质中添加阻止和减缓腐蚀的物质,例如常在柴油机冷却水中添加铬酸盐、亚硝酸盐等无机缓蚀剂,使在零件金属表面上形成钝化膜,抑制阳极腐蚀。此外,还可在冷却水中添加乳化防锈油。

(5)表面覆盖保护膜

在零件表面上覆盖一层金属或非金属保护膜,使与腐蚀介质隔开防止腐蚀,如采用电镀、电刷镀、喷涂或磷化、氧化处理等工艺在零件表面上形成金属膜或非金属膜。

(6)加强维护和管理

轮机人员应对船上容易发生腐蚀的零部件加强维护管理,防止或减少腐蚀。

第三节 船体结构

一、船舶结构概述

(一)船体结构形式

钢质的船体结构都是由钢板和骨架组成的,船体的甲板板和外板(包括舷侧外板、舭部外板、船底外板)是由钢板制成的,形成一个水密的外壳。在甲板板和船体外板的里面布置着许多骨架,支撑着钢板。这样船体形成一个外部由骨架和钢板包围着、中间是空心的结构。这种由骨架和钢板组成的船体结构的优点是,在同样的受力条件下,船体结构重量轻。

船体结构若按结构中骨架的排列方式划分,分为横骨架式船体结构、纵骨架式船体结构和混合骨架式船体结构三种。

1. 横骨架式船体结构

当船体甲板板和外板里面的支撑骨材横向布置较密,而纵向布置较疏时,这种形式的船体结构称为横骨架式船体结构,如图 1-19 所示。

横骨架式船体结构,实质上是由一系列的间距很小的横向环绕着船舶的肋骨框架组成的。这些肋骨框架包括船底肋板、舷侧肋骨和甲板下横梁,以及把它们连接起来的肘板。肋骨框架的作用是加强船体外板和甲板,并共同承担着船体的横向强度。横骨架式船体结构船舶的纵向强度主要是由船体外板和甲板板以及少量的大型纵向构件来承担。

横骨架式船体结构是造船中应用最早的一种结构。其优点是:船体结构强度可靠,结构简单,建造容易。另外,舱内肋骨和甲板下横梁尺寸较小,结构整齐,不影响装卸货物。缺点是:船体的纵向强度主要是由甲板板和船体外板来承担。为了承担较大的纵向强度,必须把甲板板和外板做得较厚,增加了船体重量。故横骨架式船体结构适用于纵向强度要求不大的中小型船舶。

第一章 船舶构造与适航性

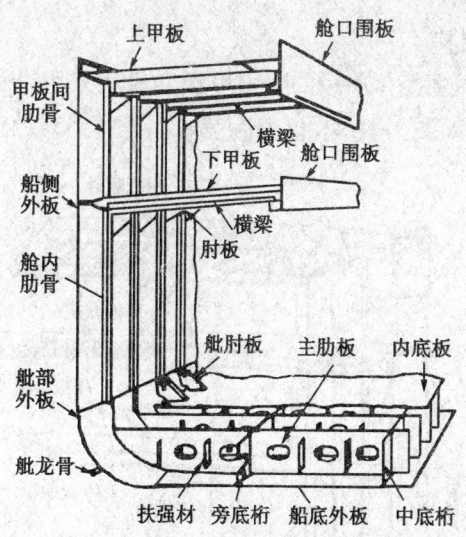

图 1-19 横骨架式船体结构

2. 纵骨架式船体结构

纵骨架式船体结构,是在甲板和外板里面的支撑骨材纵向布置得较密、横向布置得较疏的一种骨架形式。在横向布置少量的强肋骨、强横梁和肋板组成的大型肋骨框架,如图 1-20 所示。船体外板和甲板板与纵向连续构件一起承担着纵向强度。船体的横向强度主要是由大型肋骨框架及附连的甲板板和外板来承担。船舶的艏艉端是采用横骨架式结构。

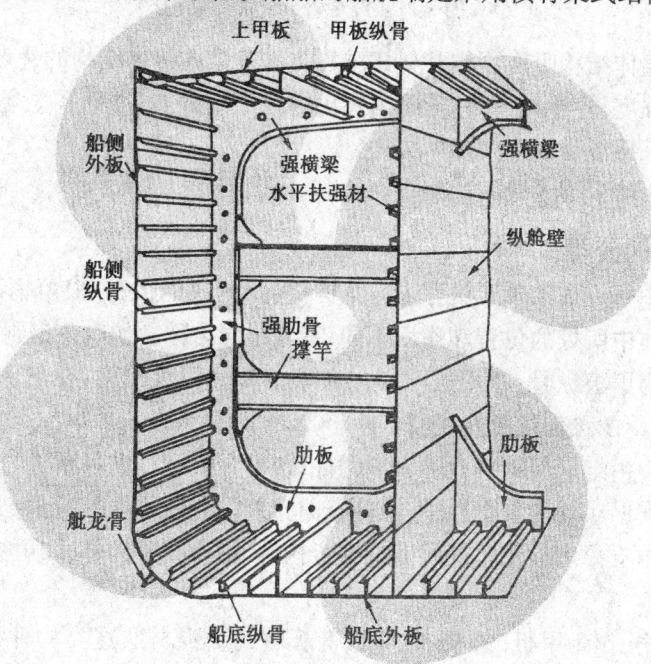

图 1-20 纵骨架式船体结构

由于纵骨架式船体结构的骨材大部分是沿着船体的纵向布置的,因此其优点是:船体的纵向强度大,甲板板和船体外板可以做得薄些,船体重量轻。但是,由于货舱内布置着大型肋骨框架,有碍货物的装卸。所以纵骨架式船体结构主要用在纵向强度要求较高的大型油船上。

3. 混合骨架式船体结构

混合骨架式船体结构在主船体中段的强力甲板和船底采用纵骨架式结构,而在舷侧和下甲板上采用横骨架式结构,如图 1-21 所示,艏艉端采用横骨架式结构。

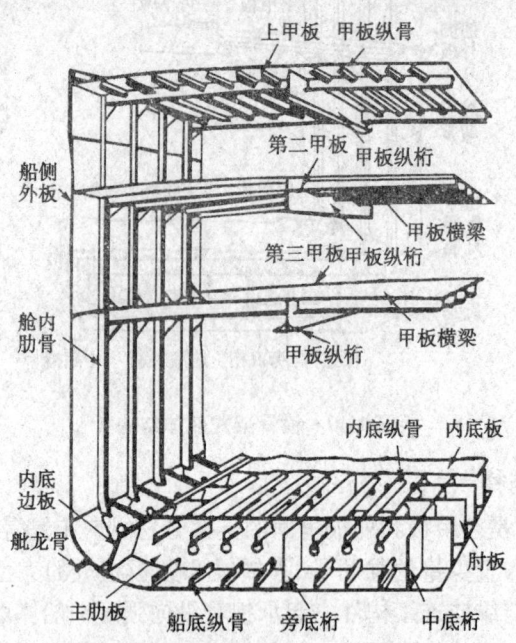

图 1-21 混合骨架式船体结构

混合骨架式船体结构吸取了横骨架式结构与纵骨架式船体结构的优点,船体纵向强度大,并有足够的横向强度,建造也容易,货舱内突出的大型构件少,不妨碍货物装卸。目前在大中型干货船上广泛采用混合滑架式船体结构。

(二) 船体结构和构件的分类

1. 船体构件的分类

在船体结构中每一加工单元就称为一个构件(如一块钢板、一根角钢都是一个构件)。每一个构件按在船体中所处的位置和作用不同,有着不同名称。如由角钢制成的构件,在甲板下面纵向布置的称为甲板纵骨;在甲板下横向布置的称为甲板横梁;在舷侧竖向布置的称为肋骨;布置在舱壁板上的称为舱壁扶强材。

在船体结构中由组合型钢制成的大型构件,统称为桁材。纵向布置的有甲板纵桁、舷侧纵桁、船底纵桁等;横向布置的有强横梁;舷侧竖向布置的有强肋骨等。

在结构构件中支撑着其他构件的大型组合构件,称为主要构件,如甲板纵桁、舷侧纵桁、强横梁、强肋骨等。

在结构构件中,作为甲板、外板、舱壁板等板材的扶强材的这类构件称为次要构件,如肋骨、横梁、纵骨、舱壁扶强材等。

根据结构构件和桁材在船体结构中承担着不同的强度作用,构件分为下面几种:

(1) 纵向构件

纵向构件是指这类构件参与总纵弯曲,即承担总纵弯曲强度的构件。在结构上这些构件必须符合下列条件:

①布置在船长中部 0.4L 船长区域内;
②在纵向上是连续的;
③构件的横向接缝是牢固的。

属于纵向构件的有:甲板、甲板纵桁、甲板纵骨、船底纵桁、船底纵骨、内底板、纵向舱壁、船体外板等。在船中 0.4L 船长区域内的纵向构件,特别是位于甲板舷边和舱口角隅等部位不允许存在任何裂纹。

(2)横向构件

横向构件是能承担横向强度的构件,属于这类构件的有:横舱壁、横梁、强横梁、肋板、横梁肘板、舭肘板等。

2. 船体结构的划分

在同一条船上,位于不同的区段(如货舱,机舱,艏、艉两端)和不同的部位(如甲板、舷侧、船底等),不仅所受到的作用力的大小不同,而且作用力的性质也有所不同。因此,不同区段和部位的结构除了要保持整个船体结构的连续性外,还必须有各自不同的特点。通常,根据船体结构特点的异同,将船体结构划分为货舱区域结构,机舱区域结构,艏、艉端区域结构,船底结构,舷侧结构,甲板结构,舱壁结构等。

下面主要以货舱区域结构为例来说明船体结构构件的布置、名称和作用。对于机舱和艏、艉两端的结构主要说明与货舱不同的特点。为了便于说明问题,将全船各部位的外板和甲板板与其相连接的骨架分开单独进行介绍。

(三)船用钢材的应用类型及其标注方法

1. 船用钢材的应用类型

为满足船体各部分结构的不同需要,船用钢材在实际应用时主要有以下几种类型:

(1)钢板

钢板(plate)是船体结构的主要组成部分,约占 60%~65%,如船壳板、甲板板及分舱隔板。一般厚度在 4 mm 及以下的钢板称为薄板,在 4 mm 以上的称为厚板。船用钢板的尺寸范围一般为:厚 6~40 mm、宽 1 200~3 000 mm、长 6 000~14 000 mm。

(2)型钢

型钢(standard steel section)在船体结构中所占的比例仅次于钢板,约为 35%~40%,主要用作船体骨架,一般由轧钢厂滚轧成型。型钢是标准件,按其横剖面形状可分为:扁钢、球扁钢、角钢、工字钢、槽钢和 T 形钢等,如图 1-22 所示。

图 1-22 船体结构常用型钢

(3)铸钢与锻钢

铸钢(casting steel)是用钢液在砂模中浇注成型的钢件。船舶的艏、艉柱,锚,导缆孔,缆桩及尾轴管等常采用铸钢。锻钢(forging steel)是将红热钢坯经过反复锤炼而成型的钢件。

锻钢的机械强度和韧性优于铸钢,但因加工工艺的限制,其构件结构不宜太复杂。船舶的舵杆、轴等形状简单的构件则较多采用锻钢。

2. 船用钢材的标注方法

船舶在建造或修理前,首先必须根据各部位的需要确定所用的钢材类型,然后再在图纸上具体标注尺寸,单位统一用"毫米(mm)",为方便起见,通常在标注时单位可省略不写。具体标注方法如表1-1所示。

表1-1 船用钢材的标注方法

序号	名称	符号	尺寸标注含义	标注举例
1	钢板		厚度 / 厚度×宽度×长度	10 / 10×1 500×6 000
2	扁钢	—	宽度×厚度	— 150×8
3	等边角钢	∟	边宽×边宽×厚度	∟ 100×100×6
4	不等边角钢	∟	长边宽×短边宽×厚度	∟ 100×63×6
5	工字钢	I	高度×边长×厚度	I 160×88×6
6	槽钢	[	高度×边长×厚度	[160×65×8.5
7	球扁钢	r	高度×球边宽×厚度	r 160×38×10
8	钢管	○	外径×厚度	○ 108×8
9	圆钢	●	直径	● 50
10	半圆钢	▶	直径×厚度	▶ 40×20
11	T形焊接材	T	(面板)厚度×宽度 / (腹板)厚度×高度	T 8×120 / 12×200
12	花钢板		厚度 / 厚度×宽度×长度	花钢板 5 / 5×800×6 000

(四)外板

1. 外板名称

位于主船体两舷侧的船壳钢板,称为舷侧外板;船底部的外壳板,称为船底板;从船底过渡到两舷侧转弯处的船壳板,称为舭部外板。这三部分船壳板,统称为船体外板,简称外板,又称船壳板(如图1-23所示)。

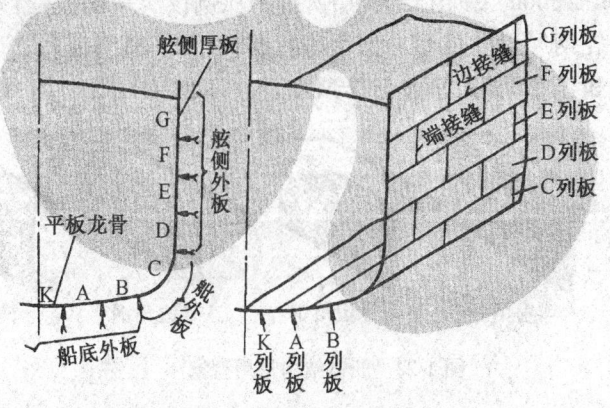

图1-23 船体外板名称

外板是由许多块钢板拼接而成的。钢板的长边都是沿着船长方向布置,钢板长边相连接的纵向接缝,称为边接缝。钢板短边的横向接缝,称为端接缝。由许多块钢板逐块端接而成的连续长条板,称为列板。

在舷侧与强力甲板(一般为上甲板)相连接的一列舷侧外板(通常为舷侧最上一列板),称为舷顶列板,又称舷侧厚板。而位于船体中心线处的一列船底外板,称为平板龙骨。

2. 外板的作用

保证船体的水密性;承担船体总纵弯曲强度、横向强度和局部强度;承担舷外水压力、波浪冲击力、坞墩反作用力及外界的碰撞、挤压和搁浅等作用力。

3. 外板厚度的分布

外板厚度的分布原则是根据总纵强度的要求分配的,而对于个别受力较大的部位,则采取局部加强的措施。

(1)外板厚度在船长方向的分布

因为一般船舶的最大总纵弯曲力矩都是作用在船中 $0.4L$ 船长区段内,所以在该区段内外板厚度最大,向船的艏、艉两端逐渐减薄。但是,考虑到船舶进坞承受墩木作用以及搁浅等原因,平板龙骨从艏至艉厚度保持不变。

(2)外板厚度沿肋骨围长方向分布

由于弯曲应力大小的分布在中和轴处为零,向甲板和船底成线性增大。因此平板龙骨和舷顶列板较其他列板都厚些。另外,舷侧外板受拉、压交替作用,易疲劳;位于折角处,应力集中;甲板舷边易腐蚀;平板龙骨还要承受墩木反作用力等。以上原因都要求这两列板较厚。

(3)局部加强

易产生应力集中的部位、受振动力或波浪冲击力较大的部位需外板加厚或加覆板,如船壳外板开口周围、锚链筒出口处、舷侧货舱门的周围。外板的连续性发生突变部位,如桥楼两端舷侧外板、与艉柱连接的外板、轴毂处的包板、尾轴架托掌固定处的外板;艏部位受波浪冲击力作用的船底外板和舷侧外板等处。

(五)甲板板

在船体总纵弯曲时承担着最大抵抗力的甲板称为强力甲板(一般是上甲板)。一般船舶的上甲板均为强力甲板。下面主要以强力甲板为例,说明甲板板的布置和厚度分布及舷边连接等问题。

1. 甲板板的厚度分布和板的排列

(1)甲板板的厚度

若有多层甲板,因强力甲板(或上甲板)距中和轴最远,是承担总纵弯曲应力作用的主要甲板,所以强力甲板板是各层甲板中最厚的甲板。

由于最大的总纵弯曲力矩作用在船体中部 $0.4L$ 船长区域内,因此在该段区域内的强力甲板板最厚,并向两端逐渐减薄(如图 1-24 所示)。

在强力甲板中,沿着舷边的一列钢板称为甲板边板,它是强力甲板中最厚的一列板。这是由于甲板边板位于舷边折角处,易引起应力集中,而舷边又经常积水,锈蚀严重。

在舱口之间的甲板板,因被舱口切断不连续,不能参与总纵弯曲,故该处甲板板较其他处的甲板板薄。

(2)甲板板的排列

从舱口边至舷边的甲板板,钢板是纵向布置的,长边沿船长方向布置并且平行于甲板中线。在舱口之间以及艏、艉端的甲板板,因地方狭窄一般将钢板横向布置。

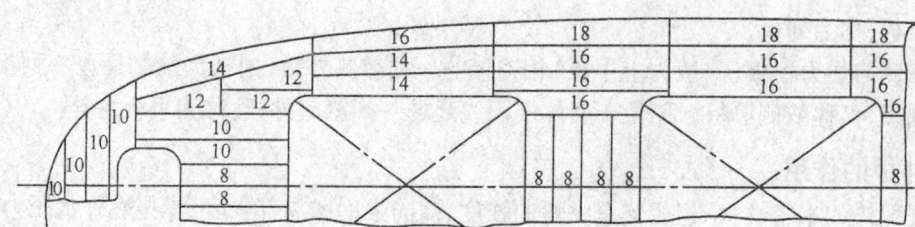

图 1-24 甲板板的厚度分布和板的排列

2. 甲板舷边连接

由于强力甲板与舷侧外板相交成直角,易产生应力集中,又远离中和轴,是一个高应力区域。船体往往在该区域首先发生断裂,故舷边连接一直是船体强度需要特别注意的地方。目前,根据船舶的大小、使用的钢材、焊接工艺质量的不同,有多种连接方式(如图 1-25 所示):舷边角钢铆接、舷边直接焊接、圆弧形舷边连接。

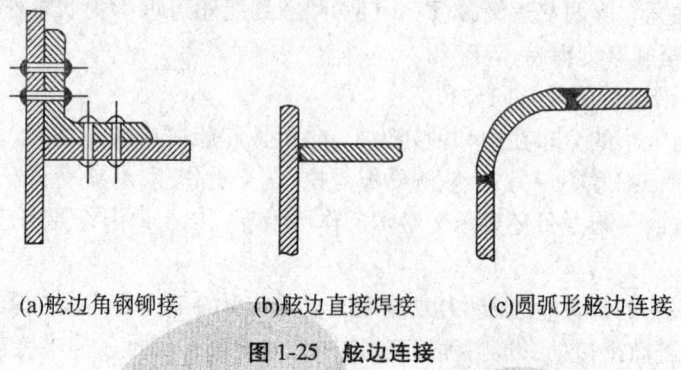

(a)舷边角钢铆接　　(b)舷边直接焊接　　(c)圆弧形舷边连接

图 1-25　舷边连接

3. 甲板开口处的加强

甲板板上的开口,由于损失了部分甲板断面面积,同时开口的角隅处易产生应力集中,故必须予以补偿和加强。

(1)甲板上的人孔

采用圆形或椭圆形人孔,一般无须采取加强措施,但椭圆形人孔长轴要沿着船长方向。

(2)货舱口等矩形开口

矩形开口的长边是沿船长方向布置的,开口的四个角隅做成圆形或椭圆形,在开口角隅处的甲板板要用加厚板或覆板予以加强(如图 1-26 所示)。

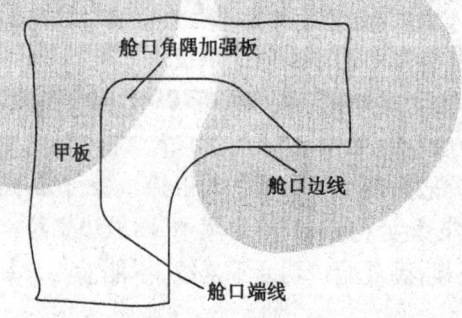

图 1-26　甲板舱口角隅处的加强

(六)船底结构

船底结构分单底和双层底。单底是由船底板和船底骨架组成的单层船底结构;双层底是由底板、内底板以及两者之间的船底骨架和空间所组成的双层船底结构。

按船底骨架构件的排列形式,有横骨架式和纵骨架式。因此,船底结构可分为四种形式:横骨架式单底结构、纵骨架式单底结构、横骨架式双层底结构和纵骨架式双层底结构。

1. 横骨架式单底结构

横骨架式单底结构主要用于小型船舶上,结构简单,施工方便,但抗沉性差。

横骨架式单底结构的主要构件有(如图1-27所示):

(1)中内龙骨:T形钢材,位于中线面上并焊接在平板龙骨上,与肋板等高,除艏、艉端外不准有开孔,是一个纵向连续构件。其承担总纵弯曲强度、船底局部强度及墩木的反作用力等。

(2)旁内龙骨:位于单底的中内龙骨两侧对称布置的纵向构件。根据船宽的不同,每侧可设1~2道。旁内龙骨与肋板同高并间断焊接在肋板上。其作用与中内龙骨相同。

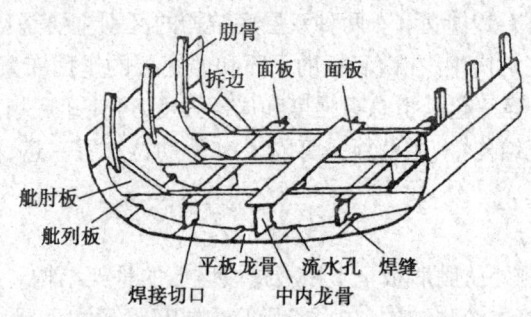

图1-27 横骨架式单底结构

(3)肋板:设在船底每一肋位处的横向构件。其主要作用是承担横向强度。

(4)舭肘板:是连接肋骨下端与肋板的构件,用来加强接点的连接强度。

(5)流水孔:为了疏通舱底积水,在肋板、旁内龙骨的下边缘上开有半径为30~75 mm的半圆形小孔。

2. 纵骨架式单底结构

纵骨架式单底结构主要用在小型军舰及油船上,结构布置特点是在船底纵向布置许多间距较小的船底纵骨,而肋板是每隔3~4个肋位布置一道。

3. 横骨架式双层底结构

(1)横骨架式双层底结构双层底的作用

①万一船底破损,内底板可以制止海水浸入舱内,保证船舶和货物的安全。

②增强船底强度(总纵弯曲强度、横向强度、局部强度)。

③把双层底内部空间分隔成舱柜,可贮存燃料、淡水,空船时装压载水,不仅有效地利用了空间,而且可调整纵倾和吃水,降低船舶重心,提高船舶稳性。

(2)横骨架式双层底结构的主要构件

①底纵桁:在双层底内沿着船长方向布置的与双层底等高的纵向大型构件的统称。其作用是承担总纵弯曲强度、局部强度及墩木反作用力等。按布置的位置不同分中底桁、旁底桁(如图1-19所示)。

②肋板:布置在双层底内肋位上的横向构件。其主要承担横向强度,按其结构形式可分为

主肋板、水密肋板和油密肋板。水密肋板和油密肋板用来分隔不同用途的双层底舱。

③内底板和内底边板:双层底顶的水密铺板。内底板承受总纵弯曲强度及横向强度,并能承受一定的水压力。在货舱口下面的内底板要加厚,为了清舱、检修和通风等需要,每个双层底舱的内底板的对角线位置处开设两个人孔,并装有水密的人孔盖。

内底边板是内底边缘与舭部外板相连接的一列板。由于其所处位置容易积水,腐蚀较严重,因此厚度须比内底板稍厚些。

④舭肘板:是连接肋骨下端与肋板的肘板,以增强连接处的强度(如图1-19、图1-21所示)。

4. 纵骨架式双层底结构

纵骨架式双层底结构是双层底内纵向布置的构件较密,而横向布置的构件较稀。在双层底内的中底桁、旁底桁、箱形中底桁、主肋板、水密肋板、舭肘板等构件,与横骨架式双层底内的相应构件基本相同(如图1-19所示)。两种双层底结构的区别主要是:

(1)纵骨架式双层底结构中,在内底板的下面和船底板的里面布置有大量的纵骨,这些纵骨与船底纵桁、内外底板等一起承担总纵强度和局部强度,可使船底板减薄。

(2)纵骨架式双层底结构中,主肋板是每隔3~4个肋位布置一道,而在主肋板之间不设框架肋板。

(七)舷侧结构

舷侧结构是指在舷侧处从舭肘板至上甲板这段区域的骨架结构。舷侧结构也分横骨架式和纵骨架式两种。横骨架式舷侧结构,在一般货舱内是只设置主肋骨(如图1-19所示);在机舱中或舷侧需要特别加强的船舱中设有主肋骨、强肋骨和舷侧纵桁;对于冰区航行的船舶,在艏部货舱的主肋骨之间装设中间肋骨,用来局部加强。纵骨架式舷侧结构,是由舷侧纵骨、强肋骨等组成的,这种结构主要用在油船上(如图1-20所示)。

舷侧结构的主要构件有:

1. 肋骨

肋骨是指横向、竖向或斜向布置在舷侧、船底及尖舱中尺寸较小的骨材的统称,与外板、船底板一起承担横向强度。根据所在的位置和结构尺寸的大小,分为主肋骨、甲板间舱肋骨、尖舱肋骨、斜肋骨、船底肋骨、中间肋骨和强肋骨等。

(1)主肋骨:通常所称的肋骨均指主肋骨,是位于防撞舱壁与艉尖舱舱壁之间,在最下层甲板以下的船舱内的肋骨。其一般是由不等边角钢或球缘扁钢制成的,上端用肘板与甲板下横梁连接,下端连接在舭肘板上(如图1-28所示)。

(2)甲板间舱肋骨:位于两层甲板之间舷侧的肋骨,由于跨距和受力较小,故尺寸较主肋骨小(如图1-28所示)。

(3)中间肋骨:在冰区航行的船舶,为了增强舷侧抵抗冰的挤压,在主肋骨间距中点处装设的小肋骨。中间肋骨上下两端均不设肘板,称为自由端(如图1-28所示)。

(4)强肋骨:一种大尺寸的肋骨,也称宽板肋骨。在横骨架式的舷侧结构中装设强肋骨是为了局部加强。在纵骨架式的舷侧结构中,强肋骨用来支撑舷侧纵骨,并与强横梁、肋板一起组成坚固的框架,保证船体横向强度。强肋骨都是采用T形组合型材或带折边的宽板制成。

2. 舷侧纵骨

在舷侧沿着船长方向布置的骨材,装在纵骨架式的舷侧结构中,如油船的舷侧。

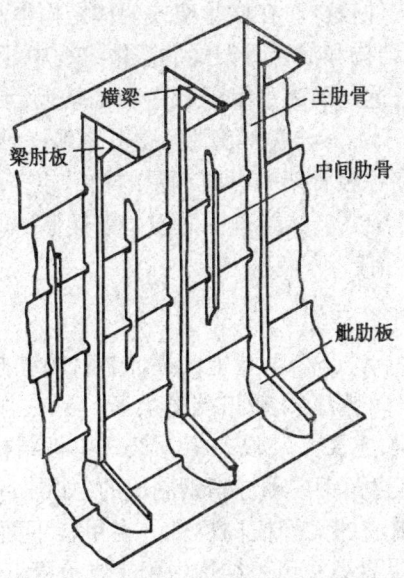

图 1-28 舷侧的防冰加强

3. 舷侧纵桁

舷侧纵桁是在舷侧沿着船长方向布置的大型组合型材,与强肋骨高度相同,一般多设在机舱和艏、艉尖舱中(如图 1-29 所示)。

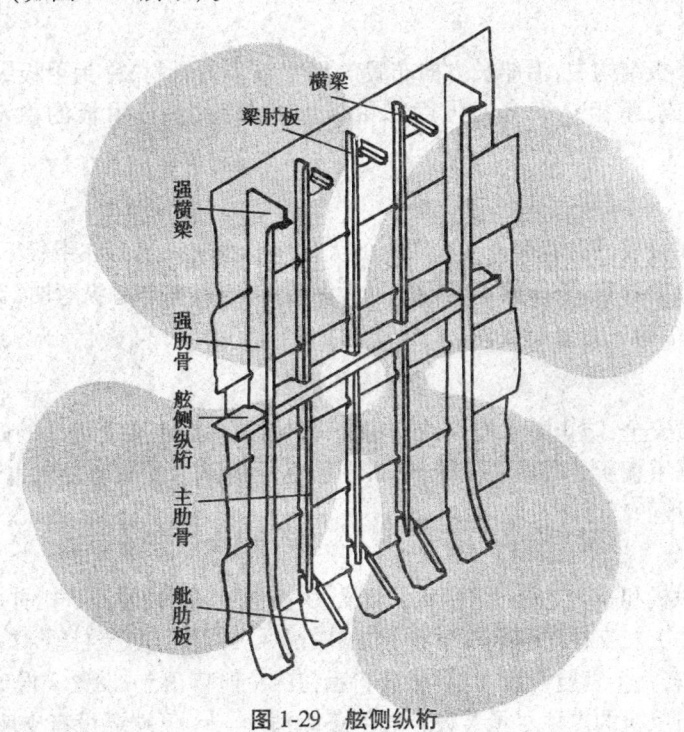

图 1-29 舷侧纵桁

4. 梁肘板

梁肘板是连接甲板下横梁与肋骨的三角形钢板,用来增强节点的强度。

(八)甲板结构

甲板结构,也分为横骨架式和纵骨架式两种。横骨架式甲板结构,是在甲板骨架中横向布置的构件较多而纵向布置的构件较少。在横骨架式船体结构中的各层甲板均采用横骨架式甲板结构,而在纵骨架式的船体结构和混合骨架式的船体结构中,除了强力甲板以外的各层下甲板,均采用横骨架式甲板结构,这是因为下甲板距中和轴较近,承担总弯曲强度小的缘故。强力甲板的舱口之间的甲板,由于不参与总纵弯曲,故也采用横骨架式甲板结构(如图1-19所示)。纵骨架式甲板结构,是在甲板骨架中纵向布置的构件较多而横向布置的较少,主要布置在纵骨架式船体结构和混合骨架式船体结构中的强力甲板上(如图1-20、图1-21所示)。

在甲板结构中主要的构件有:

1. 横梁

横梁是指设在甲板板或平台之下各肋位上的横向骨材的统称。根据尺寸的大小和位置分为:普通横梁、强横梁、半梁、舱口悬臂梁、舱口端横梁等。

(1)普通横梁:简称为横梁,主要是装设在横骨架式甲板结构中甲板下的每一个肋位上,承担横向强度。一般是由不等边角钢或球缘扁钢制成的(如图1-19所示)。

(2)强横梁:由组合型材制成的大型横向构件。在甲板下面每隔3~4个肋位布置一道。它的作用是承担横向强度,在纵骨架式甲板结构中用来支承甲板纵骨(如图1-20所示)。

(3)半梁:布置在舷侧至舱口边之间的横梁。

(4)舱口悬臂梁:布置在舷侧至舱口边之间的强横梁。

(5)舱口端横梁:布置在舱口两端肋位上的横梁,与舱口两端围板的下半部分做成一个整体来加强舱口结构。

2. 甲板纵骨

在纵骨架式甲板结构中,沿船长方向布置的尺寸较小的骨材,称为甲板纵骨,由不等边角钢或球缘扁钢制成,承担总纵弯曲强度和甲板上的载荷,保证甲板的稳定性(如图1-20、图1-21所示)。

3. 甲板纵桁

甲板纵桁是在甲板下沿着船长方向布置的大型组合型材。通常在甲板下设有2~3道,其中有2道与舱口边板对齐,兼作舱口纵桁。甲板纵桁的作用:参与总纵弯曲,支承横梁,减小横梁的尺寸,是甲板结构中的重要构件。

4. 舱口围板

为了保证人员安全,防止海水侵入,提高舱口区域结构强度,在货舱口的四周装设围板,称为舱口围板。根据甲板所处的位置不同,舱口围板在甲板以上的高度要求也不同。在露天干舷甲板上,舱口围板的高度至少在600 mm以上。

(九)支柱

支柱是支撑甲板和平台的柱子,可减小横梁、甲板纵桁等构件的尺寸,并将所受的力传递到下层较强的构件上。支柱妨碍装卸货物,故船舶都尽可能少设置支柱。

支柱的布置:若一个货舱设置4根支柱,布置在4个舱口角上;设置2根支柱,在舱口两端的中线面上。各层甲板的支柱尽量装设在同一条垂线上,上、下端要设有支座支承,支撑在较强的构件上(如图1-30所示)。

(十)舱壁结构

1. 舱壁的作用

舱壁除了将船内分隔成许多舱室之外,横舱壁还承担船体的横向强度,进行水密分舱和分

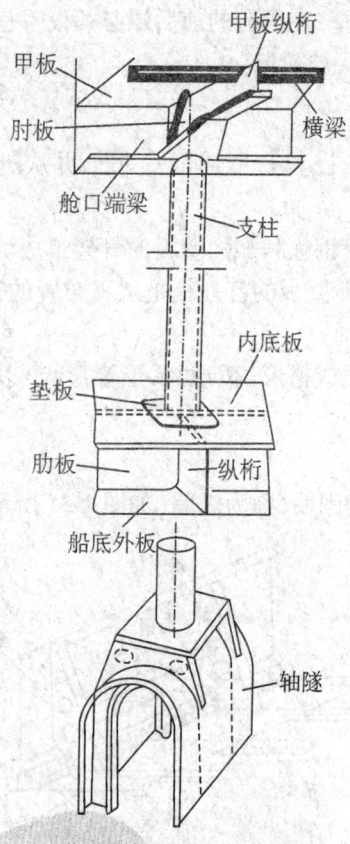

图 1-30 支柱上、下两端结构

隔防火区,一旦船舱进水和着火不使其蔓延。纵向舱壁可减小自由液面对稳性的影响,并承担总纵弯曲强度。

2. 舱壁的种类

根据舱壁的作用划分舱壁,有以下几种:

(1)水密舱壁:在规定的水压下能保持不渗透水的舱壁。

(2)油密舱壁:在规定的压力下能保持不渗透油的舱壁。

(3)防火舱壁:分隔防火主竖区并能限制火灾蔓延的舱壁。

(4)制荡舱壁:在舱壁上开有流水孔,用来减小舱内液体的摇荡所产生的冲击力。

(5)轻型舱壁:一种无密性、强度和防火要求的轻型结构舱壁,起简单的隔离作用。

3. 水密舱壁的数目

水密舱壁的数目主要根据船体强度的要求、水密分舱、机舱的位置和货舱的长短等因素确定,在《钢质海船入级规范》中有具体的规定。但是,下列几个水密舱壁对于任何船舶来说都是必须设置的。

(1)防撞舱壁:又称为艏尖舱舱壁,是位于艏部最前面的一道水密横舱壁,要求距艏垂线的距离不小于 $0.05L_{BP}$,自船底向上通至干舷甲板。在舱壁上不准开设门、人孔、通风管隧和任何其他开口。该舱壁的作用是一旦艏部破损,阻止水漫延至其他舱室。

(2)艉尖舱舱壁:位于艉部最后一道水密横舱壁。该舱壁向上可以允许通到水线以上的平台甲板。

(3)机舱两端的水密横舱壁:在机舱的前后端必须设置横舱壁与其他舱室隔开,对于艉机型船,机舱后端的舱壁即为艉尖舱舱壁。

4. 舱壁结构形式

水密横舱壁是布置在肋位上,从一舷伸至另一舷,并从船底向上伸至甲板。根据其结构形式可分为两种类型:

(1)平面舱壁:由平面舱壁钢板和加强壁板的骨架组成。由于水的压力与深度成正比,而且接近舱底的壁板易锈蚀,故舱壁板的各列板是水平布置的,在舱底的一列板最厚,向上逐渐减薄。

(2)槽形舱壁:把舱壁板压成槽形(弧形、梯形等形状)以增强舱壁的强度和刚度,槽形方向一般是竖向布置的。

(十一)舷墙与栏杆

沿着露天甲板边缘装设的围墙,称为舷墙(如图1-31所示)。

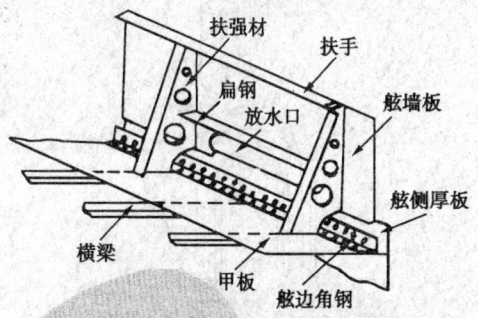

图 1-31 舷墙结构

舷墙不参与船舶总纵弯曲,其作用主要是减少甲板上浪,保障人员安全和防止甲板上货物及物品滚到舷外。

干货船的上甲板或部分上层建筑甲板的露天部分设置舷墙,其他的露天甲板设置栏杆。油船仅在艏部的露天甲板上或部分上层建筑甲板上设置舷墙,其他部位设置栏杆。

(十二)机舱结构

根据机舱在船上所处的位置不同,可分为中部机舱、中艉机舱和艉部机舱。

1. 机舱的特点

(1)机舱是主机、辅机、锅炉等重型设备布置的地方,所以局部负荷大。

(2)主机、辅机等设备在运转时易引起船体的振动。

(3)因布置机器设备、主机吊缸等工作的需要,要求机舱在甲板上开口大,不设二层甲板,尽可能地不设支柱。

(4)机舱内易腐蚀。因此,机舱内的结构形式虽然与货舱基本相同,但要求采取加强措施。

2. 机舱内结构的加强

(1)双层底内结构的加强

①设短底纵桁:当主机基座的下方无船底纵桁时,要求装设短底纵桁支承主机传下来的集中负荷。

②设主肋板:在横骨架式双层底结构中,机舱和锅炉的底座下应在每个肋位上设置主肋板。锅炉舱内的主肋板要加厚。在纵骨架式的双层底内,机舱区域至少每隔1个肋位设置1道主肋板。但主机底座、锅炉底座、推力轴承座下的每1个肋位上均应设主肋板。

③内底板要增厚1~2 mm。若燃油舱设置在双层底内时,内底板厚度不小于8 mm。

(2)甲板和舷侧结构的加强

①在甲板和舷侧要求每隔3个肋位至少应设置1道强横梁和强肋骨,而且强横梁与强肋骨位于同一肋位上。

②当机舱内的主肋骨的跨距大于6 m时,要设置舷侧纵桁。舷侧纵桁是由组合型材制成的,断面尺寸的高度与强肋骨相同,沿着船长方向布置在机舱内两舷侧。

3. 机舱棚

因布置机舱设备的需要,机舱上面的甲板开口较大;需要设置机舱棚保护开口。一般船舶的机舱棚都是布置在上层建筑中,当无上层建筑保护时,机舱棚的门必须是风雨密的,门槛要高出露天甲板600 mm以上。其作用和布置要求如下:

(1)保护机舱安全不受风浪的侵袭。

(2)减少机舱的噪声和热气对舱外的影响。

(3)布置某些设备需要用机舱棚围起来,如烟道、日用油柜、格栅、扶梯等。

(4)保证维修柴油机吊缸时所要求的空间高度。

(5)为了机舱的通风和采光,机舱棚的顶部一般通至露天艇甲板上,在艇甲板上设置整体可拆式天窗供通风采光用,并且要保证风雨密,如图 1-32 所示。

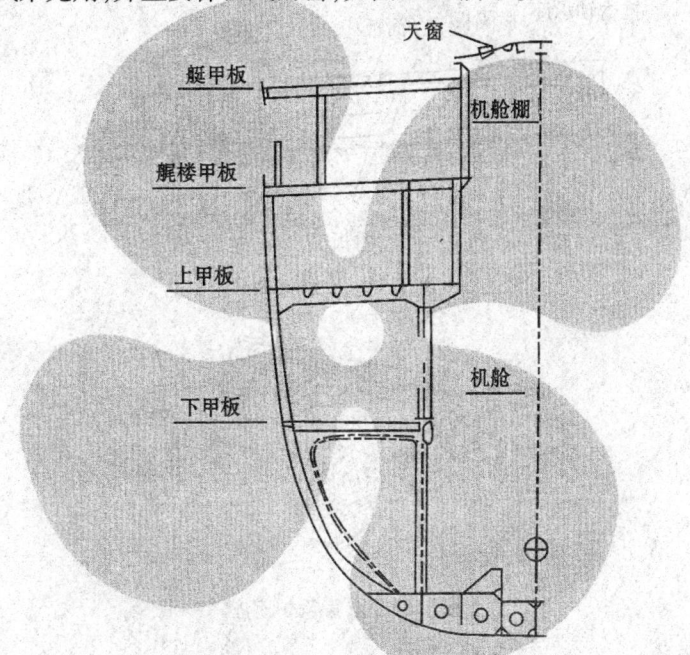

图 1-32 机舱棚结构

(6)在机舱棚四周的壁板内侧设置扶强材,加强壁板的刚性。

4. 基座

(1)基座的作用和要求

基座是用来支承船上各机械设备,并将设备固定在主船体结构上的结构。

要求基座能支承机械设备的自身重量；设备运转时产生的不平衡力；船舶在激烈的横摇、纵摇、升降运动时机械设备产生的惯性力；大角度倾斜引起的倾斜力矩和水平力等。

好的基座不仅要求与船体结构骨架构件或其他结构能牢固地连接在一起，而且要求基座能把上述作用力分散地传递到船体结构上，并且当机械设备运转产生脉动力时，基座和相邻结构不发生过度的振动。总之，基座必须具有足够的强度与刚度。

(2) 柴油机主机基座

柴油机主机基座，主要是由两道纵桁（包括腹板和面板）、横隔板、肘板及垫板组成，如图1-33所示。

纵桁是承担主机重力作用的主要构件。若基座纵桁与双层底内的旁底桁位置两者不能位于同一平面上时，则在基座纵桁的下方双层底内加设半高纵桁。横隔板与肘板是用来加强基座纵桁的稳定性，要求装设在每挡肋位上。斜垫板是用来调整主机位置的高低和校正平面，有直接焊接在纵桁面板上和活动的斜面垫块两种形式。

(3) 锅炉底座

船用锅炉底座的结构形式要与锅炉结构形式相配合。图1-34所示为水管锅炉底座。

锅炉底座有几点需要注意：一是锅炉的热胀冷缩问题，为了解决这个问题，在底座面板的垫板上，开有椭圆形孔，其孔的长轴方向不同，锅炉水筒下的支架用螺栓连接在垫块上。当锅炉热胀冷缩时，使螺栓可在孔内做微量的纵向或横向移动。二是当锅炉底座较高时，要注意检查因船体的严重振动会给主蒸汽管造成事故。为了避免船舶在激烈摇荡时使锅炉倾倒，一般用拉杆将气筒固定在船体结构上。

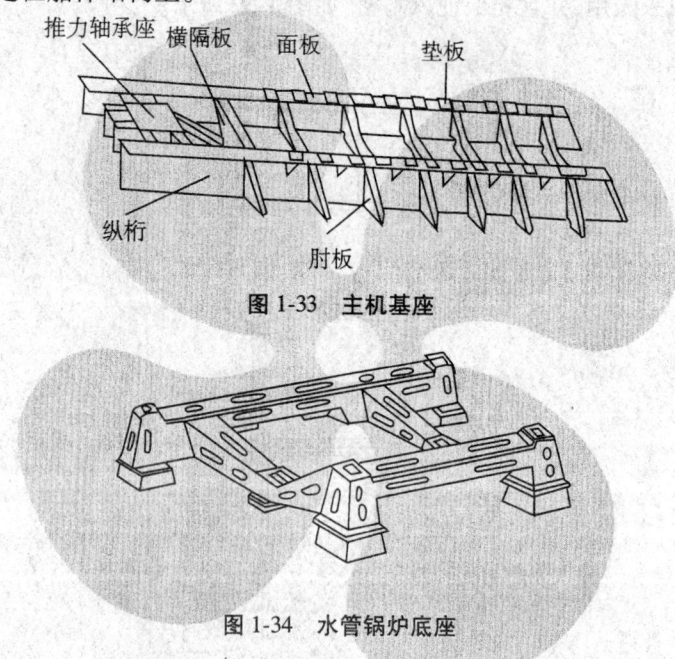

图1-33 主机基座

图1-34 水管锅炉底座

(4) 副机基座

根据副机的种类、大小和用途的不同，副机基座可布置在不同的位置上。副机大部分位于两舷侧、靠近舱壁处、平台甲板上和构架上。副机基座的结构形式与主机基座基本相同。

(5) 推力轴承座

推力轴承座是支承推力轴承的基座（如图1-33所示）。推力轴承将螺旋桨产生的轴向推力通过推力轴承座传递到船体结构上。由于螺旋桨旋转时所遇到的船尾水流的伴流速度在桨盘上分布不均匀,引起螺旋桨叶片上的水压力不断变化,这就形成脉冲性的推力。当推力轴承基座纵向刚性不足时,就会产生纵向摆动,所以要求推力轴承基座的纵向刚性较大,在轴承的两端装设牢固的加强肘板,使其纵向摆动最小。

二、船首与船尾

(一) 船首端结构

艏端是指上甲板以下、防撞舱壁以前的部分。

1. 船首形状

船首形状,是指在中纵剖面上船首轮廓线的形状。常见的船首形状有下列几种:

(1) 直立型船首。船首轮廓线侧形,即艏柱的侧形呈直线形[如图 1-35(a) 所示]。过去的老式船采用直立型船首,甲板易上浪,外形不美观,现代船舶中很少见到这种船首。

(2) 前倾型船首。艏柱的侧形为一向前倾斜的直线,与艏垂线的倾斜角为 10°~20°左右[如图 1-35(b) 所示]。这种形式的船首,适航性好,外形美观,制造简单,在现代运输船中采用得较多。

(3) 飞剪型船首。艏柱的侧形呈凹形曲线,在设计水线以上向前悬伸一段很长的长度[如图 1-35(c) 所示]。这种形式的船首,船首外板向外飘,艏部甲板面积大,船舶的适航性好,外形美观,但制造费工。最早在帆船上采用飞剪型船首,现代客船和游览船多采用这种形式的船首。

(4) 球鼻型船首。设计水线以下的艏部前端是一个向前的突出体,近似球鼻形状[如图 1-35(d) 所示]。球鼻型船首的主要作用是可以减小船舶的兴波阻力,对于肥大型船舶,还可以改善船首附近的水流状况,减小形状阻力,提高船舶的航速。但是它不利于船舶靠离码头和收放锚的操作,建造工艺比较复杂。现代大型运输船舶,特别是肥大型船舶多采用球鼻型船首。

(5) 破冰型船首。设计水线以下的艏柱向前倾斜较大,与水线面成 45°角左右[如图 1-35(e) 所示]。其作用是,当船向前航行时,利用艏柱的向前倾斜坡度使船冲上冰层,靠船身与压载水的重力破冰航行。破冰型船首主要是破冰船采用这种形式的船首。

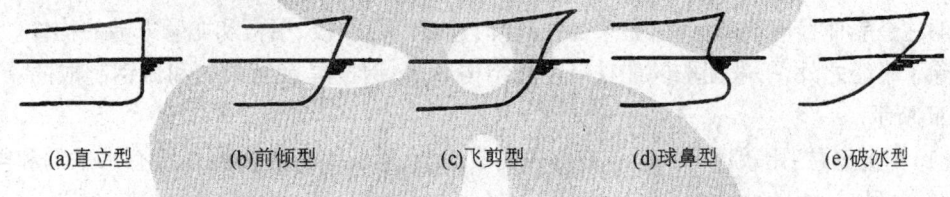

(a) 直立型　　(b) 前倾型　　(c) 飞剪型　　(d) 球鼻型　　(e) 破冰型

图 1-35　船首形状

2. 作用于艏端的外力

船的艏、艉两端所受的总纵弯曲力矩较小,但是受的局部作用力较大。如船在波浪上纵摇时艏部底部受到的冲击作用;波浪对艏部两侧的冲击力;在冰区航行时冰的挤压力和碰撞力等。

3. 艏端骨架结构的特点和加强

(1) 在艏尖舱区域内,多数采用横骨架式结构,肋骨间距小,构件尺寸大,设有许多空间骨架构件,如图 1-36 所示。

① 肋骨间距一般不大于 600 mm,每一肋位上都设有升高肋板,中内龙骨与升高肋板尺寸

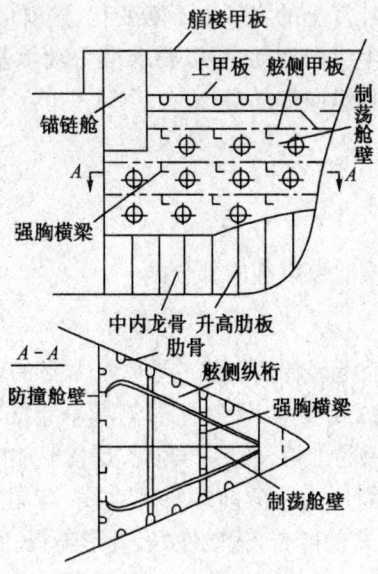

图1-36 艏端结构

相同,并延伸至艏柱底部。

②在舷侧除了设置肋骨外,必须设置间距不大于2 m的舷侧纵桁。

③在左、右舷的两个舷侧纵桁之间,每隔一个肋位设置一道空间撑竿,称为强胸横梁;或者设置带有开孔的平台,代替强胸横梁和舷侧纵桁。

④在中纵剖面处设置制荡舱壁。

(2)要在艏尖舱舷侧纵桁的延伸线上从防撞舱壁至距艏垂线0.15L船长区域内的舷侧,设置舷侧纵桁。

(3)从防撞舱壁至距艏垂线约0.25L船长区域内的船底,要在每一肋位上设置主肋板;旁底桁间距不大于3个肋骨间距或纵骨间距,在旁底桁之间还设有半高旁底桁。

4. 艏柱

艏柱是船体最前端的构件,用来加强艏部,连接舷侧外板、甲板和龙骨末端的构件。

除了小船之外,一般船舶的艏柱有两种结构形式:钢板焊接制成的和铸钢制成的艏柱,如图1-37所示。

(1)钢板艏柱:用较厚的钢板弯曲焊接制成的,在弯曲钢板的内侧焊接有水平的和竖向的扶强材,加强它的刚性。

钢板艏柱有下列优点:

①与外板、甲板、中内龙骨、平板龙骨等连接牢固。

②制造容易、重量轻、成本低。

③碰撞时,钢板仅局部发生变形,易修理。

(2)铸钢艏柱:由铸钢浇铸而成的。铸钢艏柱刚性大而韧性差,重量也较大,可以制成较复杂的断面形状,但制造费工。故采用该种艏柱时仅用在水线以下的形状复杂的部位,水线以上部分均采用钢板艏柱。

(二)船尾端结构

艉尖舱壁以后,上甲板以下的船体结构称为艉端结构,包括艉尖舱和艉部悬伸端,结构较

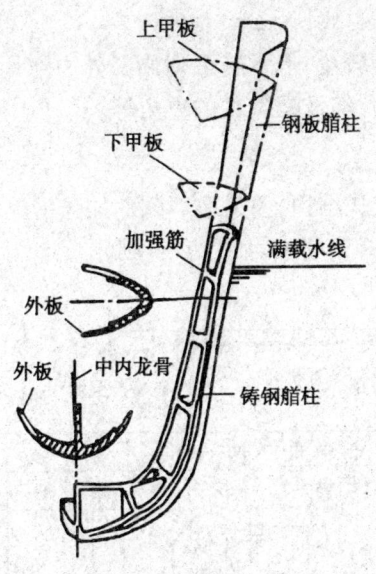

图 1-37 艉柱

为复杂。

1. 船尾形状

船尾形状,是指在中纵剖面上船尾轮廓线的形状。

运输船舶采用的船尾形状主要有椭圆形艉、巡洋舰型艉和方形艉等。

(1)椭圆形船尾。船尾轮廓线为一折角线形状,设计水线以上有较大的艉悬伸体[如图1-38(a)所示]。这种船尾在折角线以上呈椭圆体向上扩展,所以上甲板的面积较宽广,建造工艺简单,但外形不美观,船尾对桨和舵的保护作用差,艉悬体不能压住螺旋桨旋转时上升的水流,不利于提高推进效率,主要在过去的老式船上采用。

(2)巡洋舰型船尾。船尾轮廓线呈一勺形曲线的形状[如图1-38(b)所示]。这种形式的船尾,设计水线向艉垂线后延伸得较长,增加了船体的浸水长度,减小艉部水线的夹角,可降低船舶阻力,能压住螺旋桨的尾流不使之上升,提高推进效率,建造也并不困难,现代船舶多采用巡洋舰型船尾。

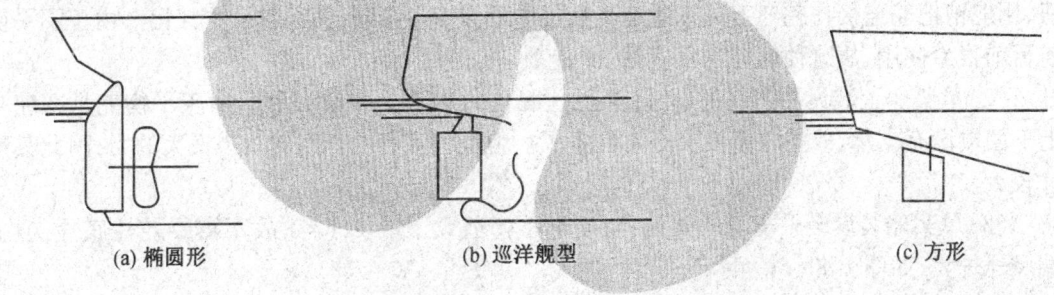

图 1-38 船尾形状

(3)方形船尾。船尾端呈一平面,且与基平面成直角或略向后倾斜,船尾轮廓线在设计水线以下有一个大的折角[如图1-38(c)所示]。方形船尾可减小高速航行时艉部的下沉,改善快速性;艉部甲板面接近方形,建造工艺简单。但是,倒车时阻力大,且倒车的航向稳定性差。方形船尾多用于快艇及游艇之类的船上。

2. 作用于艉部的外力

艉部所受的总纵弯曲力矩较小,但承受下列局部外力作用:螺旋桨运转时的水动压力、艉机型船由于主机引起的振动力、舵及螺旋桨的重力等。

3. 艉部骨架结构的加强

一般船体都是采用横骨架式结构,并采取下列的加强措施。

(1)在每一个肋位上设置升高肋板,如图 1-39 所示。

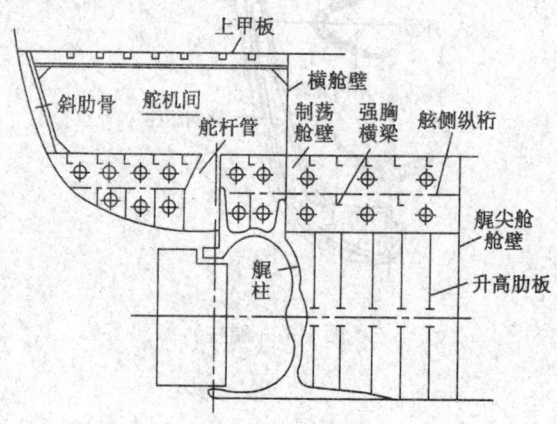

图 1-39 艉端结构

(2)在舷侧除了肋骨之外,设置舷侧纵桁,而且其竖向间距不大于 2.5 m。左、右舷的两舷侧纵桁之间设有强胸横梁。

(3)有的艉尖舱内设有制荡舱壁。

4. 艉柱

艉柱是设置在单桨船或有中舵的双桨船上,位于船体后端中线面上的大型构件。它的作用是连接艉端底部结构、两舷侧外板和龙骨等构件,支持和保护舵和螺旋桨,加强船底艉部结构。艉柱主要有下列几种形式:

(1)单桨船上装设不平衡舵的艉柱(具有桨穴艉柱):如图 1-40(a)所示,这种艉柱是由舵柱、螺旋桨柱和艉柱底骨组成的螺旋桨框穴形式,螺旋桨位于框穴内。舵柱的后缘上设有舵钮,用舵销把舵连接在舵钮上。在螺旋桨柱的中间设有一个毂,使桨轴从中穿出。由于不平衡舵目前很少使用,故这种艉柱已不多见。

(2)单桨船上装设平衡舵的艉柱(无舵柱艉柱):如图 1-40(b)所示,由于平衡舵是在舵叶上下两端设有支承,故舵柱就没有必要设置了。但艉柱底骨上作用着一个很大的力,因此其尺寸较大。

(3)单桨船装设半平衡舵的艉柱:由于半平衡舵无下端支承点,故不需要舵柱底骨,但上端尺寸较大,如图 1-40(c)所示。

5. 艉轴架和轴包套

在双桨船上,螺旋桨在中线面的两侧船体外板上伸出船外,因此需要装设相应的结构固定螺旋桨轴。常见的有下列两种形式:

(1)艉轴架:用来固定伸出船体外部的螺旋桨轴的结构,常用的有装设一根撑竿的单臂式和有两根撑竿的人字架式。撑竿的一端伸进船体内固定在船体骨架上,或用撑竿脚固定在外

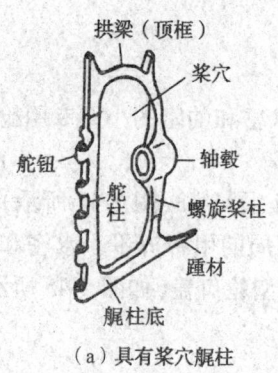 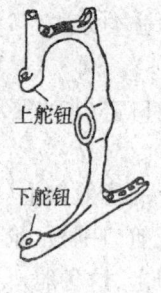 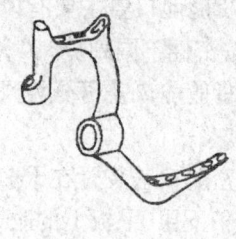

(a) 具有桨穴艉柱　　　(b) 无舵柱艉柱　　　(c) 无舵柱底骨艉柱

图 1-40　艉柱

板上，另一端连接在圆筒形轴承上，螺旋桨轴从轴承中穿过。艉轴架结构简单，阻力小，但因推进器轴有很长一段暴露在海水中，易损坏和腐蚀，或被绳索等物缠住等缺点，一般多用在小型船舶和瘦削的高速船上，如图 1-41（a）所示。

（2）轴包套：在船体艉部水线下的两舷侧，沿着螺旋桨轴的方向逐渐地将船体两侧的结构和外板向外突出，使艉端突出于船体艉部表面之外，形成一个鳍状结构，使螺旋桨轴包在里面。这种结构便于轴的保护和维修，但使尾部结构和外板的形状变得复杂，使船体阻力有所增加。轴包套多用在较肥的船上，如图 1-41（b）所示。

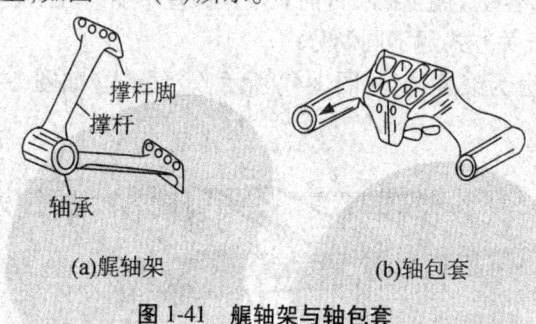

(a) 艉轴架　　　　　(b) 轴包套

图 1-41　艉轴架与轴包套

三、船舶附件

（一）船体结构上的开口关闭装置

根据开口关闭装置的用途划分，主要有下列四种：货舱舱口盖、船用门、船用窗、人孔盖。在这些开口关闭装置中，若按密性划分，又可分为：水密型、油密型、风雨密型、非密型的开口关闭装置。在干舷甲板以下的船壳外板、水密舱壁、各种液舱、双层底、隔离空舱、海底阀箱、货舱舷门等构件的接缝和开口关闭装置都要求水密。干舷甲板上及封闭的上层建筑和围蔽室等处各种开口关闭装置，要求保证风雨密。

1. 舱口盖

舱口盖是保证船舶货物安全和船体水密的一种封闭设备，同时还应具有一定的抵抗大件货压力的能力。舱口盖开启与关闭的机械化、自动化程度直接关系到船舶货物的装卸效率与质量以及人员的劳动强度和船舶的停港时间；舱口盖的密性、强度和可靠性则关系到货物运输质量和船舶的安全。

船舶货舱舱口盖主要有以下几种分类方法：

(1)按密性不同划分

船舶货舱舱口盖可分为风雨密舱口盖、非水密舱口盖、水密和油密的小型专用舱口盖三种基本类型。

风雨密舱口盖装置在干舷甲板上的货舱口上(如图1-42、图1-43、图1-44所示)。非水密舱口盖用于下层、甲板上的舱口上，无舱口围板，舱盖板与四周的甲板齐平。水密和油密的小型专用舱口盖用于油船的货油舱舱口上，这种舱口盖都是小型舱口盖(如图1-45所示)。

(2)按造船材料的不同划分

船舶货舱舱口盖可分为木制、钢制、铝制、玻璃钢制四种。

老式船上使用的风雨密舱口盖是由若干块木板和活动梁组成的，上面盖着防水布，用封舱压条和楔形块紧固在舱口围板上。这种舱口盖开闭操作费时，劳动强度大，现在只在内河小型船上使用。

现代船舶使用的风雨密舱口盖大都是钢制的盖板，在盖板的周边带有槽口，在槽口内装有橡皮垫料。当封舱时，舱盖板的橡皮垫料直接压在舱口围板的上边缘上，并装在舱口四周围板上的夹扣螺栓将舱盖板压紧，保持风雨密。钢制货舱盖是目前应用最为广泛的货舱盖。

铝制和玻璃钢制舱口盖具有重量轻、耐腐蚀的优点。但铝制舱口盖制造复杂，造价昂贵。玻璃钢舱口盖的刚度差，容易老化剥蚀，目前只用作某些小船的轻型货舱盖。

(3)按结构形式和开关方式的不同划分

船舶货舱舱口盖可分为滚翻式(如图1-42所示)、折叠式(如图1-43所示)、侧移式(如图1-44所示)三种。

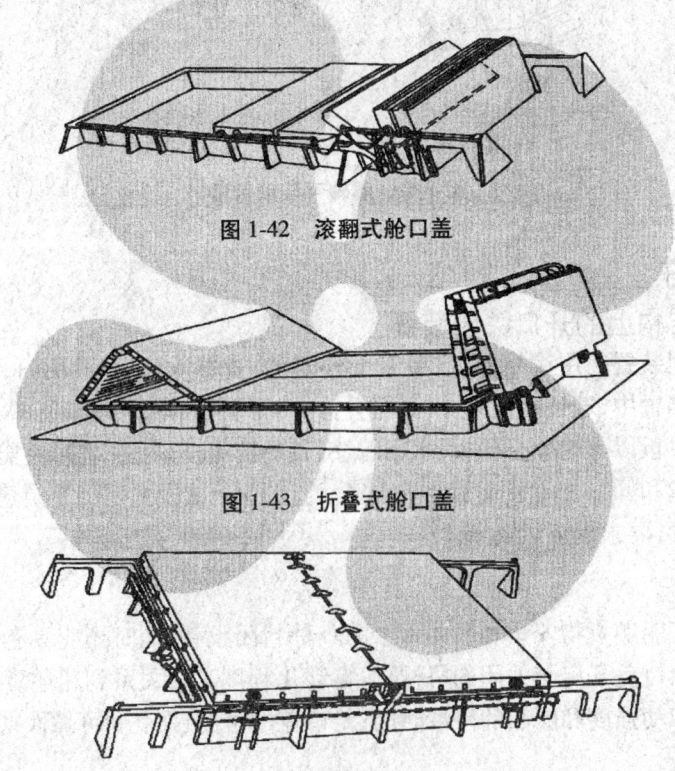

图1-42 滚翻式舱口盖

图1-43 折叠式舱口盖

图1-44 侧移式舱口盖

折叠式舱口盖的盖板间用铰链连接，又称铰链式舱口盖，多用于散货船、多用途船。

侧移式舱口盖主要用于大型散货船或矿油两用船上,通常由两块舱盖板组成,舱口较小的船则用一块舱盖板制成。它的操作是将舱口盖向船舶两侧或一侧移动,露出货舱口。

吊移式舱口盖通常用于集装箱船,以遮盖露天甲板,舱盖上可放置集装箱。若用在杂货船上,可用来分隔垂直方向的货物。此种情况下,舱口盖可当作双层甲板。

(4)按开关动力的不同,可分为机械牵引式和液压式两种。

2. 船用门

船用门种类很多,若按门的密性划分,有下列几种形式。

(1)水密门

船舶主管机关认可的船上使用的水密门有如下三级:一级铰链门;二级手动滑动门;三级动力兼手动滑动门。

任何水密门的操纵装置,无论是否动力操纵,均须在船舶向左或向右倾斜15°时能将门关闭。

铰链式水密门(一级)。水密门板是由钢板制成的,门板周围的槽口装有橡胶封条,并用把手压紧在门框上,使其水密。水密门把手的数目一般为6~8个,要求在门的两面可以迅速地关闭(如图1-46所示)。

图1-45 油舱舱口盖

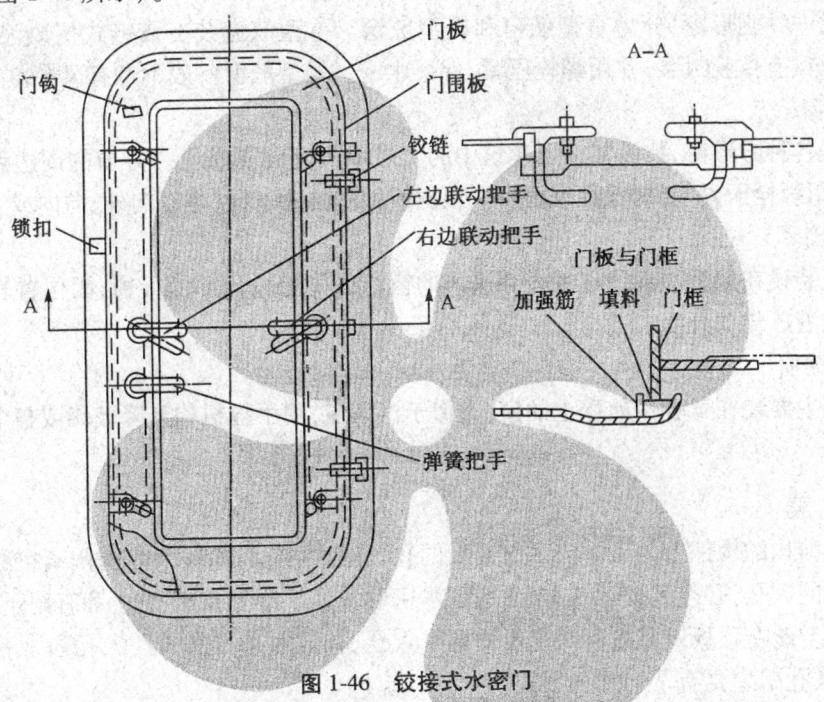

图1-46 铰接式水密门

手动滑动门(二级)分为横动式或竖动式两种。要求能在门的两侧可以关闭,此外并能在舱壁甲板上方可到达之处,用转动手轮由齿轮和连杆传动,使水密门开启或关闭。当船舶在正浮位置时,用手动将门完全关闭所需的时间应不超过90 s。

动力滑动门(三级)可分为竖动式或横动式。动力滑动门还备有手动装置可在门两侧操纵,并在舱壁甲板上方可到达之处用转动手轮由齿轮和连杆传动,使水密门开启或关闭。门上设有音响信号装置。当门开始关闭,继续移动直至完全关闭为止的整个期间发出警报。若这种门采用液压操纵时,每一动力源都有一台能在60 s以内关闭所有门的泵。

(2) 风雨密门

在干舷甲板以上的封闭上层建筑两端壁的出入口处,要求装设风雨密门。

钢制风雨密门结构上与钢制水密门相似,但门板较薄,门的把手数目也较少,密性较差,只能保证风雨密,也要求在门的两面可以操纵。

木质风雨密门的门板是用橡木或柏木做的,装设在上层建筑甲板以上的甲板室敞露的出入口处。其分为铰接式和滑动式两种,密性都较差。驾驶室两侧壁的门因为顶风的情况下铰接式门不易开闭,故都采用横向滑动式门。

(3) 钢制轻便门

钢制轻便门结构较简单,装设在无密性要求的贮藏室、工作舱室、卫生处所等的出入口。

(4) 防火门

防火门是一种用钢板制成的门板和门框,镶嵌石棉等耐火材料的防火隔热门。其装设在防火控制区的舱壁上,平时开启,当发生火灾时温度上升到一定高度门能自动关闭,或门上装有磁性牵制器,断电以后门会自动关闭。防火门的启闭形式也有铰接式和横移式两种。

3. 船用窗

在船上为了采光和通风,装设有各种类型的窗。

(1) 舷窗

舷窗是一种圆形窗,分为重型舷窗和轻型舷窗。重型舷窗装有铰链式抗风浪的舷窗盖。舷窗盖边上镶有橡胶封条,并用螺栓压紧,保证水密。轻型舷窗一般不带有风暴盖。

(2) 方窗

方窗是各种方形窗,装设在上层建筑中的上层甲板室的围壁上。方窗的周边用橡胶条密封,关闭时用螺栓压紧,要求保证风雨密。根据所处的位置不同,可以向外、向内或上下开启。

(3) 天窗

天窗是装设在舱室顶部用以采光和通风的窗。如机炉舱顶部的天窗,因位置较高是采用机械传动或液压传动开闭。

(4) 手摇窗

手摇窗主要装在驾驶室前壁上的窗,类似于汽车窗,用手摇机构升降玻璃或整个窗扇进行开闭。

4. 人孔盖

在船体结构的构件上为人员出入而开设的孔,称为人孔。其中在液舱、隔离空舱等的顶板或壁板上开的人孔,必须装设人孔盖,并保证水密性。为了便于维修、逃生和有利于通风,一般每个液舱或空舱在顶板或壁板上至少要开两个人孔,并成对角线布置。人孔通常有圆形或椭圆形两种,人孔盖主要有下列几种形式。

(1) 齐平式人孔盖

齐平式人孔盖是块平钢板,用螺栓连接在舱顶板或舱壁板人孔周绕的加强环(座板)上,螺栓是被焊接或旋接在加强环上。在盖板和加强环之间装有橡胶垫圈,用来保证水密性。

(2) 凸起式人孔盖

凸起式人孔盖用角钢或折边板做成的围板焊接在人孔的周缘上,人孔盖用螺栓紧固在围板的折边上。这种人孔盖因为装设有一定高度的围板,可防止液体和脏物落进舱里、紧固螺栓易拆换,且不易受损。

(3)铰链式人孔盖

铰链式人孔盖,在人孔的周围焊一圈不带折边的围板,围板的高度要符合舱口围板高度的要求,人孔盖板周缘有槽口,镶嵌橡胶垫料。人孔与围板之间用铰链连接,关闭时用夹扣将人孔盖压紧在围板的上缘。这种人孔盖一般开设在不易开设舱门或大舱口的贮藏室等处所。

(4)凹形人孔盖

凹形人孔盖主要用在舱面不允许有突出物的场所。

(二)锚设备与系缆设备

1. 锚设备

(1)锚设备的作用

船舶在装卸货物、避风、等泊位、检疫及候潮等情况下都需要在锚地抛锚停泊,锚设备的配置就是为了使船舶锚泊时产生足够的锚泊力,以保持船位不变。此外,锚也是船舶操纵的辅助设备,如靠离码头、系离浮筒、狭水道掉头以及紧急情况下减刹船速时往往都要用到锚。

(2)锚设备的组成与布置

锚设备由锚、锚链、锚链筒、制链器、锚机、锚链舱、锚链管和弃链器等几部分组成,其布置如图1-47所示。

图1-47 锚设备

1—锚;2—锚穴;3—锚链筒;4—制链器;5—锚机;6—锚链管;7—锚链舱;8—锚链

锚设备的组成部分如下:

①锚

锚是锚设备中产生抓驻力的主要部分之一。按锚的结构分为有杆锚、无杆锚两种,按其用途可分为普通锚、大抓力锚、特种锚等。

②锚链

锚链主要用来连接锚和船体，传递锚抓力。锚泊时，在出链长度适当时，卧躺海底部分的锚链也能因与接触底质的摩擦而产生部分抓驻力。

③锚链筒

锚链筒是锚链进、出和收藏锚干的孔道，其直径约为锚链直径的10倍。锚链筒由甲板链孔、舷边链孔和筒体三部分组成。锚链筒的上下口一般均设有锚唇，分别称为上锚唇、下锚唇（用钢板或铸钢制成的锚唇外缘的圆弧半径一般应不小于锚链直径的12倍），其作用是减少锚链与上下口的磨损。筒体内设有冲水装置，用于在起锚时冲洗锚和锚链。在甲板链孔处设有防浪盖，以防止海水从锚链筒涌上甲板，还可以保证工作人员的安全。有的船在甲板链孔处设有导链滚轮，以减轻锚链与甲板链孔的摩擦。

有些低干舷船与快速船为了减小由锚引起的水与空气的阻力，及减少锚体击水引起水花飞溅，在舷边链孔处做成能收藏锚冠及锚爪的锚穴，其形状有方形、圆形、伞形等。

锚链筒的位置和尺寸应能满足：收锚时使锚爪紧贴船壳，锚干连同转环一起留在锚链筒内，抛锚时使锚干易于脱出锚链筒。此外，锚链筒的下口应离满载水线有一定距离，以减少航行时首波冲击锚体。锚链筒的位置距船舶中线面有适当距离，以免起锚时锚爪卡在艏柱上。一般商船锚链筒轴中心线和铅垂线约成30°~40°角，和中线面约成5°~15°角。

④制链器

制链器设置在锚机和锚链筒之间，用于固定锚链，防止锚链滑出。在锚泊时，制链器将锚和锚链产生的拉力传递至船体，减轻锚机的负荷以保护锚机；航行时承受锚的重力和惯性力。

⑤锚机

锚机为抛锚、起锚的机械，其上的滚筒可作绞缆用。

⑥锚链管

锚链管是锚链进出锚链舱孔道。其位于锚机链轮下方，正对锚链舱中央，其直径约为锚链直径的7~8倍。它的上口设有防水盖，该防水盖开航后应关闭，以防海水由此进入锚链舱。

⑦锚链舱

锚链舱是存放锚链的舱室。其一般设在防撞舱壁之前、锚机下面、首尖舱的后上部。其形状为圆形或方形。圆形锚链舱直径约取链径30倍时，可不必排链。左、右锚链舱是分开的，内部设木衬板和舱底花钢板，并设有污水井和排水管系，用泵排出积水，以防止锚链过度锈蚀。舱壁上开有人孔及壁梯供人员进出锚链舱。舱的容积可用下式近似计算：

$$V = 0.00085 \sim 0.001 d^2$$

式中：V——每一百米锚链所需的容积，m^3；

d——锚链直径，mm。

⑧弃链器

末端链节的末端链环套在弃链器上，弃链器是在紧急情况下使锚链末端迅速与船体脱开的装置。其控制装置一般装设在锚链舱外部人员易于到达的地方，应保证在紧急情况下能迅速、可靠地脱开锚链。常见的有横门式弃链器和螺旋式弃链器等。

2. 系缆设备

(1) 系缆设备的作用

系缆设备或又称泊设备，其主要用于带缆、绞缆，以保证船舶能够停靠码头、系带浮筒、旁靠他船、进出船坞、顶推作业等。

(2)系缆设备的组成与布置

系缆设备主要由系船缆、挽缆装置(系缆桩)、导缆装置、绞缆机、缆车及附属用具等所组成。图1-48为大型船舶船首系泊设备布置图。

①系船缆

系船缆又称船舶缆绳,简称系缆,是指用于将船舶系固于码头、浮筒、他船或拖带时的绳索,是船舶系泊设备的主要组成部分。理想的系船缆应具有强度大、耐腐蚀、耐磨损、比重小、弹性适中、质地柔软、使用方便等特点。目前船舶常用的系船缆有纤维缆绳和钢丝缆绳两种。

②挽缆装置(系缆桩)

为在靠泊和拖带作业时固定缆绳的一端,在艏楼甲板、艉楼甲板和船中部甲板等部位左右两舷各设有挽缆用的系缆桩。系缆桩的受力很大,因此要求基座必须十分牢固,系缆桩附近的甲板均需加强。

③导缆装置

为了使缆绳按一定方向,从舷内通向舷外引至码头或其他系缆地点,限制其位置,并尽量减少缆绳与舷边的磨损,避免因急剧弯折而增大所受应力,在艏部、艉部及两舷都设有导缆装置。常见的导缆装置有:导缆孔、滚柱导缆器、滚轮导缆器、导缆钳、导向滚轮、转动导缆器。

④绞缆机

绞缆机也称系缆绞车,主要用于船舶靠离码头、与他船并靠及移泊时收绞缆绳。一般船舶的船首不单独设置绞缆机,由锚机兼用,但现在一些大型船舶在船首亦专设系缆绞车;船中部的缆绳一般由起货机副卷筒收绞,一些大型船舶在船中也设置系缆绞车;在船尾甲板单独设置系缆绞车或系缆绞盘。

⑤缆车及附属用具

用来卷存缆绳的装置称为系缆卷车,简称缆车。凡是用钢丝绳作系船缆的船舶都配有专用的缆车,用来卷存钢丝绳。纤维缆绳不用时一般收藏在舱内或专用箱子内,或盘好放在木格板上并绑扎好,有的船舶也使用缆车来存放纤维缆绳,带缆前将缆绳松出并有序地平铺在甲板上以便立即投入使用。现在大部分船舶的系缆卷车直接与绞缆机的载荷轴相连,使之既能储存系船缆,也能直接收绞和调节缆绳,而不必用制缆索将系船缆由卷筒移至缆桩上,大大方便了带缆工作。

附属用具主要有制缆索、撇缆绳、撇缆器、碰垫、防鼠板等。

(三)桅杆、起重柱、吊杆、甲板起重机

1. 桅杆

桅杆是指船上悬挂帆和旗帜、装设天线、支撑观测台的高的柱杆。木质的长圆竿或金属柱通常从船的龙骨或中板上垂直竖起,可以支撑横桁帆下桁、吊杆或斜桁。货船上的桅杆用处很多。比如用它来装信号灯、挂旗帜、架电报天线等。此外,它还能支撑吊货杆,吊装和卸运货物。

2. 起重柱(桅)

起重柱(桅)(derrick post)是起货设备的主要组件之一,起重柱(桅)的结构形式较多,常见的有单桅起重柱、门式起重柱、人字形起重柱和V形起重柱。它的作用是在柱的下部设置吊杆承座,用以支持吊杆左右旋转、变幅和承受吊杆在作业时的受力,在柱的上部设置千斤索眼板座,以承受吊杆作业时千斤索的张力。轻型吊杆的起重柱(桅)应至少有2个牢固的支

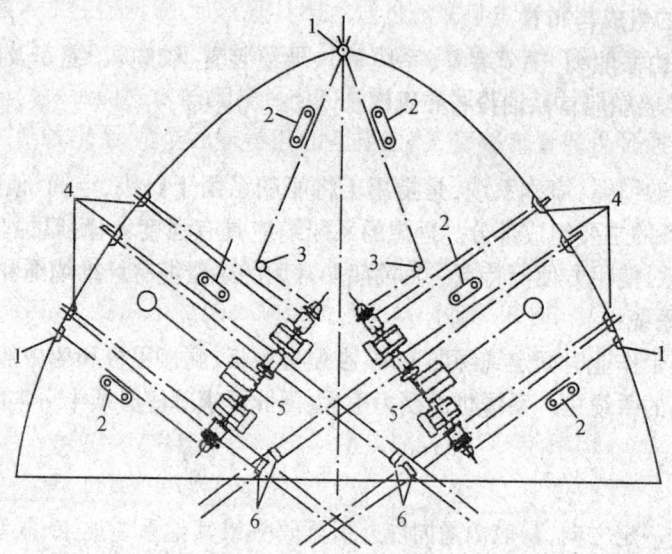

图 1-48 大型船舶船首系泊设备布置图
1—导缆孔；2—系缆桩；3—导向滚轮；4—万向导缆孔；5—锚机；6—导向滚轮

点，具有足够强度的上层建筑甲板或甲板室甲板可作为其中一个有效的支点。起重柱（桅）穿过甲板支持点应牢固地与甲板连接，甲板开孔周围应做有效的加强。起重柱（桅）的最小壁厚为 6 mm，如起重柱（桅）兼作通风筒时，则应不小于 7 mm，起重柱（桅）在千斤索眼板处的外径一般不小于其根部外径的 85%。

3. 吊杆装置

吊杆装置由吊臂、绳索和索具等组成。

（1）吊臂

吊臂（derrick boom）可为在全长范围内直径与厚度保持不变的圆筒形等截面杆件，或在中段一定长度内保持直径与厚度不变，而中段到两端直径逐渐减少的变截面杆件。在任何情况下，钢质吊杆的壁厚不得小于 4 mm。吊杆头部设有吊杆环眼箍，以对该部位做适当加强，并用以连接千斤索眼板、吊货滑车眼板和稳索眼板等。吊杆根部由叉头状眼板通过吊杆转轴[俗称鹅颈头（goose neck）]与固定在桅或起重柱上的吊杆承座相连接，以实现吊杆左右回转和上下变幅。

（2）绳索和索具

吊杆装置中所使用的绳索（rope）与索具（rigging）主要有千斤索、吊货索、稳索等绳索和吊货与吊货导向滑车、千斤索与千斤索导向滑车、稳索用滑车、有节定位索、三角眼板、卸扣及吊货钩等索具。

吊杆装置中所使用的绳索主要有千斤索（topping lift）、起货索（cargo wire）、稳索（guy）等，千斤索可控制吊杆的俯仰及回转，起货索则控制货物的起升或降落，稳索的布置与作用随吊杆形式的不同而不同。

4. 甲板起重机

甲板起重机（cargo winch）由起货机和其操纵机构组成，它是起重设备的动力源。

船舶起货机按所用动力分类，主要有电动起货机和液压起货机。按起货设备分类，有吊杆式起货机、回转式起货机和门式起货机。

(1) 吊杆式起货机

吊杆式起货机是船上应用最早的起货机。它结构简单,初置费较低,维护容易,迄今仍为一般船舶广泛采用。吊杆式起货机通常按吊杆承载能力在10 t以下或以上分为轻型和重型起货机;按所用吊杆数又分为双吊杆和单吊杆起货机。

① 双吊杆起货机

双吊杆起货机由两根吊货杆和两台起重绞车组成,如图1-49所示。作业时,一根吊杆3放在货舱口上方,另一根吊杆4则伸出舷外。两根吊杆上的吊货索7、8均与吊货钩相连,并各由一部起重绞车1、2卷动。装卸货物时,吊杆的位置不动,通过操作两部起重绞车,相应改变两根吊货索的长度,即可从船舱或码头装卸货物。

双吊杆起货设备应用较早,其主要缺点是:如果伸出吊杆需要调整位置时,装卸作业必须中断;作业前准备时间较长。优点是该设备只需两部起货绞车即可完成全部装卸作业的各种动作。

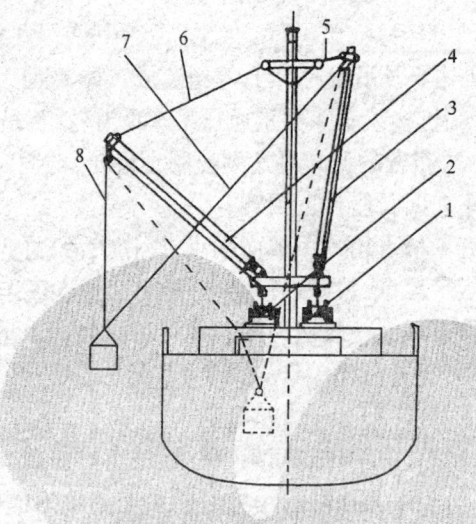

图1-49 双吊杆起货机
1、2—起重绞车;3、4—吊杆;5、6—千斤索;7、8—吊货索

② 单吊杆起货机

单吊杆起货机有三部绞车,如图1-50所示。回转绞车2装有绕绳方向相反的两个卷筒,分别卷绕着两根牵索4,绞车转动时两根牵索分别卷起或放出,从而使吊杆5回转。吊杆的俯仰(变幅)则由变幅绞车3控制千斤索6的收、放来实现。起重绞车1则收放吊货索控制吊钩升降。

单吊杆起货机作业前准备工作较简单,且可随时调整作业范围,能两舷轮流装卸;而且在吊杆受力相同的条件下,工作负载大约可为双吊杆起货机的2倍。缺点是吊杆在作业中需要回转,每吊周期比双吊杆起货机长;货物在空中易摆动,落点定位不容易准确。

单吊杆起货机在吊杆根、头部和索具三方面予以加强后,可作为重型吊杆用。为了装卸大件货物,有些大型货船还设置了V形可翻转重吊,它设有两根V形布置的起重柱和一根重型吊杆,有两台千斤索绞车和两台并联工作的起重绞车。

(2) 回转式起货机

回转式起货机常音译为克令吊(crane),如图1-51所示。它将操作室9和主起升机构绞

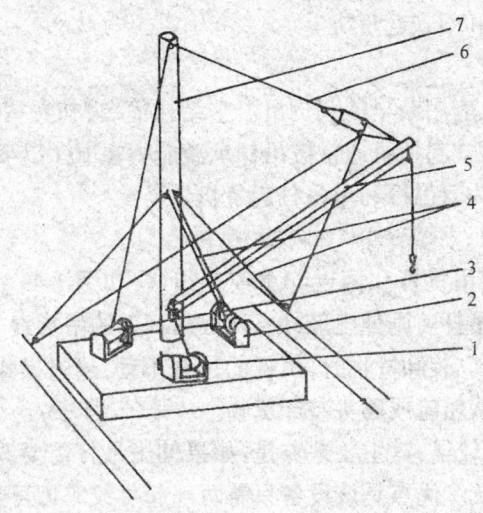

图 1-50 单吊杆起货机
1—起重绞车；2—回转绞车；3—变幅绞车；4—牵索；5—吊杆；6—千斤索；7—起货柱

车 5、变幅机构绞车 4、回转机构 6 及吊臂 8、索具等组装成一体，置于甲板立柱上方的回转座台上。主起升机构绞车 5 和变幅机构绞车 4 分别通过吊车顶滑轮组、吊臂滑轮组卷动钢索，去牵动吊钩 12 或 13 和吊臂 8；立式布置的回转马达则控制小齿轮，与固定在回转座台内的大齿圈啮合转动，从而带动整个吊车在回转座台上回转。

与吊杆式起货机相比，克令吊占用的甲板面积小，操作灵活，可 360°回转，能为前、后舱工作，能准确地把货物吊放到指定地点，装卸效率高，并能迅速投入工作。但它结构复杂，管理要求高，价格比吊杆式起货机贵得多。一般认为船经常到港而起货重量超过 5 t 时，采用克令吊是合适的。

(3) 门式起货机

门式起货机多用于集装箱船，由走行式门架、横梁、吊车等组成。门架以其走行轮可沿甲板上铺设的轨道纵向行走。吊车以其移动滚轮可沿横梁上的轨道横向行走，横梁可以是伸缩式结构或折叠式结构，在装卸作业时向舷外延伸出一段悬臂梁，可以使吊车移到舷外向码头起落货物，装卸完毕后，伸出的悬臂梁部分可以折叠回靠并固定在门梁上或缩回门梁内。图 1-52 即为一双梁水平折叠式门式起货机的简图。

门式起货设备依靠装在吊车上的起货绞车升降货物；依靠门架的纵向走行和吊车的横向走行的配合，可以使吊车对准甲板上轨道长度范围内和码头上悬臂梁伸出范围内的任何位置，垂直吊起和落下货物。它除需要起货绞车外，还需要门架走行驱动机构，此外还必须装设横梁伸缩或折叠的驱动机构。

(四) 货船的舱底水、压载水和消防系统

1. 舱底水系统

在船舶正常营运中，由于机舱设备的泄水、艉轴填料箱处漏水、各种管路的漏泄水、冲洗水、船体接缝不严密处的渗入水、从舱口流入的雨水和水线附近甲板或舱室的疏水泄放等均聚集于舱底，形成舱底水。

舱底积水对船体有腐蚀作用；货舱积水会浸湿货物造成货损；机舱舱底积水会使机电设备受潮或浸水损坏，影响机器正常运转，并给管理工作带来困难。若舱底水积存过多将会严重地

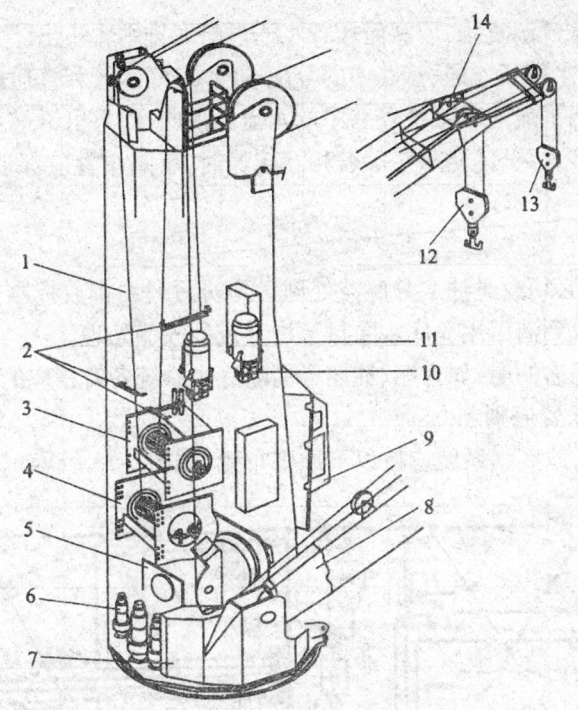

图 1-51 回转式起货机

1—钢丝绳;2—松绳保护装置;3—辅起升机构绞车;4—变幅机构绞车;5—主起升机构绞车;6—回转机构;7—油箱;8—吊臂;9—操作室;10—泵站;11—主电动机;12—主吊钩;13—辅吊钩;14—吊臂顶

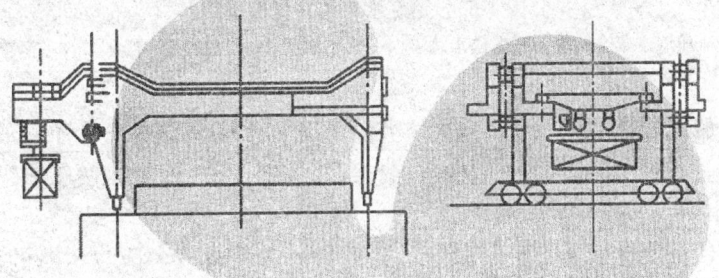

图 1-52 双梁水平折叠式门式起货机

影响船舶稳性和危及航行安全。

(1) 舱底水系统的作用与组成

舱底水系统的作用就是及时将机炉舱和货舱中的舱底积水排至舷外。一般规定,正常营运的船舶,机舱舱底积水量为 $1\sim10\ m^3/d$,一般 20 万~30 万吨级的船舶,则为 $20\ m^3/d$。当船舶破损时,舱底水系统还可用于排出进水。

舱底水系统一般由舱底水泵(污水泵)、舱底水管、舱底水吸口、阀件及有关附件组成。

(2) 对舱底水系统的要求

① 所有机动船舶均应设置舱底水系统,并能有效地排除任何水密舱中的积水。

② 舱底水系统应在船舶正浮或横倾不超过 5°时,均能通过不少于 1 个吸口(一般应在两舷设置吸口)排干任何舱室或水密区域内的积水。

③ 系统中的管路应能防止舷外海水(或河水)、来自压载水舱的水进入货舱或机炉舱,或从一舱进入另一舱的可能性。对与舱底水系统和压载水系统有连接的任何深舱,应采取有效

措施,以防深舱灌入水浸湿货物,或深舱压载水通过舱底排水管排出。

④为防止各舱底水相互连通,管路中的分配阀箱、舱底水管和直通舱底水支管上的阀门均应为截止止回阀,以保证舱底水系统管路中的水流为单向,即只出不进。

⑤舱底水泵、压载水泵、消防水泵等若相互接通时,管路布置应保证各泵同时工作而不相互干扰。

⑥舱底水泵应为自吸式泵。

⑦机舱舱底污水必须经过油水分离器处理达到防污公约排放标准方可排出舷外,也可将污水暂存于污水舱内,到港后用舱底水泵排至岸上或回收船处理。

此外,根据不同用途的船,如客船、油船等的舱底水系统各有相应的附加要求。

(3)舱底水系统布置原则

为满足上述要求,舱底水系统应按以下原则布置(如图1-53所示)。

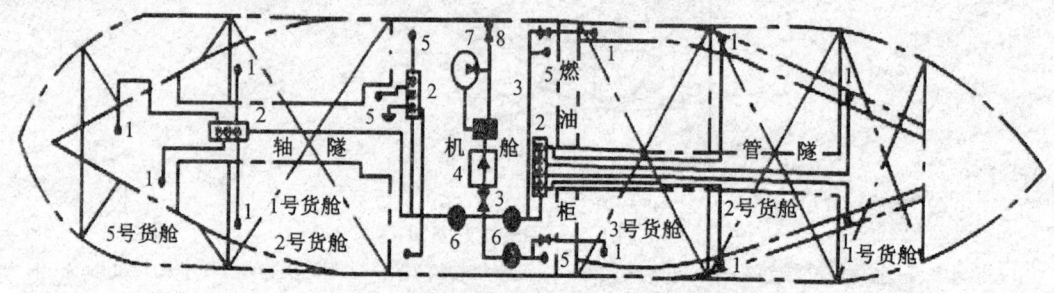

图1-53 舱底水系统布置原理图

1—舱底水吸入口;2—舱底水集合阀箱;3—舱底水总管;4—舱底水泵;5—机舱舱底水吸入口;6—泥箱;7—油水分离器;8—舷外排出口

①为能吸干舱底积水,各吸入管的舱底水吸入口1皆应布置在每个舱底的最低处。在有舭水沟的船舱中,可位于该舱两舷的最低一端;当无舭水沟时,则需在两舷或纵中剖面处设有污水井,以便吸出。

②为操作方便和简化管路,位于机舱前、后的货舱和管隧及各隔离空舱的污水,都应各自从吸入口经吸入支管分组汇集于各舱底水集合阀箱2,然后再经舱底水总管3,通至舱底水泵4的吸入口。在通至各干货舱的管路上应不少于两个截止止回阀。

③机舱是整个船舶的要害地区,且经常积水较多,所以应设有两个以上的机舱舱底水吸入口5,并且至少要有一根吸入支管与舱底水泵直接相连,其余则经舱底水总管通至舱底水泵。此外,为了在机舱破损时能应急排水,在主机机舱还应设置一个应急舱底水吸入口,该吸入口一般应通向一台主海水泵并装设截止止回阀,阀杆应适当加长,以使手轮高出花铁板至少450 mm。应急舱底水吸口阀应安装永久性的清晰铭牌。

④舱底水泵应具有自吸能力。由于含油污水要经过油水分离器处理,为提高分离效果,通常在机舱中都设有一台排量较小的往复泵或单螺杆泵作为日常抽除机舱污水之用。大排量的舱底水泵多为自吸式离心泵。不少货船上还采用喷射泵,这种泵没有运动部件,能排出极其污浊的液体,构造简单,不易损坏,具有干吸能力,在某些场合下,往往具有其他类型水泵所不及的优越性。

⑤在远洋船舶上应有2台以上的舱底水泵;对于国际航行的客船,用作舱底水泵的台数应较一般船舶多1~2台,以提高船舶的安全性。为了减少机舱中水泵的数量,舱底水泵可由有

足够排量的压载泵或通用泵兼任。

⑥舱底水很脏,为防止舱底污物堵塞吸入口,机器处所和轴隧内的每根舱底水支吸管及直通舱底泵吸管(应急吸入管除外)均应设置泥箱,以过滤舱底水。该泥箱应易于接近,并自污泥箱引一直管至污水井或污水沟,直管下端或应急舱底水吸口不得设滤网。

⑦货舱及除机器处所和轴隧外的其他舱室的舱底水吸口端,应封闭在网孔直径不大于10 mm 的滤网箱内。滤网的通流面积应不小于该舱底水吸入管截面积的2倍。

(4)舱底水系统的管理

①按要求排放含油舱底水。经轮机长和值班驾驶员同意方可排放,并填写"油类记录簿"。

②注意检查舱底水系统各种设备的工作情况,如舱底水泵的吸、排压力是否正常;排出压力过高,则说明操作有误或排出管路堵塞。吸水管堵塞和进气是最常见的故障,前者使泵的真空度增加,后者使泵的真空度降低或建立不起来,均造成吸、排水困难,甚至不能排水。

③定期检查污水井的水位,并及时将污水排入污水舱。定期测量污水舱的水位,视情况用油水分离器处理污水舱的污水,并做记录。定期检查机舱污水井报警装置。

④定期清洗各污水井和舱底水泵吸入口处的滤器、泥箱,疏通污水沟与污水井,切勿乱丢棉纱、破布和塑料制品等,以免造成堵塞。

⑤舱底水系统应分区域排放,不宜同时打开全部舱底水的吸口,以免造成漏泄,使排放速度降低。

⑥定期检查机舱应急舱底水吸口,加强维护管理,确保排水的有效性。

2. 压载水系统

(1)压载水系统的作用与组成

压载水系统的作用是将压载水注入或排出压载水舱,以达到:调整船舶的吃水和船体纵、横向的平稳,维持安全的稳心高度,减小船体变形,以免引起过大的弯曲力矩与剪切力,降低船体振动,改善空舱适航性等。

压载水系统主要由压载水泵、压载水管路、压载舱及有关阀件或阀箱组成。一般船上可用艏尖舱、艉尖舱、双层底舱、边舱、深舱等作为压载水舱。艏、艉尖舱对调整船舶的纵倾最有效,边舱对调整船舶的横向平衡最有效,而调节深舱的压载水量可有效地调整船舶的稳心高度。一般货船的压载水量约相当于船舶载货量的 50%~70%,油船的压载水量占货油量的 40%~60%。

(2)对压载水系统的要求

压载水系统既要将水注入压载水舱,又要通过同一管道将压载水舱中的水排出。因此,压载水系统管路应具有"可进可出"双向流动的工作特点。为了可靠地完成压载和卸载,压载水系统应满足以下要求:

①压载水系统的管路上不可设置任何形式的止回阀。

②压载水管路应设置在双层底舱中央的管隧内,不可穿过货舱,以防管道漏泄发生货损,也不得穿过饮水舱、炉水舱和滑油舱。

③艏尖舱压载水管在穿过船首防撞舱壁时,应在甲板上设置截止阀,以便船首发生海损时可立即在甲板上关闭该阀,防止海水进入压载水系统。

④为便于日常操作管理,各压载水舱的控制阀应相对集中。对于设有集中式遥控操纵的压载水系统,其控制台应设在机舱以外,以便于甲板人员使用。

⑤干货舱或油舱(包括深舱)用作压载水舱时,压载水管系应装设盲板或隔离装置。同样,饮用淡水舱兼作压载水舱时亦应如此,以免两个系统相通。

⑥含油压载水的排放应符合有关防污公约、法规的规定。

⑦压载水系统应设置两台以上的压载水泵,其容量应以排出全部压载水所要求的时间而定。不同类型、大小的船舶全部排出压载水的时间不同。

海船压载水舱的容量很大,一般杂货船的压载水量可达船舶满载排水量的15%左右,其中艏、艉尖舱的压载水约占总压载水量的12%~17%,其余大多存于双层底舱中。通常,要求在2~2.5 h内将最大的压载舱注满或排空,在6~8 h内将全船压载水舱注满或排空。

(3)压载水系统的布置

压载水系统的布置形式主要有以下三种:

①支管式

压载水集合管设于机舱前壁或后壁,集合管和压载水泵间用总管相连,集合管和各压载水舱间用支管相连。这种形式便于管理,且各舱均可独立排水和注水,但管路较长,可用于普通货船的双层底、深舱、舷侧顶边舱等。

②总管式

作压载用的双层底舱、深舱,可在船长方向敷设总管,由总管向各舱引出支管,在支管上安装吸口和遥控阀。油船、散货船、矿砂船等大型船舶常用这种形式。

③管隧式

为避免隔舱开孔和便于维修,在双层底内设管隧,在管隧内敷设压载水总管或支管。这种形式为矿砂船和散货船等所采用。

(4)压载水系统的管理

一般船舶压载水系统的日常操作是按甲板部的要求进行的。自动化程度高的船舶大多是由甲板部直接进行压载水系统的日常操作,这种船舶设有专门的船舶压载水控制室,其内安装各舱液位检测装置、泵的控制装置和各种控制阀的遥控设备。压载水系统中的各种设备均由轮机部负责日常维护管理,其要点有:

①压载水泵通常是大排量低压头离心泵,启动前应注油、盘车,确认无卡阻后全开吸入阀、全关排出阀进行封闭启动,以防过大启动电流冲击电网,随后逐渐开大排出阀。

②注意压载水泵轴封处的泄漏情况,轴承应定期加油。

③压载水泵出口压力一般为 0.15~0.25 MPa,可通过泵的进、出口间的旁通阀进行压力调节。

④熟悉设备位置,防止误操作。例如,船舶舱底水控制阀箱与压载水控制阀箱位置很近,为防止开错阀应涂以不同颜色以示区别。此外,压载水舱较多,应列出操作程序,使操作规范化。

⑤对用燃油舱兼作压载水舱的船舶,压载管系应装设盲板或其他隔断装置,含油压载水的排放应符合有关防污染法规的规定。

3. 消防系统

(1)消防系统的作用

船舶消防系统的作用是预防和制止火灾的发生和蔓延,并可迅速灭火,将火灾的损失减至最低程度。

船舶消防系统实际上指的是船舶的灭火系统。根据有关国际公约和我国法规、规范的规定,船舶应设置固定式消防系统,使用有效的灭火剂,如水、二氧化碳(CO_2)、泡沫和干粉等。固定式消防系统主要分为水消防系统、二氧化碳消防系统、泡沫消防系统和干粉消防系统。

(2)消防系统的分类

①水消防系统

水是不可燃液体,是船上最常用的灭火剂。利用强大的水流或水雾冲击火区,使燃烧物急剧降温,并利用水受热产生大量水蒸气来稀释火区的氧浓度灭火。扑灭可燃固体物质火灾可采用直流水枪,通过冲刷、冷却作用来灭火;扑灭可燃液体物质火灾可采用喷雾水枪,通过覆盖、冷却作用来灭火。

根据使用场合的不同,水消防系统又可分为固定水灭火系统、舱室水喷淋灭火系统和机舱局部水雾灭火系统。

载客超过30人的客船需要设置居住舱室水喷淋灭火系统,它可扑救初起火灾和自动报警。无限航区500总吨及以上的客船和2 000总吨及以上的货船,在机舱设置水雾灭火系统已经成为一项强制性要求。机舱局部水雾灭火系统主要用于向主机、发电机组、燃油分油机、燃油锅炉和焚烧炉等易燃区域提供中压的细水雾。

固定水灭火系统是所有船舶均必须设置的固定式消防系统,它由消防泵、管路、消火栓、消防水带和水枪等组成。灭火时,消防泵将消防水送至船上各甲板和舱室处的消火栓,再经消防水带从水枪喷射到船任何处所进行灭火。

a.固定水灭火系统的要求

(i)所有消防水泵应为独立机械系统,通常采用离心泵。符合消防水泵的有关要求的卫生水泵、压载水泵或总用水泵均可作消防水泵使用。100总吨以下的货船,消防水泵可以由主机带动。

(ii)各消防水泵(应急消防水泵除外)的排量最好相同。如水泵排量不同,则最小一台水泵的排量不应小于所需消防水泵总排量的80%除以所需消防水泵数,且至少应满足两股射程不小于12 m的水柱要求,其排量不足部分由较大排量的水泵补偿。

(iii)对大于及等于1 000总吨的船舶,应至少备有1只国际通岸接头,并便于由船的任何一舷连接,以便在船舶失火时相互救援灭火。

(iv)消火栓的布置和数量,应至少能将两股不是由同一消火栓所出的水柱射至船上任何部位。消火栓的位置应便于连接消防水带和进行有效的灭火。

(v)锚链冲洗水一般取自水消防系统,应设置隔离阀,以便灭火时切断锚链水供给。

(vi)消防泵应具有单独的海底门。

b.固定水灭火系统的布置

固定水灭火系统的布置,应视船舶的大小、类型及对系统生命力的要求而定。

(i)对于中小型船船,消防干管可成直线延至艏、艉部,再由干管上分出若干支管及分支管至各消火栓处。这种布置简单,管子用量少,但移动性差。

(ii)在大型船舶上,消防干管一般做环形布置,在其中部,用横跨管将两舷干管连通起来,泵的排出管与此横跨管沟通,横跨管的两端各装一隔离阀,使消防泵可以向任一舷或同时向两舷干管输水。如果在环形干管上再构成若干小的环形管段,则可进一步提高系统的生命力。当干管局部发生故障时,不致影响其余部分的运用。

(iii)消火栓的数目和位置,应至少将两股不是由同一消火栓射出的水柱射至船舶在航行中旅客或船员经常到达的任何位置,而且其中一股仅用一根消防水带。管子及消火栓的位置应易于接近,便于操作。

(iv)由于消防泵一般设在机舱内,为在机舱发生火灾而消防泵不能用时进行应急消防,则要在机舱外设置独立的应急消防泵。消防泵及其备用泵(总用泵、压载水泵和舱底泵等),在管路布置中要保证它们互相独立工作。

②二氧化碳消防系统

二氧化碳在常温下是一种无色无味的惰性气体,比重为1.529。空气中二氧化碳含量达15%以上时能使人窒息死亡;达28.5%时可使空气中的含氧量降至15%,使一般可燃物质的火焰逐渐熄灭;达43.6%时可使空气中的含氧量降至11.8%,能抑制汽油或其他易燃气体的爆炸。所以,二氧化碳灭火剂适用于货船、油船的灭火,因其不导电和无腐蚀作用,故适用于电气火灾和机舱火灾的扑救。二氧化碳在船上以液态储存于钢瓶中,利用二氧化碳的窒息和冷却作用灭火。

船舶上一般设置有固定式二氧化碳消防系统,用于机舱和货舱的灭火;一般还设置有小型独立的二氧化碳消防系统,用于油漆间、厨房烟道等处所的灭火。

固定式二氧化碳消防系统分为高、低压两种形式。高压系统为15 MPa,低压系统为2.1 MPa(储存于-18 ℃以下的专用冷库中)。一般船舶的机舱、货舱采用高压系统;二氧化碳灭火剂需求量超过10 t以上的大型油船、滚装船和集装箱船采用低压系统。

对二氧化碳消防系统的要求如下:

a. 二氧化碳灭火剂应储存在上层建筑或开敞的甲板上,通风良好,温度为0~45 ℃(高压系统),保证其安全与工作可靠。

b. 全船二氧化碳灭火剂储存量按规定要求,至少为各被保护舱室灭火需要量的最大值。例如货舱,应取其最大货舱舱容的30%,机舱则取机舱容积的35%~40%。

c. 由于二氧化碳的窒息作用,当空气中二氧化碳含量达5%时,人的呼吸困难,超过10%时,人会有生命危险,所以船上二氧化碳管路不准通过起居舱室及经常有人的舱室。使用二氧化碳灭火剂时应先发出声、光报警信号。

d. 二氧化碳消防系统的操作控制机构应设置在灭火舱室以外且短时间内能达到的地方,如居住舱室的通道、驾驶台、货舱控制室等。

e. 采用二氧化碳灭火的舱室应设水密门,以便灭火时隔绝失火舱室的空气,提高灭火效果。

f. 二氧化碳储存容器上应安装满足规范要求的安全装置。

③泡沫消防系统

泡沫是一种由碳酸氢钠与发泡剂的混合液和硫酸铝混合接触产生的二氧化碳泡沫,按其发泡倍数分为低、中、高膨胀泡沫。泡沫灭火剂的比重小于油,灭火时泡沫覆盖于油面使之与空气隔绝,从而灭火,同时泡沫中的水分可以吸收热量使可燃物降温,所以非常适合于油类火灾的扑救。

低膨胀泡沫消防系统常用于油船油舱区域、钻井平台的飞机起落平台、小型油船等;高膨胀泡沫消防系统用于各类船舶的机舱和油船的货油泵舱,也可做液化气船的辅助灭火系统。

④干粉消防系统

干粉灭火剂的比重较大,干粉在气流的喷射作用下喷洒在火焰上,分解出二氧化碳、Na_2O、水蒸气等气体窒息燃烧物质,同时吸收大量热量使燃烧物降温,从而灭火。干粉消防系统主要用于液化气体运输船舶上。

(3)船舶消防系统的管理

①定期对消防系统进行检查和维护,保持其处于可使用状态,以便在出现火情时进行有效的扑救。

②定期进行消防演习,通过演习发现防火、灭火措施及其系统中存在的问题,使之工作可靠、人员训练有素。

③如用二氧化碳灭火,需要的二氧化碳量是根据被保护舱室的容积来计算的,灭火时二氧化碳气体的容积应能达到灭火浓度(30%~45%)。按规定,二氧化碳需要量为:

$$Q = \frac{V \cdot (30\% \sim 45\%)}{0.56} \text{ kg}$$

式中:V——被保护舱室的容积,m^3;

0.56——1 kg 二氧化碳的自由气体体积相当于 0.56 m^3。

(五)舱柜测量管、空气管、溢流管和船底塞

1. 测量管(测深管)

在船上的每一个液舱和污水井中,都装设一根直径为 30~50 mm 的直管,称为测深管。利用测深尺从测深管上端口坠入舱底,然后把尺收上来观察尺的浸湿长度,从而决定舱中液体的存量和液面高度以及干隔舱中有无液体。

测深管的布置和要求如下:

(1)一般每一液舱、干隔舱、污水井中只布置一根测深管。测深管都布置在液舱的最深处。对于平底舱,可在舱的前后端各布置一根。

(2)测深管的上端,要升至舱壁甲板的上方,管口有螺纹盖,并与甲板平齐,不妨碍甲板上行走。布置在机舱和轴隧下面的压载水舱、清水舱的测深管,其上端管口只伸到机舱铺板、轴隧铺板以上高度约为 1 m。但是管口上装有自动关闭装置,当不测深时,管口自动关闭,不使舱底水溢出。燃油舱、滑油舱测深管的上端管口,必须伸至露天甲板上,防止油气泄漏于舱内。饮用水清水舱的测深管的上端管口,要高出甲板面 400 mm 以上,防止污物落入管内。

(3)测深管的下端,在管口下方的舱底板上,焊接一块平钢板,或在管口上焊一块钢板,而在管子端部侧面开孔,其目的是保护舱底板,以免被测深尺撞漏。

(4)测深管在穿过货舱等船舱时,都要有良好的保护装置,以防碰损。

(5)目前,有些船上虽然设有机械或电子测量装置,但是仍然必须设有可人工测量的测深管。

2. 空气管

空气管又称透气管,其作用是保证液舱在注入或排出液体时,使空气能自由地从管中排出或进入舱中。

空气管的布置和要求如下:

(1)通常每个液舱装设一只空气管,但在某些特殊情况下可装设两只。每个液舱中空气管的总截面积不小于该舱注入管截面积的 1.25 倍,深舱中的空气管则不小于注入管的 1.5 倍。但是,其内径均不得小于 50 mm,油舱的空气管内径不得小于 100 mm。

(2)空气管的上端要伸至露天甲板以上 400~1 200 mm,固定在甲板上并靠近舷墙边处,或靠近上层建筑的壁板处。管头弯成180°或装设防水盖,以防海水和杂物浸入。燃油舱和滑油舱的空气管的上端管口处,装有金属防火网。

(3) 空气管的下端是在舱柜顶的最高处,一般均在液舱的前部顶板上。

(4) 空气管可以做成弯曲形状,沿着舷侧外板的内表面或舱壁板伸至露天甲板上。

3. 溢流管

所有用泵灌注的液舱柜,均在舱柜顶部设有一根管子,将可能溢出的液体引入到溢流柜内或有剩余空间的贮存柜内,这种管子称为溢流管。对于装水的液舱柜则引到开敞处所或其他溢流柜内,对于滑油和燃油则防止从空气管溢出,导致污染。

溢流管的截面积要不小于注入管的1.25倍,在溢流管上易观察的管段处装有观察镜,以便于及时发现溢油,停止灌注。在溢流管上不准装有截止阀或旋塞。

油舱兼作压载水舱的溢流管,如与溢油系统相连,应装设防止压载水溢流进油舱的装置。

溢流管的布置,应保证在任一舱破损进水后,不致使海水通过溢流管进入其他水密舱室内的舱柜。

4. 船底塞

在每一个压载舱(或其他水舱)中,由于压载水管的吸入口不可能完全把水排干净,当水舱需要修理或涂刷时,必须把残留的水放干。因此,在每一个水舱船底板的最低处,开设一个小孔,孔径为50 mm左右,并用一个螺栓塞紧,在船底板的外面涂上水泥和油漆,船进坞需要修理水舱时,可以把船底塞打开,放尽舱底水。

(六) 集装箱固定和绑扎装置

按标准货的定义,用于固定专用集装箱船及多用途船(适用时)在装载集装箱时所使用的设备即为标准货系固设备。该类系固设备均是经批准的专用设备。

1. 固定式系固设备

(1) 底座(foundation)

①底座直接焊接在舱底、甲板、支柱及舱盖上,相互之间的间距按集装箱四角角件孔的尺寸设计,并通过安放在其上的扭锁、底座扭锁或定位锥来对集装箱进行定位和固定。底座的种类主要有以下几种:

②突出式底座:主要用于舱盖、支柱及甲板上,其主体部分突出在上述结构的表面,用于安装并固定扭锁。突出式底座有单式、横向双式及纵向双式三种形式,如图1-54所示。

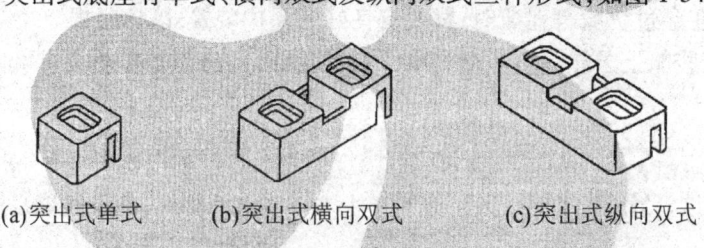

(a) 突出式单式　　　(b) 突出式横向双式　　　(c) 突出式纵向双式

图 1-54　突出式底座

③突出式滑移底座:焊接位置同突出式底座,其有单滑移式、横向双连单滑移式、纵向单滑移式、纵向双滑移式四种形式。这种滑移式底座允许适当调整底座间的距离,如图1-55所示。

④埋入式底座:主要用于舱底,也有用于舱盖上的,其结构表面略高于前述结构表面。其有单式、纵向双式、横向双式和四连式四种形式,如图1-56所示。

⑤燕尾底座:又称燕尾槽,主要用于舱盖及甲板支柱上,并专用于固定底座扭锁。其有单式与横向双式两种形式,如图1-57所示。

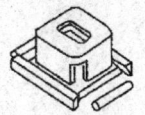 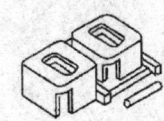 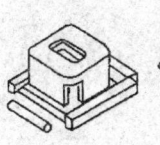 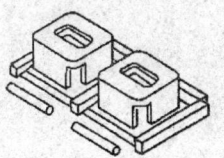

(a)单滑移式　　(b)横向双连单滑移式　(c)纵向单滑移式　(d)纵向双滑移式

图 1-55　突出式滑移底座

   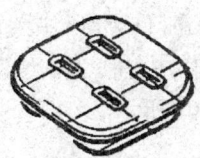

(a)单式　　(b)纵向双式　　(c)横向双式　　(d)四连式

图 1-56　埋入式底座

 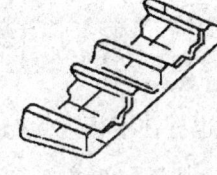

(a)单式　　　　(b)横向双式

图 1-57　燕尾底座

⑥板式底座:主要用于舱底,并与堆锥配套使用,如图 1-58 所示。

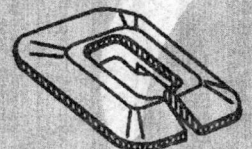

图 1-58　板式底座

⑦插座:一般用于舱内,并与底座堆锥配套使用。其有单式、横向双式、纵向双式和四连式四种形式,如图 1-59 所示。

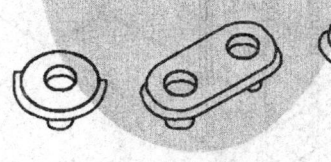 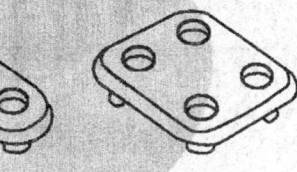

(a)单式　　(b)横向双式　　(c)纵向双式　　(d)四连式

图 1-59　插座

(2)固定锥(welding cone)

固定锥通过一覆板直接焊接在舱底的前后端导轨底脚处,用于固定舱内最底层集装箱(固定锥插入集装箱的角件孔内),如图 1-60 所示。

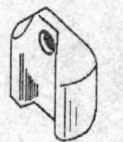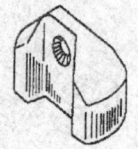

图 1-60 固定锥

(3) 可折地令(lashing eye, D-ring)

可折地令,又称 D 形环,主要用于舱盖、甲板、集装箱支柱及绑扎桥上,多用途船也将其用于舱底。其主要作用是作为一个系固点与花篮螺丝、绑扎杆等组成一系固系统固定集装箱。地令形式如图 1-61 所示。

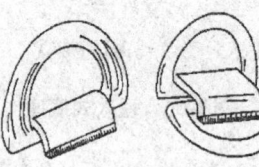

图 1-61 可折地令

(4) 箱格导轨系统(cellguide system)

箱格导轨系统设置于舱内,也有在甲板上无舱口的位置处设置该系统的,如图 1-62 所示。

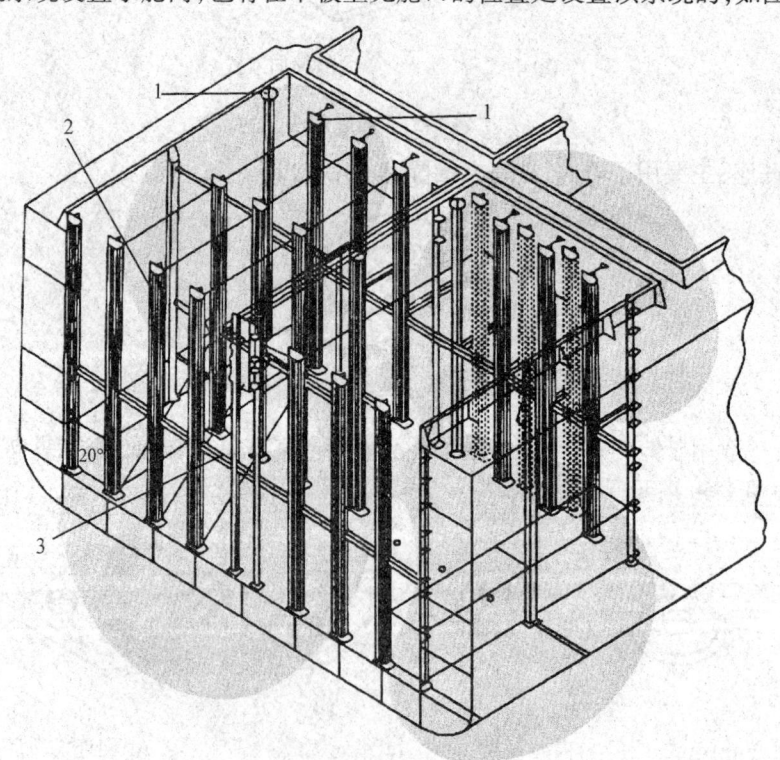

图 1-62 箱格导轨系统
1—导箱构件;2—导轨;3—横撑材

按《钢质海船入级规范》的要求,专用集装箱船箱格导轨系统应满足:
①不应与船体结构形成整体结构,且应不受船体主应力的影响;
②应能将因船舶运动时产生的集装箱负荷传递到船体结构,并能承受由集装箱装卸时产

生的负荷及阻止集装箱移动;

③为确保顺利吊装集装箱,每只集装箱与导轨之间的横向间隙之和应不超过 25 mm,纵向间隙之和应不超过 40 mm。

四、舵与轴隧

(一) 舵设备

1. 舵设备的作用

舵设备是船舶操纵装置的一个重要设备,船舶在海上航行时需要根据驾引人员的意图,利用舵设备使船舶保持所需航向、改变原来航向和进行旋回运动。

2. 舵设备的结构与布置

舵设备由舵、舵机及其转舵装置、操舵装置控制系统及其他附属装置等组成。

(1) 舵

按操舵转船原理,舵宜远离船的回转中心。因此,舵通常安置在船尾,承受水流的作用,以产生较大的转船力矩使船回转。它包括舵叶、舵杆和舵承等几个部分。

(2) 舵机及其转舵装置

舵机及其转舵装置安置在艉尖舱甲板平台上的舵机房内。舵机为转舵的动力源,通过转舵装置(也称传动机构)将力矩传给舵杆,以带动舵叶转动。舵机及其转舵装置统称为操舵装置。

(3) 操舵装置控制系统

操舵装置控制系统的主要部件设于驾驶室内,将舵令通过电力或液压控制系统由驾驶室传递给舵机,以控制其动作。

3. 舵的类型

舵是船舶上一种十分重要和不可缺少的专用舾装设备。舵的种类较多,一般按下列几种方法分类:

(1) 按舵叶的剖面形状分

①平板舵

平板舵(single-plate rudder),又称单板舵。舵叶由一块钢板或在钢板上两面交替安装的横向加强筋(舵臂)等构成。这种舵阻力较大,其舵效随着舵角的增大而变差,失速现象发生得早,所以仅用于非自航船、帆船或小艇上。

②流线型舵

流线型舵(stream-line rudder),又称复板舵。这种舵是在骨架的外围用复板覆盖而成的,强度高,舵叶剖面呈流线型;因内部空心和水密,从而产生一定浮力,减少了舵承上的压力,而且其水动力性能好,舵的升力系数大,阻力系数小,舵效高,所需转舵力矩小。虽然这种舵的构造比较复杂,但由于具有较多的优点而被广泛采用。

(2) 按舵杆轴线位置分

①不平衡舵

不平衡舵(unbalanced rudder)又称普通舵,如图 1-63(a)所示。舵叶全部位于舵杆轴线之后,舵钮支点较多,舵杆强度容易得到保证。但这种舵的水压力中心离转动轴较远,转舵时需要较大的转舵力矩,只适用于小船。

②平衡舵

平衡舵(balanced rudder)如图1-63(b)所示,是指舵杆轴线位于舵叶前缘后面一定位置的舵(舵杆中心线前面的舵叶面积A'与整个舵叶面积A之比称为平衡系数,用"K"表示)。舵在舵杆轴线之前有一定的舵叶面积,转舵时水流作用在它上面产生的扭矩可以抵消一部分轴线后舵叶面积上的扭矩,从而减轻舵机的负荷。因此在海船上得到广泛使用。

③半平衡舵

半平衡舵(semi-balanced rudder)如图1-63(c)所示的下半部分为平衡舵,上半部分为不平衡舵,平衡系数介于平衡舵和不平衡舵之间。它适用于艉柱形状比较复杂的船舶。

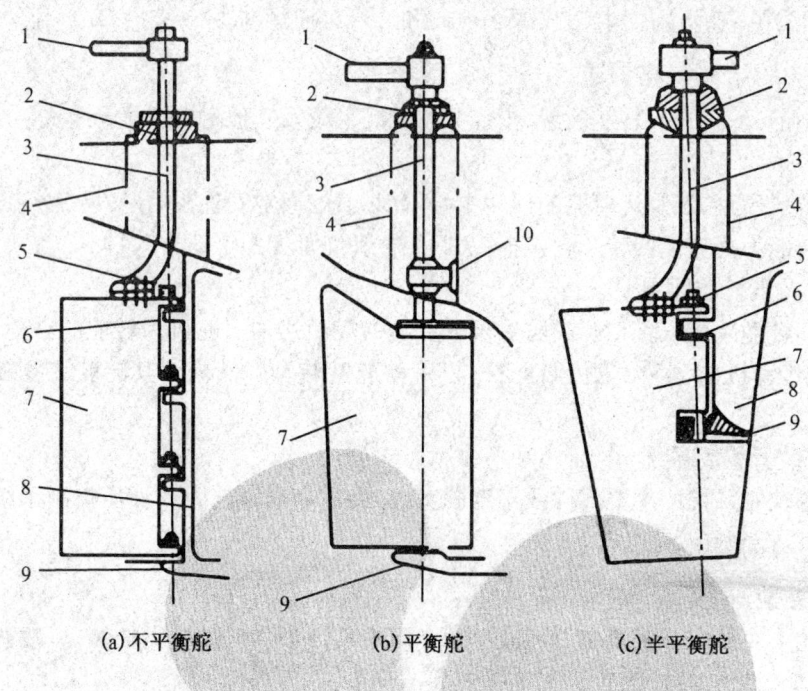

(a)不平衡舵　　(b)平衡舵　　(c)半平衡舵

图1-63　舵的种类

1—舵柄;2—上舵承;3—舵杆;4—舵杆套筒;5—舵销;6—舵钮;7—舵叶;8—舵柱;9—舵托;10—舵承

(3)按舵的制成方式分

①支承舵

支承舵(bearing rudder)可分为双支承舵和多支承舵。双支承舵是指除上支承之外,在舵根处还设有一个下支承的舵,如图1-63(b)所示。多支承舵是指与船体艉柱连接有三个及以上支承点的舵。其支承点可分为舵承、舵钮和舵托等。这种舵的重量主要由船体内的支承和舵托来支承,如图1-63(a)所示。

②悬挂舵

悬挂舵(underhung rudder)只有上支承而无下支承,其舵叶全部悬挂在船体外的舵杆上。

③半悬挂舵

半悬挂舵(partially underhung rudder)指下支承的位置设在舵叶中间的舵,如图1-63(c)所示。

(4)特种舵

某些船舶为了满足其操纵上的特殊要求,如改善舵效、提高推进效率、获得较小旋回圈直径和改善大型船舶在低速时的操纵性能等,常采用一些特种舵。目前,常见的特种舵有:反应舵、主动舵、整流帽舵、科特导流管舵、襟翼舵、组合舵等。

(二) 轴隧

在中机型或中艉机型船上,由于推进轴系要穿过机舱后面的货舱,因此必须从机舱的后面舱壁至艉尖舱壁之间设置一个水密的结构,将推进轴系围在里面,轴系由此通至舷外,与螺旋桨相连。这个水密的结构或通道称为轴隧。它保护轴系不受损坏,并防止海水从艉轴管进入船舱内,便于人员检查、维修。轴隧的形式有平顶和拱顶两种。前者便于装货,后者强度较好。轴隧的宽度为 1 200~1 800 mm,高度约为 2 000 mm,但在轴的上方要有 500~1 000 mm 的空当,以便吊轴检修。

在单桨船上,轴隧的中心线是偏离船舶中心线的一侧,一般偏向右舷,即在轴的右侧留有通道,其宽度大约为 600 mm,如图 1-64 所示。轴隧的艉端将其尺寸加大,做成一个轴隧艉室,用来存放备用艉轴和便于检修工作。在轴隧或艉室的顶部或侧壁上设有可拆卸的水密开口,以便于抽出桨轴。在轴隧的前端即机舱的后壁上,设有一扇通往机舱的水密门,该门要求不仅能在机舱内及轴隧内将门开闭,还要求在舱壁甲板上能开闭,并且要求手动将门完全关闭所需时间应不超过 90 s(船舶处于正浮状态时)。

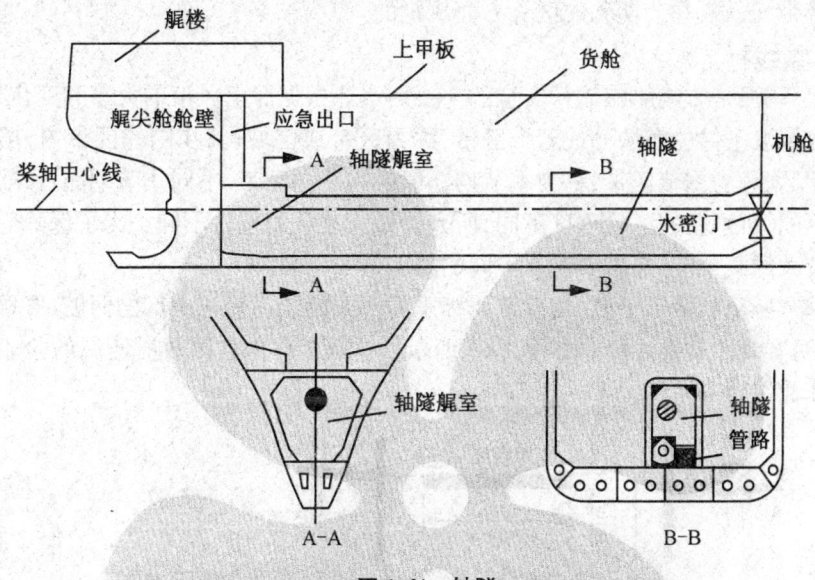

图 1-64 轴隧

在轴隧末端靠近艉尖舱舱壁处,设有应急围井并向上通至露天甲板上,作为轴隧和机舱的应急出口,亦称应急通道或逃生孔。应急围井平时作为轴隧的通风口,围井内不许乱放杂物,应急出口盖不能加锁。

双桨船的轴隧关于于船体中纵剖面对称,左右各设置一个轴隧,两轴隧间设有通道。

五、船舶载重线及吃水标志

(一) 储备浮力

为了保证船舶的航行安全,在任何情况下都不允许船体的水密空间全部浸入水中。就是说在载重水线以上,必须保留一部分水密空间留作备用。这是因为甲板上浪或结冰会增加船舶的重量;另外,一旦发生海损船体内部进水,为了使船舶能保持一定的漂浮能力或不致立刻沉没，都需要有一定的备用水密空间提供浮力，以支持增加的船舶重量。因此，满载水线（设计水线）以上的船体水密部分的体积所具有的浮力，称为储备浮力。储备浮力通常以船舶正常排水量的百分数来表示，一般海洋运输船舶的储备浮力占满载排水量的20%~50%。

（二）干舷

所谓干舷，通常是指船舶的夏季最小干舷，它是在船中处，沿舷侧从夏季载重水线量至干舷甲板上表面的垂直距离。

干舷甲板是按载重线公约或载重线规范所要求的，用以计算最小干舷的基准甲板。通常干舷甲板是船舶最高一层全通甲板，在该层甲板及其下面的两舷侧，所有的水密开口都要求必须有永久性的水密封闭装置。

储备浮力的大小一般是用船舶干舷的高度来衡量。干舷越大，载重水线以上的水密空间就越大，即储备浮力也越大。所以，干舷被用作衡量船舶储备浮力大小的一个尺度。

为了既能保证船舶的安全航行，又能使船舶具有尽可能大的装载能力，每条船舶都必须具有一个最小的储备浮力。最小储备浮力限定了船舶最大吃水，或者说规定了最小干舷。船舶在任何情况下，装载的重量都不得使干舷小于所规定的最小干舷。

最小干舷高度大小是由船长、型深、方形系数、上层建筑、舷弧、船舶种类、开口封闭情况及船舶航行的区带、区域、季节期和航区等方面决定的。

（三）载重线标志

在海洋上，风浪是影响船舶航行安全的重要因素。根据海上风浪的大小和变化规律，将世界上具有相似风浪条件的海域分成若干区带，称为区带或区域；又在同一区带内，按照风浪变化的不同时期，划分为季节区带，称为季节期。船舶在不同区带、不同季节期航行，船舶有可能承受的风浪不同，所承受的危险程度不同，所允许最大装载的重量不同。为了保障船舶航行的安全和具有最大的载重能力，需要对应不同的船舶最小干舷。

在不同季节所用的最小干舷，用载重线标志的形式勘绘在船长中部的两舷，并颁发载重线证书，以示证明有效。载重线标志如图1-65所示。这项工作由各国政府所属的验船机构或政府委托船级社代表政府执行。

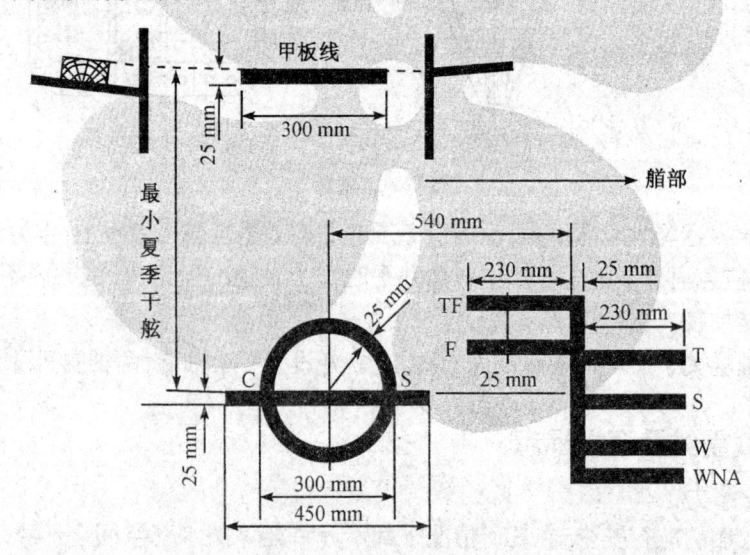

图1-65　载重线标志

勘划船舶载重线标志的意义是：在保证船舶安全航行条件下，又根据海上风浪情况，最大限度地利用船舶的载重能力。

1. 国际航行船舶的载重线标志

根据《1966年国际船舶载重线公约》的规定，国际航行船舶应勘绘的甲板线、载重线圈和载重线的形式如下：

（1）甲板线

甲板线是勘绘在船中两舷侧长 300 mm、宽 25 mm，其上边缘通过干舷甲板的上表面（木铺板时，为木铺板的上表面）向外延伸与船体表面相交的线段。

（2）载重线圈

载重线圈是一个外径为 300 mm、宽为 25 mm 的圆圈和一条与圆圈相交的水平线段。水平线段长度为 450 mm、宽为 25 mm，其上边缘通过圆圈的中心。圆圈中心位于船中处，从甲板线上边缘垂直向下量至圆圈中心的距离等于所核定的夏季最小干舷。在圆圈的两侧标注两个字母，代表核定勘绘干舷的验船机构。

（3）载重线

载重线分别以长 230 mm、宽 25 mm 的水平线段表示。各载重线与一根位于载重线圈中心向艏部一侧，长 540 mm、宽 25 mm 的垂直线相垂直。各载重线的上边缘为船舶航行在不同区域、区带和季区区域、季节区带中所允许的最高载重水线位置，即代表各区域、区带和季节期船舶航行所允许的最小干舷。

各载重线上的字母符号代表的意义如下：

"S"——夏季载重线（国内船舶采用"X"）；

"T"——热带载重线（国内船舶采用"R"）；

"W"——冬季载重线；

"WNA"——北大西洋冬季载重线，对于船长大于 100 m 的船舶需勘绘北大西洋冬季载重线；

"F"——夏季淡水载重线（国内船舶采用"Q"）；

"TF"——热带淡水载重线（国内船舶采用"RQ"）。

木材船载重线应在通常的货船载重线以外勘绘，位于船中舷侧载重线圈的后方（向艉部）。在木材载重线上除上述规定字母外均附加上"木"字的英文词头"L"（Lumber）表示（国内航行船舶加"M"）。而客船需要在载重线下方绘有分舱载重线。

2. 国内航行船舶的载重线标志

由于沿着海岸附近的风浪较小，因此国内航行船舶的最小干舷比国际航行的船舶的最小干舷要小一些。另外，我国国内航行船舶无冬季载重线和北大西洋载重线。

（四）水尺

水尺是表示船舶吃水的标记，也称吃水标志。它是用数字和线段刻画在艏部、艉部和船中两舷的船壳板上（如图 1-66 所示），一般用以分别标明相当于艏垂线、艉垂线和船中横剖面处的实际吃水值。所用单位为国际单位或英制单位（如英国）。我国采用国际单位制，以 m 或 cm 为单位。水尺用阿拉伯数字标绘，每个数字高为 10 cm，字与字的间距也为 10 cm（英制水尺以英尺、英寸为单位，用罗马数字标绘，字高和字间距均为 6 in）。每一个数字的下缘（与水尺线段的下缘为同一水平面）表示该数字所指的吃水值。读取吃水时，看水面与水尺数字下缘相切的位置。例如水面刚好与"8.6"数字的下边缘相切,则表示吃水为 8.6 m;当水面淹没"8.6"字体的一半,则吃水为 8.65 m;当水面刚好淹没"8.6"的上边缘,表示吃水为 8.7 m。

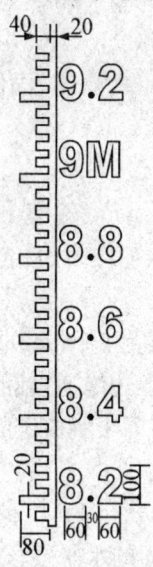

图 1-66 吃水标志

第四节　船舶稳性控制

一、排水量

（一）排水量与载重量

表示船舶重量方面的量度有船舶排水量和载重量,包括空船排水量、满载排水量、装载排水量、总载重量、净载重量等。

1. 排水量

船舶排水量,是指船舶自由漂浮于静水中,保持静态平衡所排开水的质量或重量,通常以字母"D"表示。排水量等于船舶重量。因此,当船舶的载重不同时,就有不同的排水量。对于民用船舶有实用意义的排水量为空船排水量和满载排水量。

（1）空船排水量

空船排水量等于空船重量,是指民用船舶装备齐全,但无载重时的船舶排水量。除了船体和机器设备等的重量之外,空船重量还包括固定压载、备件、管系中的液体、液舱中不能吸出的液体、给水,以及锅炉和冷凝器中的水在内的重量,但不包括船员、粮食、淡水、供应品、燃料、滑油、货物和旅客的重量。

（2）满载排水量

满载排水量等于空船排水量加上总载重量时的排水量。满载排水量是反映船舶大小的一个重要量度,是船舶的许多性能、结构、载重能力等计算的主要依据。

（3）装载排水量

装载排水量指船舶在空载吃水与满载吃水之间任一吃水下的排水量。

2. 载重量

船舶载重能力主要表现在它的载重量上。载重量分为总载重量和净载重量。

(1) 总载重量

船舶总载重量,通常简称为载重量,是船舶允许装载的可变载荷的最大值,通常以字母"DW"表示。总载重量包括船员、粮食、供应品、淡水、燃料、滑油、货物和旅客等的重量。它表示船舶运输中总的载重能力。例如称某船是万吨级的船,意思是说该船的总载重量为一万吨左右。

(2) 净载重量

船舶净载重量,是载重量中允许装载的货物与旅客,包括行李及随身携带的物品在内的最大重量。它反映船舶的运输能力,其值的大小影响船舶的运输成本。

(二) 每厘米吃水吨数

每厘米吃水吨数是指船舶在任意吃水时,水线平行地改变(下沉或上浮)1 cm 所引起排水量变化的吨数,通常以字母"TPC"表示。

$$TPC = 0.01 \cdot A_W \cdot \rho(t)_{水}$$

TPC 的大小与水线面面积 A_W 有关,而 $A_W = f(d)$,即 $TPC = f(d)$。因此,船舶每厘米吃水吨数可以在静水力曲线图中查出。

TPC 的主要用途:在船舶平行沉浮时,可以较方便地求出在小量装卸时船舶的吃水改变量 Δd,或根据 Δd 求船舶装卸的重量。

船舶要平行沉浮,则必须满足的条件是:

(1) 必须装卸小量重物。d 改变量小,原水线面积 ≈ 新水线面积,则新增加(减小)的浮力 ΔD 的作用中心 $C(X_c, Y_c, Z_c)$ 可近似认为位于原水线面的漂心 F 之上(或之下)。

(2) 装卸重物 P 的重心 g 必须位于原水线面的漂心 F 之垂线上,即 $X_p = X_f, Y_p = 0$。

因为,装卸之前船舶的重心和浮心在同一垂线上,小量装卸之后,新增加(或减小)的浮力 ΔD 的浮心 X_c 位于漂心 X_f 的垂线上,即 $X_c = X_f$,因此装卸的小量重物 P 的重心 X_p 必须与新增加(或减小)的浮力 ΔD 的浮心 X_c 位于同一垂线上,船舶才不会纵倾,即 $X_p = X_c$ 时,船才会平行沉浮。

(三) 船型系数

船型系数是表示水线下船体肥瘦程度的各种无因次系数的统称。它能表征水线下船体的体积和面积沿着各个方向分布的情况。

(1) 水线面系数 C_W

C_W 是平行于基平面的任一水线面面积 A_W 与对应的水线长 L 和水线面最大宽 B 的乘积之比(如图 1-67 所示)。

$$C_W = \frac{A_W}{L \times B}$$

水线面系数表征船体水平剖面的肥瘦程度。其值的大小对船舶的快速性、稳性和甲板面积等都有影响。

(2) 中横剖面系数 C_M

C_M 是中横剖面的浸水面积 A_M 与对应的水线宽 B 和型吃水 d 的乘积之比(如图 1-68 所示)。

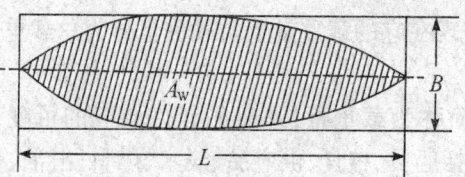

图 1-67 水线面系数

$$C_M = \frac{A_M}{B \times d}$$

中横剖面系数表征船舶中横剖面的肥瘦程度。其值的大小对船舶的快速性和耐波性等有影响。

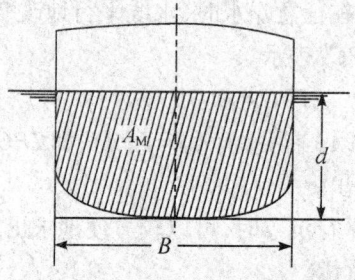

图 1-68 中横剖面系数

(3) 方形系数 C_B

C_B 是在与基线平行的任一水线下型排水体积 V 与对应的水线长 L、中横剖面处的水线面宽 B 和型吃水 d 三者乘积之比(如图 1-69 所示)。

$$C_B = \frac{V}{L \times B \times d}$$

方形系数表征船体的肥瘦程度,是表示船体形状的重要系数。方形系数的大小对船舶的排水量、舱室容积、快速性、耐波性等均有影响。

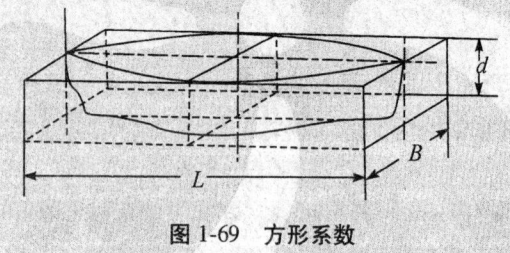

图 1-69 方形系数

(4) 棱形系数 C_P

C_P 是在与基线平行的任一水线下,型排水体积 V 与对应的水线长 L、中横剖面的浸水面积 A_M 两者乘积之比(如图 1-70 所示)。

$$C_P = \frac{V}{A_M \times L}$$

棱形系数表征排水体积沿船长的分布,其值的大小对船舶的快速性、耐波性等有影响。

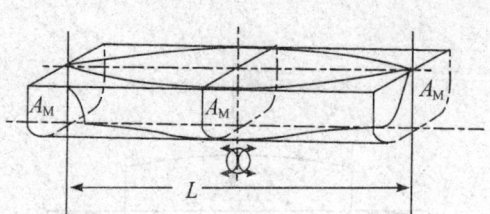

图1-70 棱形系数

（5）垂向棱形系数 C_{VP}

C_{VP} 是在与基线平行的任一水线下，型排水体积 V 与对应的水线面面积 A_W、中横剖面处的型吃水 d 两者乘积之比（如图1-71所示）。

$$C_{VP} = \frac{V}{A_W \times d}$$

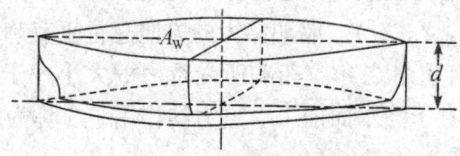

图1-71 垂向棱形系数

垂向棱形系数表征排水体积沿着船舶垂向的分布。

归纳上面所述，可得出如下几点：

①不同的船型系数以及船型系数值的大小，对于船舶的航海性能和使用性能有着不同的影响。

②船型系数值 C_W、C_M、C_B、C_P、C_{VP} 是随着船舶吃水的变化而变化的，其变化规律可以绘成曲线，画在船舶静水力曲线图中。使用时可根据船舶吃水在图中查出相应吃水下的各个船型系数数值。

③通常所称的某条船的船型系数值 C_W、C_M、C_B、C_P、C_{VP}，是指在设计吃水时的各个船型系数数值。

④在五个船型系数值中，C_W、C_M、C_B 这三个值是独立的，而 C_P、C_{VP} 是导出的。它们之间的关系为

$$C_P = \frac{C_B}{C_M} \qquad C_{VP} = \frac{C_B}{C_W}$$

⑤对于同一条船舶，中横剖面系数 C_M 值较大，而方形系数 C_B 值最小。

⑥利用船舶的主尺度比和船型系数，可以计算在某一吃水时船舶的排水体积及其他尺度和参数。

二、船舶浮力

（一）船舶的浮力与重力

船舶在各种载重情况下，能保持一定浮态的性能称为船舶浮性，是船舶的基本性能之一。

船舶静浮于水中，船体浸水表面上每一点都受到静水压力的作用，静水压力的方向垂直于船体的外表面。任意一点的静水压力都可以分为水平方向的分力和垂直方向的分力（如图1-72所示）。静水压力垂直静水面方向分力的合力称为船舶浮力。船舶浮力支撑着船舶重量，

使船舶能够浮于水中。

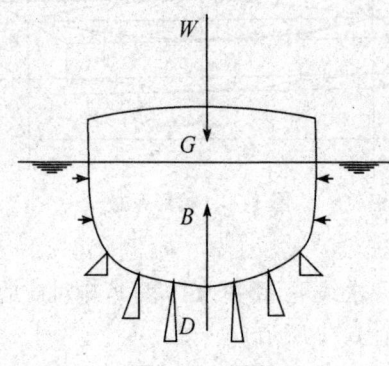

图 1-72 浮力

船舶自由浮于静水中所排开水的质量，称为船舶排水量，通常以字母"D"表示。

船舶浮力的作用中心，称为船舶的浮心。浮心就是水线下船体体积的几何中心，通常以字母"B"表示，浮心坐标 $B(X_b, Y_b, Z_b)$。船舶浮力的方向总是垂直静水面向上的。

船舶的重量是船舶所有重量之和。船舶所受重力的大小等于船舶质量乘以重力加速度 g。船舶重力的方向总是垂直于静水面向下。重力的作用中心称为船舶重心，通常以字母"G"表示。重心坐标 $G(X_g, Y_g, Z_g)$。

（二）船舶静浮于水中的平衡条件

根据静力学的物体平衡条件，船舶静止地浮于水中的条件是：作用于船上的重力和浮力，必须大小相等、方向相反，且作用在同一条垂直于静水面的铅垂线上，即船舶的重力等于船舶的浮力，船舶的重量 W 等于船舶的排水量 D。

（三）船舶的浮态

船舶在静水中的漂浮状态称为浮态。由于船舶载重的大小和漂浮状态的不同，船舶的浮态主要有正浮、横倾、纵倾、横倾加纵倾（任意状态）四种形式。表征船舶不同浮态的参数主要有船舶的吃水 d、横倾角 θ、纵倾角 φ 或艏艉吃水差 t。

1. 正浮

船舶既无横倾又无纵倾的漂浮状态称为正浮，也就是船舶的左右舷吃水和艏艉吃水均相等，如图 1-73 所示。正浮时船舶的中纵剖面和中横剖面都垂直于静水面，只需用船舶吃水 d 表示其浮态。在船舶处于正浮状态时，由于船体几何形状左右对称于中线面，故船舶正浮时，船舶浮心和重心的横坐标相等且等于零，但船体形状一般前后方向相对于中站面不对称，浮心和重心纵坐标相等但不一定为零，即 $W=D, X_G=X_B, Y_G=Y_B=0$。船舶的许多静水力性能都是按正浮状态进行计算。

2. 横倾

船舶只具有横向倾斜（无纵向倾斜）的漂浮状态，称为横倾，如图 1-74 所示。横倾用正浮与横倾时两水线夹角 θ（横倾角）表示船舶横倾的状态。船舶横倾时，船舶同样满足在静水中的平衡条件，但由于横倾，其重心和浮心的横向坐标不等，纵向坐标还是相同，即 $W=D, X_G=X_B, Y_G \neq Y_B$。船舶横倾时，艏、艉吃水一致，左右吃水不同，左舷吃水大于右舷吃水时称为左倾，右舷吃水大于左舷吃水称为右倾。

3. 纵倾

船舶相对于设计水线具有纵向倾斜（无横倾）的漂浮状态，称为纵倾，如图 1-75 所示。纵

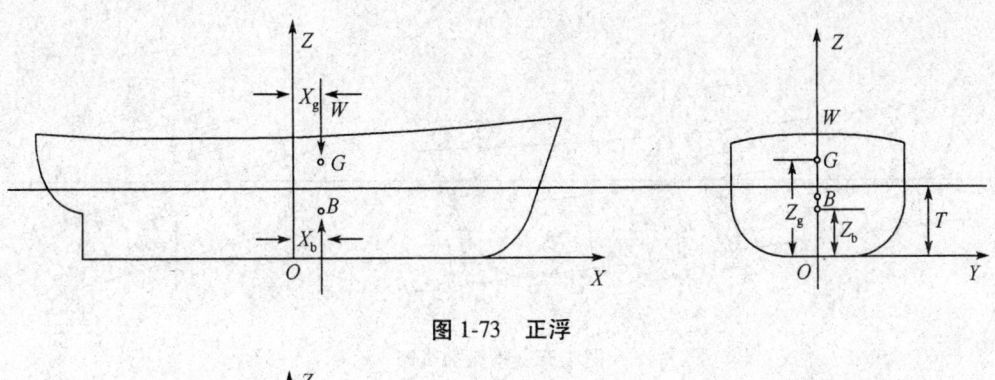

图 1-73 正浮

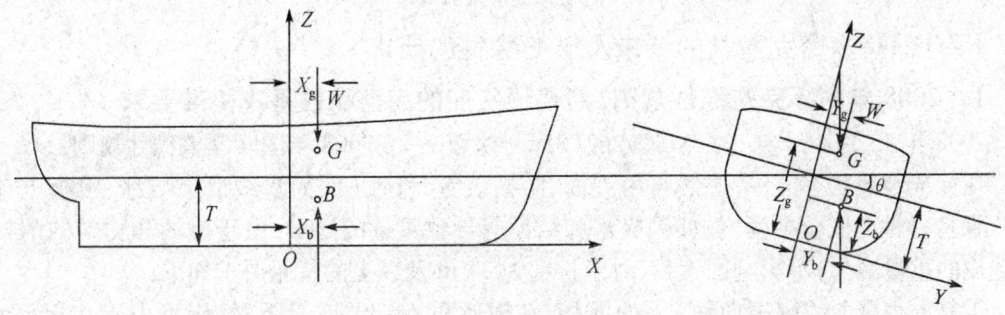

图 1-74 横倾

倾是用吃水差 t 或设计水线与静水平面的夹角 φ（纵倾角）表示船舶纵倾的状态。船舶纵倾时，船舶同样满足在静水中的平衡条件，但与横倾时相反，其重心和浮心的纵向坐标不等，横向坐标相同且为零，即 $W = D, X_G \neq X_B, Y_G = Y_B = 0$。

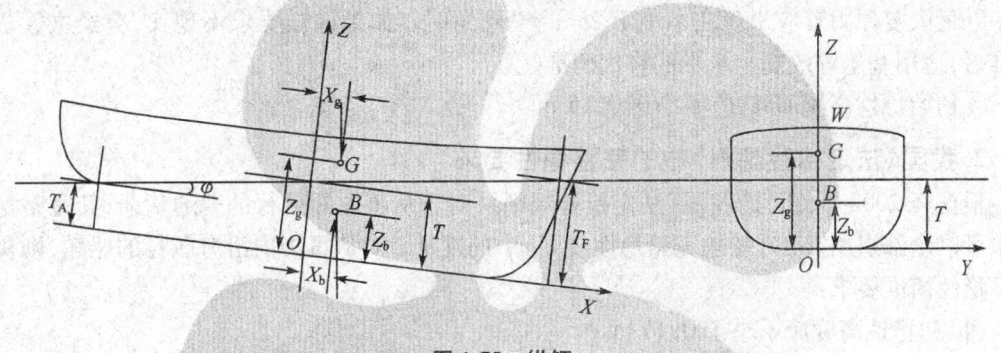

图 1-75 纵倾

4. 横倾加纵倾

船舶既有纵倾又有横倾的一种漂浮状态，如图 1-76 所示。用横倾角 θ、纵倾角 φ 或吃水差 t 表示其浮态。船舶纵横倾时，船舶同样满足在静水中的平衡条件，但其重心和浮心的纵横向坐标都不相等。重心和浮心位置不同时位于中纵剖面上，也不可能位于同一横剖面上，即 $W = D, X_G \neq X_B, Y_G \neq Y_B$。

由上述的分析可见，船舶在水中的漂浮状态，即船舶在水中的吃水大小、正浮、横倾、纵倾等浮态，与船舶的重量与重心位置、排水量与浮心位置有关。因此，研究船舶在水中的浮态，就是研究船舶的重量、排水量的大小和重心坐标和浮心坐标值的计算等。

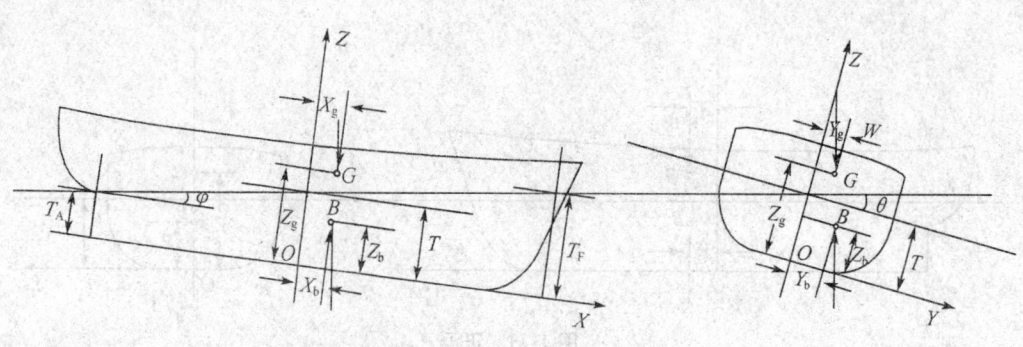

图 1-76 横倾加纵倾

（四）保持水密完整性的要求及破舱稳性的要求

1.《2008 年国际完整稳性规则》对普通货船的完整稳性基本衡准要求

2008 年 12 月 4 号通过了 MSC.267(85)号决议——《2008 年国际完整稳性规则》。

在标准装载状态下，考虑了自由液面、防摇装置、稳性（例如水线以上结冰、甲板上存水等）、保持稳性的安全余度（例如因吸水和结冰等导致重量的增加，由于燃油和物料的消耗等而造成的重量减少）等影响因素后，对于长度为 24 m 及以上的货船要求如下：

①复原力臂曲线（GZ 曲线）下的面积，在横倾角 $\theta=30°$ 或以下时，应不小于 $0.055\ m\cdot rad$，在横倾角为 $\theta=40°$ 或以下或者进水角为 $\theta_f=40°$ 或以下时，应不小于 $0.09\ m\cdot rad$。此外，当横倾角在 $30°$ 和 $40°$ 之间或在 $30°$ 和 θ_f 之间，而 θ_f 小于 $40°$ 时，复原力臂曲线（GZ 曲线）下的面积应不小于 $0.03\ m\cdot rad$。

②在横倾角等于或大于 $30°$ 时，复原力臂（GZ）至少为 $0.2\ m$。

③最大复原力臂应出现在不小于 $25°$ 的横倾角时。如果这样要求不现实，应经主管机关批准后，适用基于等效安全水平的替代衡准。

④初始稳性高度 GM_0 应不小于 $0.15\ m$。

2. 我国《法定检验规则》中的完整稳性要求

根据经 2002 年修订的我国《法定检验规则》，对于从事国际航行的普通货船，其完整稳性要求可以全部引用 IMO《船舶完整稳性规则》中的规定。对从事国内沿海航行的船舶，则执行以下稳性衡准要求：

（1）初稳性高度应不小于 $0.15\ m$。

（2）横倾角等于 $30°$ 处的复原力臂应不小于 $0.2\ m$。

（3）最大复原力臂对应的横倾角应不小于 $30°$。如复原力臂曲线因计及上层建筑及甲板室而有两个峰值时，则第一个值对应的横倾角应不小于 $25°$。

（4）稳性消失角应不小于 $55°$。

（5）稳性衡准数 K 应不小于 1。

3. 船舱破损浸水后船舶不沉的浮性和稳性标准

《1974 年国际海上人命安全公约》和我国《海船分舱和破舱稳性规范》中规定：船舱破损浸水后，船舶最终平衡状态的浮性和稳性，满足如下条件就认为船舶是不沉的，或船舶达到抗沉性要求。

①浮态

在任何情况下，船舶浸水的终了阶段不得淹没限界线，即船体破损浸水后的最终平衡水线,沿船舷距舱壁甲板的上边缘至少要有 76 mm 的干舷高度。

②稳性

在对称浸水情况下,当采用固定排水量法计算时,最终平衡状态的剩余稳性高度 $GM \geqslant 50$ mm;在不对称浸水情况下其总横倾角不得超过 7°,但在特殊情况下,可允许横倾角大于 7°,不过在任何情况下其最终横倾角不应超过 15°。

限界线是指沿着船舷由舱壁甲板上表面以下至少 76 mm 处所绘的线。

舱壁甲板是横向水密舱壁所达到的最高一层甲板。

若船舶有任意一个舱破损浸水后,仍能达到抗沉性所要求的浮性和稳性,该船称为一舱制船舶。若有任意相邻两舱或三舱浸水后船舶不沉,称为二舱制船舶或三舱制船舶。对于不同业务性质、航行条件和大小的船舶,抗沉性的要求是不同的。客船一般要求达到二舱制,个别船舶可达到三舱制。货船因装货的要求,船舱不能过短,因而往往达不到一舱制,但对远洋货船一般要求一舱制。军舰因作战需要,抗沉性要求比民用船高。

三、淡水吃水余量

水的密度是指单位体积内水的质量,单位为 g/cm³ 或 kg/m³。淡水的标准密度(4 ℃和 1 个大气压)是 1 g/cm³,海水密度比淡水大,一般为 1.02~1.07 g/cm³,它取决于温度、盐度和压力(或深度)。在低温、高盐和深水压力大的情况下,海水密度大。而在高温、低盐的表层水域,海水密度就小。一般情况下,由赤道向两极温度逐渐变低,密度则逐渐变大。到了两极海域,由于水温低,海水结冰,剩下的海水盐分高,所以密度更大。

由式 $D = \rho V$ 可知,当船舶的重量 W 或排水量 D 不变时,由于舷外水密度 ρ 的不同,则船舶的排水体积不同,即船舶的吃水 d 就不同。显然,当船舶由淡水区域进入海水区域时,由于舷外水密度增加,船舶的排水体积会减少,船舶的平均吃水减小,每厘米吃水吨数会增加;当船舶由海水区域进入淡水区域时,结果相反。

因舷外水密度不同而产生的吃水改变量 Δd 是很小的,为了方便近似计算船舶吃水改变量,可近似地认为是平行沉浮(实际上,由于船舶首尾方向上的形状差别,船舶浮心随着吃水改变而沿船长方向发生前后移动。一般,舷外水密度增加,浮心前移,使船舶发生艉倾现象;舷外水密度减小,浮心后移,使船舶发生艏倾现象,从而对船舶的航行性能产生一定影响),故可利用每厘米吃水吨数 TPC 计算舷外水密度改变对吃水的影响。

用利用每厘米吃水吨数 TPC 的方法计算船舶由海水(淡水)水域驶入淡水(海水)水域时,其吃水改变量是比较精确的,但计算工作比较烦琐。

为了简化计算工作,船员可以采用近似估算法,公式如下:

船在海水中的排水量 $D = L_{海} \cdot B_{海} \cdot d_{海} \cdot C_{b海} \cdot \rho_{海}$;

船在淡水中的排水量 $D = L_{淡} \cdot B_{淡} \cdot d_{淡} \cdot C_{b淡} \cdot \rho_{淡}$。

因为吃水改变较小,所以海水与淡水的水线长 $L_{海} \approx L_{淡}$,水线宽 $B_{海} \approx B_{淡}$,方形系数 $C_{b海} \approx C_{b淡}$。

因此,$d_{淡} \rho_{淡} = d_{海} \rho_{海}$。

采用近似计算方法,计算结果稍微有些差别,但基本能够满足船舶一般营运计算的需要。

四、船舶稳性

(一)船舶重心与浮心的位置

1. 船舶重量和重心坐标的计算

(1)船舶重量 W

在船舶重量计算中,通常是将船舶总重量分为两个组成部分,即空船重量 W_0 和总载重量 DW 之和, $W = W_0 + DW$。

W_0(空船重量)等于 D_0(空船排水量),是一个固定重量,其数值由船厂提供,可以从"船舶倾斜试验报告书"或"船舶稳性报告书"中查得。

总载重量数值的大小随着航次的装载情况、航区和航程等而改变,是一个可变重量。在每一航次中由驾驶员根据装载的每一项重量进行计算。船舶满载出港时的载重量一般是船舶某一航程载重量的最大值。

(2)船舶重心坐标

船舶重心坐标中,空船重心坐标是由船厂或设计部门给定的,而其他装载情况下的重心坐标是通过计算来确定的。计算时,首先必须知道装卸货物之前船舶的重量和重心坐标,然后需要知道要装(卸)的每项货物的重量和其重心坐标。根据合力矩定理(合力对某轴或某一平面之力矩等于各分力对同轴或同一平面之力矩的代数和)就可求得装卸后船舶的重量和重心坐标。

2. 船舶排水量和浮心坐标的计算

由于船舶的排水量 $D = \rho V$,而舷外水的密度 ρ 一定,所以排水量和浮心坐标的计算实际上就是船舶的排水体积和排水体积中心的计算。船体是一个不规则的复杂几何体,因此排水体积的计算一般是采用近似计算法,就是把船体水线下的体积分割成许多与坐标平面平行的小薄片,计算这些薄片的体积并求出总和,即为排水体积。排水体积中心的计算更为复杂,根据合力矩定理,计算上述每一薄片的体积对坐标平面的静矩,求出静矩总和再除以排水体积,即求出排水体积的中心坐标。对于船舶管理者,没有必要也不可能采用这些方法来计算船舶的排水量。

(1)静水力曲线图计算

一般船舶出厂时,船舶设计部门或船厂根据船舶的各种性能计算结果与船舶吃水的函数关系,以一定的比例在一张图纸上进行绘制,表明各种性能参数与船舶吃水变化之间的曲线关系,这张图我们称之为船舶静水力曲线图,如图 1-77 所示。其中包括船舶排水量和船舶排水体积几何中心位置与船舶吃水之间关系的曲线。船舶管理者一般可以根据静水力曲线图来方便近似地计算船舶的排水量、船舶排水体积几何中心的位置等性能参数。

例 已知某船的吃水 $d = 7$ m,求在海水中的排水量 D。

解 在图 1-77 中查排水量曲线,在吃水 $d = 7$ m 处作横坐标的平行线与排水量曲线相交,由交点向横坐标作垂线,在垂足处读取横坐标值为 35.8 cm。将读数乘以排水量曲线的比例尺,即得

$$D = 35.8 \text{ cm} \times 400 \text{ t/cm} = 14\,320 \text{ t}$$

由于浮心的纵向坐标可能位于船中前或船中后,因此把 X_b 曲线坐标的原点取在图中处,并且向右代表浮心 B 在船中前,X_b 取正值;向左代表浮心 B 在船中后,X_b 取负值。

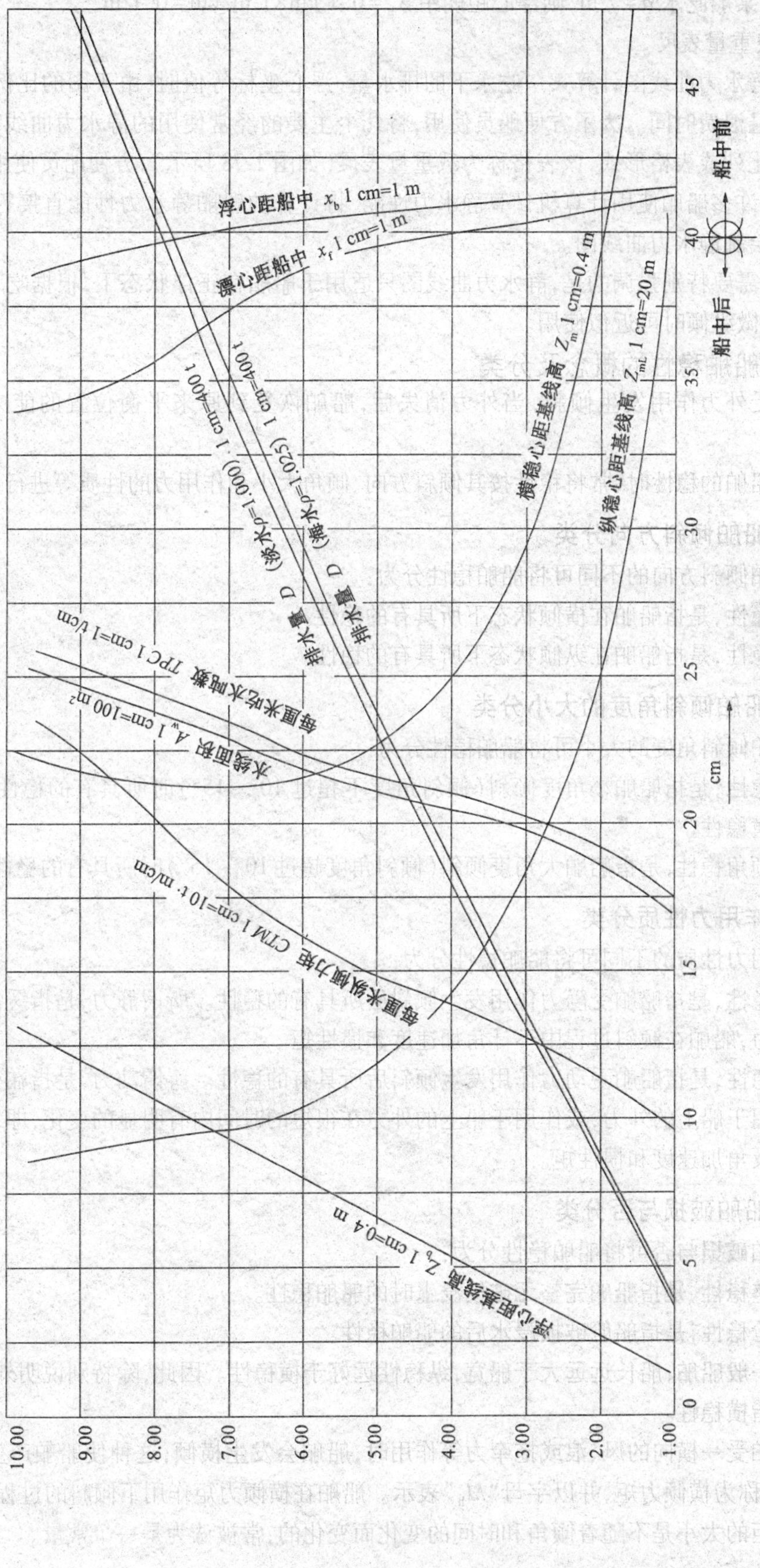

图1-77 船舶静水力曲线图

例如：某船吃水 $d=7$ m，则浮心距船中 $X_b=0.1$ cm×1 m/cm=0.1 m

(2) 载重量表尺

使用静水力曲线图计算某一吃水下的排水量、浮心坐标等值时，由于图的比例较小，结果不太精确且浪费时间。为了方便船员使用，将几个主要的经常使用的静水力曲线参数值与船舶吃水变化列成表格形式，该表格称为载重量表尺（如图 1-78 所示），方便船员使用。

目前，许多船舶使用计算机计算静水力性能，将计算的船舶静水力性能直接打印成表格，不再需要绘制静水力曲线图。

最后，需要特别强调的是，静水力曲线图只适用于船舶在正浮状态下，根据吃水查有关的值，船舶有微纵倾时可近似使用。

（二）船舶稳性的概念及分类

船舶受外力作用发生倾斜，当外力消失后，船舶恢复到原来平衡位置的能力称为船舶稳性。

研究船舶的稳性时，常将稳性按其倾斜方向、倾角大小和作用力的性质等进行如下分类。

1. 按船舶倾斜方向分类

按船舶倾斜方向的不同可将船舶稳性分为：

①横稳性，是指船舶在横倾状态下所具有的稳性。

②纵稳性，是指船舶在纵倾状态下所具有的稳性。

2. 按船舶倾斜角度的大小分类

按船舶倾斜角度的大小可将船舶稳性分为：

①初稳性，是指船舶小角度倾斜（倾斜角度不超过 10°~15°）时所具有的稳性，通常初稳性系指初横稳性。

②大倾角稳性，是指船舶大角度倾斜（倾斜角度超过 10°~15°）时所具有的稳性。

3. 按作用力性质分类

按作用力性质的不同可将船舶稳性分为：

①静稳性，是指船舶受静力作用发生倾斜后所具有的稳性。所谓静力，是指缓慢地作用于船上的外力，船舶在倾斜过程中不计角加速度和惯性矩。

②动稳性，是指船舶受动力作用发生倾斜后所具有的稳性。所谓动力，是指在很短的时间内突然作用于船上的外力，或作用于船上的外力在很短的时间内有明显的变化，即在船舶倾斜过程中计及角加速度和惯性矩。

4. 按船舶破损与否分类

按船舶破损与否可将船舶稳性分为：

①完整稳性，是指船舶完整无破损浸水时的船舶稳性。

②破舱稳性，是指船舱破损浸水后的船舶稳性。

对于一般船舶，船长远远大于船宽，纵稳性远好于横稳性。因此，除特别说明外，下面讨论的稳性均指横稳性。

当船舶受一横向的风、浪或拖牵力等作用时，船舶会发生横倾，这种使船舶产生横向倾斜的外力，统称为横倾力矩，并以字母"M_h"表示。船舶在横倾力矩作用下倾斜的过程中，通常假设横倾力矩的大小是不随着倾角和时间的变化而变化的，常被认为是一个常量。

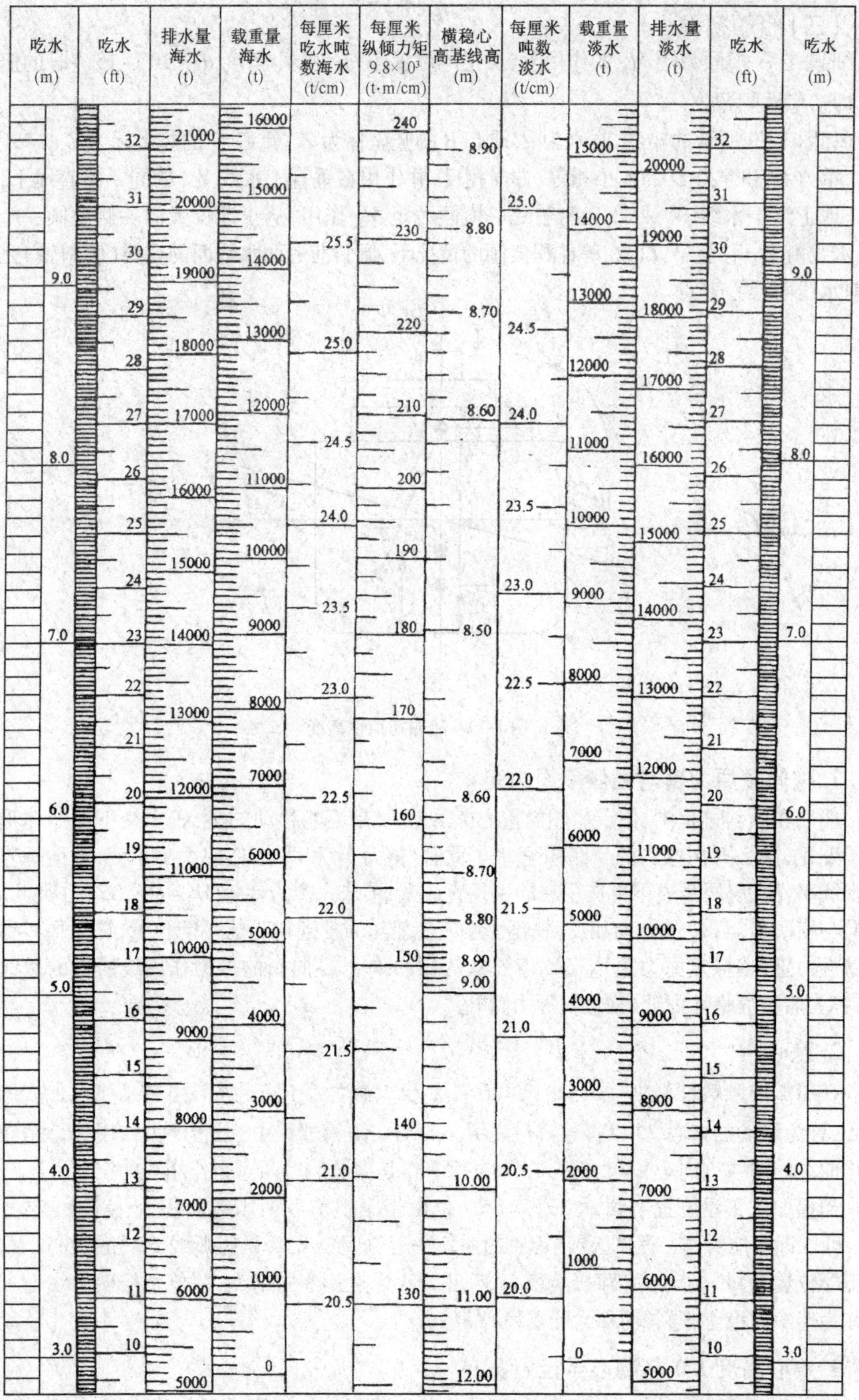
吃水 (m)
吃水 (ft)
排水量 海水 (t)
载重量 海水 (t)
每厘米 吃水吨 数海水 (t/cm)
每厘米 纵倾力矩 9.8×10³ (t·m/cm)
横稳心 高基线高 (m)
每厘米 吨数 淡水 (t/cm)
载重量 淡水 (t)
排水量 淡水 (t)
吃水 (ft)
吃水 (m)

图 1-78 载重量表尺

(三)船舶初稳性

船舶在一横倾力矩 M_h 的作用下,从正浮位置倾斜一个小角度 $\theta(<10°\sim15°)$ 时的船舶稳性,即初稳性问题。

如图 1-79 所示的船舶,吃水为 d,浮心 B 的竖坐标为 Z_b,重心 G 的竖坐标为 Z_g。

重力 W 和浮力 D 的大小相等、方向相反,并作用在垂直于水线 W_L 的同一条直线上,船舶静止地正浮于水线 W_L 处。当船舶受一横倾力矩 M_h 作用,从正浮位置向一侧微倾一个 θ 角时,水线由 W_L 移至 W_1L_1,在等体积微倾的情况下,倾斜前后两水线面的交线(倾斜轴)是过倾斜前水线面漂心 F 点。

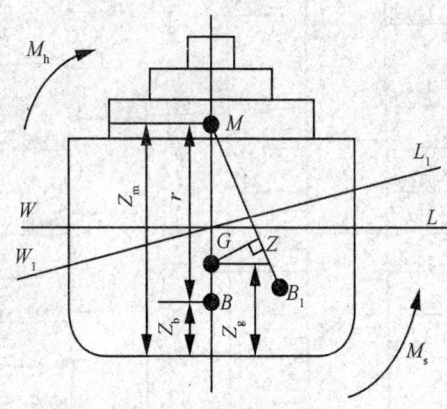

图 1-79 船舶初稳性高度

1. 横倾复原力臂与横倾复原力矩

船舶在倾斜过程中,假定船舶的重心 G 的位置是不能移动的,由于水线下的船体形状发生了变化,浮心 B 向倾斜的一侧移至 B_1。此时,重力 W 和浮力 D 的大小不变,方向垂直于新的水线 W_1L_1,但两个力不再作用在同一条直线上,形成一个力偶矩 $M_S=D\cdot GZ$,力偶矩 M_S 的方向与横倾力矩 M_h 的方向相反,扶正船舶或使船舶回复到初始的平衡位置,该力偶矩称为船舶稳性力矩(横倾复原力矩)。GZ 值是从船舶的重心 G 向新的浮力作用线所做的垂线的距离,称为船舶静稳性力臂(横倾复原力臂)。

2. 稳心 M

在船舶的倾斜过程中,浮心 B 移动的轨迹 BB_1,称为浮心变化曲线。浮心变化曲线的曲率中心,称为船舶的稳心,并以符号"M"表示。船舶在倾斜过程中,由于浮力作用线总是在浮心变化曲线的法线方向上,因此稳心 M 也可以看作是微倾前后两浮力作用线的交点。

当船舶从正浮位置微倾 $\theta(10°\sim15°)$ 时,由于倾斜前后两水线面积变化不大,浮心曲线 BB_1 可以近似地看作一段圆弧线,而它的曲率中心,即稳心 M,是圆弧线 BB_1 的圆心。故船舶从正浮位置倾斜一个小角度时,其稳心 M 可以认为是一个固定点,并位于船舶中线上。该稳心称为船舶初稳心,通常简称为船舶稳心 M。

3. 稳心高度 KM 与稳心半径 $r(BM)$

稳心 M 点距基线(龙骨)的高度 Z_M 称为稳心高度,用"KM"表示。稳心 M 在浮心 B 之上的高度 BM,称为稳心半径,以符号"r"表示。

一般,在理论上 $r\propto B^2/d$,即稳心半径与船舶宽度的平方成正比,与船舶吃水成反比。而对于确定的船舶来说,船宽 B 随着吃水 d 变化很小,所以 r 或 Z_M 随着 d 的增大而逐渐地变小,如静水力曲线图中的 r、Z_M 曲线所示。

4. 初稳性高度 GM

稳心 M 在船舶重心 G 之上的高度,称为船舶初稳性高度,并以符号 GM 表示。

$$GM = Z_M - Z_g$$

当稳心 M 在重心 G 之上,规定 $GM>0$,初稳性高度为正值;

当稳心 M 在重心 G 之下,$GM<0$,初稳性高度为负值;

当稳心 M 与重心 G 重合,$GM=0$,初稳性高度为零。

5. 初稳性方程

由于船舶在初稳性时,稳心 M 是一个固定点,船舶在倾斜后的浮力作用线与正浮时的浮力作用线的交角等于船舶倾斜角 θ(如图1-80所示),可以利用直角三角形 MGZ 的正弦函数计算静稳性力臂和稳性力矩,使计算简化。

例 已知船舶吃水为 d,从静水力曲线图中查得排水量为 D,浮心竖坐标为 Z_b,稳心的竖坐标 Z_M,计算出船舶重心的竖坐标为 Z_g,当船舶从正浮位置倾斜一个小角度 θ 时,船舶的初稳性高度 $GM = Z_M - Z_g = Z_b + r - Z_g$。

静稳性力臂 $GZ = GM \cdot \sin\theta$。

稳性力矩 $M_S = D \cdot GM \cdot \sin\theta$。

稳性力矩的方程为初稳性方程,它只适用于船舶在初稳性的条件下。

6. 初稳性高度的作用

由上述的讨论可以看出,利用初稳性高度可以简单地判断出船舶是否具有稳性。

如图1-80所示的船舶,其初始的平衡状态为正浮于水线 WL 处,重力 W 和浮力 D 大小相等、方向相反,并作用在垂直于 WL 的同一条直线上。

(1)若船舶初始平衡状态的稳心 M 位于重心 G 之上时,当船舶受一横倾力矩 M_h 干扰产生一微倾角 θ,此时船舶形成一个力偶矩 $M_S = D \cdot GM \cdot \sin\theta$。稳性力矩 M_S 与横倾力矩 M_h 方向相反,当外力 M_h 消失后,船舶在稳性力矩 M_S 的作用下会自行恢复到初始平衡位置。我们称船舶的原始平衡状态为稳定平衡状态,船舶具有稳性,如图1-80(a)所示。

(2)若船舶初始平衡状态的稳心 M 位于重心 G 之下时,当船舶受一横倾力矩 M_h 干扰产生一微倾角 θ,此时船舶形成一个力偶矩 $M_S = D \cdot (-GM) \sin\theta$,即船舶的稳性力矩 M_S 与横倾力矩 M_h 方向相同,当外力 M_h 消失后,船舶在稳性力矩 M_S 作用下会继续倾斜下去,而不会恢复到原初始平衡位置。我们称船舶的原始平衡状态为不稳定平衡状态,此时船舶不具有稳性,如图1-80(b)所示。

(3)若船舶初始平衡状态的稳心 M 与重心 G 重合,当船舶受一横倾力矩 M_h 干扰产生一微倾角 θ,此时船舶因为 $GM = 0$,所以稳性力矩 $M_S = 0$。当外力 M_h 消失后,船舶平衡在新的水线 W_1L_1 处,我们称船舶的原始平衡状态为随遇平衡状态,船舶不具有稳性,如图1-80(c)所示。

由上述可知:当稳心 M 在重心 G 之上,$GM > 0$,船舶为稳定平衡状态,船舶具有稳性;当稳心 M 在重心 G 之下,$GM < 0$,船舶为不稳定平衡状态,船舶不具有稳性;当稳心 M 与重心 G 重合,$GM = 0$,船舶为随遇平衡状态(或称中性平衡状态),船舶不具有稳性。

7. 初稳性高度的影响因素

船舶是否具有稳性,是与船舶所处的初始平衡状态的重心 G 与稳心 M 的相对位置有关。

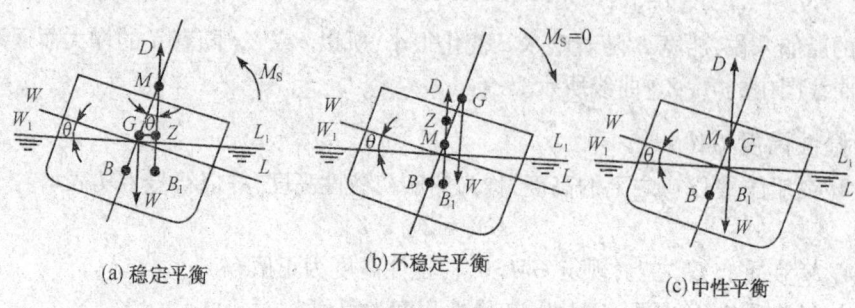

图 1-80 船舶三种平衡状态

对于船体几何形状一定的船舶,船舶稳心 M 距基线的高度 Z_M 与船舶的吃水有关,吃水一定,稳心距基线高度就是一定的。

船舶重心 G 距基线的高度 Z_g 是与船舶装载状态有关,即与船舶装载货物的重心位置有关。在同一吃水下,由于货物等重量装载位置高低不同,船舶重心高度就不同。在同一航次中,由于航行中燃料、淡水等消耗,在出港、航行中途和到港时,船舶的重心高度都不会完全相同,因此初稳性高度 GM 也不会完全相同,而船舶的稳性也不会相同。

五、静稳性曲线

当船舶在横倾力矩作用下继续倾斜时,倾斜角度 $\theta > 10° \sim 15°$,此时的船舶稳性为大倾角稳性。

由于船舶水线下的剖面形状不是一个圆形,当船体倾斜角度 $\theta > 10° \sim 15°$ 时,水线面形状变化较大,浮心 B 移动的轨迹曲线就不可以再看作一段规则圆弧线,因而浮心变化曲线的曲率中心,即稳心 M 也不再是一个在船舶中线上的固定点,而是随船舶横倾角度 θ 增大而逐渐移动(如图 1-81 所示)。

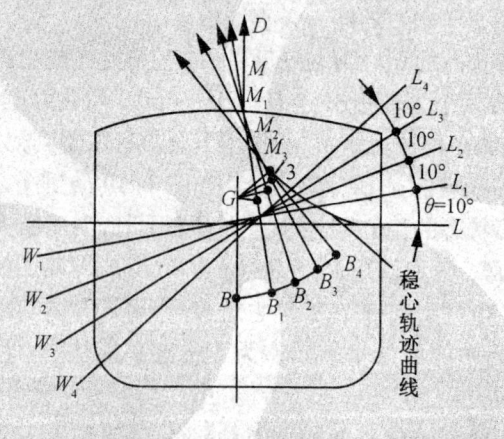

图 1-81 稳心轨迹曲线

在船舶的倾斜过程中,假定船舶的重心 G 不移动,我们把每倾斜一个小角度(如图中相隔 $10°$)的浮心 B 位置、浮力作用线、稳心 M 位置、稳性力臂 GZ 值都做计算,并画在图 1-76 中,由图中可见:

初稳性时的稳性力矩可表示为 $M_S = D \cdot GM \cdot \sin\theta$。

大倾稳性的稳性力矩只能写成 $M_S = D \cdot GZ$,因为静稳性力臂 $GZ \neq GM \cdot \sin\theta$。因此,大倾角稳性的计算不能像初稳性时稳性力矩计算那样简单。

当船舶排水量一定时,船舶的静稳性力臂值随船舶横倾角变化而变化。为了清楚地反映船舶在大倾角横倾时的稳性全貌,将静稳性力臂和横倾角的关系用一条曲线表示,该曲线就称为静稳性曲线(Curve of statically stability)(又称复原力臂曲线、GZ 曲线)。该曲线是反映船舶大倾角稳性特征的重要资料。当船舶排水量及重心距基线高度不同时,静稳性曲线也就不同。

1. 静稳性曲线的绘制

(1)根据公式分别计算出船舶不同横倾角 θ 时的 GZ(或 M_S)。

(2)在以 GZ(或 M_S)为纵坐标、θ 为横坐标的坐标系中标出相应点(θ_i, GZ_i)或(θ_i, M_{Si})。

(3)将各点连成一光滑曲线即为船舶的静稳性曲线(如图 1-82 所示)。

在静稳性曲线图上,横坐标标值表示横倾角 θ(°)的大小,纵坐标标值表示静稳性力臂(又称复原力臂)$GZ(m)$ 或稳性力矩(又称复原力矩)M_S 的大小。

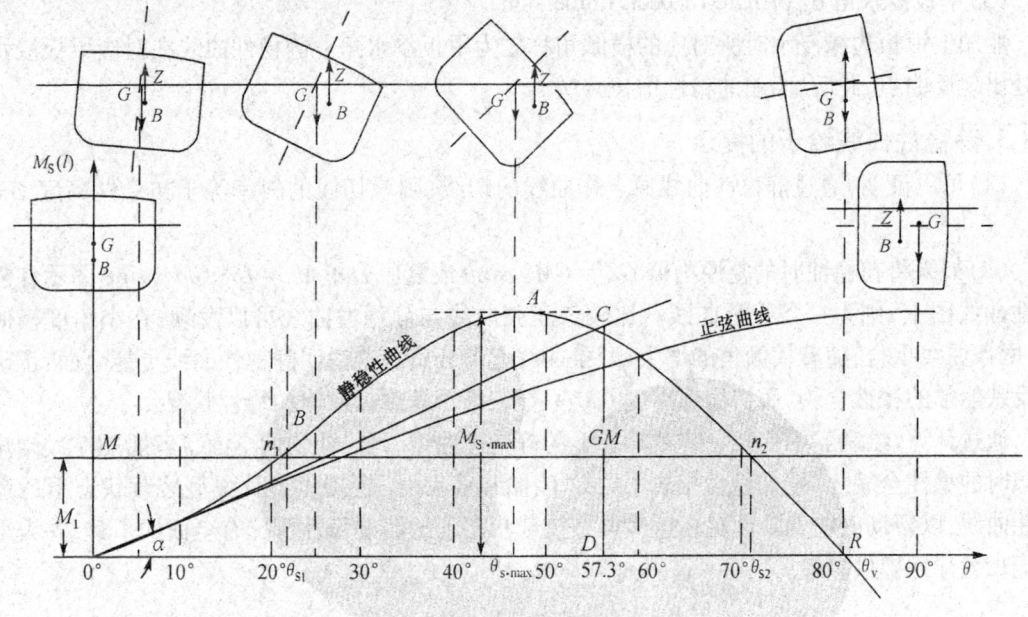

图 1-82 静稳性曲线

2. 静稳性曲线图上的稳性特征参数

在静稳性曲线图上有几个重要的表示船舶稳性特征的参数:

(1)静平衡角 θ_S(Angle of statically inclination)

设有一个横倾力矩 M_h(Heeling moment)慢慢地作用于船上,使船舶发生横倾。随着横倾角的增大,船舶复原力矩也增大。当复原力矩 M_S 增大到与横倾力矩 M_h 相等时,船舶处于静平衡状态,此时船舶的横倾角称为静平衡角或静倾角 θ_S。在静稳性曲线图上,静稳性曲线与横倾力臂(矩)曲线的交点所对应的横倾角即为静平衡角。

(2)最大复原力臂 GZ_{max}(Maximum righting lever)

随着船舶横倾角的增大,复原力臂(矩)可达到一个最大值。在静稳性曲线图上,当静稳性曲线达到最高点时,所对应的纵坐标标值,即为最大复原力臂(又称最大静稳性力臂)或最大复原力矩 MS_{max}(Maximum righting moment)值。最大复原力臂(矩)反映了船舶抵御静止外力(矩)的最大能力。

(3)最大复原力臂对应角 θ_{Smax}(Angle for maximum righting lever)

在船舶最大复原力臂(矩)出现时所对应的横倾角称之为最大复原力臂对应角,又称极限静倾角(Angle for maximum statically inclination)。在静稳性曲线图上,当静稳性曲线达到最高点时,所对应的横坐标标值,即为最大复原力臂对应角。为保证船舶在大倾角时能安全航行,要求 θ_{Smax} 有足够大的值。

(4)稳性消失角 θ_v(Angle of vanishing stability)

复原力臂(矩)在超过 θ_{Smax} 后开始减小,当船舶复原力臂(矩)再次变为零时,所对应的横倾角称之为稳性消失角。在静稳性曲线图上,静稳性曲线经过最高点后再次与横坐标相交,相交点的横坐标标值即为船舶稳性消失角。船舶横倾角超过 θ_v 时出现负的复原力矩,故从 0 到 θ_v 的范围称为船舶稳性范围。对于经常遇到大角度横倾的海船来说,足够大的 θ_v 值是必要的。

(5)甲板浸水角 θ_{im}(Angle of deck immersion)

船舶上甲板边缘浸水时所对应的横倾角称之为甲板浸水角。静稳性曲线在对应甲板浸水角处出现反曲点,此后,船舶的稳性增长减缓。

3. 静稳性曲线给予的提示

(1)可以证明,通过静稳性曲线原点作曲线的切线,则该切线的斜率等于初稳性高度 GM 值。

(2)如果将初稳性时的复原力臂 $GZ = GM \cdot \sin\theta$ 或复原力矩 $M_S = D \cdot GM \cdot \sin\theta$ 图示在静稳性曲线图上,则为一条正弦曲线。比较该正弦曲线与静稳性曲线可以发现,在小角度横倾时,两条曲线重合,随着横倾角的增大,两条曲线逐渐分离。这说明静稳性曲线更能全面、正确地反映船舶的稳性全貌,而初稳性高度 GM 只能表征小角度横倾时的稳性状况。

通过计算、绘制船舶在某一装载状态下的静稳性曲线,可以让我们全面了解船舶在大倾角横倾时的稳性全貌。"船舶稳性报告书"或"船舶装载手册"也提供各种典型装载状态下的静稳性曲线,以帮助船舶驾驶员对在这些典型装载状态下的船舶稳性情况有全面的了解,并为编制配积载计划提供参考。

六、横倾及其纠正

对船体几何形状一定、结构和水密性符合要求的船舶,其稳性不仅与海上风浪的大小有关,还与船舶吃水 d、船舶重心高度 Z_g 有关,即与船舶装载状态有关,或者说与静稳性曲线的形状和大小有关。

1. 静态横倾力矩与动态横倾力矩

作用在船上的横倾力矩,若按其性质划分,可分为静态横倾力矩和动态横倾力矩。

(1)静态横倾力矩

船舶在横倾力矩的作用下,假定在倾斜的过程中不会产生角加速度(假想的过程)时,则该种横倾力矩称为静态横倾力矩,即船舶在倾斜过程中,当横倾力矩 M_h 等于船舶稳性力矩 M_s 时,船舶就停止倾斜,处于平衡状态。所以,静态横倾力矩就是船舶处于静平衡时作用在船上的横倾力矩。船舶在静态横倾力矩作用下的稳性属于静稳性问题。

(2)动态横倾力矩

当作用在船上的横倾力矩,使船舶的倾斜过程产生角加速度,该种横倾力矩称为动态横倾力矩。船上的重物突然横移、横向突风作用、拖索急牵等所产生的力矩均可看作动态横倾力矩。在动态横倾力矩作用下,船舶在倾斜过程中,当横倾力矩 M_h 等于船舶稳性力矩 M_s 时,船舶不会立即停止倾斜,而是在惯性的作用下继续倾斜一个角度。

船舶在动态横倾力矩作用下的稳性属于动稳性问题。

在船舶稳性的研究中,假定船舶在倾斜的过程中,静态横倾力矩与动态横倾力矩均视为常量,是不随倾角和时间的变化而变化的。

2. 静平衡与动平衡

由于作用在船舶上的横倾力矩的性质不同,则船舶在倾斜过程中的平衡状态及其横倾角也不同。

(1)静平衡

如图 1-83 所示,船舶的稳性力矩为 M_s 曲线,作用在船上的静态横倾力矩为 M_h。船舶在倾斜过程中,稳性力矩 M_s 随着倾斜角 θ 的增加逐渐增大,由于是静态横倾力矩作用,所以当 $M_s = M_h$ 时,船不会继续倾斜而平衡在 $M_s = M_h$ 所对应的角度上。这种平衡是力矩的平衡,故称为静平衡。其对应的横倾平衡角 θ_s,称为静横倾角。船舶的最大静稳性力矩为 M_{sm},则船舶在静态横倾力矩作用下,稳性应满足的条件为:$M_h \leq M_{sm}$。因此,船舶最大静稳性力矩 M_{sm} 的大小是衡量船舶静稳性的重要标志,它表示船舶抗静态横倾力矩作用的能力。但是,在实际中船舶所受的横倾力矩均为动态横倾力矩,故必须用动态横倾力矩来衡量船舶稳性。

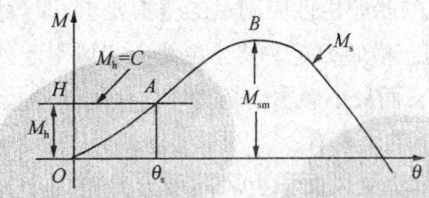

图 1-83 静平衡

(2)动平衡

当船舶受一个动态横倾力矩 M_h 作用时(如图 1-84 所示),船舶会带有一定的角加速度倾斜。所以当 $M_h = M_s$ 时,由于惯性作用船舶不会立即停止而将继续倾斜,直至动态横倾力矩对船舶所做的功 W_h 被稳性力矩所做的功 W_s 全部抵消掉,船舶不再继续倾斜。所以动平衡的条件为 $W_h = W_s$,故船舶的动平衡是功的平衡。船舶在动态横倾力矩作用下的平衡称为动平衡。

当 $W_h = W_s$ 时,所对应的横倾角度 θ_d 称为动横倾角。在同样大小的 M_h 作用下,θ_d 比 θ_s 大许多。当船舶倾斜至 θ_d 时,不会再继续倾斜,但此时 $M_s > M_h$,船舶在 $-M_x = M_h - M_s$ 的作用下将向回摇,摇至某一角度 $M_h > M_s$,又向外摇,经过反复左右摇摆,由于水的阻尼作用摆幅逐渐减小,最后停止在 $M_s = M_h$ 所对应的 θ_s 角处。

3. 最小倾覆力矩 M_q

当横倾力矩增大达到图 1-85 所示的情况时,此时面积 OHA 等于面积 AEP。若 M_h 再增大,$W_h > W_s$,船舶不会有动平衡而将倾覆。在此极限情况下的横倾力矩 $M_h = OH$,是使船舶倾覆的最小动态横倾力矩,称为最小倾覆力矩,通常以符号 M_q 表示。最小倾覆力矩 M_q 的大小是表示船舶抵抗动态横倾力矩的能力。因此,船舶在动态横倾力矩作用下,稳性应满足的条件为 $M_h \leq M_q$。

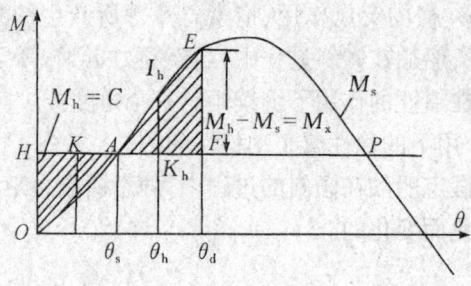

图 1-84 动平衡

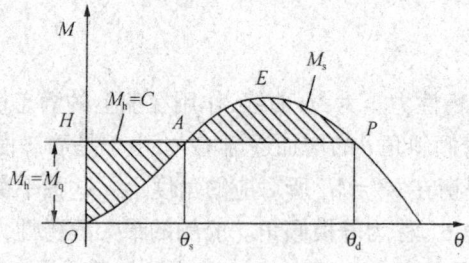

图 1-85 最小倾覆力矩

4. 船舶受到的动态横倾力矩

在海船稳性规范中所规定的船舶稳性应满足的基本要求,即衡量船舶稳性的基本衡准,就是以 $M_h \leq M_q$ 为依据。由于动态横倾力矩主要是由海上突风引起的横倾力矩为 M_h,故在稳性规范中就称为风压倾侧力矩 M_f,而最小倾覆力矩为 M_q,在稳性规范中还考虑了浪的影响。

影响风压倾侧力矩 M_f 大小的因素有:

①航区海上风压(作用在单位受风面积上风的压力 P 的大小),与船舶距陆地远近有关。一般离岸越远风力越大。因此,根据风力的大小,将航区划分为:Ⅰ类航区(无限航区,风力最大);Ⅱ类航区(近海,风力稍小些);Ⅲ类航区(沿海,风力小)。在不同航区航行的船舶,可能受到的最大的风压倾侧力矩是不同的,即要求稳性的大小也有所不同。

②船舶受风面积是指船在水线以上的侧向受风面积,当船的大小、形状一定时,受风面积的大小与船舶吃水 d 有关。吃水越小(如空载),船舶的受风面积就越大,所受的风压倾侧力矩也就越大。

③受风面积中心距水面的高度,海上风压倾侧力矩的大小与距海平面的高度有关,距海平面高,则风压倾侧力矩也越大。

由此可见,对于不同航区的船,可能受到的最大风压倾侧力矩是不同的。对于同一条船,吃水不同时,所受的风压倾侧力矩也不同,因而要求船舶的稳性也不同。

在稳性规范中,还考虑了浪对最小倾覆力矩的影响。浪的影响与许多因素有关,如船舶种类、舭龙骨总面积 A_b 对船长 L 和船宽 B 乘积的比值($A_b/L \times B$),Z_g/d;船舶自由横摇周期 T_θ 和航区等。当上述诸因素一定时,船舶稳性主要与吃水 d 和重心距基线高度 Z_g 有关。

这里需特别指出的是,由于航行中船舶燃料、淡水的消耗,船舶吃水和重心位置是在不断变化的,因此,在同一个航次中,船在出港、航行中途和到港的最小倾覆力矩 M_q 是不同的,因而船舶稳性在航行过程中也是不同的。也就是说船舶在出港时能满足稳性要求,而到港时不一定也能满足稳性要求。

5. 稳性基本衡准

总结上面所述,船体几何形状一定时,衡量船的稳性是否足够的标准是:要求稳性衡准数 $K = M_q/M_f \geq 1$,而影响 K 大小的 M_q、M_f,是与船舶装载状态(吃水 d 和重心高度 Z_g)及船舶的航区有关。

6. 船舶横倾角的调整

当船舶重心偏离中纵剖面时,则会出现横倾角,它将使船舶稳性力矩减小,从而降低船舶稳性,对船舶安全营运是十分不利的。因此,船舶在航行中,应保持横向正浮,按船舶安全航行的技术要求,船舶初始漂浮状态的左(右)横倾角一般应不超过 1°。当超过该值时,应予以调整。

(1) 船舶横倾的原因
① 配载时各舱货物重量左右不对称。
② 货物装卸时左右不均衡。
③ 液舱柜内的液体左右不均衡。
④ 货物横移。
⑤ 使用船上重吊装卸重大件货物。

(2) 船舶横倾的调整
船舶出现横倾后应予以调整,调整方法有以下两种。
① 载荷横移
用载荷横移方法调整船舶横倾适用于配载图编制时货物横移或装卸后压载水、淡水的调拨。
② 载荷增减
用载荷横向不均衡增减方法调整船舶横倾包括在一舷注入(排出)压载水;在某些情况下,在一舷加载部分货物;在海上,一舷抛弃货物、油、水横向不对称装载或使用等,但最常见的仍是通过注排压载水将横倾予以消除或减小。

七、影响船舶稳性的因素和提高稳性的措施

从船舶稳性的基本概念中我们知道,船舶是否具有稳性和稳性的大小,与船舶静稳性曲线的形状和大小有着的重要关系。而影响静稳性曲线形状和大小有两方面因素:一方面是船体本身的形状和大小;另一方面是船舶的吃水和重心位置,即船舶装载状态和船内重物的移动。

1. 船体几何形状对稳性的影响

(1) 船舶宽度
从前面船舶稳心半径与船舶宽度的关系可知,船舶稳心半径与船舶宽度的平方成正比,所以船舶宽度大,稳心距基线高度大,在同样重心距基线高度的情况下,则初稳性高度大,船舶初稳性好。但对于船舶大倾角稳性来说,由于船舶宽度增加,在同样的倾斜角度下,船舶一舷浸入海水的可能性增加,使其稳性消失角减小。所以,船舶宽度增加,大倾角稳性并不一定好。

(2) 干舷高度
两船仅干舷高度不同时,船舶初稳性高度相同,但对于大倾角稳性,干舷高度大的船舶大倾角稳性更好。

2. 船舶装载状态对稳性的影响

船体几何形状一定,船舶静稳性曲线的形状和大小主要由船舶的吃水和重心距基线高度决定的,即与船舶的装载状态有关。而在同样的装载重量时,即吃水相同,也就是稳心距基线高度相同时,船舶的稳性主要是由船舶重心距基线高度所决定。所以,船舶装载状态的重心高度是影响营运船舶稳性的主要因素。

3. 船内重心移动对稳性的影响

(1) 平行力移动原理(重心移动原理)

由理论力学可知,当一物体的重量为 W,重心为 G,将其部分重量 p 由其重心 g 移至 g_1 时(如图1-86所示),整个物体的重心 G 平行于 gg_1 同方向移至 G_1,移动距离的大小:

$$GG_1 = p \cdot gg_1 / W$$

该原理同样适用于面积和体积的移动。

(2) 船内重物垂移对稳性的影响

如图1-86所示,重物垂移时可调整初稳性高度 GM 值,其调整值的大小 GG_1 与垂向移动重物的重量和移动的距离 l_z 之积成正比,与排水量 D 成反比。当重物向下垂直移动时,GG_1 为正值,初稳性高度 GM 增加,稳性提高;当重物向上垂直移动时,GG_1 为负值,初稳性高度 GM 减小,稳性降低。

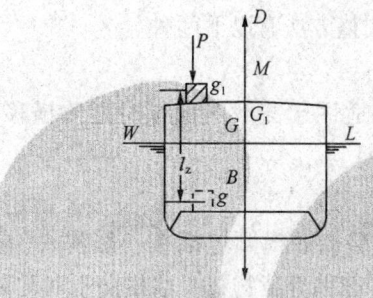

图1-86 重物垂直移动

(3) 重物水平横移船舶产生的横倾角及对稳性的影响

当船内的重物水平横移时,会使船舶产生横倾,如图1-87所示。

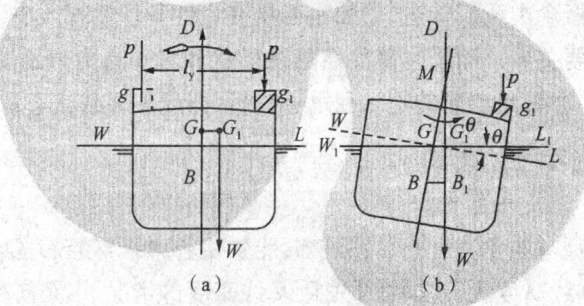

图1-87 重物横移

由于船内重物的横移使船舶稳性发生了如下变化:

① 船向重物移动方向产生一个固定横倾角 θ。

② 减小了稳性范围。

③静稳性力臂的最大值 GZ_M 变小。
④动稳性变差。

(4) 悬挂重物对稳性的影响

当船舶从正浮水线 WL 微倾至 W_1L_1 时,横倾一个小角度 θ,则重物的重心 g 绕 m 点移至 g_1 点,而重物的重心平行 gg_1 由 G 移至 G_1,如图 1-88 所示。

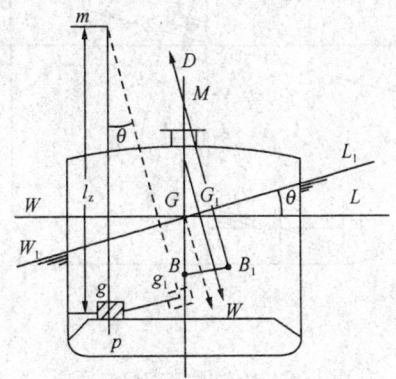

图 1-88　悬挂重物

因此,悬挂重物 p 相当于使船舶的初稳性高度降低了 $l_z \cdot p/D$ 值。也就是说,悬挂重物对船舶稳性的影响,相当于把重物 p 从位置 g 垂直上移至悬挂点 m,对稳性影响的效果是一样的。

(5) 散货的装载对稳性的影响

用散装方式进行运输的货物称为散装货物,如粮食、矿砂、煤炭等。散货船有时由于各种原因导致船舱不满,货物在船舶横摇或横倾时会发生倾斜,使船舶重心发生横向移动,从而产生与自由液面类似的影响,使船舶稳性降低。

(6) 船舶航行中重心变化对稳性的影响

船舶在航行过程中,需要消耗油料、淡水等物料,一般情况下,油料、淡水储存在船舶较低的位置,所以会使船舶重心升高;大风浪航行时甲板上会积水,在冰区航行时水线以上结冰,木材船等甲板载货的船舶甲板货物吸水等,会造成船舶重量的增加,重心升高,这都会引起船舶稳性降低。航行中打排压载水也会引起船舶重心的变化,向船舶打压载水会使船舶重心降低,排压载水会使船舶重心升高。

4. 未装满液体舱柜对船舶稳性的影响

船上装载油、水等液体的舱柜,若液体未装满舱柜,当船舶横倾时,舱柜内液体会随着船舶的倾斜而移动,且保持与舷外水面平行。这种能够随船一起自由倾斜的液面称为自由液面,如图 1-89 所示。舱柜内液体的重心亦将向倾斜的一侧移动,相当于船内有一重物移动。这种由于液体的自由移动产生的对船舶稳性的影响,称为自由液面影响,或称自由液面修正。若液体装满舱柜,当船舶横倾时,舱柜内液体不会随着船舶的倾斜而移动,不存在自由液面影响。

当船舶受外力矩作用发生倾斜时,船内液体重心将随之产生移动,移动方向与船舶倾斜方向相同,并且向上移动了一定的高度。液体重心移动后,与原来状态相比,相当于产生了一个附加力矩。该力矩与稳性力矩方向相反,而与船舶倾斜方向相同,所以它将降低船舶的稳性,也减小了初稳性高度。

自由液面对稳性的影响,经过推导可得以下结论:

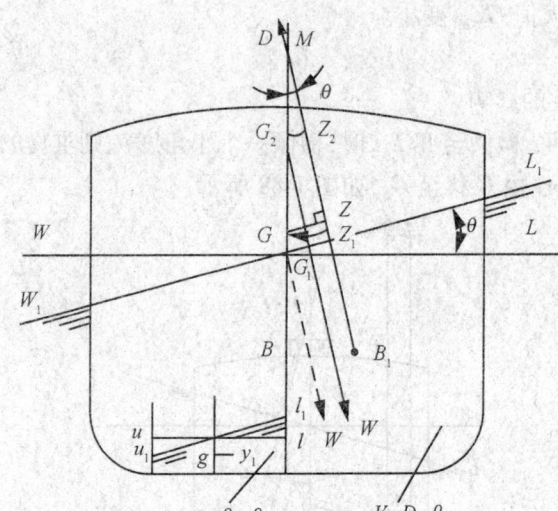

图 1-89　舱柜液体的自由液面

(1)自由液面对稳性的影响,相当于使船舶的重心升高了一个 GG_1 值,或者说使初稳性高度减小了 ΔGM 值,使船舶的稳性变差。

(2)自由液面影响的大小,与舱内液体的密度 ρ_1、自由液面的面积惯性矩 i 成正比,即与自由液面的形状和大小有关。横倾时与液舱宽度 b 的三次方成正比,而与舱内液体的体积或重量无关,与排水量 D 成反比。

$$\Delta GM = \rho \cdot i / D$$

(3)当船舶有数个舱存在自由液面时,则总的自由液面修正值是各个舱柜自由液面修正值的和。

(4)减小自由液面影响的最有效方法是减小液体舱柜的宽度 b。舱宽为 b、舱长为 l 的矩形舱,自由液面的惯性矩为

$$i = l \cdot b^3 / 12$$

(5)船舶在营运过程中,当液体舱柜的装载量达到整个舱容的95%以上时,可以不考虑自由液面的影响。

5. 提高船舶稳性的措施

(1)降低船舶的重心高度 Z_g,这无论是对提高初稳性或大倾角稳性均是最有效的办法。

(2)增加船宽,可以提高船舶初稳性。

(3)加大型深,可以提高船舶大倾角稳性。

(4)在液舱内设置纵向舱壁,或使液舱尽可能装满或空舱,可减小自由液面的影响。

(5)要防止船内货物的移动。

(6)减小受风面,可使作用在船上的横倾力矩减小。

八、船舶纵倾

(一)吃水差的概念及其影响因素

1.吃水差的概念

船舶吃水差(trim)是指艏吃水 d_F 与艉吃水 d_A 的差值,用符号 t 表示,$t = d_F - d_A$。当船舶

首尾吃水相等,即吃水差等于零时,称为平吃水(even keel);艉吃水大于艏吃水时,称为艉吃水差(trim by stern),也叫艉倾,一般用负值表示;艏吃水大于艉吃水时,称为艏吃水差(trim by head),也叫艏倾,俗称拱头,一般用正值表示。

应当注意的是,世界上某些国家(如日本)将艏吃水与艉吃水的差值定义为吃水差,这与我国定义的吃水差符号恰好相反。

船舶航行时要求有一定的艉倾,这样可以提高推进器的推进效率和改善舵效,同时可以减少艏部甲板上浪。

2. 吃水差的影响因素

吃水差主要与重心和浮心在船舶纵向的相对位置有关。

若在装载后船舶重心纵向位置 G_0 与正浮状态的浮心 B_0 纵向位置在同一垂线上,即 $X_G = X_B$,则船舶将正浮于水面,此时艏艉吃水相等,吃水差为零。

若在装载后船舶重心纵向位置 G_1 与正浮状态的浮心纵向位置 B_0 不在同一垂线上,即 $X_G \neq X_B$,则船舶将产生一纵倾力矩,迫使船舶纵倾。船舶浮心随水线下排水体积的形状的变化而移动,当船舶纵倾至某一水线时,重心与纵倾后的浮心 B_1 重新在与新水线垂直的垂线上,达到新的平衡,此时船舶首尾吃水不相等,从而产生吃水差。若重心 G_1 在浮心 B_0 船首一侧,则船舶艏倾,若重心 G_1 在浮心 B_0 船尾一侧,则船舶艉倾,如图1-90所示。

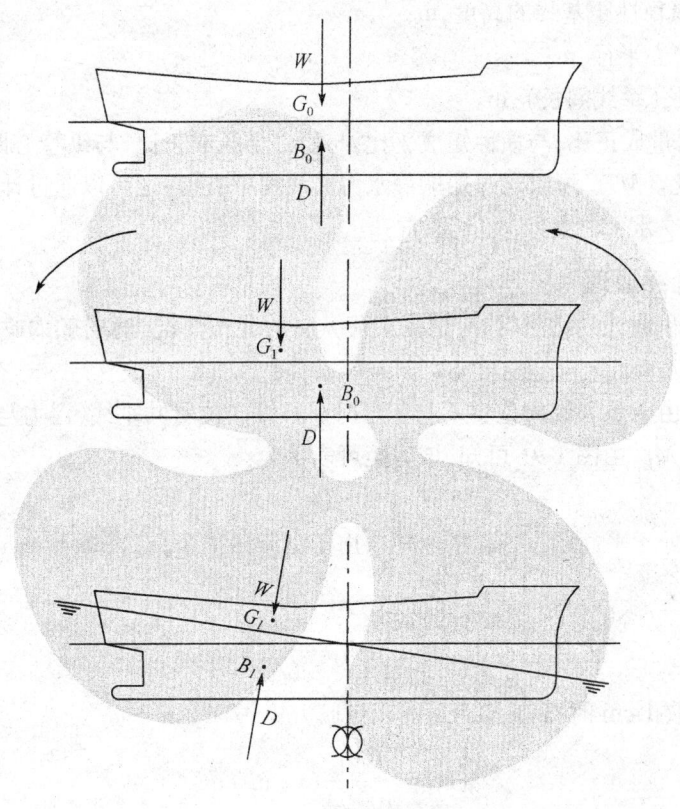

图1-90 吃水差的产生

(二)漂心

船舶水线面积的几何中心称为漂心,通常以字母"F"表示,漂心坐标用 X_f 表示,由于船舶正浮水线面的形状左右舷对称,所以横坐标 $Y_f = 0$。求得的漂心坐标就是求漂心的纵向坐标。

而船舶的纵坐标与船舶吃水存在一定的函数关系,可以通过船舶静水力曲线图中查得漂心的纵坐标(如图 1-77 所示)。由于水线面在船中前后不对称,漂心可能位于船中前后,因此漂心坐标原点取在船中,中前为正值,中后为负值。

漂心的主要作用:当船舶在小角度倾斜时,由于水线面积变化不大,所以漂心必在倾斜前后的两个水线面的交线上,即等容微倾时,水线面的倾斜轴过原水线面的漂心。利用这个条件可以:

① 计算船舶在小角度纵倾时的艏艉吃水。

② 可以用来确定船舶平行沉浮的条件。

(三)纵倾力矩与每厘米纵倾力矩

纵倾力矩是指使船舶产生纵倾的外力矩。

每厘米纵倾力矩是指吃水差变化 1 cm 所需要的纵倾力矩,通常用字母"MTC"表示。

$$MTC = \frac{\Delta \cdot BM_L}{100L_{bp}}(\text{t} \cdot \text{m/cm})$$

$$MTC \approx \frac{\Delta \cdot GM_L}{100L_{bp}}(\text{t} \cdot \text{m/cm})$$

式中: Δ ——排水量,m^2;

GM_L ——纵稳性距基线的高度,m;

BM_L ——稳心半径,m;

L_{bp} ——船长(垂线间长),m。

MTC 与排水量成正比,与惯性矩成正比,与稳心半径成正比,与纵稳心距基线的高度成正比,与船长成反比。MTC 可以通过船舶静水力曲线图中查得,也可以通过计算获得。

(四)船舶吃水、吃水差的计算方法

1. 吃水差计算原理

在船舶的配积载计划编制后,应根据载荷纵向的分布情况,对船舶的吃水差、艏艉吃水进行计算。

船舶装载后由于重心纵向位置不与正浮时浮心纵向位置共垂线,浮力与重力形成一力偶,产生一纵倾力矩 M_L,由图 1-91 可知,该力矩可表示为:

$$M_L = \Delta \cdot (x_g - x_b)$$

纵倾后船舶处于平衡状态,有 $M_L = M_{SL}$,由于纵倾角很小,有 $\sin\varphi \approx \tan\varphi = t/L_{bp}$,于是,纵倾力矩 M_{SL} 可表示为

$$M_{SL} = \Delta \cdot GM_L \cdot \frac{t}{L_{bp}}(\text{t} \cdot \text{m})$$

当上式中 t 取 1 cm 时,M_{SL} 即为每厘米纵倾力矩 MTC,则

$$MTC = \frac{GM_L}{100L_{BP}}(\text{t} \cdot \text{m/cm})$$

根据厘米纵倾力矩的定义,可以简单地得出吃水差计算公式

$$t = \frac{\Delta(x_g - x_b)}{MTC}(\text{cm}) \quad 或 \quad t = \frac{(x_g - x_b)}{100MTC}(\text{m})$$

式中:t——船舶吃水差,m;

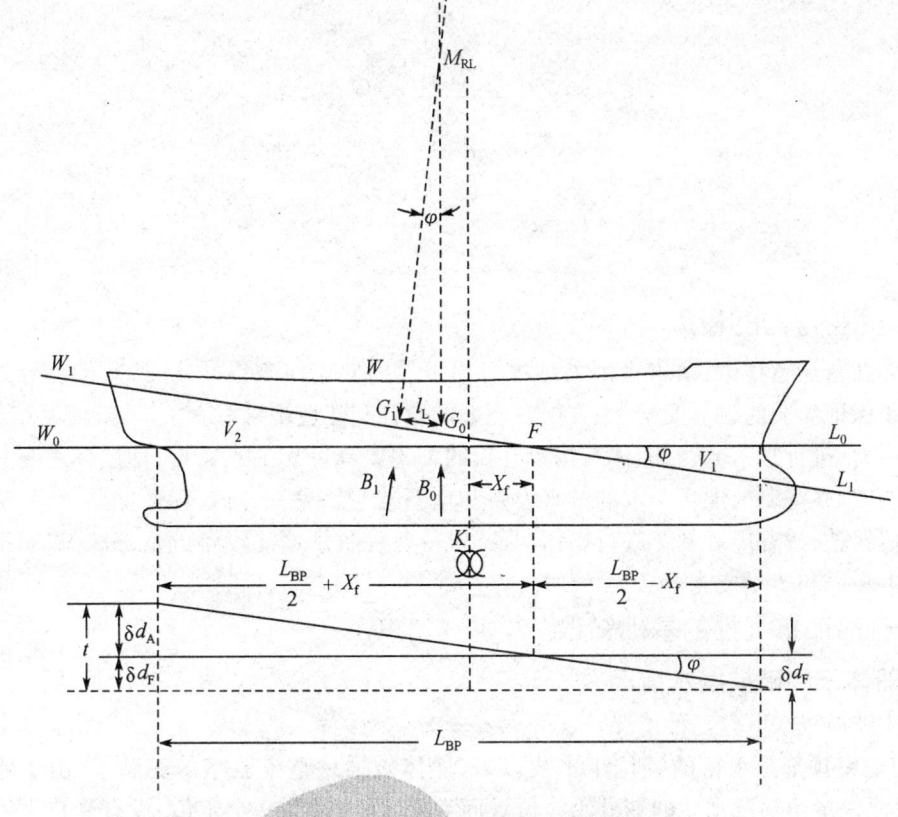

图1-91 吃水差及艏艉吃水计算原理

L_{bp}——船长,m;

GM_L——纵稳性高度,m;

M_L——船舶纵倾力矩,t·m;

MTC——每厘米纵倾力矩,t·m/cm;

x_g——船舶重心距船中距离,m,船中前取正,船中后取负;

x_b——船舶浮心距船中距离,m,船中前取正,船中后取负。

由吃水差公式可知,当船舶重心在浮心之前,吃水差为正,船舶艏倾;当船舶重心在浮心之后,吃水差为负,船舶艉倾。

2. 吃水差及艏艉吃水的计算程序

(1)计算船舶排水量和重心纵坐标

具体见本节"四、船舶稳性(一)船舶重心与浮心的位置"。

(2)根据装载排水量查静水力资料,获取有关计算参数

根据装载后的排水量,从静水力图表中查得 d_M、x_g、x_b、x_f、MTC。注意:浮心、漂心在船中前,取正,在船中后,则取负。

(3)计算船舶吃水差 t

根据吃水差计算公式求取在装载状态下的吃水差。

(4)计算船舶艏吃水 d_F 和艉吃水 d_A

由图1-91可知,将吃水差 t 在艏艉吃水处的分配量 δd_F、δd_A 与平均吃水 d_M 叠加,即可求得

d_F 和 d_A，于是有

$$d_F = d_M + \frac{\frac{L_{bp}}{2} - x_f}{L_{bp}} \cdot t \quad (m)$$

$$d_A = d_M - \frac{\frac{L_{bp}}{2} + x_f}{L_{bp}} \cdot t \quad (m)$$

九、完整浮力的丧失

船舶在营运过程中，偶尔会因为某种海损事故而使船体破损浸水，严重的会导致沉船事故。为了保证船舶的航行安全，一方面在船舶的设计和建造中采取有关措施，使船舶具有一定的储备浮力；进行水密分舱；船体结构及开口的关闭要有可靠的水密性，使船体本身具有一定的抗沉能力，并在船上配备一定的排水设备和堵漏器材。另一方面，在船舶航行中，要求全体船员谨慎驾驶，按着规章制度进行操作，必须保持各种防水堵漏设备的良好状态，掌握防水堵漏的基本知识和实际技能。

（一）船舶抗沉性的基础知识

1. 船体三种破损浸水情况

船体破损浸水可分三种情况：

（1）舱室顶部是水密的且位于水线以下，船体破损后整个舱室内充满水，由于舱顶未破损，所以浸水量不随浸水后的舷外水线位置而变化，浸水量为一个定值，没有受自由液面的影响，浸水的计算可作为装载固体重量来处理。此类浸水对船舶的浮态和稳性的影响较小，如双层底等的浸水属于这一类，如图1-92(a)所示。

（2）舱室的顶部在水线以上，舱内水与舷外水不相通，水未充满整个舱室，浸水量根据具体情况而定，存在自由液面的影响，浸水的计算可作为装载液体重量计算。此类浸水对船舶的稳性的影响较大。如船体破损口被堵住，而舱内的浸水未被抽干，或因甲板开口漏水引起的舱内浸水等属于这一类，如图1-92(b)所示。

（3）舱室的顶部在水线以上，舱内水与舷外水相通，其浸水量是随着船舶的下沉及倾斜而变化，舱内水面与舷外水面一致，且存在自由液面影响。这种浸水计算比较麻烦，需要进行逐次近似计算。通常水线以下的舷侧破损浸水属于这一类，它是船体破损最常见的情况，对船舶的危害最大，在抗沉性中所研究的主要是这种破舱浸水情况，如图1-92(c)所示。

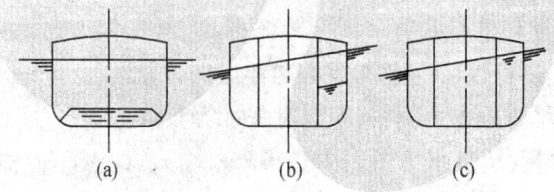

图1-92 几种浸水情况

2. 计算抗沉性的两种基本方法

船舶破舱浸水后，如浸水量不超过排水量的10%~15%，则可以应用初稳性公式来计算船舱浸水后的浮态和稳性，误差较小。

(1)增加重量法

把破舱后进入船体内部的水看成是增加的液体重量,相当于船舶承载的货物,此方法简单直观。

(2)损失浮力法(固定排水量法)

把破舱后的浸水区域看成是不属于船舶的,即该部分的浮力已经损失,损失的浮力借助增加吃水来补偿。这样,对于整个船舶来说,其排水量不变。因此损失浮力法又称为固定排水量法。

3. 船舶抗沉性的基本概念

船舶抗沉性是指船舱破损浸水后船舶仍能保持一定的浮性和稳性的性能。

(1)船舶分舱

对于船舶抗沉性的要求,主要是通过船舶分舱来达到的,即沿着船长方向设置一定数量的水密横舱壁,将船体分隔成许多水密舱室,舱室的长度越短,则船舱破损浸水后的浸水量越小,越容易达到公约或规范对破舱浸水后的浮态和稳性的要求。

(2)分舱载重线

船舱破损浸水后,船舶不沉所允许的最大浸水量与破舱前船舶的初始水线位置有关。初始载重水线位置较低,船舶储备浮力大,破舱浸水量可以大些;或者说船舱的水密舱壁间距可以长些。决定船舶分舱长度的初始载重水线,称为分舱载重线。通常将满载水线作为分舱载重线。

(3)渗透率 μ

船舱破损浸水后船舶不沉所允许的最大浸水量,还与船舱内各种设备所占据的体积和装载货物种类的不同有关。如果装载的货物密度大、体积小,在同样的载重情况下货物所占的舱容小,破舱后浸水量就大,要保证船舱浸水后船舶不沉,船舶分舱的间距就必须短些。某一舱室或处所在安全限界线以下的理论体积能被水浸占的百分比,称为该舱室或处所的渗透率 μ。

(4)可浸长度 L_f 和可浸长度曲线

沿着船长方向以某一点 C_1 为中心的舱,在规定的分舱载重线和渗透率的情况下破舱浸水后,船舶下沉和纵倾后的最终平衡水线若刚好与安全限界线相切,则该舱的长度称为以 C_1 点为中心的可浸长度 L_f。意思是说,在规定的分舱载重线和渗透率的情况下,以 C_1 点为中心所作舱的长度,若大于该点的可浸长度,该舱浸水后船将沉没,船舶达不到抗沉性的要求。若实际舱长小于该点的可浸长度,该舱浸水后船舶不会沉没,最终平衡水线至安全限界线还有一段距离,即还有一定的储备浮力。所以,以某一点为中心的可浸长度是满足船舶抗沉性要求的两水密舱壁间的最大长度。

如图 1-93 所示,在船长方向上某一点 C_1 的可浸长度为 L_{f1},而 C_2 点的可浸长度为 L_{f2} 等等。在船舶的侧视图上,以船底纵向基线为横坐标,船长各点的可浸长度 L_f 为竖坐标,绘出图 1-93 所示的曲线,即表示可浸长度沿着船长各点的分布,该曲线称为可浸长度曲线。

从可浸长度曲线可看出,在船长方向的不同位置处,可浸长度是不同的,这是因为位于船中部的船舱浸水后,船几乎仅是平行下沉,故浸水量可以大些,可浸长度会稍长一些。船中前后的舱室浸水后,船舶除了下沉之外同时还有纵倾,故允许的浸水量会小些,而可浸长度相应短些。位于艏艉部的舱室,因船体形状瘦削,故在允许的浸水量下,可浸长度可以长一些。

(5)许可舱长 L_p 与分舱因数 F

上面所述的可浸长度,是在规定的分舱载重线和渗透率情况下的两水密横舱壁的最大长

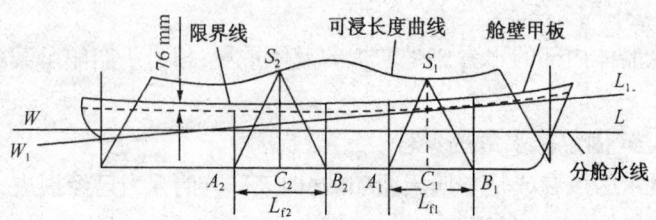

图 1-93 可浸长度曲线

度。船舶实际上所允许的水密横舱壁间距,还要视船舶的业务性质(或用途)和船舶长度而定。客船因载客而对船舶的航行安全要求较高,而货船因载货的需要,货舱的长度一般要大于可浸长度,因而满足不了抗沉性的要求。考虑到船舶业务性质和船长不同对船舶抗沉性的不同要求,用一个参数表示,称为分舱因数 F。分舱因数 F 是一个等于或小于 l 的数,F 是随着船舶长度的增加而逐渐减小;当船长一定时,分舱因数 F 随着船舶业务性质的变化而变,客舱容积占的比例大,载客量多,分舱因数小。

考虑到船长和船舶业务性质对抗沉性要求时所允许的实际舱长,称为许可舱长。许可舱长为 $L_p = F \cdot L_{f3}$。

①当 $0.5 < F \leq 1$ 时,船舶任一舱破损浸水后的最终平衡水线不会淹没安全限界线,即为一舱制。同为一舱制船舶,其 F 值的大小是不同的。F 值较小的船(舱长度小)破舱后下沉和纵倾也较小,其剩余干舷高度较大,船舶比较安全。

②当 $0.33 < F \leq 0.5$ 时,任意相邻两舱浸水后的最终平衡水线不超过安全限界线,即为二舱制船舶。

③当 $0.25 < F \leq 0.33$ 时,相邻三舱破损浸水后的最终平衡水线不超过安全限界线,即为三舱制船舶。

对于满足抗沉性要求的(如一舱制或二舱制等)船舶,并非在任何装载情况下都满足一舱(或二舱等)浸水不沉的要求。因为设计计算采用的渗透率 μ 是在规定的渗透率下进行的,当实际装载的渗透率 μ 值大于规定值时,则破舱后将很难满足对船舶的浮态和稳性的要求。另外,若船舶破舱浸水前的载重水线低于规定的分舱载重线,则船舶破舱浸水后所允许的浸水量比规定的更大些,而船舶不会沉没。

(二)船舶损害控制

1. 船体结构上开口的关闭装置的设置要求

在《1974年国际海上人命安全公约》和我国《海船分舱和破舱稳性规范》中,对于船体结构上开口的关闭装置的设置,主要有如下规定:

(1)水密舱壁上开口的关闭装置

在限界线以下的水密舱壁上要求尽量减少开口的数量,开口要有船舶主管机关认可的关闭装置。

①在防撞舱壁上不准设门、人孔或出入口。防撞舱壁一般仅可通过一根管子,且管子上装有在舱壁甲板以上可以操作的截止阀,其阀体是装在艏尖舱内侧的舱壁上,以便艏尖舱破损时可以将它关闭。

②在甲板间舱内的水密舱壁上可以装设一级或二级水密门。这种门在开航前关闭,航行中不得开启,且装有防止任意开启的装置。此类门在港内开启的时间和船舶离港前关闭的时间应记入航海日志内。

③甲板的下缘在舷侧的最低点,高出最深分舱载重线 2.13 m 以上的甲板上的旅客、船员及工作的处所可以设置一级水密门。

④从机舱通往轴隧的水密舱壁上的水密门一般要求装设二级水密门。

⑤门槛在分舱载重线以下,航行中有时需要开启,且门的数目超过 5 扇;或在舱壁甲板以下设有旅客舱室,则舱壁上的门为三级水密门。

船上所有的水密门在航行中均应保持关闭,因船上工作而在航行中必须开启时,应做到随时可以关闭。

(2) 限界线以下船壳板上开口的关闭装置

要求在限界线以下的船壳外板上尽量减少开口数量,并根据开口的用途及位置均装设有效的关闭装置。

①在限界线以下船壳外板上的舷窗,都是采用水密性和抗风浪的圆形窗(重型舷窗),并设有内侧铰链式风暴窗盖。根据它距载重水线的高度不同,有不同的关闭要求。

一种为永久关闭的固定式舷窗;另一种为离港前关闭加锁,到港后才可以开启的,它的开、闭时间应记入航海日志中;还有一种是航行中由船长决定是否开启的。在专供装货处所均不得装设舷窗。

②船壳外板上的排水孔、卫生排泄孔及其他类似开孔,要求越少越好,或采用一个排水孔供多种排泄管共用。在限界线以下穿过外板的每一个排水孔都设有一个自动止回阀,并在舱壁甲板以上设有能将其关闭的可靠装置;或装设两个止回阀,其中一个位于最深分舱载重线以上,可以随时对其进行检查,并且保持经常关闭的。

③和机器连通的海水浸水孔和排水孔,在管子与外板之间,或管子与装配在外板上的阀箱之间,设有随时可以接近的阀门,并在阀上标明有阀门开启或关闭的指示器。

(3) 限界线以上的船体结构开口关闭装置

在舱壁甲板以上,要求采取一切合理和可行的措施限制海水从舱壁甲板以上浸入舱内。

①舱壁甲板或其上一层甲板都要求是风雨密的,露天甲板上的所有开口均设有能迅速关闭的风雨密关闭装置。

②在限界线以上外板上的舷窗、舷门、装货门和装煤门以及关闭开口的其他装置应为风雨密的,且有足够的强度。

③在舱壁甲板以上第一层甲板以下处所内的所有舷窗应配有有效的内侧舷窗盖,且易于关闭并成为水密的。

④露天甲板上均设有排水口和流水孔,以便在任何天气情况下迅速排除露天甲板上的积水。

2. 船舱浸水后对船舶抗沉能力的分析

首先应通过船上的资料了解船舶在设计时是否满足抗沉性的要求。对于有抗沉性要求的船,都是在规定的分舱载重线和渗透率的情况下,满足一舱、二舱或三舱浸水船舶不沉。若破舱浸水时的载重水线低于分舱载重线,渗透率也小于规定的渗透率值时,则船舱浸水最终平衡之后还会有一定的储备浮力。若渗透率大于分舱时规定的渗透率值,而载重水线达到分舱载重线处,则船舱浸水之后若不及时堵漏、排水,船有可能沉没。

对于设计上达不到抗沉性要求的船,也要从船舱浸水时船舶载重线的高低、渗透率的大小、浸水量的大小、排水设备的能力等方面分析船舶的抗沉能力,采取应急措施。

(1) 舱底水泵的排水量估算

根据《1974年国际海上人命安全公约》的规定,一般船舶要有2台舱底泵,客船要求至少装设3台动力舱底泵与总管相连接。每一台动力舱底泵应能使流经排水总管的水流速度不小于122 m/min。

若按此流速计算,则每一台动力舱底泵的排水量便可计算出。

$$Q_{排} = 5.75d^2 \times 10^{-3}$$

式中:$Q_{排}$——每台舱底泵的排水量,m³/h;
　　　d_1——舱底水总管的内径,mm。

(2) 船舱破损的浸水量估算

水线以下破洞的浸水量,与破洞位置距水线的垂直距离以及破洞面积的大小有关。一般可按如下经验公式估算出:

$$Q_{进} = \mu F \sqrt{2gH}$$

式中:$Q_{进}$——破洞每秒钟浸水量,m³/s;
　　　F——破洞面积,m²;
　　　μ——流量系数,破洞面积较小或破洞中心距水面较近时,取$\mu=0.6$;
　　　g——重力加速度,取9.81 m/s²;
　　　H——破洞中心在水线以下的深度。

当舱内水面超过破洞口位置时,则浸水量为:

$$Q = \mu F \sqrt{2g(H-h)}$$

式中:h——舱内水面距离破洞的高度。

依据舱底水总管内径,估算出舱底水泵单位时间排水量$Q_{排}$;根据破洞位置,估算出单位时间里的浸水量$Q_{进}$,比较$Q_{排}$与$Q_{进}$,从而可以正确判断出是否需要采取其他措施。

舱底泵一般只能排出小型破洞的浸水,或机械设备、管系等的泄漏水。对于大量的破舱浸水,必须使用压载水泵和主机海水冷却泵将海水排出舷外,另外,还必须迅速采取堵漏措施以减小浸水量。

3. 船舶堵漏器材及其使用方法

根据船舶的大小、类型和航区等的不同,在船上要配备不同规格和数量的堵漏器材。堵漏器材主要有堵漏毯、堵漏板、堵漏箱、堵漏木塞、堵漏螺杆、堵漏水泥箱、堵漏柱、堵漏木楔、堵漏垫料和填料及堵漏用的工具等。

(1) 堵漏毯

堵漏毯也称为堵漏席,是一种大型的堵漏设备。主要用来堵住船壳水线下部位的破洞浸水。其规格有2 m×2 m、2.5 m×2.5 m、3 m×3 m等。其分为重型堵漏毯和轻型堵漏毯两种。

重型堵漏毯是用双层防水帆布中间铺有一层镀锌的钢丝网制成的。轻型堵漏毯也是用双层防水帆布制成的,但在两层防水帆布中间铺设一层粗羊毛毯。由于轻型堵漏毯比较软,为了防止堵漏时被海水压入洞内,在毯的一面缝有几道管套,使用时插入几根镀锌钢管作为支撑。

在堵漏毯的四个角和每边的中部都装有套环,堵漏时将绳索系在套环上,用一根或两根绳索从船首端兜过船底,沿船舷拉到破洞处,根据破洞深度,固定好顶索的长度,并将堵漏毯从甲板上推下水,收紧其他绳索,直至堵漏毯贴紧破洞为止(如图1-94所示)。

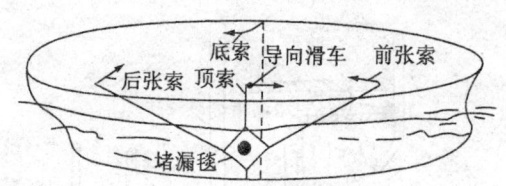

图 1-94 堵漏毯及使用方法

（2）堵漏板

堵漏板是用铁板或木板制成的。在铁板或木板上装有橡皮垫和固定堵漏板用的绳索或螺杆，使堵漏板能紧贴在破洞处。堵漏板主要用来堵漏舷窗大小的中型破洞。堵漏板有的是用整块板做成的，有的是用两块板或三块板中间铰接起来的折叠式。使用整块板式的堵漏板时，是在船内从破洞处将一根系有小木块的拉索推出船外，待木块上浮出水面后，从甲板上将木块捞起，并将拉索系在中央眼环上。用吊索将堵漏板放于水中，收紧拉索使堵漏板紧贴在破洞处的船壳板上（如图1-95所示）。折叠式堵漏板在使用时是将板先折叠起来，从破洞伸出舷外后再张开堵漏板，收紧拉索或旋紧螺杆，使堵漏板紧贴在破洞外的船壳板上（如图1-96所示）。

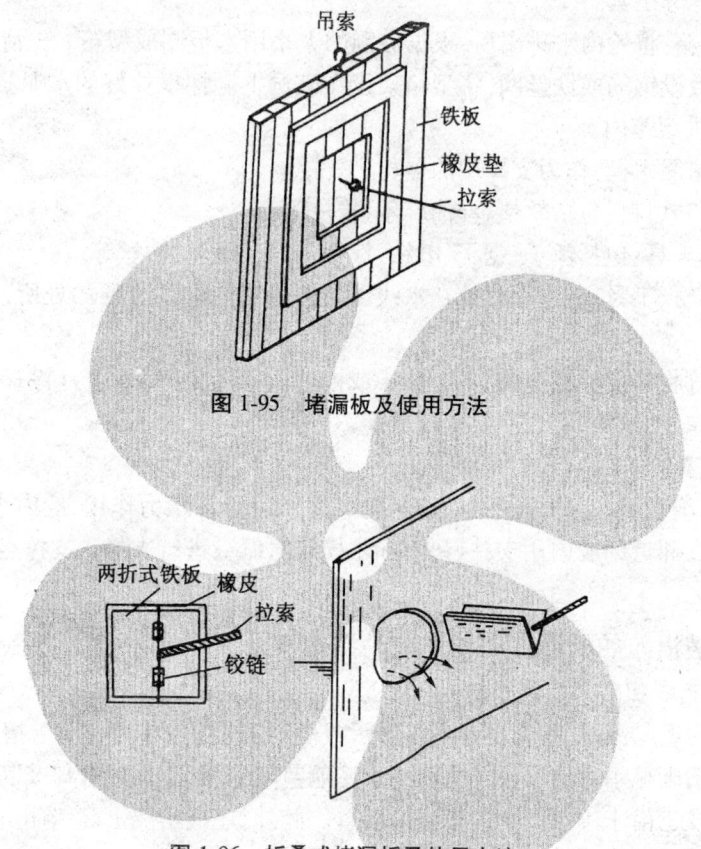

图 1-95 堵漏板及使用方法

图 1-96 折叠式堵漏板及使用方法

（3）堵漏箱

是用铁板制成的方箱，在箱开口一面的四周镶有橡皮条，堵漏时在舷内用箱口压在破洞口的周围，再用支柱和木楔撑住方箱（如图1-97所示）。

（4）其他堵漏器材

对于堵漏小型破洞，常用的器材有：

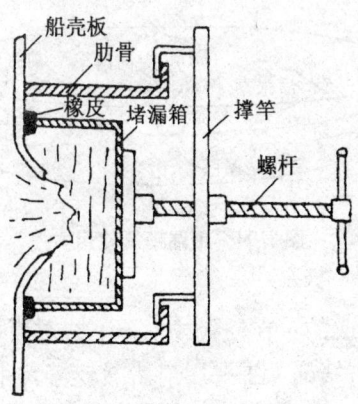

图1-97 堵漏箱及使用方法

①堵漏木塞：根据破洞的大小和位置，木塞可以从舷内或舷外进行堵塞。

②堵漏螺杆：一种带横竿的螺杆或带有钩头的螺杆。其主要适用于堵漏长缝形的破洞，堵漏时将横竿或钩头顺着裂缝伸出舷外，再把横竿转到与裂缝成直角，然后将有孔的软垫或垫木套在螺杆上，用螺母压紧。

③堵漏水泥箱：将舱内水排出后，根据破洞的大小用木板制成型箱。先清除破洞周围的油污，并在洞口处敷设钢筋或铁丝网，将型箱架设在破洞上。把搅拌好的水泥浆（按一定比例制成的混合物）灌进型箱内。

④堵漏柱、堵漏木楔：作为支撑用的器材。

⑤堵漏垫料和填料：包括软垫、浸油麻絮、橡皮等。

⑥堵漏用的工具：包括锤子、锯子、电钻、扳手、钉子、螺丝、铁丝等。

船用堵洞器材、工具、材料都存放在水线以上的舱室内取用方便的处所，室外应有明显的标记。

橡皮、黄沙等物料要保持清洁，不得涂漆或被油脂等污染，每6个月检查一次各种堵漏器材有无损坏、短缺、变质等，不合格要及时更换、补充。

(5) 舱壁支撑

船体的水密横舱壁，它的强度不能满足舱内进水后的水压力作用，舱内水位越高，压力越大。因此，需要在邻近的舱内用支柱、垫木和木楔等对舱壁进行支撑。支撑点的高度大约为舱内水位高度的2/3。

4. 为改善破损船舶的稳性和吃水差的操作要求

(1) 破损控制图和破损控制手册

SOLAS公约规定：驾驶室应设有永久展示或随时可用的控制图，用于指导船上负责的高级船员，图上应清晰显示每层甲板及货舱的水密舱室限界面，上面的开口及其关闭装置和任何控制位置，以及扶正由于浸水产生的横倾的装置。此外，还应给船上高级船员提供包含上述资料的小册子。

所有的高级船员（包括驾驶员、轮机员在内）都要熟悉和掌握船舶"破损控制图"的内容和控制要求。

①破损控制图包括船内轮廓、每层甲板俯视图，以及显示以下内容的区域横剖面图：

a. 船舶的水密分隔。

b. 横贯浸水装置、泄放塞和纠正由于浸水造成的横倾的机械装置的位置和布置，以及所有阀和遥控装置的位置,如有时。

c. 所有内部水密关闭装置的位置,包括滚装船上防撞舱壁延伸区域的内部船首斜坡或吊门和它们的控制装置,以及就地控制和遥控控制装置开启/关闭指示器和警报装置的位置。根据 SOLAS 公约的要求,在航行过程中不允许开启和允许开启的水密关闭装置都应清楚地指明。

d. 船舶外壳上的所有门、开启/关闭指示器、渗漏检测和监测装置的位置。

e. 舱壁甲板以上和最低露天甲板上局部分舱舱壁的所有风雨密关闭装置,以及控制装置和开启/关闭指示器的位置,如适用。

f. 所有舱底泵和压载水泵,以及它们的控制装置和相关的阀的位置。

g. 已被主管机关接受的限制进一步浸水的管系、导管和轴隧,如有。

②破损控制手册包括破损控制图的全部内容。同时,还包含下列信息:

a. 控制破损船舶的常规程序:立即关闭所有水密和风雨密关闭装置;确定船上人员的位置和安全性,对液舱和舱室进行测深以确定破损的范围,并对浸水舱室重复测量,以确定浸水速率;就横倾和为减少横倾或纵倾采取压载水调整的操作,以及评估由此产生的附加自由液面影响和为控制浸水启动泵进行排放操作的后果,考虑可能产生的风险。

b. 针对破损控制图中的信息,破损控制手册应包含更详细的内容:所有不高于露天甲板的测深仪、液舱通风管和溢流管的位置;泵的排量;管系分布图;横贯浸水装置的操作指南;根据破损控制部分从舱壁甲板以下的水密舱室通过和撤离所采取的方式等。

c. 如对船舶适用,应指出可能引起进一步浸水且没有自动关闭装置的非水密开口的位置,以及对非结构性舱壁和门或其他使进入海水流速减慢的阻隔,造成至少暂时性不对称浸水状态的可能性做出指导。

d. 如果破损控制手册中包括分舱和破舱稳性的分析结果,应提供另外的指南,以确保参考这些信息的船上高级船员意识到,这些分析结果仅在评估船舶相关的残余稳性时提供帮助。指南应采用与分舱和破舱稳性分析相同的衡准,并明确指出分舱和破舱稳性分析中假定的船舶装载的初始状态、破损的范围和位置、渗透率,可能与船舶的实际破损情况没有关系。

e. 破损控制图和破损控制手册应为打印格式。

f. 配有为该船专门设计的破舱稳性软件,并被经过适当培训的船上高级船员所熟悉的船上计算机应用,能提供一种快速方法,以便有效地进行破损控制。

g. 给船长的可视指南应易懂、清楚和简明,能给船长提供一种评估船舶破损后果的快速方法。

h. 对客船,破损控制图应永久陈列在驾驶室和船舶控制站或相应地点。对货船,破损控制图应永久陈列在驾驶室或在驾驶室易于查阅。另外,破损控制图还应永久陈列在货物控制室或在货物控制室易于查阅。

(2)保持船舶的稳性和吃水差的日常措施

①防水检查

轮机人员要负责经常地检查机舱内的水密性,如轴隧的漏水情况;排水管系的技术状况是否正常,如污水井盖要完整,清除井内污泥,防止堵塞过滤器等。

在航行中,水手或木匠(如配备)每天上、下午各探测一次水舱和污水井的水位,其结果由大副记入航海日志中。发现异常要及时找出原因,并采取相应措施。

水密舱壁上的水密门,不论是动力操纵的还是手动操纵的,凡在航行中使用的,应每天进行操作。其他的水密门及为使舱室水密必须关闭的一切阀等,在航行中都要定期检查,每周至少一次。

②堵漏应变部署及演习

根据《1974年国际海上人命安全公约》的规定,对于水密门、舷窗、阀以及泄水孔、出灰管与垃圾管的关闭机械的操作演习,应每周进行一次。对航期超过一周的船舶,在离港前应举行一次全面演习。此后,在航行中至少每周进行一次。听到堵漏演习警报信号后,除固定值班人员外,所有船员应在2分钟内携带有关的堵漏器材在指定地点集合,由现场指挥布置抢救方案和操作演习,演习中每一个船员要明确职责,熟悉堵漏器材的使用方法,演习完毕后,要检查、保养器材,并放回原固定位置。

5. 船舶舱室浸水的处置措施

船舶浸水是指船舶由于水密缺陷、船体破损、船舶积配载不当、恶劣天气影响、操作管理不善等原因,导致船舶舱室浸水,使船舶浮性、稳性和抗沉性下降,船体倾斜甚至存在沉没危险,威胁船舶、人员和环境安全的情况。

判明舱室破损浸水的方法是:根据船舶横、纵倾状况,估计破洞概位;检查舱室的空气管,如有气流声、流水声或水流漏出,则可判定该舱浸水;确认浸水舱室后,打开舱室察看水流情况,判断破洞的概位,而后进一步探明破洞的准确位置和大小,并采取可行措施,处置浸水。

船舶在破损浸水后是否会倾覆或沉没,在一定程度上与船上人员采取的抗沉性措施是否得当有关,因此,浸水后的处置措施至关重要,船舶浸水处置的可行性措施有:

(1)如果查明属于油舱或艏、艉尖舱浸水,一般不会因浸水而丢失全部储备浮力。此时可以启用机舱排水系统排水,同时采取措施堵塞破洞。

(2)如果查明机舱浸水,采取一切必要措施全力排水,尽量保持船舶动力装置处于可用状态,同时争取时间查出破洞的位置及大小,判断破洞对船舶的危害程度,采取措施堵塞破洞。

(3)破损位于其他舱室,如破损较大,浸水不断增加,此时隔舱壁的强度不能满足舱内浸水后的水压力作用,可能变形,或有被破坏的危险时,必须加强隔舱壁,在浸水舱的全部相邻舱室采取防止舱壁受压弯曲变形的支撑补强措施,在邻近的舱内用支柱、垫木和木楔等对舱壁进行支撑。支撑点的高度大约为舱内水位高度的2/3。同时应当关闭水密舱盖及开口,阻止浸水扩大到其他舱室。

(4)处置船舶浸水时应当尽力做到:成功堵漏,及时排水,恢复船舶稳性并保持正浮状态。然而,对因碰撞而造成较大破口的大型船舶来说,完全控制破损舱室的浸水并将其排空,很难实现,尽量控制浸水范围,减少浸水舱室。

(5)船舶破损浸水后可能造成船舶的横倾及纵倾,为减少浸水,需采取调整压载或压水等方法,调整船舶的横倾及纵倾,尽可能保持船体平衡,使之达到最安全状态。调整横倾及纵倾的注意事项:

①处置期间,向船舶倾斜方向相反的一舷注水,可以改变船舶的横倾,但应注意注水会造成船舶储备浮力的减小并造成新的自由液面,进一步导致船舶的稳性恶化;向前后大量压水可以改变船舶纵倾,但会影响船体强度。

②处置浸水时可以通过调整压载水、转移货物等手段来减小吃水,从而可以减小船舶浸水量,特别当破损部位在水线附近时,这种手段非常有效。

(6)如就近无法抢滩,破洞无法堵塞,经确认已无法挽救船舶下沉时,应即发出求救信号,当机立断发出弃船命令,转入弃船应急部署。

若有多个舱室破损浸水,则排水次序的原则是:

(1)船舶破损有纵横倾时,先排吃水大的一端舱室的水,后排其他舱室的水。

(2)先排小型裂缝或小破洞舱室的水,后排大破洞舱室的水。

(3)先排自由液面大的舱室的水,后排自由液面小的舱室的水。

(4)先排机炉舱、舵机舱、弹药库等重要舱室的进水,后排其他舱室的水。

(5)先排上层舱室的水,后排下层舱室的水。

(三)船舶抗横倾系统

船舶抗横倾系统是对由于负荷不对称引起的船舶横倾进行补偿,主要有泵控制的抗横倾系统和风机控制的抗横倾系统。出于安全原因,均不允许在公海上用任何形式运行抗横倾系统。

1. 泵控制的抗横倾系统

泵控制的抗横倾系统的工作原理如图 1-98 所示,控制单元通过触点激励压载系统中的泵和阀,使得水在压载舱之间流动达到平衡。该系统的控制方式有自动和手动两种。在自动运行时,阀和泵将根据船舶的实际位置选择,通过阀 WBV 18/WBV 20 的激励实现旁通运行,其工作过程如下:

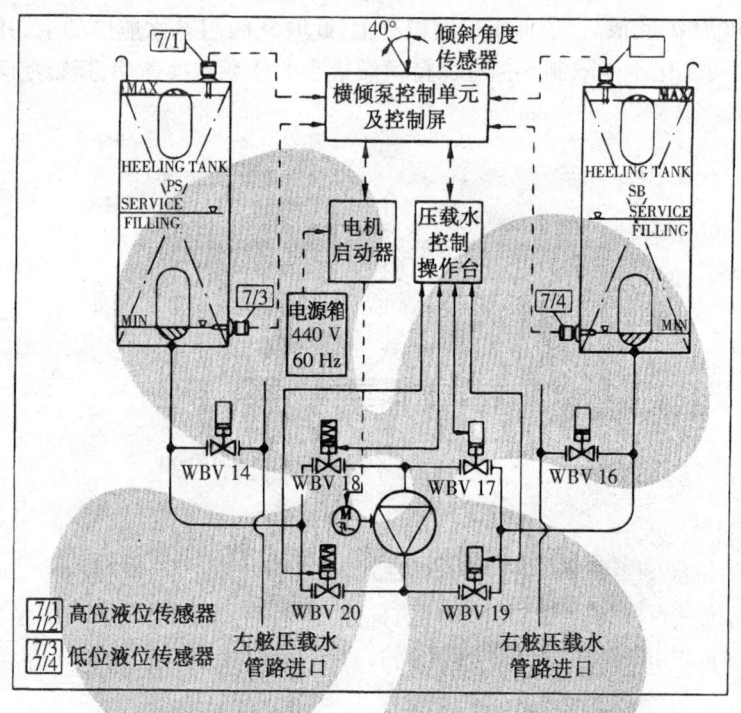

图 1-98 泵控制的抗横倾系统

(1)在船舶处于垂直位置(横倾角为零)时,阀 WBV 18/WBV 20 打开,其他阀保持关闭。

(2)在旁通方式下,延时若干秒后,泵开始启动,通过 WBV 18/WBV 20 循环传送水。待 3 min 的旁通时间过去后,停止运行。在横倾角超过规定值时,控制系统自动地驱动阀和泵。

(3)在船舶横倾超过 0.5°(启动设定值),延时若干秒后,自动开始运行,阀 WBV 18/WBV 20 全开,在旁通方式下启动的泵就通过这些阀进行水的传输。如果船向左方倾斜超过启动阈值,阀 WBV 18 关闭,阀 WBV 17 打开。这样,水就被泵入右方的舱中。

(4) 当船舶达到垂直位置或水位最低时,泵再次在旁通方式下运行,阀 WBV 18/WBV 20 打开,阀 WBV 19/WBV 17 关闭。

(5) 旁通方式限制在 3 min 之内,在泵停止运行若干秒后,阀 WBV 18/WBV 20 将处于关闭位置。

(6) 在自动方式下,装置不会断电,而是处于静止状态,并能提供船舶不正常倾斜的报警。

(7) 当有新的横倾信号时,又会使抗横倾系统相应地做出反应。泵立即再次启动,通过阀 WBV 18/WBV 20 进行水的传输,直至启动过程结束。

(8) 阀 WBV 14/WBV 16 是压载水控制系统控制阀,有驾驶台授权之后才能进行操作,在装置启动横倾角为 0°后,全部停止。

2. 风机控制的抗横倾系统

风机控制的抗横倾系统工作原理,不同于传统的泵压载系统(如图 1-99 所示)。旋转活塞式风机和气阀通过管路与船舶两侧的水舱相连。一旦船舶由于负荷不对称产生倾斜,鼓风的空气立即被引至相应的边舱中,从而使得舱中的水立即沿图示方向流到另一个边舱中,直到船舶垂直。

风机驱动的抗横倾系统工作过程为:当横倾超过规定值时,气阀控制鼓风空气/水流,使得船舶回到倾斜度为 0°或最高/最低水位的位置上,此时气阀阻塞水舱中的水,并将鼓风空气引入大气,水的流向变化不受限制。拥有保持横倾最小的任意转换速率,运行期间不存在电动机启动的峰值电流。

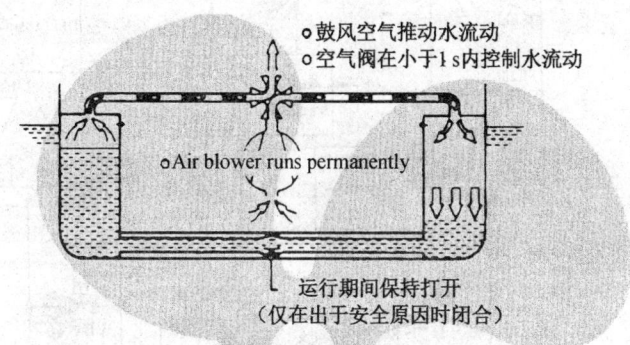

图 1-99 风机控制的抗横倾系统

风机驱动的抗横倾系统最突出的特点:

(1) 由于风机一直在运转,加之气流的方向是由快速作用的空气阀控制的,因而在位移期间不存在动作时间的延时(亦即位移是连续的),反应快。工作期间也就不存在马达启动的大电流。

(2) 系统没有任何工作部件与水相接触,这样侵蚀就不会影响系统在工作寿命期间的运行。

(3) 边舱中的空气层(气垫)和管路能够使得位移快速地启动和停止,而不是像泵系统中那样担心动态冲击。

(4) 部件的安装与舱在船上的位置无关。

第二章 船舶公约概述

确保海上交通安全是我国海运事业发展的前提和必然,它关系到我国作为一个航运大国的国际形象和国家利益。本章重点阐述与船舶营运安全管理有关的国际公约的主要内容,学习这些国际公约旨在提高广大船员和航运管理人员的安全意识及管理水平,切实做到依法办事,按章操作,自觉遵守和维护水上交通秩序,保证航运安全和防止水域污染。

第一节 国际海上人命安全公约

一、概述

《国际海上人命安全公约》(The Intenational Convention for the Safety of Life at Sea,简称 SOLAS 公约)是关于船舶在海上航行时,保障人命安全的基本公约。在涉及海上人命安全的所有国际公约中,它是最重要、最古老的公约之一,其第一个版本是在 1912 年的"泰坦尼克"号沉没,致使 1 522 人丧生后,于 1914 年 1 月在英国伦敦制定的。从那时起,又先后通过了 1929 年、1948 年、1960 年和 1974 年等不同版本的 SOLAS 公约。现行的版本是 1974 年 10 月 21 日至 11 月 1 日在伦敦召开的 SOLAS 公约国际会议上制定的《1974 年国际海上人命安全公约》(简称 SOLAS 1974 公约或 SOLAS 公约)。该公约于 1980 年 5 月 25 日生效。我国政府于 1980 年 1 月 7 日核准了该公约。SOLAS 1974 公约是历史上第五个《国际海上人命安全公约》。SOLAS 1974 公约自生效以来,由于船舶航海技术的不断进步,海上事故的频繁发生,公约执行中所发现的问题以及 IMO 各种文件之间的统一协调等因素,历届 IMO 会议又陆续对其内容进行了修改、补充或更新。

二、公约的性质

SOLAS 公约包含了为增进航运安全的各种各样的强制性措施,对船舶(构造、设备与性能)、船员操作性要求、船舶管理、公司管理、船旗国管理以及港口国管理等方面规定了统一的标准,并加以有效控制。其主要目的是提供船舶构造安全、设备安全和操作安全的最低标准,同时要求缔约国政府确保悬挂其国旗的船舶达到这一要求；公约还规定船舶必须持有公约规定的有效证书，并作为达到公约标准的证据。当缔约国政府认为抵港的外国籍船舶不能充分履行该公约时，有权对其进行监督检查。

IMO将1993年的第18届大会通过的A.741(18)号决议《国际船舶安全营运和防止污染管理规则》纳入SOLAS公约第Ⅸ章内容，并成为强制性要求。2002年12月召开的IMO海上保安外交大会，通过了SOLAS公约新增的"第Ⅺ-2章——加强海上保安的特别措施"和《国际船舶保安和港口设施保安规则》。这使SOLAS公约的性质在以下两个方面发生了重大变化：

(1)SOLAS公约已由原有的"纯技术"公约变成"技术管理"公约。原有的SOLAS 1974公约共有八章，几乎所有条款，除第Ⅲ/18条（关于弃船训练和操练）涉及管理方面内容以外，全是技术性条款。但是新增的第Ⅸ章和第Ⅺ章内容多是有关管理方面的。这标志着IMO对海上人命安全和环境保护方面所采取的措施在指导思想上有了一个很大转变，即意识到人为因素在确保海上安全和防止海洋污染中所起的重要作用。

(2)SOLAS公约的范围从原有的船舶扩大到岸基。由于ISM规则和ISPS规则的实施，该公约不再局限于船舶本身，而且涉及岸上的公司和港口设施，因此，可以说将SOLAS公约的内容扩大到了岸基。

3. 公约的构成与主要内容

SOLAS 1974公约包括：(1)公约正文；(2)1988年SOLAS议定书；(3)公约附则(安全规则)及其单项规则。这三个层次的规定是不可分割的。

公约正文有13项条款，包括：第1条公约的一般义务，第2条适用范围，第3条法律、规则，第4条不可抗力情况，第5条紧急情况下载运人员，第6条以前的条约和公约，第7条经协议订立的特殊规则，第8条修正，第9条签字、批准、接受、认可和加入，第10条生效，第11条退出，第12条保存和登记，第13条文字等。

SOLAS公约的附则是公约的主体，它包括以下内容：

1)第Ⅰ章　总则

本章主要包括：公约的适用范围，有关名词的定义，公约适用的例外、免除以及规则的生效等内容；各种用途船舶法定检验的种类、检验的内容和签发证书，以证明这些船舶符合公约要求；缔约国政府对到达其港口的船舶的监督的有关条款。

2)第Ⅱ-1章　构造——结构、分舱与稳性、机电设备

本章共分为A、B、C、D、E五个部分：A部分——通则(适用范围、定义、船舶结构)；B部分——分舱与稳性；C部分——机器设备；D部分——电气装置；E部分——周期性无人值班机器处所的附加要求。其主要内容包括：

(1)规定了客船分舱的水密程度应能保证船舶在假定船壳破损的情况下保持正浮和稳性的要求；还规定了客船水密完整性和污水泵系统布置的要求以及客船和货船的稳性要求。

(2)分舱等级——由两个相邻舱壁之间最大许可长度决定的分舱等级因船舶长度以及船舶的营运业务而有所不同。客船的分舱等级最高。

(3)机器和电气装置——在各种紧急情况下，机电设备的设计和安装应能保持工作，以确保船舶、旅客和船员的安全。

3)第Ⅱ-2章　构造——防火、探火和灭火

主要内容包括：适用范围、消防安全目标和功能要求、名词定义，火灾和爆炸的防止，火灾

的抑制,脱险,操作性要求;规定了防火、探火、灭火系统与设备的安装要求,以及对客船、货船、液货船在构造方面的防火措施和设备方面的灭火措施。

这些条款有以下原则:用耐热和结构性限界面将船舶划分为若干主竖区;用耐热和结构性限界面将起居处所与船舶其他处所隔开;限制可燃材料的使用;探知火源区的任何火灾;抑制和扑灭火源区的任何火灾;保护脱险通道或灭火通道;保证灭火设备的随时可用性;将易燃货物蒸发气体着火的可能性降至最低程度。

公约2000年12月修正案,将有关消防设备、消防布置的技术标准从公约中分离出来,成为独立的强制性规则——《国际消防系统安全规则》(FSS规则)。

4)第Ⅲ章 救生设备与装置

本章规定了对通用救生设备与装置的要求以及专用于客船、货船上的救生设备与装置的要求。

本章分为A和B两部分:

A部分——关于适用范围、免除、定义、救生设备和装置的鉴定、试验与认可以及生产试验的一般性规定。

B部分——关于船舶和救生设备的要求,共有五节:①客船与货船(通信,个人救生设备,应变部署表与应变须知,操作须知,救生艇筏的配员与监督、集合与登乘布置、存放、降落与回收装置,海上撤离系统的存放,救助艇的登乘、降落与回收装置,应急培训与演习和使用准备状态,维护保养与检查,等等);②客船附加要求(救生艇筏与救助艇,个人救生设备,救生艇筏与救助艇的登乘布置,救生艇筏的存放,集合站,客滚船的附加要求,乘客资料,直升机降落和搭乘区域,客船船长决策支持系统,演习);③货船附加要求(救生艇筏与救助艇,个人救生设备,救生艇筏的登乘与降落布置);④救生设备和装置的要求;⑤其他事项(培训手册和船上培训教具,船上维护保养须知,应变部署表与应变须知)等内容。

5)第Ⅳ章 无线电通信设备

本章在1988年进行了全面修改,将标题"无线电报和无线电话"(Radio Telegraphy and Radio Telephone)改为"无线电通信设备"(Radio Communications)并引入了全球海上遇险和安全系统(The Global Maritime Distress and Safety System,简称GMDSS)。

除另有明文规定外,本章适用于本规则所适用的所有船舶和300总吨及以上的货船。

6)第Ⅴ章 航行安全

本章规定了由缔约国政府提供一定的航行安全服务。除另有明文规定外,本章涉及的安全操作规则适用于一切航线上的所有船舶,而公约附则的其他章节只适用于国际航行业务的一定等级的船舶。

7)第Ⅵ章 货物装运

本章内容涉及因对船舶或船上人员的特别危害而需采取特别预防措施的货物的装运(散装液体、散装气体和其他章内已做出装运规定的除外),分为A、B和C三部分:A部分——一般规定,包括适用范围、货物资料、氧气分析和气体探测设备、船上使用杀虫剂、堆装和系固。B部分——谷物以外的散装货物的特别规定,包括装运的可接收性、散装货物的装卸和堆装等内容。C部分——谷物装运,包括定义和货船装运谷物的要求。

8)第Ⅶ章 危险货物装运

本章包括了包装形式、散装固体形式、散装化学液体和液化气体危险货物的分类、包装、标志和积载的条款。其内容分为A、B、C、D四个部分:

A 部分——关于包装危险货物的装运,包括定义、适用范围、危险货物装运的要求、单证、货物系固手册和涉及危险货物的事故报告等有关内容。

本章内容涉及《国际海运危险货物规则》(International Maritime Dangerous Goods Code,简称 IMDG 规则)。危险货物系指 IMDG 规则中所述的物质、材料和物品。包装形式系指 IMDG 规则中规定的包装形式。除另有明文规定外,本部分适用于本公约规则所适用的所有船舶和小于 500 总吨的货船中装运的包装危险货物;但本部分的规定不适用于船用物料和设备。

A-1 部分——关于固体散装危险货物的装运,包括定义、适用范围、单证、堆装和分隔要求、涉及危险货物事故的报告等有关内容。固体散装危险货物系指 IMDG 规则中所述的除液体或气体以外的由粒子、颗粒或较大碎片组成的任何物质,成分通常一致,并直接装入船舶的货物处所而无须任何中间维护形式,包括装入载驳船上的驳船内的此类物质。

B 部分——关于散装运输危险液体化学品船舶的构造和设备,包括定义、化学品液货船的适用范围和化学品液货船的要求等有关内容。内容涉及散装液体化学品船舶的构造和设备,并规定 1986 年 7 月 1 日以后建造的液化船必须严格遵守《国际散装化学品船舶构造和设备规则》(The International Bulk Chemical Code,简称 IBC 规则)。

C 部分——关于散装运输液化气船舶的构造和设备,包括定义、气体运输船的适用范围和气体运输船的要求等有关内容。内容涉及散装液化气船舶的构造和设备,并规定 1986 年 7 月 1 日以后建造的液化气船舶必须严格遵守《国际散装运输液化气船舶构造和设备规则》(The International Gas Carrier Code,简称 IGC 规则)。

D 部分——关于船上装运密封装辐射性核燃料、钚和强放射性废料的特殊要求,包括定义、装运 INF 货物船舶的适用范围和装运 INF 货物船舶的要求等有关内容。"INF 规则"系指由 IMO《国际船舶装运密封装辐射性核燃料、钚和强放射性废料规则》(The International Code for the Safe Carriage of Packaged Irradiated Nuclear Fuel, Plutonium and High-Level Radioactive Wastes on Board Ships,简称 INF 规则)。INF 货物系指按 IMDG 规则中第 7 类货物,即运输的密封装辐射性核燃料、钚和强放射性废料。

9) 第Ⅷ章 核动力船舶

本章规定了基本要求,主要是关于放射性危害。1981 年国际海事组织大会通过了一个详细的、综合性的核动力商船安全规则,该规则是本章的不可分割的补充。

主管机关应采取措施,确保在海上或港内不使船员、乘客或公众,或水道或食物或水源受到不当的辐射或其他核能危害。核反应堆装置的设计、构造以及检查和装配的标准均应经主管机关认可和满意,并应考虑因辐射而使检验所受到的限制。

10) 第Ⅸ章 船舶安全营运管理

公约附则新增的一章:1994 年 5 月 25 日缔约国大会通过,1998 年 7 月 1 日生效。

本章内容包括定义、适用范围、安全管理要求、发证、状况的保持、验证与控制等。

《国际安全管理规则》(ISM 规则)系指国际海事组织 A.741(18)号决议通过的《国际船舶安全营运和防污染管理规则》(具体内容见本章第四节)。

公司系指船舶所有人或其他组织或个人,诸如管理者或光船租赁人,他们已从船舶所有人处接受船舶营运的责任,同意承担《国际安全管理规则》规定的所有责任和义务。

公司和船舶应符合《国际安全管理规则》的要求。主管机关或主管机关认可的组织应给符合《国际安全管理规则》要求的每一公司签发"符合证明"。船舶应由持有"符合证明"的公司营运。船上应存有 1 份"符合证明"的副本,以便船长在被要求验证时出示。应给每艘船舶签发"安全管理证书"。在签发"安全管理证书"前,主管机关或由其认可的组织应验证该公司及其船上管理系按经认可的安全管理体系进行营运。

11) 第 X 章　高速船的安全措施

公约附则新增的一章:1994 年 5 月 25 日缔约国大会通过,1996 年 1 月 1 日生效。

1994 年的修正案还引入了《高速船安全规则》(The International Code of Safety for High-Speed Craft,简称 HSC 规则)。

2000 年 12 月的修正案对 1994 年的 HSC 规则进行了修改,修改后的规则适用于 2002 年 7 月 1 日及以后建造的高速艇筏,并于 2002 年 7 月 1 日强制执行。

高速船系指最大航速(m/s)等于或大于下列值的船:

$$3.7 \nabla^{0.1667}$$

式中:∇——相应于设计水线的排水量,m^3。

12) 第 XI 章　加强海上安全的特别措施

公约附则新增的一章:1994 年 5 月 25 日缔约国大会通过,1996 年 1 月 1 日生效。

本章 XI-1 的主要内容有 5 条:对被认可组织的授权、加强检验、船舶识别号、关于操作要求的港口国监督以及连续概要记录。

(1)对被认可组织的授权:由政府委托的有义务履行检验和检查的组织应当遵守 1993 年 11 月 IMO 制定的 A.739(18)号决议案的要求;

(2)加强检验:对油船、船龄 5 年或以上的散装船,应当按照 IMO 通过的指南加强检验,并按照 MARPOL 公约和 SOLAS 公约的规定,在定期检验、年度检验和期间检验中进行。在加强检验的内容中特别强调了防腐蚀检验,其中包括钢板厚度、涂层和货舱防腐蚀系统的检验等。

(3)船舶识别号:100 总吨及以上的客船以及 300 总吨及以上所有货船,应有一个符合《IMO 船舶编号体系》规定的船舶识别号。船舶识别号应列入船舶所有证书,并且自船舶建造完工时给予,直到船舶报废拆船为止始终不变。

船舶识别号应永久性标记在以下位置:

①在船尾或船体中部左、右舷的最深载重线以上,或上层建筑左、右舷或上层建筑正面的可见位置;或者,客船应从空中可见的水平表面;该标记的高度应不小于 200 mm,且标记的宽度应与高度成比例。

②在机器处所的一个端部横舱壁上或在一个舱口上;或者,油船在泵舱内;或者,设有滚装处所的船舶,在滚装处所的一个端部横舱壁上容易接近的位置;该标记的高度应不小于 100 mm,且标记的宽度应与高度成比例。

该永久性标记应清晰可见,与船体上的任何其他标记分开,并应涂成有对比性的颜色。

该永久性标记可制成凸出的字符,或刻入,或用中心冲头冲制,或使用确保该标记不易被擦除的其他等效方法制成。对于用钢材或金属以外的材料建造的船舶,标识方法应经主管机关批准。

(4)关于操作要求的港口国监督:当船舶停靠在另一缔约国政府港口时,如有明显理由确信该船船长或船员不熟悉船上与船舶安全有关的主要操作程序时,该船应接受该国政府正式授权的官员对有关船舶安全方面的操作要求的控制。进行这种控制的缔约国政府应采取措施,确保该船已按公约的要求调整至正常状态才准其开航。

(5)连续概要记录:

①公约适用的每艘船舶,应由主管机关签发连续概要记录(以下简称记录),其记录的信息为船舶提供一份船上历史记录。该记录应保存在船上,供随时检查。

②记录的信息至少包括:船旗国;注册日期;船舶识别号;船名;船籍港;注册船东及注册地;注册的光船承租人及其注册地(如适用);公司名称,其注册地及实施安全管理地址;入级的船级社;公司符合证明和船舶安全管理证书及国际船舶保安证书的主管机关或缔约国政府或认可的组织名称。

③记录的信息变化应记入记录中,以提供最新的和当前的信息以及历史的变化。记载发生任何变化,主管机关应不迟于发生变化之日起3个月,向悬挂其国旗的船舶签发经修订和更新的记录或适当的修正文件;且主管机关应在签发经修订和更新的记录之前,授权并要求该公司或船长修改记录。

④记录应使用英文、法文或西班牙文;还可提供主管机关的官方语言的译本。

⑤记录应符合IMO连续概要记录(CSR)的格式和保持指南的规定;对记录的已有记载均不得修改、删除或以任何方式擦除或涂改。

⑥船舶变更船旗或变换船东(或由另一光船承租人接管),或由另一公司承担营运责任,记录均应留在船上。在船舶变更船旗时,如新的船旗国为缔约国政府,该船的原船旗国政府应在换旗后尽快将该船有关记录副本以及先前由其他国家向该船签发的记录送交新的主管机关。

2002年12月12日,IMO大会通过了SOLAS公约新增的"第Ⅺ-2章——加强海上保安的特别措施",即关于加强海上安全和保安的特别措施的修正案;会议通过了《国际船舶保安和港口设施保安规则(ISPS规则)》(具体内容见本章第五节)。

本章Ⅺ-2的主要内容有:定义、适用范围、缔约国政府的保安义务、对公司和船舶的要求、公司的具体责任、船舶保安警报系统、对船舶的威胁、船长对船舶安全和保安的决定权、控制和符合措施、对港口设施的要求、替代保安协议、等效保安安排和资料的送交。

(1)定义

①船/港界面活动:系指当船舶受到往来于船舶的人员、货物移动或港口服务提供等活动的直接和密切影响时发生的交互活动。

②港口设施:系由缔约国政府或由指定当局确定的发生船/港界面活动的场所,其中包括锚地、候泊区和进港航道等区域。

③船到船活动:系指涉及物品或人员从一船向另一船转移的任何与港口设施无关的活动。

④指定当局:系指在缔约国政府内所确定的负责从港口设施的角度确保实施本章涉及港口设施保安和船/港界面活动规定的机构或行政机关。

⑤保安事件:系指威胁船舶(包括海上移动式钻井平台和高速船),或港口设施或任何船/港界面活动或任何船到船活动保安的任何可疑行为或情况。

⑥保安等级:系指企图造成保安事件或发生保安事件的风险级别划分。

⑦保安声明:系指船舶与作为其界面活动对象的港口设施或其他船舶之间达成谅解的书面记录,规定各自将实行的保安措施。

⑧认可的保安组织(RSO):系指经授权进行本章或ISPS规则A部分所要求的评估、验证、批准或发证活动,具备适当保安专长并具备适当船舶和港口操作方面知识的组织。

（2）适用范围

①从事国际航行的船舶：客船，包括高速客船；500 总吨及以上的货船，包括高速货船；海上移动式钻井平台。

②为此类国际航行船舶服务的港口设施。

不适用于军舰、海军辅助船、或由缔约国政府拥有或经营的并仅用于政府非商业性服务的其他船舶。

（3）缔约国政府的保安义务

①主管机关应为悬挂其国旗的船舶规定保安等级并确保向其提供保安等级方面的信息。当保安等级发生变化时，保安等级信息应予以更新。

②缔约国政府应为其境内的港口设施和进入其港口前的船舶或在其港口内的船舶规定保安等级并确保向其提供保安等级方面的信息。当保安等级发生变化时，应对保安等级信息予以更新。

（4）对公司和船舶的要求

①公司应符合本章和 ISPS 规则 A 部分的相关要求，并考虑到规则 B 部分提供的指导。

②船舶应符合本章和 ISPS 规则 A 部分的相关要求，并考虑到规则 B 部分提供的指导，对此种符合应按规则 A 部分的规定予以验证和发证。

③船舶在进入缔约国境内的港口之前或港口期间，如果缔约国政府规定的保安等级高于该船主管机关为其规定的保安等级，船舶应符合缔约国规定的保安等级要求。船舶应对改为更高的保安等级做出响应，不得有不当延误。

④如果船舶不符合本章或 ISPS 规则 A 部分的要求，或不能符合主管机关或另一缔约国政府规定的对其适用的保安等级要求，则该船应在进行任何船/港界面活动之前，或在进港之前（以时间在先者为准）通知有关主管当局。

（5）船舶保安警报系统

船舶应按规定装设船舶保安警报系统。船舶保安警报系统启动后，应：

①开始向主管机关指定的主管当局（在此情况下可包括公司）发送船对岸保安警报，确定船舶身份、船位并指出该船的保安状况受到威胁或已受到危害；

②不向任何其他船舶发送船舶保安警报；

③不在船上发出任何警报；

④在关闭和/或复位前持续发送船舶保安警报。

船舶保安报警系统应：

①能从驾驶室和至少一个其他位置启动；

②不低于 IMO 通过的性能标准；

③船舶保安警报系统启动点的设计应能防止误发船舶保安警报。

（6）对船舶的威胁

①缔约国政府应为在其领海内营运或已向其通报进入其领海意图的船舶规定保安等级并确保向其提供保安等级信息。

②缔约国政府应提供一个联络点，船舶能够通过该联络点请求咨询或协助并报告关于其他船舶、动向或通信的任何保安问题。

③如果已确定存在受到袭击的风险，有关缔约国政府应将以下情况告知有关船舶及其主管机关：当前的保安等级；按照 ISPS 规则 A 部分的规定，有关船舶为防备受到袭击而应采取

的任何保安措施和沿岸国已决定采取的相应保安措施。

(7)船长对船舶安全和保安的决定权

①依照其专业判断而做出为维护船舶安全或保安所必需的决定,应不受公司、承租人或任何他人的约束。这包括拒绝人员(经确认的缔约国政府正式授权的人员除外)或其物品上船和拒绝装货,包括集装箱或其他封闭的货运单元。

②依照其专业判断,在船舶操作中出现该船的安全和保安要求之间发生冲突的情况,船长应执行维护船舶安全所必须的要求。在这种情况下,船长可实施临时性保安措施并应通知主管机关,如可能,还应通知该船所在或拟进入的港口的缔约国政府。

(8)控制和符合措施

对在港船舶的控制:

①船舶在另一缔约国港口时,应受到该国政府正式授权官员的控制。除有明确理由相信船舶不符合有关要求外,此种控制应限于验证船上持有有效的国际船舶保安证书或临时国际船舶保安证书。该证书如系有效,则应予承认。

②如果有明确理由,或者不能按要求出示有效证书,应采取下列一项或几项控制措施:检查船舶,推迟船期,扣留船舶,限制操作(包括限制在港内移动),或将船舶驱逐出港。

缔约国政府可要求拟进入另一缔约国港口的船舶,在进港前提供以下信息:

①有效证书及证书签发机关;

②船舶当前所处的保安等级;

③该船停靠前10个港口的时间段内,在其进行船/港界面活动的港口时,其保安等级和所采取的任何特别或附加保安措施以及在任何船对船活动中维持的适当的保安程序。

13)第XII章 散货船的附加安全措施

公约附则新增的一章:1997年11月27日通过,1999年7月1日生效。

本章主要涉及船长为150 m及以上的散货船的破损稳性要求、结构强度要求和货舱、压载舱和干燥处所水位探测器以及泵系的有效性。

第二节 国际船舶载重线公约

各缔约国政府鉴于保障海上人命和财产的需要,愿意对国际航行船舶的载重限额共同制定统一的原则和规则。考虑到为此目的的最好方法是缔结一个公约。1966年4月5日签订了《国际船舶载重线公约》。

公约主要由34条构成,其主要内容包括公约的一般义务,定义,一般规定,适用范围,附外,免除,不可抗力,同等效能,实验的批准,修理、改装和改建,地带和区域,载重线的浸没,检验,检查和勘划标志,初次和定期的检验和检查,检验后现状的维持,证书的颁发,由他国政府代发证书,证书格式,证书的有效期限,证书的承认,监督,权利,事故,以前的条款和公约,经过协议订立的特殊规则,情报的送交,签字、接受和加入,生效,修改,退出,中止,领土,登记和语文。下面介绍其中部分内容。

一、公约的一般义务

各缔约国政府承担义务实施本公约中各项规定以及构成本公约组成部分的后附各项附

则。凡引用本公约时,同时也就是引用各项附则。各缔约国政府应采取实施本公约所必需的一切措施。

二、定义

除另有明文规定外,在本公约内:

(1)"规则"是指本公约所附的规则。
(2)"主管机关"是指船旗国的政府。
(3)"批准"是指经主管机关核准。
(4)"国际航行"是指由适用本公约的一国驶往该国以外港口或与此相反的海上航行。在这个意义上讲,由某一缔约国政府负责其国际关系的或联合国为其管理当局的每一领土,都被当作一个单独的国家。
(5)"渔船"是指用于捕捞鱼类、鲸鱼、海豹、海象或其他海洋生物的船舶。
(6)"新船"是指在本公约对各缔约国政府生效之日或其后安放龙骨或处于相应建造阶段的船舶。
(7)"现有船舶"是指非新船的船舶。
(8)"长度"是指量自龙骨上边的最小型深85%处水线总长的96%,或沿该水线从艏柱前边至舵杆中心的长度取大者。船舶设计为倾斜龙骨时,其计量长度的水线应和设计水线平行。

三、一般规定

(1)凡适用本公约的船舶,都不得在本公约生效之日以后开往海洋从事国际航行,除非已经按照本公约的规定检验和勘划标志,并备有国际船舶载重线证书(1966),或者如果合乎条件时,根据本公约各项规定,有"国际船舶载重线免除证书"者。
(2)本公约的任何规定,并不妨碍主管机关指定较之按照附则一核定的最小干舷为大的干舷。

四、适用范围

(1)本公约应适用于:
①在各缔约国政府所属国家登记的船舶。
②在本公约根据第三十二条扩大适用的领土内登记的船舶。
③悬挂缔约国政府国旗但未登记的船舶。
(2)本公约应适用于从事国际航行的船舶。
(3)附则一的规定专门适用于新船。
(4)现有船舶如不尽符合附则一的规定或其任何部分的要求时,应至少满足主管机关在本公约生效前对于国际航行船舶提出的那些较低的有关要求;在任何情况下,不得要求这种船舶增加干舷。如要取得任何减小原定干舷的好处,现有船舶应符合本公约的全部要求。
(5)附则二的规定适用本公约的新船和现有船舶。

五、附外

本公约不适用于:军舰;长度小于24米(79英尺)的新船;小于150总吨的现有船舶;非营业游艇;渔船。

本公约的任何规定并不适用于专在下列水域航行的船舶:

（1）北美洲诸大湖和圣劳伦斯河东到从罗歇尔角和安提科斯提岛的西点之间所画的一条恒向线，以及到安提科斯提岛北面沿西经63度子午线为止；

（2）里海；

（3）拉普拉塔河、巴拉那河和乌拉圭河向东到阿根廷的北角和乌拉圭的埃斯特角之间所画的一条恒向线。

六、免除

对在两个或更多国家的邻近港口间从事国际航行，并且继续从事此类航行的船舶，如果上述港口所在的各国政府认为，上述港口间的遮蔽性质或航行条件，使从事此类航行适用本公约的规定，成为不合理或不切实可行时，主管机关可以免除其受本公约规定的约束。

主管机关对具有新型特点的任何船舶，如适用本公约的任何规定，可能严重妨碍发展这种特点的研究和这种特点采用到国际航行船舶上时，可以免除其受此项规定的约束。但是任何此类船舶应符合下述安全要求：即主管机关认为适应于服务目的并保证船舶全面安全的要求，以及船舶将前往的各国政府所能接受的要求。

主管机关应将根据本条第一款、第二款准许任何免除的情节和理由，通知政府间海事协商组织（以下简称海协组织），由海协组织分别转知各缔约国政府，以供参考。

主管机关可以对通常并不从事国际航行而仅在特殊情况下需要进行一次国际航行的船舶，免除其受本公约任何要求的约束。但该船舶应符合主管机关认为适应于所承担航次的安全要求。

七、不可抗力

在开航时不受本公约规定约束的船舶，在航行中因气候恶劣或其他不可抗力的原因而变更航线时，仍不受本公约约束。

主管机关在应用本公约规定时，对于船舶由于气候恶劣或其他不可抗力的原因，而发生变更航线或延滞情况，应给予适当的考虑。

八、载重线的浸没

当船舶处于密度为1.000的淡水中时，其相应的载重线可以被浸没到国际船舶载重线证书（1966）上指出的淡水宽限。若密度不是1.000时，此宽限量应以1.025和实际密度的差数按比例决定。

船舶从江河或内陆水域的港口驶出时，准许超越量至多相当于从出发港至海口间所需消耗的燃料和其他一切物料的重量。

除上述规定外，船舶两舷相应于该船所在的季节及其所在地带或区域的载重线，不论在船舶出海时、在航行中或者在到达时，都不应被水浸没。

九、检验、检查和勘划标志

为实施本公约的规定和核准免除上述规定而对船舶进行检验、检查和勘划标志，应由主管机关的官员办理。但是主管机关可以委托为此目的而指定的验船师或者它所承认的组织办理检验、检查和勘划标志。在任何一种情况下，该主管机关应充分保证检验、检查和勘划标志的完备和实效。

十、初次和定期的检验和检查

（1）船舶应受下列的检验和检查：

船舶投入营运以前的检验。对于受本公约约束的船舶，此项检验包括对船舶结构和设备的全面检查。这种检验应保证各种布置、材料和构件尺寸完全符合本公约要求。

定期检验的期限由主管机关决定，但不得超过五年。这种检验应保证船体结构、设备、布置、材料和构件尺寸完全符合本公约要求。

证书签发日每周年前后三个月内的定期检验。以保证船体或上层建筑没有发生可以影响确定载重线位置的计算的变化，并且保证下列各种装置和设备保持有效状态。

开口防护装置；栏杆设备；排水舷口；船员舱室出入口的设施。

（2）定期检查应于国际船舶载重线证书（1966）签字或者对船舶给予免除而发给的国际船舶载重线免除证书上签字。

十一、证书的颁发

对于依照本公约进行检验和勘划标志的船舶，应签发一张国际船舶载重线证书（1966）。

对于根据和依照第六条第二款或第四款给予免除的任何船舶，应签发一张国际船舶载重线免除证书。

上述证书应由主管机关或由该主管机关正式授权的任何人员或组织签发。不论属于何种情况，主管机关应对证书负完全责任。

不论本公约中有任何其他规定，本公约对船旗国政府生效时有效的任何国际船舶载重线证书，应在两年内或者在证书期满前（以何者较早为准）继续有效。在此以后，必须备有国际船舶载重线证书（1966）。

十二、由他国政府代发证书

缔约国政府应另一缔约国政府请求，可对一船舶进行检验，如认为符合本公约规定，应依照本公约签发或授权签发一张国际船舶载重线证书（1966）给此船舶。

证书的副本，用以计算干舷的检验报告副本和计算书副本各一份，应尽速送交请求国政府。

这样颁发的证书，必须载明，该证书的发给是根据船旗国政府或行将悬挂的国旗所属国政府的请求，以及该证书应与根据第十六条颁发的证书具有同等效力，并受到同样的承认。

对于悬挂非缔约国政府国旗的船舶，不得发给国际船舶载重线证书（1966）。

十三、证书格式

证书应用发证国的官方语文写成。如果所用语文既不是英文，又不是法文，文本应包括上述语文之一的译本。证书的格式应按照附则三所示范本。每一证书范本中的印刷部分，应正确地复制在签发的任何证书及任何认证的证书副本上。

十四、证书的有效期限

国际船舶载重线证书（1966），应由主管机关规定有效期限，该期限自颁发之日起不得超过五年。

在进行定期检验后,如果在原证书到期以前,不能对该船颁发新的证书,进行检验的人员或组织可以延长原证书的有效期限,但该期限不得超过五个月。这一期限的延长应在该证书上签注,并且只应在影响船舶干舷的船体结构、设备、布置、材料或构件尺寸没有变动的情况下才能准许。

如果存在下列任何情况,主管机关应吊销国际船舶载重线证书(1966):

(1)船舶的船体或上层建筑已发生实质性的变动,以致有必要增大干舷;

(2)所述装置和设备未能保持有效状态;

(3)证书上没有签注表明船舶已按照第十四条第一款(三)项的规定所进行的检查;

(4)船体结构强度降低到不安全的程度。

主管机关根据第六条第二款对船舶给予免除而颁发的国际船舶载重线免除证书,自颁发证书之日起,有效期限不得超过五年。这种证书应遵循本条对国际船舶载重线证书(1966)所规定的关于换新、签注和吊销的同样程序。对船舶给予免除而颁发的国际船舶载重线免除证书的有效期,应限于为此而发给的单一次航行。主管机关颁发的证书,在该船舶改悬另一国国旗时失效。

十五、签字、接受和加入

本公约应自1966年4月5日起开放三个月任凭签署,此后继续开放任凭加入。联合国会员国,或任何专门机构的会员国,国际原子能机构的会员国,或国际法院规约参加国的政府,可以通过下列方式成为公约的参加者:

(1)签字并对接受无保留;

(2)签字而保留接受,随后再予接受;

(3)加入。

接受或加入本公约,应向海协组织交存接受书或加入书后有效,海协组织应将收到的每一份新的接受书或加入书及其交存日期,通知所有已经签字或加入公约的政府。

十六、生效

本公约应在至少有十五个国家的政府包括七个各拥有不少于100万总吨船舶的国家,已按本公约第二十七条签字并对接受无保留,或者已交存接受书或加入书之日起十二个月后生效。海协组织应将本公约生效日期通知所有已签字或加入本公约的国家政府。

对于所述十二个月内交存接受书或加入书的政府,接受或加入本公约,应于本公约生效时有效,或者交存接受书或加入之日起三个月后生效,比较后之日期为准。

对于在本公约生效之日后交存接受书或加入书的政府,本公约应于上述文件交存之日起三个月后生效。

任何接受书或加入书,如在为使本公约的修改生效所需一切措施已经完成之日后交存,或者在全体同意修改的情况下,根据第二十九条第二款(二)项所认为一切必需的同意书均已提交之后交存,应认为适用于已修改过的公约。

十七、语文

本公约用英文和法文写成的独一文本,两种文本具有同等效力。应将俄文和西班牙文的正式译本,同签署的原本一并存放。

第三节　联合国海洋法公约

《联合国海洋法公约》(United Nations Convention on the Law of the Sea)指联合国曾召开的三次海洋法会议，以及1982年第三次会议所决议的海洋法公约(LOS)。在中文语境中，"海洋法公约"一般是指1982年的决议条文。此公约对内水、领海、临接海域、大陆架、专属经济区(亦称"排他性经济海域"，简称EEZ)、公海等重要概念做了界定。对当前全球各处的领海主权争端、海上天然资源管理、污染处理等具有重要的指导和裁决作用。

《联合国海洋法公约》于1982年12月10日在牙买加的蒙特哥湾召开的第三次联合国海洋法会议最后会议上通过，1994年11月16日生效，已获150多个国家批准。公约规定一国可对距其海岸线200海里(约370公里)的海域拥有经济专属权。

该公约共分17个部分，连同9个附件，共有446条。主要内容包括：领海、毗邻区、专属经济区、大陆架、用于国际航行的海峡、群岛国、岛屿制度、闭海或半闭海、内陆国出入海洋的权益和过境自由、国际海底以及海洋科学研究、海洋环境保护与安全、海洋技术的发展和转让，等等。下文对其中部分内容进行介绍。

一、领海

基线以外12海里之水域，沿岸国可制订法律规章加以管理并运用其资源。外国船舶在领海有"无害通过"(innocent passage)之权。而军事船舶在领海国许可下，也可以进行"过境通过"(transit passage)。

二、毗连区

在领海之外的12海里，也就是在领海基线以外24海里到领海之间，称为临接海域(contiguous zone)。在本区中，沿岸国可以执行管辖领海的反走私、反偷渡法律。

三、专属经济区

专属经济区是指领海基线起算，不应超过200海里(370.4公里)的海域，除去离另一个国家更近的点。专属经济区所属国家具有勘探、开发、使用、养护、管理海床和底土及其上覆水域自然资源的权利，对人工设施的建造使用、科研、环保等的权利。其他国家仍然享有航行和飞越的自由，以及与这些自由有关的其他符合国际法的用途(铺设海底电缆、管道等)。

四、大陆架

依照本公约沿用大陆架公约规定，称"大陆架"者为：
(1)邻接海岸但在领海以外之海底区域之海床及底土，其上海水深度不超过二百公尺，或虽逾此限度，而其上海水深度仍使该区域天然资源有开发之可能性者；
(2)邻接岛屿海岸之类似海底区域之海床及底土。

五、公海

有时特指领海之外的洋、海。在公海航行之船只仅受船旗国(flag state)管辖。但海盗事件与奴隶贩卖案件发生时,任何国家皆可介入管辖。

六、国际海峡(International Straits)

国际海峡一般是指经常用于国际航行构成国际航道的海峡。

第四节 商船海员安全工作守则

COSWP 是《商船海员安全工作守则》(Code of Safe Working Practices for Merchant Seafarers)的缩写,对于挂英国国旗的商船而言,这一守则是强制配备的适用国内法规,但由于其出发点是"与实施法规条款相比,更加关注海员生产实践",因此被几乎所有船旗国和广大海员认可为类似内容的权威指南。

商船海员安全工作守则的主要内容如下:

第一部　安全责任/船只管理
第一章　风险评估
第二章　健康监察
第三章　安全人员
第四章　个人保护设备
第五章　安全标记
第六章　登船通道与安全通行
第七章　工作设备
第二部　个人健康与安全
第八章　安全入职训练
第九章　防火
第十章　紧急程序
第十一章　船上保安
第十二章　在船上生活
第十三章　安全措施
第十四章　食物的烹调与处理
第三部　工作
第十五章　工作安全制度
第十六章　工作许可证制度
第十七章　进入封闭或密闭场地
第十八章　登船安排
第十九章　徒手搬运
第二十章　使用工作设备
第二十一章　起重装置
第二十二章　保养
第二十三章　热加工
第二十四章　油漆工作

第二十五章　锚泊、系泊及拖曳操作
第二十六章　舱盖与舱口盖
第二十七章　危害健康的物质
第二十八章　安全标志的使用
第四部　特定类型船只
第二十九章　干货船
第三十 章　油船与散装液体货船
第三十一章　离岸石油与石油气台的补给船
第三十二章　汽车渡轮
第三十三章　港口拖船业
第三十四章　噪声、振动和其他物理因素
第五部　附录
附录一　本守则内引用的标准规格
附录二　书目

第五节　海员培训、发证和值班标准国际公约

一、概述

1. STCW 78/95 公约的产生背景

《1978 年海员培训、发证和值班标准国际公约》(International Convention on Standards of Training、Certification and Watchkeeping for Seafarers,1978,STCW 78),是国际海事组织约 50 个公约中最重要的公约之一,用于控制船员职业技术素质和值班行为。该公约于 1978 年 7 月 7 日在 IMO 总部召开的国际海员培训、发证外交大会中获得通过。1980 年 6 月 8 日,我国政府向 IMO 提交了批准 STCW 78 公约的文件,成为该公约的缔约国。1984 年 4 月 28 日,STCW 78 公约生效。该公约的生效实施,对促进各缔约国海员素质的提高、保障海上人命财产安全和保护海洋环境以及有效地控制人为因素对海难事故的影响,都起到了积极的作用。

随着航运事业的迅速发展,船舶科技水平的不断提高,船舶配员的多国化,以及各国对海上安全、海洋环境保护的密切关注和对海难事故的人为因素的日益重视,因而从海员素质要求而言,STCW 78 公约在某些方面已不能适应,势必要求对该公约做相应调整。STCW 78 公约业经多次修正,其中 1991 年修正案是关于全球海上遇险和安全系统(即 GMDSS)和驾驶台单人值班试验,于 1992 年 12 月 1 日生效;1994 年修正案是关于液货船船员的特殊培训,于 1996 年 1 月 1 日生效;1993 年,IMO 开始对 STCW 78 公约进行全面的修改,并在两年时间内完成全面修改工作。在 STCW 78 公约签字日 17 周年的 1995 年 7 月 7 日,通过了"经 1995 年修正的 STCW 78 公约"(简称 STCW 78/95 公约或 STCW 公约)。STCW 78/95 公约于 1997 年 2 月 1 日生效,1998 年 8 月 1 日起强制实施。对于 1998 年 8 月 1 日之前已经进入海员队伍的人员以及已在接受海员教育和培训的人员,最迟在 2002 年 2 月 1 日前全面符合 STCW 78/95 公约的规定。STCW 78/95 公约生效后,至今已过去 10 多年,其间又经多次修正。

STCW 78/95 公约除正文条款外,对 STCW 78 公约做了全面的修改,原公约的附则和附

属大会决议均重新起草,并新增了与公约和附则相对应的更为具体的《海员培训、发证和值班规则》(Seafarers' Training, Certification and Watchkeeping Code,简称 STCW Code 或 STCW 规则)。

2. STCW 78/95 公约的构成和性质

(1)公约的构成

STCW 78/95 公约主要包含公约正文、附则和 STCW 规则。STCW 规则分为 A、B 两部分。A 部分是关于附则有关规定的强制性标准,与附则的章节一一对应,共有八章,详述了附则中制定的标准、证书格式、功能证书中各职能,责任级别与传统发证标准对应的适任内容,知识、理解和熟练要求程度,表明适任的方法,评价适任的标准。B 部分是关于附则的建议和指导,它与公约附则、规则 A 部分的章节一一对应,是关于如何实施公约及其附则的建议和指导。

(2)公约的编排

STCW 78/95 公约的附则把公约技术条款在附则中以规则的形式体现,其内容共分八章。第 1 章——总则;第 2 章——船长和甲板部;第 3 章——轮机部;第 4 章——无线电通信和无线电人员;第 5 章——特定类型船舶的船员特殊培训要求;第 6 章——应急、职业安全、医护和救生职能;第 7 章——可供选择的发证;第 8 章——值班。

提及公约和附则的要求时,也应提及 STCW 规则 A 部分和 B 部分的相应规定。

(3)公约的适用范围

适用于在有权悬挂缔约国国旗的海船上服务的海员,但在下列船舶上服务的海员除外:

①军舰、海军辅助舰艇或者为国家拥有或营运而只从事政府非商业性服务的其他船舶;

②渔船;

③非营业的游艇;

④构造简单的木船。

3. STCW 78/95 公约新增的内容

与 STCW 78 公约相比,STCW 78/95 公约除了结构方面的变化,主要增加了下列内容:

(1)全面、严格、多方位的遵章核实机制,包括对缔约国主管机关的监督、对船舶和船员的港口国监督、对方便旗船舶海员发证的监督等。

(2)加强对海员的实际技能培养和评估,并规定海员必须接受系统的专业教育和培训。

(3)对海员培训、考试、评估和发证,规定必须建立质量标准体系并受到连续的质量控制。

(4)允许重组传统的船上岗位分工体系,引入适应先进自动化船舶的"职能发证"体系。

(5)增加了包括模拟器训练、特殊类型船舶、基本安全和人员管理在内的多种强制性和非强制性的培训项目。

(6)严格并扩大对证书再有效的规定和适用范围。

(7)集中和系统地规定了海员在各种条件下保证正常和安全值班的原则和要求。

4. STCW 公约马尼拉修正案(2010)

1)产生的背景

1978 年 7 月,国际海事组织(IMO)通过了有史以来第一个《海员培训、发证和值班标准国际公约》(STCW 公约)。1980 年 6 月 8 日,我国政府向同际海事组织提交了批准 STCW 公约的文件成为该公约的缔约国。公约于 1984 年 4 月生效。

1978年STCW公约通过和生效后,对促进包括我国在内的各缔约国海员素质的提高,在全球范围内保障海上人命、财产安全和保护海洋环境,有效控制人为因素对海上事故的影响,都起到了积极作用。

根据航海技术及航运业发展的需要,公约进行了多次修正。其中,1995年修正案对STCW公约的附则进行了全面修改,同时新制定了《海员培训、发证和值班规则》(STCW规则),作为对STCW公约附则的补充。

随着全球经济一体化的进程,船舶正朝着大型化、快速化、专业化、现代化的方向发展,全球对海洋环境保护更严格,包括信息技术(IT)在内的新技术的应用越来越广泛与深入,对海员的培训与值班标准的要求越来越高。同时,由于海盗猖獗,海运安全受到严重的挑战,对海员的培训与值班标准又提出了新的保安要求。1995年修正案生效后,国际海事组织又对STCW公约和STCW规则进行了多次修正。1995年修正案通过10年后,国际海事组织认为需要对STCW公约和STCW规则进行全面回顾,从而对STCW公约与STCW规则进行系统的修正。

2006年,应STW分委会第37次会议的请求,海上安全委员会(MCS)第81次会议指示STW分委会在工作计划中加入"对STCW公约和规则全面回顾"的高优先权议题。2007年STW分委会第38次会议确定了对STCW公约和规则全面回顾的8项原则即:(1)保留1995年修正案的结构与目标;(2)不降低现有标准;(3)不修改公约条款;(4)解决不一致的问题、清理过时的要求及体现技术发展的需求;(5)确保有效的信息交流;(6)由于技术的创新,在履行培训、发证与值班要求方面提供一些灵活性;(7)考虑短航线船舶与近海石油工业的特点与环境;(8)考虑海上保安。

2)主要修正内容

经过4次STW分委会会议及2次特别会间会议的审议,2010年1月召开的STW分委会第41次会议基本完成对STCW公约和规则进行全面回顾的议题,形成STCW公约和规则的修正草案。该修正草案于2010年6月21日—25日在菲律宾马尼拉召开的STCW公约缔约国外交大会上获得通过,该修正案称为STCW公约马尼拉修正案,并于2012年1月1日生效。

(1)第1章"总则"的主要修正内容

①新增"适任证书""培训合格证书""书面证明""电子员""电子技工""高级值班水手""高级值班机工""保安职责"等新定义。明确证书分为3层:适任证书(COC)、培训合格证书(COP)、书面证明。适任证书系指依据本附则第Ⅱ、Ⅲ、Ⅳ或Ⅴ章的条款向船长、高级船员以及GMDSS无线电操作员签发或签注的证书。培训合格证书系指向海员签发的除适任证书以外的,说明符合本公约要求的相关培训Ⅱ、能力和海上服务资历的证书。书面证明系指除适任证书或培训合格证书以外的,用来证明已符合本公约的相关要求的文件。新修正案提高了证书的签发、签证、认可的审查要求,规定适任证书,根据规则第Ⅴ/1-1条和规则第Ⅴ/1-2条规定签发给船长和船员的培训合格证书仅应由主管机关签发,强调现代化船舶中电子员的必要性,适应海上运输保安的需要增设船舶保安方面的强制性培训要求。

②新增证书的签发和登记条款,对海上服务资历的认可、培训课程的确认、登记的电子查询、证书注册数据库的开发者都做了明确的规定。

③在控制近岸航行原则中新增缔约国应与相关缔约国就有关航区和其他相关条件的细节达成一致的条款。

④增加了独立评价报告内容的明确要求,对最初资料交流(履约报告)、后续报告(独立评

价报告)及有资格人员的小组做出了明确的规定。

⑤明确了海员健康标准及健康证书的签发要求。要求海员健康检查均应由缔约国认可的完全合格的有经验的从业医生完成;缔约国应制定认可从业医生的规则,对从业医生进行登记,并根据请求向其他缔约国、公司及海员提供。

⑥增加了公司的责任。公司应确保其指派到任一船上的海员均接受了本公约要求的知识更新的培训,任何时候都必须按 SOLAS 公约第Ⅴ章第十四条第三款的规定确保其在船上能进行有效的口头交流。

⑦明确了过渡期的安排。过渡期为生效日加 5 年。

(2) 第Ⅱ章"船长和甲板部"的主要修正内容

①强调电子海图显示与信息系统(ECDIS)的应用。新增使用 ECDIS 保持安全的航行值班(操作级)和使用有助于指挥决策的 ECDIS 和附属系统以保持安全航行(管理级)的要求。

②简化天文航海的知识、理解和熟练要求,提倡使用电子航海天文历和天文航海计算软件。

③新增领导和团队工作技能的使用(操作级)和领导力和管理技能的使用(管理级)的强制性适任能力。驾驶台资源管理成为强制性适任标准。

④新增海洋环境保护意识方面的知识、理解和熟练要求。

⑤新增按照船舶报告系统和 VTS 报告程序的一般规定进行报告的内容。

⑥新增高级值班水手发证的强制性最低要求。

(3) 第Ⅲ章"轮机部"的主要修正内容

①删除"至少 30 个月的认可的教育与培训"的要求。

②提高普通船员晋升轮机员的要求,从 1995 年修正案的"不少于 6 个月的轮机部海上服务资历"提高到"完成不少于 12 个月的金工实习和认可的海上服务资历",其中包括不少于 6 个月的机舱值班(在轮机员的指导下)服务资历。

③新增领导力和团队工作技能的使用(操作级)和领导力和管理技能的使用(管理级)的强制性适任能力。机舱资源、管理成为强制性适任标准。

④新增电子员和电子技工发证和资格的强制性最低要求。

⑤新增高级值班机工发证的强制性最低要求。

(4) 第Ⅳ章"无线电通信和无线电操作员"的修正内容

本次修订对第Ⅳ章的有关概念进行了修改。将第Ⅳ章标题"无线电通信和无线电人员"修改为"无线电通信和无线电操作员"。本章中出现的"无线电人员"全部被改为"无线电操作员",此外,在第Ⅰ章的规则Ⅰ/1(定义和说明)中增加了 GMDSS 无线电操作员的定义。

(5) 第Ⅴ章"特定类型船舶的船员特殊培训要求"的修正内容

①对 1995 年修正案的液货船船长、高级船员和普通船员培训和资格强制性最低要求做了重大的调整,由Ⅶ"液货船(油船、化学品船、液化气船)船长、高级船员和普通船员培训和资格强制性最低要求"分解为"Ⅴ/1-1 油船、化学品船船长、高级船员和普通船员培训和资格强制性最低要求"及"Ⅴ/1-2 液化气船船长、高级船员和普通船员培训和资格强制性最低要求"两部分。证书调整为 5 种:油船和化学品船货物操作基本培训证书、油船货物操作高级培训证书、化学品船货物操作高级培训证书、液化气船货物操作基本培训证书、液化气船货物操作高级培训证书。

②新增承担货物装卸、积载、洗舱、过驳或其他与货物有关操作直接责任的人员强制性适

任能力的要求。

③将原来的Ⅴ/2"滚装客船的船长、高级船员、普通船员和其他人员的培训和资格的强制性最低要求"和Ⅴ/3"除滚装客船以外的客船的船长、高级船员、普通船员和其他人员的培训和资格的强制性最低要求"修改为新的第Ⅴ/2条。第Ⅴ/2条标题相应改为"客船船长、高级船员、普通船员和其他人员的培训和资格的强制性最低要求",不再突出滚装客船的特殊要求。

④在B部分,增加:B-Ⅴ/e"对近海供给船上的船长、负责航行值班驾驶员培训和资格的指导";B-Ⅴ/f"对操作动力定位系统的人员的培训和资历的指导";B-Ⅴ/g"对航行极地水域船舶船长和高级船员培训的指导"。

(6)第Ⅵ章"应急、职业安全、保安、医护和求生职能"的主要修正内容

①明确所有船员的熟悉和基本安全培训及训练的强制性最低要求,增加海洋环境保护基本知识、船上有效沟通、团队工作、理解并采取措施控制疲劳等新内容。

②保安培训分为4类培训:船舶保安员培训,熟悉保安培训,保安意识培训,负有指定保安职责人员的培训。船舶保安员必须持有船舶保安员培训合格证书,所有船员必须持有"保安意识培训合格证书",被指定负有保安职责的海员则还应持有"负有保安职责培训合格证书"。

③对船员保持包括基本安全、熟练救生艇操作、高级消防等适任能力的方式修改为每5年需要提供保持适任的证据;对于那些可以在船上实施的训练项目,主管机关可以接受船员在船上的训练和实践经历。但对于"如何保持不能在船上实施的训练项目的适任能力的方式与方法"并没有达成一致意见。

(7)第Ⅶ章"可供选择的发证"的主要修正内容

增加了高级值班机工申请高级值班水手和高级值班水手申请高级值班机工应符合的适任标准,支持级船员发证资历要求和甲板部、轮机部特殊综合培训项目的指导。

(8)第Ⅷ章"值班"的主要修正内容

规定主管机关为防止负有安全、防污染及保安职责的值班人员疲劳,应制定与实施保证足够休息时间的措施,规定主管机关为防止滥用药物和酗酒,应制定适当的措施,增加了负有保安职责的值班人员的规定、值班时间和休息时间的要求和防止药物和酒精滥用的指导。

此外,在STCW公约中引用的一些法规的变化也体现在此次修正案中。例如,以《国际航空和海上搜寻救助手册》取代《商船搜寻和救助手册》,以《IMO标准航海通信用语》取代《标准航海用语》,以IMSBC规则取代BC规则等。

二、STCW规则的性质和主要内容

1. STCW规则A部分

在本部分中,将在适任标准中规定的应具有的能力归纳为以下七项职能和三个责任级别。

(1)七项职能为:

①航行;

②货物装卸和积载;

③船舶作业管理和人员管理(Controlling the operation of the ship and care for persons on board);

④轮机工程(Marine engineering);

⑤维护和修理(Maintenance and repair);

⑥电气、电子和控制工程(Electrical,electronic and control engineering);

⑦无线电通信。

(2)三个责任级别为:

①管理级(Management level);

②操作级(Operational level);

③支持级(Support level)。

船长和大副、轮机长和大管轮属于"管理级";二/三副、二/三管轮及500总吨(或750千瓦)以下船舶的高级船员属于"操作级";值班水手和值班机工属于"支持级"。船长、轮机长、驾驶员和轮机员都必须适任"船上操作和人员管理"职能;支持级仅涉及"航行"或"轮机工程"职能。

A部分作为强制性规定,给出了海员最低适任标准、特殊培训和专业培训的要求、发证标准以及海员值班标准等。我国作为国际海事组织的A类理事国和STCW公约的缔约国,已将这些标准全部形成履约文件,并作为国家法规性文件由主管机关颁布施行,如本章中的《海船船员适任考试、评估和发证规则》和《海船船员值班规则》等。

2. STCW规则B部分

B部分是关于公约及其附则的建议和指导,旨在协助缔约国和其他各方以统一的方式使公约得以充分和完全实施。B部分由"关于STCW公约条款的指导"和"关于STCW公约附则条款的指导"两部分组成。

"关于STCW公约附则条款的指导"的条文编排与公约附则及A部分的章节一一对应,亦分为八章:

第1章　关于总则的指导

第2章　关于船长和甲板部的指导

第3章　关于轮机部的指导

第4章　关于无线电通信和无线电人员的指导

第5章　关于特定类型船舶的船员特殊培训要求的指导

第6章　关于应急、职业安全、医护和救生职能的指导

第7章　关于可供选择的发证的指导

第8章　关于值班的指导

B部分所建议的措施虽为非强制性的,但在我国履约文件中多已体现。

第六节　国际船舶和港口设施保安规则(ISPS规则)

一、概述

2001年9月11日,在美国纽约发生"9·11"恐怖袭击事件。恐怖分子劫持4架客机,其中3架客机自杀性地撞击美国世贸中心和五角大楼,造成机上265人、世贸中心内2 650人(包括消防人员343人和五角大楼内125人)伤亡的严重事件,震惊世界。

对"9·11"事件思考,各国政府和海事界认识到运输工具,不仅仅是恐怖主义袭击的对象,也可以被选定为实施恐怖行为的武器。船舶作为大流动性并能隐蔽地运载各种武器、恐怖

分子、毒品和危险物质的海上运输工具存在潜在的保安威胁。由于国际恐怖分子不再仅采用准军事手段对军事目标进行袭击,而是将袭击目标扩展到利用常见的民用交通工具对民用设施和平民进行袭击。因此,如何有效地反恐、防恐成为航运界共同关心和高度关注的问题。

海上保安问题历来受到海事界,包括政府机构、港口业和航运业的关注,并采取了适当的安全防范措施。传统的海上保安威胁,诸如海盗和偷渡,其表现的行为特征是以纯粹获取财物等经济利益为目标,而不以毁坏财产和损害人命为目的。IMO在传统的海上保安威胁方面提出了相关的指导性文件,建议各国政府、航运业和船舶采取针对性的防范措施:包括建立国际和区域性信息交流网络、对海上保安事件(如海盗袭击)进行分析、及时通报高危险海域、制定保护性防范措施、国际和/或区域合作执行联合海上巡逻和建立响应计划等。传统的海上保安威胁主要表现在走私、海盗、货物偷窃、毒品走私、偷渡。

"9·11"事件后,美国为了将国际恐怖分子拒于国门之外,采取了一系列措施,其中最重要的是"海关-贸易伙伴反恐"和"集装箱安全倡议"两个协议。

"海关-贸易伙伴反恐"就是海关和从事物流活动的各方合作,采取安全措施,确保供应链各个环节的安全可靠,以保证美国边境的安全和商业活动的顺畅,其宗旨在于要求每一个贸易伙伴保证其采取安全保障措施,并向其业务伙伴提出采取安全措施的要求。

"集装箱安全倡议"的主要内容是:建立识别高风险集装箱的安全标准;对已经识别为高风险的集装箱在到达美国港口之前进行预检;开发和使用智能化安全集装箱;快速通关,减少突发事件的风险。

二、ISPS规则的主要内容

1. A部分

(1)总则

①本规则的目标

规定缔约国政府、政府部门、地方行政机关和航运业以及港口业进行合作的国际框架以探察保安威胁并针对影响到用于国际贸易的船舶或港口设施的保安事件采取防范措施。规定缔约国政府、政府部门、地方行政机关和航运业以及港口业各自在国内和国际层面上关于确保海上保安的作用和责任。确保及早和有效地收集并交流与保安有关的信息。提供一套用于保安评估的方法,以具备对保安等级的变化做出反应的计划和程序。确保对合适和相称的海上保安措施抱有信心。

②功能要求

搜集和评估与保安威胁有关的信息并与有关缔约国政府交流该信息;要求保管船舶和港口设施的通信记录;防止擅自进入船舶、港口设施及其限制区域;防止擅自将武器、燃烧装置或爆炸物带入船舶或港口设施;提供对保安威胁或保安事件做出反应的报警装置;要求船舶和港口设施保安计划以保安评估为依据;要求进行培训演练和演习确保熟悉保安计划和程序。

(2)定义

①船舶保安计划(SSP):为确保在船上采取旨在保护船上人员、货物、货物运输单元、船舶备品或船舶免受保安事件危险的措施而制订的计划。

②港口设施保安计划(PFSP):为确保采取旨在保护港口设施和港口设施内的船舶人员、货物、货物运输单元和船舶备品免受保安事件危险的措施而制订的计划。

③船舶保安员(SSO):由公司任命的在船上负责船舶保安并对船长负责的人其责任包括

实施和保管船舶保安计划以及与公司保安员和港口设施保安员进行联络。

④公司保安员(CSO):由公司任命负责确保船舶保安评估得以开展船舶保安计划得以制订提交批准而后得以实施和保管并与港口设施保安员和船舶保安员进行联络的人。

⑤港口设施保安员(PFSO):经任命负责制订、实施、修订和保管港口设施保安计划以及与船舶保安员和公司保安员进行联络的人员。

⑥保安等级1:应始终保持最低限度的适当防范性保安措施的等级。

⑦保安等级2:由于保安事件危险性升高而应在一段时间内保持适当的附加防范性保安措施的等级。

⑧保安等级3:当保安事件可能或即将发生(尽管可能尚无法确定具体目标)时应在一段有限时间内保持进一步的特定防范性保安措施的等级。

(3)适用范围

本规则适用于以下各类从事国际航行的船舶:

①客船包括高速客船;

②500总吨及以上的货船包括高速货船;

③海上移动式钻井平台;

④为此类国际航行船舶服务的港口设施。

对于主要用于非国际航行船舶仅偶尔需要为到港或离港的国际航行船舶服务的港口设施,缔约国政府仍应决定本规则的本部分在何种程度上适用于这些港口设施。

本规则不适用于军舰、海军辅助船或由缔约国政府拥有或经营并仅用于政府非商业性服务的其他船舶。

(4)缔约国政府的责任

缔约国政府应规定保安等级,并为防止发生保安事件提供指导。较高的保安等级表明发生保安事件的可能性较大。缔约国政府在规定保安等级3时,应发出必要的适当指令,并应向可能受到影响的船舶和港口设施提供与保安有关的信息。

缔约国政府可将某些与保安有关的职责委托给经认可的保安组织;但以下职责除外:

①规定适用的保安等级;

②批准港口设施保安评估和已批准评估的后续修正内容;

③确定须任命港口设施保安员的港口设施;

④批准港口设施保安计划和已批准计划的后续修正内容;

⑤依照第Ⅺ-2/9条采取控制和符合措施;

⑥规定关于保安声明的要求。

(5)保安声明

缔约国政府应通过评估船/港界面活动或船到船活动对人员、财产或环境造成的危险,确定何时要求提交保安声明。

船舶在以下情况下可要求填写保安声明:

①该船保安等级高于作为其界面活动对象的港口设施或其他船舶的保安等级;

②在缔约国之间有涉及某些国际航线或这些航线上具体船舶的关于保安声明的协议;

③曾经有过涉及该船或涉及该港口设施的保安威胁或保安事件按适用情况;

④该船位于一个不要求具有和实施经批准的港口设施保安计划的港口;

⑤该船与另一艘不要求具有和实施经批准的船舶保安计划的船舶进行船到船活动。

保安声明应由以下各方来填写：
①船长或船舶保安员代表船舶以及在适当时；
②港口设施保安员或缔约国另行决定由负责岸上保安的其他机构代表港口设施。
保安声明应提出港口设施与船舶之间（或船舶与船舶之间）可以共用的保安要求并说明各自的责任。

(6) 公司的义务

公司应确保船舶保安计划中包含强调船长权威的明确陈述，明确船长在就船舶安全和保安做出决定方面以及在必要时请求公司或任何缔约国政府提供协助方面具有最高的权限和责任。公司应确保为公司保安员、船长和船舶保安员履行其职责和责任提供必要的支持。

(7) 船舶保安

船舶须遵从缔约国政府规定的保安等级。当处于保安等级1时，在船上开展以下活动以便针对保安事件采取防范措施：
①确保履行船舶的所有保安职责；
②对登船予以控制；
③控制人员及其物品上船；
④监控限制区域确保只有经过授权的人员才能进入；
⑤监控甲板区域和船舶周围区域；
⑥监督货物和船舶备品装卸；
⑦确保随时可进行保安通信。

主管机关规定了保安等级2或3时，船舶均应确认已收到关于改变保安等级的指令。

当缔约国规定了保安等级2或3时，船舶在进入其境内的港口之前或在港期间应确认已收到指令，并应向港口设施保安员确认已开始实施船舶保安计划所列明的适当措施和程序。在处于保安等级3时，应确认已开始实施规定了保安等级3的缔约国政府发出的指令所列明的适当措施和程序。船舶应报告在实施中遇到的任何困难。

如果船舶保安等级高于其拟进入或已在港口的保安等级，船舶应立即将此情况通知港口设施主管当局和港口设施保安员。在这种情况下，如有必要船舶保安员应与港口设施保安员进行联络并协调适当的行动。

(8) 船舶保安评估

船舶保安评估是船舶保安计划制订和更新过程的基本组成部分。公司保安员应确保由具有适宜能力评价船舶保安情况的人员，开展船舶保安评估。经认可的保安组织可以为某一特定船舶开展船舶保安评估。

船舶保安评估应包括现场保安检验和至少以下要素：
①确定现有保安措施程序和操作；
②确定并评价应予重点保护的船上关键操作；
③确定船上关键操作可能受到的威胁及其发生的可能性，并按优先顺序确定保安措施；
④确定基础设施方针和程序中的弱点包括人为因素。

船舶保安评估应由公司形成文件加以评审认可并保存。

(9) 船舶保安计划

每条船均应随船携带经主管机关批准的船舶保安计划。主管机关可将船舶保安计划或以前已批准计划的修正内容的评审和批准工作，委托给经认可的保安组织。但对特定船舶的船舶保安计划或其修正内容进行评审和批准的保安组织,应不曾参与被审船舶保安评估的编写或船舶保安计划或修正内容的编写。提交审批的船舶保安计划或以前已批准的船舶保安计划的修正内容,应附有编制该计划或修正内容所依据的保安评估。该计划应以该船的一种或几种工作语言写成。如果所用语言不是英文、法文或西班牙文,还应包括其中一种语言的译文。该计划应至少涉及以下内容:

防止将企图用于攻击人员、船舶或港口的武器、危险物质和装置擅自携带上船的措施;对限制区域的确定以及防止擅自进入限制区域的措施;防止擅自登船的措施;对保安状况受到的威胁或破坏做出响应的程序,包括维持船舶或船/港界面的关键操作的规定;对缔约国政府在处于保安等级3时可能发出的任何指令做出响应的程序;在保安状况受到威胁或破坏的情况下撤离人员的程序;船上负有保安责任的人员的职责和船上其他人员在保安方面的职责;保安活动审核程序;与该计划有关的培训操练和演习程序;与港口设施保安活动进行配合的程序;定期评审和更新该计划的程序;报告保安事件的程序;指明船舶保安员;指明公司保安员包括24小时详细联系方式;确保检查、测试、校准和保养船上任何保安设备的程序;船上任何保安设备(如有)的测试或校准次数;指明船舶保安警报系统启动点所在位置;船舶保安警报系统的使用,包括试验、启动、关闭和复位以及限制误发警报的程序说明和指导。

对已批准的船舶保安计划或已批准计划所规定的任何保安设备的变动,在主管机关批准前不得实施任何此类变动。所做变动的批准件,应在船上取用并与国际船舶保安证书(或临时国际船舶保安证书)一起出示。该计划可用电子格式保存,但应加以保护,防止被擅自删除、破坏或修改,应防止擅自接触或泄漏该计划。

船舶保安计划不受缔约国政府正式授权官员的检查。如果该官员有明确理由相信船舶不符合公约第XI-2章或本规则A部分的要求,且验证或纠正不符合情况的唯一方式是审查船舶保安计划的相关要求,则可破例允许查看该计划中与不符合情况有关的具体部分,但必须征得船旗国政府或船长的同意。

(10)记录

船舶保安计划涉及以下活动的记录应按主管机关规定的最低期限保存在船上:

培训操练和演习;保安状况受到的威胁和保安事件;保安状况受到的破坏;保安等级的改变;与船舶直接保安状况,例如对船舶或对船舶所停留或曾经停留的港口设施的具体威胁有关的通信;保安活动的内部审核和评审;对船舶保安评估的定期评审;对船舶保安计划的定期评审;对保安计划任何修正的实施;船上保安设备的保养校准和测试,包括对船舶保安警报系统的测试。

应使用船上的一种或几种工作语言来保持记录。如果所用语言不是英文、法文或西班牙文,还应包括其中一种语言的译文。记录可以用电子格式保存,应对其加以保护以防止被擅自删除、破坏或修改,应防止擅自接触或泄漏该记录。

(11)公司保安员

公司应任命一名公司保安员。此人可作为一条或数条船的公司保安员,视公司船舶数量或类型而定,但须明确指定其所负责的船舶。公司视其船舶数量或类型可任命数人为公司保安员但须明确指定每人所负责的船舶。

除本规则A部分的其他规定外,公司保安员的职责和责任还应包括但不限于以下内容:

利用适当的保安评估和其他相关信息就船舶可能遇到威胁的等级提出建议;确保船舶保安评估得以开展;确保船舶保安计划得以制订、提交批准以及得以实施和保管;确保对船舶保安计划进行适当修改,以纠正缺陷并符合各船的保安要求;安排对保安活动进行内部审核和评审;安排由主管机关或经认可的保安组织对船舶进行初次和后续验证;确保迅速处理和解决在内部审核、定期评审、保安检查和符合验证期间确定的缺陷和不符合项;确保负责船舶保安的人员受到合适的培训。

(12) 船舶保安员

在每条船上均应任命一名船舶保安员。除规则本部分其他规定外,船舶保安员的职责和责任还应包括但不限于以下内容:

定期对船舶进行保安检查,确保适当的保安措施得以保持;保持和监督船舶保安计划(包括对该计划的任何修正)的实施;与船上其他人员并与相关港口设施保安员协调货物和船舶备品装卸中的保安事项;对船舶保安计划提出修改建议;向公司保安员报告在内部审核、定期评审、保安检查和符合验证期间确定的缺陷和不符合项并实施任何纠正行动;加强船上保安意识和警惕性;确保已为船上人员提供合适的培训;报告所有保安事件;与公司保安员和相关港口设施保安员协调实施船舶保安计划;确保正确操作测试校准和保养保安设备。

(13) 船舶保安培训操练和演习

公司保安员、适当的岸上人员和船舶保安员所应具备的知识和受到的培训可参照本规则 B 部分提供的指导。

船上承担具体保安职责和责任的人员应理解船舶保安计划为其规定的船舶保安责任,并应参照本规则 B 部分提供的指导具备充分的知识和能力履行其所承担的职责。

应考虑到船舶类型、船上人员的变动、所停靠的港口设施和其他相关情况并考虑到本规则 B 部分给出的指导按适当的间隔期开展操练。

ISPS 规则 A 部分中 14~18 项分别为港口设施保安、港口设施保安评估、港口设施保安计划、港口设施保安员和港口设施保安培训操练和演习(限于篇幅均省略)。

(14) 船舶的审核和发证

①审核

本规则所适用的每条船均应接受下列审核:

初次审核:在船舶投入营运之前或在第一次签发证书之前进行。该核验应包括经批准的船舶保安计划所涉及的船舶保安系统和任何相关保安设备的全面审核。

换新审核:按主管机关规定的间隔期进行,间隔期不超过 5 年。

中间审核:在 5 年间隔期内至少一次。如果仅进行一次中间审核,应在证书第 2 和第 3 周年日之间进行。

附加审核:由主管机关决定。

船舶的审核应由主管机关的官员执行,但可以委托给经认可的保安组织。主管机关在任何情况下均应充分保证审核的完整性和有效性。在审核之后船舶保安系统和任何相关保安设备应保持符合各项规定。在完成任何审核之后,非经主管机关批准不得对保安系统和任何相关保安设备或经批准的船舶保安计划做出任何变动。

②证书的签发或签注

在按规定进行初次或换新审核后,应签发国际船舶保安证书。

该证书应由主管机关或经认可的保安组织代表主管机关签发或签注。

国际船舶保安证书所用格式应与本规则附录中的范本相符。如果所用语言不是英文、法文或西班牙文,则证书文本还应包括其中一种语言的译文。

③证书的有效期限

国际船舶保安证书应按主管机关规定的期限签发,该期限不得超过5年。

如果换新审核已完成而新证书在现有证书到期日之前不能签发或不能放到船上,主管机关或经认可的保安组织可签注现有证书;签注后的证书在自到期之日起不超过5个月的期限内应视为有效。如果证书到期时船舶不在应进行审核的港口,主管机关可延长该证书的有效期。展期不得超过3个月,且船舶抵达应进行审核的港口后不得在获得新证书前驶离该港口。

未按上述规定展期的从事短程航行船舶保安证书,可给予最多1个月的宽限期。

在以下任一情况下证书不再有效:有关审核未在规定的期限内完成;证书未按规定予以签注;当一个公司承担了以前不由该公司经营的船舶的经营责任时;船舶变更了船旗国。

④临时证书

只有当主管机关确信船舶符合要求时才可签发证书,但是在2004年7月1日以后如有以下情况:在交船时或在投入或重新投入营运之前船舶没有证书;船舶变更缔约国;船舶的船旗国从非缔约国变更为缔约国;一个公司承担了以前不由该公司经营的船舶的经营责任,主管机关可签发临时国际船舶保安证书。

临时国际船舶保安证书可由主管机关或经认可的保安组织签发。临时国际船舶保安证书的有效期为6个月或至签发了正式的证书为止,以较早者为准且不得展期。

2. ISPS 规则 B 部分

ISPS 规则 B 部分是关于经修正的《1974年国际海上人命安全公约》附则第Ⅺ-2章以及本规则A部分规定的导则。B部分共有19节:引言、定义、适用范围、缔约国政府职责、保安声明、公司职责、船舶安全、船舶保安评估、船舶保安计划、记录、公司保安员、船舶保安员、为确保船舶安全而进行的培训演习和训练、港口设施保安、港口设施保安评估、港口设施保安计划、港口设施保安员、港口设施保安的培训演习和训练、船舶审核和发证,与A部分一一对应。

规则B部分第13节"为确保船舶安全而进行的培训演习和训练"作为A部分的指导,简介如下:

(1)培训

公司保安员CSO、公司岸上有关人员和船舶保安员SSO应了解和接受以下培训:

保安实施;有关国际公约规则和建议案;有关政府法令和法规;其他保安组织的职责和作用;船舶保安评估方法;船舶保安检验和检查方法;船舶和港口作业及条件;船舶和港口设施保安措施;应急部署反应和应急计划;对包括保安措施和程序在内的保安培训和教育的指导方法;与信息和通信有关的保安管理;了解当前面对的保安威胁及其模式;认知和发现武器、危险财产和设备;认知可能构成威胁的人员特点和行为模式;规避保安措施的方法;保安设备和系统以及操作限制;审核检查控制和监控方法;实地搜查和非侵入检查方法;保安演习和议定书包括与港方联合进行的演习和议定书;以及对保安演习和议定书的评估。

此外,SSO还应充分了解下列方面并接受相关培训:

船舶布置图;船舶保安计划和相关程序包括全面的培训;对人群的管理和控制技巧;保安设备和系统操作;以及试验测量以及海上航行时对保安设备和系统的维护。

船上保安负责人员应熟知并具备履行其职责的能力,包括:

了解目前的保安威胁及其模式;认知和发现武器、危险财产和设备;认知可能构成威胁人员的特点和行为模式;规避保安措施的技巧;对人群的管理和控制技巧;和保安有关的通信;了解应急程序和应急计划;保安设备和系统的操作;试验测量以及海上航行时对保安设备和系统的维护;检查控制和监控技巧;以及对人员个人物品、行李包裹、货物和船上物料进行实地搜查的方法。

船上所有其他人员必须了解和熟悉 SSP 的有关规定,包括:

各保安等级的意义和要求;了解应急程序和应急计划;认知和发现武器、危险财产和设备;认知可能构成威胁人员的特点和行为模式;规避保安措施的技巧。

(2)演习和训练

演习和训练的目的是为确保船上人员熟悉在各保安等级中的职责以及确保鉴别所有与保安方面有关的缺陷。

为确保有效落实船舶保安计划的规定应至少每 3 个月进行 1 次演习。此外,如 1 次有 25% 的船员发生变更而这些人员在最近的 3 个月中没有参加过该船的演习则必须在发生变更的一个星期内进行这些演习。

由公司保安员、港口设施保安员、有关缔约国当局以及船舶保安员参与的训练,在 18 个月的间隔期内应至少每年进行 1 次这些训练。

第三章
船舶运维管理

船舶运维管理旨在保证船舶营运安全,防止船舶污染海洋环境。船舶运维管理具有以下特点:国际性、法规性、流动性。船舶运维管理以预防为主,重视人为因素的影响,确保国际公约和地方法规能持续有效地执行。在保障船舶的海上安全方面,国际海事组织和国际劳工组织负责制定标准,船旗国负责实施标准,港口国、沿岸国负责监督检查。在船舶运维管理中,船员执行安全标准的有效性和持续性是关键。

频繁发生的海难事故,给船员、船舶、海洋环境带来巨大损害,引起了世界海运业和各国政府的极大关注。海上事故研究表明,海上船舶的安全由三个因素(人、船舶和环境)决定,其中人为事故占80%以上,对人为事故进一步研究发现,管理因素占80%以上。所以,要想减少海上事故率,最有效的途径是从管理入手。本章包括国际安全管理规则(ISM规则)、船舶检验和船舶证书、港口国监督(PSC)和中华人民共和国船舶监督规则等方面的内容,通过这些内容的学习,系统掌握对于船舶运维管理通过国际行业组织、政府组织、航运企业和船员等多方协作,以保障海上人命和船舶安全,防止海洋污染,实现"航行更安全,海洋更清洁"的目标。

第一节 国际安全管理规则(ISM规则)

一、ISM规则产生的背景与发展过程

20世纪80年代以来,船舶海难事故频繁发生,全球全损船舶的数量和吨位以及人员伤亡均呈增长趋势。这些海难事故对船上人命、财产安全和海洋环境构成了巨大的威胁,造成的巨大损失引起了世界船舶保险业、海运行业性组织、各国政府、地区性组织以及IMO前所未有的关注。统计资料表明,船舶海损、机损及污染海洋事故的发生,约有80%是由人为因素所致,人为因素造成的事故中80%与管理不善有关,而管理不善的50%又与岸上公司的管理有关。1992年IMO下的MSC(海上安全委员会)草拟了ISM规则,并在1993年11月的IMO大会上通过,同时为保证该规则被广泛执行,1994年IMO SOLAS 1974公约的外交大会上通过SOLAS 1974公约增补第Ⅸ章——船舶安全营运管理,使ISM规则获得了法律强制力。该规则

包括了船舶管理的各类要素,要求公司和船舶加强管理以促进安全。该规则由 SOLAS 公约的 1994 年修正案纳入第Ⅸ章,并于 1998 年 7 月 1 日生效。ISM 规则要求所有船舶必须在 2002 年 7 月 1 日前满足规则的要求。

ISM 规则要求船公司和船舶建立、实施、保持安全管理体系(SMS),并分别取得"符合证明"(DOC)和"安全管理证书"(SMC)。从规定的日期起,各港口国主管机关将对未执行 ISM 规则的船舶实施滞留或不准其进入港口。建立 SMS 成为船舶进入国际航运市场的"准入证"。经营国际航线的船舶管理公司和在国际航线上运营的船舶,如未执行 ISM 规则,将不能从事国际航线业务。

ISM 规则来源于 ISO 9000 系列质量体系,是船舶运输业的质量管理和质量保证体系。将规范的对象从海上延伸到岸上,从习惯上对船舶、设备、操作方面提出技术要求转变到对船公司的系统化管理。

ISM 规则规定公司应对船舶提供岸基支持,应对人员加强培训,船长在船舶决定权上具有最高权限,公司应提供船上关键操作的操作要求和程序。该规则将船舶的管理和维护保养纳入法定检验范畴,极大地促进了船舶安全状况的提升。

二、ISM 规则的主要内容

ISM 规则由前言和 16 条内容组成。这些内容包括:A 部分(12 条)——实施(总则,安全和环境保护方针,公司的责任和权力,指定人员,船长的责任和权力,资源和人员,船上操作方案的制订,应急准备,不符合规定的情况,事情的报告和分析,船舶和设备的维护,文件,公司审核、复查和评价);B 部分(4 条)——审核与发证(发证和定期审核,核发临时证书,审核,证书格式)。

1. 总则

1.1　定义

以下定义适用于本规则。

1.1.1　"国际安全管理(ISM)规则"系指由国际海事组织大会通过的,并可由该组织予以修正的"国际船舶安全营运和防止污染管理规则"。

1.1.2　"公司"系指船舶所有人,或已承担船舶所有人的船舶营运责任并在承担此种责任时同意承担本规则规定的所有责任和义务的任何组织或法人,如管理人或光船承租人。

1.1.3　"主管机关"系指船旗国政府。

1.1.4　"安全管理体系"系指能使公司人员有效实施公司安全和环境保护方针的结构化和文件化的体系。

1.1.5　"符合证明"系指签发给符合本规则要求的公司的文件。"安全管理证书"系指签发给船舶,表明其公司和船上管理已按照认可的安全管理体系运作的文件。

1.1.6　"安全管理证书"系指签发给船舶,表明其公司和船上管理已按照认可的安全管理体系运作的文件。

1.1.7　"客观证据"系指通过观察、衡量或测试获得并能被证实的有关安全或安全管理体系要素存在和实施的量或质的信息、记录或事实声明。

1.1.8　"评述"系指在安全管理审核过程中做出的并由客观证据证实的事实声明。

1.1.9　"不符合规定情况"系指客观证据表明不满足某一具体规定要求的可见情况。

1.1.10　"重大不符合规定情况"系指对人员或船舶安全构成严重威胁或对环境构成严

重危险,并需要立即采取纠正措施的或未能有效或系统地实施本规则的要求。

1.1.11 "周年日"系指对应于有关文件或证书有效期届满之日的每一年中的该月该日。

1.2 目标

1.2.1 本规则的目标是保证海上安全,防止人员伤亡,避免对环境,特别是对海洋环境造成损害以及对财产造成损失。

1.2.2 公司的安全管理目标应当包括:

.1 提供船舶营运的安全做法和安全工作环境;

.2 对其船舶、人员及环境已标识的所有风险进行评估并制定适当的防范措施;以及

.3 不断提高岸上及船上人员的安全管理技能,包括安全及环境保护方面的应急准备。

1.2.3 安全管理体系应当保证:

.1 符合强制性规定及规则;

.2 对国际海事组织、主管机关、船级社和海运行业组织所建议的适用的规则、指南和标准予以考虑。

1.3 适用范围

本规则的要求可适用于所有船舶。

1.4 安全管理体系的功能要求

每个公司均应建立、实施并保持包括以下功能要求的安全管理体系:

.1 安全和环境保护方针;

.2 确保船舶的安全营运和环境保护符合国际和船旗国有关立法的须知和程序;

.3 船、岸人员的权限和相互间的联系渠道;

.4 事故和不符合规定情况的报告程序;

.5 对紧急情况的准备和反应程序;以及

.6 内部审核和管理复查程序。

2. 安全和环境保护方针

2.1 公司应当制定安全和环境保护方针,说明如何实现1.2所述目标。

2.2 公司应当保证船岸各级机构均能执行和保持此方针。

3. 公司的责任和权力

3.1 如果负责船舶营运的实体不是船舶所有人,则船舶所有人必须向主管机关报告该实体的全称和详细情况。

3.2 对涉及和影响安全和防止污染工作的管理、执行以及审核的所有人员,公司应当以文件形式明确规定其责任、权力及其相互关系。

3.3 为使指定人员能够履行其职责,公司有责任确保提供足够的资源和岸基支持。

4. 指定人员

为保证各船的安全营运,提供公司与船上之间的联系渠道,公司应当根据情况指定一名或数名能直接同最高管理层联系的岸上人员。指定人员的责任和权力应包括对各船的安全营运和防止污染方面进行监控,并确保按需要提供足够的资源和岸基支持。

5. 船长的责任和权力

5.1 公司应当以文件形式明确规定船长的下列责任:

.1 执行公司的安全和环境保护方针;

.2 激励船员遵守该方针;

.3 以简明方式发布相应的命令和指令;

.4 核查具体要求的遵守情况;并且

.5 定期复查安全管理体系并向岸上管理部门报告其存在的缺陷。

5.2 公司应当保证在船上实施的安全管理体系中包含一个强调船长权力的明确声明。公司应当在安全管理体系中确立船长的绝对权力和责任,以便做出关于安全和防止污染事务的决定并在必要时要求公司给予协助。

6. 资源和人员

6.1 公司应当保证船长:

.1 具有适当的指挥资格;

.2 完全熟悉公司的安全管理体系;以及

.3 得到必要的支持,以便可靠地履行其职责。

6.2 公司应确保每艘船舶:

.1 根据本国和国际有关规定,配备合格、持证并健康的船员;

.2 配备满足船上各种安全操作要求的合适的人员。

6.3 公司应当建立有关程序,以便保证涉及安全和环境保护工作的新聘和转岗人员适当熟悉其职责。凡需在开航前发出的重要指令均应当标明并以文件形式下达。

6.4 公司应当保证与其安全管理体系有关的所有人员充分理解有关法规、规定、规则和指南。

6.5 公司应当建立并保持有关程序,以便标识为支持安全管理体系可能需要的任何培训,并保证向所有相关人员提供这种培训。

6.6 公司应当建立有关程序,以使船上人员能够借此以一种工作语言或他们懂得的其他语言获得有关安全管理体系的信息。

6.7 公司应当保证船上人员在履行其涉及安全管理体系的职责时能够有效地交流。

7. 船上操作方案的制定

对涉及人员、船舶安全和防止污染的关键性的船上操作,公司应当建立制定有关程序、方案或须知包括必要的检查清单。与之相关的各项工作,应当明确规定并分配给适任人员。

8. 应急准备

8.1 对船上可能出现的紧急情况,公司应当予以标识并制定对其做出反应的程序。

8.2 公司应当制订应急训练和演习的计划。

8.3 安全管理体系应提供措施,确保公司有关机构能在任何时候对其船舶所面临的危险、事故和紧急情况做出反应。

9. 不符合规定情况、事故和险情的报告和分析

9.1 安全管理体系应当包括确保向公司报告不符合规定情况、事故和险情并对其进行调查和分析的程序,以便改进安全和防止污染工作。

9.2 公司应当制定实施纠正措施的程序,包括避免不符合规定情况、事故、险情重复发生的措施。

10. 船舶和设备的维护

10.1 公司应当建立有关程序,以便保证船舶按照有关规定、规则以及公司可能制定的任

何附加要求进行维护。

10.2 为满足这些要求,公司应当保证:

.1 按照适当的间隔期进行检查;

.2 任何不符合规定情况得到报告,并附可能的原因;

.3 采取适当的纠正措施;以及

.4 保存这些活动的记录。

10.3 公司应当标识那些会因突发性运行故障而导致险情的设备和技术系统。安全管理体系应当提供旨在提高这些设备和系统可靠性的具体措施。这些措施应当包括对备用装置及设备或非连续使用的技术系统的定期测试。

10.4 10.2 所述的检查和 10.3 所提及的措施应纳入船舶的日常操作性维护。

11. 文件

11.1 公司应当建立并保持有关程序,以便控制与安全管理体系有关的所有文件和资料。

11.2 公司应当保证:

.1 各有关部门均能够获得有效的文件;

.2 文件的更改应由经授权的人审查批准;

.3 被废止的文件应及时清除。

11.3 用于阐述和实施安全管理体系的文件可称为"安全管理手册"。文件应当以公司认为最有效的方式予以保存。每艘船舶均应配备与之相关的全部文件。

12. 公司审核、复查和评价

12.1 公司应当在不超过 12 个月的间隔期内对船上及岸基实施内部审核,以核查安全和防止污染活动是否符合安全管理体系的要求。特殊情况下,间隔期不应超过 15 个月。

12.2 公司应定期核查所有受托承担涉及 ISM 事务的相关方开展的工作是否与本规则规定的公司责任相符。

12.3 公司应当根据制定的有关程序定期评价安全管理体系的有效性。

12.4 审核及可能采取的纠正措施应当按文件规定的程序进行。

12.5 除非由于公司的规模和性质不可能做到,实施审核的人员应当不从属于被审核的部门。

12.6 审核及复查的结果应当告知所有负有责任的人员,以提请他们注意。

12.7 负有责任的管理人员应当对所发现的缺陷及时采取纠正措施。

13. 发证和定期审核

13.1 船舶应当由持有与该船相关的"符合证明"或符合 14.1 要求的"临时符合证明"的公司营运。

13.2 "符合证明"应由主管机关,主管机关认可的机构,或应主管机关的请求由另一缔约国政府,签发给符合本规则要求的公司。"符合证明"的有效期由主管机关确定,但不超过 5 年。该证明应当被视为该公司能够符合本规则要求的证据。

13.3 "符合证明"只对其载明的船舶种类有效。所载明的船舶种类以初次审核所认定的船舶种类为依据。其他船舶种类,只有在审核其公司的能力确已满足本规则关于此类船舶种类的要求时才能被载入。关于船舶种类,参阅公约第Ⅸ/1 条的规定。

13.4 "符合证明"的有效性应当服从于由主管机关或主管机关认可的机构,或者应主管机关的请求由另一缔约国政府,在周年日前或后三个月内实施的年度审核。

13.5 如果没有申请13.4所要求的年度审核,或者有证据表明存在重大不符合规定情况时,主管机关或应主管机关的请求签发证书的缔约国政府应当收回"符合证明"。

13.5.1 如果收回"符合证明",所有相关的"安全管理证书""临时安全管理证书"也应当收回。

13.6 船上应当保存一份"符合证明"的副本,以便船长被要求时出示给主管机关或主管机关认可的机构查验,以及用来接受公约规定的监督检查。该副本不必是签发的原件。

13.7 在审核该公司及其船上的管理确已按照经认可的安全管理体系运作后,主管机关或主管机关认可的机构,或者应主管机关请求的另一缔约国政府,应当向船舶签发有效期不超过5年的"安全管理证书"。该证书应当被视为该船舶符合本规则要求的证据。

13.8 "安全管理证书"的有效性应当服从于由主管机关或主管机关认可的机构,或者是应主管机关的请求由另一缔约国政府实施的至少一次的中间审核。如果只进行一次中间审核,且"安全管理证书"的有效期为5年,中间审核应当在证书的第二和第三个周年日之间进行。

13.9 除了13.5.1的要求之外,如果没有申请13.8要求的中间审核,或者有证据表明存在重大不符合规定情况时,主管机关或应主管机关请求签发该证书的缔约国政府应当收回"安全管理证书"。

13.10 尽管有13.2和13.7的规定,当换证审核在所持"符合证明"或"安全管理证书"有效期届满之前三个月内完成时,新签发的"符合证明"或"安全管理证书"应当自完成换证审核之日起有效,且有效期自原证书有效期届满之日起不超过5年。

13.11 当换证审核在所持"符合证明"或"安全管理证书"有效期届满之日三个月前完成时,新签发的"符合证明"或"安全管理证书"应当自完成换证审核之日起有效,且有效期自完成换证审核之日起不超过5年。

13.12 当换证审核在原"安全管理证书"有效期届满之日后完成时,新签发的"安全管理证书"应当自完成换证审核之日起有效,且有效期自原证书有效期届满之日起不超过5年。

13.13 如果在原"安全管理证书"有效期届满日前换证审核已完成,但新证书还未签发或未到船,则主管机关或主管机关认可的机构可以对原证书予以不超过5个月的展期签注。

13.14 当"安全管理证书"有效期届满时,如果船舶不在将要对其进行审核的港口,主管机关可以对其"安全管理证书"有效期予以不超过3个月的展期,但此种展期只能是在适当、合理的情况下并且是出于允许该船航行至接受审核的港口的目的。被给予证书展期的船舶到达接受审核的港口后,在没有取得新证书的情况下不允许离港。换证审核完成后,新"安全管理证书"的有效期自原证书展期前届满日起不超过5年。

14. 核发临时证书

14.1 对于下列公司,为便利其初始实施本规则,在审核该公司业已建立的安全管理体系满足本规则1.2.3的目标要求后,可向其签发一份"临时符合证明",但前提是该公司已做出在"临时符合证明"有效期内运行满足本规则全部规定的安全管理体系的计划:

.1 公司新成立,或

.2 现有"符合证明"新增船舶种类。

该"临时符合证明"应由主管机关或主管机关认可的机构,或者应主管机关的请求由另一缔约国政府签发,有效期不超过12个月。船上应当保存一份"临时符合证明"的副本,以便船长被要求时出示给主管机关或主管机关认可的机构查验,以及用来接受公约第Ⅸ/6.2条规定的监督检查。该副本不必是签发的原件。

14.2 下述情况下可向船舶签发"临时安全管理证书":

.1 新造船交付使用;

.2 公司新承担一艘船舶的营运责任;

.3 船舶换旗。

该"临时安全管理证书"应由主管机关或主管机关认可的机构,或者应主管机关的请求由另一缔约国政府签发,有效期不超过6个月。

14.3 特殊情况下,主管机关或应主管机关请求的另一缔约国政府,可以对"临时安全管理证书"做自其届满之日起不超过6个月的展期。

14.4 "临时安全管理证书"应在审核下述情况后签发给船舶:

.1 "符合证明"或"临时符合证明"覆盖了该船种;

.2 公司在该船实施的安全管理体系涵盖了本规则的关键要素并在为签发"符合证明"的审核中已做评估或在为签发"临时符合证明"的审核中已表明;

.3 公司已做好三个月内对该船实施内审的计划;

.4 船长和高级船员熟悉安全管理体系以及其实施的计划安排;

.5 已标明的重要指令在开航前已下达;

.6 已用工作语言或船上人员懂得的其他语言提供了有关安全管理体系的信息。

15. 审核

15.1 本规则要求的所有审核,应当按照主管机关充分考虑国际海事组织制定的指南后认可的程序进行。

16. 证书格式

16.1 "符合证明"、"安全管理证书"、"临时符合证明"和"临时安全管理证书"应当按照本规则附录所示格式制作。如果所用语言既非英文又非法文,证书文字应当包括其中一种。

16.2 除了本规则13.3的要求,"符合证明"和"临时符合证明"中所载明的船舶种类可加以签注以反映安全管理体系中所规定的船舶营运的限制。

三、安全管理体系(SMS)

(一) SMS 简介

安全管理体系(Safety Management System,SMS)。所谓"SMS"系指能使公司人员和船上人员有效地实施公司和船舶的安全与防污染方针的一种结构化和文件化的管理体系,该体系由组织机构,人员责任,工作程序,活动过程和人力、财力资源等五大要素构成。其中文件化是SMS的表现形式,是指将体系以文件的形式表现出来,可以是书面、电子文档形式;结构化是指体系文件的结构化、组织机构的结构化、职能分配的结构化等。它强调整个体系是由人员、职责、组织机构、程序、过程、资源等所有与安全和防污染有关的环节构成的有机整体,强调与安全和防污染活动有关的所有环节衔接得当,并能有机地整合在一起。

ISM规则要求从事国际航运业务的公司要建立安全管理体系,并且SMS通常需要建立的程序有:

(1)保证船长适当指挥资格和完全熟悉SMS程序;

(2)船员聘用和配备程序;
(3)新聘和转岗人员职责熟悉程序;
(4)SMS 培训程序;
(5)SMS 信息传递和保证有效交流程序;
(6)制定关键性船上操作方案和须知的程序;
(7)船上紧急情况的标明、阐述和反应程序;
(8)应急训练和演习程序;
(9)不符合、事故和险情的报告、调查和分析程序;
(10)实施纠正程序;
(11)船舶和设备的维护保养程序;
(12)关键性设备和技术系统的标识和提高可靠性的保障程序;
(13)SMS 文件和资料的控制程序;
(14)SMS 内审程序;
(15)SMS 有效性评价程序;
(16)SMS 管理复查程序。

通常每个公司都要建立、实施和保持一个安全管理体系,这个体系应当包括六项功能要求:
(1)安全和环境保护方针;
(2)确保船舶的安全营运和环境保护符合有关的国际和船旗国立法的须知和程序;
(3)船、岸人员的权限和相互间的联系渠道;
(4)事故和不符合规定情况的报告程序;
(5)对紧急情况的准备和反应程序;
(6)内部评审和管理性复查(管理评审)程序。

根据 ISM 规则要求,每个公司建立的 SMS 应遵循的基本原则是:
(1)安全和环境保护方针及其实施策略。安全与环境保护方针是公司安全管理的行动纲领,是 SMS 体系的最高层。方针的内容包含 ISM 规则的目标、公司的目标和 SMS 目标,以及方针口号和原则性措施。方针以总经理声明的形式签发生效。
(2)明确规定岸上和船上各部门和岗位人员的责任、权力以及相互间的关系,不能存在责任、权力的交叉或空白和关系含糊不清的现象。
(3)达到和保持安全和防污染的高标准。SMS 必须符合 ISM 规则、SOLAS 74、MARPOL 73/78、LL 66、STCW 78/95 等国际强制性规定和国内有关强制性规定。

SMS 有如下特点:
(1)它是一个闭环的、动态的、自我调整和完善的管理系统;
(2)它涉及船舶安全和防污染的一切活动;
(3)它把船舶安全和防污染管理中的策划、组织、实施和检查、监督等活动要求集中、归纳、分解和转化为相应的文件化的目标、程序、方案和须知;
(4)体系本身使所有的体系文件受控。

安全管理体系文件层次结构如图 3-1 所示,安全管理体系文件构成如表 3-1 所示。

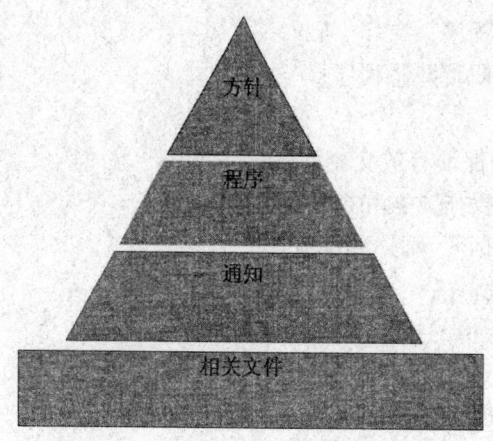

图 3-1　安全管理体系文件层次结构

表 3-1　安全管理体系文件构成

安全管理手册	方针及 SMS 描述
程序文件	公司及安全防污染管理规定
须知手册	船舶操作及维护文件（船舶操作方案、须知及记录）
支持性文件	与体系相关的其他文件资料

为了表明公司和船舶有效实施了 ISM，公司和船舶需要申请审核和发证，我国实施 ISM 规则的主管机关是中华人民共和国海事局。航运公司建立了 SMS 体系并实际试运行 3 个月后，可以向国家海事局申请体系审核，国家海事局选派专家组进驻公司对公司文件进行审核（通常称为外部审核），如果经过审核表明 SMS 符合 ISM 规则的要求并且覆盖所有要素，可以签发"DOC 证书"。对公司所属船舶是否符合 ISM 规则要求的审核，国家海事局授权中国船级社（CCS）对船舶进行审核，如果船舶安全管理体系满足 ISM 规则的要求，CCS 向船舶签发"SMC 证书"。公司须持有"DOC 证书"的正本和所属船舶"SMC 证书"的副本，船舶持有"SMC 证书"的正本和所属公司"DOC 证书"的副本。

（二）公司审核发证

1. 公司初次审核和发证

申请初次审核的公司应具备以下条件：

（1）具有独立法人资格；

（2）已建立文件化的安全管理体系；

（3）安全管理体系已在公司岸上及相关船种的至少 1 艘船上运行 3 个月。

公司初次审核申请应附送以下材料：

（1）安全管理手册；

（2）安全管理体系文件清单；

（3）安全管理体系有效性评价报告或管理复查报告。

如申请审核的公司是船舶管理公司而不是船舶所有人，还应附送船舶管理协议。

通过审核组的审核并经审核发证机构审定同意发证的，审核发证机构将向该公司签发"符合证明"。

未通过审核组的审核或经审核发证机构审定不同意发证的,公司应采取纠正措施并在3个月后重新申请初次审核。

"符合证明"只对通过初次审核的船种有效,有效期为5年,其有效性服从于年度审核。

2. 公司年度审核和签注

年度审核申请应在"符合证明"周年日之前3个半月内提出。年度审核申请应附送以下材料:

(1)上次审核以来对安全管理体系的修改情况说明;

(2)上次审核以来公司实施的安全管理体系有效性评价或管理复查的报告。

通过审核组的审核并经审核发证机构审定同意签注的,审核发证机构向公司签发"符合证明年度审核签注"。

3. 公司换证审核和发证

公司换证审核申请应在"符合证明"有效期届满之日提前3~6个月提出。换证审核申请应附送以下材料:

(1)最新版的安全管理手册;

(2)对原安全管理体系的修改说明(如有);

(3)安全管理体系文件清单;

(4)最新的安全管理体系有效性评价报告或管理复查报告;

(5)船舶管理协议(如管理其他公司所属的船舶)。

通过审核组的审核并经审核发证机构审定同意换证的,审核发证机构将向公司重新签发"符合证明"。

4. 跟踪审核

在年度审核或换证审核中发现公司安全管理体系及其运行存在下列问题的,审核发证机构应安排并通知公司对其在相应审核的6个月后实施跟踪审核:

(1)有严重不符合规定的情况;

(2)有大量一般不符合规定的情况且审核发证机构认为已严重影响到安全管理体系运行的有效性。

对实施跟踪审核的公司,审核发证机构仍予以"符合证明"年度签注或换发证书,但其有效性服从于跟踪审核的结论。

被决定实施跟踪审核的公司应当在指定的期限内提交跟踪审核申请。

通过审核组的审核并经审核发证机构审定同意审核结论的,维持"符合证明"的有效性;公司未在指定的期限内提交跟踪审核申请或者跟踪审核结果表明公司对不符合规定的情况未能采取有效措施予以纠正的,审核发证机构将收回"符合证明"。

5. 附加审核

有下列情况之一,审核发证机构可以对持有"符合证明"的公司适时实施附加审核:

(1)公司发生重大事故;

(2)公司连续发生事故;

(3)公司所管理的船舶在船旗国或港口国监督检查中连续被滞留;

(4)直接利害关系人举报公司安全管理体系存在重大问题;

(5)公司发生其他可能影响其安全管理体系运行有效性的重大事件。

附加审核由审核发证机构决定并指派审核组实施。附加审核的范围应覆盖引发审核的原因及可能影响公司安全管理体系与《国际安全管理规则》或《国内安全管理规则》符合性及其运行有效性的所有相关方面。如发现有严重不符合规定的情况，可扩大审核范围，直至实施全面审核。

通过审核组的审核并经审核发证机构审定同意审核结论的，维持"符合证明"的有效性。对审核中发现的不符合规定的情况的处理，适用本章关于年度审核和换证审核的相关规定。

拒不接受附加审核的公司，审核发证机构将对其"符合证明"作为失效处理。

6. 临时审核和发证

申请临时审核的公司应具备以下条件：

(1) 具有独立法人资格；

(2) 已建立文件化的安全管理体系；

(3) 公司已就 6 个月内实施满足《国际安全管理规则》或《国内安全管理规则》全部要求的安全管理体系做出计划安排。

临时审核申请应附送以下材料：

(1) 安全管理手册；

(2) 安全管理体系文件清单；

(3) 6 个月内实施满足《国际安全管理规则》或《国内安全管理规则》全部要求的安全管理体系的计划。

如申请审核的公司是船舶管理公司而不是船舶所有人，还应附送船舶管理协议。

通过审核组的审核并经审核发证机构审定同意发证的，审核发证机构将向公司签发有效期为 6 至 12 个月的"临时符合证明"。

未通过审核组的审核或经审核发证机构审定不同意发证的，公司可在采取纠正措施后重新申请临时审核。

公司在"临时符合证明"有效期内未申请初次审核并取得"符合证明"的，不得再次申请临时审核。

（三）船舶审核发证

1. 船舶初次审核和发证

申请初次审核的船舶应具备以下条件：

(1) 公司已取得适用于该船种的有效的"符合证明"；

(2) 船舶已配备有关的安全管理体系文件；

(3) 安全管理体系已在本船运行至少 3 个月。

船舶初次审核申请应附送以下材料：

(1) 与该船有关的安全管理体系文件清单；

(2) 安全管理体系在船上运行以来的有效性评价或管理复查的报告。

通过审核组的审核并经审核发证机构审定同意发证的，审核发证机构将向船舶签发"安全管理证书"。"安全管理证书"有效期为 5 年，其有效性服从于中间审核。

2. 中间审核和签注

中间审核申请应在该船的"安全管理证书"签发后第 23 个月至第 30 个月之间提出。中间审核申请应附送以下材料：

(1)上次审核以来公司为该船所做的安全管理体系文件修改的情况说明(如有);
(2)安全管理体系在该船运行的有效性评价或管理复查的报告。
通过审核组审核的,由审核组长在"安全管理证书"上予以中间审核签注。

3. 换证审核和发证

换证审核申请应在"安全管理证书"有效期届满之日提前3至6个月提出。换证审核申请应附送以下材料:
(1)与该船有关的安全管理体系文件清单;
(2)安全管理体系在该船运行的最新有效性评价或管理复查的报告;
(3)公司对原安全管理体系与该船有关的文件修改的说明。
通过审核组的审核并经审核发证机构审定同意换证的,审核发证机构将向该船重新签发"安全管理证书"。
未通过审核组的审核或经审核发证机构审定不同意换证的,公司可在6个月后再次申请船舶初次审核。

4. 临时审核和发证

申请临时审核的船舶应具备以下条件:
(1)公司已取得适用于该船种的"符合证明"或"临时符合证明";
(2)船舶已配备有关的安全管理体系文件。
船舶临时审核申请应附送以下材料:
(1)与该船有关的安全管理体系文件清单;
(2)公司在3个月内对该船实施内部审核的计划。
通过审核组的审核并经审核发证机构审定同意发证的,审核发证机构将向船舶签发"临时安全管理证书"。
"临时安全管理证书"的有效期为6个月。特殊情况下,审核发证机构可以对"临时安全管理证书"展期6个月。
船舶在"临时安全管理证书"有效期内未申请初次审核并取得"安全管理证书"的,不得再次申请临时审核。
"符合证明"、"临时符合证明"、"安全管理证书"和"临时安全管理证书",由中华人民共和国海事局确定格式并统一制作。

(四)船舶安全管理体系的建立与实施

1. 建立船舶安全管理体系

安全管理体系应当保证:符合强制性规定及规则;对国际海事组织、主管机关、船级社和海运行业组织所建议的适用的规则、指南和标准予以考虑。ISM规则对体系的功能提出了具体的要求,要求公司在建立、实施并保持安全管理体系时,具有六方面的功能。如何建立管理体系并具有以上六大功能的要求,规则针对船舶安全与防污染管理的特点,设定了安全管理体系的基本框架。这一基本框架是:一个目标,六个管理模块,一个要求。船舶安全管理体系是一个关于船舶安全管理的整体架构和系统,其建立过程包括公司高层的决策、以分管领导为首的专门工作班子的规则培训、体系建立的计划制订、船舶安全管理现有水平的评估、管理体系的顶层设计、相关体系文件的具体编写、熟悉培训、试运行、内部审核、管理评审、纠正试运行过程中出现的各种问题、外部审核、各船舶的推广运行、持续改进等基本步骤。

2. 船舶安全管理体系的实施

船舶安全管理体系其实就是政府的主管部门、船舶所有人、船舶管理公司相关人员、船长和船员等各方相关人员对于船舶安全管理的一些规则的设计、制定、熟悉和落实，为了确保船舶安全管理体系的有效运行，需要政府的主管部门、船舶所有人、船舶管理公司相关人员、船长和船员等各方相关人员做好以下几方面的工作：

思想上要高度重视船舶安全管理体系，认真阅读、理解和掌握船舶安全管理体系中的各个文件。

管理上要严格按照船舶安全管理体系中文件的规定开展各项安全管理和安全检查活动。通过对于安全管理体系学习的文件，进一步熟悉本岗位的职责和相关工作。

行动上除了要严格执行安全管理体系中的各项规则外，还要认真做好体系运行过程中的各项记录。它是体系运行的充分依据和档案，也是以后持续改进所必不可少的基础资料。

3. 船舶安全管理体系的保持

建立安全管理体系和实施安全管理体系并不难，难的是如何能够确保该体系持续有效地运行。保持公司安全管理体系持续有效运行的手段主要有：一是相关人员要有高的责任感。有句话说"思想决定行为，行为形成习惯，习惯决定性格，性格决定命运"，对于船舶安全管理体系来说也是如此，所有相关人员都应认真履行自己的职责。二是船舶管理公司对船舶管理体系运行情况的定期检查。公司定期上船检查是履行自己岗位职责、确保船舶安全管理体系有效运行的重要手段。三是对日常发现的不符合规定情况、事故和险情及时报告、纠正并采取防止再次发生的措施，以提高和完善安全管理体系的运行水平。四是船舶内部的自我检查。船上管理人员通过定期检查、不定期检查等各种自查手段，及时地发现和纠正船舶日常营运中存在的各种危险、有害因素和安全隐患。五是船长的定期复查。安全管理体系的文件中船舶操作文件占了其中的很大一部分，船舶的日常工作也是根据这些文件来开展的，通过在日常操作中对于这些相关文件的执行才能发现安全管理体系中存在的问题。此外，还有船旗国检查、港口国检查、行业组织检查、内部审核、外部审核等一系列的管理手段，可以用来监督船舶管理公司的安全管理体系的持续有效运行。

4. 船舶安全管理体系的有效性检查

（1）船舶安全管理体系运行有效性检查的内容

船舶安全管理体系有效性检查的主要目的是通过对船舶管理活动符合体系要求的程度，也就是符合性，以及对船舶运行安全管理体系有效性进行客观公正的评价，以达到促进船舶改进安全管理体系、保障船舶安全营运的目标。其有效性检查的内容主要包括以下方面：各相关人员是否清楚公司对船舶管理负有职责的指定人员名单及联系方式、理解公司的安全与环境保护方针，船员适任证书、健康状况是否符合要求，船员是否能够在履行安全管理体系的职责时进行有效交流，是否熟悉本岗位相关的船舶关键性操作程序和操作要求，是否了解公司已标明的本船的紧急情况的类型并掌握其在应急反应中的职责，是否按照安全管理体系程序对船舶和设备进行维护保养，是否按照程序报告正确处理不符合规定的情况，船舶是否保存内审的记录，内审的结果是否传达到负有责任的人员，等等。

（2）船舶安全管理体系的有效检查方法

船舶安全管理体系的有效性检查方法有很多，常用的有效性检查的方法有：通过对船舶设备和系统的检查判断体系运行的有效性；通过安检组的综合评估来判断体系运行的有效性；初始检查时注意发现体系运行有效性缺陷;通过查阅体系运行记录来判断体系运行的有效性;通过对船员行为的检查来判断体系运行的有效性。

四、NSM 规则

（一）NSM 规则产生的背景与发展过程

我国国际航行船舶实施 ISM 规则以来，船舶的事故率和在港口国检查中的滞留率明显下降;航运公司的安全管理工作日趋规范,职责清晰,分工明确,船岸联系渠道畅通,各类信息传递及时,对船舶的监控加强;船舶和设备维修状况改善,维修费用降低;船岸应急反应能够按程序有步骤地进行,应急措施可操作性强;事故指标明显下降。据统计表明:我国国际航运公司在实施 ISM 规则后的平均单船事故率、平均单船死亡人数仅是实施前的 1/4 和 1/6。为此我国政府主管机关结合我国的实际情况,于 2001 年颁布了《中华人民共和国船舶安全营运和防止污染管理规则》(简称《国内安全管理规则》或 NSM 规则)。

NSM 规则强调,规则主要注重人为因素的控制,加强岸上机构的管理水平,规范公司安全管理,加强船岸安全管理工作的协调统一,突出公司对船舶的支持。NSM 规则的实施,不仅有利于进一步规范公司的安全管理,提升管理人员的整体素质,增强航运公司的综合能力,也有利于进一步强化水上交通安全管理工作。

NSM 规则与 ISM 规则在条文上无多大的区别,主要区别在对规则个别条款的运用上。主要有:(1)适用的范围不同,ISM 规则适用于一切国际航行的船舶,NSM 规则适用于国内航行的船舶;(2)所要求符合的强制性规定和标准不同,根据 ISM 规则所建立的安全管理体系应保证符合国际和国内的强制性规定和标准;根据 NSM 规则所建立的安全管理体系则只要求符合国内的强制性规定和标准以及极少数适用的国际规定和标准;(3)NSM 规则增加了对"船舶管理协议"的要求,NSM 规则"公司的责任和权利"中,要求船舶所有人和船舶管理人应当签订"船舶管理协议"并向主管机关报告,同时对管理协议的内容也做了具体的明确;(4)部分条款的文字调整,由于 ISM 规则的原文不是中文,在改写为 NSM 规则时,参考译文对部分条款的文字做了适当的调整,以使其文字表述更符合中文的表达方式和语言习惯,以便于国内航运公司实施时容易理解与接受。

NSM 规则的基本要求就是公司要建立并运行 SMS,确保公司:
(1)能够具有船舶营运的安全作法、工作环境;
(2)针对已认定的所有风险制定防范措施;
(3)不断提高船、岸人员的安全管理技能及应急反应能力;
(4)符合强制性规定、对主管机关和海运行业组织所建议的规则、指南和标准予以考虑;
(5)实现保证海上安全、防止人员伤亡、避免对环境特别是海洋环境造成危害及对财产造成损失的目标。

NSM 规则规定国内航行船舶分批实施,其中第一批适用船舶包括:国内跨省航行载客定额 50 人及以上的客船(包括客滚船、旅游船、高速客船)、150 总吨级以上的气体运输船舶和散装化学品船,实施时间为 2003 年 1 月 1 日;第二批适用船舶包括:载客定额 50 人及以上所有跨省航行的客船(内河客渡船除外)和 500 总吨及以上的油船(港内作业的除外),实施时间为 2004 年 7 月 1 日;第三批适用船舶包括:国内跨省航行 500 总吨及以上散货船及其他货船,其中包括了有动力推进的工程船,实施时间为 2007 年 7 月 1 日。

根据交通运输部关于《中华人民共和国船舶安全营运和防止污染管理规则》对第四批船

舶生效的公告,《中华人民共和国船舶安全营运和防止污染管理规则》自2021年1月1日起,对在直属海事管理机构登记的下列船舶生效:

(1)沿海载客定额50人以下跨省航行的客船(客渡船除外)及沿海省内航行的客船(客渡船外);

(2)沿海150总吨以下气体运输船和散装化学品船;

(3)沿海500总吨及以上港内作业的油船及沿海500总吨以下油船;

(4)沿海500总吨及以上省内航行的散货船和其他货船;

(5)内河3 000总吨及以上散货船和其他货船。

上述船舶须于2020年12月31日前取得"符合证明"(DOC)或"临时符合证明"副本及"安全管理证书"(SMC)或"临时安全管理证书"。

（二）NSM规则主要内容

NSM规则分为前言和正文,而正文又分两个部分,即第一部分:实施(12条);第二部分:审核发证(4条)。

为了帮助大家理解NSM规则的具体含义,由于NSM规则与ISM规则条款和内容大致相同,在NSM规则主要内容中,对主要条款进行解释,以帮助大家理解。

前言

1. 为了保障水上交通安全,保护水域环境,应用《国际船舶安全营运和防止污染管理规则》(ISM规则)的原理,结合我国实际情况,制定本规则。

2. 本规则是为了提供船舶安全和防止污染的管理标准。

3. 考虑到航运公司及其船舶状况各有不同,本规则依据安全和防污染要求的一般原则和总体目标制定。

4. 本规则用概括性术语写成,船岸不同层次的管理人员应当对所列条款具有适应其岗位需要的理解和认识。

5. 高级领导层的承诺是做好安全管理工作的基础,各级人员的责任心、能力、态度和主观能动性则对船舶的安全和防污染起决定性作用。

第一部分　实施

1. 总则

1.1 定义

以下定义适用于第一部分和第二部分。

1.1.1 "本规则"系指由中华人民共和国交通部颁布的"中华人民共和国船舶安全营运和防止污染管理规则"。

1.1.2 "公司"系指中国籍船舶的所有人,或已承担船舶所有人的船舶营运责任并同意承担本规则规定的所有责任和义务的任何组织,如船舶管理人或光船承租人。

本规则中所称"公司"是实施NSM规则并申请DOC的"公司",有以下三种情况:

a. 所有人,拥有并管理所属船舶;

b. 经营人,承担船舶经营和管理责任,其中包括ISM规则规定的公司的所有责任和义务;

c. 管理人,负责船舶的管理但不负责其经营。所承担的船舶管理责任,包括ISM规则规定的公司的所有责任和义务。

就船舶管理人而言,这里所称"承担船舶营运责任"应理解为是与安全和防污染有关的责任,与经营有关的责任不属于本规则所调整的范畴。一般情况下,船舶管理人是用签订管理协议的方式明确承担本规则所规定的所有船舶安全与防污染责任和义务的。管理人应当采取必要措施以获取船舶经营过程中与安全有关的船舶信息。

1.1.3 "主管机关"系指中华人民共和国海事管理机构。

1.1.4 "安全管理体系"系指能使公司人员有效执行公司安全和环境保护方针的结构化和文件化的体系。

1.1.5 "符合证明"系指签发给公司,表明该公司符合本规则要求的证明文件。

1.1.6 "安全管理证书"系指签发给船舶,表明其公司和船上管理已按照认可的安全管理体系运作的文件。

1.1.7 "客观证据"系指通过观察、衡量或测试获得并被证实的有关安全或安全管理体系要素的量或质的信息、记录或事实声明。

1.1.8 "不符合规定的情况"系指已发现的客观证据表明不满足某一具体规定要求的情况。

1.1.9 "重大不符合规定的情况"系指已发现的对人员或船舶安全构成严重威胁或对环境构成严重危险,并需要立即采取纠正措施的事项或情况,包括未能有效和系统地实施本规则的有关要求。

1.1.10 "周年日"系指对应于有关证明文件有效截止日期的每年的该月该日。

1.2 目标

1.2.1 本规则的目标是保障水上交通安全,防止人员伤亡,避免对环境,特别是水域环境造成危害以及造成财产损失。

1.2.2 公司的安全管理目标应包括:

.1 提供船舶营运的安全做法和安全工作环境;

.2 针对已认定的所有风险制定防范措施;

.3 不断提高船、岸人员的安全管理技能以及安全与环境保护应急反应能力。

1.2.3 公司的安全管理体系应保证:

.1 符合强制性规定和标准;

.2 充分考虑国际海事组织、主管机关、船舶检验机构和行业组织所建议的规则、指南和标准。

本条中的"安全做法"通过制定程序和须知提供。这些程序和须知规定船舶的管理、操作、维护和应急等各项工作的执行人员、方法、步骤和标准,为有关人员提供执行的依据,包括将强制性规定及规则和公司决定采用的建议性规则、指南和标准等具体化解为操作要求,并在岸上和船上得到实施,确保管理活动符合有关的国际和船旗国立法。

"安全工作环境"可大致分为软环境和硬环境。软环境包括船员及岸基人员的安全意识、规章制度等;硬环境包括船舶及设备的技术状况、人员的工作或办公条件等。

"已认定的所有风险"包括社会公众以及海运行业认知的风险和本公司就自身的具体情况认定的风险。

"防范措施"应在分析所有已认定的风险产生的原因的基础上,有针对性地制定。

"应急准备"可能包括:

(1)应急设备(含测试仪器)状况的保持;

(2)应急物资(工具、装备、材料、药品和医疗器械等)的配备和保管;

(3)应急报警信号的规定;

(4)应急部署(应急时的组织和分工);
(5)应急反应措施,等。

1.3 适用范围

本规则适用于国内航行船舶及其公司。

1.4 安全管理体系的功能要求

公司应建立、实施并保持包括以下功能要求的安全管理体系:

.1 安全和环境保护方针;
.2 保证船舶的安全和防污染操作符合有关规定和标准的工作程序和须知;
.3 船、岸人员的职责、权限和相互间的联系渠道;
.4 事故和不符合规定情况的报告程序;
.5 对紧急情况的准备和反应程序;
.6 内部审核、有效性评价和管理复查程序。

2. 安全和环境保护方针

2.1 公司应制定安全和环境保护方针,其内容应能说明如何实现第1.2条所述目标。

2.2 公司应当采取措施,确保船岸各级机构均能始终贯彻执行此方针。

安全和环境保护方针的表述无固定的形式,但一定要符合本章的规定,即要说明"如何实现"前述目标。建议将方针分为原则、目标和措施三个层次:原则是对方针的高度概括,以指导公司的安全和防污染工作;目标要突出安全指标的量化内容;措施则为实现目标提供保证。

"确保"应有具体的措施或方法,确保的措施或方法可能有:

(1)高级领导层予以承诺;

(2)教育、培训、考核,建立奖惩激励机制等,调动员工执行体系文件规定的积极性和自觉性;

(3)严格实施要求,增强员工遵守体系文件规定的责任意识,保持执行体系文件规定的严肃性。

3. 公司的责任和权力

3.1 如果负责船舶安全和防污染管理责任的实体不是船舶所有人,则船舶所有人与该实体必须签订符合以下规定的船舶管理协议,并将双方的详细情况报告主管机关:

.1 当船舶安全和防污染与生产、经营、效益发生矛盾时,应当坚持安全第一和保护环境的原则;

.2 船舶管理公司同意承担本规则所规定的所有责任和义务;

.3 在不妨碍船长履行其职责并独立行使其权力的前提下,船舶管理公司对处理涉及船舶安全和防污染的事务具有最终决定权。

3.2 对管理、执行以及审核监控安全和防污染工作的所有人员,公司应当用文件形式明确规定其责任、权力及相互关系。

3.3 为使指定人员能够履行职责,公司有责任对其提供足够的资源和岸基支持。

在船舶所有人将船舶委托给他方进行营运管理的情况下,要求船舶所有人必须将船舶管理人的全称、详细情况和双方签订的委托管理协议(包括光租协议)报告给船旗国主管机关。船舶所有人向主管机关报告的"详细情况"应至少包括:负责船舶营运公司的注册地点、办公地点、法定代表人、联系人、联系方法等。报告的目的是使船旗国主管机关掌握悬挂其国旗的船舶由谁管理,以便及时识别承担该船安全营运责任的实体,并对其管理情况实施监督。

负责船舶营运的实体不是船舶所有人,在我国体现为船舶光租形式和船舶委托管理形式。作为承担船舶营运责任的管理人或者光船承租人,一旦与船舶所有人签订符合规定的船舶委托管理协议或光租合同,自生效期始即已经从船东那里承担了ISM规则规定的所有责任和义务。

"对管理、执行以及审核监控安全和防污染工作的所有人员"即与安全和防止污染工作有关的所有人员。"审核"在这里是监督、核查的意思。责任、权力和相互关系是针对岗位而言的,包括了公司船、岸两方面涉及安全和防污染工作的所有岗位。体系文件必须规定岗位职责,但不强制要求规定部门职责,是否制定部门职责由公司自定。体系文件规定"责任、权力及其相互关系"所涉及岗位或部门的范围,应当根据该岗位或部门(如财务部门或其某个岗位)是否承担了所要求的体系及其活动的职责而确定。原则是只要与安全和防污染事物有关的工作均应纳入体系管理范围。公司可根据实际需要并结合本公司具体情况规定岗位适任条件,有关的关键岗位的适任条件要符合主管机关制定的标准。在一家航运公司中涉及的岗位包括最高管理层、指定人员、海务管理、机务管理、人事管理、航运、调度、文件管理、信息传递、体系审核人员等以及船上在岗的所有人员。相互关系包括管理与被管理的关系、主办与协办的关系、执行与监督的关系等,它是与责任和权力联系在一起的。责任和权力的确定本身就意味着相互关系的确立。相互关系应顺畅、协调、不交叉,既互相促进,又互相制约。

各岗位人员共同的责任和权力可能包括:
(1) 执行公司的安全和环境保护方针;
(2)(岸上人员)为船舶提供足够的资源和岸上的支持;
(3) 熟悉职责和执行与本岗位职责相关的安全管理体系文件;
(4) 充分理解有关的规定、规则和指南;
(5) 搜集和报告职能范围内有关的规定、规则和指南的变更;
(6) 要求和接受培训,不断提高安全管理技能;
(7) 主动发现(尤其是职责内)不符合规定情况并报告,纠正相关的不符合规定情况等。

4. 指定人员

4.1 公司应当任命指定人员,以直接同最高管理层联系,提供公司与船舶的联系渠道。

4.2 公司应当以文件形式明确规定指定人员的责任和权力。指定人员的责任和权利应包括:

.1 对公司船岸的安全和防污染工作进行监控;

.2 确保公司向船舶提供足够的资源和岸基支持。

指定人员的职责是:(1)对各船的安全和防污染工作进行监控。(2)确保按需要向船舶提供足够的资源和岸基的支持。就指定人员的职责而言,他是船上运行安全管理体系的监控人,是船舶能够按其需要得到足够的资源和岸基支持的保障者。

指定人员的作用是提供公司与船舶间的联系渠道。这种联系渠道不同于船舶在日常操作中与公司间的联系渠道,而是为消除船舶在就安全和防污染事务向公司提出需求或反映问题时可能存在的障碍造成船上与公司最高管理层之间难以有效沟通所提供的特殊联络措施。因此,要求指定人员所处的地位是能够直接同最高管理者联系。

指定人员由岸上的人员担任。公司最高管理层应以文件形式任命一名或数名指定人员。当指定人员有多个时,指定人员之间或指定人员与分公司指定人员(或指定人员代表)的关系应作为体系运行监控的整体组成,并明确其职责分工。

指定人员可下设办事机构,以协助指定人员履行其职责。

5. 船长的责任和权力

5.1 公司应当以文件形式明确规定船长的下列责任:

.1 执行公司的安全和环境保护方针;

.2 激励船员遵守该方针;

.3 以简明方式发布相应的指令;

.4 核查具体要求的遵守情况;

.5 复查安全管理体系并向公司岸上管理部门报告其存在的缺陷。

船长是船舶的最高行政长官,对船上的管理全面负责。船长既是安全管理体系在船上实施的责任者又是体系运行的监控者。本条所述船长的五项责任,仅限于安全管理体系运作方面,并不包括船长管理船舶和操纵船舶的责任。

"执行公司的安全和环境保护方针"是总要求。

"激励船员遵守该方针",是要求船长组织船员实施安全管理体系,并通过教育、培训、考核和奖惩等方法,激励和调动船员遵守公司安全和环境保护方针的积极性。

"核查具体要求的遵守情况",是船长作为安全管理体系在船上运行的监控人角色的职责,属于日常性管理工作。

"复查安全管理体系并向岸上管理部门报告其存在的缺陷",是要求船长根据安全管理体系在船上运行的实际情况,审视公司所建立的结构化、文件化的安全管理体系本身(体系文件规定)是否存在问题。"复查"需要以一定的形式和适当的间隔期进行,对于随时发现随时上报的体系存在的缺陷,应在复查时予以汇总。船长复查的频次应高于公司复查的频次,船长离任前通常要开展一次复查。

船长"复查安全管理体系"不同于本规则 12.2 要求公司必要时"对安全管理体系进行复查"(参阅第 12 章的理解)的规定。船长的复查应作为公司复查的输入。

5.2 公司应当保证在安全管理体系中包含一个强调船长权力的明确声明,确立船长的绝对权力和责任,以便船长能够就安全和防污染事务做出决定,并在必要时要求公司给予协助。

为使船长能够承担其在安全管理体系运行中的责任,最高管理层应发布给予船长绝对权力的书面声明,保证船长在必要时得到公司的协助和在安全和防污染事务方面具有绝对的权力,以便从旅客、船员以及船舶和海洋环境的最高利益出发,根据其专业判断采取任何必要的行动。在授予船长绝对权力时,应充分考虑国际海事组织 A.443(XI)号决议的内容,以确保:

(1)船长根据专业判断做出的有关船舶安全和防污染事务的必要决定不受船东、租船人或任何其他人员的约束;

(2)船长尤应受到国内法律、共同协议或雇用合同中适当规定的保护,包括享有上诉的权利,使其不致因正当执行其专业决定而遭到船东、租船人或其他任何人不公正的解雇或其他不公正的待遇。

船长有权通过有关责任部门或指定人员,要求公司给予协助。船员和旅客(如果有)必须服从船长指挥。

6. 人力资源

6.1 公司应当确保船长:

.1 具有适当的指挥资格;
.2 完全熟悉公司的安全管理体系;
.3 得到必要的支持,以便可靠地履行其职责。

船长持有相应的适任证书和培训证明,并不等于已具有适当的指挥资格。公司应当从资历、业绩、决策能力等方面进行考察,以确定船长的指挥资格。在体系文件中,公司应确定船长具有适当的指挥资格的标准,应有具体的考核标准和办法,尤其是对聘用的船长进行考察和控制。

"完全熟悉公司的安全管理体系",是对船长的特殊要求,以使其能够承担第5章规定的绝对权力和责任。"完全熟悉",应着重船长对ISM规则的充分理解,对公司安全管理体系构成的了解,对体系运作特点的把握,主要管理程序、本公司特殊规定的熟悉等。本规则6.3要求的"新聘和转岗人员适当熟悉其职责",虽然也包括新聘船长,但要求熟悉的内容不同。在具体要求上船长有别于其他船员。

完全熟悉安全管理体系的具体方法,可能包括:向船长提供公司的安全管理体系文件和足够的阅读时间;有关责任人与船长讲解和讨论;考试等。

"必要的支持",可能包括权力、人员、物资、技术和信息等各方面的支持。具体的支持方法应在体系文件中加以体现。

6.2 公司应当保证按照有关规定为每艘船舶配备合格并健康的船员。

6.3 公司应当建立有关程序,以便保证涉及安全和环境保护工作的新聘和转岗人员熟悉其职责,凡需在开航前发出的重要指令均应当标明并以书面形式下达。

"新聘人员"指原不在本公司安全管理体系内工作(包括在本公司但不在体系内工作)新到体系内某岗位任职的人员。

"转岗人员"指原在体系内的某岗位工作,新调至体系内的另一岗位工作的人员。转岗的船员可能包括:本船内职务变动的船员;本公司管理的船舶之间调动的船员;曾在某船某岗位工作,再回到该船原岗位任职的船员,但离开该岗位时间较长,或离开期间安全管理体系发生了较大变化。

熟悉职责的内容,通常包括职责,相关的管理程序、操作方案和须知,相关设备的布置、性能(包括其局限性)及其操作,工作环境尤其是应急环境(如应急设备的布置、撤离路线等)等。要求新聘或转岗人员在规定的时间内完成职责熟悉。

以文件形式下达开航前指令,是确保新聘和转岗人员熟悉其职责的具体措施之一,应在熟悉职责的程序中加以规定。开航前指令的范围和内容,应当由公司根据实际情况确定。某些在船舶开航时就可能需要执行的程序和须知,必须"标明并以文件形式下达",并在开航前熟悉。

6.4 公司应当保证安全管理体系内的所有人员充分地理解有关规定、标准和相关指南。
"充分理解"应体现为在程序中包括对培训效果的评估和考核。所采取的措施通常包括:
(1)列入人员适任条件并在聘用时严格控制;
(2)配备资料并保持最新、有效,以供学习;
(3)按照培训计划组织人员执行;
(4)明确考核的责任人、考核方法和考核标准,具体实施评估和考核。

"有关法规、规定、规则和指南",包括有关强制性法规、规定、规则以及适用的建议性的规则、指南和标准等。

6.5 公司应当建立有关程序,以标识为支持安全管理体系可能需要的任何培训,并保证向所有相关人员提供这种培训。

"标识"亦为"辨识",原文"identify",是"找出并予以明示"的意思。标识的过程,即如何标识,是规则所要求体系文件要解决的问题。安全管理体系文件中必须具有标识的程序,不仅要列出标识的项目或内容。

标识培训项目的方法可以是:定期征集培训需求,包括个人的、部门的、公司指令性的、外部要求的等;认定培训需求,明确哪些是为支持安全管理体系所需要的;根据这些认定的培训项目制订培训计划。

培训计划应规定各项培训的具体内容、对象、责任人、实施期限等,以便于实施和核查。程序中还应包括对培训效果的评估和考核。

6.6 公司应当建立有关程序,确保船员能够及时获得有关安全管理体系的信息。

6.7 公司应当保证船员在履行其涉及安全管理体系的职责时能够有效地交流。

7. 船上操作方案的制定

对涉及船舶安全和防止污染的关键性的船上操作,公司应当建立制订有关方案和须知(包括需要的检查清单)的程序。与之相关的各项工作,应明确规定由适任人员承担。

本条要求建立一个描述怎样制定船上关键性操作的方案和须知的程序。这是一个制定所有关键性操作方案的通用程序。由于公司的业务范围和船舶状况各有不同,船上关键性操作项目也各有所异,有了规定的程序,相关部门可以依照程序,通过对船舶操作情况的策划及对影响安全和防污染的操作过程的识别,确定关键性船上操作项目(包括随船舶营运情况变化而产生的新的关键性船上操作项目),以便让员工把最大的注意力集中到关键性的船上操作上。

"关键性的船上操作"是指对船舶安全和防污染具有威胁的重要操作。其可分为两类,一类是特殊操作,另一类是临界操作。特殊操作系指其错误仅在已造成危险情况或事故已发生时才会明显看出的操作。由于其具有过失显露的滞后性,在制定方案和须知时应强调预防和操作后的检查,要突出防患于未然,如水密检查、重要设备(如舵机)的可靠性检查、货物系固、稳性及应力计算等。临界操作系指其错误会立即导致事故发生、危及人员、环境安全的操作。在制定方案和须知时应强调严格执行和密切监督,确保万无一失。如进出港或交通密集区域航行、视线不良或气象恶劣条件下航行、危险货物装卸和积载、加油和驳油、特种船的货物操作等。公司应根据自身特点确定关键性船上操作的项目。

船上已有的操作手册(其中有些是经主管机关认可的)可直接作为船舶的操作方案或须知予以使用,如船舶操纵手册、货物装卸手册、货物系固手册、专用压载舱操作手册、原油洗舱操作手册、惰性气体系统操作手册、程序和布置操作手册、防火安全操作手册等。

"检查清单"是"方案或须知"的一个组成部分,是为便于操作方案或须知的实施以清单形式列出的检查要点,由公司根据实际需要而定。"与之相关的各项工作"是指与"制定船上操作方案"有关的各项工作。"分配给适任人员"应当在制定操作方案的程序中予以明确。

8. 应急准备

8.1 公司应当建立程序,以标识、描述船上可能出现的紧急情况,并明确对这些紧急情况如何做出反应。

"紧急情况"是指船舶的安全面临威胁或船舶对环境构成危险的情况,包括发生险情或事故,如:结构损坏;船舶失控(包括推进系统故障、电站故障、舵设备或舵系统故障);碰撞;搁浅;触礁;货物移动;货物散漏或污染;火灾;进水;弃船;救助;人员严重受伤;暴力或海盗袭击;恶劣天气损害,等等。

"标识"是指辨别、找出船舶可能遭遇的紧急情况。

"描述"是指对紧急情况的发生、发展、表现形式、可能产生的危害等予以描述,以便有针对性地制定应急反应措施。如火灾,发生在货舱区域是怎样的情况;发生在机舱或生活区域又会是怎样的情况等。

"反应"是指针对某种紧急情况采取的应急措施和行动。一般都有预订的计划或方案。

本条要求建立的程序应当包含对船上可能出现的紧急情况如何标识、如何描述和如何制定应急计划或预案的内容。在船舶的营运过程中出现紧急情况是不可避免的,关键是能在出现紧急情况时立即采取相应措施,及时做出有效反应,避免或减少损失。

8.2 公司应当制定应急行动的训练和演习计划。

为提高公司及船舶的应急反应能力,对已标识的紧急情况均应进行应急反应训练和演习,训练和演习要按照制订的计划实施。

"训练"是指为熟悉应急设备及其操作而开展的练习,如救生艇筏的登乘、降落和离开,所有救生属具的使用,防火门的关闭及消防设备的使用等。

"演习"是指针对某种紧急情况按应急反应计划进行的综合性演练活动,如消防演习、弃船演习等。

8.3 安全管理体系应提供措施,确保公司能在任何时候对其船舶所面临的危险、紧急情况和事故做出反应。

确保公司有关机构能在任何时候对其船舶所面临的危险、事故和紧急情况做出反应,安全管理体系应提供的措施可能包括:提高岸基人员应急反应能力,岸基24小时不间断的值守,应急联络、通信渠道的保持和畅通,应急资源和人员的配置,应急计划的启动等。

公司岸基也应根据岸上的应急计划或预案定期开展训练和演习,以提高岸基人员的应急反应能力。如机务、海务部门分别开展对某船的资料、布置图、某航区的海图及相关表册准确迅速索取的训练;再如公司选定某一船舶开展船岸联合应急演习等。演习应着重注意:应急启动是否迅速,人员到位是否及时,船岸、岸基部门间联络是否畅通,岸基支持是否得力,指挥是否得当,对外报告、求援是否有效等内容。

9. 不符合规定的情况的报告和分析

9.1 公司应当建立程序,确保不符合规定的情况、事故和险情及时报告公司,并保证进行调查和分析,以便改进安全和防污染工作。

本条要求公司建立一个程序确保不符合规定情况、事故和险情得到报告、调查和分析,从而改进安全和防止污染工作。船岸的不符合规定情况可以通过以下活动得到报告:日常的值班、管理、操作、维护、训练、演习、自查和接受检查、内审和外审等。任何不符合规定情况的报告应包含对情况的描述,不符合规定情况的性质及其存在客观证据的确认等信息。不符合规定情况、事故和险情的报告、调查和分析是为下一步采取纠正措施做准备。

当不符合规定情况、事故和险情得到报告后,公司应开展调查和分析工作。调查和分析可以从以下方面考虑(但不限于此):责任者是否熟悉其职责;是否具备适任资格;是否经过相关培训;是否了解安全管理体系规定的程序和须知;对程序和须知的背离程度;当时的工作环境及其他客观条件;安全管理体系文件是否存在偏差等。

9.2 公司应当建立实施纠正措施的程序。

在报告和调查、分析工作完成的基础上,本条要求公司建立另一个程序,以保证不符合规定情况、事故和险情的纠正措施得以落实,从根本上提高和改进安全和防污染管理工作。制定纠正措施的程序用以有效控制纠正措施的具体落实,包括明确有关责任人。如谁负责纠正措施的制定,谁负责纠正措施的实施,谁负责纠正措施的监督验证等。

纠正措施应当切实有效,可以从以下方面考虑(但不限于此):责任者重新学习安全管理体系文件,切实熟悉其职责;调换不适任人员;开展必要的培训;切实掌握安全管理体系规定的程序和须知;提供资源支持改善工作环境及其他客观条件;立即采取纠正行动;复查公司的安全管理体系;对现有的程序和须知进行修改;制定新的预防措施、程序或须知;在公司范围内传播经验教训等。

10. 船舶和设备的维护

10.1 公司应当制定程序,保证船舶及设备按照有关规定和标准以及公司可能制定的任何附加要求进行维护。

10.2 为满足这些要求,公司应当保证:

.1 按照适当的间隔期进行检查;

.2 任何不符合规定的情况及可能的原因得到报告;

.3 采取适当的纠正措施;

.4 保存这些活动的记录。

为使船舶和设备的技术状态满足法定规则和建议标准,本条要求公司制定船舶和设备的维护措施,并至少应包括上述四项内容。

"适当的间隔期"应考虑:适用的法规和规范要求、船舶营运和航线的特点、岸上管理人员和船舶配员情况、船舶和设备的技术状况及制造厂的说明等因素,从而能够保证船舶和设备持续、正常地发挥应有的效能。

"检查"包括船舶自身进行的检查测量和公司管理层组织的监督检查,是对船舶维护工作的检查,是一项管理活动。公司应确定检查的内容和标准,检查的人员应是适任和有经验的船员和岸上人员。

"不符合规定的情况"指的是船舶和设备在维护保养方面不符合具体规定的情况,是第9章"不符合规定的情况"的一部分。可来自:港口国检查、船旗国检查、验船师检验、岸上主管人员的检查和船舶自身的检测等。应分析其可能的原因并利用适当的方法、途径向公司报告。但设备本身难以发现的潜在缺陷不属于"不符合规定的情况"。

"纠正措施"应包括可以减少或避免上述"不符合规定的情况"重复发生的解决办法并在规定的时间内完成。当船上不具备适当的资源和材料以完成纠正措施时,岸上应向船长提供所要求的一切必要支持。

"记录"应包括:船旗国当局或船级社要求的法定检验报告和证书、日常维护报告和日常检查记录、船舶和设备缺陷情况和纠正及预防措施的实施情况等。公司应规定记录的格式、填写、审批和保管等。

10.3 公司应当制定有关程序,以便标识那些会因突发性运行故障而导致险情的设备和技术系统,并提供具体措施,以提高这些设备和系统的可靠性。这些措施应当包括对备用装置及设备或非连续使用的技术系统的定期测试。

"会因突发性运行故障而导致险情的设备和技术系统"是指那些在突然出现运行故障时,

将会立即置船舶于危险状态的设备和技术系统,通常包括:动力系统、舵系统、供电设备、自动化设备等。所谓"标识"是要求公司根据所管理船舶的类型及营运条件,认定哪些设备和技术系统属于此类。

10.4　第10.2条所述的检查和第10.3条所提及的措施应纳入船舶的日常操作性维护。

11. 文件

11.1　公司应当建立有关程序,对与安全管理体系有关的所有文件和资料进行控制。

本条是要求公司建立有关文件和资料的控制程序。"有关的文件和资料"可以分为内部产生的文件及外来文件和资料。内部产生的文件包括:体系文件、各类记录及其他文件;外来文件和资料包括:强制性的规则、规范,适用的规则、指南、标准和建议,船旗国、港口国的规定,船级社规范、规则,海图、航海出版物、航海通告,船舶与设备的技术资料,图纸、操作说明书等。不管是内部文件还是外来文件都必须得到有效控制。但由于内部文件和外来文件的产生、变更和获得的方式方法不同,所以这两类文件的控制方法应有所区别,应在相应的程序或须知中分别做出规定。内部文件的"控制"内容包括:编写、审查、批准、修改、发放、保存、废除等活动;外来文件和资料的控制,主要体现在跟踪、确认、配备和使用有效版本等方面。

11.2　公司应当保证:

.1　在所有相关场所均能够获得有效的文件;

.2　文件的更改应由经授权的人审查批准;

.3　被废止的文件应及时清除。

本条是文件控制应达到的目标。

"各有关部门"是指公司各职能部门和办事机构。这些部门均应配备与本部门安全和防污染管理活动有关的、有效的全部文件。

文件的更改及修正活动应在控制状况下进行。为保证其适用性,更改后文件的审核和批准应由原文件的审批部门进行。若另有指定的审批部门则该部门或人员应获得原审批部门所提供的有关背景材料。所有更改的内容应有适当的方式予以标识并通知所有使用文件的岸上和船上的有关人员。文件更改后发布和生效的日期应有一定的间隔,以满足船舶周转的需要,确保使用文件的有关人员及时得到更改后的文件。

"废止"是指文件版本过时或内容失效。使用场所应撤出这些已被废止的文件,特别应注意在发放部门也要清除这些文件。公司可以根据实际情况对清除的废止文件进行销毁处理。当被废止的文件需要保留以作为参考时,负责文件控制的人员应做好相应的标识和记录并妥善保存。当船舶脱离公司管理时,岸基的负责人员应收回所有的安全管理体系文件。

11.3　用于阐述和实施安全管理体系的文件可称为"安全管理手册"。公司应以最有效的方式保存文件。每艘船舶均应配备与之有关的全部文件。

"安全管理手册"是公司安全管理体系的灵魂和纲领性文件,应详细阐述公司安全和环境保护方针,公司机构、指定人员和船长的权责规定,保证船长绝对权力的声明等,并就如何落实ISM规则的其他条款要求做出恰当的描述。安全管理体系文件的分发方法、存放地点或持有人数等,应考虑公司和船舶的实际以及便于员工和船员的查阅,同时应考虑指定专人负责文件的管理。

与船舶相关的文件即适用于该船舶的文件,主要应考虑船舶的种类和航区范围等。

12. 内部审核、有效性评价和管理复查

12.1　公司应当定期开展内部审核,以核查安全与防污染活动是否符合安全管理体系的

要求。除非由于公司的规模和性质不可能做到,实施内部审核的人员应当不从属于被审核的部门。

"内部审核"即内审,区别于前面所说的"外部审核",这是由公司自行组织开展的。目的是核查、验证公司安全和防污染管理工作的具体行为是否与安全管理体系文件规定的要求相一致,是否与有关国际、国内的法规、规则、规定的要求相一致,即验证行为活动与文件规定的符合性。通过内审可以及时发现安全管理体系在运行中存在的问题并采取纠正措施以使安全管理体系得到不断改进和完善,并为主管机关的审核(外审)做好准备。内审的方法是抽样检查,方式包括面谈、询问、查验记录、观察现场操作等,范围应覆盖 ISM 规则的所有条款要求、公司体系相关的所有部门和人员,并反映船队整体的运行情况。公司每年至少需要进行一次内审。

公司的内审不负责验证安全管理体系文件与 ISM 规则的符合性。

公司应当规定从事内审工作的人员(内审员)的资格。内审员应进行相关知识的培训,经过资格认可并由公司聘任(授权)。内审员应相对独立于被审核的部门,即审核员与受审的活动和受审区域无直接的责任关系。当公司的规模和性质(如员工数量和组织结构)受到限制时,可不做上述要求,但应寻求较为公平、公正的方法,如采用岗位交叉、部门交叉等形式进行审核。在可能时,内审员的组成应来自各个部门和各个层面。通常船长在履行其职责期间,不应作为内审员对船舶进行内审。内审员的日常管理应纳入议事日程,以不断提高内审的质量。

12.2 公司应当定期评价安全管理体系的有效性,必要时还应当对安全管理体系进行管理复查。

对安全管理体系有效性的"评价"应由公司最高管理者或其指定的人员主持,公司管理层及相关人员参加。评价的内容包括安全管理活动和安全管理体系文件、内部审核、培训情况、组织结构、行政管理、资源配置、安全和环境保护目标的实现情况等。各种与体系及其运行有关的情况都可以作为评价的输入。评价的目的是确定体系运行是否有效。"定期"的时间间隔应以公司实际情况而定。在安全管理体系运行初期,这种时间间隔应相对短些,随着体系运行有效性的提高,可以对时间隔做适当调整,但至少每年要进行一次。

"复查"应由公司最高管理者主持。根据有效性评价的结果或内、外部条件的变化,公司可决定是否进行管理复查。"必要时"是指安全和防污染管理存在严重问题,如所管理的船舶发生重大事故或连续发生事故,内审发现存在有重大不符合规定情况,有效性评价的结果对体系运行的有效性提出了质疑等。管理复查的对象可以是体系的部分或全部,管理复查一般会导致采取重要的纠正措施。

12.3 内部审核及管理复查的结果应当告知所有负有责任的人员,以提请他们注意。

12.4 负有责任的管理人员应当对所发现的缺陷及时采取纠正措施。

负有责任的人员对所发现的不符合规定情况和缺陷都应针对其产生的原因采取纠正措施。查验和审核部门还应对纠正措施的实施情况进行跟踪,直到落实解决为止。责任部门还应按规定提供和保存这些纠正措施已等到实施的充分证据。实施纠正措施有效性的标志是不再重复发生类似的不符合规定情况或缺陷。

内审、评价和复查是安全管理体系得以保持和完善的一个重要环节。通过内审、评价和复查,对公司安全管理体系的适用性和有效性及其能否实现安全和环境保护目标的情况做出评价,以便采取措施改进和完善安全管理体系,确保安全管理体系正常、有效地运行。内审、评价和复查处于不同层次,在内容、形式、参加者等方面都有所区别。

12.5 内部审核、有效性评价、管理复查及可能采取的纠正措施应当按文件规定的程序进行。

13. 发证和定期审核

13.1 船舶应当由已取得与该船相关的"符合证明"或符合14.1要求的"临时符合证明"的公司营运。

13.2 对于符合本规则要求的公司,主管机关将签发有效期不超过5年的"符合证明"。该证明作为公司符合本规则要求的证据。

13.3 "符合证明"只对适用的船舶种类有效。船舶种类以初次审核确定的为准。"符合证明"新增船种,必须通过审核并证实公司的管理能力满足本规则关于该船种的要求。

13.4 "符合证明"的有效性服从于由主管机关在周年日前、后三个月内进行的年度审核。

13.5 如果公司没有申请13.4条所要求的年度审核,或者有客观证据表明存在重大不符合规定情况的,主管机关将收回"符合证明"。

13.5.1 如果收回"符合证明",所有相关的"安全管理证书"或"临时安全管理证书"也应收回。

13.6 船上应当保存一份"符合证明"副本,以便船长在接受主管机关查验时出示。

13.7 经审核,船上的管理及操作符合经认可的公司安全管理体系要求的,主管机关或主管机关认可的机构将向船舶签发有效期不超过5年的"安全管理证书"。该证书作为船舶符合本规则有关要求的证据。

13.8 "安全管理证书"的有效性服从于由主管机关或主管机关认可的机构进行的至少一次的中间审核。如果只进行一次中间审核,且"安全管理证书"的有效期为5年,中间审核须在证书的第二和第三个周年日之间进行。

13.9 除了13.5.1的要求之外,如果公司没有申请13.8所要求的中间审核,或者有客观证据表明存在重大不符合规定情况的,主管机关将收回"安全管理证书"。

13.10 公司应当在"符合证明"或"安全管理证书"有效期届满前申请换证审核。当换证审核在所持"符合证明"或"安全管理证书"有效期届满之前三个月内完成时,新签发的符合证明或安全管理证书自完成换证审核之日起有效,且有效期自原证书有效期届满之日起不超过5年。

13.11 当换证审核在所持"符合证明"或"安全管理证书"有效期届满之日三个月前完成时,新签发的"符合证明"或"安全管理证书"自完成换证审核之日起有效,且有效期自完成换证审核之日起不超过5年。

14. 临时发证

14.1 新成立的公司或对"符合证明"增加船种的公司,主管机关在审核公司安全管理体系满足本规则1.2.3条目标要求后,向其签发有效期不超过12个月的"临时符合证明",但该公司必须做出在"临时符合证明"有效期内实施满足本规则全部要求的安全管理体系的计划。"临时符合证明"的一份副本应当保存在船上,以便船长在接受主管机关查验时出示。

14.2 新造船舶交付使用或公司新承担对某一船舶的安全和防污染管理责任的,经主管机关或主管机关认可的机构审核确认满足下述要求后,向船舶签发有效期不超过6个月的"临时安全管理证书":

.1 "符合证明"或"临时符合证明"覆盖了该船种；
.2 公司已向船舶提供了安全管理体系文件及相关信息；
.3 公司已做好三个月内对该船实施内部审核的计划；
.4 高级船员熟悉安全管理体系及其实施的计划安排；
.5 标明为重要的指令已在开航前下达。

14.3 特殊情况下，主管机关可以对"临时安全管理证书"的有效期做出不超过 6 个月的展期。

15. 审核管理

有关安全管理体系审核发证的规则及程序，由中华人民共和国海事局制定。

16. 证书

"符合证明"、"安全管理证书"、"临时符合证明"和"临时安全管理证书"由中华人民共和国海事局确定格式并统一制作。

五、安全措施

安全措施是做好船舶安全航行保障船舶安全和防污染的一项重要举措，涉及安全风险评估、安全会议以及基于安全管理体系的各项安全措施。

（一）风险评估在船舶维修维护中的应用

船舶维修保障是船舶安全航行、提高续航力、防止船舶造成污染和提高可靠性的基础，对保持、恢复和提高船舶安全性发挥着重要的作用。随着造船技术的发展，高新技术设备不断装船，在瞬息万变的海洋环境中，要求这些设备必须具有良好的技术性能。从各类安全统计表明，设备维修保障是提高船舶安全性的基础，是设备正常运转、提高安全性的前提条件，也是改善设备性能和可靠性的有力保证。

随着越来越多的高新技术应用于船舶设备中，设备复杂程度、使用要求、环境敏感程度不断提高，从客观上决定了船舶设备使用和维修中的风险因素在不断增多。面对设备快速发展和对船员素质快速适应的要求，安全风险评估在设备维修保障中的应用越来越广泛、越来越重要。作为一种维修策略，基于安全风险评估的维修已应用在船舶设备维护维修中，并发挥着极其重要的作用。

1. 安全风险评估

在设备的维修维护中，进行安全风险评估、预防风险、确保安全，成为船舶设备维修维护工作中的当务之急、重中之重，这对于提高船舶设备使用水平、降低设备维修费用、提高维修效益、降低风险、预防事故发生、提升船舶设备使用安全具有极其重要的作用。

安全风险评估是对设备安全风险开展综合系统分析，依据安全风险发生的可能性和对设备使用时对安全的影响程度进行量化并对安全风险指标进行排序。设备发生的各种安全风险的可能性、危害程度及可接受程度互不相同，因此需要进行排序，明确哪些安全风险是紧急的，哪些安全风险需要首先处理，以及需要采用哪些安全风险处理措施。

安全风险评估目的是查找设备安全隐患，量化评估风险等级，规避或降低安全风险，促进安全生产，实现科学管理，巩固提高船舶安全性。

（1）安全风险因素

安全风险因素主要指人、机以及客观条件的影响等。设备使用过程中，安全影响因素繁多，关系也非常复杂。安全风险因素一般可分为技术（设备）、环境、人员、管理和制度等五类，如图3-2所示。

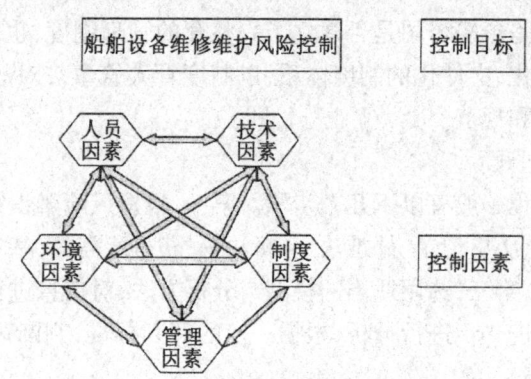

图3-2 船舶设备维修维护风险因素

①技术风险因素

技术风险主要考虑三方面的因素。一是设计制造因素，主要指设备是否存在由于设计不科学，制造有缺陷造成的安全性差，人、机、环境工程不合理等问题；二是设备技术状态因素，主要指由于使用维修导致性能不良、日常保养不及时，造成设备运行不良或不正常，不能完全发挥设备使用的性能，造成设备性能下降，不能达到应有技术状态等不安全现象等问题；三是保障设施设备因素，主要考虑设备保障设施设备（备件、物料等）是否完备，技术资料是否缺失，说明是否详细、简明、易懂以及后续技术支持的程度等容易造成设备维修维护不规范而带来的安全隐患问题。

②环境风险因素

环境包括自然环境和社会人文环境。随着造船技术信息化的发展，设备对使用的自然环境要求越来越强，气象条件、地理环境、大气环境、温度湿度、滨海盐雾、风沙粉尘或其他自然灾害频发等不利于人员操作及设备性能发挥的环境也在很大程度上影响设备使用的安全性。海洋环境瞬息万变，自然环境多样、复杂，据不完全统计，设备使用中发生的诸多问题有相当一部分是因为环境适应性不够。因此对船舶环境的要求也越来越高。

另外，设备使用所处的人文环境、设备使用的规章制度健全程度、技术保障的水平、设备使用船舶团队是否形成了浓厚的安全文化氛围等都是影响船舶设备安全性的客观因素。

③人员风险因素

人是安全风险因素人、机、环境中的一个重要因素，包括作业人员、指挥和管理人员等，情况最难把握。一般从三个方面考虑，一是生理、心理性因素，主要指人员身体健康状况、精神状态是否良好，有无因生理或心理因素影响设备安全的情况；二是人员的能力素质因素；三是行为性危险因素，主要指人员遇到突发情况能否进行应急处理，是否存在危险性行为，如违章组织、违章指挥、违章保障、违章操作及各种不安全习惯等人为失误因素。

④管理风险因素

管理风险因素主要是指船公司岸基人员的管理，涉及管理人员的管理水平、工作态度、对风险的认识、对潜在危害的了解，与前面SMS中所说的强调公司对船舶的管理相呼应，船舶设备维护维修的管理风险除了公司的管理外，对船舶而言就是船员对设备的管理，这里也涉及对设备的工作原理的理解和掌握，对设备性能的了解，与其知识水平、业务能力和工作态度都有关系,严格说也属于人为因素范畴。

⑤制度风险因素

制度风险因素主要是指船公司是否建立了一整套的管理制度,也属于 SMS 范畴,SMS 主要要求公司要建立结构化、文件化的制度体系,以制度管人管事。对船舶而言,主要是指船舶设备的操作规程的建立和规范。

(2)安全风险评估过程

安全风险评估的过程一般有以下几个步骤。第一,根据风险辨识结果,建立合适的数学模型;第二,通过专家调查、历史记录、外推法、分析法等,获得所需的、基本的可用信息,然后选用适当的方法将信息量化;第三,选用适当的模型与分析方法,对信息进行处理分析,视具体情况对模型进行修正;第四,进一步进行分析,根据一定的评判标准,判断风险大小,进行安全风险评估,给出风险对策措施。

在实际的工作中我们仅仅对风险进行定性分析是远远不够的,所以一般需进行定量的分析,以便进行问题的比较和解决,一般采用以下公式进行计算风险系数:

$$R = L \times C$$

式中:R——风险等级;

L——可能性;

C——后果。

船舶在极端恶劣环境下航行,航经战区、疫区和海盗出没区等时,应当预先进行风险评估。一般评估过程为:部署评估工作;建立评估组织;确定评估内容和方法;展开风险评估;做出评估结论,研究对策措施。

2. 船舶设备保障维修的安全风险评估

安全风险评估在船舶设备维修保障中的应用非常重要,其作为船舶设备安全管理的重要内容,目的是及时发现设备维修保障过程中的安全隐患,主动采取措施,有效降低风险,实现船舶设备安全管理的科学化。

对船舶设备维修保障安全风险进行评估,根据安全风险评估要素,应综合考虑人、机、环境、管理和制度等几个方面的要素。如图 3-3 所示,从人员、设备、环境、管理、制度等方面建立船舶设备维修保障安全风险问题的基本框架,是安全风险评估的基础。建立了船舶设备维修保障安全因素的基本框架,确定了单个安全风险因素及各安全风险因素间存在的相互依附联系,从而确定关键安全风险因素及船舶设备安全风险的综合分析与评估方法,明确船舶设备安全风险所处的水平状态,可以更便利地评估各个子系统的风险及其对整个系统风险的影响,给出安全风险应对、处置和保障维修管理策略。

通过比较分析,建立因素之间内部依存关系。船舶设备维修保障安全是整个安全风险问题的控制目标。因素之间的依附关系不仅描述了各指标之间的依存关系,还反映了指标之间的反馈关系。人员因素、设备因素、环境因素、管理因素及制度因素组成船舶设备维修保障安全风险评估的第一级指标,而第一级下面又由其相应的第二级评估指标组成。

3. 安全风险评估在船舶设备维修保障中的应用

船舶设备维修保障中的安全风险评估的基本对象是船舶机舱团队。根据建立的船舶设备维修保障安全风险评估指标,结合船舶的实际情况,其设备维修保障的风险评估要素主要包括组织领导与计划管理、维修保障与质量监控、人员素质与教育训练、物料备件供应、轮机员管理

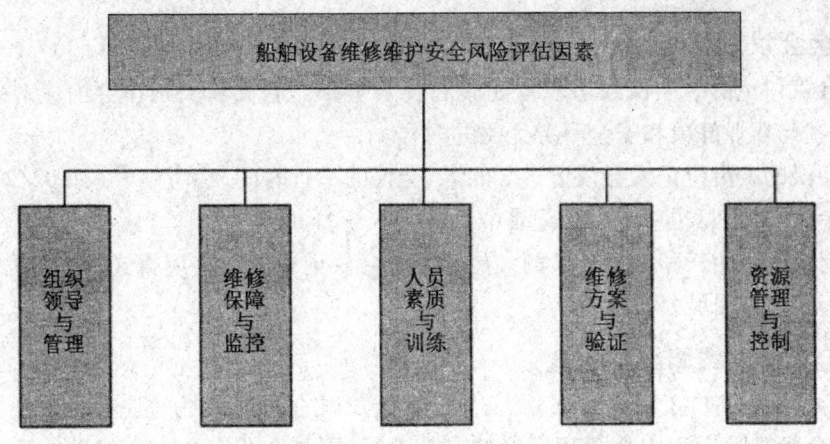

图 3-3　船舶设备维护维修安全风险评估因素

与训练、设备安全状况等。

船舶设备的不断发展,使船舶具备了更为先进的技术性能指标,使船舶设备使用安全形势日趋严峻,分析船舶设备维修保障中存在的各种安全风险因素及其之间的内在依附关系,能够提高船舶设备维修保障安全风险评估的准确性,可为风险量化和有针对性地开展装备安全管理提供有益参考,为建立基于风险评估的装备维修策略提供依据。

(二)船舶安全会议对维护维修的意义

船舶安全会议是做好船舶安全的有效途径之一,船舶安全会议包括月度安全会议、季度安全会议和年度安全会议,除此之外,船舶每天还有一个工班会或者开航前的安全会议,这些都是做好船舶安全工作的手段,有些船舶还以船舶营运过程中出现的某个重大安全事故发生日作为船舶安全警示日。

船舶安全会议可以采用例会制,也可以在出现安全隐患时随时召开,两次安全会议的间隔期一般不超过 1 个月。

参加会议的人员根据会议的类型不同而不同,一般来说,船舶安全会议由大副召集,涉及机舱安全的安全会议也可以由轮机长召集,全船人员参加,船长要出席会议并做讲话。航次前的安全会议由船长召集,各部门长(包括大副、轮机长、大管轮、水手长等)参加,部门工班会由部门长召集,部门人员参加,驾驶部门由大副召集,驾驶部门人员参加,轮机部由大管轮召集,轮机部门人员参加,工班会除了安全以外,更多的是当天的维修保养工作安排。

1. 会议议程

大副在会议的前一天向船长提出会议议程表,草拟自上次会议以来发生的涉及安全的事件和有关报告的记录内容。

会议议程应包括下列内容:

(1)上次会议的记录;

(2)上次会议以来发生的安全问题;

(3)检查"安全记录簿";

(4)上次检查发现的问题;

(5)复查事故、险情的报告以及纠正措施的实施情况;

(6)自上次会议以来收到的船舶中心的安全指示、指南;

(7)预计召开下次会议的时间。

2. 安全会议记录(参考)

提交会议讨论的事项仅限于职业健康和安全事务。船长和大副在会前应对议程进行审查,删除那些与职业健康和安全事务无关的内容。

参加会议的人员应记入会议记录。船名、会议的举行时间、参考编号(如02/20表示2020年第二次会议)等信息也应记入该记录中。

会议记录应由船长和参加会议的人员签字。会议记录的复件应寄送公司船舶海务部,会议的决议应向全体船员公布。

3. 安全会议对维修维护的意义

安全会议是提高员工安全意识、增长员工安全知识的重要手段,也是贯彻落实公司安全方针、企业安全管理目标和安全管理制度的有效途径,更是企业安全文化建设的重要环节。成功、有效的船舶安全会议对于消除事故隐患、杜绝事故发生可以起到事半功倍的效果。对于设备维护维修的意义主要有:

(1)集中大家的意见形成设备维修方案;
(2)针对维修过程中出现的问题广泛讨论有利于问题的解决;
(3)提高维修人员的安全意识;
(4)对于设备维修过程中可能出现的危险或事故提早预判。

船舶安全会议是安全管理最前沿、最基层的单位组织的会议,成员都是生产第一线,接触危害、造成事故的概率也是最高的,安全会议的目的就是对有关安全话题、事故风险进行讨论,以便确定一个改进的行动和目标,避免和消除事故的发生。但在实践中,安全会议的质量往往不高,有时甚至将安全会议变成了工作布置会,没起到安全会议的作用。

(三)熟悉基于安全管理体系的安全措施

安全管理体系中,对于船上各种安全措施规定了很多,不同类型船舶、不同航区的船舶各有不同。其中对于以下安全措施需要熟悉和了解:

(1)船上防护设备的种类、使用方法和维护保养;
(2)各类照明的准备,包括照明类别、高低压照明的使用场所、是否需要防爆照明等;
(3)对各类安全程序的了解,包括上下船安全、装卸货安全、上高作业安全、舷外作业安全、电气焊作业安全,等等;
(4)安全屏障的设置,包括物理的安全屏障和制度的安全屏障;
(5)安全工作平台的准备,任何作业都必须在一个安全的作业平台上操作,船员要熟悉安全平台的搭建和维护,例如舷外作业跳板的使用等;
(6)在设备维修保养前将设备从所在系统中隔离出来,例如在清洗海底门滤器前需要关闭滤器前后的截止阀,并打开放气考克检查截止阀的密封性,同时在设备检修维护前还需要切断设备的电源,并在集控室相应开关处悬挂"禁止合闸"的警告牌,必要时卸下保险丝。

第二节 船舶检验和船舶证书

船舶检验是船舶检验机构对船舶进行的技术质量检验与监督,是保证船舶具备安全航行、防止水域污染技术条件的一项重要举措,是保证船舶安全的第一道防线;同时也是促进海运业健康发展的重要手段。通过本内容的学习,使同学们能了解船舶检验的类型和区别,并能根据船舶检验技术要求对机舱设备进行维护保养。

一、船级检验

1. 船级社概况

船级社最早产生于 250 年前的英国。18 世纪中期,英国伦敦泰晤士河畔设有若干的咖啡馆,从事船舶生意的人们常在此聚谈,其中营业最盛者是爱德华·劳埃德,船舶和货物保险大部分都在该咖啡馆办理,于是他的咖啡馆成了海上保险的中心。由于客人比较多,收集到的信息比较全面,劳埃德就把这些信息编制成册,免费送给客户,后来信息量越来越多,他从中看到了比开咖啡馆更有前途的东西,遂于 1760 年成立了劳埃德船级社,向人们提供咨询。当时的船级社业务主要是了解船舶的技术状况,并开始实施船舶检验和登记入级。

目前世界上约有 40 多家船级社,知名的船级社有英国劳氏船级社(LR)、美国船舶局(ABS)、法国船级社(BV)、俄罗斯船舶登记局(RS)、日本海事协会(NK)、韩国船级社(KR)、意大利船级社(RINA)、挪威船级社与德国劳氏船级社(DNN GL)和中国船级社(CCS)等。

2. 中国船级社

世界上船舶检验机构基本上有两种性质:国家的船舶安全监督机构和民间性质的船级社。

我国验船机构成立于 1956 年 8 月 1 日。当时称"中华人民共和国船舶登记局"。1958 年 6 月 1 日更名为"中华人民共和国船舶检验局",并以"ZC"("中船"汉语拼音第一个字母)作为代号。中国船级社成立于 1986 年 1 月 1 日,简称"ZC"。1988 年 5 月 1 日,中国船级社被接纳为国际船级社协会(IACS)正式成员,并于 1993 年 3 月 10 日将代号"ZC"改为"CCS"(China Classification Society),制定了新的社徽(龙锚图案,如图 3-4 所示)。1993 年 10 月中国船级社通过了 IACS 的 ISO 9002 认证,进入了国际先进船级社行列。1996 年 7 月 1 日至 1997 年 6 月 30 日,中国船级社首次出任国际船级社协会轮值主席。1999 年,船舶检验局的职能划归中华人民共和国海事局,而中国船级社仍为独立的民间组织。

图 3-4 中国船级社龙锚图案

中国船级社的服务宗旨是:对船舶、海上设施、集装箱以及相关的工业产品提供合理和安全可靠的技术规范,并通过 CCS 独立、公正和诚实的入级、认证和技术服务,为交通运输、海上开发及相关的制造业和保险业服务,为促进水上人命和财产的安全与保护海洋及其他环境服务。

中国船级社的主要业务有：

①船舶与海上设施及其产品（包括集装箱）入级服务：规范制定与维护、审图、检验与发证。

②船舶与海上设施及其产品受权法定服务：法定检验技术规则制定、审图、检验与发证。

③受理其他验船机构委托的检验与发证、船舶与海上设施公正检验和安全评估、船舶与海上设施鉴证检验和发证、重大海上安全事故调查。

④相关陆上工业设施与产品认证、检验及发证，外国验船机构委托船用与相关陆上工业设施和产品代理检验及发证。

⑤船舶安全管理体系（ISM 规则）审核与发证。

⑥船舶保安体系（ISPS 规则）审核与发证。

⑦船舶技术状况勘验与技术状况鉴定。

⑧ISO 9000 与 ISO 14000 等系列质量体系与环境管理体系认证。

⑨船舶与海上设施入级技术研究、水上安全与环境保护技术研究、船用与相关陆上工业设施和产品检验技术研究、相关信息技术应用研究。

⑩其他服务。

二、船舶检验的种类

船舶检验的种类分为：法定检验、船级检验、公正检验和临时检验。

1. 法定检验

法定检验是一种强制性检验，是船旗国政府规定的对船舶执行国家法令、法规的一种检验与监督。法定检验由政府主管机关设置的验船机构、政府指定的验船师或授权的组织和个人执行检验，但大多授权船级社检验。法定检验的依据是船旗国政府承认、批准、接受或加入的有关国际公约、规则和规定的要求，以及船旗国政府的法律、条例和规范等。法定检验依据国际公约和国家法规的性质不同，分为安全检验（SOLAS 74 公约）、防污检验（MARPOL 73/78）、载重线检验（LL 66）和吨位丈量检验（ITC 69）等；为了获得相应证书和保持证书有效，法定检验又可进一步依次细分为：初次检验、年度检验、期间检验、换证检验和附加检验等。上述不同性质和类别的法定检验合格后，验船机构签发或签署相应的法定证书。

2. 船级检验

船级检验是船舶所有人为了使船舶获得某种船级自愿申请的一种技术检验。船级社根据船舶的用途、技术状况和航行区域等，按照船级社的有关规范和规则对船舶进行技术检验，合格后授予相应的船级证书、船级符号和附加标志，并载入船级社的"船舶录"。

船级是一种世界性评定船舶技术状态的通用形式。船级是按照船级社的规范对船舶结构的完整性和机械、设备等的可靠性以及其预定用途所必要的设施等所做出的评价。船级可以区别船舶的技术状态，促进船舶质量的提高，减少海损事故。船级可以保证海上安全和防止船舶污染海洋，是港口国、运河国对进入或过往船舶进行技术监督的依据，是船舶取得国际航行和营运的基本条件。船级还可以提高船舶所有人在国际海运市场中的竞争力，当船舶发生意外，造成海损、机损、货损和人身伤亡时，可作为保险公司承保的条件，在船舶买卖、租赁中可作为评价船舶技术状态的重要依据，有利于出租和承租。所以，船级检验给船舶所有人带来诸多的利益是船舶所有人自愿申请检验以使自己拥有的船舶获得船级的理由所在。

需特别指出,具有船级的船体和机械设备,所有国家主管机关均看作是满足某些法定检验要求的一种担保。近年来,船级社的各种入级规范或认证规范往往也包括了法定检验的内容,如新增加稳性、载重线、救生设备、航行安全及无线电通信等法定检验的内容。

船级检验的种类:

(1)初次入级检验

初次入级检验系指船东按船级社规范的规定,初次申请某一船级符号和附加标志,而船级社按船东入级要求进行审图、检验并签发相应船级证书的全部工作,称初次入级检验。初次入级检验又可分以下两种:新建船舶初次入级检验(又称建造中检验)和现有船舶初次入级检验。现有船舶初次入级检验一般是指未经船级社参加检验而建造的船舶,为换发该船级社规定的船级所进行的检验,通常又称为更换船级证书的检验。

(2)保持船级检验(又称建造后检验)

保持船级检验系指已授予船级的船舶投入营运后,按规定的间隔期及检验内容进行检验,认为满意后签署或换发新的船级证书。

保持船级检验包括以下几种。

①年度检验,每周年前/后3个月内进行,检验完成后在船级证书上签署。

②特别检验(换证检验),每5年进行一次,检验完成后换发新证书。

③中间检验,在建造日期或特别检验日期的第2或第3个周年日前/后3个月内进行。检验完成后在船级证书上签署。

④坞内检验,与法定的船底外部检验相同,但后者范围更广泛。

⑤水下检验,实际上是坞内检验的替代检验。

⑥螺旋桨轴与尾管轴检验,其检验间隔期根据船舶类型和航区以及螺旋桨轴与尾管轴的结构形式的不同而不同。

螺旋桨轴与尾管轴具有连续衬套保护,或具有认可的油封装置,或由抗腐蚀的材料制成,检验间隔期:单螺旋桨轴为3年,多螺旋桨轴为4年。

按水下检验进行,轴的抽出检查间隔期,单螺旋桨轴和多螺旋桨轴可延长至5年。

在所有其他情况下,轴的检验间隔期为两年半(加/减6个月)。

⑦其他替代检验方法,主要指机电设备的特别检验项目,可采用循环检验、计划保养系统检验、状态监控系统检验。后两者为近几年开展的不同于以往检验制度的检验。

如未进行保持船级的各种检验,或进行了影响船级的修理、改建改装而又未经船级社检验等,船级社有权取消或暂停所授予的船级。

3. 公正检验

公证检验是船级社应申请人(如保险人、被保险人、受益人、保险代理人、船东、承租人、货主等)的需要而办理的一种证明性或鉴定性的检验。公正检验应遵循合法、公正、独立的原则。船级社指派验船师对所申请项目进行一种证明实际存在的状况或原因的检验,检验后签发相应的检验报告,作为申请人在解决或处理问题时的凭证或依据。公证检验与法定检验和船级检验不同,它没有规定的检验间隔期,也没有固定的检验项目,更没有法令、规则和规范的强制性要求。

公证检验的种类主要有:

①损坏检验,又称海损检验,检验时应确定船舶损坏范围、程度、性质和原因,以及对安全航行的影响程度、修理要求和范围、修理费用等;最后签发检验报告,以便作为海损理算和裁决

的依据之一。

②起租/退租检验,是根据起、退租约进行的,比较起、退租时的船舶技术状况,在退租时还应对船上油水存量进行确定。

③索赔检验,是根据用户与制造厂的商业合同,用户对所购买的船舶、船用产品、机械设备、仪器和仪表等在规定的使用期内损坏,为了向制造厂提出索赔要求而申请进行的证明性的检验。检验目的是判定损坏程度、性质、范围和原因,并提出处理意见(进行修理、赔偿),作为申请人索赔的依据。一般索赔检验仅指直接损坏。

④船舶状况检验,是鉴定船舶的技术状况、设备的性能状况。一般是保险商、船舶经纪人在船舶进行承保、抵押、拍卖、作价等业务活动时,为了解船舶状况而向船级社申请对船舶的技术状况和设备状况等进行检验,并做出详尽和准确的技术鉴定,以便作为商业活动的有利凭证;提供详细资料,以便做出准确估计和判断。

⑤货损检验,主要是应货主、货物保险人、货物承运人及船东的申请而进行的检验,包括货物损坏的数量、程度以及引起货物损坏的原因等,作为申请人进行保赔理算业务时的证明材料。目前,此项检验大多由商检部门进行,船级社通常是从专业角度对货损原因进行检验和分析。

4. 临时检验

临时检验是根据用船部门或其代理人临时向验船机构提出申请,涉及船级检验和法定检验范围的一种检验。

船舶在下列情况下,应申请临时检验:

(1)更改船名、船籍港或船舶所有单位时。

(2)遭受影响船级和船舶安全的海损或机损事故时。

(3)改变航区或变更用途时。

(4)涉及船级和船舶安全的任何修理或改装时。

(5)船舶证书的有效期届满,要求展期时。

(6)上次检验中准予展期检验的项目或限期检验的项目的期限届满时。

(7)船舶封存后起用时。

三、船级符号与附加标志

钢质海船入级的范围为船体(包括设备)、船舶机械(包括电气设备)和货物冷藏装置。凡符合中国船级社《钢质海船入级规范》或等效要求者,中国船级社将授予相应的船级,并载入中国船级社船舶录。已在中国船级社入级的船舶,如能遵循中国船级社保持船级的各种检验并仍符合入级要求者,将继续保持其相应船级。

中国船级社对申请入级的船舶进行入级检验和试验合格后,签发船体船级证书和轮机船级证书(其有效期不超过5年)。如两者之一失效,则另一证书同时失效。中国船级社在未签发上述证书前,如确认船舶的船体(包括设备)和机械(包括电气设备)处于良好和有效状态,则可签发相应的"临时船级证书"(其有效期不超过5个月),以便使船舶能及时投入营运。

1. 船级符号

船级符号是船舶主要特性的表述,具有强制性。凡船舶的船体(包括设备)与轮机(包括电气设备)经CCS批准入级,将根据不同情况授予下列入级符号。

① ★:表示船体(包括设备)、轮机(包括电气设备)和特殊设备在中国船级社检验下建造,符合中国船级社入级与建造规范的要求,并保持良好有效的技术状况,适宜于海上航行。

② ★:表示船体(包括设备)、轮机(包括电气设备)和特殊设备不在中国船级社检验下建造,但经中国船级社检验,认为符合中国船级社的入级要求,适宜于海上航行。

③ CSA5/5:表示船体(包括设备)完全符合中国船级社规范的要求,且特别检验间隔期为5年。

④ ★CSM:表示轮机(包括电气)完全符合中国船级社规范的要求。

⑤ ★CSM:表示船舶的推进机械及重要辅助机械不在中国船级社检验下进行建造、安装和试验,但经中国船级社检验、试验认为可以接受。

根据船舶的技术状态和保养情况,当中国船级社认为尚可给予船级,但有必要缩短其特别检验间隔期时,即上述船体分数5/5分别由4/5或3/5来代替,表示特别检验间隔期分别为4年或3年。

2. 轮机附加标志

凡经中国船级社批准入级的船舶机械(包括电气设备),将根据其具体条件在其船级符号后,分别加注如下附加标志,如表3-2所示。

表3-2 轮机附加标志

序号	名称	附加标志
1	由驾驶室控制站进行遥控运行的推进机械装置、机器处所集中控制站周期性无人值班	AUT-0
2	有机器处所集中控制站进行控制运行的推进机械装置	MCC
3	由驾驶室控制站进行遥控运行的推进机械装置,机器处所有人值班	BRC
4	惰性气体系统	IGS
5	船舶机械计划保养系统	PMS(Planned Maintenance System)
6	有螺旋桨轴状态监控	SCM(Screwshaft Condition Monitoring)
7	轮机实行循环检验	CMS(Continuous Machinery Survey)
8	船舶柴油机滑油状态监控	ELCM(Engine Lub-Oil Condition Monitoring)

AUT-0:加注于能由驾驶室控制站进行遥控运行的推进机械装置,机器处所集中控制站周期性无人值班,其控制、报警和安全系统的布置、安装和试验符合规范或等效规定。

MCC:加注于能由机器处所集中控制站进行控制运行的推进机械装置,其控制、报警和安全系统的布置、安装和试验符合规范或等效规定。

BRC:加注于能由驾驶室控制站进行遥控运行的推进机械装置,机器处所有人值班,其控制、报警和安全系统的布置、安装和试验符合规范或等效规定。

IGS:加注于装有符合规范规定的惰性气体系统应用于从事装运散装油类或散装化学品的船舶。

PMS:加注于船舶机械有计划保养系统的船舶。

SCM：加注于有螺旋桨轴状况监控的船舶。

CMS：加注于轮机实行循环检验的船舶。

ELCM：加注于柴油机实行滑油状态监控的船舶。

1998年起中国船级社不再授予"AUT-1"附加标志。对于已取得"AUT-1"附加标志的现有船舶，在最近一次换发轮机船级证书时，如按中国船级社规范规定增加必要的设备，并满足"AUT-0"自动化等级的要求，则中国船级社可授予"AUT-0"附加标志，否则，应以"BRC+MCC"附加标志代替"AUT-1"附加标志。

四、船舶适航必备的证书和文件

船舶适航必备的证书和文件，有的证明船舶已经履行了有关法定手续，有的反映船舶技术状态。这些船舶证书和主要文件在进出港时都要受到海事主管机关的检验和核查，是港口国监督和船舶安全检查的重要内容。如果发现证书和文件不齐，或其中有失效者，将不准船舶离港，直至备齐或办妥证书才准予离港。有些证书和文件在船舶发生事故时，是国际航运海事处理的重要法律依据，因此必须重视船舶证书和文件的妥善保管。

（一）船舶登记证书

船舶登记是一项法律行为，其依据是《中华人民共和国船舶登记条例》。船舶只有通过登记取得一国国籍，才有权悬挂该国国旗航行，受该国法律的保护和管辖。我国海船登记的目的主要在于证明船舶的国籍，确定船籍港，享有悬挂中华人民共和国国旗权，享有在我国沿海和内河航行权；到达外国港口受到我国驻外使节的保护和协助；在海上航行可得到我国海军舰队的保护。

中华人民共和国海事局是船舶登记主管机关，各港口海事局是船舶登记机关。船舶登记港就是船籍港，船舶登记港由船舶所有人依据其住所或主要营业所在地就近选择。

1. 船舶所有权登记证书和船舶国籍证书

船舶所有权登记证书证明船舶财产所有权的归属；船舶国籍证书证明了船舶的国籍和船籍。在船舶营运中发生赔偿关系时，船舶国籍证书和船舶所有权登记证书是取得赔偿权益的证件。

（1）船舶所有权登记证书

船舶所有人申请船舶所有权登记，应当向登记机关交验足够证明其合法身份的文件，并提供有关船舶技术资料和船舶所有权取得（包括购买、新造、继承、赠予、依法拍卖、法院判决）的证明文件的正本、副本。登记机关对审核符合规定的，颁发船舶所有权登记证书，授予船舶登记号码，并在船舶登记簿中载明。

（2）船舶国籍证书和临时船舶国籍证书

船舶所有人申请船舶国籍，应交验依照本条例取得的船舶所有权登记证书，还应当按船舶航区和船舶种类，交验相应的由法定船舶检验机构签发的有效船舶技术证书。对经审核符合规定的船舶，船籍港船舶登记机关发给船舶国籍证书。船舶国籍证书的有效期为5年。

向境外出售新造的船舶，从境外购买新造的船舶，境内异地或境外建造船舶，以及以光船条件从境外租进船舶，经审查符合规定的，船舶登记机关或我国驻外大使馆、领事馆予以核准并发给临时船舶国籍证书。临时船舶国籍证书的有效期一般不超过1年。以光船租赁条件从境外租进的船舶，临时船舶国籍证书可根据租期确定，但最长不得超过2年。临时船舶国籍证书和船舶国籍证书具有同等法律效力。

2. 开放登记制度和方便旗船舶

世界各海运国家的船舶登记制度,根据其登记条件的不同基本上可分为三大类:严格登记制度、开放登记制度和半开放登记制度。

严格登记制度的登记条件是:

①船舶所有权全部或大部分属船旗国所有。

②船公司或主要营业所设在船旗国境内,并由船旗国公民或法人管理。

③船员必须全部或主要是船旗国公民。

开放登记制度受登记条件的限制很少,介于二者之间的为半开放登记制度。所谓开放登记制度是指外国船舶通过交纳少量登记费用和其他有关费用即可在开放登记的国家登记,并悬挂该国国旗进行营运的制度。国际上把在开放登记制度国家登记并悬挂该国国旗的船舶统称为方便旗船舶。办理船舶方便旗登记的国家主要有利比里亚、巴拿马等。

(二)船级证书

1. 船级证书的种类

①船体(包括设备)入级证书。

②轮机(包括设备)入级证书。

如船体入级证书和轮机入级证书两者之一失效,则另一证书同时失效。

船级社在未签发上述证书前,如确认船舶的船体(包括设备)和机械(包括电气设备)处于良好和有效状态,则可签发相应的临时船级证书,以便使船舶能及时投入营运。船舶入级证书的有效期一般不超过 5 年,临时入级证书的有效期不超过 5 个月。

③货物冷藏装置入级证书(如适用)。

2. 入级证书签发与签署

船舶按规定完成保持船舶入级的各种检验,验船师应按规定在入级证书上做相应的签署。特别检验完成后,如在现有入级证书期满日前不能发给新的入级证书,则验船师可在现有入级证书上签署,签署有效期为从现有入级证书自期满日起不超过 5 个月。

(三)船舶法定证书和文件

1. 国际航行船舶

国际航行船舶按照其适用情况,应具备以下相应的法定证书,即经相应法定检验合格后所签发的合格证书。

①依据 SOLAS 公约:货船构造安全证书、货船设备安全证书、货船无线电安全证书;船舶安全管理证书(SMC)、符合证明(DOC)副本;国际船舶保安证书(ISSC);客船安全证书(适用客船);免除证书(如适用);国际散装运输危险化学品适装证书;国际散装运输液化气体适装证书;高速船安全证书、高速船营运许可证书;特殊用途船舶安全证书;放射性核燃料、核废料适装证书(INF 证书);核能相关安全证书。

②依据 MARPOL 73/78 公约:国际防止油污证书(IOPP 证书)、国际防止生活污水污染证书(ISPP 证书)、国际防止大气污染证书(IAPP 证书);国际压载水管理证书(IBM 证书);国际防止散装运输有毒液体物质污染证书(NLS 证书,如适用)。

③依据《1966 年国际载重线公约》:国际载重线证书;国际载重线免除证书(如适用)。

④依据《1966 年国际船舶吨位丈量公约》:国际吨位证书。

⑤依据 ILO 公约:起重机与起货设备检验簿、船舶起重设备检验和试验证书、双杆检验与

试验证书、起重设备活动零部件检验与试验证书、钢索检验与试验证书、铁制活动零部件热处理证书;船员舱室证书;船舶卫生证书。

2. 国内航行船舶

按其适用情况,应具备以下相应法定检验合格证书,即法定证书:货船适航证书;船舶安全管理证书、符合证明(副本);船舶保安证书;防止油污证书、防止生活污水污染证书;船舶吨位证书;船舶载重线证书;船舶卫生证书;客船适航证书、乘客定额证书;免除证书;防止散装运输有毒液体物质污染证书;散装运输液化气体适装证书;散装运输危险化学品适装证书;危险品适装证书;高速船安全证书、高速船营运许可证书;浮船坞安全证书;起重设备检验与试验证书;海上拖航法定证书;适拖证书。

3. 其他证书

无限航区船舶还应配有"苏伊士运河专用吨位证书""巴拿马运河吨位证书";卫生检疫部门还发有"免予除鼠证书"。

为满足营运以及安全和生活上的需要,船舶还必须具有重要设备的证书,如锚链试验证明书、二氧化碳灭火装置检验簿、声光信号设备证书、蒸汽锅炉检验簿、集装箱检验鉴定书等多种设备证书和产品认可证书。

4. 船舶文件

船舶文件是船舶发生海损事故、油污事故和进出港口必须检查的重要文件。这些文件除上述船舶证书外,还有:航海日志、轮机日志、天文钟日志、罗经日志、无线电日志、测深日志、车钟记录簿、船舶安全检查记录簿、油类记录簿、船上油污应急计划、垃圾记录簿、垃圾管理计划、货物系固手册、船员名册和旅客清单等。

5. 船舶法定证书的签发及其有效期

目前,在船舶法定检验中采用两种检验与发证系统,即协调系统(Harmonized System of Survey and Certification,简称 HSSC)和非协调系统。此两种系统的主要区别体现在证书有效期上。HSSC 规定所有法定证书的有效期统一为 5 年(客船除外),以便船东安排船舶检验,并且对各种情况下证书的签署做了统一规定。证书有效期统一为 5 年并非是降低检验要求,而是通过证书有效期中规定的不同种类的检验来保证满足检验要求。

(1)国际航行海船

①客船安全证书有效期不超过 12 个月。

②货船所有证书的有效期不超过 5 年。

③高速船安全证书的有效期不超过 5 年。

④免除证书的有效期应不长于其相关证书的有效期。

⑤1969 年国际吨位证书在正常情况下,长期有效。

(2)非国际航行海船

①客船适航证书的有效期不超过 2 年。

②高速船安全证书的有效期不超过 5 年。

③货船所有证书的有效期不超过 5 年。

④船舶吨位证书在正常情况下,长期有效。

⑤浮船坞安全证书的有效期不超过 5 年。

(四)船舶入级规范中有关轮机的内容

为了便于实施具体的检验工作,主管机关制定了船舶检验技术规程,其中有关轮机检验中的主要技术要求有以下几点。

1. 主柴油机

(1)柴油机扫气箱防爆门的开启压力不超过最高扫气压力的1.1倍。

(2)柴油机气缸盖、气缸和活塞的冷却水腔水压试验,一般都为0.7 MPa。

(3)柴油机气缸安全阀校验开启压力为1.4倍最大燃烧压力。

(4)废气涡轮增压器的叶轮做动平衡试验并应符合下列规定:

①当$n \leqslant 20\,000$ r/min时,叶轮偏心距$e \geqslant 0.002$ mm。

②当$n > 20\,000$ r/min时,叶轮偏心距$e \geqslant 0.001$ mm。

(5)对涡轮增压器壳进行$1.5p$(p——工作压力,MPa)但不少于0.4 MPa的水压试验,以检查有无裂纹。

(6)中冷器应进行$1.25p$水压试验(p——最大工作压力,MPa)。

(7)柴油机机座紧配螺栓应不少于总数的15%,且至少不少于4只。垫块厚度应为10~75 mm,钢质垫块厚度不大于25 mm,铸铁垫块厚度不少于25 mm。

(8)发电柴油机修理后的负荷试验应尽量达到标定值。如老旧船舶有困难时,可按船舶常用最大负荷但不低于标定值的75%进行负荷试验,试验时间不少于2 h。

(9)经检修的锚机、舵机和起货设备,在效用试验前应进行不少于30 min的空转试验。

(10)校验舵机液压系统上的溢流阀、安全阀,其开启压力应不大于1.1倍的最大工作压力。

(11)空气压缩机总排量对空气启动系统应能从大气压力开始在1 h内充满所有主机启动用空气瓶。

(12)空气瓶及管系的密封性试验从充气达到工作压力后起算24 h内压力降不大于工作压力的4%,或浸入水中3 min,无漏气即为合格。

(13)空气瓶的安全阀应经校验,开启压力不超过1.1倍的工作压力,关闭压力一般不低于85%的工作压力。

设置易熔塞的空气瓶,应结合内部检验检查易熔塞的技术状况是否正常。

(14)动力管系一般按1.5倍工作压力作液压试验。管壁表面温度超过60 ℃者一般应包扎绝热材料或保护层。

2. 电气设备

(1)发电机或变换装置检修后,以在船舶各种使用工况中常用的最大负荷作为试验负荷,试验时间为1~2 h;发电机额定容量(如属可能)进行温升试验直至温升实际稳定为止,试验时间一般不少于4 h,温升不应超过规范规定的温升限值。

(2)发电机并联运行试验的负载应在总标定功率的20%至机组并联运行常用的最大负荷内变化,应能稳定运行和负荷转移。

(3)发电机的自动开关,应校核下列保护装置(包括脱扣器动作)的可靠性。

①过载保护装置。过载10%~50%,经少于2 min的延时开关应分断。建议可调定在发电机额定电流的125%~135%,延时15~30 s自动开关分断,也可按原调定值进行复核。

②并联运行的发电机的逆功率(或逆电流)保护装置调定为:

a. 柴油发电机标定功率(电流)的 8%~15%。

b. 汽轮发电机标定功率(电流)的 2%~6%。

c. 交流发电机应延时 3~10 s 动作,直流发电机应瞬时或短暂延时(少于 1 s)动作,也可按原调定值复核。

③并联运行的发电机的欠电压保护,应当在电压降低至额定电压的 35%~70%时,自动开关自动分断。

(4)电动机检修后应在机械装置常用最大负荷下试验不少于 1 h,电动机应无敲击和过热及振动现象。

(5)绕组经过拆绕的电动机,相应进行平衡、超速、耐电压及温升试验;以机械装置常用最大负荷进行温升试验,试验时间不少于 2 h。

3. 螺旋桨轴和艉轴

①检查键与艉轴的键槽及桨毂键槽的紧配情况,一般应不能插入厚度为 0.05 mm 塞尺,允许沿键槽周长的 20%局部插入。

②检查轴套的磨损,轴套减薄不应超过原厚度的 50%,填料函处不应超过 60%,轴和轴套的圆度和圆柱度不应超过规定值。

③换新铜套应进行 0.15 MPa 的水压试验,5 min 内不得渗漏。

④检查艉轴承间隙,其安装及磨损极限不应超规定值。轴承下部应无间隙,测量位置一般以距艉管端 100 mm 处为准。铁力木轴承如修理需要偏心镗孔时,铁力木厚度应不小于按正中心镗孔厚度的 80%。

⑤检查艉轴油润滑轴承的轴封装置,装复后应进行油压试验以检查密封性是否良好,试验压力为 1.5 倍的工作压力。如采用重力油柜润滑时,从泵至有回油时算起连续 3 min 内不应有任何泄漏。如属橡皮筒式端面密封,一般也不应漏油,但每分钟滴油不超过 3 滴时亦允许使用(试验时间断正倒慢慢转车)。

4. 锅炉装置

①火管锅炉烟管腐蚀,管壁减薄超过原壁厚的 50%时应换新。检查水管锅炉的水管触火面管壁情况,如管壁起泡、裂纹、穿孔或管壁减薄超过原壁厚的 40%时应换新。

②检查给水管、集合管和排污管、减温器等锅炉附件的腐蚀。管壁腐蚀超过原管壁厚度的 30%时应予换新。

③检查过热器、给水加热器管特别弯头处有无起泡、裂纹、穿孔、弯形。管子挠曲变形超过原间距的 50%或下垂超过 1.5 倍管径时应予换新。

④主、副蒸汽管管壁减薄超过原厚度的 30%时应予换新。

⑤校核锅炉安全阀的开启压力,见表 3-3。

表 3-3 锅炉安全阀开启压力

火管锅炉或工作压力小于 1 MPa 的其他锅炉	$\leqslant p + 0.05$
水管锅炉	$\leqslant 1.05p$
过热器	$\leqslant 1.02p$
给水系统	$\leqslant p + 0.5$

⑥当锅炉设计不能进行内部检验,经较大修理或验船师认为必要时应按表3-4规定的压力进行水压试验。

表3-4 锅炉水压试验压力

锅炉工作压力 p	试验压力
$p \leqslant 1$	$p + 0.25$
$1 < p \leqslant 4$	$1.25p$
$p > 4$	$1.2p + 0.2$

⑦锅炉附件、设备、主蒸汽管等需要水压试验时,应按表3-5规定的压力进行。

表3-5 锅炉附件等水压试验压力

附件名称	试验压力
上下排污阀	$2.5p$
其他锅炉附件	$2p$
过热器、经济器	$1.5p$
主、辅蒸汽管	$2p$
给水阀、过热蒸汽阀	$2.5p$

⑧锅炉升压试验。安全阀更换,改变其排汽流通面积后或验船师认为有必要时,均应进行锅炉安全阀升压试验。

试验时,锅炉给水,只需补水至足以保持安全水位的水量,在停汽阀等全部关闭的情况下充分燃烧,安全阀开启后,水管锅炉给水 7 min、火管锅炉给水 15 min,锅炉压力升高不得超过工作压力的 10%。

试验后,如不能满足要求,应考虑改变安全阀的面积或排汽通流面积。

注:《钢质海船入级规范》规定,任何安全阀的直径应不大于 100 mm,但应不小于 25 mm。

第三节 港口国监督(PSC)

一、港口国监督的由来

1978 年 3 月 17 日,利比里亚籍油船 AMOCO CADIZ 号在法国海岸搁浅,造成溢油 22 万吨的严重污染事故。这是导致巴黎港口国监督谅解备忘录产生的直接原因。

这起溢油事故造成了巨大的经济损失和不良社会影响,在强大的社会压力下,1980 年 12 月,法国海洋部长邀请西、北欧 13 个国家的有关当局的部长们召开会议,就如何加强对进入本地区的外国籍船舶实施检查进行了研究讨论,并形成了一致意见,决定对船舶的实际技术状况进行检查并采取区域性统一行动。会后由设立的工作组起草了港口国监督谅解备忘录。1982 年 1 月,13 个国家的部长们再次汇聚,在巴黎签署了该备忘录。巴黎备忘录于 1982 年 7 月 1 日正式生效实施(正式实施时为 14 国)。

1983年国际海事组织通过了第466号决议，肯定了巴黎备忘录组织对海洋环境保护和人员安全保护的贡献，基本采用了巴黎备忘录确定的原则，制定了港口国监督的程序和导则，从而以国际会议决议的形式规定了港口国监督。船舶检查由单纯的证书检查转向对船舶设备及操作的安全检查。

IMO又通过了一系列的决议，第542号和MEPC第26号以及第481号、第597号、第681号、第742号等，从而形成了一整套关于港口国监督检查程序的文件。

IMO还修正了有关国际公约，对有关监督条款做了补充和完善。1995年，国际海事组织第十九届大会又通过了第787号合并决议《港口国监督程序》，将前述一系列有关港口国监督的决议归纳合并成一个决议，以使有关内容更有条理性，也更便于操作执行。

港口国监督(Port State Control, PSC)是指港口当局根据有关国际公约规定的标准，对进入其港口的船舶实施的一种监督与控制，以确保船舶及其设备符合国际公约要求，船员配备和操作符合适用的国际规范。

通过港口国监督，纠正与消除受检船舶所存在不符合标准的缺陷，以确保船舶航行、人身和财产的安全以及保护海洋环境，促进经济贸易的发展和航运经营水平的提高。

港口国监督是对船旗国海事主管当局履约情况进行的监督和补充，是构筑船舶海上安全的第二道防线。

到目前为止，港口国检查在世界各国通行。全球成立了9个区域性港口国监督备忘录组织，它们分别是巴黎备忘录、东京备忘录、拉丁美洲协议、加勒比地区备忘录、地中海备忘录、印度洋备忘录、中西非备忘录、黑海地区备忘录和波斯湾备忘录。美国则由其海岸警备队实施独立的港口国检查。

二、港口国监督的法律依据

港口国监督的实施是基于相关国际公约的相关规定，同时港口国是这些公约的缔约国。依据所适用公约的条款规定，港口国可由检查官对抵达其港口的外国籍船舶实施检查。下列公约及其技术标准作为港口国监督的统一尺度：

①《1974年国际海上人命安全公约》及修正案，1978年和1988年议定书。
②《经1978年议定书修正的1973年国际防止船舶造成污染公约》及修正案。
③《1978年海员培训、发证和值班标准国际公约》及修正案。
④《1966年国际载重线公约》及1988年议定书。
⑤《1969年国际船舶吨位丈量公约》。
⑥《1972年国际海上避碰规则公约》及修正案。
⑦《2006海事劳工公约》及修正案。

根据上述公约要求，PSC的通常检查项目是：
①船舶证书、文件和手册。
②船体、机器和设备状态。
③有关机器、设备和仪器的使用和操作要求。
④船员设备、劳动及生活条件。

三、港口国监督程序

为了统一各港口国监督组织执行港口国监督的做法，给港口国监督检查官提供有效的实施指南,1995年11月IMO第十九届大会,通过了A.882(21)号决议,对《港口国监督程序》(Proceduers for State Control)。1999年11月,IMO第21届大会通过了A.882(21)号决议,对《港口国监督程序》进行了修改,将有关对ISM规则的监督内容纳入了监督程序。经A.882(21)决议修正(以后还可能进行相关的修正)的《港口国监督程序》已成为各港口进行PSC检查的基准文件,特别是对船舶、船舶设备以及船员方面存在缺陷的判定提供了指导性的文件。

1.《港口国监督程序》的构成

《港口国监督程序》由六章正文和九个附录构成。

（1）六章正文分别是：

第1章　总论。阐明该程序的目的、适用对象、执行、PSC适用公约、非公约成员国和低于公约要求长度的船舶的不优惠政策以及有关定义。

第2章　港口国检查(Port State Inspections)。阐明检查的一般要求、登船检查、需更详细检查的"明显理由(Clear Grounds)"、PSC检查官的专业标准、资格和培训要求,给出PSC检查官的基本程序指南。

第3章　更详细的检查。阐明更详细检查的总原则,列出"明显理由"的例子,给出船舶构造和设备要求指南、"MARPOL 73/78"附则Ⅰ和Ⅱ的排放要求指南、操作性要求的监督指南、最低配员标准要求以及有关ISM规则的PSC监督指南。

第4章　违反与滞留。内容包括低标准船的识别、缺陷资料的提交、针对低标准船舶的港口国采取补救措施的责任、船舶滞留指南、检查的中止以及缺陷纠正与解除的程序。

第5章　报告的要求。内容包括港口国报告、船旗国报告、根据MARPOL 73/78进行指控的报告。

第6章　审查程序。阐述IMO对有关缺陷和纠正措施报告的评价。

（2）九个附录分别是：

附录1——船舶滞留指南；

附录2——根据"MARPOL 73/78"附则Ⅰ进行调查和检查的指南；

附录3——根据"MARPOL 73/78"附则Ⅱ进行调查和检查的指南；

附录4——证书和文件清单；

附录4A——根据《1969年国际船舶吨位丈量公约》进行港口国监督的指南；

附录5——符合PSC程序的检查报告格式；

附录6——对缺陷未全部纠正或仅作临时性修理的报告格式；

附录7——通知下一港口当局采取行动的报告格式；

附录8——违反"MARPOL 73/78"的PSC报告形式；

附录9——船旗国对缺陷报告所做的评述。

2.《港口国监督程序》的用语定义

①明显理由(Clear Grounds)：船舶及其设备或其船员有实质上不符合有关公约要求的证据,或船长或船员不熟悉涉及船舶安全或防污染的基本的船舶操作程序等。

②缺陷(Deficiency)：被发现并不符合有关公约要求的状况。

③滞留(Detention)：当船舶或船员存在实质上不符合适用公约要求时,港口国为保证船舶只有在不会对船舶或船上人员构成危险或不会对海上环境造成损坏威胁时,方可开航所采取的干涉行动。

④检查(Inspections):登船查验有关证书、文件的有效性以及船舶、设备和船员的总体状况。

⑤更详细检查(More Detailed Inspection):当有明显证据相信船舶条件、船舶设备和船员存在实质上不符合证书项目时所进行的检查。

⑥PSC检查官[Port State Control Officer(以下简称检查官或PSCO)]:经有关公约缔约国的主管机关正式授权执行港口国监督检查,并只对缔约国负责的人员。

⑦停止作业(Stoppage of an Operation):由于船舶存在单个或几个被识别的缺陷,船舶继续进行作业将导致危险而对继续进行此项作业的正式禁止。

⑧低标准船(Substandard Ship):其船体、机器、设备或操作安全方面存在实质性低于有关公约要求的标准,或者实际配员不符合安全配员文件的船舶。船体、机器、设备或操作安全性实际上低于相应公约规定的标准,或者船员不符合最低安全配员证书的船舶。

⑨有效证书(Valid Certificates):由缔约国直接签发或缔约国组织代其签发的符合相应公约的证书;证书包括准确和有效的日期,符合相应公约的规定,并载明船舶、船员和设备的细节。

3. 采取更详细检查的"明显理由"

①缺少公约要求的主要设备或设施。

②检查时,船舶证书或被发现一张或几张明显失效。

③船舶未携带、未保持或不正确保持船舶各种日志、手册或公约和要求的其他文件。

④根据PSCO的总体印象和观察,发现船体或结构严重受损或存在重大缺陷可能对船体结构、水密或风雨密的完整性构成危险。

⑤由PSCO的总体印象和观察发现:船舶在安全、防污或航行设备方面存在严重缺陷。

⑥船长或船员不熟悉与船舶安全或污染有关的船上基本操作或这些操作未被执行的信息或证据。

⑦有迹象表明主要船员之间或主要船员与船上其他人员之间不能够相互交流。

⑧缺少最新的应变部署表、防火控制图和客船破损控制图。

⑨错误遇险报警信号不能根据适当的取消程序停止发出。

⑩收到的报告或投诉中含有船舶处在低标准状态的信息。

4. 更详细的检查

如果船舶未携带有效证书;或者PSCO对船舶的总体印象或观察,有明显理由认为船舶或设备的状况与证书的细节有重大不符;或者船长不熟悉船上的主要操作程序,应进行更详细的检查。

"更详细检查"的内容分为五大部分:船舶构造和设备要求指南;"MARPOL 73/78"附则Ⅰ和附则Ⅱ排放要求指南;操作性要求指南;最低配员标准和证书;与ISM相关的PSC指南。这些指南用于指导PSCO的行动,也便于船员掌握"更详细检查"的重点,促使船方充分重视并改善船舶的安全管理状况。

1)"船舶构造和设备要求指南"中的更详细检查的项目

(1)船舶结构

①PSCO对船体保养和甲板基本状况,以及梯道、栏杆、管路、盖板状况和腐蚀或麻点锈蚀区域等的印象,将影响其决定是否要对船舶结构进行最大可能的检查。重要区域的损害或腐

蚀，或各层甲板和船体的板材及其相关的扶强材的点锈会影响船舶适航性或局部强度，可能导致船舶的滞留，也有可能需要检查船体水下部分。

当磨耗超出许可值时，PSCO 应根据船舶的适航性而非船龄做出决定。不影响适航性的损坏，或者为驶往永久性修理港口，已对损害做了有效的临时性修理，都不应作为滞留船舶的依据。

②PSCO 应特别注意散货船或货船或油船的结构完整性和适航性，并根据船舶检验报告对该类船舶的结构安全做出评估。该类检验报告应包括结构检验报告、状况评估报告（主管机关签署并译成英文）、测量报告和检验计划等文件。

③如果检验报告显示有必要进行船舶结构的更详细或根本没有这样的报告时，PSCO 应特别注意船体结构、货油舱或货船管路系、泵舱、空舱、管隧、货物区域的隔离舱和压载舱。

④对散货船，PSCO 应检查货舱主要结构是否存在明显未经允许的修理。

（2）机器处所

①PSCO 将对主辅机械和电器设备的状况（如能否为推进和辅助机械提供连续、足够的电力）进行评估。

②在对机器处所的检查中，PSCO 将对保养状况形成印象。速闭阀拉线损坏或断开，延展控制杆或机械的脱扣装置未连接或无法使用，阀门手轮丢失，长期形成的蒸汽、水和油泄漏的痕迹，舱面和污水井污染或机器底座过度锈蚀等可作为系统维护工作管理不善的例证。大量临时性修理，包括管子的切断或水泥箱等，均被视为不愿进行永久性修理。

③尽管不作为性能试验时无法确定机械的状况，但对泵密封圈泄漏、水位表玻璃不洁、压力表失灵、释放阀锈蚀、安全或控制装置或未连接、柴油机扫气箱或曲轴箱释放阀反复动作的迹象、自动设备和报警系统装置工作失常或不工作、锅炉壳体或烟道等的一般缺陷将导致轮机日志的检查和对机器故障、事故记录的调查，并要求机器作运转试验。

④如果一台发电机无法投入运作，PSCO 应调查供电量是否能维持主要设备和应急设备的工作，并应进行试验。

⑤如发现存在明显疏忽的证据，PSCO 应扩大调查范围，包括主、辅机布置，舱机布置，超速切断，断路器等。

必须强调：以上一项或多项缺陷的出现，可作为低标准状况的线索，实际的综合状况应根据具体情况进行专门判断以便做出低标准结论。

（3）载重线的核定

在 PSCO 做出不需要船体检查的结论后，但是也可根据甲板上观察到的如舱口盖关闭设备障碍、腐蚀的空气管和通风管壁等缺陷项目，仔细检查载重线的核定条件，并特别注意关闭装置、甲板排水设施及与船员保护有关的布置等。

（4）救生设备

救生设备的有效性很大程度上取决于良好的维护保养和在定期操练中的使用情况。除了未按公约要求配置设备或如救生艇破损等明显缺陷外，PSCO 还应查找是否存在救生艇筏释放装置废置（不使用）或障碍，包括油漆积聚、支点锈死、缺少润滑、艇筏错误捆绑、甲板货物的存放或捆绑妨碍艇筏降落装置等。

上述缺陷迹象，将成为 PSCO 决定对所有救生设备进行详细检查的依据。此检查可包括降落救生艇、查核救生筏的定期检查记录、救生衣和救生浮具的数量和状况，并确认烟火信号弹的有效期。该检查应重点集中在安全弃船方面，但特殊情况下可进行船舶设备安全证书的全部检查。有效的外部照明的配备和完好性、船员和旅客的报警手段及通往集合地点、登艇位置路线的照明配备等应是检查的重点。

(5) 防火安全

①消防和甲板冲洗管路及龙头状况差、居住处所消防皮龙和灭火器丢失等可能成为需要仔细检查所有防火安全设备的原因。除了应符合公约的要求，PSCO 将查找比日常更易发生火灾的隐患，这常见于机器处所不清洁。这种迹象和固定或手提灭火器设备的严重缺陷可能导致船舶被定为低标准船舶。

②PSCO 将检查船舶防火控制图，以了解船舶防火措施概况，并根据建造日期考虑其是否符合公约要求。

③防火门不易操作会加速火势蔓延。PSCO 将检查在主要区域舱壁上、封闭梯道及易失火区（如主要机器处所、厨房等）的防火门的操作性能和固定装置，并特别注意开敞位置的门。火情的另一威胁是通过通风系统蔓延的烟，可检查部分防火、阻烟挡板位置以确定其操作性。确认通风机能在总控站予以停止且通风系统的主进风口和主出风口装有关闭装置。

④确保脱险通道的有效性，注意重要的门不得锁闭，通道和梯道不得堵塞。

(6) 其他更详细检查的项目

其他更详细检查的项目有：海上避碰规则、货船构造安全证书、货船无线电安全证书以及公约或船旗国要求以外的设备。

2) "操作性要求"中更详细检查的项目

(1) 应变部署表

①PSCO 可查证船员是否清楚他们在应变部署表中的任务。

②PSCO 可查证应变部署表一张贴在全船，包括驾驶台、机舱和船员居住处等的明显位置。在查证应变部署表是否符合规定时，PSCO 可证实是否：

a. 应变部署表指明了划分给不同船员的任务。

b. 应变部署表指明了哪些高级船员负责对救生和消防设施进行维护，使其处于良好状态和随时可用。

c. 考虑到不同紧急情况要求采取不同行动，应变部署表指明了某些关键船员一旦不能工作后的替代人员。

d. 应变部署表指明了紧急情况下负责旅客的船员的任务。

e. 船上所用的应变部署表已被认可。

③PSCO 可要求提供当前船员名单以查证应变部署表是否最新，其他如安全配备证明等也可作为依据。

④PSCO 可查证分派非救生艇、筏上指定船员的任务是否符合要求，并且查证每一救生艇、筏都有一位甲板部的高级船员或持证人员负责。然而，船旗国主管机关充分考虑航线特点、船上人员数目和船舶特点之后，可允许救生筏的管理和操作人员代替上述人员负责救生筏。救生艇的第二指挥人必须指明。

⑤PSCO 可查验船员是否熟悉应变部署表中所分派的任务和执行各自任务时的地点。

(2) 消防演习

①PSCO 可现场观看按应变部署表分派了相关任务的船员进行的演习。在同船长协商后，可以选择船上一个或多个位置模拟火灾，一个船员可派往上述位置起到火警系统或采用其他方式发出警报。

②PSCO 将观察灭火船员到达模拟火灾现场、操作设备和扑灭模拟火灾的情况；观察参加灭火船员是否能正确地穿戴和使用消防设备，并确信装置齐全。PSCO 应通过选择一个船员作为模拟伤员，检查船员对人员伤害的反应，观察传话情况、担架和医疗队的响应，证实能正确救护伤员。

③演习应尽可能按真实紧急情况进行。

④被指派承担与消防演习有关的其他职责的船员，如应急发电机、二氧化碳室、喷水器和应急消防泵的船员，也应参与演习。要求这些船员解释他们的职责并如有可能时演示其熟练性。

⑤在客船上，应特别注意分派负责关闭手动门和挡火板的船员完成任务情况。分派协助旅客的船员应至少能够告知并指引旅客到正确的集合和登艇的位置。

(3) 弃船演习

①在同船长协商后，PSCO 可以要求一只或多只救生艇筏的弃船演习。

②演习应尽可能按真实紧急情况进行。

每次弃船演习应包括：

a. 用报警系统、有线广播或其他通信系统通知演习，将乘客和船员召集到集合地点，并确保他们了解弃船命令。

b. 向集合地点报到，并准备执行应变部署表中所述的任务。

c. 查看乘客和船员的穿着是否合适。

d. 查看是否正确地穿好救生衣。

e. 在完成任何必要的降落准备工作后，至少降下一艘救生艇。

f. 启动并操作救生艇发动机。

g. 操作降落救生筏所用的吊筏架。

h. 模拟搜救几位被困于客舱中的乘客。

i. 介绍无线电救生设备的使用。

③如果演习时降放的救生艇不是救助艇，也应降放救助艇，计及最短登乘和降放时间。

④每一救生艇、筏均应以连续可用状态存放，以便两名船员可在不到 5 min 内做好登乘和降放准备。

⑤在客船上，要求所有救生艇和用吊架降放的所有救生筏能够在 30 min 内完成降落。

⑥在货船上，要求所有救生艇和用吊架降放的所有救生筏能够在 10 min 内完成降落。

(4) 机械操作

①PSCO 可查证船舶负责人员是否熟悉他们职责中与下列重要机械设备有关的操作：应急和备用电源；辅助舵机；舱底水泵和消防水泵；紧急情况下任何其他重要设备。

②PSCO 可查证船舶负责人员对以下内容是否特别熟悉：

a. 应急发电机：启动原动机前的必要行动；依据启动动力源不同，原动机可能有不同启动方式和原动机第一次起动失败后的程序。

b. 备用发电机原动机：手动或自动启动备用原动机的可能性；全船断电程序和负载分配系统。

③PSCO 可查证船舶负责人员是否熟悉：

a. 本船的辅助舵机是何种型号。

b. 怎样表明哪台舵机正在工作。

c. 怎样才能使辅助舵机投入运转。

④PSCO 可查证船舶负责人员对以下内容是否特别熟悉：

a. 舱底水泵：船上舱底泵（包括应急舱底泵）的数量和位置；所有舱底泵的启动程序；适当的操作阀件；舱底泵运转故障的最可能的原因和可能的补救措施。

b. 消防水泵：船上消防泵（包括应急消防泵）的数量和位置；所有消防水泵的启动程序。适当的操作阀件。

⑤PSCO 可查证船舶负责人员是否特别熟悉：

a. 救生艇和/或救助艇发动机的启动和维护。

b. 通常在驾驶台控制的系统的现场控制程序。

c. 无线电设施的应急电源和完全独立电源的使用。

d. 电瓶的维护程序。

e. 应急停止装置、探火系统和报警系统的工作和水密门、防火门的操纵。

f. 主、辅机冷却水系统和滑油系统从自动变为手动控制的切换。

(5) 机器处所的油和油类混合物

①PSCO 在考虑到下述因素的情况下，可查证是否符合"MARPOL 73/78"附则Ⅰ的所有操作的要求：产生的残油量；渣油和舱底污水储存柜的容量；油水分离器的处理能力。

②应检查油类记录簿。PSCO 可查证是否使用了接收设施和这些设施的使用情况的记录是否有不当之处。

③PSCO 可查证责任船员是否熟悉渣油和舱底水的处理。可查证污油柜剩余空间是否足以存储下一航程产生的污油。对免除"MARPOL 73/78"附则Ⅰ第16(1)和(2)条要求的船舶 PSCO 可核实所有的含油舱底水是否保持在船上并随后排放到岸上接收设施。

3) "最低配员标准和证书" 更详细检查项目

(1) 配员检查

①如果船舶的配员符合船旗国签发的安全配员证明或等效证明的规定，PSCO 应承认船舶已安全配员。除非这种证明明显没有根据有关公约的原则签发。

②如果实际船员数量或构成不符合配员证明的规定，港口国应要求船旗国对是否允许船舶在此船员数量或构成下航行一事提出意见。这样的要求和答复应采用适当方式并且任一方可要求书面形式沟通。如果实际船员数量或构成未符合安全配员证明的规定或船旗国未对船舶是否能够航行提出意见，可以考虑滞留该船。

③如果船舶未携带安全配员证明或等效文件，港口国应要求船旗国指明要求的船员数及其构成并尽可能快地签发一份证明。

(2) 根据"STCW 公约马尼拉修正案"的规定进行的 PSC 检查

①核查在船上服务应持有证书的所有船员具有适当的证书或有效免除，或提供书面证明其申请已提交船旗国主管机关。

②核查在船上服务的海员的数量和证书符合船旗国主管机关的安全配员要求。

③如果由于发生了下列事件而有明显理由相信未符合该公约规定的值班标准，将对船上海员的能力进行评估：

a. 船舶涉及碰撞、搁浅或触礁。

b. 船舶在航行中、锚泊点或码头排放了违反国际公约的物质。

c. 船舶以错误的或不安全的方式进行操纵，未遵循 IMO 通过的航线确定措施或安全航行操作规程和程序。

d. 船舶操纵不当,以致对人员、财产或环境构成危险。

4)"与 ISM 相关的 PSC"更详细检查项目

(1) PSCO 应检查公司的 DOC 证书副本和 SMC 证书,除非公司持有合法的 DOC 证书,否则船舶的 SMC 证书将被视为非法。PSCO 特别注意此船型是否包括在 DOC 证书中并且注意 DOC 证书和 SMC 证书中的公司详情是否一致。

(2) 在检查船舶证书文件时, PSCO 应意识到:

① 当前有效的 DOC 证书是每年签署的,一般在所签发的公司保存,而保存在船上的 DOC 证书副本不一定能够反映出每年签署的情况。

② 如果船舶存在明显理由,将会执行对 SMS 的更详细检查。明显理由包括 ISM 证书的缺少或不准确或者在其他方面的滞留缺陷(或多个非滞留缺陷)。

③ 当执行更详细检查时, PSCO 可能会提出(但不限于此)以下问题以确定满足 ISM 规则程度(以下括号内为 ISM 规则的条款)。

a. 公司是否制订安全和环境保护政策,并且船员是否熟悉此政策?(2.2)

b. 安全管理文件(手册)是否保存在船上?(11.3)

c. 相关 SMS 文件是否使用工作语言或船员理解的语言?(6.6)

d. 船上高级船员能否明确管理公司并且相应的公司在 ISM 证书中说明?(3)

e. 船上高级船员能否明确"指定人员"?(4)

f. 遇有紧急情况,是否建立和保持与岸上管理人员联系的程序?(8.3)

g. 船上是否保存准备应急行动的演习和训练的程序?(8.2)

h. 如果新船员刚刚上船,如何保证他们能够熟悉自己的职责和开航前的指示?(6.3)

i. 船长能否提供文件形式的证据以说明其职责和权力,其中包括其越权处置的权力?(5)

j. 是否将不合格报告给公司,并且采取适当的纠正措施?(9.1/9.2)

k. 船舶是否进行日常保养并记录?(10.2)

PSCO 应把 SMS 的缺陷记入检查报告。如有必要,港口国主管机关应将 SMS 的缺陷通知船旗国。若为严重不合格的 SMS 缺陷必须在开航前确认改正。

5. 低标准船的识别

(1)一般情况下,如果船舶的船体、机械、设备或操作安全性确实低于相应公约规定的标准,或其船员配备不符合船舶最低安全配员证明的要求,则该船被认定为低标准船。例如:

① 缺少公约所要求的主要设备或布置。

② 设备或布置不符合公约的有关要求。

③ 由于诸如管理维护不善造成的船舶或其设备的实质性受损。

④ 船员操作技能欠缺或对主要操作程序不熟悉。

⑤ 船员配备不足或船员证书不适当。

(2)如果这些明显原因的总体或单个使船舶不适航和使船舶、船上人员的生命处于危险,或如果让船舶开航可对海上环境构成过高的危害,此船应认定为低标准船。

(3)根据相应公约的要求缺少有效证书将是船舶低标准的明显证据,是做出滞留船舶决定对其检查的依据。

6. 船舶滞留指南

港口国监督程序附录 I 的"船舶滞留指南",用于帮助 PSCO 做专业判断,但其滞留标准和滞留缺陷有助于船方有重点地自查和及时纠正,从而避免船舶被滞留。

1) 主要标准的应用

(1) 当发现的缺陷是否足够严重以致可以滞留船舶做判定时,PSCO应评估:

①船舶相关的证书是否有效。

②船舶配员是否满足"最低安全配员证书"的要求。

(2) 在检查中,PSCO应进一步评估船舶和/或船员在即将开始的航行中是否能够:

①航行安全。

②安全处理、承运和监控货物状况。

③确保机舱安全操作。

④维持正常的推进和操纵。

⑤必要时船舶任何部位的有效灭火。

⑥迅速安全地弃船和必要时的有效救助。

⑦防止环境污染。

⑧保持足够的稳性。

⑨保持足够的水密完整性。

⑩必要时遇险情况下的通信。

⑪在船上提供安全和卫生的条件。

(3) 如果上述评估的任何结果是否定的,考虑到所有已发现的缺陷,应强烈地认为该船应被滞留。多项不太严重的缺陷的组合也可能导致船舶滞留。对离港开航不安全的船舶,不论该船将在港停留多久,在第一次检查时,就应对其滞留。

2) 一般情况

缺少要求的有效证书是滞留船舶的充分根据。

3) 可导致船舶滞留的缺陷

为协助PSCO使用该指南,下面按相关公约或规则分类列出了缺陷,这些缺陷都是比较严重可以导致船舶滞留。

(1) 依据SOLAS公约

①推进机械和其他主要机械以及电气装置不能正常工作。

②机舱不够清洁、舱底油污水过多,包括机舱中排气管的管系绝热层表面被污染、舱底水泵系不能正常工作。

③应急发电机、应急照明、应急蓄电池组和开关不能正常工作。

④主、辅操舵装置不能正常工作。

⑤个人救生设备、救生筏和起落装置数量不足或严重损坏。

⑥探火系统、报警系统、消防设备、固定灭火设施、通风阀、挡火板、速闭装置等缺少、不符合使用要求或严重受损以致不能满足预定用途。

⑦油船货舱甲板区域防火设施没有、严重损坏或不能正常工作。

⑧号灯、号型或号声没有、不符合要求或严重损坏。

⑨用于遇险和安全通信的无线电设备没有或不能正常工作。

⑩航行设备没有或不能正常工作。

⑪针对计划航线,缺乏所需的经改正过的海图和/或所有其他航海出版物,但可考虑用电子海图替代(传统)海图。

⑫货油泵舱没有采用无火花型排气风机。
⑬操作性要求方面存在严重缺陷。
⑭船员数量、构成或证书不符合安全配员文件的要求。
⑮未按 A.744（18）决议实施加强检验计划。
（2）依据"国际散化规则"（IBC 规则）
①运输"适装证书"中未列出的货物或没有所运货物资料。
②高压安全装置没有或已损坏。
③电气装置为非安全型设计或不符合规则要求。
④危险场所存在火源。
⑤违反操作特殊要求。
⑥货舱装载量超过最大允许装货量。
⑦对敏感货物缺乏足够的隔热防护。
（3）依据"国际液化气船规则"（IGC 规则）
①装运"适装证书"中未列出的货物或没有所运货物资料。
②起居处所、服务处所缺少关闭装置。
③舱壁不气密。
④空气闸失效（开敞露天甲板上的气体危险区域与气体安全处所之间仅允许设空气闸；空气闸由两扇间距 1.5~2.5 m，能确保气密的钢质门组成；门是自闭的，无任何门背扣装置；空气闸处所两端有声光报警系统；空气闸处所机械通风；应监控空气闸处所内的货物蒸气）。
⑤速闭阀没有或失效。
⑥安全阀没有或失效。
⑦电气装置为非安全型设计或不符合规则要求。
⑧货物区域通风设施无法工作。
⑨货舱压力报警器失效。
⑩气体探测装置和/或有毒气体探测装置失效。
⑪运输防爆货物而无防爆证书。
（4）依据"载重线公约"
①重要区域损坏或锈蚀，或影响适航性或甲板及船体上承受局部负荷的板材及其相关强材的麻点状锈蚀，除非已采取了经认可的临时性修理以便开往下一个港口做永久性修理。
②稳性不足。
③缺少经认可的足够和可靠的资料，使船长迅速和简单地安排船舶的装载和压载，并保持船舶在航程的各个阶段及航行条件变化时，具有安全的稳性余量和避免船体结构产生过大应力。
④关闭设施、舱口关闭装置和水密/风雨密门缺少、严重腐蚀或失效。
⑤超载。
⑥吃水和/或载重线标志没有或无法辨认。
（5）依据 MARPOL 公约附则 I
①油水分离设备、排油监控系统和 15ppm 报警装置没有、严重腐蚀或不能正常工作。
②污油水舱或渣油柜的剩余舱容不能满足计划航程的污油存放。
③未能出示油类记录簿。

④设有未经认可的排放旁通管路安装了未经认可的旁通排放。
⑤MARPOL 公约附则Ⅰ要求的检验报告(CAS 报告):没有或不满足要求。
(6)依据 MARPOL 公约附则Ⅱ
①没有"程序和布置手册"。
②货物未经分类(如拟散装运输某种"MARPOL 73/78"附录Ⅱ和附录Ⅲ中未包括的物质时,应按程序进行评定其临时类别)。
③未能出示货物记录簿。
④不满足运输类油物质的要求。
⑤设有未经认可的排放旁通管路。
(7)依据 MARPOL 公约附则Ⅴ
①没有垃圾管理计划。
②没有垃圾记录簿。
③船舶相关人员不熟悉垃圾管理计划中垃圾处置等相关要求。
(8)依据 STCW 公约
①船员未持有证书或持证不符、无有效免除或不能提供已提交船旗国当局申请签署的证明文件。
②不符合船旗国政府规定适用的最低安全配员要求。
③驾驶或轮机值班安排不符合主管机关针对该船舶制订的要求。
④值班人员不具备操作有关安全航行、安全无线电通信或防止海洋污染等主要设备的资格或能力。
⑤不能安排业已充分休息而适于值班的人员作为在航次开始时的首次值班人员和随后的接班人员。
(9)依据 ILO"商船最低标准公约"
①没有充足的食物以航行到下一港口。
②没有充足的饮用水以航行到下一港口。
③船上卫生状况太差。
④当船舶航行在气温过低的海域时居住处所无供暖。
⑤在通道、居住处所存在过多的垃圾、设备或货物等阻碍人员通行或其他不安全的状况。
(10)依据 ISM 规则
①安全管理体系是船舶进行正常运作的程序化的必要条件,包括但不限于以下内容:预防性维护保养,航行程序,加油作业,应急准备,防污染措施,技术系统,操作以及通信程序。由此可见,大量的缺陷都归结于一些没有按照标准化程序执行或程序不当。因此,如有故障发生,船舶或公司必须纠正缺陷并且评审体系文件以确保正确实施程序。
②如船舶被发现存在安全管理体系问题时,该船舶应被考虑滞留并要求做附加审核;如发现体系明显有疏漏,船舶应能提供真实的符合证据才能被考虑进港;如对公司方面存在疑问,则应要求船旗国政府立即对公司涉及有疑问的文件进行附加审核。
(11)依据 ISPS 规则
①缺少 ISSC 或临时 ISSC 证书,或 ISSC/临时 ISSC 证书过期(拒绝进港或驱逐出港)。
②缺少经过认可的船舶保安计划或保安计划不完整(拒绝进港或驱逐出港)。
③缺少经任命的船舶保安员(拒绝进港或驱逐出港)。

④船舶保安员无法胜任船舶保安的职责(可拒绝进港或驱逐出港)。
⑤船员有反常现象(例如工作能力差、非法人员、人员超编、文件不全等)可拒绝进港或驱逐出港。
⑥到港信息不完整或不正确(可拒绝进港或驱逐出港)。
⑦有证据显示船舶的安全设备、文件或布置存在严重的缺陷。
⑧船长或船员不熟悉重要的保安程序。
⑨船员无法与负责保安的人员建立通信联系。
⑩船舶安全报警系统不能使用。
⑪在需要时或在各方之间达成一致后未做保安声明(延滞船舶)。
⑫未配备货物处理保安程序(限制操作/延滞进入/驱逐出港)。
⑬监控措施不力,比如乘客进出控制和乘客行李看管不力(限制操作/延滞进入/驱逐出港)。

(12) 其他

有些不会导致船舶滞留,但会使货物操作停止,如:未对惰性气体系统、货物装卸货设备进行正常操作或维护,将被视为停止货物操作的充分证据。

四、实施港口国监督的有关规定

1. 优先检查的船舶

(1) "巴黎备忘录"优先检查的船舶

不论船舶目标因素值如何,以下船舶将被考虑为优先检查对象:
①引航或港口当局报告,存在影响安全航行缺陷的船舶。
②装载危险或污染货物时,未按要求进行报告的船舶。
③被港口当局通报的船舶。
④被相关方(船长、船员,任何与船舶安全有关的人或组织)就船上生活和工作环境或船舶防止污染进行投诉的船舶。
⑤曾有下列情况的船舶:
A. 在航行途中发生了碰撞、搁浅。
B. 被控告违反了有害物质和污水排放的相关规定。
C. 进行不安全方式的操纵或未遵守安全航行程序的情况。
D. 进行了其他的不当操作,以致威胁到人员、财产、环境。
⑥在先前的 6 个月内,因安全原因船舶证书被其船级社暂停或取消。
⑦未在 SIReNaC 信息系统中出现的船舶。

(2) 亚太备忘录优先检查的船舶

不论船舶目标因素值如何,有下列情况的船舶将被作为优先检查的对象:
①被港口当局通报的船舶。
②被相关方(船长、船员,任何与船舶安全有关的人或组织)就船上生活和工作环境或船舶防止污染进行投诉的船舶。
③要求在规定期限内消除缺陷的船舶。
④引航或港口当局报告,存在影响安全航行缺陷的船舶。
⑤装载危险或污染货物时,未按要求进行报告的船舶。

⑥船舶被滞留后,未得到港口国允许,擅自开航的船舶。
⑦PSC委员会公布的优先检查的船舶种类。

2. PARIS MOU 港口对船舶的扩大范围检查

(1)扩大检查适用于下列船舶类型:
①3 000 总吨以上且船龄 15 年以上的油船。
②船龄 12 年以上的散货船。
③船龄 15 年以上的客船。
④船龄 10 年以上的化学品和气体运输船。

(2)对于满足上述条件的船舶,应在抵达 PARIS MOU 港口的 3 天前通知港口当局。

若航程短于 3 天,则应在离开上一港口前通知。因 PARIS MOU 各成员间的通知安排不一样,船东应向他们的港口代理进行核实。应该注意,如果未及时通知相关信息,可能会导致船舶为了完成扩大检查而使船期被延误。

(3)对于目标因素值为 7 或以上的船舶,在船舶离港前将要求完成一次扩大检查。若因船舶在港停靠时间短等原因,扩大检查将在 PARIS MOU 的下一港口进行。

(4)对于目标因素值低于 7 的船舶,通常不需要接受扩大检查,但船舶应按照(2)的要求通知 PARIS MOU 的港口,直到目标因素值达到 7 并完成了一次扩大检查。

①除了例行的检查项目外,扩大检查至少包含以下项目:
a. 全船断电和应急发电机的启动。
b. 检查应急照明。
c. 应急消防泵连同连接在消防总管上的两个消火栓的操作。
d. 舱底泵操作。
e. 水密门的关闭。
f. 一舷救生艇降落至水面。
g. 锅炉、通风和燃油泵等的遥控应急切断装置的试验。
h. 主、辅操舵装置的试验。
i. 无线电设备的应急电源的试验。
j. 油水分离器检查并尽实际可能进行试验。

②油船、散货船、化学品和气体运输船和客船:除基本项目外,还另有各自的附加检查项目。

3. 缺陷纠正代码说明

(1)东京备忘录组织(TOKYO MOU)
TOKYO MOU 缺陷纠正代码说明,见表 3-6。
(2)巴黎港口国监督谅解备忘录(PARIS MOU)
PARIS MOU 缺陷纠正代码自 2003 年 2 月 1 日起开始使用,详见表 3-7。

表 3-6 TOKYO MOU 缺陷纠正代码说明

缺陷纠正代码	具体要求	港口国监督代码	具体要求
10	缺陷已纠正	40	通知下一港
15	缺陷在下一港纠正	45	在下一港纠正滞留缺陷
16	缺陷在 14 天内纠正	50	通知船旗国/领事机构
17	缺陷在开航前纠正	55	咨询船旗国
18	3 个月内纠正不符合项	70	通知认可组织
19	开航前纠正严重不符合项	80	临时替代设备
30	滞留缺陷	85	调查违规排放
36	在跟踪滞留的前提下,准许开航	95	签发警告信
99	其他(详细说明)	96	撤销警告信

表 3-7 PARIS MOU 缺陷纠正代码说明

代码		具体内容
A	滞留	缺陷滞留
B	纠正	缺陷纠正
C	开航前	开航前纠正
D	下一港	下一港纠正(非滞留项目)
E	14 天内	14 天内纠正(非滞留项目)
F	船级条件	按同意的船级条件
G	3 个月	3 个月内消除(ISM 非滞留缺陷)
H	严重 NC	开航前消除严重 NC(ISM 滞留缺陷)
I	修理港	修理港消除(滞留缺陷)
J	临时修理	临时修理
K	通知船旗国	通知船旗国
L	签发警告信	签发警告信
M	撤销警告信	撤销警告信
N	操作中止	禁止继续某项操作
O	临时替代	设备的临时替代
P	其他	特别情形下
Q	修理港	修理港消除滞留缺陷

第四节　中华人民共和国船舶监督规则

一、船旗国监督(FSC)概述

船旗国监督(FSC)是指船舶所悬挂国旗的国家政府机构对船舶进行的安全检查。

船旗国海事主管机关或机构对本国籍船舶进行管辖和监督,不仅是国家法规的强制性规定,而且是有关国际公约赋予缔约国政府的法律义务。《1982年联合国海洋法公约》规定:船旗国应对悬挂其国旗的船舶有效地行使行政、技术及社会事项上的管辖和监督。SOLAS公约规定:缔约国无论采取何种方式,都应充分保证船舶检验和检查的全面性和有效性,保证船舶及其设备在各方面都适合该船预定的用途。MARPOL公约、STCW公约、MLC 2006等国际公约,也都在各自的条文中要求各缔约国政府实施船旗国管辖权,以保证悬挂其国旗的船舶遵守公约的要求,这种管辖权包括船舶安全检查的实施。因此,船旗国监督的依据是国际海事公约,国际劳工组织(ILO)的有关公约,船旗国国家的法律、法规等。

随着港口国检查的日趋严格,各船旗国政府为了在各个PSC检查网络中提高自己的声誉,或者撤销在PSC网络中的"黑名单",都加大了对船舶的检查力度,有些国家政府的检查甚至超过了港口国监督。

为了保障水上人命、财产安全,防止船舶造成水域污染,规范船舶安全监督工作,根据《中华人民共和国海上交通安全法》《中华人民共和国海洋环境保护法》《中华人民共和国港口法》《中华人民共和国内河交通安全管理条例》《中华人民共和国船员条例》等法律法规和我国缔结或者加入的有关国际公约的规定,制定了《中华人民共和国船舶安全监督规则》,自2017年7月1日起施行。根据2020年3月16日交通运输部《关于修改〈中华人民共和国船舶安全监督规则〉的决定》进行了部分修正,自2020年6月1日起施行。

二、《中华人民共和国船舶安全监督规则》主要内容

1. 本规则适用于对中国籍船舶和水上设施以及航行、停泊、作业于我国管辖水域的外国籍船舶实施的安全监督工作。

本规则不适用于军事船舶、公安船舶、渔业船舶和体育运动船艇。

2. 本规则所称船舶安全监督,是指海事管理机构依法对船舶及其从事的相关活动是否符合法律、法规、规章以及有关国际公约和港口国监督区域性合作组织的规定而实施的安全监督管理活动。船舶安全监督分为船舶现场监督和船舶安全检查。船舶现场监督,是指海事管理机构对船舶实施的日常安全监督抽查活动。船舶安全检查,是指海事管理机构按照一定的时间间隔对船舶的安全和防污染技术状况、船员配备及适任状况、海事劳工条件实施的安全监督检查活动,包括船旗国监督检查和港口国监督检查。

3. 船舶安全监督管理遵循依法、公正、诚信、便民的原则。

4. 交通运输部主管全国的船舶安全监督工作。交通运输部海事局统一负责全国船舶安全监督工作,各级海事管理机构按照职责和授权开展船舶安全监督工作。

5. 中国籍船舶在我国管辖水域内航行应当按照规定实施船舶进出港报告。船舶应当在预计离港或者抵港4小时前向将要离泊或者抵达港口的海事管理机构报告进出港信息。航程不

足4小时的,在驶离上一港口时报告。船舶在固定航线航行且单次航程不超过2小时的,可以每天至少报告一次进出港信息。船舶应当对报告的完整性和真实性负责。

船舶报告的进出港信息应当包括航次动态、在船人员信息、客货载运信息、拟抵离时间和地点等。船舶可以通过互联网、传真、短信等方式报告船舶进出港信息,并在船舶航海或者航行日志内作相应的记载。

6.船舶现场监督的内容包括:
①中国籍船舶自查情况;
②法定证书文书配备及记录情况;
③船员配备情况;
④客货载运及货物系固绑扎情况;
⑤船舶防污染措施落实情况;
⑥船舶航行、停泊、作业情况;
⑦船舶进出港报告或者办理进出港手续情况;
⑧按照相关规定缴纳相关费税情况。

船舶安全检查的内容包括:
①船舶配员情况;
②船舶、船员配备和持有有关法定证书文书及相关资料情况;
③船舶结构、设施和设备情况;
④客货载运及货物系固绑扎情况;
⑤船舶保安相关情况;
⑥船员履行其岗位职责的情况,包括对其岗位职责相关的设施、设备的维护保养和实际操作能力等;
⑦海事劳工条件;
⑧船舶安全管理体系运行情况;
⑨法律、法规、规章以及我国缔结、加入的有关国际公约要求的其他检查内容。

7.海事管理机构应当按照船舶安全监督的内容,制定相应的工作程序,规范船舶安全监督活动。海事管理机构完成船舶安全监督后应当签发相应的《船舶现场监督报告》《船旗国监督检查报告》或者《港口国监督检查报告》,由船长或者履行船长职责的船员签名。《船舶现场监督报告》《船旗国监督检查报告》《港口国监督检查报告》一式两份,一份由海事管理机构存档,一份留船备查。

8.船舶现场监督中发现船舶存在危及航行安全、船员健康、水域环境的缺陷或者水上交通安全违法行为的,应当按照规定进行处置。发现存在需要进一步进行安全检查的船舶安全缺陷的,应当启动船舶安全检查程序。

9.海事行政执法人员在船舶安全监督过程中发现船舶存在缺陷的,应当按照相关法律、法规、规章和公约的规定,提出下列处理意见:
①警示教育;
②开航前纠正缺陷;
③在开航后限定的期限内纠正缺陷;
④滞留;
⑤禁止船舶进港;

⑥限制船舶操作；

⑦责令船舶驶向指定区域；

⑧责令船舶离港。

海事管理机构采取第④⑤⑧项措施的，应当将采取措施的情况及时通知中国籍船舶的船籍港海事管理机构，或者外国籍船舶的船旗国政府。

由于存在缺陷，被采取第④⑤⑥⑧项措施的船舶，应当在相应的缺陷纠正后向海事管理机构申请复查。被采取其他措施的船舶，可以在相应缺陷纠正后向海事管理机构申请复查，不申请复查的，在下次船舶安全检查时由海事管理机构进行复查。海事管理机构收到复查申请后，决定不予本港复查的，应当及时通知申请人在下次船舶安全检查时接受复查。复查合格的，海事管理机构应当及时解除相应的处理措施。

10. 安全检查发现的船舶缺陷不能在检查港纠正时，海事管理机构可以允许该船驶往最近的可以修理的港口，并及时通知修理港口的海事管理机构。

修理港口超出本港海事管理机构管辖范围的，本港海事管理机构应当通知修理港口海事管理机构进行跟踪检查。修理港口海事管理机构在收到跟踪检查通知后，应当对船舶缺陷的纠正情况进行验证，并及时将验证结果反馈至发出通知的海事管理机构。

11. 船舶有权对海事行政执法人员提出的缺陷和处理意见进行陈述和申辩。船舶对于缺陷和处理意见有异议的，海事行政执法人员应当告知船舶申诉的途径和程序。

12. 海事管理机构在实施船舶安全监督中，发现航运公司安全管理存在问题的，应当要求航运公司改正，并将相关情况通报航运公司注册地海事管理机构。

13. 海事管理机构应当将影响安全的重大船舶缺陷以及导致船舶被滞留的缺陷，通知航运公司、相关船舶检验机构或者组织。

船舶存在缺陷或者隐患，以及船舶安全管理存在较为严重问题，可能影响其运输资质条件的，海事管理机构应当将有关情况通知相关水路运输管理部门，水路运输管理部门应当将处理情况反馈相应的海事管理机构。

水路运输管理部门在市场监管中，发现可能影响到船舶安全的问题，应当将有关情况通知相应海事管理机构，海事管理机构应当将处理情况反馈相应水路运输管理部门。

14. 船舶以及相关人员，应当按照海事管理机构签发的《船舶现场监督报告》《船旗国监督检查报告》《港口国监督检查报告》等的要求，对存在的缺陷进行纠正。

航运公司应当督促船舶按时纠正缺陷，并将纠正情况及时反馈实施检查的海事管理机构。

船舶检验机构应当核实有关缺陷纠正情况，需要进行临时检验的，应当将检验报告及时反馈实施检查的海事管理机构。

15. 中国籍船舶的船长应当对缺陷纠正情况进行检查，并在航行或者航海日志中进行记录。

船舶应当妥善保管《船舶现场监督报告》《船旗国监督检查报告》《港口国监督检查报告》，在船上保存至少2年。

16. 除海事管理机构外，任何单位和个人不得扣留、收缴《船舶现场监督报告》《船旗国监督检查报告》《港口国监督检查报告》，或者在上述报告中进行签注。

任何单位和个人，不得擅自涂改、故意损毁、伪造、变造、租借、骗取和冒用《船舶现场监督报告》《船旗国监督检查报告》《港口国监督检查报告》。

17. 中国籍船舶在境外发生水上交通事故，或者被滞留、禁止进港、禁止入境、驱逐出港

(境)的,航运公司应当及时将相关情况向船籍港海事管理机构报告,海事管理机构应当做好相应的沟通协调和给予必要的协助。

18. 航运公司应当履行安全管理与防止污染的主体责任,建立、健全船舶安全与防污染制度,对船舶及其设备进行有效维护和保养,确保船舶处于良好状态,保障船舶安全,防止船舶污染环境,为船舶配备满足最低安全配员要求的适任船员。

19. 中国籍船舶应当建立开航前自查制度。船舶在离泊前应当对船舶安全技术状况和货物装载情况进行自查,按照交通运输部海事局规定的格式填写《船舶开航前安全自查清单》,并在开航前由船长签字确认。

船舶在固定航线航行且单次航程不超过2小时的,无须每次开航前均进行自查,但一天内应当至少自查一次。

《船舶开航前安全自查清单》应当在船上保存至少2年。

20. 船长应当妥善安排船舶值班,遵守船舶航行、停泊、作业的安全规定。船舶应当遵守港口所在地有关管理机构关于恶劣天气限制开航的规定。航行于内河水域的船舶应当遵守海事管理机构发布的关于枯水季节通航限制的通告。

21. 配备自动识别系统等通信、导助航设备的船舶应当始终保持相关设备处于正常工作状态,准确完整显示本船信息,并及时更新抵、离港名称和时间等相关信息。相关设备发生故障的,应当及时向抵达港海事管理机构报告。

22. 拟交付船舶国际运输的载货集装箱,其托运人应当在交付船舶运输前,采取整体称重法或者累加计算法对集装箱的重量进行验证,确保集装箱的验证重量不超过其标称的最大营运总质量,与实际重量的误差不超过5%且最大误差不超过1吨,并在运输单据上注明验证重量、验证方法和验证声明等验证信息,提供给承运人、港口经营人。

采取累加计算法的托运人,应当制定符合交通运输部规定的重量验证程序,并按照程序进行载货集装箱重量验证。

未取得验证信息或者验证重量超过最大营运总质量的集装箱,承运人不得装船。

23. 任何单位和个人不得阻挠、妨碍海事行政执法人员对船舶进行船舶安全监督。

海事行政执法人员在开展船舶安全监督时,船长应当指派人员配合。指派的配合人员应当如实回答询问,并按照要求测试和操纵船舶设施、设备。

24. 海事管理机构通过抽查实施船舶安全监督,不能代替或者免除航运公司、船舶、船员、船舶检验机构及其他相关单位和个人在船舶安全、防污染、海事劳工条件和保安等方面应当履行的法律责任和义务。

25. 违反本规则,有下列行为之一的,由海事管理机构对违法船舶所有人或者船舶经营人处1 000元以上1万元以下罚款;情节严重的,处1万元以上3万元以下罚款。对船长或者其他责任人员处100元以上1 000元以下罚款;情节严重的,处1 000元以上3 000元以下罚款:

①弄虚作假欺骗海事行政执法人员的;

②未按照《船舶现场监督报告》《船旗国监督检查报告》《港口国监督检查报告》的处理意见纠正缺陷或者采取措施的;

③按照规定应当申请复查而未申请的。

26. 船舶未按照规定开展自查或者未随船保存船舶自查记录的,对船舶所有人或者船舶经营人处1 000元以上1万元以下罚款。

船舶未按照规定随船携带或者保存《船舶现场监督报告》《船旗国监督检查报告》《港口国

监督检查报告》的,海事管理机构应当责令其改正,并对违法船舶所有人或者船舶经营人处1 000元以上1万元以下罚款。

船舶进出内河港口,未按照规定向海事管理机构报告船舶进出港信息的,对船舶所有人或者船舶经营人处5 000元以上5万元以下罚款。

船舶进出沿海港口,未按照规定向海事管理机构报告船舶进出港信息的,对船舶所有人或者船舶经营人处5 000元以上3万元以下罚款。

第四章 船舶安全操作与管理

第一节 船舶安全应急/临时维修方法

一、船舶维修

(一) 修船的类别

根据我国目前航运系统的状况,船舶修理分为船舶预防检修和船舶厂修两大类别。

船舶预防检修是主要依靠船员自修解决船舶设备技术缺陷的一种修船方式。在公司船技部门的领导和监督下,根据"船员职务与职责""船员保养、检修分工明细表""设备预防检修、保养周期表"等有关规定,由轮机长负责组织所属船员对船舶设备进行预防性养护、检查、修理工作。这项工作开展的优劣程度直接关系到船舶营运的安全性。近年来随着CMS(循环检验)的推行、CWBT(船舶维修保养体系)的试行以及PMS(船舶机械有计划保养系统)的实行,船舶预防检修越来越显示出它的重要性。

船舶厂修类别的规定,厂、船各单位还不完全一致,如中国船舶工业公司的舰船修理暂行条例规定,舰船的定期计划修理分为坞修、小修、中修和大修四类。而交通运输部制定的有关修船规定则分为航修、小修、检修三类。

1. 航修

航修是指船舶在营运期中,发生局部过度磨损或一般性事故,影响航行而船员难以自修,必须由船厂或航修站协助修复的工程项目。其期限与范围视缺陷情况而定,属临时性修理。必要时可以组织力量,随船突击抢修,不影响船期,保证正常营运。航修可以不编计划,临时列出修复项目的工程单即可。

2. 小修

小修是按主机运转小时计算,且结合年度检验的坞修和厂修工程。小修的目的是消除在营运中产生的过度磨损,经过小修能保持安全营运到下次计划修理。

小修的工程范围应尽可能缩小,对机电设备进行不拆开或少拆开的常规检查、调整、研磨、更换零部件和清洁等保养工作。不进行加装或移位等改建项目。

小修间隔期客货船为12个月,远洋货船为12~18个月。如船舶技术状况较好,经验船师检验同意后,可以延长6个月,但最多不超过12个月。

3. 检修

检修是修船的最大修理类别,每隔2~3次小修期进行一次,尽可能结合验船的特别检验进行。检修时除进行一般小修工程外,还应拆开必要的机器设备,对船体和各主要设备进行一次比较全面的检查,修复小修中未能消除的缺陷。通过检修船舶的技术状况应达到一、二类级的要求,保持船舶的强度并结合今后的小修,使主要的设备和系统安全运转到下次检修。对于维持类性质的船舶一般不安排检修。

(二) 应急/临时性维修

船舶在营运过程中,难免会遇到各种突发的故障状况,尤其是船舶机械设备方面,由于船舶的老化、维护管理等方面带来的缺陷,给船舶的安全运行带来危险。如船舶柴油机故障、管路因腐蚀老化而泄漏、锅炉水管漏水、阀件失效等。为了保证船舶的安全运行,要求轮机管理人员熟悉各种应急情况下的故障解决方式方法。

应急/临时性维修是由于意外事故给船舶机械设备造成了损害而进行的非计划性修理,包括航修和事故修理。

1. 航修

航修是在船舶营运期中,发生影响航行而必须由船厂或航修站协助进行的一般修理工程和一般事故修理。航修应利用航次在港的停泊时间进行,船厂或航修站应积极重视航修工作,接到通知即予以安排修理,必要时随船检修,尽可能不影响船舶的运输生产。

2. 事故修理

事故修理是指对船舶因发生事故而损坏的部分的修理,这类修理如果工程范围不大,一般可以随着航修工程进行。但如果工程范围较大,航修难以解决的事故,则仍需安排修理计划。事故修理的项目、范围和期限要根据船舶检验机构的验船报告所载的实际损坏情况和修复要求来确定。事故修理在实施修理之前,仍需开具修船单交给承修的船厂。对于轻微的事故损坏,在不影响适航性能、不妨碍安全营运的前提下,可以做好记录,待到计划养护修理时修复。事故修理项目应集中编制修船单,并注明"事故修理",要求船厂对这部分修理费另开发票,并在发票上加盖"事故修理"字样的图章,以作为索赔的凭证。

(三) 永久性维修

永久性维修指的是船舶遭受损坏后,按船级规范要求使其恢复到完好状态,如漏泄的海水管子进行更换。

(1) 船舶修理必须以原样修复为主,特殊需要的船舶更新和改造,应做经济论证,并经上级批准。

由于船舶航区和种类的不同,使用年限有很大差别,修船方针也不同,如中远公司规定船舶的使用年限,杂货船、多用途船为20~25年,散货船、滚装船、集装箱船及客船为15~20年,油船、液化气船和化学液品船为8~15年。上述船舶达到2/3使用年限时则称为老龄船。

对营运期不到三分之一使用年限的船舶,按设计要求进行修理,保持基本性能良好,达到一类级别。

对营运期达到三分之一以上但不到三分之二使用年限船舶,修理时应在原结构和设备的基础上,按照营运期的要求进行修理,保持其使用年限和满足入级要求,达到二类级别。

对营运期已超过三分之二使用年限的船舶,可以在减载或限制功率的条件下进行维持性修理,充分利用其剩余价值,但必须满足入级的最低要求和营运安全。

(2)远洋船舶应按入级标准进行修理。如为达到原入级要求而修理范围过大,经技术经济论证不合算时,应按改变入级航区或根据移交沿海使用的要求进行修理。

(3)保证修船的质量。修理的项目必须达到的质量标准,应满足验船规范、修理标准、技术说明书等有关规定,做到牢固可靠、经久耐用、性能良好。厂方应对修理的质量负责,修船质量保证期,固定部件应为6个月,运动部件为3个月。

(4)缩短修理时间。修船时间直接影响船舶营运率,是船舶运力的一个重要指标,应努力缩短修理期,减少对船舶营运和利润造成的损失。

(5)降低修船成本。修理费直接影响运输成本,是运输单位的重要经济指标。修船要勤俭节约,重点把主要设备修好,努力降低各类船舶不同修理类别的修理费限额。

二、临时维修的方法

用于管道、阀件、冷却器、锅炉临时维修的方法有:

(一)管道泄漏

由于焊接质量缺陷、管道介质腐蚀、长期使用中介质的冲刷作用、外界的腐蚀等各种原因,管道会发生各种泄漏。根据泄漏的不同特点,采取不同的堵漏方法,另外由于船舶管路作用的不同,部分不能停止使用,或者有的管路排空难度大,置换难度大,这就可能涉及带压带介质的堵漏。正确的堵漏方法,能够迅速安全地对漏电进行处理,最大限度地缩短停产时间,减少财产损失,保证环境安全。

1. 焊接法

焊接法应用得最为广泛。管道焊接带压堵漏一般不直接在泄漏处进行焊接,主要通过间接的方法进行堵漏,一般都是在管道的泄漏处焊接一个补丁或者抱箍,在补丁和抱箍的安装最低点焊接泄液孔,泄液孔必须能够有效地进行封堵。

2. 粘接法

粘接法是指使用黏合剂对管道泄漏处进行处理的一种方法,管道介质可以是金属,也可以是非金属。该方法不用动火,安全性好,适宜在介质易燃易爆和危险防爆的环境中采用,应用条件是必须泄漏点比较小。泄漏量比较小的情况下经过碾压处理,泄漏点不漏或者是微泄漏,按照说明书的方法采用环氧树脂、铁水泥等进行粘接。

3. 捆绑法

捆绑法又称万能堵漏法,适用范围广,不用动火,安全性好,方便快捷。绑扎的方法有多种,包括铁丝捆扎、钢带捆扎、打卡子等。

(二)阀件损坏

阀门损坏后可以进行旁通代替、盲板盲死等拆卸维修。

各类包括的修理项目如下:

小修:清洗油嘴、油杯,更换填料,清洗阀杆及其螺纹,清除阀内杂物,紧固更换螺栓,配齐手轮等。

中修:包括小修的项目,解体清洗零部件,阀体修补,研磨密封件,矫直阀杆等。
大修:包括中修项目,更换阀杆,修理支架,更换弹簧与密封件等。
在室内修理的阀门,一般中、小修较普遍,但也应解体检查和更换垫片。
阀门的带压维修:带压维修阀门是一项复杂、危险、技术性强的工作。带压维修阀门除应胆大心细、慎重果断外,还应有严格的科学态度。特别是从事易爆、剧毒、高温、高压等介质堵漏工作,更应严格按事先确定的方案及有关安全规定进行。

(三)冷却器损坏

冷却器的故障多半是由冷却器管引起的。由于腐蚀、汽蚀、磨损而使得管壁减薄和穿孔,有可能由于热胀冷缩、流体运动时产生的振动而造成连接处及其他地方损坏。冷却器管破损后两种介质将会相互渗漏,应及时进行维修,主要的方法包括:壳管式冷却器用堵头堵死或更换新管;板式换热器需要进行换板维修。

(四)锅炉水管泄漏

锅炉水管漏泄,可采用盲堵封堵住漏泄的部分,具体封堵方法可参照船舶辅机相关内容。

三、海水吸入阀的维修

当海水吸入阀发生进水时,应采用木栓、破布、毯子、木条、楔子等措施,以限制漏水或水淹。根据船舶所处的实际情况采取适当的措施,按照机舱进水应急程序采取相关措施,进行有效的排水,并对海水阀周围的重要设备进行保护。

关于维护不可或缺的重要机械设备以维持机械和抽水系统的运转,行动队和机舱团队应当采取下列措施,以防止海水流入或溅入而烧坏电机以及损害设备。

(1)用防水布和遮阳篷等覆盖机器和设备(注意不要干扰电机的散热和冷却)。
(2)用木板、钢板等做护墙,保护机器设备。
(3)将单板、钢板等放置在海水流入处附近,改变喷水方向。

必要时向指挥小组报告,要求调整船的纵倾或横倾,以改变存水的位置。
如果需要临时停航,则按相关报告程序进行报告。

第二节 船舶安全工作环境

一、船舶安全操作风险评估

船舶实际操作及维修过程中,工作人员需要明确操作和维修可能带来的风险,必要的情况下应按照公司规定实施安全操作(或维修)风险评估。

(一)风险评估

1. 名词

"危险"是指可能会引致受伤或伤害的源头,或可能会引致受伤或伤害的情况。
"风险"有两个意思:危险会发生的可能性;危险事件的后果。

2. 风险评估的含义

从信息安全的角度来讲,风险评估是对信息资产(即某事件或事物所具有的信息集)所面临的威胁、存在的弱点、造成的影响，以及三者综合作用所带来风险的可能性的评估。作为风险管理的基础，风险评估是组织确定信息安全需求的一个重要途径，属于组织信息安全管理体系策划的过程。

3. 风险评估原则

（1）"风险评估"旨在小心审核在操作时会造成的伤害，以便能及早判定是否已采取足够的预防措施，还是需要有更多措施以防止伤害发生。风险评估的目的在于尽量减少船上的意外和疾病。

（2）评估应首先确立工作场所存在的危险，继而把执行工作时会产生的重大风险认明。评估应包括审议现行的预防风险监控措施，例如工作许可证、禁区、警告牌或个人保护装备。

（3）任何风险评估必须评估对工作人员健康与安全的风险。

评估视船舶的种类、操作性质、危险与风险的类型和程度而定。执行评估的过程应该简单而有实际作用。评估范围应涵盖工作人员在船上工作所引致的风险，但不会正常地预见的风险除外。所有雇主均有责任为工作人员和可能受工作影响的其他人士做出风险评估。船公司有责任为船上每一个人协调风险评估，包括直接受雇于船公司的工作人员，同时考虑到其他雇主的评估。风险评估的过程应由具备适当经验的人士执行，并在适当情况下采纳专家的意见。工作人员在执行常规任务时所引致的健康与安全风险，须有适当而充分的评估，这项风险评估的规定仅与在工作时会直接产生，并有可能危及实际进行该工作或直接受该工作影响人士的风险有关。评估时所做出的努力应视已辨明风险的程度，以及那些风险是否已受到充分的预防措施或程序所监控，从而在合理可行范围内确保最低的风险。风险评估应是持续性的。实际上，如工作场所尚未有任何有效的风险评估，则应在工作开始前先对工作场所的风险做出评估。评估必须按需要不时检讨及更新，确保能反映出设备或程序的重大改变。

4. 风险评估的内容

1）将工作活动分类

风险评估的一项有用初步任务是认明各项工作，用理性及可以处理的方式将以分类，并收集与这些工作有关的必需资料（或将现有资料整理）。不经常执行的维修工作和日常操作均应包括在内。将工作分类的可行方法包括：

（1）船上的部门/地点；

（2）操作或例行工作所在阶段；

（3）已排期和不定期的维修；

（4）明确任务（例如：装货/卸货）。

各项工作所需的数据可包括：

（1）要执行的工作；所需的时间及次数；

（2）进行工作的地点；

（3）通常/偶然执行工作的人员；

（4）可能受到工作影响的其他人士（例如承办商、乘客）；

（5）船员为执行工作所接受的训练。

2）认明危险和处于风险中的船员

认明危险主要包含"有没有伤害源？谁（或什么）可能受到伤害？伤害会怎样发生？"三个问题。可以不同方式将危险分类，例如按以下主题归类：机械；电力；物理；辐射；物质；火灾与爆炸；化学；生物学；心理学。

另一个补充处理方法是制备一份提示表如下：在进行工作时，是否会出现以下危险？

(1) 在平面上滑倒/跌倒；

(2) 有人从高处坠下；

(3) 有工具、对象等从高处坠下；

(4) 两层甲板间的高度不足；

(5) 通风不足；

(6) 与装配、试运行、操作、维修、改良、修理及拆卸机械部件有关的危险；

(7) 可能导致机械装置毁坏或遗失重要部件的危险；

(8) 人手操作引致的危险；

(9) 长期生理影响造成的危险，例如暴露于极限值之上。

3) 认明风险监控

降低风险的最有效方法是完全排除危险。然而，在许多情况下要把危险完全排除并不可能，故有必要采用风险监控措施。风险评估主要是认明实质的风险与危险，以施行适当的监控措施去降低风险。遵守已订立的良好行为守则能提供所需的监控。风险评估应能全面认明危险，所制定的监控措施可降低伤害的风险，不同的监控例如风险监控系统可适当地减少可能发生的风险；改善个人保护装备可降低受伤害的程度。风险评估的程序除了可以为特殊的风险认明所需的监控措施，也是为确保这些监控措施能确切地执行及保持而做出的安排。风险监控系统为个别监控措施或监控措施的种类，提供管理方法。以工作许可证制度为例，其界定了工作许可证的工作范围：

(1) 设计工作许可证制度的责任，以及参与操作者的责任；

(2) 设计或操作工作许可证制度者的训练和资格；

(3) 在设计和操作这制度时所需的通信和咨询；

(4) 安排视察和审核这制度及其执行情况；

(5) 安排审阅工作许可证制度的成效，并决定是否需要改进。

在评估现有风险控制系统时，应考虑采取降低类似风险和/或伤害的严重性的措施。下述的制度可以引用：

(1) 可以的话，一并排除危险或尝试在风险的源头防止风险；

(2) 若不能排除风险，可尝试在风险的源头降低风险；

(3) 通过工作的程序和安全系统去降低风险，个人保护装备是在考虑过所有其他监控措施后的最后选择。

4) 估计风险

危险率可按伤害的潜在严重性、产生伤害的可能性做出估计，这两个因素应独立判断。要判断伤害的潜在严重性，可考虑以下情况：身体哪部分可能会受伤；伤害的程度，从轻伤至重伤。确定对健康性和安全性的短期和长期性伤害的类别定义时务须审慎。表4-1列出以轻微、中度和极度三级来划分伤害严重程度的分类示例：

表 4-1　伤害严重程度类别的示例

类别	轻微伤害	中度伤害	极度伤害
健康性	身体不适（例如头痛）；健康欠佳引起的暂时不适（例如腹泻）	失聪；皮肤炎；哮喘；与上肢失调有关的工作；导致永久轻度伤残的疾病	职业性癌病；其他严重折寿疾病；严重的致命疾病；永久严重伤残
安全性	外伤；割伤和擦伤；灰尘入眼	割伤；烧伤；脑震荡；严重扭伤；轻微骨折；筋骨痛	断肢；严重骨折；中毒；身体多处受伤；致命重伤

确立伤害的可能性时，应考虑现时已有的监控措施，一般而言，应评估以下事项：
(1) 影响所及的船员数目；
(2) 暴露于危险中的时间长短和次数；
(3) 电力或水源中断的影响；
(4) 机械装置、机件或安全设施失效的影响；
(5) 暴露在自然力之下；
(6) 个人保护装备提供的保障及其规限性；
(7) 做出不安全行为可能引致的危险，他们：
①可能不知道危险性；
②可能没有执行该项工作的知识、体能或技能；
③低估了自己所冒的风险；
④低估了安全操作方法的实用性和效用。

根据非常可能、可能、不可能或非常不可能四级而划分伤害严重程度的可能类别，如表 4-2 所示：

表 4-2　可能发生伤害类别的例子

可能发生伤害的类别	非常可能	可能	不可能	非常不可能
发生的种类	个人通常每六个月经历最少一次	个人通常每五年经历一次	通常在个人一生的工作中经历一次	在个人一生的工作中经历伤害的机会少于1%

任何一种危险若影响一大群人，危险更大。可是，有些更严重的危险，可能是与偶然执行任务的个人有关，例如维修吊机中不易接触的部件。按照上文所述伤害的潜在严重性和发生伤害的可能性估计风险的简单方法如表 4-3 所示。

表 4-3　简单风险估计

发生伤害的可能性	危害的严重性		
	轻微伤害	中度伤害	极度伤害
非常不可能	非常低风险	非常低风险	高风险
不可能	非常低风险	中度风险	非常高风险
可能	低风险	高风险	非常高风险
非常可能	低风险	非常高风险	非常高风险

附注：表内的"非常低风险"是指已合理和切实可行地将风险减至最低程度。

5) 决定风险的可容忍程度
6) 编制风险监控行动计划(若有需要)

经确定重大风险后,考虑到已采取的预防监控措施,下一步骤是决定应采取什么行动,以改善安全。风险分类是决定应否改善监控行动和制订行动时间表的基础。表4-4 建议一个简易的方法,显示出所采取监控风险的行动,以反映风险的严重性。

表4-4 简易风险监控计划的基础

	行动与时间表
非常低	这些风险被视为可接受。除确保监控措施持续执行外,无须采取进一步行动
低	除非以极低成本(以时间、金钱和劳力计算)执行,否则无须额外的监控措施。进一步降低这些风险的行动属于低优先级,不过须保持监察确保在控制之中
中度	应采取行动降低风险至可容忍水平,最好达到可接受水平(如适用),但所用的成本应小心衡量,不可太高,同时也应在限定时间内实施降低风险的措施。若风险属中度,但会造成伤害,则应投放资源,以确保监控措施的运作
高	须在指定时限内紧急投放大量资源以降低风险。风险降低前或实施并完成临时性的风险监控措施前,不得动工。应投放大量资源进行更多监控措施。若风险会造成严重或极大伤害,应投放资源,以确保监控措施的运作
非常高	不可接受。必须进行重大改善风险监控措施,以便风险降低至可容忍或可接受水平。风险降低前必须停工。若未能降低风险,禁止工程进行

附注:若风险程度关系到极大的伤害,为增加信心,必须就伤害的实际可能性有进一步的评估。

风险评估的结果应用来决策要采取的行动,以先后次序列出,用以制订、维持或改进监控措施。

选择监控措施时,应按效能做出下述的考虑:
(1) 排除;
(2) 弃用危险的物质,改用安全的物质;
(3) 围栏(将危险区域围起,排除或监控风险);
(4) 提供监护/隔离;
(5) 将风险降低至可接受水平的工作安全系统;
(6) 以书面通告通知受影响人士;
(7) 专业技能与程序间相互结合运作的检讨;
(8) 足够的监管;
(9) 认明所需的训练;
(10) 信息/指示(标志、小册子);
(11) 个人保护装备,在其他监控措施未能奏效时的最后选择。

7) 检讨行动计划是否适当

实施任何行动计划前,应先做检讨,提出一些如下述的问题:
(1) 修改了监控措施后,会否令风险转至"可容忍"程度?
(2) 会否产生新的危险?
(3) 受措施影响的人士对修改了的预防措施有什么看法? 他们认为有没有需要? 是否实际可行?
(4) 修改了的措施是否可行,会否在急于要完成工作的压力下,遭人忽略?

8)确保风险评估及监控是有效及最新更新的

风险评估和监控措施是持续性的。因此,风险评估书须视为定期检讨,以确认评估的有效性,以及风险监控措施是否仍然有效和足够而定。即使无书面说明,任何工作开始前都须进行风险评估。若风险评估书已经存在,则须检讨以确保此评估书上所采用的措施仍然有效。如发现有新的风险,必须做出评估,并在工作开始前通知各有关人士或工程的负责人。

如工作现况察觉到有下述的改变,风险范围和风险有重大的变动,则已制定的风险评估须重新检讨。这些改变可包括:

(1)工作面扩大、收缩或有结构性地重组;

(2)职责重新配置;

(3)更改工作方法或行为模式;

(4)有危险事故发生。

风险评估的检讨,尤其是在审核时详细审查风险评估,是有助于维持风险评估和监控措施的有效性和效能的有用工具。检讨也有助于在工作人员和工作时间有变动时,都能确保风险评估的一贯性。由于风险评估旨在减少危险事故的发生,出现危险事故突显了风险评估在设计、执行或监督时的不足之处。完成详细的风险评估,并实施适当的监控措施将风险降低至可接受或可容忍水平后,须将安全工作程序以书面记录。任何人士均应在工作开始前获知,并对内容全明白。

(二) 风险评估表实例

为更好地帮助船舶工作人员了解不同种类的风险评估,特列出封闭场所和气缸盖拆装的风险评估表。

1. 进入封闭场所作业风险评估表

A 部分　危险识别和风险评估

部门/船舶		日期	
行动或任务			

编号	步骤细分工作过程	危险		现有控制措施	现有风险			
		危险情形或危险事件	暴露于危险中的人员/物体		可能性 P	后果 F	风险 $R=PF$	风险等级
1	进入封闭场所准备	由于未进行进入封闭场所操作程序的培训,导致人员不熟悉安全操作程序发生人员伤亡事故	操作人员	按规定对全船人员进行进入封闭场所操作程序的培训,严格按照要求布置安全措施				
2	通风	由于通风不彻底,导致操作人员产生窒息的危险	操作人员	对将要进入的封闭场所进行彻底的通风,确保氧气含量满足进入的要求				

(续表)

编号	步骤细分工作过程	危险		现有控制措施	现有风险			
		危险情形或危险事件	暴露于危险中的人员/物体		可能性 P	后果 F	风险 R=PF	风险等级
3	测氧测爆	由于人员对操作仪器不熟悉,导致测量错误,发生进入人员产生窒息的危险	操作人员	对相关人员进行仪器操作的培训,确保人员操作仪器熟练				
4	测氧测爆	由于测氧测爆仪器故障,导致测量值不准确,发生进入人员产生窒息的危险	操作人员	正确进行测氧测爆仪器的校测和维护保养,确保仪器工况正常				
5	测氧测爆	由于测氧测爆取样位置不正确,导致测量值不准确,发生进入人员产生窒息的危险	操作人员	正确对封闭场所气体取样位置进行标定,认真做好测量,确保氧气含量满足进入的要求				
6	测氧测爆	由于未对封闭场所进行定期测定,导致进入人员发生中毒、窒息休克或死亡的危险	操作人员	严格按照规定对封闭场所进行连续的定期测定,确保封闭场所内氧气含量始终符合要求;连续强力通风、带个人气体检测仪实时检测气体;在入口处备有包括罗伯逊担架和急救药箱在内的救助器材和复苏器,指定专人在入口处负责照管、做好营救准备,一旦有险情出现,通知驾驶台,立即发出警报,船舶进入封闭舱室救助程序				
7	测毒	由于未对封闭场所进行相应的测毒检查,导致进入人员发生中毒危险	操作人员	按照封闭场所的位置性质,区分所要测定的毒气种类,做好相应的毒气测量,确保封闭场所内的空气质量符合要求				
8	封闭或隔离所有通向封闭场所的管路阀门	由于未彻底封闭或隔离所有通向相应封闭场所的含有有害气体的管路等,导致进入人员发生窒息的危险	操作人员	作业之前利用船舶资料熟悉作业现场环境,彻底隔断封闭场所与其他相关场所的管路阀门联系,阻断有害气体的进入				

(续表)

编号	步骤细分工作过程	危险		现有控制措施	现有风险			
		危险情形或危险事件	暴露于危险中的人员/物体		可能性 P	后果 F	风险 R=PF	风险等级
9	打开封闭场所孔盖	由于未采取打开孔盖的防护措施,导致发生人员坠落的危险	本船船员	加防护栏、警示标识、夜间照明,指派专人现场看护				
10	安装风机	由于不小心,导致操作人员发生滑倒、跌倒、压伤的危险	操作人员	作业前熟悉相关设备使用和安装程序;穿戴个人防护用品(防护手套、工作衣、安全帽、工作鞋等);做好防滑措施				
11	通风换气	由于未采用防爆的电动机械,导致进行机械通风时发生爆炸的危险	操作人员及船上其他人员	进行机械通风时,采用防爆的电动机械或使用水力风力				
12	封闭场所内照明	由于采用非防爆型照明设备,导致封闭场所产生爆炸的危险	操作人员及船上其他人员	封闭场所内照明必须采用防爆型照明设备				
13	封闭场所内照明	由于封闭场所内照明亮度不足,导致在封闭场所内工作人员碰伤、摔倒	操作人员	为封闭场所提供合适的照明设备,为封闭场所内工作现场提供充足的照明				
14	人员进入封闭场所	由于不小心,导致进入人员滑倒摔伤、坠落	操作人员	进入之前进行安全操作培训,布置穿戴好个人防护装备(防护手套、工作衣、安全帽、工作鞋等);带防爆手电筒和手提便携式本质安全型VHF、在入口处备有包括罗伯逊担架和急救药箱在内的救助器材和复苏器、指定专人在入口处照管、建立舱室内外人员固定时间间隔联系制度、做好营救准备,利用绳索、滑车或其他设备吊运工具;一旦有险情出现,通知驾驶台,立即发出警报,船舶进入封闭舱室救助程序				

(续表)

编号	步骤细分工作过程	危险		现有控制措施	现有风险			
		危险情形或危险事件	暴露于危险中的人员/物体		可能性 P	后果 F	风险 R=PF	风险等级
15	封闭场所内操作	由于操作人员对封闭场所内工作环境不熟悉,导致在封闭场所内工作时迷失方向,找不到出口	操作人员	在进行封闭场所内工作前,利用图纸资料讲解工作场所的内部环境,让所有参加人员全部熟悉该环境;为内外人员配备工况良好的通信设备,定期进行沟通;一旦出现险情,马上通知驾驶台,启动应急程序,对舱内人员给予援助				
16	封闭场所外人员监护	由于安排的监护人员监护不到位,没有定期与内部工作人员联系,导致封闭场所内操作人员发生伤亡的危险	操作人员	对监护人员进行培训,要求他们严格按照封闭场所外监护程序进行现场看护				
17	封闭场所内外进行工具传递	由于操作人员的疏忽,导致工具在吊进吊出封闭场所时,发生工具掉落砸伤人员的危险	操作人员	对人员进行安全操作程序的培训,按照工具吊进吊出的方法进行操作,工具吊进吊出时内外人员做好沟通协调				
18	封闭场所内作业	由于舱气变化达不到安全标准,导致封闭场所内操作人员中毒、窒息休克或死亡	操作人员	连续强力通风、带个人气体检测仪实时检测气体、停止作业、在入口处备有包括罗伯逊担架和急救药箱在内的救助器材和复苏器、指定专人在入口处负责照管、做好营救准备,一旦有险情出现,通知驾驶台,立即发出警报,船舶进入封闭舱室救助程序				
19	封闭场所内作业	由于操作人员在封闭场所内未使用本质安全型设备,导致作业场所发生爆炸的危险	操作人员及船上其他人员	在封闭场所作业,一定要使用本质安全型的设备				
20	作业人员封闭场所撤离	由于操作人员的疏忽,在人员撤离封闭场所时发生人员坠落、滑倒摔伤、跌倒的危险	操作人员	对人员进行安全操作培训;对工作场所进行适度照明;指定专人在入口处照管;做好营救准备				

（续表）

编号	步骤细分工作过程	危险情形或危险事件	暴露于危险中的人员/物体	现有控制措施	现有风险 可能性 P	后果 F	风险 R=PF	风险等级
21	封闭场所内作业	由于救助器材不到位,导致人员受伤时不能进行及时救助而出现人员伤亡事故	操作人员	严格按照封闭场所内操作程序的要求,在相应位置布置好救助器材				
22	封闭场所内作业	由于救助设备不合格,导致人员受伤时不能进行有效救助而产生人员伤亡事故	操作人员	配备合格的救助设备;加强对救助设备的检查保养,确保工况正常				

编号	需要采取的其他措施	受到控制措施影响的部门/人员	执行部门/执行人	完成期限	剩余风险 可能性 P	后果 F	风险 R=PF	风险等级

B 部分　复查和审批

Review comment 复查意见： Responsible person 复查人： Date 日期：	Review comment 复查意见： Responsible person 复查人： Date 日期：	Approval comment 审批意见： Responsible person 审批人： Date 日期：

注：需要采取其他控制措施的风险的编号应与初始评估的风险的编号相对应。

2. 主机气缸盖拆装风险评估表

A 部分　危险识别和风险评估

部门/船舶		日期	
行动或任务			

(续表)

编号	步骤细分工作过程	危险情形或危险事件	暴露于危险中的人员/物体	现有控制措施	现有风险			
					可能性 P	后果 F	风险 R=PF	风险等级
1	主机气缸盖拆装前	在天气海况恶劣的条件下,进行气缸盖拆解作业,船摇晃致使作业人员受伤	作业人员	主机气缸盖的拆解作业,必须在考虑天气海况可以接受的条件下进行,轮机长还需征得船长的同意方可实施作业				
2	主机气缸盖拆装前	在通航水域进行气缸盖拆解作业,丧失动力,造成撞船等恶性事故	作业人员	在通航水域尽量不要实施拆解作业,可以考虑封缸运行等,必须作业一定要征得船长的同意方可实施				
3	主机气缸盖拆装前	做准备工作时,作业人员被气缸盖、排气阀等高温部件烫伤,被高压气体击伤等	作业人员	主机气缸盖拆解作业,作业人员防护用品穿戴按照 SMS 操作文件 SO12 规定,等主机温度降低以后作业,高压气体要先关掉总阀,再放余压,确保安全				
4	主机气缸盖拆装前	准备工作未充分,致使拆解过程中发生作业人员被烫伤、击伤等危险情况	作业人员	在主机气缸盖拆解前,要认真阅读说明书,按照说明书规定进行作业,关主启动阀,合上盘车机,打开示功考克,关该缸冷却水进出口阀,打开冷却水透气考克和放残阀,等水放空后就关放残阀,关燃油进口阀,停主滑油泵、凸轮轴滑油泵,关控制空气阀和安全空气阀后主机操纵系统放气等准备工作后再实施拆解作业				
5	主机气缸盖拆装时	在拆卸主机燃油高压油管时,作业人员被漏泄的高温燃油烫伤	作业人员	在拆解高压油管中,首先要释放高压油泵和高压油管的余压,注意高温燃油的漏泄方向,作业人员防护用品穿戴按照 SMS 操作文件 SO12 规定,方可进行拆卸作业				
6	主机气缸盖拆装时	在拆卸排气阀排气出口管与排气集箱之间的夹具时,地方狭隘、余温较高,作业人员被铁榔头砸伤	作业人员	在拆卸排气出口管夹具时,尽量使用专用扳手,站位要稳,注意不要过度疲劳工作,作业人员防护用品穿戴按照 SMS 操作文件 SO12 规定,轮机长靠前指挥,有隐患及时指出,确保作业人员的人身安全				

(续表)

编号	步骤细分工作过程	危险		现有控制措施	现有风险			
		危险情形或危险事件	暴露于危险中的人员/物体		可能性 P	后果 F	风险 R=PF	风险等级
7	主机气缸盖拆装时	在拆卸喷油器时,燃烧室内的较高余压致使喷油器飞出,致使作业人员受伤	作业人员	在拆卸油头作业前,主机需盘车,检查所吊缸的示功考克畅通性,确保该缸燃烧室内的余压完全释放,确保安全				
8	主机气缸盖拆装时	在拆卸排气阀上开阀高压液压油管的紧固螺栓时,由于船舶摇晃,致使作业人员摔倒受伤	作业人员	在拆卸作业时,要充分预计由于船舶摇晃可能产生的严重后果,站位要稳,手防滑防摇抓牢处所要稳固,谨慎作业,不慌不忙,安全为上				
9	主机气缸盖拆装时	在拆卸气缸盖固定螺栓时,液压拉伸器的高压油管快速接头脱落,致使作业人员被高压油击伤	作业人员	在主机气缸盖拆解前,对液压拉伸设备进行测试,确保合格后,方可投入使用。作业人员防护用品穿戴按照 SMS 操作文件 SO12 规定,方可实施作业				
10	主机气缸盖拆装时	在吊装气缸盖总成时,机舱行车出现故障,致使作业人员受伤	作业人员	吊装气缸盖前,要认真检查机舱行车的状况,前后左右的限位器需正常,行车的钢缆要合格,每年的测试报告要具备,确保安全	1	2	2	1
11	主机气缸盖拆装时	在吊装气缸盖总成时,吊装用的钢缆断裂,致使作业人员受伤	作业人员	吊装气缸盖等重物的钢缆要专用,定时检查,有问题及时调换,保证吊装作业的安全	1	2	2	1
12	主机气缸盖拆装时	气缸盖总成在安装过程中,作业人员由于工作场所油水太多滑倒摔伤	作业人员	在拆装过程中,要时刻注意工作处所环境,干净整洁,有油、水及时拖干净以防止滑倒,确保安全	1	2	2	1
13	主机气缸盖拆装时	气缸盖总成在安装过程中,作业人员在对位置时,手被压伤	作业人员	在安装过程中,要由轮机长或大管轮统一指挥,作业人员要绝对服从指挥,有隐患及时指出,确保安全	1	2	2	1
14	主机气缸盖安装后	安装后,供水过程中,气缸盖与缸套冷却水接管漏水,燃油高压油管供油过程中漏泄,作业人员被烫	作业人员	气缸盖安装过程中,按照说明书的规定作业,冷却水接管的橡皮圈要换新,与缸盖和缸套对应的孔要对合,新橡皮圈要涂牛油。燃油高压油管安装时,所有的元件要清洁,油管接头与高压油泵的接头座要匹配,橡皮圈要换新,上紧螺栓时使用专用的扭矩扳手	1	2	2	1

(续表)

编号	步骤细分工作过程	危险		现有控制措施	现有风险			
		危险情形或危险事件	暴露于危险中的人员/物体		可能性 P	后果 F	风险 $R=PF$	风险等级
15	主机气缸盖安装后	安装后试车时,缸头排气管与排气集管连接夹具处漏泄排气,烫伤作业人员	作业人员	缸头排气管安装时,与排气集箱和排气阀排气出口对中性要好,紧固螺栓要加垫片,盘根床要换新,按照说明书要求紧固	1	2	2	1

编号	需要采取的其他措施	受到控制措施影响的部门/人员	执行部门/执行人	完成期限	剩余风险			
					可能性 P	后果 F	风险 $R=PF$	风险等级

B 部分 复查和审批

Review comment 复查意见: Responsible person 复查人: Date 日期:	Review comment 复查意见: Responsible person 复查人: Date 日期:	Approval comment 审批意见: Responsible person 审批人: Date 日期:

注:需要采取其他控制措施的风险的编号应与初始评估的风险的编号相对应。

二、船舶安全培训

(一)工作装备的使用

1. 含义

"工作装备"一词适用于为在工作中使用而提供的任何机器、电器、器材、工具或装置,但不包括为符合 SOLAS 规定而提供,并须受其他法律法规规定的任何安全装备或器材。所有供工作人员使用的装备均须符合船舶所在地的有关标准。

2. 要求

所有工作装备均须:

(1)适合所进行的工作;

(2)能正确地适应该工作的用途;

(3)不会对工作人员的健康或安全构成任何风险。

3. 保养

所有工作装备均须按制造商的指示保持有效操作状态及妥善维修。

保养应包括由符合资格人士进行定期检查。如怀疑有任何工作装备并不适当运作,或可能受损,则须停用,直至经检查并完成适当修理或保养为止。日常保养工作包括:

（1）整个轴承均须经常涂油,如果轴承及其他活动部分变干,会增加负荷,从而导致故障;
（2）所有缆绳及链条须定期检测有没有磨损、损坏及锈蚀,并于有需要时更换;
（3）所有操纵装置、紧急停止装置、制动器、安全装置等均须进行定期功能测试,确保运作正常。在测试这些设备前应先行检查。

装备应能在停用时进行装配或改装。若不能,则须设有适合的保护措施,确保安全进行保养工作,对进行保养工作者或其他人士的健康及安全不会有任何风险。保护措施应包括:

（1）只可暴露最小而无可避免的危险部分;
（2）由专责高级船员或其他专责人员监督;
（3）只准符合资格人士进行操作;
（4）确保任何在机器附近工作的人员,在工作时有足够的空间和充足照明;
（5）确保任何操作机器或在机器附近工作的人员,对机器的工作安全体制、操作时所产生的危险及所采取的预防措施有充分指示;
（6）在机器上或其附近放置并展示清晰的警告字句。

机器如有保养记录,应记录有最新数据。

4. 检查

如果工作装备的安全性须根据安装情况而定,应在首次安装后或在新场地重新装配后,并在首次投入使用前,交由符合资格人士检查,确保已按照制造商的指示正确安装,并可安全使用。检查须包含焊接或其他安装标准及所用材料,以及船舶上安放该工作装备处的强度是否足够。还须顾及制造商所规定的检查规定或指引。工作装备需定期进行复检,每次相距不得超过5年,或根据制造商建议缩短复检时间,确保其装置性能。

应经常检查各构筑件,检查轴承、加固点等是否有锈蚀、断裂、扭曲或磨损。检查台架或桅杆等空心构筑件内是否有积水。若须排水,则应予处理,然后密封,以免再次进水。如工作装备损坏,是否可以继续使用,应交由符合资格人士检查,并确保做出必需的补救措施,以保证安全。

所有检查结果均须记录在案。在下一次检查并做出记录前,该项记录须保留并可供随时检查。船上的工作装备如需在船外使用,或需将船下工作装备运到船上使用,需有实质证据证明上次检查符合相关规定。

5. 培训

所有使用工作装备的工作人员或督导其使用者均须接受充分的培训,当中包含使用该装备的方法、使用时可能会出现的风险,以及应做出的预防措施。如该装备可能会令使用者有健康或安全风险（如电动设备、机械式切割设备）,则该工作装备的修理、保养或检修的工作人员,也须接受充分培训。根据国际海上运输船舶的国际安全管理（ISM）规则,上述所有培训须记录在案,并须表明有关人员已符合资格。使用指南或数据均须以接受培训人员能清楚明白的语言写成。

6. 电气设备

船上所有电器设备及装置的架设、安装、操作及保养,均不得令船舶或任何人员有电力上的危险。船上电器装置如需进行保养,应提供及使用合适的绝缘及个人保护装备。

(二)安全响应程序

凡受雇或受聘于海上航行船舶上工作的人员(不包括乘客),在被指派执行船上职责之前,须在个人求生技能方面接受经认可的熟悉训练,或得到足够的数据和指导,使他们能够:

1)就基本安全事宜与船上的其他人沟通,以及明白安全信息的符号、标志和警报信号;

2)知道以下情况出现时应如何行事:
- 有人坠海;
- 发现火警或烟雾;
- 火警警报或弃船警报响起;

3)辨认召集站、登乘站和紧急逃生路线;

4)找到并穿上救生衣;

5)发出警报,以及具有使用手提式灭火器的基本知识;

6)在遇到意外时立即采取行动,或在遇到其他医疗紧急事故时,在船上寻求进一步医疗协助前立即采取行动;以及

7)关闭和打开安装在特定船舶上的防火门、风雨密门和水密门(安装于船体开口的防火门、风雨密门和水密门除外)。

完成基本安全入职培训后,每位新上船的船员应接受其部门的入职培训,内容包括安全工作习惯、职责范围、部门常规,以及操作特定机器或执行特定任务所必需的训练、证书课程。

1. 紧急程序与防火

须向新上船的船员清楚说明船上各种警报信号,并就船上所有紧急集合地点、救生艇筏停放处,以及消防演习的规定向他们做出指导。船员必须严格遵守船上有关吸烟的规定。船员须安全而正确地弃置烟蒂,另亦须严格遵守"不准吸烟"的指示。船上失火可酿成巨灾。火警的常见起因包括:

(1)电器失灵、电路故障;
(2)电路负荷过重;
(3)乱丢烟蒂;
(4)垃圾、碎布(特别是沾有油渍的)的自燃;
(5)堆放潮湿的床单被褥、物件;
(6)机舱漏油;
(7)食油过热使厨房失火;
(8)不正确使用熨斗;
(9)不正确使用干衣机。

2. 事故与紧急医疗事件

所有船员均须知道船上发生意外或医疗事故时应采取的行动,至少要知道如何发出警报及求助。船员在港发生受伤或疾病,船长应尽快报告公司及联系医院抢救。发生人员重伤事故时,事故现场人员和发现人员应立即关停导致人员伤害的机器设备,停止有关作业,切除或隔离危险源,并报船长。航行中发现急重病患者应立即报告船长。船长、大副、客运主任要立

即组织抢救,并寻求支援。船舶在采取紧急抢救措施进行自救的同时,应尽快报告公司,以便得到医务部门的指导。视情加速前往目的港或返回始发港,情况紧急时可申请直升机或快艇援救。如发现传染性疾病,应迅速切断传染源,将病人迅速隔离,并用常备消毒药品迅速消毒。抵达港口后报告防疫部门处理。船舶紧急处理完毕后,要写出事故报告,报公司和有关主管机关,将详细情况记录在航海日志或客运日志中。

3. 环境责任

不论在何处(如卧舱、工作区),在任何环境下,都应注重环保,这也是船员的责任。国际上已制定了很多法例,涉及不同层面,每个船员均须严格遵守这些法例。处理与储放垃圾可能会危害到船员健康和船只的安全,所以应遵守垃圾管理计划的各项规定。

须特别留意处理弃置物品的正确方法,包括废油(舱底污水等)、化学品、厨房垃圾、其他垃圾(特别是胶质、玻璃、罐及其他不可生物分解的物品)、冗余物品(系泊索具、货垫、残余的货物等)。

4. 职业健康安全

海员有责任保障自己的健康,经常保持高度的个人清洁与卫生水平。在船上,传染病很容易就能人传人,所以必须采取预防措施和进行有效的治疗。良好的身体健康来自均衡的饮食和足够的睡眠,同时避免服用软性毒品及过度的烟酒,也不要滥用药物。经常运动对保持身体健康也有帮助。轻微的损伤也要立即处理,割伤及擦伤的伤口要清洗,有需要时应进行急救治疗,防止细菌感染。防护霜可保护裸露皮肤,以免发炎,并可以帮助彻底清洁。在疟疾流行的地区要采取一些防蚊措施,如使用纱窗和蚊帐、经常关上门窗和孔口、使用蚊药、喷杀虫剂等,都有助于将感染疟疾的风险降低。老鼠与其他啮齿类动物都会是传染病的带菌者,所以不论死活,切勿徒手处理。任何人服用了会影响警觉性的药物后,应知会专责的高级船员,以便调配工作。不可以酒送服药物,因为即使是阿司匹林、防晕船药、抗疟药和咳药水等普通的药物,以酒送服都会十分危险。从事国际航线的船上人员须定期接受种痘和防疫注射,并于需要时服用如抗疟药的预防性药物。船上人员已受过训练,对可能会出现的健康问题有基本的医疗知识。若有船员染上重病或受了重伤,应立即通过无线电向医生求助,并尽量安排患病或受伤的船员上岸接受治疗。

潮湿高温可以导致虚脱及中暑。出汗是人体最有效的体温调节机制,但汗水的主要成分是盐和水,流汗后必须补充。在这种天气下工作,最好每日饮用至少4.5 L的凉开水(不是冰水),最好每隔一段短时间少量饮用。盐分可以从食物里吸收,再喝一些含盐饮料补充,可防止中暑性痉挛。切勿饮酒。若在密闭场所内工作,应确保空气流通,所穿着的衣服应尽量地轻薄,不妨碍排汗。尽可能避免在烈日下曝晒,尤其在热带地区。若需要在烈日下工作,不论是否已适应当地天气,都要穿上合适的衣物,保护头部及身体。浅色的棉质衣服能反射热力,保持身体凉快。若在非常炎热及潮湿的环境下工作或须戴呼吸器,应不时到有新鲜空气或阴凉的地方歇息。

衣着应配合工作环境,工作服须合身,没有松开的衣襟、口袋或绳带,以免被卷进机械活动的部件,或被障碍物或突出物钩着。在有烧伤或烫伤危险的地方,例如厨房,就应穿着能充分覆盖身体的衣物,而衣物的质料应属不易燃性质,例如棉质或涤棉。长袖衬衣或外衣能提供更佳的保护。长袖不可卷起。长发应向后扎起并用帽子遮盖。在有需要时应穿着安全鞋。

良好的日常管理有助于促进船上的健康与安全:所有设备及其他物品要稳当地存放,这样不但可以及时发现问题,在需要时也可以立即取用;固定装置及装置的配件应做妥善保养;所有工作区和通道应有足够照明;船上尤其是在船舱内,电路不可超负荷;垃圾、废物要尽快清理并正确地弃置;门与抽屉应关妥;指示板、告示及操作指示应保持清洁,使上面所写的文字清晰易见。很多喷雾剂都含有挥发性或易燃物质,在任何情况下,切勿在明火或其他热源附近使用或放置,即使罐内的喷剂已经用完。一些消毒和杀虫喷雾剂所含的成分本身可能对人体无害,但在受热后可能会分解。在喷过喷雾剂的空间内吸烟,而喷雾剂尚未完全消散,易产生危险。

三、船舶防火安全

(一)烟气的危害

船舶上材料燃烧时生成的烟和气体,尤其气体将成为一种有害因素,它们对人员的行动和安全避难是一大祸害,最终将导致人员死亡。

几乎所有的燃烧生成物都对人体有害,而评价有害气体必须视其发生量的多少和毒性的危害程度来综合考虑,有些毒性气体虽然含量甚微,但也会对人有致命的危险。燃烧生成物通常为:一氧化碳、二氧化碳、氯化氢、氨、氯气、碳酸氯、氰化氢等,其中以一氧化碳、氰化氢、氯化氢危害最大,一氧化碳与氰化氢是窒息性气体的代表,氯化氢是刺激性气体的代表。

燃烧所生成的气体取决于材料及燃烧条件(加热的温度及氧气的供给等),同一材料由于燃烧条件不同,甚至生成气体的成分和量往往差别很大。

不同的材料,其燃烧的生成物并不同,大致如下:

(1)塑料材料燃烧会生成有害气体,如聚氯乙烯(PVC)材料燃烧时产生氯气、氯化氢、碳酸氯和氰化氢,而氯化氢造成主要危险,氯化氢气体是PVC在燃烧过程中生成的主要有害气体。

(2)木质材料(包括木材、胶合板、纸张)在燃烧时产生的有害气体主要为一氧化碳和二氧化碳,其中一氧化碳为主要的毒性气体;

(3)聚丙烯腈、聚酰胺、聚氨酯燃烧时产生一氧化碳和氰化氢;

(4)橡胶、羊毛燃烧时产生一氧化碳和二氧化碳以及碳化氢、二氧化硫、硫化氢。

(5)聚苯乙烯、酚醛树脂和其他材料燃烧时产生的有害物主要是一氧化碳、尿素、三聚氰胺。各种树脂燃烧时主要产生氰化氢有害气体。

除了以无机质为主的防火材料燃烧时不产生或基本不产生有害气体外,其他材料如木质材料、塑料材料等均产生有害气体。在船舶大多数火灾中,人员死亡事故中大部分人并不是被烧死,而是由于易燃气体或缺氧窒息而死。所以掌握有害烟气的产生知识是非常重要的,一旦船舶发生火灾,船员清楚是什么材料在燃烧,会产生什么有害气体,以便在探火、灭火、逃生过程中均能做好自我保护。

预防有害烟气的措施:

(1)在船舶发生火灾后(封闭处所),探火人员进入封闭处所必须要穿戴好消防员个人装备进入火场探火或灭火。

(2)船舶开敞处所发生火灾,灭火人员要处于火场上风处灭火,避免烟气顺风而下对处于下风处灭火人员造成伤害。

(3)封闭处所失火,值班人员从机舱逃生时,要戴好紧急逃生呼吸装置。

(4)封闭处所内火灾扑灭后,有关人员在测试封闭处所内有害气体含量时,要穿戴好消防员个人装备。

(5)当船舶装有能够释放出有害气体的谷物、生铁等货物时,人员进入货舱前必须先经船长同意,进入前需进行通风,并有专人进行保护。

(二)电气危险及预防措施

电气火是由电器、电料等漏电而引起的火,或者由于普通火、油类火引起的火灾延烧而引起电气火,这种火在施救时有触电的危险,故在施救时,应先切断电源,在未切断电源前禁用水灭火系统或泡沫灭火设备或器材灭火,避免造成人员触电身亡。电气火在没切断电源前的扑救应用干粉、二氧化碳灭火器或用干沙土灭火。

(三)易燃液体管理和防护

虽然一般船舶不承运易燃液体货物,但由于在工作上需要用到易燃液体,如油漆、涂料稀释剂、燃油,这些易燃液体应集中保管,远离火源。

船舶在燃油舱的透气孔口处设有防火网,防止外来火种进入透气孔内引起爆炸事故。应经常维护防火网,使其不被损坏。

(四)一般防火安全实践和预防手段

为了保障船舶安全运营,必须认真贯彻"预防为主,防消结合"的消防工作方针,平时积极做好防火防爆工作,加强船员消防训练,使全船人员特别是主管船员熟知船舶火灾的成因及扑救方法、消防设备的使用方法,这样才能有效地控制火灾的发生或减少火灾的损失。

1. 灭火行动

船舶一旦发生火灾,人们都希望能在最短的时间内,以最快的速度、最小的消耗迅速扑灭火灾,并把火灾损失控制到最小限度,为达到这一目的,本节主要论述灭火原则和方法。

无论面对多么复杂的火灾现象,灭火行动总是在一定的原则指导下来进行的。如果没有一个正确的原则来指导,很难保证在复杂多变的火场中赢得胜利。船舶灭火的原则是"先控制,后消灭;先探明火情,后采取行动"。

1)先控制,后消灭

船舶造成大的火灾事故往往是由于对初期火灾缺乏控制而引起的,由此看来,"先控制,后消灭"这一原则对船舶灭火具有非常重要的作用。

(1)先控制是指火灾发生后,最先赶到的人员首先进行积极的控制,在控制的同时再采取适当的灭火措施,这一原则的提出是由大量船舶火灾的经验教训总结而来的。船舶发生火灾之初,能够发现或立即赶到着火现场的人员较少,在这种情况下最重要的是控制火势蔓延,防止火灾扩大。比如甲板有物质燃烧,应将没有燃烧但靠近火源的易燃物质转移到安全地方,这就是属于先控制。

(2)后消灭并不能理解为消极地等待火势被完全控制后再采取灭火行动。在具体的灭火过程中往往是同时进行,在没有控制的前提下,绝对不能盲目采取行动。例如:由于机舱油管破裂,油外溢引起火灾,首先关闭油路,控制住油进一步外流后,再采取灭火行动。

2)先探明火情,后采取行动

作为灭火指挥,只有"知己知彼,百战不殆"才能有效、迅速地将火灾扑灭。不探明火情,就匆忙采取灭火行动,是不会取得理想效果的。

(1)先探明火情,就是运用适当的方法对火灾区域、火灾性质、火灾规模进行全面的调查研究,为采取正确的灭火行动提供丰富的材料。当然探明火情的方法是各不相同的,有的时候火灾太大,探火员无法接近火场,这时候不能机械地等待全部火情报告,而白白地丧失扑救时机。正确的做法是尽可能多地获取火情资料,利用已掌握的情报,大胆地做出判断,发出灭火行动命令。

(2)后采取行动,实际上就是"消灭火灾"时的行动。

2. 火灾形成条件

可燃物质、氧气(或空气)、热源,这三者俗称为燃烧的三要素。它们好比三个连接的环,只有三要素同时存在并达到一定条件,燃烧才能发生。反之,如果缺少其中任一条件,燃烧就不能发生。一切消防灭火或预防火灾的发生,就是使三要素中的某一要素不存在,防火通常是管理好可燃物质和热源,而灭火主要是中断燃烧时所需要的氧气或降温冷却。

3. 船舶火灾易发区域

1)机舱

机舱是船舶的心脏,它既有大量可燃物质(燃油)又有火源,因而是发生火灾频率较高的部位。

引起机舱火灾的原因包括:

(1)可燃性液体从有缺陷和破损的连接处渗漏出来;

(2)有油渗入隔热材料中;

(3)热表面,比如废气管、机器离油管路太近而引起过热等;

(4)防护罩破损;

(5)电气焊、切割等特殊作业;

(6)受热自燃,比如油滴到热表面上。

2)生活区

生活区的特点是人员集中,火源多且不易控制,是船舶防火的重要区域。

引起生活区火灾的原因包括:

(1)可燃、易燃物品较多,没能严格管理;

(2)吸烟后没能将烟头熄灭,烟头、烟灰到处乱丢,躺在床上吸烟,火星落在床上;

(3)纺织品离热源,如灯、暖气等太近;

(4)电路系统故障或短路,比如使用不合规的电器,或是不懂用电知识而乱接电线;

(5)使用非自动关闭的电水壶而无人看管使水烧干,私设电炉或封闭电炉使用后没有断开电源。

3)厨房

厨房也是容易发生火灾区域,尤其是由于燃油(目前船舶使用燃油灶的极少)、可燃气体和电器等使用管理不当引起的火灾经常发生。

引起厨房火灾的原因包括:

(1)可燃性液体或油脂的过热;

(2)油锅过热;

(3)电设备和电路的故障;

(4)排油烟管路、油烟罩里积油过多,烹调时遇明火。

4)报房、蓄电池房

报房电气设备复杂且较多,蓄电池房内蓄电池容易放出易燃气体,一旦发生火灾危害较大。

引起报房、蓄电池房火灾的原因包括：
(1)短路或电路过载；
(2)电路的绝缘不好；
(3)接头松动或破损；
(4)在蓄电池间，由于通风不好而使化学反应过程中产生的氢气积聚在房间内，并在遇明火后被点燃。

5)货舱

货舱火灾主要是由货物引起的，因此正确认识装载货物的性质并进行适当的保管是防止这类火灾的重要措施。

引起货舱火灾的原因包括：
(1)容易发热和自燃的货物，比如煤炭、鱼粉、种子饼、硫黄；
(2)遇水产生的气体容易燃爆炸的货物，比如硅铁。

6)物料间

船舶物料间往往存有可燃物质且人员不经常到达，一旦发生火灾不易被人发现，危险性也较大。

物料间内存有危险特性的物品如：
(1)油漆、清漆、稀释剂；
(2)润滑油；
(3)清洗剂、棉纱和石蜡等；
(4)机动救生艇和紧急机器的燃油；
(5)氧气和乙炔的钢瓶；
(6)求生信号装备等。

4. 灭火程序

船舶火灾大致发生在以下几个场所：机舱、货舱、船员居住舱、厨房、油漆间、物料间。根据不同部位着火，船员们在灭火时要从实际出发，应当机立断采取不同的灭火程序，才能有效地将火灾扑灭。

1)机舱

机舱内有大量的油品，并且温度高，航行时风机不断地向外部排热，一旦发生火灾，将以很快的速度蔓延，油火会产生高热或爆炸。

(1)初始火的灭火程序：

①值班人员或工作人员在发现火情时，立即到达火情现场周围的报警点，按下报警按钮报警。

②值班人员迅速利用在火情附近场所设置的灭火器进行扑救，直至将火扑灭。

③其他消防员进入现场共同灭火，直至将火扑灭。

④清理现场，防止死灰复燃。

无人机舱值班人员听到报警后，立即进入机舱查找火源，如火势不大，同样采用有人值班机舱②③④项灭火程序。

(2)火势较大时的灭火程序：

在航行中如果机舱发生火灾，值班人员到现场判断火势无法扑灭，或利用火场附近灭火器扑救无效后，应采取以下措施：

①值班人员立即用在火场附近设置的报警器报警(手按式报警器),再撤离到机控室里用电话向驾驶台值班人员报告火灾位置、火势。
②驾驶台值班人员按响警铃,(机舱)连续短声一分钟,再按四声,或用广播报火灾位置。
③机舱值班人员启动应急消防泵后,戴好紧急逃生呼吸装置,迅速撤离机舱。
④全体船员按照应急部署表所列各自职责在机舱入口处附近集合。
⑤值班人员撤离出机舱后,立即向现场指挥报告火源的位置、火势、火的种类。
⑥现场指挥马上向总指挥报告火源的位置、火势、火的种类,并提议采用固定式大型灭火系统灭火。
⑦总指挥下达命令,机舱里人员全部撤出,封闭所有通往机舱的门、天窗及烟囱挡板,切断电源、油路速闭阀、风机、通风筒挡火闸等。
⑧做完以上各种动作后,清点人员,人员全部到齐后,命令采用固定式大型灭火系统。
⑨三副启动固定式大型灭火系统向机舱里释放灭火材料。
⑩释放后现场指挥指派专人对机舱的各个封闭的门、窗部位进行全面检查,确保灭火效果。
⑪现场指挥指派专人对机舱四周舱壁进行检查,如舱壁发热,可用消防水喷淋降温。
⑫做好释放救生艇准备后待令,做好弃船准备,以防火灾不能扑灭。
⑬数小时后,估计火灾已被扑灭,派探火员进入机舱探火。如发现有余火,马上用机舱里的灭火器扑灭;如探火员证实火已被扑灭,立即离开机舱向现场指挥报告火已被扑灭。
⑭现场指挥命令打开所封闭的门窗自然通风。
⑮经大约半小时后,现场指挥命令探火员携带测氧仪进入机舱测试,如氧气正常,组织人员下机舱清理现场。同时启动机器,并进行机械通风。
⑯一切恢复正常后,解除警报。

(3)火势不大、烟浓时的灭火程序:
在无人机舱里,往往火警警报响起后,值班人员首先进入机舱观察情况。当打开机舱门发现烟雾很浓,看不到火情时,值班人员还要判断机舱里的温度是否有明显升高,如温度有明显升高,可以判断火势比较大。温度如没有明显变化,则说明火势不大,报告现场指挥,现场指挥将情况再报告总指挥。如果总指挥命令探火,应按以下程序进行。
①现场指挥命令探火员进入机舱探火。
②探火员进入机舱查找火源,如发现火势较小,探火员可迅速利用在火情附近设置的灭火器进行扑救,直至将火扑灭。
③如发现火势较大,难以用周围灭火器扑灭火灾,马上撤离火场,向现场指挥报告火源的位置、火势、火的种类。
④现场指挥马上向总指挥报告火源的位置、火势、火的种类,并提议采用固定式大型灭火系统灭火。
⑤总指挥下达命令,机舱里人员全部撤出,封闭所有通往机舱的门、天窗及烟囱挡板,切断电源、油路速闭阀、风机、通风筒挡火闸等。
⑥做完以上各种动作后,清点人员,人员全部齐后,命令采用固定式大型灭火系统。
⑦三副启动固定式大型灭火系统向机舱里释放灭火材料。
⑧释放后现场指挥指派专人对机舱的各个封闭部位进行全面检查,确保灭火效果。
⑨现场指挥指派专人对机舱四周舱壁进行检查,如舱壁发热,可用消防水喷淋降温。

⑩做好释放救生艇准备后待令,做好弃船准备,以防火灾不能扑灭。
⑪数小时后,估计火灾已被扑灭,派探火员进入机舱探火。如发现有余火,马上用机舱里的灭火器扑灭;如探火员证实火已被扑灭,立即离开机舱向现场指挥报告火已被扑灭。
⑫现场指挥命令打开所封闭的门窗自然通风。
⑬经大约半小时后,现场指挥命令探火员携带测氧仪进入机舱测试,如氧气正常,组织人员下机舱清理现场。同时启动机器,并进行机械通风。
⑭一切恢复正常后,解除警报。

2) 货舱

公司所管船舶承运的货物比较有特点,易燃货物种类少,通常情况下只有以下几种易燃货物和产生有害气体货物,如种子饼、杂货等。在一般情况下,这些货物发生火情大部分属于自燃,火势不会大,灭火的方法也比较简单。

货舱灭火程序:
①听到火警报警后,消防人员集合在火灾现场附近根据各自的职责做好相应准备待令。
②机舱值班人员开启消防泵。
③现场指挥命令关闭货舱通风、挡火闸和道门,货舱里如有照明设施还要切断电源。
④现场指挥命令探火人员探火,探火人员从货舱道门进入货舱探火。
⑤探火人员探火之后,向现场指挥报告火源的位置、火势。
⑥现场指挥报告火源的位置、火势,以及根据货物的特性,决定采用大型二氧化碳灭火系统或消防水灭火。如果用消防水灭火,打开舱盖,灭火人员要处于火场上风,避免由于烟和货物产生的有害气体伤害灭火人员,直至将火扑灭。
⑦火灾扑灭后现场指挥派人清理现场,防止死灰复燃,火灾彻底扑灭后解除警报。

3) 船员居住舱

船员居住舱各层走廊相通,气流流动快,居住室相互连接,通风管路密布,火势蔓延快,可燃物质多,电线多,扑救难度较大。因此,住舱灭火速度至关重要。

船员居住舱灭火程序:
①听到火警报警后,消防员奔赴着火舱室门外集结,机舱值班人员启动消防泵。
②现场指挥命令关闭各层走廊通往外界的所有防火门,关闭通风系统,切断着火舱室的电源。
③消防员接好灭火器材皮龙、水枪,手提灭火器,做好准备。
④现场指挥根据现场情况,判断出火势大小。如果火势小,可命令消防员直接把门打开灭火,直至将火扑灭;如果火势大,不要急于打开门,防止火焰外窜,应将居室门下方通风窗打破,将水枪伸进去灭火。当失火居室火势明显减小后再打开房门正常扑救,直至将火扑灭。
⑤清理现场,确认没有火种存留后,解除警报。

4) 厨房

在公司所管船舶上,厨房里的炉灶基本上都是通过电能或液化气进行烹调,用燃油作为燃料的炉灶已基本不存在。厨房发生火灾基本上都是由于深油炸锅里的食用油温度过高或炉灶上方集油罩里的油遇到明火。

厨房灭火程序:
①听到火警报警后,消防员迅速集结在厨房外侧,接妥皮龙、水枪,准备好灭火器,机舱值班人员启动消防泵。

②现场指挥命令有关人员,切断厨房电源、通风,关闭所有厨房门窗。

③现场指挥命令消防员进入火场灭火,如果船舶厨房门也有通向后甲板的,消防员尽量从通向后甲板的门进入,避免从通向生活区走廊的门进入,防止火灾蔓延到生活区。

④有的船舶厨房外边设置固定式专用灭火器,消防员可将阀打开,向厨房里释放;没有配固定式专用灭火器的船舶,消防员携带手提灭火器进入火场进行扑救,直至将厨房里的火扑灭。

⑤清理现场,确认没有火种存留后,解除警报。

5)油漆间

目前船舶上油漆间配备的灭火设备有以下几种:

①固定式二氧化碳系统,可在二氧化碳站内控制释放,通过管路进入油漆间。

②独立式二氧化碳气瓶,设置在油漆间外部。

③消防水系统,油漆间里有喷淋设施,油漆间外部有通向消防水的管路和开关阀。

④油漆间小于 $4\ m^2$,在外部配有手提灭火器。

油漆间灭火程序:

①听到火警报警后,消防员迅速集结在油漆间外侧,机舱值班人员启动消防泵。

②现场指挥命令消防员按照以上船舶配备的灭火设施进行灭火,直至将火扑灭。

③打开油漆间门后,探火员进入检查,确认火已彻底扑灭后,进行自然通风,散发油漆间内有害气体。

④油漆间内有害气体散发后,其他人员再进入油漆间进行清理,证实没有火种后,再解除警报。

6)物料间灭火程序:

①听到火警报警后,消防员迅速集结在着火物料间外侧,机舱值班人员启动消防泵。

②消防员接好皮龙、水枪,准备好灭火器待命。

③现场指挥命令消防员灭火,消防员打开门开始灭火,直至将火扑灭。

④如果物料间较深,探火员需穿好消防服进去探火,若火势较小,则探火员可直接用物料间里设置的手提式灭火器进行灭火直至扑灭;如火势较大,则可用消防水直至将火扑灭。

⑤清理现场,确认火已彻底扑灭后,再解除警报。

5. 火源的预防与管理

火源管理是防止船舶火灾极为重要的措施。船上的火源很多,常见的有烟头、火柴及打火机、热工工作、炉灶、锅炉、柴油机、未绝热的主辅机排气管、烟囱火星、电器设备的短路及过载、非防爆电机的火花、装载时的外来火种、货物自燃起火、危险品遇水反应起火、粉尘爆炸、静电火花等。

1)吸烟管理

(1)未灭的烟头是引起火灾的重要原因,烟头必须熄灭后放入烟缸,不得随意乱扔,烟缸内要放入水。船员起居室内的垃圾桶应是铁制的,并放入适量水。

(2)在船上所有危险地方,一概禁止吸烟。在所有禁止吸烟的地方,均须在明显处张贴"禁止吸烟"告示。

2)热工管理

(1)船上任何部位动火,必须经船长审批。

(2)监督员彻底检查,确认安全后才能动火。

(3)在进行切割或焊接工作前,必须先视察铁板后面情形,以决定是否可进行。完工时,再次查看有无因进行热工工作而造成的危险。

(4)在进行焊接工作时,必须根据施工区域燃烧物的特点准备相应的灭火机、水桶,以便随时取用。

(5)在未清理工作现场及四周的可燃物品之前,切勿进行热工工作。

(6)切勿在未进行清除可燃气体并测爆合格的油舱柜内进行热工工作。

(7)在港口动火,须经港口当局同意后,才能进行热工工作。

(8)油舱柜内进行热工工作时,必须先将所有浸油锈皮用水淋湿及铲除后,才能进行热工工作。

3)炉灶管理

(1)船舶在使用油灶时,要严格遵守安全操作规程。因油灶油头漏油,生火前又未充分通风而发生点火引爆的事故。

(2)在使用炉灶时厨房值班人员必须严守岗位,炉灶熄灭或切断电源后才准离开岗位。

(3)炉灶上方的集油罩及通风道应定期消除油污,以防油炸食品时食油因高温而被引燃。

4)锅炉管理

(1)锅炉的热燃油管路应注意防滴防漏,因热燃油泄漏后极易点燃。

(2)锅炉油头漏油或雾化不良是造成炉膛积油及点火引爆的主要原因。为防止这类事故,除需要经常检查和维修油头雾化片外,在营运过程中应先通风一段时间后再点火,熄灭时要先关油头控制阀后再关风机,以防炉膛积油气而爆炸。

5)柴油机管理

柴油机由于滑油系统故障(如轴承断油)而使曲柄箱内滑油被点燃引爆。

(1)在营运中注意滑油仪表及报警装置,巡回检查时查看滑油透气管口出来的油气情况。

(2)柴油机扫气箱因易积聚滑油,易发生火警,应经常放泄积油并调整汽缸油至合适剂量。

6)主辅机排气管管理

主辅机排气管及过热蒸汽管应仔细包扎好绝热层,防止溢油或漏油至排气管上引燃起火。

7)电器设备管理

(1)严格禁止使用不完善的电气工具、电线、电插头、插座、电水壶、电炉等。

(2)切勿将衣服、杂物放在电炉上方或接近电炉或灯泡,避免产生过热现象而引起火警。

(3)电线和货灯线不能浸于积水之中,也不能置于其他可能使电线遭受割破或磨损的地方,破损电线往往易造成火灾。货灯暂时不用时应收妥保存。

(4)修船中所增设的临时电线,应确保其有足够负荷能力并应随时检查,确保安全。所设临时线路应尽量减少,应禁止修船工人擅自移动船上的电气设备。

(5)一旦发现电气设备或电线不妥,应立即报告,及时采取措施。

(6)全部电路必须装配容量适当的保险丝,以防过载。

(7)任何电气用具应通过插头插入电源插座,不准将电气用具的导线直接插入电源。

(8)船上危险地带不准使用手提电灯(非防爆型灯)。

(9)居住舱室、机舱、锅炉间的电气设备均不适宜在可燃气体环境中使用。

(10)船员严禁私接电线。

8) 氧气及乙炔气用具管理

(1) 在任何情况下,切勿在氧气瓶的阀件或控制杆上涂以润滑油或油脂。

(2) 输气橡皮软管应注意保护,防止损坏或卷曲。

(3) 禁止无遮盖火焰靠近氧气瓶或乙炔瓶。

(4) 切勿将载有氧气或任何压缩可燃气体之储气瓶放置或装置于距离任何热源不足 5 m 的地方。

(5) 所有氧气或乙炔气瓶,除装置或放置于船上有充分通风设备而无气体积聚危险之处所外,一概不准移至舱面甲板以下的地方。

(6) 在进行修理工作的船舶上,不得装置乙炔发生器。

(7) 氧气或任何可燃气体之供应软管,必须构造坚固并保持完好,并须与用具稳固连接,所有接口必须紧密牢固,以保安全。

(8) 每天使用氧气或乙炔用具完毕后,气瓶的控制阀必须关紧,与气瓶连接的可移动软管必须撤离。

(9) 载有氧气或压缩可燃气体之气瓶,必须装有完善的减压器,并须经常保持完好。

(10) 如需在密闭场所内进行热工工作,必须装置充足的通风设备,以免发生窒息、中毒或爆炸等危险。

(11) 船上如同时存有瓶装氧气及可燃气体,应分别隔离储存。

9) 外来火种及其他管理:

(1) 对于外来火种,必须依靠船员、港口装卸人员、修理工人的共同努力才能防止将其引入船内。在甲板、生活区、货舱、机舱处所严禁吸烟。

(2) 在装卸易燃货物时,特别注意铲车摩擦产生的火花以及岸上起货机械的电气火花等。

(3) 含油的破布、棉纱、木屑等若长期存放会腐烂发热而自燃,因此必须及时清理。

(4) 烟囱冒出的火星,极易引燃甲板上堆放的易燃物,生活区周围甲板上严禁堆放易燃物。

另外,船舶值班人员坚持每班巡回检查制度也是预防火灾的一种好措施。

(五) 紧急程序

1. 火警发生时应采取的行动

在船上发生火警的风险不会完全消除,但只要负责任地遵守相关规定,火灾的危害即可大为减少。应依照公约的规定定期进行演习,确保熟悉灭火程序和保养灭火设施。拿取灭火装备的通道应经常通畅,紧急逃生出口和走廊也不能被堵塞。一般而言,火警在起始的数分钟最易被扑灭,所以行动必须迅速而正确。发生火警时,应立即发出警报和通知驾驶台。若船舶正在港内停泊,应通知当地的消防局。若有可能,应以最顺手且适合的工具(例如适用的手提灭火器)将火扑灭或控制火势,在厨房油脂或食油着火时,可用防火毯等将火闷熄。船舶应备有多款手提灭火器,以应付各类火警。水基灭火器不能用于燃油或电器着火。发生火灾时,应关闭失火区域的通风口,减少空气流通,阻止火势蔓延。如有燃油管道输送燃油至火场或受到火警威胁,应立即停止相关设备、关闭相关阀门,尽可能将附近的易燃物品移走。若现场充满烟雾,未配备呼吸器的船员应立即撤离;如有必要,因为靠近甲板地面的空气比较清新,应手膝着地缓慢前行。将火扑灭后,须提防死灰复燃。如未戴好呼吸器,船员切勿返回曾发生火警而未充分通风的船舱内。

2. 召集与演习

根据相关规定,应定期举行召集及演习,旨在使船员在可能危害到海上人命安全的突发情况下,做出熟练的反应并井然有序。演习要认真,并尽可能模拟现实中的紧急情况。若船舶的设备或船上的人手有变动,召集的安排也要相应更改。应变部署表应在开船前张贴在明显处。除应变部署卡外,船上每人均应在床头放置应变部署卡。这些指示应列明各人应报到的召集站、救生艇筏所在位置、所有紧急信号,以及听到这些信号时应采取的行动。

假如有超过 25% 的船员在过去一个月内没有在船上参加过弃船演习及消防演习,则船舶在离开港口后 24 小时内必须进行该类演习。船员上船工作后,应尽快(在两星期内)学习使用包括救生艇筏在内的船上救生设备。船员在上船后亦应尽快熟悉他们在紧急状况下的职务、各种警报信号的含意、救生艇筏所在位置,以及所有救生与消防设备的位置。

船上全体船员在召集、集合时都应穿上救生衣,并系结妥当。在登艇演习及将艇只降落入水时,仍应穿着救生衣。但在其他情况下,如果救生衣妨碍演习的进行或会构成负累,可由船长酌情决定脱去,但仍须放在可随手取用的地方。紧急演习应编排在不同的时段举行,以便每位船员都可以有时间参加。在演习及检阅时发现的任何缺失或不足,要尽快改正。

船员各司其职、通力合作,即可提高救火行动的效率。消防演习须与第一阶段的弃船演习同时进行。消防组应在指定的地点集合。机舱船员应开动机舱内的消防泵,检查消防总管是否达到规定压力。装置于机舱外的应急消防泵亦要同时开动。全体船员均须懂得如何开动及操作应急消防泵。消防组由指定的集合点出发,带着斧头、灯具及呼吸器等紧急装备,前往经选定的模拟火警场地。每次火警演练的模拟场地均应不同,以便船员熟练地在不同的情况下处理各类火警,演练场地须遍及生活区、机舱、物料间、厨房、货舱及其他极易引起火警的地方。消防演习应尽量逼真,使用足够数目的消防栓,其间需测试消防栓的出水压力,机舱内消防泵及应急消防泵交替进行。在可行范围内,演习应包括实地测试风机、油泵及油柜遥控速闭阀,关闭各通风口,以及适当关上电器装置等。固定灭火装置应在可行情况下试用。演练时应预备手提灭火器用于示范,并应有不同类别的灭火器,应对不同种类的火灾。演习时应由一名消防组成员操作一个或多个灭火器,每次演习均应有不同成员轮流参与。灭火器用后在放回原位前应先充填好,或在下次示范时备有足够的灭火器。消防组成员均须戴上呼吸器,各成员也应轮流试用。搜索及救援演习应在船上不同地点进行。呼吸器在存放前应先行清洁,检验过证实性能良好。独立式呼吸器的气瓶应予充气,或备有足够的备用气瓶供示范用。除了法定的检查外,所有在演习时没有使用的消防器具、防火及水密门和其他关闭装置、火警探测及警报系统等,都应在演习时或演习完成后立刻检查。

四、船舶机舱作业安全

船上有多种不同的工作,而船员在执行例行职务时,可能会在无意中危及他人的安全。对于担任某类特定工作的人员来说,也要采取一连串措施,以确保他们的安全。无论进行什么工作,在工作完成之前,都有需要认明潜在的危险,将发生危险的可能性排除或加以有效监控。工作许可证制度是为特定工作而设立的建议监控措施。工作许可证制度是一套有系统的既定安全工作程序,不会使工作更安全,但有助于安全工作措施的制定。

船舶可根据个别情况决定是否采用工作许可证制度,采用时应遵守以下原则:

(1)许可证应尽量贴切准确,列明工作的地点和工作详情、初步测试的性质和结果、为使工作安全进行而采取的措施,以及在运作时必须采取的防护措施。

(2)许可证上要标明有效期限(不应超过24小时)和进行工作的时限。

(3)只可以进行许可证上开列的工作。

(4)负责授权的高级船员在签发许可证之前,应确保已采取证上所开列的各项措施。

(5)负责的高级船员须为该项工作负责,直至许可证注销,或将职务正式移交给另一位负责人员;移交时,要让后者对情况有全面了解。无论是例行公事,还是在紧急情况下,从负责人员手上接过责任的人员都要在许可证上签署,表明会就此负起全责。

(6)负责执行指定工作的船员应在工作许可证上连署,表示对须遵行的安全措施已清楚了解。

(7)工作完成后,执行工作的船员应通知负责人员,以便将许可证注销。

(8)执行指定工作的船员与负责人员不应为同一人。

(一)上高和多层作业时的安全注意事项

(1)按规定离基准面2 m以上为高空作业。上高作业用具(如系索、滑车、脚手架、坐板、保险带、移动式扶梯等),在使用前必须严格检查,确认良好。脚手架上应铺防滑的帆布或麻袋。

(2)上高作业人员应穿防滑软底鞋、系带保险带并系挂在牢固的地方,必要时应在作业处的下方铺设安全网。另外,如果要在船旁工作,须穿着浮水衣,并且准备一个可供实时使用、绳索有足够长度的救生圈。船员工作时,应有人在甲板上照应。

(3)上高作业和多层作业时,上高作业所有的工具和所拆装的零部件应放在工具袋或桶内,或用软细绳索缚住,以防落下伤人或砸坏部件。

(4)当上层有人作业时,其他人员应尽量避免在其下方停留或作业。如属必需,应戴安全帽。

(5)上高作业人员易发生坠落或重物落下砸人等伤亡事故。在强风中或有涌浪时,除非特殊需要,禁止上高作业。

(6)年龄在十八岁以下或航海经验少于12个月的船员,除非是在有经验船员陪同或充分指导,否则不应在高空工作。

(7)在船笛附近工作前,专责高级船员必须确保船笛已经关闭,并要在驾驶室和机舱贴上警告告示。

(8)在烟囱上工作前,专责高级船员要通知值班轮机员,确保已经采取措施,尽量将蒸汽、有害气体及烟雾的排放量减少。

(9)在无线电天线附近工作前,专责的高级船员要通知电报员或负责无线电设备的人员,不得发射任何信号,以免危及工作中的船员,同时要在电报室张贴警告告示。

(10)若要在雷达扫描仪附近工作,专责高级船员应通知当值的高级船员,在有关工作完成之前暂停使用雷达和扫描仪,并要在装置上张贴警告告示。

(二)吊运作业时的安全注意事项

(1)严禁超负荷使用起吊工具。在吊运部件或较重的物件前,应认真检查起吊工具、吊索、吊钩以及受吊处,确认牢固可靠,方可吊运。禁止使用断股钢丝、霉烂绳索和残损的起吊工具。吊起的部件,除非必要,应立即在稳妥可靠的地方放下,并衬垫绑系稳固。

(2)起吊时,应先用低速将吊索绷紧,然后摇晃绳索并注意观察,确认牢固、均衡且起吊物已松动后,再慢慢起吊。如发现起吊吃力,应立即停止,进行检查或采取相应措施,防止超负荷工作。

(3)在吊运过程中,禁止任何人员在其下方通过;也不得在起吊的部件下方进行工作;如确属必须,应采取各种有效的防范措施。

(4)使用气动吊车时,应派人看守压缩空气阀,以便一旦失控立即切断气源,以免发生事故。

(5)严禁用起重设备运送人员。

(三)检修作业时的安全注意事项

(1)检修主机时,必须在主机操纵处悬挂"禁止动车"的警告牌并应合上转车机,以防水流带动推进器。检修中如需转车,须征得驾驶员同意。应特别注意检查各有关部位是否有人或影响转车的物品和构件,并应发出信号或通知周围人员注意,以防伤人或损坏部件。

(2)检修副机和各种辅助机械及其附属设备时,应在各相应的操纵处或电源控制部位悬挂"禁止使用"或"禁止合闸"的警告牌。

(3)检修发电机或电动机时,应在配电板或分电箱的相应部位悬挂"禁止合闸"的警告牌。如有可能,还应取出控制箱内的保险丝。

(4)检修管路及阀门时,应事先按需要将有关阀门置于正确状态,并在这些阀门处悬挂"禁动"的警告牌,必要时用锁链或铁丝将阀扎住。

(5)在锅炉、油水舱内部工作时,应打开两个导门并给予足够通风。作业期间应经常保持空气流通,并悬挂"有人工作"的警告牌;派专人守望配合,注意在内部工作的人员情况。

(6)在锅炉汽包等汽水空间内工作时,应参照上述(4)、(5)项执行。如在连通的其他部位仍有压力,还应事先检查并确认阀门无漏,并派专人看守阀门。

(7)检修空气瓶、压力柜及有压力的管道时,应先泄放压力,禁止在有压力时作业。

(8)在锅炉、机器和舱柜等内部工作时,应用可携式低压照明灯,但在油柜内应使用防爆式,使用前必须认真检查并确保状态良好。

(9)拆装带热部件时,要穿长袖衣裤并戴安全帽及手套。

(10)拆装冷冻液管时,一般应先抽空冷冻液,拆装时必须戴手套、防护镜或面罩,以防冻伤和中毒。

(11)检修气门室、气缸、透平内部、减速齿轮以及其他较为隐蔽或不易接近的部位时,作业人员衣袋中不得携带任何零星杂物,以免落入机内造成事故。检查减速齿轮时,必须在主管检修的轮机员亲自监督指导下方可打开探视门,收工以前必须盖好;严禁在无人看守时敞开探视门。

(12)柴油机在运转中如发现喷油器故障需立即更换,应先停车,打开示功阀,泄放气缸内压力,禁止在运转中或气缸尚有残存压力时拆卸喷油器。

(13)试验柴油机喷油器时,禁止用手探摸喷油器的油嘴或油雾。

(14)裸露的高压带电部位必须悬挂危险警告牌或用油漆书写危险标记。除非绝对必要,严禁带电作业;确需带电作业时,必须使用绝缘良好的工具。禁止单人作业,只有一名电机人员时,轮机长应指派一名合适的人员进行协助。作业中注意防止工具、螺栓、螺帽等物掉入电器或控制箱内。看守人员应密切注意工作人员的操作情况,随时准备采取切断电源等安全措施;作业完毕后,应再认真检查。

(15)一切电气设备,除主管人员和电气人员外,任何人不得自行拆修。

(16)禁止使用超过额定电流的保险丝。

(17)一切警告牌均由检修负责人挂、卸,其他任何人不得乱动。

(18)因检修移走栏杆、花铁板或盖板后,应在周围用绳子拦住,以防人员不慎踏空而伤亡。

(四)清洗和油漆作业时的安全注意事项

(1)油管、过滤器和加热器等如有泄漏应尽快清除,并注意防止漏油流散。

(2)机舱地板上的油污必须随时抹去。在用水冲洗机舱底部时,要防止水柱和水珠冲到电气设备上而引起损坏,并防止人员滑倒跌伤。

(3)使用易燃或有刺激性的液体清洗部件时,一般应在艉部甲板等下风处进行,不宜在机舱进行,同时要注意防止发生污染海面的事故。

(4)在处理酸、碱或其他化学品,或进入有毒气处所时,须相应地戴手套、防护眼镜、口罩、面罩等。

(5)处理化学品时,要按规定的步骤操作,避免引起剧烈的反应,损伤人体。如果身上溅到液体,要迅速地用水清洗或做相应的处理。

(6)油漆空气瓶内部或其他封闭处所,不能同时多人作业,且时间不能太长,应轮流作业相互照顾,防止油漆中毒。

(五)压力容器使用安全注意事项

(1)氧气、乙炔和氟化物钢瓶是高压容器,而乙炔是易燃易爆的危险性气体,故在装卸或搬运时不准跌落或抛扔,避免碰撞。插好瓶口钢帽,取下钢帽时不准敲击。

(2)压力钢瓶不准卧放使用,应直立安放在妥善处并用卡箍或绳子紧固。两瓶的间距和瓶与烧焊处的距离均应大于 3 m。

(3)钢瓶不准在电焊间存放,应放在阴凉处,禁止曝晒或靠近锅炉、火焰等热源。

(4)钢瓶内气体绝不能全部用光,剩余压力应保持不小于 100 kPa。

(5)待灌的空瓶应做好明显标记并按原来气体充灌,不准互换使用或改灌其他气体。

(6)钢瓶在开阀前应仔细检查,特别要注意阀门是否反螺牙。开阀时要缓慢开大。

(7)钢瓶如因严寒结冻,不能用明火烘烤,但可用蒸汽或热水适当加温。一般瓶体温度不得超过 30~40 ℃。

(8)当发现下列情况时,应立即停止使用:

①容器超温、超压、过冷、严重泄漏,经处理无效时;

②主要受压元件发生裂缝、鼓毛、变形、泄漏,危及安全时;

③安全阀失效、接管端断裂,难以保证安全时;

④发生火灾、爆炸或相邻管道发生事故危及容器安全时,应迅速搬挪他处或泄压。

(六)船舶机舱消防安全注意事项

1. 船舶常发生的火灾爆炸事故

1)机械设备管理操作不当引起的火灾爆炸事故:

(1)柴油机曲轴箱爆炸;

(2)柴油机扫气箱着火爆炸;

(3)锅炉炉膛爆炸;

(4)空压机曲轴箱爆炸;

(5)烟囱冒火引起火灾;

(6)燃油管破裂、油柜冒油使燃油喷到柴油机排气管和锅炉上引起火灾。

2)电气设备管理操作不当引起的火灾爆炸事故:
(1)导线超负荷或老化引起火灾;
(2)绝缘不良引起火灾;
(3)电气设备故障,因电流的热作用而产生火花。
3)对易燃物质管理不严引起火灾:
(1)地板上、舱底、机器周围漏油过多;
(2)浸过油的破布、棉纱、木屑等因空气不流通而导致温度过高引起火灾。
4)明火及明火作业引起火灾:
(1)吸烟、火柴、打火机;
(2)焊接;
(3)锅炉与厨房炉灶。
5)油舱柜的爆炸与火灾:
(1)透气管处遇明火引起火灾与爆炸;
(2)油舱柜清洗产生静电引起火灾与爆炸;
(3)油舱柜附近有明火和明火作业引起爆炸。
6)易燃易爆货物引起事故:
(1)油船;
(2)货船装运易燃易爆货物或物资。

2. 船员日常防火防爆守则

(1)吸烟时,烟头、火柴杆必须熄灭后投入烟缸,不能乱丢或向舷外乱扔,也不准扔在垃圾箱内。禁止在机舱、货舱、物料间、储藏室内吸烟,在卧室内禁止躺着吸烟。装卸货或加装燃油时禁止在甲板上吸烟。

(2)规定必须集中保管的易燃易爆物品不准私自存放,禁止任意烧纸或燃放烟花爆竹,严禁玩弄救生信号弹。

(3)离开房间时应随手关闭电灯和电扇,靠近窗口的台灯尤应关熄。风雨或风浪天气应将舷窗关闭严密。航行中不得锁门睡觉。

(4)禁止私自使用移动式明火电炉。使用电炉、电熨斗、电烙铁等电热器具或工具时必须有人看管,离开时必须拔掉插头或切断电源。

(5)不准擅自接拆电气线路或拉线装灯(插座);不准用纸或布遮盖电灯;不准乱拉收音机或电视天线;不准在电热、蒸汽器具上烘烤衣服、鞋袜等。

(6)废弃的棉纱头、破布应放在指定的金属容器内,不得乱丢乱放。潮湿或油污的棉、毛织品应及时处理,不能堆放在闷热的地方,以防自燃。

(7)大舱货灯必须妥善保管。使用时要检查灯泡及护罩,如有损坏,应及时换新。货灯电缆要通畅,防止被他物压坏,用后应放在指定处所,妥善保管。

(8)进行明火作业前,经船长同意后须查清周围及上下邻近各舱有无易燃物,特别要查明焊接处是否通向油舱。当气焊作业时要严防"回火",避免事故,并须派人备妥消防器材且在旁监护。港方如有规定,还应向港监申请,经批准后方可施工。作业完毕后,要仔细检查有无残留火种。

(9)对于油船,其货油泵间必须保持清洁,不得堆放杂物,污油应经常清除。货油泵要定期检查,并应按规定进行注油。装卸期间,泵浦员或轮机员不得擅离职守;禁止闪光照相和在甲板阳光下戴老花眼镜。

（10）严格遵守与防火防爆有关的安全操作规程和有关规定。当发现任何不安全因素时，每个船员均有责任及时报告领导；对违章行为，人人有责任及时制止。

3. 防火防爆的安全措施

1）定期检验机械的安全设备。如锅炉、空气瓶、柴油机气缸盖上的安全阀由船检定期检验铅封。

2）保持电路的绝缘良好。

3）对油舱柜加强管理：

（1）空油柜经清洗、除气、测爆后，才准予明火作业；

测爆用测爆仪进行。使用时要先检查仪器的准确度，并按说明书要求正确取样、操作、修正。测爆仪不能测量空气中的含氧量，为了保证测试的准确性，一般用两只仪表同时进行。国际及我国都规定：船舶油舱柜的油气浓度在爆炸下限的1%或以下时，才能进行热工作业；在爆炸下限的5%或以下时，才能进入某些区域。

（2）清洗空油柜时，严禁污水再循环。

（3）空油柜附近，严禁拖动电焊用电缆。

（4）空油柜中应充满惰性气体，以防雷电。

4）机炉舱内应保持清洁，严禁吸烟。

5）自动探火及报警系统应保持正常工作。

6）消防系统和各种消防器材应能随时投入工作，并在规定的位置上。

7）加强船员防火防爆的安全教育和消防训练，做好应变部署。

4. 机舱火灾应急操作规程

1）发现机舱火情，当值人员应迅速发出火警并及时灭火，控制火势蔓延。

2）轮机部全体人员立即进入应变部署岗位，服从统一指挥。

3）轮机长迅速进入机舱，做出正确判断，进行现场指挥。

4）必要时：

（1）切断火场电源或停止发电机运转，启动应急消防泵灭火；

（2）通知船长减速、改变航向或主机停车；

（3）停止机舱通风机、燃油泵，关闭油柜速闭阀、机舱天窗和风道挡板。

5）抢救人员三人一组，穿好消防衣，戴好呼吸器，做好支援通信联络工作。

6）确认机舱必须释放二氧化碳灭火，应按有关规定与船长商定后执行。在机舱释放二氧化碳前必须封闭机舱，按响警报通知人员撤离现场，确认无人后，通知船长释放。使用二氧化碳灭火所需的时间比较长，不可过早地开启机舱。

7）火灾扑灭后，要查找隐火，严防死灰复燃；救护伤员，机舱通风，清理现场，检查机电设备状况，排除舱底水。

8）查清火灾成因，起火、灭火准确时间，灭火过程，善后处理情况，火灾损失情况，需要修理项目，并记入轮机日志。将有关情况电告公司，为海事处理做好必要的准备。

（七）船上封闭处所作业的安全注意事项

任何封闭处所内的气体都有可能缺氧（或含有易燃、有毒气体或蒸汽）。这种不安全气体也可能出现在以前安全的处所。不安全的气体也可能在靠近已知是危险处所的处所中存在，所以在进入船上封闭处所时应该按步骤严格遵守以下安全技术要求。

1. 危险评估

为确保安全,合格人员应在考虑到船舱先前载运的货物、处所的通风、处所的涂层和其他有关因素的情况下,首先对将要进入的处所的潜在危险做出初步评估。合格人员的初步评估应确定存在缺氧、易燃或有毒空气的可能性。

如果初步评估指出了对健康或生命具有最低危险或在处所工作期间有出现危险的可能性,应视情采取相应的预防措施。如果初步评估确定对健康或生命具有危险,若要进入该处所,还应采取额外的防护措施。

2. 进入许可

未经船长或指定负责人许可并且未采取为具体船舶规定的适当安全措施,不得打开或进入封闭处所。进入封闭处所应有计划,并建议采用进入许可制度,其中可能包括使用核对清单。进入封闭处所许可证应由船长或指定负责人发放,并在进入之前由进入封闭处所的人员填写。

3. 空气测试

应由经专门训练使用该仪器的人员使用标有准确刻度的仪器对处所的空气进行适当的测试。制造厂家的使用说明应得到严格遵守。空气测试应在人员进入处所之前进行,并在人员进入后按固定的时间间隔继续,直至所有工作完成。应在不同层面上对处所进行测试,从而得到处所中空气的有代表性的抽样。

1) 空气质量要求

(1) 舱内空气中的氧气浓度始终不得低于 18%,一般氧气含量表显示氧气在空气中占 21% 的体积。

(2) 舱内空气中的二氧化碳浓度始终不得高于 1%。

(3) 如初步评估已确定有易燃气体(或蒸汽)的可能性,敏感度恰当的易燃气体指示表的读数不超过可燃低限的 1%。

如果不能满足上述这些条件,应对处所进行补充通风并且在适当的时间间隔后再对处所进行空气测试。为得到准确的读数,任何气体测试须在停止对封闭处所通风后进行。

2) 通风换气

(1) 船舶应对装有易造成缺氧危险货物的货舱及其相关处(如人孔等)进行有效的通风换气,为进舱作业人员提供安全作业环境。

(2) 因故暂停作业、封舱的货舱在重新作业前,必须重新进行有效的通风换气。

(3) 对有多层货舱的船舶,在进入不同货舱作业时,必须分别进行通风换气。对于深层货舱尤其要进行充分的通风换气。

(4) 进入自然通风换气效果不好的舱室或封闭时间较长的舱室(如空舱、水舱、锚链舱、边舱、双层底、油舱和浮筒舱等)必须采用机械通风。

(5) 清舱作业前,应通风换气。

(6) 严禁使用纯氧通风换气。对可能存在可燃、可爆气体的舱室使用机械通风时,应采用防爆通风机械。

(7) 采用二氧化碳气体灭火的货舱,应进行有效的通风换气。

3）空气检测

（1）检测方法类型

①现场检测可采用便携式氧气检测仪和二氧化碳检测仪进行检测；

②实验室检测应采用 GB/T 12301—1999 气相色谱分析法进行检测。

（2）对于装有原木、粮食等一类易造成缺氧窒息事故的货舱，在工人进舱前和工人在舱内作业期间，应检测舱内空气质量。

（3）船舱通风换气后，应检测舱内空气中氧气、二氧化碳的浓度，尤其要注意检测舱室底部、角落的氧气、二氧化碳的浓度。检测结果未达到标准，严禁人员进舱作业。

（4）检测人员应尽量采用不下舱的检测方法，在必须进舱或进人孔内检测或采样时，检测人员必须戴自给式空气呼吸器进舱，严禁戴过滤式防毒面具。

（5）检测点的选择应根据船舱结构、货物装载状况等实际情况合理布点。

只有按照以上安全技术要求，即经过严格的危险评估、建立了进入许可制度以及空气测试合格以后，有关作业人员才能进入封闭处所作业，但是还应采取以下安全防护措施。

4. 一般安全防护措施

（1）港航单位应配备准确可靠的检测仪器，要明确专管部门和专管人员。仪器要定期检查和维护，保证检测数据准确可靠。

（2）作业单位应配备自给式空气呼吸器，要明确专管部门和专管人员。每次使用前应仔细检查空气呼吸器，发现异常立即更换，不得继续使用。

（3）进入舱室的检测人员，应配备必要的自给式空气呼吸器和安全带、安全索等安全防护用品。每次使用前应认真检查，发现异常立即更换，不得继续使用。

5. 进入封闭处所期间的安全防护措施

（1）进入舱室作业或检测时，必须安排监护人员。作业人员与监护人员应事先规定明确的联络信号，监护人员始终不得离开工作点，随时按规定的联络信号与作业人员取得联系。

（2）对作业过程中易发生氧气、二氧化碳浓度变化的舱室和作业过程长的舱室应随时监视空气中的氧气、二氧化碳的浓度变化情况，应保持必要的检测次数或连续检测，并根据检测结果采取相应的通风换气措施。

（3）货舱内作业应严格遵守卸货程序规定。对必须定位分层拆卸作业的，要采取阶梯式拆卸方法，并检测每层每处作业点的氧气浓度。

（4）作业中不得以任何理由离开工作场所和擅自进入货舱深处。作业工具落入舱内不准私自下舱拾取，必须重新领取使用。

（5）当处所内有人时和在暂时休息期间，应继续保持通风。在休息结束再次进入之前，应对处所内再次进行测试。万一通风系统失灵，处所内所有人员应立即离开。

（6）万一出现紧急情况，在救助人员尚未到达和尚未对情况做出评估确保进入处所进行救助作业的人员的安全之前，照应的船员无论如何都不得进入处所内。

（7）作业人员进入舱室前和离开舱室时，应清点人数。

6. 发生事故的应急防护措施

（1）当发现舱内有异常情况或有缺氧危险可能性（如发生不明原因的突然晕倒、坠落等）或发生缺氧窒息事故时，必须立即停止作业，应组织作业人员迅速撤离现场，在安全处清点人数并迅速向有关机关报告。

(2)发生缺氧窒息事故时,港、船双方应积极营救遇险人员,对已患缺氧症的作业人员应立即在空气新鲜处施行现场抢救(人工心肺复苏),并尽快与医疗单位联系,以便进一步抢救和治疗。

(3)进舱抢救人员必须戴好自给式空气呼吸器等救生用具,不允许戴过滤式防毒面具下舱救人。

(4)舱内发生缺氧窒息事故时应封锁通道,在危险解除前非抢救人员以及未配备安全救护器的救护人员不得进入事故现场。

7. 如果已知或怀疑处所内空气危险时进入处所的额外防护措施

(1)如果怀疑或知道封闭处所内的空气危险,只有在别无其他可行的选择时才能进入处所。只有在进行进一步测试、绝对必要的操作、出于船上人员安全或船舶本身安全时,才应进入处所。进入处所人员的数量应为完成工作要求的最低数。

(2)应携带合适的呼吸器,例如空气管或自给式呼吸器,而且只有在使用呼吸器方面经过训练的人员才准许进入封闭处所。由于空气过滤呼吸器不能提供封闭处所以外的清洁空气,所以不应使用这种呼吸器。

(3)应系配救助安全带,且除非不可行,还应使用救生索。

(4)应穿着适当的防护服,特别是在存在有毒物质或化学品可能接触进入人员皮肤或眼睛的危险的情况下。

进入封闭处所,除了以上的安全技术要求和防护措施要严格遵守外,还要对作业人员和作业负责人进行必要的安全教育和预防缺氧窒息事故的技术培训。

8. 作业人员的教育

1)一般作业人员的教育内容

(1)缺氧症的主要症状、预防舱内缺氧窒息事故的措施和安全作业注意事项;

(2)自给式空气呼吸器及其他安全防护用品的正确穿戴、使用知识;

(3)事故现场的应急措施及现场抢救(人工心肺复苏)知识。

2)作业负责人的培训内容

(1)与缺氧作业有关的法规;

(2)缺氧窒息事故发生的原因,缺氧症的主要症状,预防舱内缺氧窒息事故的方法和措施;

(3)事故现场应急抢救措施及人工心肺复苏技术;

(4)自给式空气呼吸器和其他安全防护用品的使用、检查、维修、保养技术;

(5)仪器的使用方法及氧气、二氧化碳的检测方法。

(八)无人机舱作业注意事项

驾驶员必须熟悉和掌握驾驶台的主机操作程序和紧急应变的操作程序以及各类有关指示器、开关、警报等设备的功能及作用。船长必须负责培训新接班的驾驶员熟悉主机遥控操作程序和紧急应变操作程序。

轮机员必须熟悉和掌握主机、副机等自动化设备的操作程序、应急应变操作程序和有关指示器、开关、警报等设备的功能及作用,并负责自动化设备中的气动、液压和机械部分的检查维修保养工作。电子电气员(主管轮机员)必须熟悉和掌握全船的自动化设备系统中的电气、电子和电动设备的功能和作用原理,并负责对其定期检查、维修和保养。轮机长负责培训新接班的轮机员熟悉主机、副机等自动化设备的操作程序和紧急应变操作程序。主管人员应按说明书的有关要求对自动化设备进行检查、试验、核对、调整及维修保养。无关人员不得随便调整。

当满足下列条件时,船长和轮机长协商后可实行无人机舱制度。

轮机长确认机舱各设备处于正常状态:

(1)轮机长确认机舱的监测系统、报警系统和各自动转换装置工作状态正常。

(2)船长确认各值班驾驶员熟悉驾驶台遥控主机的操作程序。

(3)船舶航行在宽阔的海域中。

(4)船长和轮机长均认为可以实行无人机舱时。

(5)副机、泵浦、空压机等自动转换装置进行试验,并把试验结果和日期记入轮机日志中。

(6)主自动电站和机组的试验和保养按照有关规定进行。

(7)火警报警装置应按有关规定执行。

在开始实施无人机舱值班前,值班轮机员应首先确认所有机器设备和运行参数都在正常状态。同时应确信所有有关装置处于"自动"位置,对有人值班时降低和调整过的运行参数,应在实施无人机舱值班前恢复正常。如:

(1)不存在没经处理的"机舱警报";

(2)柴油发电机处于"备车"状态,开关置于"自动"位置;

(3)应急发电机处于"备车"状态,开关置于"自动"位置;

(4)所有火警监控装置和系统处于"监控"状态;

(5)备用设备都处于正常状态,开关置于"备用"位置;

(6)甲板上的氧气、乙炔钢瓶都已关闭并已有效隔离;

(7)应急消防泵处于随时可启动并处于"备用"状态;

(8)无人机舱值班警铃功能试验良好;

(9)根据夜间实施无人机舱值班的有关规定,驾驶台已被通知到。

燃油沉淀柜中的残水应有值班轮机员泄放,并根据轮机长的指示每天从燃油储藏舱中向燃油沉淀柜驳油。当实施无人机舱时,值班轮机员的活动范围应在机舱警报能听得到的区域。值班轮机员应在2200—2400期间实施对机舱设备的全面检查,并将检查结果记入轮机日志。当机舱发生警报时值班轮机员进入机舱进行调查和处理,同时值班轮机员还应开启"DEAD MAN"呼叫系统。任何轮机员和机舱人员在无人机舱值班期间进入机舱,都应开启"DEAD MAN"呼叫系统。

交接班时,接班轮机员可在他认为设备的温度、压力和其他运行参数不正常时,拒绝接班。值班轮机员应负责向接班轮机员详细介绍发生不正常事件的原因、处理的经过和结果,目前情况和存在的问题以及需要注意的事项,直到接班轮机员完全明白后才能离开岗位。当对发生的不正常事件轮机员认为无能力解决时(除非紧急情况下),应通知轮机长和大管轮。

五、船舶人员操作安全

(一)船舶安全员

船上各人均须对安全负责。船公司有责任确保船舶的整体安全,船上安全须有适当的安排和协调。维持船舶的安全操作以及船上所有人的安全,是船长的日常责任。部门长对属下工作人员的健康与安全负责。个别工作人员对自己的健康与安全,以及因为他的作为或不作为而受到影响的任何人士的健康与安全负责。

能否建立安全文化和达至高度安全水平,取决于良好的组织,以及管理层与全体船员的鼎力支持。要就特定安全事宜负责的人员把责任负好,管理层也要以身作则,注重健康与安全。此外,船上应有适当的程序,让全体船员通力合作,共同建立和保持安全的工作环境,养成安全的工作习惯。

船舶要进行安全巡查,主要包括如下几个方面:

1. 登船通道/安全走动

(1)通往受检查区域的登船通道(如有)是否安全、照明良好及没有阻塞(尤其是舷梯和楼梯)?

(2)若登船通道情况危险(例如舷梯被拿走了),有没有适当地排除危险及张贴警告告示?

(3)整个受检查区域内用作信道及工作的地方,是否有清楚标志、充足照明、不受阻塞及安全?

(4)会使海员绊倒或碰撞到(尤其是放在高处的),因而构成潜在危险的对象,是否已有适当的油漆或标记?

(5)应放置在该区域内的用具,是否已妥善地固定好?

(6)所有栏杆是否已完好无损地安装妥当及固定在指定的位置?

(7)是否已在所有容易令人坠下的洞口外围妥栏杆?

(8)若使用活动扶梯,是否已将扶梯系稳,摆放角度又是否安全?

2. 工作环境

(1)进入该区域时是否安全?

(2)照明是否足够?

(3)该区域内的垃圾、易燃物品、漏出的油污等是否都已被清除?

(4)通风是否足够?

(5)如有需要,船员是否已有足够保护,不受噪声损害?

(6)有没有危险货物及危险品被不必要地弃置在该区域或以危险方式放置?

(7)有没有未予系稳的工具、备用物资及类似的物品被不必要地随处放置?

3. 工作条件

(1)机器在有需要时有没有足够人员看守?

(2)有没有在显眼处张贴必需的安全操作指示?

(3)有没有在显眼处张贴必需的安全标记?

(4)有没有在需要的地方采用工作许可证?

(5)在该区工作的船员有没有穿戴保护衣物及装备?

(6)该保护衣物及装备是否性能良好,并正确地使用?

(7)是否有机件或设备损坏的迹象?若有,有没有采取任何行动?

(8)对船员,尤其是缺乏经验者的监督是否足够?

(9)可以采取什么实际可行的安全措施?

4. 一般事项

(1)是否已遵守所有法定规例及公司安全程序?

(2)是否已尽力遵行本守则、商船通告等所载的安全指示?

(3)在该工作区域内工作的船员曾否提出有关安全的建议?

(4) 上次检查时发现的毛病,是否已经得到纠正?

(二)接触有害物质安全作业程序

首要的考虑是避免接触有害物质,方法是把有害物质移走,譬如以伤害程度较轻的物品代替。若没有合理做法来避免接触有害物质,可采取下述一种或多种方法,以避免或设法减少接触有害物质。

(1) 将有害物质置于封闭或半封闭的环境中处理;

(2) 采用设备、工作流程和制度,尽量减少出现有害物质溢出、泄漏,以及产生烟尘和雾气的情况,或抑制和控制/防止出现有关情况;

(3) 限制工作场所内有害物质的数量;

(4) 把可能接触有害物质的人员数目和时间尽量减少;

(5) 禁止在可能会受到有害物质污染的范围内饮食和吸烟;

(6) 采取卫生措施,包括提供充足的洗濯和洗衣设施,同时定时清洁墙壁/舱壁和其他表面;

(7) 列明可能受污染的范围,并充分使用适当的警告告示;

(8) 使用有封口和附清楚标签的容器,安全地储存、处理和弃置有害物质;

(9) 使用适当的程序量度有害物质,尤其要及早发现因不能预知事件或意外而引致接触量异常的情况;

(10) 采取个人/整体防护措施;

(11) 为很可能会导致接触量异常偏高的紧急事故制订应变计划。

船上有很多物质会损害接触者的健康。这些物质不但包括标明危险的物质,如危险货品和石棉,也包括一些家庭用品。例如苛性钠和漂白粉或漂白水,会灼伤或渗进皮肤,与其他物质混合时又会起剧烈反应,因此绝不可以混合使用。风险评估应指出船员在何时会在存在危害健康物质的地方工作,并衡量风险。应采取适当的措施消除或监控风险,或将风险减至最低。

打开化学品的容器前,应仔细阅读标签,了解里面会否含有危险物质。容器上没有标签的化学物品,除非很清楚知道是什么,否则绝不可以打开使用。若含有石棉的嵌板、面层包装物料或绝缘物在航程中脱落或受损,须妥善修理。其露出的边角或表面应先以合适的涂料或覆盖物保护,以防石棉纤维脱落,在空气中飘浮。长时间接触矿物油和清洁剂可能会导致皮肤病。皮肤沾有矿物油应彻底清洗,但绝不可用碳氢化合物溶剂。不小心接触到有毒化学品或其他有害物质,应立即报告并采取适当的补救行动。工作服要经常清洗。切勿将沾了油的碎布放进口袋里。吸入刺激性的尘埃会导致咳嗽及肺部受损。吸烟者的风险较不吸烟者高。

应指导、通知及训练船员,使他们知道并明白工作的风险、应采取的预防措施及风险监察的成效。船员必须遵守场地的所有监控措施,穿着保护衣物,并穿戴船上供应的保护装置。如果监控措施失效,导致有危害健康的重大风险,或者担心这些措施或效用是否足够时,须进行健康检查。

(三)减少噪声和振动

在不让船员暴露于物理因素中并非合理可行的情况下,可借以下一种或多种方法,予以避免或监控:

(1) 将有关装置置于封闭或半封闭的环境中;

(2) 通过所使用的设备、应用的工作流程和制度,将暴露于物理因素中的机会减至最小;

（3）尽量减少会暴露于物理因素中的人员数目，并减少有关人员暴露于物理因素中的时间；

（4）划出船员可能会受到达危害健康水平物理因素影响的范围，并张贴适当且数量充足的警告告示；

（5）使用适当程序量度暴露于物理因素中对健康所造成的危害，尤其要能及早发现因未能预见的事情或意外而导致暴露量异常的情况；

（6）采取个人、整体防护措施；

（7）为可能导致物理因素暴露量异常偏高的紧急情况制备应变计划。

以上措施可将船员受到的风险尽量减少，但若这些措施不足以控制危害健康的风险，便应额外提供适当的个人保护装置。

1. 戴好听觉保护器

所有在机舱等高噪声环境下工作的人员，都应戴上适用的听觉保护器。保护器有三种，即弃耳塞、可多次使用耳塞、耳罩。耳塞是最简单的护耳装备，缺点是降低噪声的能力有限。橡胶及塑料耳塞的效能都很有限，过高或过低的音频会使耳塞在耳道内振动，失去保护作用。要在船上保持可多次使用的耳塞清洁并不容易，因此即弃耳塞较为可取。任何耳朵有毛病的人员在接受医生诊治前，不宜使用耳塞。

即弃耳塞需要按照以下步骤戴好：

（1）戴上耳塞前，请先确保双手干净。

（2）用拇指和食指拿着耳塞。转动及挤压耳塞，用另一只手绕过头部，把外耳拉起、拉后，让耳道变直，提供紧窄合适的管道。

（3）把耳塞插入耳道，保持20~30 s，从而扩张耳塞，填塞耳道。

在嘈杂的环境中插入耳塞，用双手掩盖双耳，然后把手放开，如果察觉不到噪声水平有很大的差别，则表明已戴好；如果感觉噪声水平差别很大，则需要重新戴。拔掉耳塞的动作一定要慢。扭动耳塞才可以把封边的位置掰开，耳塞拔得太快会损伤耳膜，必须按照制造商的使用说明书，并按照指示正确地戴好耳塞，即弃耳塞不得重复使用，切勿共用耳塞。保护听觉，以免失聪。

一般来说，以耳罩保护听觉较为有效。耳罩有一对坚稳的罩壳，把耳朵完全包起来，壳边的软质密封环紧贴耳朵四周。罩壳以具有弹性的头带（或颈带）连接，用以固定耳侧密封环的位置。这种耳罩有不同种类，应根据实际情况和专家的意见来选用。

对于汽车轮渡船舶来讲：船员在汽车甲板上工作，平均每日不得在等于或高于90绝对分贝的环境下停留超过8小时。若每日有8小时达到或超过85绝对分贝，船上应备有听觉保护器；若每日有8小时达到或超过90绝对分贝，则应要戴上听觉保护器。

2. 振动的缓解措施

（1）应寻求其他可免除或减少暴露于振动环境的工作方法；

（2）应把工作站设计成可把雇员手部、手腕、手臂和背部的负荷减至最低。如有需要，应使用夹具和悬挂系统等装置，以减少紧握沉重工具的机会。

（3）必须确保执行工作所选用的设备是合适的，且能有效率地完成有关工作。应选取合适、能有效执行工作而振动程度最低的工具，以尽量减少使用振动程度高的工具。

（4）如工作设备因耗损而须更换，用以更换的设备必须适用于所进行的工作、具有高效能且振动程度较低。

(5)必须为设备制订适当的保养计划,以免振动量因可避免的原因(使用变钝或损毁设备、消耗品)而增加。

(6)工作人员如需使用可产生振动的设备,必须进行正确使用有关设备的适当训练及指示。

(7)应拟订工作计划,以免工作人员长时间持续暴露于振动环境。

(四)个人防护装备的种类及其使用

个人防护用品:劳动者在劳动中为防御物理、化学、生物等外界因素伤害人体而穿戴和配备的各种物品的总称。

1. 按照用途分类

1)以防止伤亡事故为目的的安全护品,主要包括:

(1)防坠落用品,如安全带、安全网等;

(2)防冲击用品,如安全帽、防冲击护目镜等;

(3)防触电用品,如绝缘服、绝缘鞋、等电位工作服等;

(4)防机械外伤用品,如防刺、割、绞碾、磨损用的防护服、鞋、手套等;

(5)防酸碱用品,如耐酸碱手套、防护服和靴等;

(6)耐油用品,如耐油防护服、鞋和靴等。

2)以预防职业病为目的的劳动卫生护品,主要包括:

(1)防尘用品,如防尘口罩、防尘服等;

(2)防毒用品,如防毒面具、防毒服等;

(3)防放射性用品,如防放射性服、铅玻璃眼镜等;

(4)防热辐射用品,如隔热防火服、防辐射隔热面罩、电焊手套、有机防护眼镜等;

(5)防噪声用品,如耳塞、耳罩、耳帽等。

2. 以人体防护部位分类

1)头部防护类:包括用各种材料制作的安全帽、一般防护帽、防尘帽、防水帽、防寒帽、防静电帽、防高温帽、防电磁辐射帽、防昆虫帽等。

2)呼吸器官防护类:包括过滤式防毒面具、滤毒罐(盒)简易式防尘口罩(不包括纱布口罩)、复式防尘口罩、过滤式防微粒口罩、长管面具。

3)眼、面部防护类:包括电焊面罩、焊接镜片及护目镜、炉窑面具、炉窑目镜、防冲击眼护具。

4)听觉器官防护类:包括用各种材料制作的防噪声护具,主要有耳塞、耳罩和防噪声头盔。

5)防护服装类:包括防静电工作服,防酸碱工作服(除丝、毛面料外,材质必须经过特殊处理),涉水工作服,防水工作服,阻燃防护服。

6)手足防护类:包括绝缘、耐油、耐酸三种手套,绝缘、耐油、耐酸三种靴,盐滩靴,水产靴,用各种材料制作的低电压绝缘鞋,耐油鞋,防静电、导电鞋,安全鞋(靴)和各种劳动防护专用护肤用品。

7)防坠落类防护用品:包括安全带(含速差式自控器与缓冲器)、安全网、安全绳。

3. 安全帽的防护作用

防止物体打击伤害；防止高处坠物伤害头部；防止机械性损伤；防止污染毛发伤害。它可以在以下几种情况下保护人的头部不受伤害或降低头部伤害的程度。

1）飞来或坠落下来的物体击向头部时；
2）当作业人员从2 m及以上的高处坠落下来时；
3）当头部有可能触电时；
4）在低矮的部位行走或作业，头部有可能碰撞到尖锐、坚硬的物体时。

安全帽的戴法要符合标准，使用要符合规定。如果戴法和使用不正确，就起不到充分的防护作用。一般应注意下列事项：

（1）戴安全帽前应将帽后调整带按自己头型调整到适合的位置，然后将帽内弹性带系牢。缓冲衬垫的松紧由带子调节，人的头顶和帽体内顶部的空间垂直距离一般为25~50 mm，以不小于32 mm为宜。这样才能保证在遭受到冲击时，帽体有足够的空间可供缓冲，平时也有利于头和帽体间的通风。

（2）不要把安全帽歪戴，也不要把帽檐戴在脑后方。否则，会降低安全帽对于冲击的防护作用。

（3）安全帽的下颌带必须扣在颌下，并系牢，松紧要适度。这样不至于被大风吹掉，或者是被其他障碍物碰掉，或者由于头的前后摆动，使安全帽脱落。

（4）安全帽体顶部除了在帽体内部安装了帽衬外，有的还开了小孔通风。但在使用时不要为了透气而随便再行开孔，因为这样做将会使帽体的强度降低。

（5）安全帽在使用过程中会逐渐损坏，所以要定期检查，检查有没有龟裂、下凹、裂痕和磨损等情况，发现异常现象要立即更换，不准再继续使用。任何受过重击、有裂痕的安全帽，不论有无损坏现象，均应报废。

（6）严禁使用只有下颌带与帽壳连接的安全帽，也就是帽内无缓冲层的安全帽。

（7）维修、操作人员在现场作业中，不得将安全帽脱下、搁置一旁或当坐垫使用。

（8）由于安全帽大部分是使用高密度低压聚乙烯塑料制成的，具有硬化和变蜕的性质，所以不易长时间地在阳光下曝晒。

（9）新领的安全帽，首先检查是否有劳动部门允许生产的证明及产品合格证，再看是否破损、薄厚不均，缓冲层及调整带和弹性带是否齐全有效，不符合规定要求的立即调换。

（10）在现场室内作业也要戴安全帽，特别是在室内带电作业时，更要认真戴好安全帽，因为安全帽不但可以防碰撞，而且还能起到绝缘作用。

（11）平时使用安全帽时应保持整洁，不能接触火源，不要任意涂刷油漆，不准当凳子坐，防止丢失。如果丢失或损坏，必须立即补发或更换。不戴安全帽一律不准进入工作现场。

4. 防护眼镜和面罩的作用

防止异物进入眼睛；防止化学性物品的伤害；防止强光、紫外线和红外线的伤害；防止微波、激光和电离辐射的伤害；防止物质的颗粒和碎屑、火花和热流、耀眼的光线和烟雾对眼睛造成伤害。必须根据防护对象的不同，选择和使用防护眼镜和面罩。

防护眼镜和面罩的使用注意事项：

选用的护目镜要选用经产品检验机构检验合格的产品；护目镜的宽窄和大小要适合使用者的脸型；镜片磨损粗糙、镜架损坏会影响操作人员的视力，应及时调换；护目镜要专人使用，防止眼病传播；焊接护目镜的滤光片和保护片要按规定作业的需要选用和更换；防止重摔重压，防止坚硬的物体摩擦镜片和面罩。

5. 防尘防毒用品的作用

防止生产性粉尘的危害。由于固体物质的粉碎、筛选等作业会产生粉尘，这些粉尘进入肺组织可引起肺组织的纤维化病变，也就是尘肺病。使用防尘防毒用品将会防止、减少尘肺病的发生。

自吸过滤式防尘口罩使用注意事项：

（1）选用产品其材质不应对人体有害，不应对皮肤产生刺激和过敏的影响。

（2）戴用方便，与脸部要吻合。

（3）使用前必须弄清作业环境中的毒物性质、浓度和空气中氧含量，在未弄清楚作业环境条件以前，绝对禁止使用。当毒气浓度大于规定使用范围或空气中氧含量低于18%时，不能使用自吸过滤式防毒面具(或防毒口罩)。若耐受毒气体积浓度大于0.5%，应改用导管式。

（4）使用前应检查部件和结合部的气密性，若发生漏气应查明原因。例如，面罩选择不合适或戴用不正确；橡胶主体有破损；滤毒罐(盒)破裂；面罩的部件连接松动等。面具保持良好的气密状态才能使用。

（5）应根据劳动强度和作业环境空气中有害物的浓度，选用不同类型的防毒面具。如低浓度的作业环境可选用小型滤毒罐的防毒面具。

（6）防毒呼吸用品应专人使用和保管，使用后应清洗、消毒。在清洗和消毒时，应注意温度，不可使橡胶等部件因受温度影响而发生质变受损。

6. 防护手套的作用

对手的安全防护主要靠手套。使用防护手套时，必须在对工件、设备及作业情况分析之后，选择适当材料制作的、操作方便的手套，方能起到保护作用。但是对于需要精细调节的作业，戴用防护手套就不便于操作，尤其对于使用钻床、铣床和传送机旁及具有夹挤危险的部位操作人员，若使用手套，则有被机械缠住或夹住的危险。所以从事这些作业的人员，严格禁止使用防护手套。

工作现场常用的防护手套有下列几种：

（1）劳动保护手套。具有保护手和手臂的功能，作业人员工作时一般都使用这类手套。

（2）带电作业用绝缘手套。要根据电压选择适当的手套，检查表面有无裂痕、发黏、发脆等缺陷，如有异常禁止使用。

（3）耐酸、耐碱手套。主要用于接触酸和碱时。

（4）橡胶耐油手套。主要用于接触矿物油、植物油及脂肪族化合物的各种溶剂作业时。

（5）焊工手套。电、火焊工作业时戴的防护手套。应检查皮革或帆布表面有无僵硬、洞眼等残缺现象，如有缺陷，不准使用。手套要有足够的长度，手腕部不能裸露在外边。

7. 防护鞋

防护鞋的种类比较多，如皮安全鞋、防静电胶底鞋、胶面防砸安全鞋、绝缘皮鞋、低压绝缘胶鞋、耐酸碱皮鞋、耐酸碱胶鞋、耐酸碱塑料模压靴、高温防护鞋、防刺穿鞋、焊接防护鞋等。应根据作业场所和内容的不同选择使用。电力建设施工现场上常用的有绝缘靴(鞋)、焊接防护鞋、耐酸碱橡胶靴及皮安全鞋等。

防护鞋的功能主要针对工作环境和条件而设定，一般都具有防滑、防刺穿、防挤压的功能，另外具有特定功能,比如防导电、防腐蚀等。

对绝缘鞋的要求有:

(1)必须在规定的电压范围内使用;

(2)绝缘鞋(靴)胶料部分无破损,且每半年做一次预防性试验;

(3)在浸水、油、酸、碱等条件下不得作为辅助安全用具使用。

8. 防护服(工作服)

防护服用于保护作业者免受环境有害因素的伤害。主要产品有阻燃防护服、防酸工作服、防静电工作服、带电作业屏蔽服、防X射线工作服、防寒服、防水服、防微波服、潜水服、防尘服等。

防护服分为一般工作服和特殊防护服。

穿戴要诀:"三紧",即领口紧、袖口紧、下摆紧。

9. 安全带的防护作用

安全带用于高处作业和重叠交叉作业。为了防止作业者在某个高度和位置上可能出现的坠落,作业者在登高和高处作业时,必须系挂好安全带。

安全带的使用和维护有以下几点要求:

(1)思想上必须重视安全带的作用。无数事例证明,安全带是"救命带"。可是有少数人觉得系安全带麻烦,上下行走不方便,特别是在干一些小活、临时活的时候,认为"有扎安全带的时间活都干完了"。殊不知,事故的发生就在一瞬间,所以高处作业必须按规定要求系好安全带。

(2)安全带使用前应检查绳带有无变质、卡环是否有裂纹、卡簧弹跳性是否良好。

(3)高处作业如安全带无固定挂处,应采用适当强度的钢丝绳或采取其他方法。禁止把安全带挂在移动或带尖锐棱角或不牢固的物件上。

(4)高挂低用。将安全带挂在高处,人在下面工作,就叫高挂低用。这是一种比较安全合理的科学系挂方法。它可以使有坠落发生时的实际冲击距离减小。与之相反的是低挂高用,就是安全带拴挂在低处,而人在上面作业。这是一种很不安全的系挂方法,因为当坠落发生时,实际冲击的距离会加大,人和绳都要受到较大的冲击负荷。所以安全带必须高挂低用,杜绝低挂高用。

(5)安全带要拴挂在牢固的构件或物体上,要防止摆动或碰撞,绳子不能打结使用,钩子要挂在连接环上。

(6)安全带绳保护套要保持完好,以防绳被磨损。若发现保护套损坏或脱落,必须加上新套后再使用。

(7)安全带严禁擅自接长使用。使用3 m及以上的长绳时必须要加缓冲器,各部件不得任意拆除。

(8)安全带在使用前要检查各部件是否完好无损。安全带在使用后,要注意维护和保管。要经常检查安全带缝制部分和挂钩部分,必须详细检查捻线是否发生裂断和残损等。

(9)安全带不使用时要妥善保管,不可接触高温、明火、强酸、强碱或尖锐物体,不要存放在潮湿的仓库中。

(10)安全带在使用两年后应抽验一次,频繁使用应经常进行外观检查,发现异常必须立即更换。定期或抽样试验用过的安全带,不准再继续使用。

第三节　工具的使用

在使用常用工具、测量仪器时,必须按工具、测量仪器所设计的用途正确使用。船员执行工作时,须确保使用正确的工具或设备。使用不正确的工具或设备会导致意外事故的发生。使用机器时,切勿穿戴宽松的衣服和服饰,以免被卷进运转部件;长发也须扎起来,并戴上发网或安全帽遮盖。只有符合资格的船员方可使用设备。新入职者必须就他们会用到的设备接受训练,学习正确的用法。设备在不使用时,须整齐地放在原位,刀锋要藏好。

一、手动工具

手动工具在船舶操作和维修中应用非常广泛,图4-1展示的是实际的手动工具挂板。

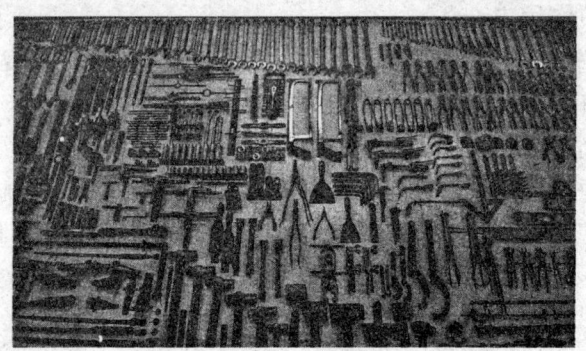

图4-1　手动工具挂板

在船上主要使用的手动工具如下:

(一)手动扳手

扳手主要是用于螺钉或螺母的工具,采用工具钢、合金钢或可锻铸铁制成。手动扳手又叫普通扳手,在船上操作和维修中应用非常广泛,主要分为单头呆扳手、双头呆扳手(如图4-2所示)、梅花扳手、两用扳手(如图4-3所示)、敲击扳手(如图4-4所示)、十字扳手、棘轮扳手(如图4-5所示)、套筒扳手(如图4-6所示)、钩形扳手、内六角扳手(如图4-7所示)、扭矩扳手(如图4-8所示)、活动扳手(如图4-9所示)、扳钳(管钳,如图4-10所示)、内四方扳手、手动离合式扭矩扳手、管子扳手、T形扳手、L形扳手、三叉扳手、月牙扳手、组合扳手、其他扳手等。

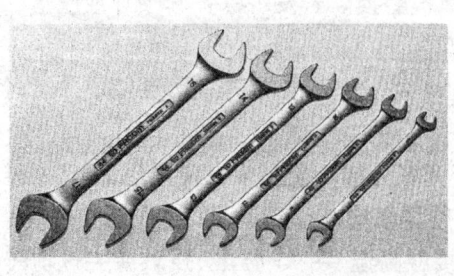

图4-2　双头呆扳手

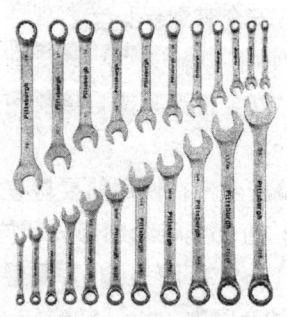

图4-3　两用扳手

图 4-4　敲击扳手

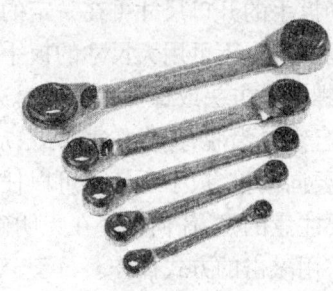

图 4-5　棘轮扳手

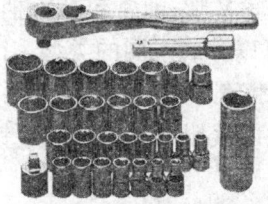

图 4-6　套筒扳手

图 4-7　内六角扳手

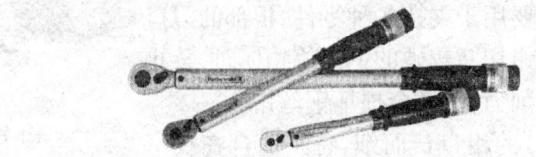

图 4-8　扭矩扳手

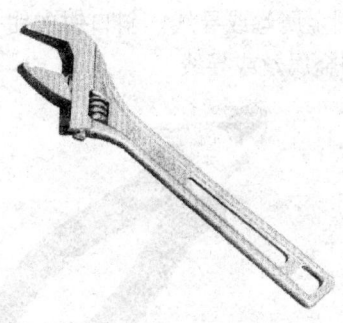

图 4-9　活动扳手

图 4-10　扳钳(管钳)

手动扳手在使用时应根据螺钉、螺母等的形状、规格及工作条件，选用规格相适应的扳手去操作。应注意以下的安全操作事项：

呆扳手、梅花扳手、套筒扳手、内六角扳手等的特点是单头的只能旋拧一种尺寸的螺钉头或螺母，双头的也只可旋拧两种尺寸的螺钉头或螺母；呆扳手使用时应使扳手开口与被旋拧件配合好后再用力，如接触不好时就用力容易滑脱，使作业者身体失衡；套筒扳手在使用时也需接触好后再用力，发现梅花套筒及扳手手柄变形或有裂纹时，应停止使用，要注意随时清除套筒内的尘垢和油污；内六角扳手使用时要注意选择合适的规格、型号，以防滑脱伤手。

棘轮扳手、扭矩限定扳手是根据特殊要求而制成的特种扳手，应根据产品说明书的要求去正确使用，或根据指示器的读数来调整作用力。

活动扳手的开口尺寸可在一定的范围内调节,所以在开口尺寸范围内的螺钉、螺母一般都可以使用。但也不可用大尺寸的扳手去旋紧尺寸较小的螺钉,这样会因扭矩过大而使螺钉折断;应按螺钉六方头或螺母六方的对边尺寸调整开口,间隙不要过大,否则将会损坏螺钉头或螺母,并且容易滑脱,造成伤害事故;应让固定钳口受主要作用力,要将扳手手柄向作业者方向拉紧,不要向前推,扳手手柄不可以任意接长,不应将扳手当锤击工具使用。

需要注意的是,任何扳手在无明确规定的情况下,不允许使用延长杆。非敲击扳手在使用时不要采用敲击的方式操作。

(二)钳子

钳子也是船上应用非常广泛的手动工具之一,它是一种用于夹持、固定加工工件或者扭转、弯曲、剪断金属丝线的手工工具。钳子的外形呈V形,通常包括手柄、钳腮和钳嘴三个部分。钳子的类型有很多种,根据分类方式的不同可以分成不同的类型。钳子的类型大致可分为:尖嘴钳、斜嘴钳、钢丝钳、卡簧钳、弯嘴钳、扁嘴钳、针嘴钳、大力钳、管子钳、打孔钳、鲤鱼钳、圆嘴钳、鸭嘴钳、修口钳、斜口钳、胡桃钳、挡圈钳、断线钳、紧线钳、剥线钳、冷轧线钳、冷压线钳、液压钳、铅印钳、羊角起钉钳、开箱钳等。

钢丝钳是最常见的一种钳子,如图4-11所示。它可以用来切断金属丝和夹持零件。使用钢丝钳时,用手握住钳柄后端,使钳口开闭,钳口前端主要用于夹持各种零件,根部的刃口可用来切割细导线。当钢丝钳切断较硬的钢丝等物体时,禁止使用锤子击打钳子来增加切削力,这样会损坏钢丝钳。

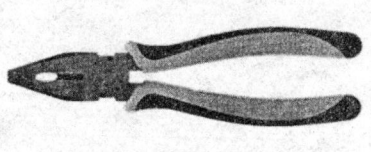

图4-11 钢丝钳

尖嘴钳(如图4-12所示)的钳口长而细,特别适合在狭窄空间使用。在狭窄的空间中,钢丝钳无法满足工作条件时,可用尖嘴钳代替。严禁对尖嘴钳的钳头部施加过大的压力,这样会使尖嘴钳的钳口尖部扩张成U形。

斜口钳也称剪钳,如图4-13所示,主要用来切割金属丝或导线。斜口钳的钳口有刃口,且尖部为圆形,不具备夹持零件的作用,只能用于切割金属丝或导线。

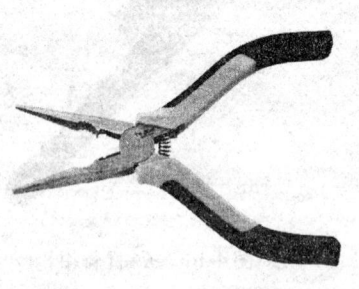
图4-12 尖嘴钳

图4-13 斜口钳

卡簧钳(如图4-14所示)分为内卡簧钳、外卡簧钳,是主要用于工业生产中内、外弹性卡簧安装、拆卸的一种专用工具。两钳腿一端铰接在一起,另一头可实现张开、合拢的功能。钳腿上设有调节机构,带动钳腿张开、合拢,完成内、外弹性卡簧的安装、拆卸工作。

钳子一般用右手操作,将钳口朝内侧,便于控制钳切部位,用小指伸在两钳柄中间来抵住钳柄,张开钳头,这样分开钳柄灵活。钳子的刀口可用来剖切软电线的橡皮或塑料绝缘层,也可用来切剪电线、铁丝,刀口在剪8号镀锌铁丝时,应用刀刃绕表面来回割几下,然后只需轻轻一扳,铁丝即被切断。铡口可以用来切断较粗的电线、钢丝等较硬的金属线。用尖嘴钳弯曲导

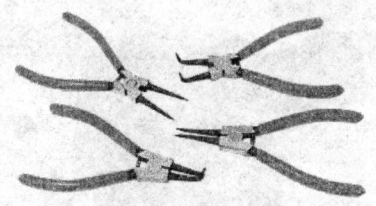

图 4-14　卡簧钳

线接头时,应先将线头向左折,然后紧靠螺杆依顺时针方向向右弯曲即成。钳子的绝缘塑料管耐压 500 V 以上,有了它可以带电剪切电线,使用中切忌乱扔,以免损坏绝缘塑料管,但不可用钳子剪切双股带电电线,会导致短路。切勿把钳子当锤子使用。

（三）螺丝刀

螺丝刀是一种用来拧转螺丝钉以迫使其就位的工具,如图 4-15 所示,亦称"改锥",通常有一个薄楔形头,可插入螺丝钉头的槽缝或凹口内。螺丝刀主要有一字(负号)和十字(正号)两种。常见的还有六角螺丝刀,包括内六角和外六角两种。使用时,将螺丝刀拥有特化形状的端头对准螺丝的顶部凹坑,固定,然后开始旋转手柄。根据规格标准,顺时针方向旋转为嵌紧;逆时针方向旋转则为松出。一字螺丝刀可以应用于十字螺丝,但十字螺丝拥有较强的抗变形能力。

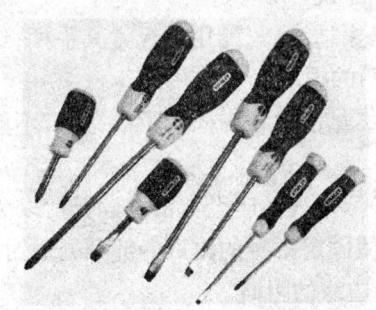

图 4-15　常用螺丝刀

除上述手动工具外,船上应用比较广泛的工具还包括钢锯、剪刀、镊子、锤子、刷子等日常生活中使用的工具,这些工具在使用时都要采取必要的防护措施,注意安全。

（四）台虎钳

台虎钳又称老虎钳、虎钳子,如图 4-16 所示。它安装在工作台上,用来夹固工件,供钳工等装配、修理加工之用,是常用的一种夹紧工具。台虎钳按结构不同可分为固定式、转盘式和桌轧式三种。

（1）固定式台虎钳：这种台虎钳由活动钳体、固定钳体、钳口铁、丝杆、导螺母、压紧圈、底座及摇手柄组成。台虎钳的活动钳体下部为方形,装在固定钳体的方孔内,可以移动。钳口铁（又称夹持面）上是棱形齿纹,用内六角螺钉分别固定在活动钳口和固定钳口上,钳口铁损坏或磨损后可以更换。丝杆上制有梯形螺纹,它穿过活动钳体的孔眼,一端以垫圈限制在活动钳体上,另一端则旋入导螺母中,导螺母装置在固定钳体上,旋转摇手柄,使丝杆在导螺母内前后移位,并带动活动钳体在固定钳体内作相应的移动,从而使两钳口合拢或张开。当活动钳口向固定钳口合拢时,便将工件夹紧,张开时工件便可取出。固定钳体的底座两侧分别制有一个孔眼,以便装置固定螺栓,将整个台虎钳固定在工作台上。

图 4-16 台虎钳

(2) 转盘式台虎钳：又称回转式台虎钳、活络式台虎钳。这种台虎钳与固定式台虎钳的结构基本相同，仅在底座下多了一个座子，依靠这个座子把台虎钳固定在工作台上，旋松两边带柄的螺栓，整个台虎钳就可旋转成所需要的任何角度，再将螺栓旋紧，便使台虎钳固定不动，当工件的形状不规则或工件不适合沿垂直钳台方向加工时，使用这种台虎钳则比较方便。

(3) 桌轧式台虎钳：习惯上称为桌虎钳。其与固定式台虎钳的结构基本相似，所不同的只是它的钳体较小，并在固定钳体下面制有一个螺旋夹紧装置。这种台虎钳的特点是安装方便，便于搬动、携带，多用于工作流动性较大和加工小型工件的场合。

台虎钳在使用时应注意如下问题：

(1) 台虎钳夹紧工件时要松紧适当，只能用手板紧其手柄，绝不能用锤子或其他套筒扳动手柄，以免造成丝杠、螺母或钳身的损坏。

(2) 台虎钳强力作业时，应尽量使力朝向固定了的钳身，不能在活动钳身和光滑平面上敲击作业。

(3) 台虎钳的丝杠和螺母等活动表面应经常清洗、润滑，以免生锈。

(4) 台虎钳在安装时，必须使固定钳身的钳口一部分处于钳台边缘外台，让台虎钳保证夹持长条形工件时，工件不受钳台边缘的阻碍。

(5) 台虎钳一定要非常牢固地固定在钳台上，三个压紧螺钉必须扳紧，使台虎钳钳身在加工时没有松动现象，以免会损坏台虎钳和影响加工。

(6) 不能在钳口上敲击工件，否则会损坏台虎钳钳口。

凡机动设备均须妥善保养、操作和使用，并只可由符合资格人士使用，否则会造成危险。

(五) 丝锥 (板牙)

丝锥，亦称板牙，如图 4-17 所示，是一种加工内螺纹的工具，按照形状可以分为螺旋槽丝锥、刃倾角丝锥、直槽丝锥和管用螺纹丝锥等，按照使用环境可以分为手用丝锥和机用丝锥，按照规格可以分为公制丝锥、美制丝锥和英制丝锥等。

丝锥的使用方法如下：

(1) 攻丝时，先插入头锥使丝锥中心线与钻孔中心线一致；

(2) 两手均匀地旋转并略加压力使丝锥进刀，进刀后不必再加压力；

(3) 每转动丝锥一次反转约 45° 以割断切屑，以免阻塞；

(4) 丝锥旋转困难时不可增加旋转力，否则丝锥会折断。

板牙是一个加工或修正外螺纹的螺纹加工工具。板牙相当于一个具有很高硬度的螺母，螺孔周围制有几个排屑孔，一般在螺孔的两端磨有切削锥。板牙按外形和用途分为圆板牙、方板牙、六角板牙和管形板牙。

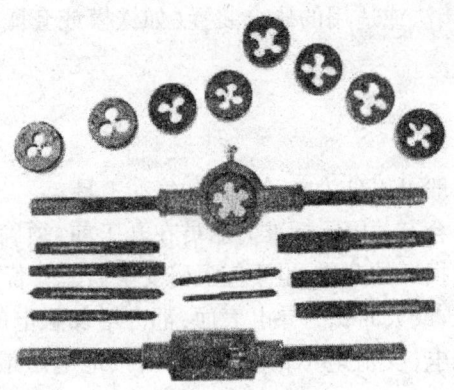

图 4-17　丝锥(板牙)

圆板牙在船上使用得最为广泛,用圆板牙加工螺纹时,呈半切削半挤压状态。板牙的内径和中径为切削部分,尤其是板牙内径要承受较大的切削力,因此必须具有一定的强度和切削能力。考虑到板牙切削出的螺钉与螺孔配合时应有一定的间隙,并考虑到磨损量,故设计板牙时,应使内径和中径小于螺纹内径、中径的标称尺寸。

板牙在使用时的注意事项如下:

(1)先在螺栓坯料的端部加工出 45°的倒角,以防止在板牙的导向刃上产生突然加载现象,同时要确保圆板牙或六角板牙垂直地切入螺栓坯料;

(2)尽可能减小螺栓坯料的直径,即确保与螺栓大径有关的公差靠近下限,这样可把攻丝时产生的切削力降至最低;

(3)使用带刃倾角部分的板牙,这样可确保把切屑导出切削加工区域;

(4)使用正确的冷却液,并把足量的冷却液对准切削加工区域;

(5)在调节开口板牙时,不得把板牙张开,张开的板牙在攻丝时会对工件产生刮擦而不是切削。

(六)缆索

(1)缆索有很多种,各款以人造纤维和天然纤维制成,特性各有不同,抵受船上的可能严重损害缆索的物质的能力亦各异。缆索抵受损害的能力,更在于材料的实际成分、污染物的分量、受到污染的时间长短,以及污染时的温度。有时,单凭肉眼仔细察看,也不一定会察觉出缆索已经受到损害。

(2)存放缆索的地方应远离阳光及热力。缆索应分开存放在通风良好而干爽的舱内,与储存化学品、去污剂、除锈剂、去漆剂及其他可带来损害的物品的容器隔开。系泊缆须盖上防水帆布;若船舶正进行长途航行,则应存放妥当。若意外地受到污染,应立即报告,以便清理或采取其他措施。

(3)人造纤维缆索耐用、防水,不会腐烂,亦不易受霉菌侵蚀,但会发霉;不过发霉通常不会影响缆索的强度。

(4)聚丙烯缆索最能抵抗有害物质,故属公认首选。不过,聚丙烯在强光下容易分解(光化学降解),故不宜长时间曝晒。聚丙烯缆索在抓握方面与马尼拉麻和剑麻相似。

(5)从一卷缆索里取出新缆索、三索股纤维缆索和钢索时,尽量不要将之搅乱。

(6)使用缆索前,应里外检查一次,察看有否老化、磨损或损坏的迹象。

(7)使用钢索时,必须根据用途妥善地安装、保养和润滑。必须遵照制造商的指引和建议使用。如需眼结,须以眼插接法或适用的压合装置(如铁模或套圈)制成。绳头夹不宜使用,更不可用于吊索和系泊缆。

二、动力工具

船上常用的动力工具一般可以分为电动工具和气动工具。

电动工具的软电线须符合有关国际标准。船员在开工前,须确保电源引入线及电源线管完整并远离任何可能会引致损坏的杂物,也不应阻碍安全通道。若要将电线穿过门口,须将门打开系稳。汗水、潮湿的处所或大面积的导电表面,都会增加触电的危险。在此情况下,操作机动工具时应从低压电源取电(交流电不得超过 50 V,接地电压最多 30 V,直流电不得超过 50 V)。若无法使用低压电源,应采用其他的预防措施,例如只供单一台电器使用的局部隔离变压器或敏感度高的漏电断路器(又称电流式漏电断路装置)。使用手提灯具的风险与使用手提电动工具相同,其电源不得超过 24 V。船上不宜使用双重绝缘工具,因为水分会将电由带电部分引到外壳,增加触电致命的危险。如此类工具上的电源线不设接地线,也会令漏电断路器失去作用。

气动工具上各节压缩空气管之间应装上接链或同类装置,以防断裂时抽动。另外,也可以装上安全阀,在喉管断裂时截断管道供气。配件和工具组件(钻嘴、凿子等)必须装稳在工具上。具体而言,弹簧、钳子、锁杆和气动工具的其他内置安全装置,必须在更换工具组件之后立即装回。切勿在接上电源的情况下更换配件和工具组件。

使用机动工具前,应装妥正确的安全护罩,并予以检查。停机后,方可拆除安全护罩。若在使用期间有必要进行保养或检查,而要将安全护罩拆除,则必须遵守下述的预防措施:

(1)应由专责人员授权拆除,并由符合资格人士保养或检查;

(2)工作空间须予适当清理,并有充足照明;

(3)在机器附近工作的人员均须得悉有关风险,并就工作安全制度及应采取的预防措施获得指导;

(4)在当眼处张贴警告告示。

暂停工作时(如用餐休息时)及任务完成后,须将设备的电源截断,并安全地放好或放回原位。若操作设备时会发出高分贝噪声,应戴上听觉保护器;若会有碎屑飞出,要保护脸部和双眼。往复式的工具(如气钻、锤、凿等)或高速转动的工具所产生的振动,会造成手指僵硬或白指的永久残疾。病发初期,手指会感到麻痹,渐渐会经常觉得寒冷。到了后期,手指会呈蓝色,指尖肿胀。有这些症状的人员,不宜使用该类工具。其他人员亦应得到指示,不可连续使用该类工具超过 30 min,或按照风险评估的要求将连续使用时间缩短。

(一)角磨机

角磨机,又称研磨机或盘磨机,如图 4-18 所示,是用于切削和打磨的一种磨具,主要驱动方式有气动和电动两种,用于切割、研磨及刷磨金属与石材等。角磨机是利用高速旋转的薄片砂轮以及橡胶砂轮、钢丝轮等对金属构件进行磨削、切削、除锈、磨光加工的。

使用角磨机的正确方式如下:

(1)角磨机启动前必须两手将手柄握紧,防止因启动转矩的作用而使机具掉落,确保人身和机具安全。

(2)角磨机必须安装防护罩,否则不得使用。

(3)砂轮机工作时,操作人员不要站在出屑的方向,防止铁屑飞出伤到眼睛,使用时最好

图 4-18 电动角磨机

戴防护目镜。

(4)磨削薄板构件时,砂轮应轻轻接触工作,不能用力过猛,并密切注视磨削部位,以防磨穿。

(5)使用角磨机要轻拿轻放,用后及时切断电源或气源,妥善放置,严禁乱丢、乱放甚至摔砸。

使用角磨机需要注意如下问题:

(1)带保护眼镜,长头发人员一定要先把头发扎起。不能用手捉住小零件对角磨机进行加工。

(2)在操作时,要注意配件是否完好,绝缘电缆线有无破损、老化等现象。检查过后,插上电源,要等待砂轮转动稳定后才能工作,才可以进行作业。

(3)切割及打磨作业时,周围 1 m 内不能有人员以及易爆物品,不要对着有人的方向进行工作,以防造成人员伤亡。

(4)当砂轮片使用完需要更换时,须断电来进行更换,以防不小心按下开关,造成不必要的人员伤亡事故。

(5)在危险且易燃物品工作时,须配备一个以上的灭火器,防患未然。

(6)在长时间使用后,应该停止休息,待冷却后方能进行作业。在长期使用的过程中,若温度过高,容易使角磨机损坏,造成工伤事故。

(7)在使用的时候,我们要按照使用规范和说明书去使用,定期地检查、维修,保证在完好的情况下进行工作,减少事故的发生。

(二)电钻

电钻,也称手电钻,如图 4-19 所示,是一种常用的以交流电源或直流电池为动力的钻孔电动工具,分为电池驱动或电力驱动,用于金属材料、木材、塑料等钻孔。

图 4-19 电钻

电钻在使用的过程中应注意如下事项:

(1)确保电路安全:在使用前和使用过程中要确保电路正常,连接电源的电线无破损、破皮漏电情况,如果有电线裸露,用绝缘胶布包裹好才能使用。

(2)确保开关装置安全:手电钻不使用时要关闭开关,防止下一次使用通电时手钻突然转动伤人。

(3)用前检查:手电钻在使用前,通电打开开关后应先空转 0.5~1 s,检查传动部分是否灵活,有无异常杂音,螺钉等有无松动,换向器火花是否正常。

(4)掌控方式要正确:用手电钻打孔时要双手紧握,尽量不要单手操作。

(5)钻头选择正确:手电钻的钻头不能使用有缺口的钻头,钻孔时向下压的力不要太大,防止钻头打断。

(6)钻孔力度要适中:手电钻在对物体钻孔操作时,进钻的力度不能太大,不能用猛力,以防钻头或丝攻飞出来伤人。

(7)故障及时排除:手电钻使用中若发现整流子上火花大,电钻过热,必须停止使用,进行检查,如清除污垢、更换磨损的电刷、调整电刷架弹簧压力等,不能带病使用。

(三)气动冲击扳手

气动冲击扳手(如图 4-20 所示)是通过高压气体驱动气动马达机构旋转,再通过转子输出至打击机构,打击机构带动打击轴形成循环往复的前后及旋转运动。

图 4-20　气动冲击扳手

使用气动冲击扳手时,一定要握紧,并站在一个安全舒适且容易施力的位置,用手按动气源开关,在气压的作用下,使套筒带动螺栓或螺母自动旋转。使用气动冲击扳手紧固完螺栓后,要使用专用扭力扳手进行复查,以确保达到正常扭矩。气动冲击扳手在使用完毕后,应及时关闭空气源,并分离扳手及空气源,收起供气管路。使用过程中,要定期对气动冲击扳手进行维护,加注专用油为气动冲击扳手进行润滑,并常检查排气管是否清洁,同时检查外形是否损坏。

(四)液压千斤顶

液压千斤顶(如图 4-21 所示)是指采用柱塞或液压缸作为刚性顶举件的千斤顶,在船上用于提升或者转运重物。它利用液压来完成托举或顶撑的作用。

(1)使用千斤顶前应先做检查,确保性能良好,而且油池内的油不少于指定的最低水平。

(2)操作千斤顶时,须细心确保千斤顶的提升力足以应付工作,同时亦应确保放置千斤顶的位置平稳及有足够的承载力。

(3)千斤顶的着力点须在装置的指定或安全提升点下。

(4)若有船员须于设备下工作,须以稳定架、楔子或其他安全方法将设备承起,而非单靠千斤顶承托。

图 4-21 液压千斤顶

(5)千斤顶在承托着重物时,如无须再以千斤顶调高或降低,须尽量把千斤顶的操作手柄拿开。

(五)液压、气动、高压喷射设备使用注意事项

在使用液压、气动、高压喷射设备时,应注意如下事项:

(1)使用液压、气动、高压喷射系统的船员,须接受充分的训练,并胜任使用该类设备。必须时刻遵守制造商的操作指引。操作设备时,所用的压力不得超过制造商的建议。

(2)船员在开始工作前,要确保设备及供电系统运作正常,安全设施亦已安装妥当并正确运作。若设备有不妥或怀疑有故障,应将系统关闭,切断电源及减压,以便更换或修理。修理工作要由获授权的符合资格船员,以获准使用的部件进行。

(3)启动压力系统前和在关闭时,要按照制造商所建议的方式检查,确保系统里没有气囊或残留的压力,以免使设备的运行出错。

(4)处理液压机液体时,应确定留下列事项:

①以正确类别的液体注满系统;

②如果溢漏,须立即清理;

③若将液体溅在皮肤上,须立即清洁,因为这些液体大多含有矿物质;

④维修、测试时须远离明火,因为液压机液体或会散发出易燃的蒸气。

(5)操作人员在使用高压喷射设备时,须穿戴正确的保护装置。高压系统可能会用上热源,因此须慎防溅伤或烫伤。进行这类工作时,须在工作范围附近张贴警告告示,让其他船员知道该处正使用高压系统。另外,操作人员应格外小心,确保朝安全的方向喷射。

(6)使用压缩空气时,压力切勿超过工作所需。

(7)切勿使用压缩空气清洁工作场所,更不要将压缩空气向着人身喷射。

三、台钻

台式钻床简称台钻(如图 4-22 所示),是指可安放在作业台上,主轴竖直布置的小型钻床。台式钻床钻孔直径一般在 13 mm 以下,一般不超过 25 mm。其主轴变速一般通过改变三角带在塔形带轮上的位置来实现,主轴进给靠手动操作。

(1)使用前检查钻床传动、工具、电气、安全防护装置等是否正常,试验停止按钮及应急停

图 4-22 台钻

止按钮功能是否正常。

（2）操作前防护服需紧身，将袖口扣紧，上衣下摆不能敞开，严禁戴手套。为防机器绞伤，严禁在开动的机床旁穿、脱衣服，或围布于身上。

（3）开车前应检查冷却液挡水板是否完好，钻床上的保险块、挡块不准拆除，并按加工情况调整使用。

（4）钻床床面上不要放其他东西，换钻头、夹具及装卸工件时须停车进行。带有毛刺和不清洁的锥柄，不允许装入主轴锥孔。在安装钻头前，需要仔细检查钻套，钻套标准化锥面部分不能碰伤凸起，如有，应用油石修好、擦净，才可使用。装卸钻头要用楔铁，严禁用手锤敲打。

（5）钻小的工件时，要用台虎钳，钳紧后再钻。严禁用手去停住转动着的钻头。

（6）薄板、大型或长形的工件竖着钻孔时，必须压牢，严禁用手扶着加工。工件钻通孔时应减压慢速，防止损伤平台。

（7）清除铁屑要用毛刷，禁止用手直接清理或用嘴吹除。

（8）钻床操作完毕后，先将电源切断，然后卸下钻头，同时清理工具，将保养工作做好。

四、砂轮机

砂轮机（如图 4-23 所示）是用来刃磨各种刀具、工具的常用设备，也用于普通小零件进行磨削、去毛刺及清理等工作。其主要由基座、砂轮、电动机或其他动力源、托架、防护罩和给水器等所组成。砂轮机可分为手持式砂轮机、立式砂轮机、悬挂式砂轮机、台式砂轮机等。

图 4-23 立式砂轮机

砂轮机在使用的过程中应注意如下事项:

(1)使用前,应仔细检查砂轮、压紧螺帽、防护罩、工件托架等是否正常、可靠。禁止使用表面不平或有裂纹的砂轮、损伤或不可靠的护罩和松动或不牢固的托架。

(2)使用前,应对砂轮机进行试运转,看其是否平稳、正常,同时试验停止按钮及应急停止按钮,确保其工作正常。

(3)使用中,应扣紧衣服、扎紧或卷起袖口,收拢好头发,戴好防护眼镜,不能戴手套或握着棉纱头去扶持工件。

(4)作业中禁止站在砂轮的正面,磨削过程中,工件向砂轮的压触力不能过猛过大,工件与砂轮机的接触面也不能过大,而且不能用砂轮侧面磨削大工件。

(5)砂轮盘因磨损小于允许直径时,应及时更换。在更换砂轮盘时,必须选用合格的砂轮盘。安装时砂轮与砂轮盘之间必须衬以柔性衬垫;砂轮、砂轮轴、衬垫和卡盘之间应清洁、无任何附着物;压紧螺母的松紧程度应适宜。禁止使用压紧面不平整、主轴有变形的砂轮。

(6)发生砂轮破损事故后,必须检查砂轮防护罩是否损伤,砂轮卡盘有无变形、不平衡,砂轮轴端部螺纹和压紧螺母有无损坏,检查确认无问题后方可安装砂轮使用。

(7)寒冷时候磨削工件时,禁止突然增加负荷,以防砂轮破碎。

(8)需要调整防护罩或工件托架时,应在停车后进行。

(9)如果是手提式砂轮,使用前,应对砂轮机的砂轮、护罩、压紧螺帽、马达、线路进行认真细致的检查或运转,磨削时砂轮机要把稳,用力要适当,严禁在有易燃、易爆品的场所使用。

五、普通车床

1. 车床简介

普通车床是能对轴、盘、环等多种类型工件进行多种工序加工的卧式车床,常用于加工工件的内外回转表面、端面和各种内外螺纹,采用相应的刀具和附件,还可进行钻孔、扩孔、攻丝和滚花等。

普通车床的主要组成部件有:主轴箱、进给箱、光杠、丝杠、溜板箱、刀架、尾架和床身。普通车床基本结构图如图 4-24 所示。

主轴箱:又称床头箱,它的主要任务是将主电机传来的旋转运动经过一系列的变速机构使主轴得到所需的正反两种转向的不同转速,同时主轴箱分出部分动力将运动传给进给箱。主轴箱中的主轴是车床的关键零件。主轴在轴承上运转的平稳性直接影响工件的加工质量,一旦主轴的旋转精度降低,则机床的使用价值就会降低。

进给箱:又称走刀箱,进给箱中装有进给运动的变速机构,调整其变速机构,可得到所需的进给量或螺距,通过光杠或丝杠将运动传至刀架以进行切削。

丝杠与光杠:用以连接进给箱与溜板箱,并把进给箱的运动和动力传给溜板箱,使溜板箱获得纵向直线运动。丝杠是专门为车削各种螺纹而设置的,在进行工件的其他表面车削时,只用光杠,不用丝杠。

溜板箱:是车床进给运动的操纵箱,内装有将光杠和丝杠的旋转运动变成刀架直线运动的机构,通过光杠传动实现刀架的纵向进给运动、横向进给运动和快速移动,通过丝杠带动刀架做纵向直线运动,以便车削螺纹。

刀架:由两层滑板(中、小滑板)、床鞍与刀架体共同组成。用于安装车刀并带动车刀做纵向、横向或斜向运动。

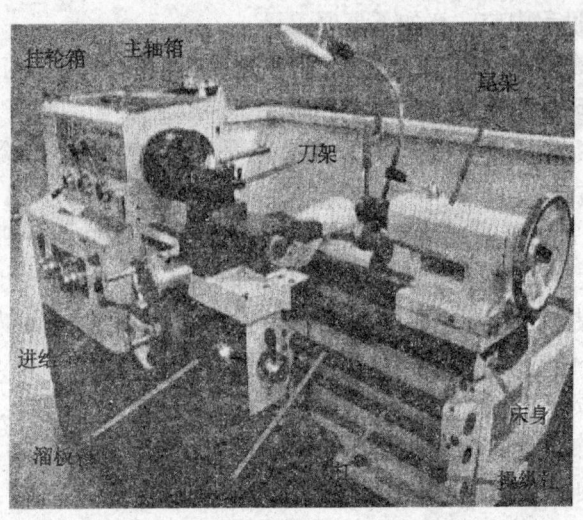

图 4-24 普通车床基本结构图

尾架：安装在床身导轨上，并沿此导轨纵向移动，以调整其工作位置。尾架主要用来安装后顶尖，以支撑较长工件，也可用于对安装钻头、铰刀等进行孔加工。

床身：车床带有精度要求很高的导轨（山形导轨和平导轨）的一个大型基础部件。其用于支撑和连接车床的各个部件，并保证各部件在工作时有准确的相对位置。

冷却装置：冷却装置主要通过冷却水泵将水箱中的切削液加压后喷射到切削区域，降低切削温度，冲走切屑，润滑加工表面，以提高刀具使用寿命和工件的表面加工质量。

2. 车床的基本参数

车床的基本参数主要分为尺寸参数、运动参数和动力参数。主要的参数如表 4-1 所示。

表 4-1 普通车床主要参数

参数	单位
床身最大回转直径	mm
刀架最大回转直径	mm
中心距（最大工件长度）	mm
通孔直径	mm
锥孔/轴端型式	
转速范围	r/min
横刀架行程	mm
小刀架行程	mm
尾座顶尖套最大行程	mm
主锥度	
主电机	
主电机功率	kW
制式（英制/公制）	

(续表)

参数	单位
模数	
径节	
进给量种数	
纵向进给范围	mm
横向进给范围	mm
外形尺寸	mm
床身导轨宽度	mm

普通车床在使用的过程中有如下危险源需要注意：
（1）防护用品使用不当（戴手套操作，衣袖、衣襟不紧）易发生绞手、缠卷衣袖的危险。
（2）安全防护装置有缺陷或被拆卸产生安全隐患。
（3）用手直接抓砂布在工件上磨光；隔着正在加工的工件拿取物体；在加工过程中清理刀具上的铁屑、在切削过程中测量工件、擦拭机床等，易发生碾、碰、割等伤害事故。
（4）加工细长件超过主轴后 200 mm 没有加设防护装置，可发生甩击伤害。
（5）卡具装卡不牢或卡压方法不合理；转动的工、卡具和工件飞出导致事故。
（6）加工偏心工件时，没有做好平衡配重，致使工件飞出，造成物体打击事故。
（7）卡盘保险销子没有锁紧，工、卡具和工件飞出伤人。
（8）工、卡、量具摆放顺序交叉，混放不符合要求产生隐患。
（9）吊卸工、卡具和工件时不符合起重作业安全要求，发生起重伤害。
（10）高速切削时未戴防护眼镜、工件未夹紧、用砂布光内孔时，将手指或手臂伸进工件打磨、切断小料时用手接、戴手套操作、切大料时直接切断等违规操作都会造成机械对人体的伤害。
（11）机床接地不好，照明灯线裸露，照明未采用安全电压均易生触电事故。

3. 车刀

车刀是用于车削加工的、具有一个切削部分的刀具。车刀是切削加工中应用非常广的刀具之一。车刀的工作部分就是产生和处理切屑的部分，包括刀刃、使切屑断碎或卷拢的结构、排屑或容储切屑的空间、切削液的通道等结构要素。车刀是应用非常广的一种，也是学习、分析各类刀具的基础。车刀用于各种车床上，加工外圆、内孔、端面、螺纹、车槽等。

车床刀具根据不同的分类方式可以分为如下几种类型（如图 4-25 所示）：
按材料分：锋钢刀（碳素合金工具钢刀）、合金刀、陶瓷刀、氮化硼刀等。
按结构形式分：锻打刀、焊接刀、机夹刀。
按用途分：外圆车刀、端面车刀、切断刀、镗孔刀、成形车刀和螺纹车刀等。
90°车刀：用来车削工件的外圆、阶台和端面。
45°车刀：用来车削工件的外圆、端面和倒角。
切断刀：用来切断工件或在工件上切出沟槽。
镗孔刀：用来车削工件的内孔。

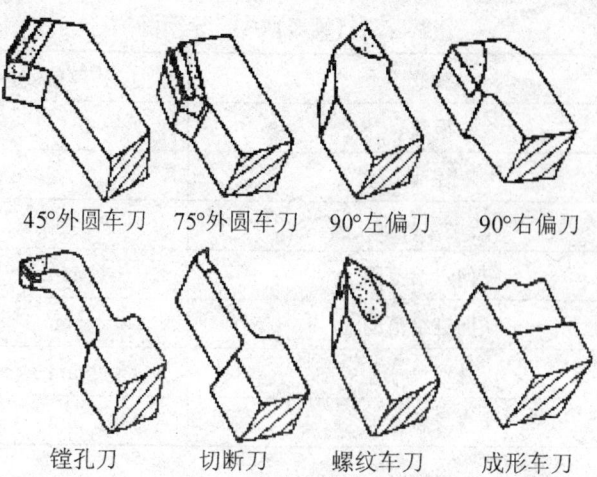

图 4-25 不同的车刀种类

成形车刀：用来车削台阶处的圆角、圆槽或车削特殊形状的工件。
螺纹车刀：用来车削螺纹。

4. 车床使用规程

车床作为高速旋转的运动部件，在操作时需要遵守一定的规程：

（1）车床是高速运转的精密机器，动用前必须征得轮机长或主管人员的同意，操作人员应严格遵守规章制度和操作规程，以确保人身和机器的安全。

（2）使用前，必须认真查看、详细了解车床的性能、各种按钮和手柄的功用、操作程序和应急停车方法，检查车床架、夹盘上有无异物，刀架是否退开，钻床架上有无异物，铣床座上有无异物。

（3）检查齿轮动力箱润滑油油位是否正常。车、钻、铣动力离合器手柄是否处于空挡位，钻、铣床动力选择手柄是否处于空挡位，车、钻、铣转速调节手柄是否正确调整在所需的某一转速位置。

（4）试用"应急停车"及"STOP"按钮是否应用自如、可靠。

（5）操作时必须穿着紧身工作服并扎紧或卷起袖口，还应戴好防护眼镜，不能穿风衣、大衣和戴手套，更不能垂着长头发，以防被旋转的车头或工件等缠绕造成工伤事故。

（6）装夹车刀时，刀尖不应低于工件中心线，刀杆伸出长度一般不应超出刀杆高度，机床刀具、钻具、车床工件夹紧手柄必须确保随用随除，万万不可粗心遗忘，调换刀具、钻具，调整机床转速及取下、夹上被加工工件时，须在机床停电状态下方可进行操作。

（7）加工细长工件时，伸出空心轴后端的长度不应太长，并应标出危险标志或加装防护栏，加工部分较长时，还应装调好尾架顶好中心顶锥，必要时还应加装中心架或跟刀。

（8）脚卡盘不允许夹持不规则的工件，卡盘必须装到位并装紧，还应上紧保险装置，装夹或拆卸重大工件时，应用吊车配合或请他人协助进行，夹紧工件后应随手取下卡盘扳手。

（9）进行校正工件时，不允许用力敲打工件，工件未夹紧需要调整时，只许用手轻扳工件，决不允许借用开车转动卡盘以图省力省时。

（10）运转中出现故障或事故苗头时，应立即停车检查处理或告知主管人，不应置之不理，使用中如需暂时离开机床，必须切断电源，并挂上相应的示意牌，如紧急情况发生，首先应切断动力电源。

(11) 清除车削下来的金属屑时,应用毛刷清扫,不应用手拨抹,严格禁止用手扯转动中的金属条、屑。

(12) 车床停用后,须将机床及场地清洁干净,勿将异物遗留在机床上。

六、研磨机

船上常用的研磨机一般是气阀及阀座研磨机(如图4-26所示),在使用气阀研磨机时要进行一系列准备工作,包括电控系统的准备、砂轮的更换、砂轮的修整、砂轮组件的平衡、磨削角度的调整等。气阀研磨机的种类比较多,调整各异,这里只介绍共性注意事项,其余实际操作事宜请查阅各设备说明书。

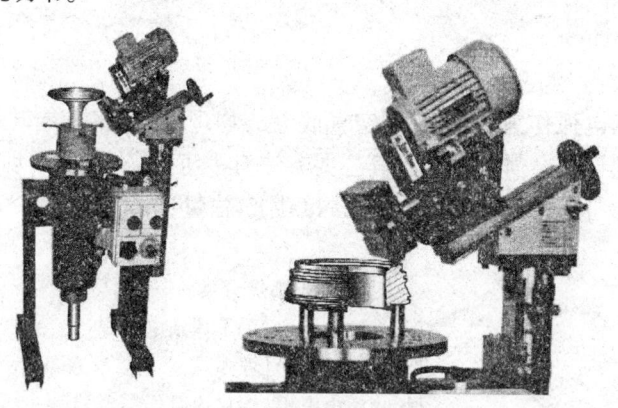

图4-26 气阀及阀座研磨机

(1) 电控系统的检查:磨削操作前应检查电控系统的连接及面板上的各开关。

①检查面板上各开关是否处于关闭状态。

②打开电源,指示灯亮。

③开启驱动马达开关,带动转盘旋转,确认转向为逆时针。

④开启磨削马达开关,带动砂轮旋转,检查转向是否正确,开启磨气阀时转向为逆时针,开启阀座时转向为顺时针。

⑤按下"急停"键,设备应停转。

⑥关上驱动马达及磨削马达开关,让急停键复位后关掉总电源。

(2) 使用时的注意事项:

①确认砂轮型号正确且无损伤、裂纹等缺陷,检查裂纹的正确方法是:砂轮装好后,用一非金属棒轻击砂轮每个面,无裂纹的砂轮应会发出清脆声音,否则会听到不正常的音调。

②为防止砂轮破损,砂轮应存放在常温干燥环境中,应保护其不受潮及被液体、灰尘、杂物的污染,否则会损伤砂轮并导致不平衡。

③每次磨削前检查各部件的连接是否牢固,而且运转正常方可进行磨削操作。特别是砂轮安装螺钉必须紧固。

④操作中如必要,应使用防护镜、呼吸罩、耳塞等防护用品。

⑤操作中应防止碰到高速旋转的磨削砂轮,与所有旋转件都应保持距离。

⑥操作时不要穿着宽松衣饰(如领带、纱巾等),长发须注意防护,以免卷入设备中。

⑦磨削中注意防止磨屑烫伤,并注意周围无易燃品,以防被磨削产生的火花引燃。

(3) 其他注意事项：
① 不要用水清洁设备。
② 设备闲置或维修时应停掉设备和关闭电源。
③ 操作中如遇意外情况，按下操作面板上的"紧急停止"键。
④ 使用保险丝保护设备中各类电器。

第四节 焊接和钎焊

一、电弧焊

电弧焊，是指以电弧作为热源，利用空气放电的物理现象，将电能转换为焊接所需的热能和机械能，从而达到连接金属的目的。其主要方法有手工焊条电弧焊、埋弧焊、气体保护焊等，它是应用最广泛、最重要的熔焊方法，占焊接生产总量的60%以上。电弧焊分类如表4-2所示：

表4-2 电弧焊分类

```
             ┌─ 熔化极电弧焊 ┬─ 手工焊条电弧焊
             │               ├─ 埋弧焊
             │               ├─ 熔化极氩弧焊
电弧焊 ┤               ├─ CO₂气体保护焊
             │               └─ 螺柱焊
             └─ 非熔化极电弧焊 ┬─ 钨极氩弧焊
                              └─ 等离子弧焊
```

焊条电弧焊是工业生产中应用最广泛的焊接方法，它的原理是利用电弧放电（俗称电弧燃烧）所产生的热量将焊条与工件互相熔化并在冷凝后形成焊缝，从而获得牢固接头的焊接。手工焊条电弧焊过程如图4-27所示。作为最通用的焊接方法，焊条电弧焊可用于大多数黑色及有色金属的焊接，可焊厚度范围宽。焊条电弧焊可用于各种位置的焊接，具有操作灵活、待焊接头装配要求低、可焊金属材料广、经济性好等优点，同时它也存在焊接生产率低及焊缝质量依赖焊工技巧及产生的烟尘大等缺点。

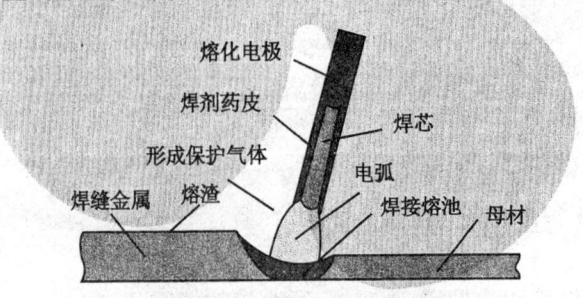

图4-27 手工焊条电弧焊过程

在带药皮的焊条和工件之间引燃电弧时，焊条和工件表面都熔化并形成熔池。电弧的平均温度大约是6 000 ℃，足以使母材金属、焊芯和药皮同时熔化。药皮熔化形成气体和熔渣，以避免周围空气中的氧气和氮气进入熔池。熔化的熔渣发生凝固和冷却，在焊接完成后，必须将熔渣从焊缝表面清理掉。焊条电弧焊中，每根焊条只能用于长度有限的焊缝，所以焊接长焊缝时,需要经常换新焊条。

(一)电弧焊设备

焊条电弧焊设备和工具主要包括焊弧电源、焊钳、面罩、焊条保温筒、敲渣锤、钢丝刷、焊缝检验尺等。手工电弧焊示意图如图4-28所示。

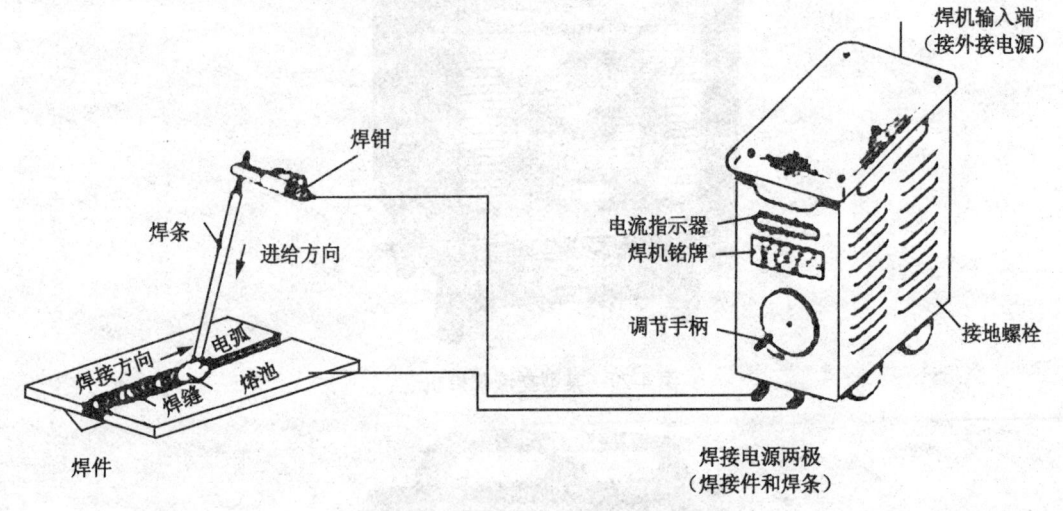

图4-28 手工电弧焊示意图

1. 弧焊电源

弧焊电源是用来对电弧焊接提供电能的一种专用设备,是电弧焊接设备中的核心部分。弧焊电源和一般电力电源不同,它必须具有弧焊工艺所要求的电气性能,如合适的空载电压、一定形状的外特性、良好的动特性和灵活的调节特性等。

弧焊电源按其供给的焊接电流种类的不同可分为交流弧焊机和直流弧焊机两类。

交流弧焊机(如图4-29所示)供给焊接时的电流是交流电,是一种特殊的降压变压器,它具有结构简单、价格便宜、使用可靠、工作噪声小、维护方便等优点,所以焊接时常用交流弧焊机。它的主要缺点是焊接时电弧不够稳定。

直流弧焊机(如图4-30所示)供给焊接时的电流为直流电。它具有电弧稳定、引弧容易、焊接质量较好的优点,但是直流弧焊发电机结构复杂、噪声大、成本高、维修困难。在焊接质量要求高或焊接2 mm以下薄钢件、有色金属、铸铁和特殊钢件时,宜用直流弧焊机。

焊条电弧焊可用直流或交流电进行。采用直流电时,可用正极性或负极性,此时电流流动是单向的。采用交流电时,电子由负极流向正极,是双向的。对于焊条电弧焊来讲,必须使用恒流(下降)输出特性的焊接电源。焊接电源必须提供:

·引弧空载电压(OCV):50~90 V;
·焊接过程中维持电弧的焊接电压:20~40 V;
·适当的电流范围:30~350 A;
·稳定的电弧,电弧快速恢复或再引燃无冲击电流;
·恒定的焊接电流,焊接过程中电弧场弧度可以变化,但焊条烧损速度和焊缝熔深必须保持一致。

2. 电焊钳

电焊钳是夹持电焊条,焊接时传导焊接电流的器械,如图4-31所示。电焊钳是与电弧焊

图 4-29 某型交流弧焊机

图 4-30 某型直流弧焊机

机配套使用的,手工电弧焊时,用以夹持和操纵焊条,并保证与焊条电气连接的手持绝缘器具。电焊钳有外壳防护、防电击保护、温升值、耐焊接飞溅、耐跌落等主要技术指标。

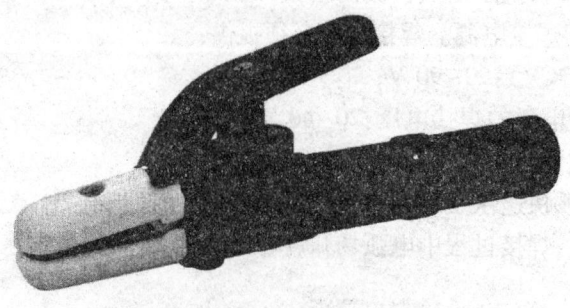

图 4-31 电焊钳

电焊钳的作用是夹持焊条和传导电流,是焊条电弧焊的主要工具,而且直接关系到焊工的操作安全,因此必须符合以下安全要求:
- ·电焊钳应在所设置的任一角度都能夹紧焊条,并保证更换焊条安全、方便;
- ·电焊钳的手柄等应有良好的绝缘和隔热性能,禁止使用绝缘损坏或无绝缘的电焊钳;
- ·电焊钳与焊接电缆的连接应简便可靠,接触良好;
- ·电焊钳应轻便(不超过 0.6 kg),易于操作;
- ·焊接过程中,禁止将过热的电焊钳放入水中冷却和继续使用。

3. 焊条

焊条药皮的化学成分对电弧的稳定性、熔深、金属熔敷率和定位能力有很大影响。焊条可分为三大类:纤维素型焊条;氧化钛药皮焊条;碱性焊条。

(1) 纤维素型焊条

纤维素型焊条的药皮中含有大量的纤维素,它的特点是电弧熔深深、摩擦变形速度快,这也提高了整个焊接速度。但由于焊缝沉淀物比较粗糙并且和流动的熔渣混合在一起,所以除渣很困难。这种焊条在任何位置都可以使用,而且因其在高架焊管中的使用而为人们所熟悉。

特点:在所有位置都能形成较深的熔深;适用于向下立焊;具有良好的机械性能;产生大量的氢,有造成热影响区裂纹的风险。

(2) 氧化钛药皮焊条

氧化钛的药皮中含有大量的氧化钛,氧化钛使起弧、平滑电弧操作和降低弧飞溅变得容易。这种通用焊条具有良好的焊接特性。在交流电或直流电下,它们可用于所有位置的焊接,特别适用于横角/立角位置的接头焊接。

特点:合适的焊缝金属机械性能;黏性熔渣能形成良好的焊道外形;定位焊接可能会产生流动的熔渣(含氟化物);易清除熔渣。

(3) 碱性焊条

碱性焊条药皮中含有大量的碳酸钙(石灰石)、氟化钙(萤石),使它的熔渣比氧化钛型焊条的熔渣更易流动,这也是一种协助立焊和仰焊快速冷却的方法。这种焊条用于焊接中型和大型结构,要求具有较高的焊接质量、良好的机械性能和抗裂纹能力(过度拘束会产生裂纹)。

特点:低氢焊缝金属;要求高焊接电流/速度;焊道成形差(表面轮廓弯曲、粗糙);清除熔渣困难;金属粉末焊条包含加有金属粉末的涂料,可使焊接电流增加到最大容许电流。因此,与药皮中不含铁粉的焊条相比,金属粉末焊条的金属熔敷速度和效率(金属熔敷比例)都有所提高,熔渣也很容易清除。由于熔敷速度快,铁粉焊条主要用于平焊、横焊和立焊。氧化钛焊条和碱性焊条没有显著的电弧特性,电弧力度较小,减少了焊道的熔深。

(二) 电弧焊基本操作技术

焊条电弧焊是用手工操纵焊条进行焊接的电弧焊方法,因此焊缝的质量取决于焊工的操作技术,这就需要焊工掌握较高的操作技能。

1. 引弧手法

焊条电弧焊的引弧方法有两种:一种是划擦法,这种方法容易掌握,但容易损坏焊件的表面,如图 4-32(a)所示;另一种是直击法,这种方法必须熟练地掌握好焊条离开焊件的速度和距离,如图 4-32(b)所示。

划擦法:先将焊条对准焊件,再将焊条像划火柴似的在焊件表面轻微划擦,引燃电弧,然后迅速将焊条提起2~4 mm,并使之稳定燃烧。

直击法:将焊条末端对准焊件,然后手腕下弯,使焊条轻微碰一下焊件,再迅速将焊条提起2~4 mm,引燃电弧后手腕放平,使电弧保持稳定燃烧。这种引弧方法不会使焊件表面划伤,又不受焊件表面大小、形状的限制,所以是在生产中主要采用的引弧方法。但操作方法不易掌握,需提高熟练程度。

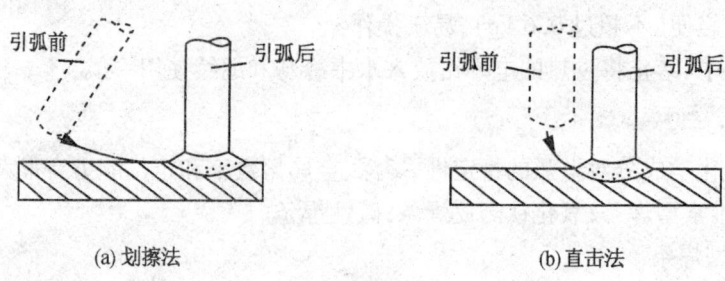

图4-32 电弧焊引弧手法

引弧时需注意如下事项:
- 引弧处应无油污、水锈,以免产生气孔和夹渣;
- 为了便于引弧,焊条末端应裸露焊芯,若不露,可用锉刀轻锉,不能用力敲击,以防药皮脱落;
- 焊条在与焊件接触后提升速度要适当,太快难以引弧,太慢焊条和焊件粘在一起造成短路,时间长会造成焊机损坏。产生这种现象时可将焊条左右扭摆几下,即可使焊条脱离焊件,否则应立即将焊钳从焊条上取下,待焊条冷却后,再用手将焊条扳下。

2. 运条手法

运条是整个焊接过程中最重要的环节,它直接影响缝的外表成形和内在质量。电弧引燃后,一般情况下焊条有三个基本运动:朝熔池方向逐渐送进;沿焊接方向逐渐移动;横向摆动。焊条朝熔池方向逐渐送进,既是为了向熔池添加金属,也是为了在焊条熔化后继续保持一定的电弧长度,因此焊条送进的速度应与焊条熔化的速度相同。否则,会发生断弧或焊条粘在焊件上。焊条沿焊接方向移动,随着焊条的不断熔化,逐渐形成一条焊道。若焊条移动速度太慢,则焊道会过高、过宽、外形不整齐,焊接薄板时会发生烧穿现象;若焊条的移动速度太快,则焊条和焊件会熔化不均匀,焊道较窄,甚至发生未焊透现象。焊条移动应与前进方向成70°~80°的夹角,以使熔化金属和熔渣推向后方,否则熔渣流向电弧的前方,会造成夹渣等缺陷。焊条的横向摆动,是为了对焊件输入足够的热量,以便于排气、排渣等,并获得一定宽度的焊缝或焊道。焊条摆动的范围根据焊件的厚度、坡口形式、焊缝层次和焊条直径等来决定。运条基本动作不能机械地分开,而应融合在一起。

直线形运条法:采用这种运条方法焊接时,焊条不做横向摆动,沿焊接方向做直线移动[如图4-33(a)所示]。该方法常用于I形坡口的对接平焊,多层焊的第一层焊或多层多道焊。

直线往复运条法:采用这种运条方法焊接时,焊条末端沿焊缝的纵向做来回摆动[如图4-33(b)所示]。它的特点是焊接速度快,焊缝窄,散热快。该方法适用于薄板和接头间隙较大的多层焊的第一层焊。

锯齿形运条法:采用这种运条方法焊接时,焊条末端做锯齿形连续摆动及向前移动,并在两边稍停片刻[如图4-33(c)所示]。摆动的目的是控制熔化金属的流动和得到必要的焊缝宽

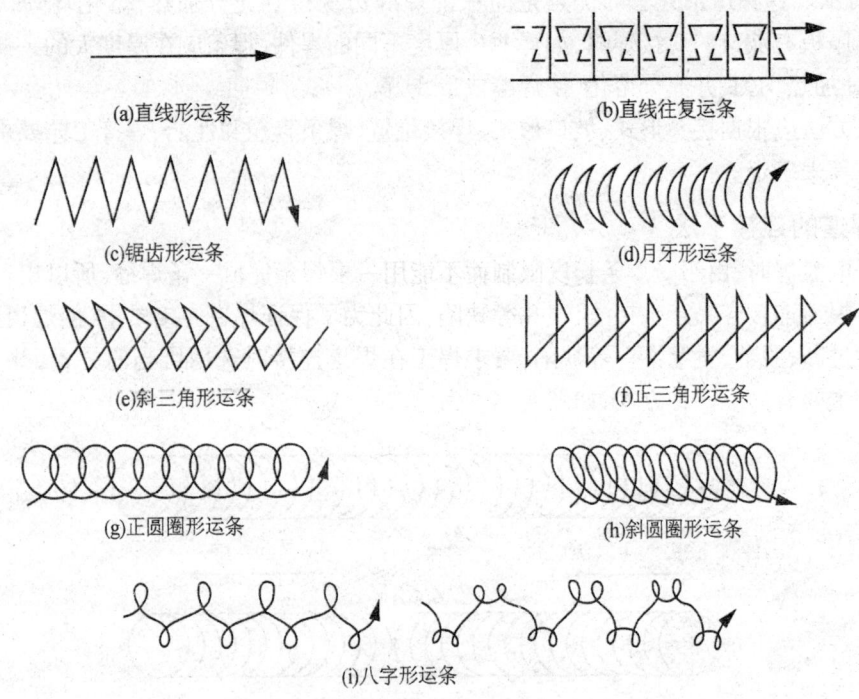

图 4-33　焊条的基本运条方法

度,以获得较好的焊缝成形。这种运条方法在生产中应用较广,多用于厚钢板的焊接,平焊、仰焊、立焊的对接接头和立焊的角接接头。

月牙形运条法:采用这种运条方法焊接时,焊条的末端沿着焊接方向做月牙形的左右摆动[如图 4-33(d)所示]。摆动的速度要根据焊缝的位置、接头形式、焊缝宽度和焊接电流值来决定。同时需在接头两边做片刻的停留,这是为了使焊缝边缘有足够的熔深,防止咬边。这种运条方法的优点是金属熔化良好,有较长的保温时间,气体容易析出,熔渣也易于浮到焊缝表面上来,焊缝质量较高。但焊出来的焊缝余高较高。这种运条方法的应用范围和锯齿形运条法基本相同。

三角形运条法:采用这种运条方法焊接时,焊条末端做连续的三角形运动,并不断向前移动,按照摆动形式的不同,可分为斜三角形[如图 4-33(e)所示]和正三角形[如图 4-33(f)所示]两种。斜三角形运条法适用于焊接平、仰位置的 T 形接头焊缝和有坡口的横焊缝,其优点是能够借焊条的摆动来控制熔化金属,促使焊缝成形良好。正三角形运条法只适用于开坡口的对接接头和 T 形接头焊缝的立焊,特点是能一次焊出较厚的焊缝断面,焊缝不易产生夹渣等缺陷,有利于提高生产效率。这两种运条方法应根据焊缝的具体情况而定,不过立焊时在三角形折角处须稍做停留,斜三角形转角部分的运条速度要慢些。

圆圈形运条法:采用这种运条方法焊接时,焊条末端连续做正圆圈形[如图 4-33(g)所示]或斜圆圈形[如图 4-33(h)所示]运动,并不断前移。正圆圈形运条法适用于焊接较厚焊件的平焊缝,其优点是熔池存在时间长,熔池金属温度高,有利于溶解在熔池中的氧、氮等气体的析出,便于熔渣上浮。斜圆圈形运条法适用于平、仰位置 T 形接头焊缝和对接接头的横焊缝,其优点是利于控制熔化金属不受力影响而产生下淌现象,有利于焊缝成形。

八字形运条法:采用这种运条方法焊接时,焊条末端连做八字形运动,并不断前移,如图

4-33(i)所示。这种运条方法的优点是能保证焊缝边缘得到充分加热,熔化均匀,保证焊透。它适用于厚板有坡口的对接焊缝,如焊两个厚度不同的焊件,焊条应在厚度大的一侧多停留一会,以保证加热均匀,并充分熔化,使焊缝成形良好。

运条方法应根据接头形式、坡口形式、焊接位置、焊条直径和性能、焊接工艺要求及焊工的技术水平等来确定。

3. 焊道的连接手法

焊条电弧焊时,由于受焊条长度限制而不能用一根焊条完成一条焊缝,所以出现了焊道连接问题。焊道连接容易产生夹渣、气孔等缺陷,因此为了保证焊道连接质量,使焊道连接均匀,避免产生过高、脱节、宽窄不一等缺陷,要求焊工在焊道连接时选用恰当的方式,并熟练掌握。焊道连接主要有如下四种方式,如图4-34所示。

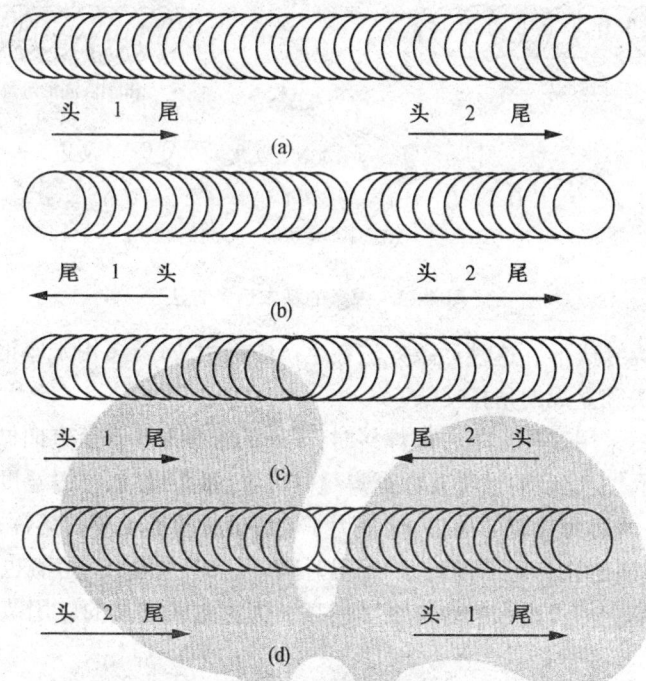

图4-34 焊道接头的链接方式
1—先焊焊道;2—后焊焊道

第一种连接方式是使用最多的一种,连接的方法是在先焊焊道前面10 mm处引弧,弧长比正常的弧长略长,然后将电弧移到原弧坑的2/3处,填满弧坑后即向前进入正常焊接,如图4-35所示。这种连接方法必须注意电弧后移量,若电弧后移太多,则可能造成接头过高;若电弧后移太少,则造成接头脱节、弧坑未填满。此种连接方法在接头时更换焊条愈快愈好,因为在熔池尚未冷却时进行连接,不仅能保证质量,而且可使焊缝外表成形更好。

第二种连接方法要求先焊焊道的起头处要略低些,连接时在先焊焊道的起头稍前处引弧,并稍微拉长电弧,将电弧引向先焊焊道的起头,并覆盖其端头处,等起头处焊道焊平后再向先焊焊道相反方向移动,如图4-36所示。

第三种连接方式是后焊焊道从接头的另一端引弧,焊到前焊道的结尾处,焊接速度应略慢些,以填满焊道的弧坑,然后以较快的焊接速度再略向前熄弧,如图4-37所示。

第四种连接方式是后焊焊道结尾与先焊焊道起头相连,再利用结尾时的高温重复熔化先

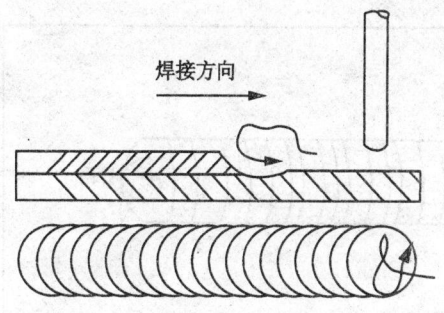

图 4-35　从先焊焊道末尾处接头的方法

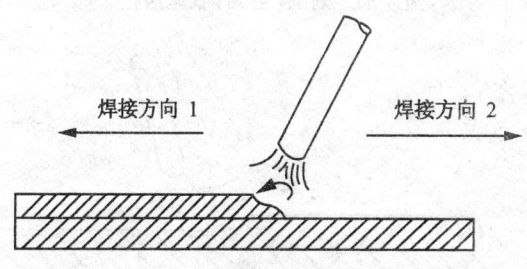

图 4-36　从先焊焊道端头处接头的方法

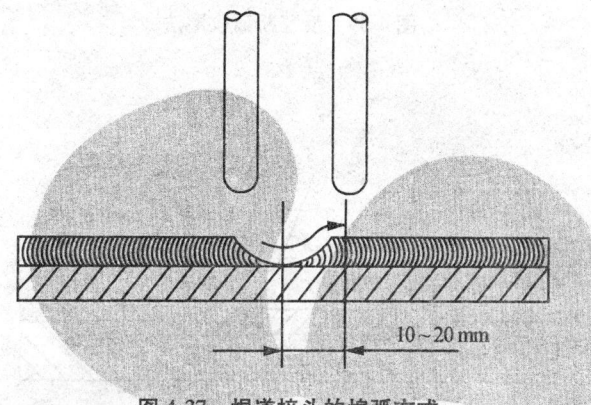

图 4-37　焊道接头的熄弧方式

焊焊道的起头处,将焊道焊平后快速收尾。

4. 焊道的首尾

焊道的收尾是指一条焊缝焊完后如何填满弧坑。焊接过程中由于电弧吹力作用,熔池呈凹坑状,并且低于已凝固的焊道,若收弧时立即拉断电弧,会产生一个低凹的弧坑,过深的弧坑甚至会产生裂纹。因此收弧时不仅要熄弧,而且须填满弧坑。常用的焊道收尾方式有三种:

划圈收尾法:焊条移至焊道的终点时,利用手腕的动作做圆圈运动,直到填满弧坑再拉断电弧。该方法适用于厚板焊接,用于薄板焊接有烧穿危险,如图 4-38 所示。

反复断弧收尾法:焊条移至焊道终点时,在弧坑处反复熄弧、引弧数次,直到填满弧坑为止,如图 4-39 所示。该方法适用于薄板及大电流焊接,但不适用于碱性焊条,否则会产生气孔。

回焊收尾法:焊条移至焊道收尾处即停止,并且适当改变焊条角度,即焊条由位置 1 转到位置 2,等填满弧坑后再转移至位置 3 后缓慢拉断电弧,如图 4-40 所示。该方法适用于碱性焊

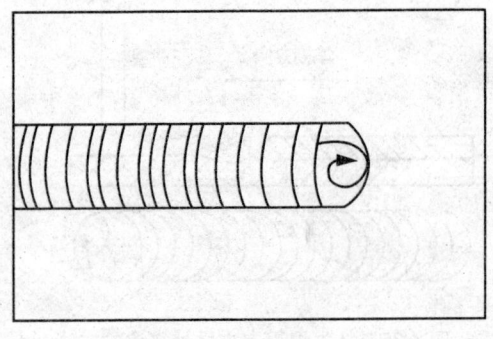

图 4-38 划圈(画圆)收尾法

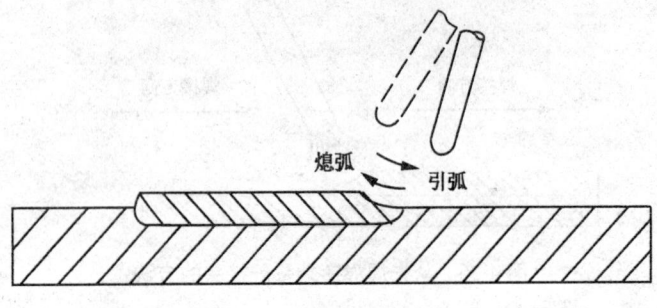

图 4-39 反复断弧收尾法

条的焊接收尾。

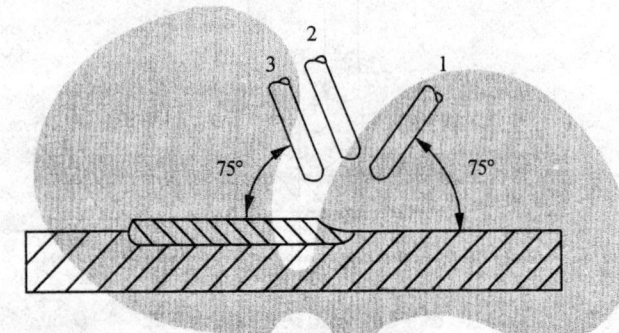

图 4-40 回焊收尾法

(三)各种焊接位置的操作要点

各种焊接位置的操作有些共同的特点,但由于熔滴、熔池等在不同位置受重力的影响不同,在操作手法上也有所不同。

1. 平焊的操作要点

平焊焊接时为获得优质焊缝,必须熟练掌握焊条角度和运条技术,将熔池控制为始终如一的形状与大小。一般熔池形状为半圆形或椭圆形,且表面下凹,焊条移动速度不宜过慢。

· 焊接时熔滴金属主要靠自重自然过渡,操作技术比较容易掌握,允许用较大直径的焊条和较大的焊接电流;

· 熔渣和液态金属容易混在一起,当熔渣超前时会产生夹渣;

· 焊接单面焊双面成形的打底层时,容易产生焊瘤、未焊透或背面成形不良。

2. 立焊的操作要点

根据立焊的特点,焊接时焊条角度应向下倾斜60°~80°,电弧指向熔池中心,焊接电流应较小,以控制熔池温度。
- 液态金属和熔渣因自重下坠,故易分离。但熔池温度过高,液态金属易下流形成焊瘤。
- 易掌握焊透情况,但表面易咬边,不易焊得平整,焊缝成形差。

3. 横焊的操作要点

根据横焊的特点,在焊接时由于上坡口温度高于下坡口,所以在上坡口处不做稳弧动作,而是迅速带至下坡口根部做轻微的拉稳弧动作。若坡口间隙小,增大焊条倾角;反之,则减小焊条倾角。

- 液态金属因自重易下坠,会造成未熔合和夹渣,宜采用较小直径的焊条,以短弧焊接;
- 液态金属与熔渣易分离;
- 采用多层多道焊能比较容易防止液态金属下坠。

4. 仰焊的操作要点

根据仰焊特点,应严格控制焊接电弧的弧长,使坡口两侧根都能很好熔合,并且焊坡厚度不应太大,以防止液态金属过多而下坠。坡口角度比平焊略大,焊接坡口第一层的焊条与坡口两侧成90°,与焊接方向成70°~80°,用最短的电弧做前后推拉的动作,熔池温度过高时可以使温度降低。焊接其余各层时焊条横摆并在两侧做稳弧动作。

- 液态金属因自重下坠滴落,不易控制熔池形状和大小,会造成未焊透和凹陷,宜采用较小直径的焊条和小焊接电流并采用最短的电弧焊接;
- 清渣困难,易产生层间夹渣;
- 运条困难,焊缝外观不易平整。

(四)焊接典型缺陷

手工电弧焊在焊接后较易出现的典型焊接缺陷主要包括:

1. 未焊透

产生这一现象主要是由于焊条选用不当;电流太低;焊接速度太快而温度上升不够;又进行速度太慢,电弧冲力被焊渣所阻挡,不能给予母材;焊缝设计及组合不正确。

解决方法:选用较具渗透力的焊条;使用适当电流;改用适当焊接速度;增加开槽度数,增加间隙,并减少根深。

2. 裂纹

产生这一现象主要是由于焊件含有过高的碳、锰等合金元素;焊条品质不良或潮湿;焊缝拘束应力过大;母条材质含硫过高不适于焊接;施工准备不足;母材厚度较大,冷却过速;电流太强;首道焊道不足以抵抗收缩应力。

解决方法:使用适宜焊条(如使用低氢系焊条),并注意干燥;改良结构设计,注意焊接顺序,焊接后进行热处理;避免使用不良钢材;焊接时需考虑预热或后热;预热母材,焊后缓冷;使用适当电流;首道焊接的焊着金属须充分抵抗收缩应力。

3. 变形

产生这一现象主要是由于焊接层数太多;焊接顺序不当;施工准备不足;母材冷却过速;母材过热;(薄板)焊缝设计不当;焊着金属过多;拘束方式不正确等。

解决方法:使用直径较大的焊条及较高电流;改正焊接顺序;焊接前,使用夹具将焊件固定以免发生翘曲;避免冷却过速,或预热母材;选用穿透力低的焊材;减少焊缝间隙,减少开槽度数;注意焊接尺寸,不使焊道过大;注意防止变形的固定措施。

4. 气孔

产生这一现象主要是由于焊条不良或潮湿;焊件有水分、油污或锈;焊接速度太快;电流太强;电弧长度不适合;焊件厚度大,金属冷却过速。

解决方法:选用适当的焊条并注意烘干;焊接前清洁被焊部分;降低焊接速度,使内部气体容易逸出;使用厂商建议的适当电流;调整适当电弧长度;施行适当的预热工作。

5. 咬边

产生这一现象主要是由于电流太强;焊条不适合;电弧过长;操作方法不当;母材不洁;母材过热。

解决方法:使用较低电流;选用适当种类及大小的焊条;保持适当的弧长;采用正确的角度、较慢的速度、较短的电弧及较窄的运行法;清除母材油渍或锈;使用直径较小的焊条。

6. 夹渣

产生这一现象主要是由于前层焊渣未完全清除;焊接电流太低;焊接速度太慢;焊条摆动过宽;焊缝组合及设计不良。

解决方法:彻底清除前层焊渣;采用较高电流;提高焊接速度;减小焊条摆动幅度;改正适当坡口角度及间隙。

(五) 检查要点及测试方法

焊缝在焊接完毕之后,可以通过不同的检查或测试来判断焊缝的质量。主要的检查要点和测试方法主要包括外观检查和无损探伤等。

焊缝的外观检查主要检查焊缝是否存在咬边、夹渣等缺陷。

焊缝的无损探伤主要包括渗透检验、磁粉检验、射线检验、超声波检验等。

渗透检验是利用带有荧光染料或红色染料的渗透剂的渗透作用,显示缺陷痕迹的无损检验法,常用的有荧光探伤和着色探伤。将擦洗干净的焊件表面喷涂渗透性良好的红色着色剂,待渗透到焊缝表面的缺陷内,将焊件表面擦净。再涂上一层白色显示液,待干燥后,渗入到焊件缺陷中的着色剂由于毛细作用被白色显示剂所吸附,在表面呈现出缺陷的红色痕迹。渗透检验可用于任何表面光洁的材料。

磁粉检验是将焊件在强磁场中磁化,使磁力线通过焊缝,遇到焊缝表面或接近表面处的缺陷时,产生漏磁而吸引撒在焊缝表面的磁性氧化铁粉。根据铁粉被吸附的痕迹就能判断缺陷的位置和大小。磁粉检验仅适用于检验铁磁性材料表面或近表面处的缺陷。

射线检验有 X 射线和 Y 射线检验两种。当射线透过被检验的焊缝时,如有缺陷,则通过缺陷处的射线衰减程度较小,因此在焊缝背面的底片上感光较强,底片冲洗后,会在缺陷部位显示出黑色斑点或条纹。X 射线照射时间短、速度快,但设备复杂、费用高,穿透能力较 Y 射线小,被检测焊件厚度应小于 30 mm。Y 射线检验设备轻便、操作简单,穿透能力强,能照透 300 mm 的钢板。透照时不需要电源,野外作业方便。但检测厚度为 50 mm 以下的焊缝时,灵敏度不高。

超声波检验是利用超声波能在金属内部传播,并在遇到两种介质的界面时会发生反射和折射的原理来检验焊缝内部缺陷的。当超声波通过探头从焊件表面进入内部,遇到缺陷和焊件底面时,发生反射,由探头接收后在屏幕上显示出脉冲波形。根据波形即可判断是否有缺陷和缺陷位置,但不能判断缺陷的类型和大小。由于探头与检测件之间存在反射面,所以超声波检查时应在焊件表面涂抹耦合剂。

对于容器、管道等的焊接,还可以通过密封性试验来检查焊接质量。密封性试验主要包括水压试验、气压试验、煤油试验等。

水压试验是最常用的检查焊接质量的检验方法,它是通过在容器或者管道内通入一定压力的水,保持一定时间,通过压力的变化来判断焊接质量。

气压试验比水压试验更加灵敏迅速,主要用于检查低压容器及管道的密封性。它是通过将一定压力的压缩空气通入容器或管道内,焊缝表面涂抹肥皂水,如果有肥皂泡出现,说明焊缝缺陷。

煤油试验是在焊缝的一面涂抹上白色涂料,待干燥后再在另一面涂煤油,若焊缝中有细微裂纹或穿透性气孔等缺陷,煤油会渗透过去,在涂料一面呈现油斑,显示出缺陷位置。

二、气焊

气焊是指利用可燃气体与助燃气体混合燃烧生成的火焰为热源,熔化焊件和焊接材料使之达到原子间结合的一种焊接方法。助燃气体主要为氧气,可燃气体主要采用乙炔、液化石油气等。

(一)气焊设备

船上常用的气焊主要是氧气乙炔焊接。氧气乙炔焊接主要的设备包括氧气瓶、乙炔瓶、氧气乙炔调压阀、气管、焊炬(焊枪)等,如图4-41所示。

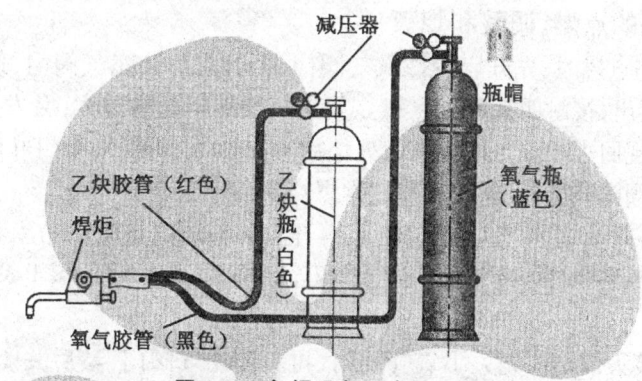

图4-41 气焊设备组成图

1. 氧气瓶

氧气瓶的保管与存放:保管和使用时应防止沾染油污;放置时必须平稳可靠,不应与其他气瓶混在一起;不许曝晒、火烤及敲打,以防爆炸;库房周围不得存放易燃物品。库内温度不能过高,与热源明火要有一定的安全距离。氧气瓶减压阀、压力计、接头与导管等,要涂标记。

2. 乙炔气瓶

乙炔气瓶在使用、运输、贮存时,环境温度不能过高;乙炔瓶的漆色必须保持完好,不得任意涂改;乙炔气瓶在使用时必须装设专用减压器。回火防止器,工作前必须检查是否好用,否则禁止使用;开启时,操作者应站在阀门的侧后方,动作要轻缓;使用时要注意固定,防止倾倒,严禁卧入使用,对已卧入的乙炔瓶,不准直接开气使用,使用前必须先立牢静止一段时间后,再接减压器使用,否则危险;禁止敲击、碰撞等粗暴行为。

3. 焊炬

焊炬又称焊枪，如图 4-42 所示是利用氧气和中低压乙炔作为热源，焊接或预热黑色金属或有色金属工件的工具。焊炬是气焊操作的主要工具。焊炬的作用是将可燃气体和氧气按一定比例均匀地混合，以一定的速度从焊嘴喷出，形成一定能率、一定成分、适合焊接要求和稳定

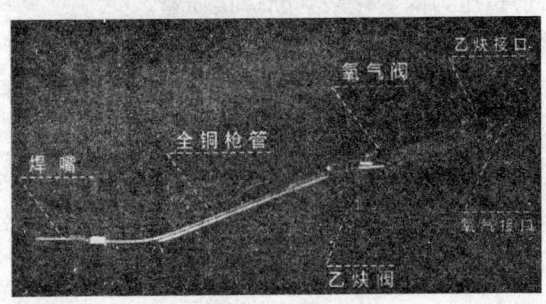

图 4-42　气焊焊炬

燃烧的火焰。焊炬的好坏直接影响气焊的焊接质量，因而要求焊炬应具有良好的调节氧气与可燃气体的比例和火焰能率的性能，使混合气体喷出的速度等于或大于燃烧速度，以使火焰稳定地燃烧。同时还要求焊炬的重量要轻，使用时应操作方便、安全可靠。使用时，乙炔管在下，氧气管在上。

(二) 气焊基本操作技术

1. 焊接火焰的点燃、调整和熄灭

（1）焊接火焰点燃时，先开启少许氧气阀门，再开启少许燃气阀门，使两种气体在焊炬中混合，从焊嘴中喷出，接触明火即可点燃。如果氧气阀门开启过大，会发生"叭叭"的响声，火焰不易点燃或出现回火现象。如果点燃火焰后冒黑烟，说明氧气阀门开启过小。以上两种情况均应调整氧气阀门开度，以保证火焰正常燃烧。

（2）当火焰点燃后适当开大燃气阀门，再开大氧气阀门将火焰功率和火焰性质调到焊接需要的状态。对于各部件，应将燃气压力调至乙炔压力 0.05~0.1 MPa，氧气压力 0.3~0.4 MPa。

（3）熄灭焊接火焰时应先关小氧气阀门，再关闭燃气阀门，最后关闭氧气阀门，火焰熄灭后再开启氧气阀门吹一下，检查焊接火焰是否熄灭。

2. 火焰加热位置和角度

加热工件时应使火焰焰心尖端 2~4 mm 处接触起焊点，工件厚度相同时，火焰指向工件接缝处，厚度不等时应偏向厚的一侧，以保证形成熔池的位置在焊接接缝上。起焊前预热焊嘴与工件夹角取大角度，以保证尽快形成熔池。焊接开始后应根据熔池大小调整焊接速度和焊嘴与工件夹角，以保证熔池在焊接过程中的大小一致。

3. 起焊

起焊一定要在熔池完全形成后再开始，如果工件熔池太小、熔池周围温度较低，应用火焰在熔池周围晃动，使工件起焊点的温度均匀升高。当起焊点出现大小和形状都合适的熔池时即可添加焊丝，向前移动焊炬，开始正常焊接。

4. 焊接过程中添加焊丝的方法

（1）焊接过程中焊工应密切关注释熔池的变化，在添加焊丝时将焊丝末端放入焊接火焰

的内焰中,当焊丝形成熔滴滴入熔池后,应将焊炬均匀向前移动,使熔池沿工件接缝处均匀向前移动,保持熔池形状和大小的一致,得到合格的焊缝。无论焊丝做何种摆动,应用内焰融化焊丝,禁止用外焰熔化焊丝,以防止熔滴被氧化。

(2)焊接薄钢板时为防止烧穿,除加快焊接速度等措施外,可用焊丝阻挡火焰。如果使用焊剂焊接或发现熔池中有氧化物熔渣时,用焊丝搅拌熔池,使氧化物及熔渣顺利上浮。

5. 焊嘴和焊丝的运动方式

(1)沿焊缝方向向前运动:用来使熔池沿接缝向前运动,形成焊缝,这是焊嘴和焊丝在焊接中最主要的运动方式。

(2)垂直于焊缝上下跳动:焊嘴的这种运动是为了调整熔池温度,焊丝的上下跳动是为了调整熔滴滴入熔池的速度,以保证焊缝高度的均匀。

(3)沿焊缝宽度方向做横向运动:这种横向运动或圆圈状运动主要用焊接火焰增加熔池的宽度,以利于坡口边缘很好熔合。焊丝的这种运动是为了搅拌熔池。在焊接过程中,每一个焊工都应熟练掌握这些操作方法。

6. 接头与收尾

(1)接头

焊接中途停顿,在停顿处重新开始焊接时,与原焊缝重叠处称为接头。接头一定要在原焊缝上形成合格熔池再开始焊接,重要焊接工作接头必须重叠 8~10 mm。

(2)收尾

焊缝末端,因工作散热条件变坏温度升高,易造成熔池面积加大、烧穿的缺陷。一般采用减小焊嘴倾角、提高焊接速度、多加焊丝等措施使熔池降温,为防止收尾处出现气孔,采用抬高火焰保护熔池,使熔池凝固速度减慢,以利于溶池中气体逸出并防止收尾处气体的产生。气焊焊缝收尾处的操作要领是:倾角小、焊速增、加丝快、慢离开。

三、热切割

热切割是指采用热能、电能或化学能将金属加热到其熔化温度以上,并使金属保持在熔化或半熔化状态,再利用流体动力将金属去除、吹开或燃烧,达到切割或去除金属目的的工艺方法。

(一)热切割的分类

按所用热能种类,热切割分为:

1. 气割(火焰切割)

气割是可燃气体与氧气混合感烧的火焰热能将工件切割处预热到一定温度后,喷出高速切割氧流,使金属剧烈氧化并放出热量,利用切割氧流把熔化状态的金属氧化物吹掉,从而实现切割的方法。金属的气割过程实质是铁在纯氧中的燃烧过程,而不是熔化过程。可燃气体与氧气的混合及切割氧的喷射是利用割炬来完成的,气割所用的可燃气体主要是乙炔、液化石油气和氢气。气割时应用的设备器具除割炬外均与气焊相同。气割过程是预热—燃烧—吹渣,但并不是所有金属都能满足这个过程的要求。可气割的金属有纯铁、低碳钢、中碳钢和低合金钢以及钛等,而铸铁、不锈钢、铝和铜等难以用气割作业。火焰切割是最老的热切割方式,其切割金属厚度为 1 mm~1 m。火焰切割设备的成本低并且是切割厚金属板最经济有效的手段，但是在薄板切割方面有其不足之处。火焰切割时常用的火焰有乙炔火焰、石油气火焰、煤气火焰、天然气火焰等。

2. 碳弧气刨

碳弧气刨是利用碳弧的高温将金属熔化后，用压缩空气将熔化的金属吹掉的一种刨削金属的方法。碳弧气刨具有效率高、噪声小、价格低廉和适用性广等优点，目前已广泛应用于铸造、锅炉制造、造船、化工等行业。

3. 等离子弧切割

等离子弧切割是一种常用的金属和非金属材料切割工艺方法。它利用高速、高温和高能的等离子气流来加热和熔化被切割材料，并借助内部的或者外部的高速气流或水流将熔化材料排开直至等离子气流束穿透背面而形成割口。等离子弧坑的温度高，远远超过所有金属以及非金属的熔点。因此等离子弧切割过程不是依靠氧化反应，而是靠熔化来切割材料，因而比氧化切割方法的适用范围大得多，能够切割绝大部分金属和非金属材料。利用环形气流技术形成细长稳定的等离子电弧，保证了能够平稳且经济地切割任何导电的金属。

4. 激光切割

激光切割就是利用将激光束照射到工件表面时释放的能量来使工件熔化并蒸发，以达到切割的目的，具有精度高、切割快速、不受切割图案限制、切口平滑等特点。激光切割共有三类：激光熔化切割、激光火焰切割、激光气化切割。在激光熔化切割中，工件被局部熔化后借助气流把熔化的材料喷射出去。因为材料的转移只发生在其液态情况下，所以该过程被称为激光熔化切割。激光火焰切割与激光熔化切割的不同之处在于使用氧气作为切割气体，借助于氧气和加热后的金属之间的相互作用，产生化学反应使材料进一步加热。由于此效应，对于相同厚度的结构钢，采用该方法可得到的切割速率比熔化切割要高。在激光气化切割过程中，材料在割缝处发生气化，此情况下需要非常高的激光功率。激光切割常常被归类为冷切割。

船上使用最多的热切割方式一般为气割。

（二）气割操作要点

气割主要包括气割前准备、火焰的调整、气割和气割后清理等几个操作步骤。各步骤的操作内容及操作要点主要有以下方面内容。

1. 气割前准备

将工件表面的油污和铁锈清理干净，并将工件垫起一定的高度，使工件下面留有一定间隙，以利于熔渣的吹出。根据图样尺寸及形状的要求，在待加工钢板上利用划线工具划出下料线。

根据所切割板料的厚度，选用割炬的型号、割嘴的号码及形式，然后检查割炬是否正常。检查割炬的方法如图 4-43 所示。旋开割炬氧气调节阀，使氧气流过混合气室喷嘴，这时将手指放在割炬的乙炔进气管口上，如果手指感到有吸力，证明割炬正常；若无吸力或有推力，则证明割炬不正常，必须进行修理或更换。

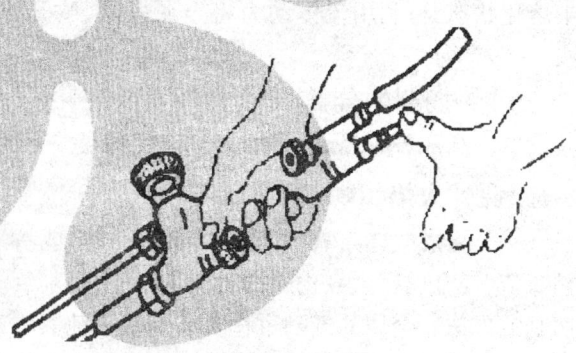

图 4-43　检查割炬的方法

2. 火焰的调整

调整火焰时，先微量打开氧气阀，再少量打开乙炔阀，使可燃混合气体从割炬中喷出，然后用左手握住割炬中部，使割嘴背向人体，右手点燃割炬，再用右手握住割炬，调整氧气与乙炔阀门，使预热火焰为中性焰。判断氧乙炔焰性质最简便、实用的方法，就是观察氧乙炔焰燃烧的形状。中性焰的长度适中，明显可见焰芯、内焰和外焰三部分，如图 4-44(a) 所示；碳化焰较长，而且明亮，内焰比较突出，如图 4-44(b) 所示；氧化焰的长度较短，内、外焰无明显界限，亮度较暗，如图 4-44(c) 所示。

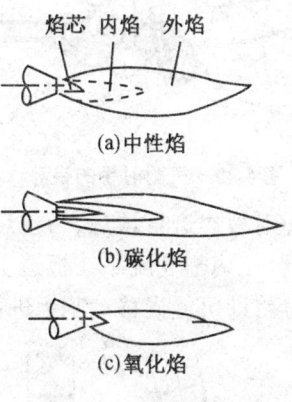

图 4-44 气割火焰

在预热火焰调至中性焰后，可反复试放切割氧，同时调节混合气调节阀，以保证氧乙炔焰在切割过程中也能保持为中性焰。同时，从不同侧面观察切割气流（俗称风线）的形状，要求其呈均匀、清晰的圆柱形。否则，应关闭乙炔和氧气，用通针清理割嘴，直至获得规范的切割气流为止。

3. 气割

点燃割炬、调好火焰之后就可以进行切割。气割的操作姿势如图 4-45 所示。双脚成外八字形蹲在工件的一侧，右臂靠住右膝盖，左臂放在两腿中间，这样便于气割时移动。无论是站姿还是蹲姿，都要做到重心平稳，手臂肌肉放松，呼吸自然，端平割炬，双臂依切割速度的要求缓慢移动或随身体移动，割炬的主体应与被割物体的上平面平行。

图 4-45 气割姿势

右手握住割炬手把,并以右手大拇指和食指握住预热氧调节阀(便于调整预热火焰能率,且一旦发生回火时能及时切断预热氧),左手的大拇指和食指握住切割氧调节阀(便于切割氧的调节),左手的其余三指平稳地托住射吸管,使割炬与工件保持垂直。气割时手的姿势如图4-46所示。

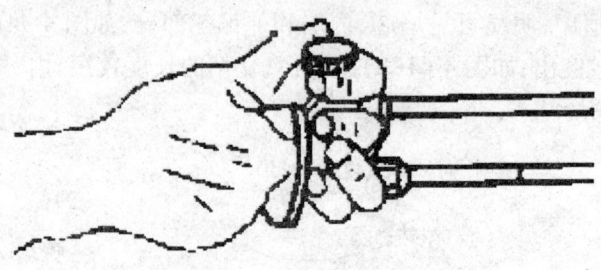

图 4-46　气割时手的姿势

若从钢板的边缘开始切割,可先对板边进行预热,当预热点略呈红色时,可将预热火焰中心移出边缘外,慢慢打开切割氧气阀,使切割气流贴在板边上,这时可观察到切口处氧化熔渣随氧气流一起飞出。板边被割透以后,即可慢慢移动割炬进行切割,如图4-47所示。

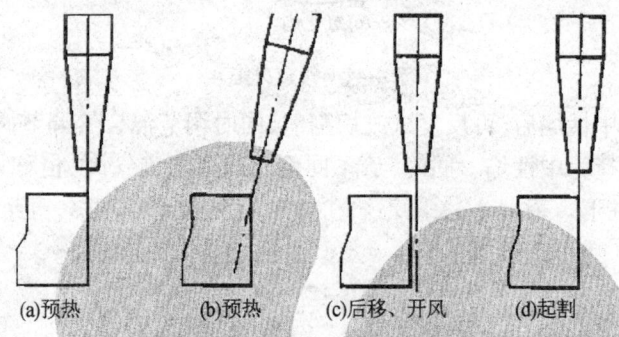

(a)预热　　(b)预热　　(c)后移、开风　　(d)起割

图 4-47　钢板边缘起割的操作方法

气割过程中需要移动身体位置时,应先关闭切割氧气阀门,待身体位置移好后,再将割嘴对准割缝预热及切割。气割过程中,割炬运行速度要均匀,割炬与工件的距离要保持不变。切割的速度应根据被割钢板的厚度和切割面的质量要求而确定。在实际工作中,可以通过以下两种方法来判断切割速度是否合适:一是观察切割面的割纹,如果割纹均匀、后拖量很小,说明切割速度合适;二是在切割过程中,顺着切割气流方向从切口上部观察,如果切割速度合适,应看到切割处气流通畅,没有明显弯曲。为充分利用预热火焰和提高效率,切割时可根据被切割钢板的厚度将割嘴向后倾斜0°~30°,且钢板越薄,角度应越大,如图4-48所示。

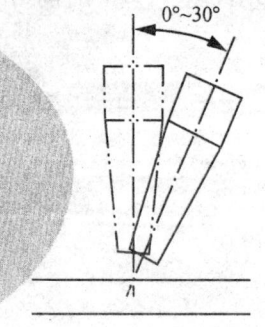

图 4-48　割嘴向后倾斜

如果需要在钢板中部某个位置开孔,在开放切割氧时应注意控制割嘴、钢板之间的距离和角度,以免溅起的熔渣堵塞割嘴。

在切割过程中,由于氧、乙炔气体供应不足和熔渣堵塞割嘴或割嘴头过热等原因,常会发生回火现象,此时应紧急关闭气源,正确的顺序是:先关闭乙炔阀,切断易燃气源,再关闭混合气阀。待查清原因，处理完毕后再点火继续工作。

4. 气割后清理

切割至终点后，关闭切割氧气阀，同时抬起割炬，若不需继续使用，则先关闭乙炔阀，后关闭混合气调节阀。然后放松减压器的调压螺杆，关闭乙炔和氧气瓶阀。工作结束后，卸下割炬和减压器，并妥善保管，盘起乙炔、氧气胶管，清理好工作场地。

四、钎焊

钎焊，是指低于焊件熔点的钎料和焊件同时加热到钎料熔化温度后，利用液态钎料填充固态工件的缝隙使金属连接的焊接方法。钎焊时，首先要去除母材接触面上的氧化膜和油污，以利于毛细管在钎料熔化后发挥作用，增加钎料的润湿性和毛细流动性。激光钎焊原理如图4-49 所示。

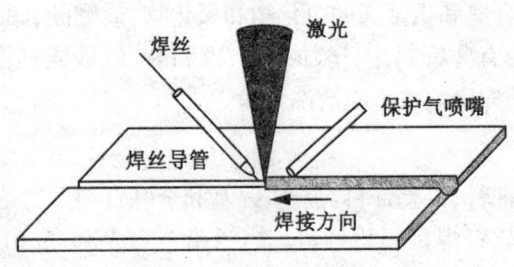

图 4-49 激光钎焊原理图

（一）钎焊应用范围

钎焊加热温度较低，接头光滑平整，组织和机械性能变化小，变形小，工件尺寸精确。可焊同种金属，也可焊异种材料，且对工件厚度差无严格限制。有些钎焊方法可同时焊多焊件、多接头，生产率很高。钎焊设备简单，生产投资费用少。接头强度低，耐热性差，且焊前清整要求严格，钎料价格较贵。

钎焊不适于一般钢结构和重载、动载机件的焊接。其主要用于制造精密仪表、电气零部件、异种金属构件以及复杂薄板结构，如夹层构件、蜂窝结构等，也常用于钎焊各类异线与硬质合金刀具。钎焊时，对被钎接工件接触表面清洗后，以搭接形式进行装配，把钎料放在接合间隙附近或直接放入接合间隙中。当工件与钎料一起加热到稍高于钎料的熔化温度后，钎料将熔化并浸润焊件表面。液态钎料借助毛细管作用，将沿接缝流动铺展。于是被钎接金属和钎料间进行相互溶解、相互渗透，形成合金层，冷凝后即形成钎接接头。

钎焊在机械、电机、仪表、无线电等部门都得到了广泛的应用。在微波波导、电子管和电子真空器件的制造中，钎焊甚至是唯一可能的连接方法。

（二）钎焊的分类

钎焊的方法很多，几乎能使钎焊区加热到钎焊温度的热源，只要其加热温度和加热时间能控制的，都可以用于钎焊。因此钎焊的方法可以以热源的性质及其加热的方式或方法来命名，包括烙铁钎焊、火焰钎焊、浸渍钎焊、炉中钎焊。各种钎焊方法的优缺点不同，在选择钎焊方法时，必须综合考虑焊件的材料、形状和尺寸，所用的钎料和钎剂，批量大小，成本及各种钎焊方法的特点等。根据钎料熔点的不同，钎焊又分为硬钎焊和软钎焊。

1. 硬钎焊

硬钎焊由于强度高，可用于钎焊受力构件，应用广泛。其包括铝基材料、银基材料、铜基材料、锰基钎料、镍基钎料、金基钎料、钯基钎料。

硬钎焊接头强度高,有的可在高温下工作。铝基钎料以铝硅合金为基,还可加入铜、锌、锗等元素,以满足工艺性能的要求,用来钎焊铝和铝合金。银基钎料主要以银铜和银铜锌合金为基,还可加入镉、锡、锰、镍、锂等元素,以满足不同的钎焊工艺要求,是应用最广的一种硬钎料。铜基钎料在钢、合金钢、铜和铜合金的钎焊方面获得了广泛应用。锰基钎料可满足不同工艺的需要。锰基钎料的延性好,对不锈钢、耐热钢具有良好的湿润能力,钎缝有较高的室温和高温强度,中等的抗氧化性和耐腐蚀性,对母材金属无明显的熔蚀作用。镍基钎料内常加入铬、硅、硼、铁、磷和碳等元素,具有优良的抗腐蚀性和耐热性,常用于钎焊奥氏体不锈钢、双相不锈钢、马氏体不锈钢。金基钎料内常加入铜、镍等元素。金基硬钎料与母材金属的作用程度小,常用于薄件的钎焊。钯基钎料具有润湿能力强、蒸气压低、延性好、强度高、对母材金属溶蚀倾向小等特点,适用于不锈钢、镍基合金等材料的钎焊,主要用于航空和宇航、电子工业等部门。

硬钎焊钎剂通常由碱金属和重金属的氯化物和氟化物,或硼砂、硼酸、氟硼酸盐等组成,可制成粉状、糊状和液状。在有些钎料中,还加入锂、硼和磷,以增强其去除氧化膜和润湿的能力。焊后钎剂残渣用温水、柠檬酸或草酸清洗干净。

2. 软钎焊

软钎焊常用的有锡基钎料、铅基钎料、镉基、锌基和金基钎料及低熔点钎料如镓基、铋基和铟基钎料。应用最广泛的软钎焊是锡铅钎料。当锡铅合金 W_{sn} 为 61.9% 时,即形成熔点为 183 ℃ 的共晶,其强度和硬度最高。

软钎焊多用于电子和食品工业中导电、气密和水密器件的焊接。以锡铅合金作为钎料的锡焊最为常用。软钎料一般需要用钎剂,以清除氧化膜,改善钎料的润湿性能。钎剂种类很多,电子工业中多用松香酒精溶液软钎焊。这种钎剂焊后的残渣对工件无腐蚀作用,称为无腐蚀性钎剂。焊接铜、铁等材料时用的钎剂由氯化锌、氯化铵和凡士林等组成。焊铝时需要用氟化物和氟硼酸盐作为钎剂,还有用盐酸加氯化锌等作为钎剂的。这些钎剂焊后的残渣有腐蚀作用,称为腐蚀性钎剂,焊后必须清洗干净。

(三)钎焊工艺

1. 工件的清理与表面准备

为了确保形成均匀优质的钎焊接头,焊前必须清除工件表面的油污、氧化物。油污的清除常用的有机溶剂包括酒精、汽油、三氯乙烯、四氯化碳等,在浴槽中清洗时可以采用机械搅拌或超声波振动的方法以提高清洗作用。氧化物的清除方法包括机械方法、化学浸蚀或电化学浸蚀等方法。机械方法可以采用锉刀、金属刷、砂纸、砂轮等;化学浸蚀主要用于批量生产;电化学浸蚀法主要适用于大批量生产及需要快速清除氧化物的情况。

2. 预置钎剂和阻流剂

有些钎焊方法需要虚线防止钎剂和阻流剂。预置的钎剂多数为软膏式液体,以确保均匀涂覆在工件的待焊物的表面上。阻焊剂是钎焊时用来阻止钎料泛流的一种辅助材料,阻流剂主要是由稳定的氧化物与适当的黏合剂组成。

3. 装配、定位与放置钎料

施加钎剂后,在其尚未干燥和剥离前要立即将钎焊部位装配起来。最好的装配方法是使部件能自定位或自支承,也可以用夹具进行定位与夹紧。所用的夹具要受钎焊件的复杂程度、钎焊温度和加热方法的影响。它必须具有足够的高温强度和刚性、耐热和抗氧化能力,不能因热膨胀不同而引起定位不精确,高温下不致与焊件接触处发生反应。

4. 钎焊工艺参数

钎焊工艺参数包括钎焊温度、升温速度、保温时间和冷却速度等,其中钎焊温度和保温时间是关键。钎焊温度通常选用在高于钎料液相线温度25~60 ℃,以保证钎料能填满间隙。钎焊保温时间要根据工件的大小和钎料与母材相互作用的剧烈程度而定。大件的保温时间应长些,以保证加热均匀;钎料与母材作用强烈些的,保温时间要短些。

5. 钎焊后处理

钎焊后处理包括清除对接头有腐蚀作用的残余钎剂、阻流剂或影响钎缝外形的堆积物,有些钎焊件需要热处理,有些钎缝连同整个工件还要进行焊后镀覆、氧化或钝化处理、喷漆等。

钎剂的清除:钎剂残渣中多数多钎焊接头有腐蚀作用,且妨碍对钎缝质量检查,焊后应清除干净。

阻流剂的清除:对于分离剂型的阻流剂,很容易用钢丝刷、压缩空气或冲水等机械方法清除。对表面反应型阻流剂,用热硝酸-氢氟酸酸清洗最容易清除,但不适用于铜合金和银合金。清除阻流剂后,需要用清水洗涤干净。

五、焊接作业时的安全注意事项

(一)焊接守则

(1)航行途中施焊,轮机长须报告船长,征得同意后方可进行并报上级机关备案。除施焊间外,必须经轮机长或大管轮同意方可在机炉舱内实施焊接作业。在机炉舱外的其他部位施焊必须征得船长同意。船靠码头或在装卸作业期间如需进行焊接,必须遵守港方有关规定或征得港方同意方可进行。

(2)在任何部位施焊均必须先清理现场,现场不得有任何易燃物品,并注意周围环境有无易燃的物品和气体,必要时应予挪移和通风。根据不同环境备妥适当的灭火器材。

(3)施焊时必须有二人作业,一人操作,一人监守。作业人员应穿长袖衣裤、戴手套、眼镜,必要时应戴防护面具。电焊时必须使用面罩,不得用墨镜代替。

(4)严禁对存有压力的容器以及未经清洁和通风的油柜、油管进行施焊。

(5)在狭窄舱、柜内或其他空气不够流通的部位施焊要特别注意通风,施焊持续时间不应太久。照明灯具应使用低压型并注意电线不能距离施焊处过近。

(6)焊件的焊处应清洁、干燥,防止焊后产生裂缝。焊接大件时,应先预热以消除内应力,必要时可用夹具。

(7)对有色金属或合金施焊时应注意通风,作业人员应在上风位置或戴防护面具,以防中毒。

(8)敲打焊渣时必须戴眼镜并注意角度,以防碎屑飞溅入眼。

(9)焊件未冷,作业人员不应离开现场,如属必要,应采取防范措施,防止误触烫伤。

(10)施焊完毕,应将工具整理好并复归原处,现场打扫清洁,仔细检查周围有无火种隐患,确认无隐患后方可离开。

(11)如由船厂工人施焊,应由主管部门同意,派专人备妥消防器材,并监督施焊以防止发生火灾;如认为施焊不安全,有权停止其作业。施焊完毕后应仔细检查,特别应注意施焊物的背面有无隐患,待施焊物完全冷却后方可离去。

(12)焊接作业须执行工作许可证制度。

(二)电焊注意事项

(1)严格遵守电焊机的使用操作规程,开机时应逐步启动开关,不可过快,注意防止焊夹和焊条碰地。

(2)经常注意检查焊机温度及运转是否正常。禁止在施焊时调整电流。

(3)禁止在运转中的机电设备、起重用的钢丝绳或乙炔、氧气管或钢瓶上通过电焊线。

(4)密切注意电焊设备的绝缘状况,夏季作业时焊工脚下最好垫入木板、橡皮等绝缘物。

(5)电焊完毕或较长时间停焊应切断焊机电源。

(三)气焊注意事项

(1)使用焊具前,应先吹净阀口,检查并确认各阀门无漏气。任何时候,气瓶阀口和焊枪喷嘴均不应对人。

(2)连接胶管时(尤其应注意焊枪一端)要注意颜色标志,接氧气的应是蓝色或黑色,接乙炔的应是黄色或红色,不能反接。

(3)胶管要牢固,接口要紧密,不宜用铁丝捆扎胶管接口,以防扎孔或断裂。烧焊时胶管不应拉得过紧,并尽量远离火焰和焊件。

(4)一般情况下,气瓶总阀的开度应不超过 1/2,以便应急关闭。

(5)气焊结束后,应先关掉焊枪上的控制阀,然后关闭气瓶总阀。

(6)点火、熄火、回火:

①点火

打开钢瓶上的阀门,转动减压器的调节螺丝,将氧气和乙炔调到工作压力(氧气为 0.3~0.5 MPa,乙炔为 0.01~0.05 MPa),然后打开焊枪上的乙炔阀门,稍开氧气阀,在喷嘴的侧面点火,点着后慢慢开大氧气阀,将火焰调到中性焰(或碳化焰、氧化焰):

a. 中性焰的焰芯较圆,呈蓝白色,轮廓清楚,外焰中长呈淡橘红色。这种火焰常被用来焊接低碳钢材料。

b. 碳化焰的焰芯较长且尖,呈绿白色,轮廓不清楚,外焰很长呈橘红色。常被用来焊接铸铁、高碳钢和硬质合金。

c. 氧化焰的焰芯短小且呈蓝白色,外焰看不清,同时发出急剧的"嘶嘶"声响。常被用来焊接黄铜材料。

②熄火

先将氧气阀关小,再将乙炔阀关闭,火即熄灭,然后关闭氧气阀(如使用割炬,应先关切割氧气阀,再关乙炔和预热氧气阀)。

③回火

施焊中有时会出现爆响,随之火熄灭,同时焊枪有"吱吱"响声,这种现象称为回火。如遇回火,应速将胶管曲折握紧,先关闭焊枪上的氧气阀,再关闭乙炔阀,回火即可免除。处理回火时,动作要迅速、准确,防止气瓶爆炸酿成重大事故。

第五章
船舶人员的安全管理

船员的职业素质和技术技能直接影响着海上人命财产安全和海洋环境的保护效果,国家交通运输部和海事局根据 STCW 78/95 公约的规定,先后颁布了一系列有关船员管理的法规,随着国际海事组织和国际劳工组织相继出台与船员管理相关的国际公约及其修正案,我国政府根据履约的要求,先后颁布了一系列有关船员的管理的法规;各大航运企业或航运公司也都有相应的具体规定。这些法令和法规的颁布与实施对于加强船员管理、提高船员职业素质和规范船员行为,特别是强化船员的安全意识与提高船员的管理水平,减少人为因素所造成的船舶安全和污染事故都具有重要的意义。

第一节 保持安全的轮机值班

一、轮机安全值班

熟悉航行与锚泊时保持轮机安全值班须遵守的规则,包括接班职责、值班职责、轮机日志的记录、交班职责等轮机部船员职责和行为准则。

(一)我国轮机部高级船员的职责

我国船员职务规则在各船公司虽不尽相同,但大体上是一致的,基本上可分为远洋和沿海两类,其区别仅在于某些机电设备的主管检修分工有所不同。

1. 轮机长

(1)轮机长是全船机电设备(不包括通信、导航设备)的技术总负责人。

(2)负责制订本船各项机电设备的操作规程、保养检修计划、值班制度,贯彻执行各项规章制度,保证船舶安全管理体系在船保持和运行,确保安全生产。

(3)负责组织轮机员(电子电气员/冷藏员)制订修船计划、编制修理单和预防检修计划,组织领导修船,进行修船工作的验收。

(4)负责燃润料、物料、备件的申领,造册保管和合理使用,节约能源,降低成本。

(5)负责保管轮机设备的证书、图纸资料、技术文件,及时报告船长申请检验。

(6)经常亲自检查机电设备的运行情况,调整不正常的运行参数,检查和签署轮机日志、电机日志等。

(7)培训和考核轮机人员。

(8)在发生紧急事故时指挥机舱人员进行抢修和抢救工作。

(9)监督和签署轮机员(电子电气员/冷藏员)的调任交接工作。

2. 大管轮

(1)大管轮是轮机长的主要助手,在轮机长的领导下进行工作,轮机长不在时代理轮机长的职务。大管轮负责领导轮机部人员进行机电设备管理、操作、保养和检修工作,教育所属人员严格遵守工作制度、操作规程和劳动纪律,保证轮机部的各项规章制度得以正确执行,保证按时完成轮机部的航次作业计划和昼夜计划工作。

船上有电子电气员、冷藏员时,电助、电工和冷藏机工的工作分别由电子电气员、冷藏员领导。不设冷藏员的船舶由大管轮执行冷藏员的职务。

(2)大管轮负责维持机舱秩序,对机舱、工作间、材料间、备件工具及机电设备的整洁进行监督和检查,防止锈蚀、损坏或遗失,负责轮机部各舱室的油漆工作。

(3)负责保持轮机部有关安全的设备,如应急舱底阀、风油应急开关、机舱水密门、安全阀、机舱灭火设备、起重设备、危险警告牌、重要的防护装置等处于使用可靠状态,定期进行必要的检查试验,并负责指导有关人员熟悉正确的管理和使用方法。做好防火防爆、防污染、防冻、防进水、防盗和防工伤等工作。

在船舶发生紧急事故时,按照应变部署表规定的职务,协助轮机长指挥轮机部人员做好应急抢救工作。

(4)负责管理主机、轴系及直接为主机服务的辅机,并负责管理舵机、冷藏机,贯彻执行操作规程,并对操作管理方法随时提出改进意见,经轮机长批准执行。

在抢修主机或主机吊缸检修、主机大修后试验、新到任轮机长首次试验主机时,大管轮均应在场。

大管轮对所负责的机械设备应按预防检查制度制订预防检修计划,进行检查、测量、修理和记载,并保管修理记录簿。

除分工负责的机械设备外,还应负责轮机长指定由他负责的部分辅机和设备,并完成轮机长指派的其他工作。

(5)负责编制本人管理的机械设备的计划修理单、航次修理单和自修计划;审核和汇编其他轮机员的修理单和自修计划,并维护机舱的安全。

(6)负责综合轮机部的预防检修和自修计划,在轮机长批准后执行。负责组织检查人员协助其他轮机员做好预防工作,指导轮机部人员的检修技术和使用工具的方法。

(7)负责贯彻执行轮机部备件和物料的定额制度,及时收集、综合并审查工具、备件、物料的申领单交轮机长核定,组织验收、保管和盘点并监督备件物料的合理使用。

负责轮机部通用物料及本人主管机械设备的备件、润滑油的申领、验收和报销。

(8)负责保管本人使用的技术文件、仪器、工具等。

(9)负责安排航行及停泊时的检修工作,组织领导检查、清洁、油漆工作。在航行时,轮值航行班,停泊时与二、三管轮轮流值班,并按轮机长的指示安排航行值班及停泊值班的人员。协助轮机长领导所属人员的政治思想学习和技术业务学习,提高所属人员的政治思想和技术水平。合理安排工作,注意劳逸结合,督促做好轮机部使用的舱室、浴室、厕所的卫生清洁工作。负责安排轮机部船员的公休计划,提交轮机长审核。

(10)监督轮机部一般船员的交接工作。

3. 二管轮

(1)在轮机长和大管轮的领导下进行工作,负责管理发电原动机及为它服务的机械设备、机舱内部辅机和轮机长指定由他负责的其他设备。

此外,还应贯彻执行操作规程及各项制度,不断研究改进所负责的机械设备的使用管理办法,报轮机长批准后执行。

(2)负责制订本人主管的机械设备的预防检修计划,进行检查、测量及修理,记载并保管修理记录簿。

(3)负责编制本人主管的机械设备的计划修理单和航次修理单,提交大管轮审核。修船期间,协助监工,验收并参加自修工作。

(4)负责本人主管的机械设备的备件和专用物料的申领、验收和报销,妥善保管,防止锈蚀、损坏或遗失。

(5)负责加装燃油(驳油),进行燃油的测量、统计和记录工作。到港前,将燃油存量正确数字报送轮机长。加装燃油时,负责检验质量,监督向指定油柜灌油,防止错装或满溢,核定装油数量。清洗油柜时,监督清洗质量,防止中毒窒息及爆炸,负责检查加油管路、燃油加热管及其灭火管系的可靠性。

(6)负责保管拨交本人使用的技术文件、仪器、工具和备件等。

(7)在航行时轮值航行班。停泊时,领导由大管轮指派的人员进行检修工作,并与大管轮、三管轮轮流值班。

4. 三管轮

(1)在轮机长和大管轮的领导下进行工作,负责管理甲板机械及泵浦间、救生艇发动机、应急消防泵、空调机、副锅炉及其附属设备的机舱内部分辅机等,以及轮机长指定的其他辅机和设备。还应贯彻操作规程和各项制度,不断研究改进所负责的机械设备的使用管理方法,报轮机长批准后执行。

(2)负责制订本人主管的机械设备的预防检修计划,进行检查测量及修理,记载并保管修理记录簿。

(3)负责编制本人主管的机械设备的计划修理单和航次修理单,提交大管轮审核。修船期间,协助监工,验收并参加自修工作。

(4)负责本人主管的机械设备的备件和专用物料的申领、验收和报销,监督妥善保管,防止锈蚀、损坏或遗失。

(5)负责保管拨交本人使用的技术文件、仪器、工具和备件等。

(6)在航行时轮值航行班,停泊时领导由大管轮指派的人员进行检修工作,并与大管轮、二管轮轮流值班。

5. 电子电气员

(1)在轮机长直接领导下,领导电工进行工作。负责船舶电气设备的管理、保养和检修工作。保持电气设备、仓库和电气修理间的整洁和秩序。贯彻各项工作制度和安全规则,节约材料、物料,安排电助、电工的工作。

(2)负责管理、保养发电机、电动机、应急安全设备线路、避雷装置、电操舵装置、照明设备、有线电话、电气仪表、电导航及无线电通信设备的强电部分及其他电气设备。应贯彻执行操作规程,研究改进管理办法,报轮机长批准执行。定期测量绝缘电阻,保证电气设备及线路经常处于良好工作状态。

严格遵守并监督执行安全规则,注意正确及时地悬挂危险警告牌,禁止非电气工作人员接触重要的带电设备。

(3)根据预防检修制度,制订电气设备的预防检修计划,提交轮机长批准后执行。记载并保管电气测量修理记录簿,定期提交轮机长审签。

(4)负责编制电气部分的计划修理和航次修理的修理单,提交轮机长审核;厂修期间,监督并验收厂修工程;参加并组织领导电助、电工、实习生或大管轮派给的人员进行自修工作。

(5)开航前,做好开航准备工作,特别注意舵机、锚机、绞盘、航行灯和航行有关的电气设备的可靠性。在靠离码头、进出港、通过狭窄航道或运河以及轮机长认为必要时,应在机舱执行工作。停泊时领导并参加所属人员进行检修。按轮机长的指示,参加并安排夜间及假日留船值勤人员值班。

(6)负责电气备件、材料、物料及专用工具的申领、验收、统计和报销,指定专人负责保管上述物品并负责管理记账簿。

(7)负责保管电工日志,按时提交轮机长审签;航次结束时编制航次报告,提交轮机长审签、上报。

(8)保管电气设备的技术文件、图纸。

6. 冷藏员

(1)在轮机长和大管轮领导下,领导冷藏工进行工作。

(2)按照轮机长的指示,参加并组织领导冷藏工或由大管轮派给的人员轮流值班和进行检修工作。

(3)负责检查并按时记录冷藏库内的温度、湿度,使其经常处于规定的变化幅度之内;经常检查并保持冷藏库管系和设备的完整可靠,冷藏设备发生故障时,应立即报告轮机长,并及时进行检修。

(4)贯彻执行冷藏设备的操作规程,防止漏泄,杜绝事故,延长使用寿命;保证冷冻物品的质量,不断研究改进管理办法,报经轮机长批准后执行。

对所属人员不断进行业务技术学习指导和安全教育,介绍冷冻剂特性及防止冻伤、烧伤和窒息中毒的办法;指导正确使用防毒面具及氧气呼吸器的方法,并定期演习。

(5)负责保持冷藏机室、修理间、材料库、冷藏机及管系和有关设备的清洁、整齐。

(6)制订预防检修计划,报轮机长批准执行。按计划对冷藏机械设备进行检查、测量、修理、记载并保管修理记录簿,定期提交轮机长审签。

(7)编制计划修理和航次修理的修理单,提交轮机长审批。厂修期间,负责监工、验收,参加并领导所属人员进行自修工作。

(8)负责冷冻设备所需工具、备件、物料的申领、验收、统计和报销,监督物料和备件的合理使用。

(9)负责管理冷藏日志,按时提交轮机长审签。航次结束时,编制航次报告,提交轮机长审核上报。

(10)保管冷藏设备的有关技术文件。

7. 船舶检修、养护分工明细表

根据船员职务规则规定编制的轮机部高级船员的分工明细表见表5-1。由于各公司管理制度、船舶设备、自动化程度以及人员配备不同,各船轮机长可适当调整。

表 5-1 轮机检修、养护分工明细

序号	检修负责人	项 目	备注
1	大管轮	主机及中间轴系统	
2		艉轴系统及螺旋桨	
3		侧向推进器系统	
4		为主机服务的泵、热交换器、滤器	
5		主机盘车机	
6		推进装置遥控、自控装置	
7		主机及系统的监测和应急装置	
8		舵机和操舵装置	
9		制冷装置(货物与伙食)	
10		滑油舱柜、滑油分油机及系统	
11		防海生物装置	
12		机舱灭火系统	
13		机舱水密门、逃生门	
14		机舱应急舱底水阀	
15		机舱风道挡板	
16		机舱堵漏设备	
17		机舱起重、车床、测量工具和物料	
18	二管轮	副机(发电原动机)	
19		为副机服务的泵、热交换器、滤器	
20		燃油舱、燃油驳运泵及系统	
21		燃油分油机及系统	
22		油柜速闭切断装置及远操机构	
23		空气压缩机、压缩空气瓶、空气管系	
24		造水机及系统	
25		应急发电原动机	
26		应急空气压缩机	
27		油渣柜	
28	三管轮	锅炉及附属设备和系统	
29		蒸汽、回汽、凝水系统	
30		甲板机械	
31		厨房机械	
32		机舱淡水、热水、卫生水设备与系统	
33		空调和暖气设备	
34		压载、舱底水设备与系统	
35		防污染设备	
36		消防泵、应急消防系统	
37		救生艇发动机	
38	电机员	发电机、电动机及各种电气设备	

(二)我国船舶轮机值班制度

我国船舶的值班制度虽因船公司和船舶种类的不同而有所差异,但其原则和传统规定却是一致的。

1. 航行值班

1)轮机员航行值班职责

(1)值班轮机员负责领导并督促本班值班人员严格遵守机炉舱规则及各项安全操作规程,保证机电设备正常运转,完成机舱内的各项工作。

(2)根据驾驶台命令迅速准确地操纵主机,认真填写轮机日志和车钟记录簿,不得任意涂改。

(3)按制造厂说明书的规定和要求,使机电设备保持在标定的工作参数范围内;经常保持油水分离器和各种滤器处于良好的使用状态;注意废气锅炉(或副锅炉)工作情况是否正常。

(4)维护机炉舱、轴系及各种设备的清洁,按时巡回检查,仔细观察,倾听机电设备、轴系的运转情况,如发现不正常现象应立即设法排除。如不能解决,应立即报告轮机长。

(5)如果主机故障必须立即停车检修,应先征得驾驶台同意并迅速报告轮机长。如情况危急,将造成严重机损或人身伤亡时,可先停车,同时报告驾驶台和轮机长,并将详细情况记入轮机日志。

(6)在恶劣天气中航行,为防止主机空车和超负荷而需要降低主机转速时,应取得轮机长同意并通知驾驶台。

(7)根据设备运转需要,随时进行驳油、净油、造水、充气等工作,保持日用油柜、水柜有足够数量的储备。除日用油柜驳注外,移驳燃油应事先与大副联系。

(8)根据甲板部书面通知,领导值班人员移注、排灌压舱水或移注油、水,供应或停供所需的水、电、气、汽。认真遵守防污染的有关规定并详细填写油类记录簿和排污记录簿。

(9)注意防火检查,随时清除油污,正确处理油污破布、棉纱头等易燃物。

(10)船舶发生紧急事故时,按应变部署表分工积极参加抢险工作。

(11)有实习人员跟班时,应严格要求、热情指导。

(12)三管轮值班时,轮机长应经常下机舱检查指导。大管轮班人员进晚餐时由三管轮班人员下机舱接替,时间不超过半小时。

(13)认真执行船长、轮机长指派的其他工作。

2)交接班规定

(1)交班轮机员于交班前半小时(白天4—8、8—12班于交班前45分钟)应指派专人叫班,并做好交班准备。

(2)接班人员接班前15分钟进入巡回检查路线,按交接内容认真检查。发现问题汇总由接班轮机员向交班轮机员提出,其中主要问题应记入轮机日志,双方如有争议应报告轮机长处理。

(3)交班人员应向接班人员分别介绍:

①运转中的机电设备的工作情况;

②曾经发生的问题及处理结果;

③需要继续完成的工作;

④驾驶台或轮机长的通知;

⑤提醒下一班注意的事项。

(4)交接班必须在现场进行,交班人员必须得到接班人员同意后才能下班,做到交清接明,并在轮机日志上签字。

3)轮机日志记载及保管

轮机日志是轮机部工作的主要法定记录文件,在航行中(包括移泊)由值班轮机员负责填写;停泊中由大管轮负责记载和保管。

(1)记载轮机日志必须使用不褪色的墨水,各栏内容要记载准确、完全、字体端正,词句清楚明确,不得任意删改涂抹。若有记错或漏写,应将错误处画一横线,但必须使被删处的字迹仍清晰可辨。改正字写在错字上方;补充字也应写在漏写处的上方,并在改正处或补充字后签名,签名应标以括号。

(2)各项数据应按下列精度要求记载:

①主机转速:应记录平均值,小数点后 1 位;

②涡轮增压器转速:百位;

③油门开度:小数点后 1 位,末位数只记 5 或 0,其余的就近舍入;

④排烟温度:个位,末位数只记 5 或 0;

⑤油水温度:小数点后 1 位,末位数只记 5 或 0,其余的就近舍入;

⑥扫气压力:小数点后 2 位,以 MPa 为单位;

⑦其余压力:小数点后 2 位,以 MPa 为单位;

⑧燃油耗存量:小数点后 1 位,以 t 为单位;

⑨润滑油耗存量:个位,以 kg 为单位;

⑩使用时间:主、副机精确到分钟;其他设备精确到半小时,就近舍入。

(3)值班轮机员记事栏内应记载在值班时间内的如下主要内容:

①主机、副机、锅炉等设备工作中特殊情况;

②驳油、驳水情况;

③船长、轮机长的命令,驾驶台的通知或命令,重要的车钟令(如备车、第一次用车、正常航行最后一次用车、完车等);

④本班发生的问题及其处理情况;

⑤其他有关情况。

(4)工作记录栏内由大管轮负责填写,主要内容包括:

①主要检修工作(包括承修人、厂名或姓名);

②值班人员的调班;

③机械设备的损坏及检修的概述;

④包括轻微事故和隐性事故在内的各类事故的概况;

⑤应变及应变演习的情况;

⑥轮机部人员的调动或职务变更(轮机员、电子电气员和冷藏员的调动或职务的变更应由轮机长负责记载并签署)。

(5)燃、润料的耗存量不得使用估计数字或定额数字,航行中由二管轮负责计算并记载从昨日中午至当日中午的燃、润料耗存量;停泊中除仍需每日一次计算记载燃料耗存量外,其余各项可在离港、移泊等适当时机统计并填写。

(6)主、副机的使用时间,分别由大、二管轮每天进行统计和记载;其他在轮机日志内列有所要求的设备的使用时间,在每单航次结束后由各主管轮机员统计和填写。

(7)航行中,轮机长须每日认真查阅轮机日志的记载情况,对于记载栏内一昼夜的燃料耗存量、航行时间、航速、主机平均转速和副机运转时间等情况的记载,进行核对并签署。

(8)航行中,二管轮负责将每日驾驶台的正午报告中的有关内容填入轮机日志,并根据推进器速率及航行速率求出推进器的滑失率记入轮机日志。

(9)公司机务监督员有责任对轮机日志进行审阅并签署。

(10)轮机日志应妥善在船保存。

(11)特殊情况下,由公司有关部门收回公司存放。

4)附则

(1)轮机长在下列情况下必须到机舱指挥:

①进出港、移泊、过运河时;

②机电设备发生故障危及安全运转时;

③狭水道、恶劣天气等特殊情况及船长命令时;

④机舱报警、应变部署时;

⑤值班轮机员工作有疑难,要求轮机长前往时。

(2)轮机长在下列情况应做到:

①出港航行命令下达后,应在机舱监督检查并做好下列工作:

调整主、副机燃油系统及轴承润滑和冷却所需油量、水量、压力、温度;调整废气锅炉汽压,转换蒸汽阀门(如有强制循环泵,进行启动使用);调整扫气压力和温度。

②对燃油锅炉的油温、油压、风压和燃烧情况加以检查或调整,以便靠港后正常使用。

2. 停泊值班

1)轮机员停泊值班职责

(1)督促检查轮机值班人员严格遵守有关安全生产的规定。

(2)保证机电设备正常运转。

(3)及时供应日常工作及生活所需要的水、电、气、汽。

(4)严格遵守防污染规定,防止污油污水排出舷外。

(5)根据大副或值班驾驶员的书面通知,移注、排灌压载水。

(6)装卸货期间如起货机发生故障,应组织力量抢修。

(7)机电设备发生故障或值班机工有疑难时,应立即到机舱处理。

(8)若临时进厂修理,应认真检查和落实各项安全措施,以防发生意外事故。

(9)加强机炉舱和舵机房等部位的安全检查,晚间10点钟以后,全面巡回检查机炉舱一次。

(10)主机转车、冲车、试车前,应通知并征得值班驾驶员同意后方可进行。

(11)发生火警和意外危险时,如轮机长不在船上,应在船舶领导的统一指挥下(或协助值班驾驶员指挥),组织轮机部全体人员进行抢救。

(12)根据船长和值班驾驶员的通知,按时做好移泊准备工作。

(13)当轮机长不在船上时,负责处理轮机部的日常工作和外单位来船人员的接待工作。重要事项应向轮机长汇报。

2)交接班规定

(1)值班轮机员每天早上八点交接班。

(2)交班轮机员应向接班轮机员介绍:

①值班人员情况；
②船舶动态、机舱状况、机电设备包括甲板机械运转情况；
③抢修工作、明火作业及落实安全措施的情况；
④上一班发生过的事情及提醒下一班注意的事项。
(3)交班人员必须得到接班人员同意后方可下班。

3. 无人值班机舱船舶的轮机值班制度

1)由驾驶台操纵时的轮机值班规定

(1)不论航行或停泊，每班由1名轮机员和1名机工从08:00到次日08:00，实行24小时值班责任制。

(2)为确保安全，每天08:00—16:00由值班机工按值班职责和各项规定在集控室监视并处理警报，巡回检查动力设备的运转情况。在值班时间内如需暂时离开值班处所，必须经值班轮机员同意并将召唤警报开关转至值班轮机员房间的位置。用餐时间应不超过半小时。

(3)值班轮机员在15:30时开始检查值班机工的工作和机电设备的运转情况，确认正常后值班机工方可离去。从16:00至次日08:00由值班轮机员按值班职责处理警报，并在22:00到机舱巡回检查一次。离开机舱前应将召唤警报开关转至自己房间的位置。

(4)值班轮机员可以在自己房间或集控室内和衣休息。但不得在超越召唤警报呼叫范围的场所活动。一旦发生报警，应立即到机舱检查处理。

(5)值班时间内应认真按规定填写轮机日志、辅机日志和各种记录本。规定每日08:00、16:00、22:00三次记录各种设备运转参数，每日08:00的记录数据还应与机旁仪表的读数核对。

(6)设有车钟记录器、警报记录器和巡回监测数据记录器等设备的船舶，应使用这些设备持续地监测运转中的动力装置。各种记录资料均应完整保存。

(7)应使巡回监测数据记录器至少每4小时进行1次巡回监测。特殊情况下，由轮机长确定自动巡回监测的周期。

(8)下列情况轮机长必须到机舱亲自指挥：
①在遥控监测装置进行模拟试验或功能试验时；
②每次启动主机之前直至主机达到正常工况时；
③机电设备发生故障危及安全运转时；
④值班轮机员有疑难要求轮机长前往时；
⑤应变部署时；
⑥特殊情况下船长命令时。

(9)在各种需要机动操纵且持续时间不超过4小时的情况下，轮机长的工作岗位在机舱或驾驶台，应由各公司根据各船舶设备和操纵特性分别予以确定，并明确布置各船，船长和轮机长必须坚决执行。如轮机长因有其他重要工作必须暂时离开岗位，应经船长同意并由大管轮暂代。

2)中止机舱无人值班

(1)下列情况下，应中止机舱无人值班，恢复有人值班制：
①机电设备或控制系统发生故障，不能满足无人值班的要求时；
②进出港、移泊、过运河等机动操纵持续时间超过4小时者；
③过狭水道、在恶劣天气中航行并在船长下命令时；

④在其他特殊情况下，轮机长认为必要并命令时。

(2)中止机舱无人值班后，不论航行或停泊，均应按本制度规定的航行和停泊的值班职责以及相应的联系制度执行，直至恢复无人值班时止。

(3)机舱实行有人值班后，轮机长应组织好轮机部人员值班并安排好日常工作，必须确保安全生产。

3)无人值班机舱的值班轮机员职责

(1)当班期间负责所有机电设备的安全运转。

(2)督促检查本班机工严格遵守机炉舱规则及各项安全操作规程，当值班机工有疑问并要求时，应及时前往机舱处理。

(3)按时检查机电设备、轴系运转情况，当机舱警报呼叫时，应迅速前往检查处理。

(4)经常对设备的工况和运转参数进行正确的判断，在故障发生前或发生后进行有效的处理，并将情况如实记入轮机日志。

(5)根据驾驶台的命令，负责主机的备车和完车工作，确保推进装置处于良好操纵状态。当电机人员不在机舱时，负责发电机的配电工作。

(6)在值班期间如遇进出港、移泊等机动操纵，或接到船长或轮机长命令时，应在集控室坚守值班，随时准备推进装置的操纵转换。当遥控操纵系统失灵时，应立即转换至机舱操纵或应急手动操纵并同时报告驾驶台和轮机长，保证推进装置的正常功能和航行安全。

(7)在恶劣天气中航行时，为防止主机空车和超负荷，需要降低主机转速或改变桨叶角时应先取得轮机长同意并通知驾驶台。

(8)机舱发生火警或设备故障等意外引起主机减速、停车以及电网停电等危及航行安全的情况时，应采取一切必要的有效措施，并立即报告值班驾驶员和轮机长。

(9)船舶发生火警或意外危险时，如果轮机长不在船上，应在船舶领导的统一指导下(或协助值班驾驶员指挥)，组织轮机部全体在船人员进行抢救。

(10)当轮机长不在船时，负责处理轮机部的日常工作和外单位来船人员的接待工作。重要事项应向轮机长汇报。

(11)凡与本职责不相矛盾而未曾规定的工作，应参照前述"轮机员航行值班职责"和"轮机员停泊值班职责"。

(12)在未配备机工的船上或本班无值班机工时，还须履行值班机工的职责。

4)无人值班机舱轮机人员的工作制度

(1)不论航行或停泊，除当班人员外，所有人员均实行八小时工作制。在07:30—11:30和13:00—17:00的工作时间内进行日常的维修保养工作。

(2)值班轮机员在其当值的次日休息半天，一般安排在下午。必要时轮机长可另行安排其休息。

(3)从16:00到次日08:00期间，在特殊情况下，如值班轮机员认为必要，可以命令本班机工参加抢修工作或进行值班，并报告大管轮，由大管轮酌情在第二天安排适当时间休息。

(4)因工作需要，非当值人员受大管轮指派在八小时工作时间以外参加检修或值班，应由大管轮酌情在第二天安排适当时间休息。

(5)如因特殊原因不能参加工作，轮机员请假必须经轮机长同意，普通船员请假必须经轮机长或大管轮同意。

(三)我国船员调动交接制度

1. 一般规定

船员公休、因故奉调离船或在原船变动职务并有人接任,均应按规定交接清楚。

(1)交班船员接到调动通知,应按规定做好交接准备,抓紧完成(阶段)工作,集中并整理好各种应交物品,以便随时进行交接。

(2)接班船员到船后,应立即向直接领导人报到并按指示抓紧接班,不得找借口拒绝或拖延接班(外派船舶交接通常仅一小时,交班后立即离船)。

(3)交班时间一般不应超过三天。交接时交方应耐心细致,接方要虚心勤问,不含糊接班。对于设备问题和遗留工作,交方一定要交代清楚,接方不应因本身的业务能力而过多地拖延时间,如有争议应报告领导处理。

(4)交班船员中凡涉及事故处理,各种海损、机损、货损报告以及保险索赔等手续的当事人和有关负责人等均应亲自办理完毕,不得移交给接班船员代办,但应向接班船员详细说明情况。

(5)交接完毕应共同向直接领导人汇报交接情况,经其认可或监交签署后,交接方告完毕。在此之前,工作由交班船员负责;之后由接班船员负责。干部船员还应办理"调动交接记录",双方签署后,由直接领导人加签监交。持有适任证书的干部船员,不论调离职或到任,应由船长、轮机长、电台负责人分别在有关日志上记载并签署。船长、轮机长、大副、电台负责人交接后还应分别在航海日志、轮机日志、电台日志上共同签署。交接完毕后,交班船员应在三天内离船,以免妨碍接班船员的工作或影响其生活秩序。

2. 交接

调动职务交接工作由实物交接、情况介绍和现场交接三部分组成。

1)实物交接

个人保管的工具、仪表、图书、文件、公用衣物、住室的门和柜的钥匙均应按配备清单逐项清点交接。如果实物短缺,一般物品应在交接记录中注明,重要物品或者虽为一般物品但数量甚多者,应报告领导处理。实物交接时应结合介绍情况。

2)情况介绍

(1)本船、本部门和本专业的概貌、特点、总的技术状况和存在的主要问题。

(2)涉及本专业和本职的各项规章制度,包括引导熟悉 SMS 和介绍重点文件。

(3)本职在本船的具体分工职责及有关规定;需协调的工作项目及其主从关系和工作习惯等;有关工作计划及其执行情况。

(4)正在进行的和待办的工作及领导指示;下航次计划和开航准备的进行情况。

(5)本职在应变部署中的岗位和职责,实地交代救生衣、应变任务卡及应携带或操作的设备、器材的位置、用途、性能和使用方法、注意事项等。

(6)详细介绍下属船员的技术业务能力、思想表现、工作态度和其他特点等。

3)现场交接

双方共同到设备现场和工作现场,包括共管或协作的项目,由交方详细介绍。

(1)所管设备及其附属设备、装置、属具、专用仪表(器)和工具的名称、性能、运转现状、易出故障或事故的部分及其解决办法或应急措施以及注意事项等。

(2)有关管系、(电)线路的各种阀门和开关,操纵控制装置和监测指示仪表的位置、工况数据、使用方法，操作时容易发生的错误及其注意事项。

(3)重要仪表的准确程度，安全报警装置或指示信号的可靠性，各种安全应急设备(或装置)的位置及其操作使用方法。

(4)油、水柜的分布，各柜容量和残留量(即死油死水)，测量管或测量装置的位置，测量数据的换算方法以及误差等情况。

(5)结合实物交接弄清各种属具、备件、工具、器具、材物料的存放位置、储备情况和急待补充的品种和数量;专用物料(如化学品剂等)的性能、保管、使用方法及安全注意事项。

(6)除严格规定不得任意拆动，或者有碍安全生产者外，当接方认为必要时，可进行操作示范或者拆开某些机具部件，使接方更清楚地了解情况。对于某些无法直观或拆检工作量很大的部件，交方应尽其所知详细介绍。

(7)其他需要说明或强调的问题。

4)各种现存问题、遗留问题，正在进行尚未结束的工作，重要待办事项等均应详细交接并记入交接记录内。

(四)轮机日志的记载

船舶必须持有统一格式的轮机日志。轮机日志是反映船舶机电设备运行和轮机管理工作的原始记录，是船舶法定文件之一，必须妥善保管。船长命令弃船时，轮机日志应由轮机长(或轮机员)携带离船。轮机日志的记载必须真实，不得弄虚作假、隐瞒重要事实、故意涂改内容。港航监督机构是执行实施监督管理的主管机关。

1. 记载规定

轮机日志应依时间顺序逐页连续记载，不得间断，不得遗漏，不得撕毁或增补。轮机日志应使用不褪色的蓝色或黑色墨水填写。填写时数字和文字要准确，字体端正清楚。

如果记错，应当将错写字句标以括号并画一横线(被删字句仍应清晰可见)，然后在括号后面或上方重写，并签字。计量单位一律采用国家法定计量单位。

轮机长全面负责监督审查轮机日志的记载及其保管。

轮机长必须每日定时认真查阅轮机日志的记载情况，对各栏目内的内容进行审核，确认无误后签字。轮机长离任时，应由离任轮机长和新任轮机长在轮机日志上签字。

轮机日志内页所列船舶主要资料和轮机部人员姓名表经轮机长审定后由大管轮负责填写。

记录数据的精度应按该仪表的精度等级记载。

轮机日志至少应每两小时记载一次。

航行中，由值班轮机员负责填写并签字;停泊中，由值班人员负责填写并签字。

2. 记载内容

轮机日志记录表格按右、左两台主机编制。如系一台主机，其参数一律在右主机栏内记载。

值班记事栏应记载在值班时间内的下列内容:

(1)船长、轮机长的命令，值班驾驶员的通知;

(2)主机启动、停止的时间，正常运行时的转速;

(3)船舶靠离码头、进出港区、航行于危险航区及进行编解队作业的时间、地点和必须记载的车钟令;

(4)柴油发电机组、辅助锅炉及其他重要机电设备的启用、停止时间;
(5)驳油、驳水情况,燃油舱(柜)转换情况及轻、重燃油转换的时间;
(6)机电设备发生故障及恢复正常的时间;
(7)其他需要记载的事项。

燃、润料耗、存量由三管轮(不设三管轮的船舶由二管轮或由轮机长指定的专人)负责计算并记载。计算燃、润料耗、存量不得使用估算数字或定额数字,必须按实际耗、存量严格填写。

主机、柴油发电机组的运行时间,分别由大管轮、二管轮每日进行统计并记载。其他在轮机日志中有记载要求的设备的使用时间,在每航次终结后或适当时间,分别由主管人统计并记载。

大事记栏由轮机长或大管轮负责填写,应当记载下列内容:
(1)船舶的重要活动(如船舶检验、签证、进厂修理、试航、各种应变演习等);
(2)每日的检修工作;
(3)燃、润料加装、调驳的时间、地点、品种及数量;
(4)船舶防污染设备的使用情况,污油水的排放时间、地点;
(5)机电设备发生故障的原因及其处理经过;
(6)船舶应急设备的检查、试验情况;
(7)船舶固定消防系统的检查、试验情况;
(8)船舶重要设备的检修及进行明火作业的部位、审批情况;
(9)船舶重要设备的更换情况及主要技术数据;
(10)船舶交通事故、机损事故发生的时间、地点、主要经过及其处理情况;
(11)轮机部人员的重大人事变动;
(12)其他需要记载的重要事项。

船舶停航或进厂修理期间,仍应继续填写轮机日志。船舶可根据实际情况由轮机长或大管轮负责将每日的工作情况、主要设备的修理情况以及需要记载的其他事项记入轮机日志。

对于仍在使用的机电设备,则必须按规定填写轮机日志。

长期停航或封存的船舶,可根据实际情况,由值班人员负责轮机日志的记载和保管。对于仍在使用的机电设备,则必须按规定填写轮机日志。

自动化无人机舱船舶,其轮机日志的记载,可参照本节内容执行。

第二节 船舶人员管理法律、法规规定的值班标准

一、《中华人民共和国海船船员值班规则》关于轮机值班的相关规定

《中华人民共和国海船船员值班规则》已于2012年12月17日由交通运输部发布,自2013年2月1日起施行。2020年7月6日,交通运输部根据《关于修改<中华人民共和国海船船员值班规则>的决定》对其进行修正,取消了"船员服务簿签发"许可事项,删除了法律责任条款中涉及暂扣、吊销"船员服务簿"的内容。

第一章 总则

第一条 为了规范海船船员值班,保障海上人命与财产安全,保护海洋环境,加强船舶保安管理,根据《中华人民共和国海上交通安全法》《中华人民共和国海洋环境保护法》和《中华人民共和国船员条例》,以及我国缔结或加入的有关国际公约要求,制定本规则。

第二条 100总吨及以上中国籍海船的船员值班适用本规则,下列船舶除外:

(一)军用船舶;

(二)渔业船舶;

(三)游艇;

(四)构造简单的木质船。

第三条 交通运输部海事局是实施本规则的主管机关。

各级海事管理机构按照职责具体负责海船船员值班的监督管理工作。

第四条 航运公司应当根据本规则以及有关国际公约的要求编制《驾驶台规则》《机舱值班规则》等船舶值班规则,张贴在船舶各部门的易见之处,要求全体船员遵守执行,以保证船舶航行安全。

第五条 航运公司应当确保指派到船上任职的值班船员熟悉船上相关设备、船舶特性、本人职责和值班要求,能有效履行安全、防污染和保安等职责。

第六条 船长及全体船员在值班时,应当遵守法律、行政法规、相关国际公约以及当地有关防治船舶造成海洋污染的要求,采取一切可能采取的预防措施,防止因操作不当或者发生事故等原因造成船舶对海洋环境的污染。

第四章 轮机部航行值班

第一节 值班安排

第四十七条 轮机值班的组成应当适合当时的环境和条件,以确保影响船舶安全操作的所有机械设备在自动操作方式、手动操作方式模式下均能安全运行。

第四十八条 确定轮机值班组成时,应当考虑下列因素:

(一)保持船舶的正常运行;

(二)船舶类型、机械设备类型和状况;

(三)对船舶安全运行关系重大的机械设备进行重点监控的值班需求;

(四)由于天气、冰区、污染水域、浅水水域、各种紧急情况、船损控制或者污染处置等情况的变化而采用的特殊操作方式;

(五)值班人员的资格和经验;

(六)人命、船舶、货物和港口的安全及环境保护的要求;

(七)有关国际公约、国家法规和当地规定。

第二节 值班交接

第四十九条 交、接班轮机员应当清楚下列交接事项:

(一)轮机长关于船舶系统和机械设备运行的常规命令和特别指示;

(二)对机械设备及系统进行的所有操作及目的、参与人员以及潜在的危险;

(三)污水舱、压载舱、污油舱、备用舱、淡水柜、粪便柜、滑油柜等使用状况和液位以及对其中贮存物的使用或者处理的特殊要求;

(四)备用燃油舱、沉淀柜、日用油柜和其他燃油贮存设备中的燃油液位和使用状况;

(五)有关卫生系统处理的特殊要求;

(六)主机、辅机系统(包括配电系统)的操作方式和运行状况;

(七)监控设备和手动操作设备的状况;

(八)自动锅炉控制装置和其他与蒸汽锅炉操作有关设备的状况和操作模式;

(九)恶劣天气、冰冻、被污染的水域或者浅水引起的潜在威胁;

(十)在设备故障或危及船舶安全的情况下而采取的特殊操作方式和应急措施;

(十一)机舱普通船员的任务分派;

(十二)消防设备的可用性;

(十三)轮机日志的填写情况。

第五十条 接班轮机员对接班事项不满意或者观察到的情况与轮机日志记录不相符时,不得接班。

第三节 值班职责

第五十一条 值班轮机员是轮机长的代表,主要负责对与船舶安全有关的机械设备进行安全有效的操作和保养,并根据要求,负责轮机值班责任范围内的一切机械设备的检查、操作和测试,保证安全值班。

第五十二条 值班轮机员应当维持既定的正常值班安排。机舱值班的普通船员应当协助值班轮机员使主机、辅机系统安全和有效运行。

第五十三条 轮机长在机舱时,值班轮机员仍应当继续对机舱工作全权负责,除非被明确告知轮机长已承担责任。

第五十四条 轮机值班的所有成员都应当熟悉被指派的值班职责,并掌握本船下列情况:

(一)内部通信系统的适当使用;

(二)机舱逃生途径;

(三)机舱报警系统和辨别各种警报的能力;

(四)机舱的消防设备和破损控制装置的数量、位置和种类,以及它们的使用方法和应当遵守的各种安全预防措施。

第五十五条 轮机值班开始时,应当对所有机械设备的工作情况、工况参数加以验证、分析,以保持在正常范围值。

第五十六条 在值班期间值班轮机员应当定期巡回检查机舱和舵机房,及时发现机械设备的故障和损坏情况,并采取相应措施。

第五十七条 值班轮机员应当对运转失常、可能发生故障或者需要特殊处理的机械设备,以及已经采取的措施做详细记录。需要时,应当对拟采取的措施做出安排。

第五十八条 在机舱值守的值班轮机员应当能够随时操纵推进装置,以应对换向和变速的需要。

机舱无人值守的,值班轮机员在获知报警、呼叫时,应当立即到达机舱。

第五十九条 值班轮机员应当执行驾驶台的命令。

对主推进动力装置进行换向和变速操作的,应当做好记录。当人工操作时,值班轮机员应当确保主推进动力装置的操纵装置有人不间断地值守,并随时处于准备和操作状态。

第六十条 值班轮机员应当掌握正在维护保养的机械设备(包括机械、电气、电子、液压和空气系统)及其控制装置和与此相关的安全设备、所有舱室服务系统设备的维护保养情况,并注意其物料和备品的使用记录。

第六十一条 轮机长应当将值班时拟进行的预防性保养、破损控制或者修理工作等情况通知值班轮机员。

值班轮机员应当负责值班责任内的拟处理的所有机械设备的隔离、旁通和调整，并将已进行的全部工作做好记录。

第六十二条 机舱处于备车状态时，值班轮机员应当保证一切在操纵时可能用到的机械设备处于随时可用状态，并使电力有充足的储备，以满足舵机和其他设备的需要。

第六十三条 值班轮机员应当指导本班值班人员，告知其可能对机械设备造成不利影响或者危及人命、船舶安全的潜在危险情况。

第六十四条 值班轮机员应当对机舱保持不间断监控。在值班人员丧失值班能力时，应当安排替代人员。

第六十五条 值班轮机员应当采取必要的措施，以减轻因设备损坏、失火、进水、破裂、碰撞、搁浅和其他原因所造成损害。

第六十六条 进行预防性保养、破损控制或者维修工作时，值班轮机员应当与负责维修工作的轮机员配合，做好下列工作：

（一）对要进行处理的机械设备加以隔离，并保留值班所需的通道；

（二）在维修期间，将其他的设备调节至充分和安全地发挥功能的状态；

（三）在轮机日志或者其他适当的文件上详细记录维修保养过的设备、参加人员以及采取的安全措施；

（四）必要时将已修理过的机器和设备进行测试、调整，投入使用。

第六十七条 值班轮机员应当确保，在自动设备失灵时履行维修职责的轮机部普通船员能够立即协助其对机器进行手动操作。

第六十八条 值班轮机员应当了解失去舵效或者因机械故障导致失速会危及船舶和海上人命的安全，当发生机舱失火或者机舱中即将采取的行动会导致船速下降、瞬间失去舵效、船舶推进系统停止运转或者电站发生故障或者类似威胁安全的情况，应当立即通知驾驶台。如可能，应当在采取行动之前通知，以便驾驶台有最充分的时间采取一切可能的措施来避免发生海上事故。

第六十九条 出现下列情况，值班轮机员应当立即通知轮机长，并根据情况采取措施：

（一）机器发生故障或者损坏，可能危及船舶的安全运行；

（二）发生可能引起推进机械、辅机、监视系统、调节系统的损坏失常的现象；

（三）遇到其他紧急情况或感到疑虑时。

第七十条 值班轮机员应当给予其他机舱值班人员适当的指示和信息，以保持安全值班。常规的机械设备保养应当纳入值班工作。

全船的机械、电子与电气、液压、气动等设备的维修工作，应当在轮机长和值班轮机员知情下进行，并做好记录。

第四节 特殊环境下的轮机值班

第七十一条 值班轮机员应当保证提供鸣放声号用的空气或蒸汽压力，并随时执行驾驶台变速、换向的命令，还应当备妥用于操纵的一切辅助机械。

第七十二条 值班轮机员接到船舶进入通航密集水域航行的通知时，应当确保涉及船舶操纵的机械设备能够随时置于手动操作模式、舵和其他设备的操作有足够备用动力、应急舵和其他辅助设备处于随时可用状态。

第七十三条 船舶在开敞的港外锚地或者开敞的海域锚泊时，值班轮机员应当做到下列内容：

（一）保持有效的轮机值班；

（二）定时检查所有正在运行和处于准备状态的机械设备是否正常；

（三）执行驾驶台发布的使主机和辅机保持准备状态的命令；

（四）遵守适用的防治污染规则，防治船舶污染海洋环境；

（五）保持破损控制和消防系统处于准备状态。

在开敞锚地，轮机长应当与船长商定是否仍保持与在航时同样的轮机值班。

第七章　驾驶、轮机联系制度

第一节　开航前

第一百零三条　船长应当提前 24 小时将预计开航时间通知轮机长，如停港不足 24 小时，应当在抵港后立即将预计离港时间通知轮机长；轮机长应当向船长报告主要机电设备情况，燃油、润滑油和炉水存量；如开航时间变更，应当及时更正。

第一百零四条　开航前 1 小时，值班驾驶员应当会同值班轮机员核对船钟、车钟、试舵等，并分别将情况记入航海日志、轮机日志及车钟记录簿内。

第一百零五条　主机试车前，值班轮机员应当征得值班驾驶员同意。待主机备妥后，机舱应当通知驾驶台。

第二节　航行中

第一百零六条　每班交班前，值班轮机员应当将主机平均转数和海水温度等参数告知值班驾驶员，值班驾驶员应当回告本班平均航速和风向风力，双方分别记入航海日志和轮机日志；每天中午，驾驶台和机舱校对时钟并互换正午报告。

第一百零七条　船舶进出港口、通过狭水道、浅滩、危险水域或抛锚等情况下需备车航行时，驾驶台应当提前通知机舱准备。如遇雾或暴雨等突发情况，值班轮机员接到通知后应当尽快备妥主机。

判断将有恶劣天气来临时，船长应当及时通知轮机长做好各种准备。

第一百零八条　因等引航员、候潮、等泊等原因须短时间抛锚时，值班驾驶员应当将情况及时通知值班轮机员。

第一百零九条　因机械故障不能执行航行命令时，轮机长应当组织抢修，通知驾驶台报告船长，并将故障发生和排除时间及情况记入航海日志和轮机日志。

停车应当先征得船长同意。但情况危急，不立即停车会威胁人身安全或者主机安全时，轮机长可以立即停车并及时通知驾驶台。

第一百一十条　因调换发电机、并车等需要暂时停电时，值班轮机员应当事先通知驾驶台。

第一百一十一条　在应变情况下，值班轮机员应当立即执行驾驶台发出的信号，及时提供所要求的水、气、汽、电等。

第一百一十二条　值班驾驶员和值班轮机员应当执行船长和轮机长共同商定的主机各种车速，另有指示的除外。

第一百一十三条　船舶在到港前，应当对主机进行停、倒车试验，当无人值守的机舱因情况需要改为有人值守时，驾驶台应当及时通知轮机员。

第一百一十四条　抵港前，轮机长应当将本船存油情况告知船长。

第三节　停泊中

第一百一十五条　抵港后,船长应当告知轮机长本船的预计动态,以便安排工作,动态如有变化应当及时更正;机舱若需检修影响动车的设备,轮机长应当事先将工作内容和所需时间报告船长,取得同意后方可进行。

第一百一十六条　值班驾驶员应当将装卸货情况随时通知值班轮机员,以保证安全供电。在装卸重大件、特种危险品或者使用重吊之前,大副应当通知轮机长派人检查起货机,必要时应当派人值守。

第一百一十七条　因装卸作业造成船舶过度倾斜,影响机舱正常工作的,轮机长应当通知大副或者值班驾驶员采取有效措施予以纠正。

第一百一十八条　驾驶和轮机部门应当对船舶压载的调整,以及可能涉及海洋污染的各种操作,建立起有效的联系制度,包括书面通知和相应的记录。

第一百一十九条　添装燃油前,轮机长应当将本船的存油情况和计划添装的油舱以及各舱添装数量告知大副,以便计算稳性、水尺和调整吃水差。

第八章　值班保障

第一百二十条　航运公司及船长应当采取有效措施防止船员疲劳操作。

除紧急或者超常工作情况外,负责值班的船员以及被指定承担安全、防污染和保安职责的船员休息时间应当满足以下要求:

(一)任何 24 小时内不少于 10 小时;

(二)任何 7 天内不少于 77 小时;

(三)任何 24 小时内的休息时间可以分为不超过 2 个时间段,其中一个时间段至少要有 6 小时,连续休息时间段之间的间隔不应当超过 14 小时。

船长按照第(二)、(三)项中规定安排休息时间时可以有例外,但是任何 7 天内的休息时间不得少于 70 小时。

对第(二)项规定的每周休息时间的例外,不应当超过连续两周。在船上连续两次例外时间的间隔不应当少于该例外持续时间的两倍。

对第(三)项规定的例外,可以分成为不超过 3 个时间段,其中一个时间段至少要有 6 个小时,另外两个时间段不应当少于 1 个小时。连续休息时间间隔不得超过 14 个小时。例外在任何 7 天时间内不得超过两个 24 小时时间段。

第一百二十一条　紧急集合演习、消防和救生演习,以及国内法律、法规、国际公约规定的其他演习,应当以对休息时间的干扰最小且不导致船员疲劳的形式进行。

船员处于待命情况下,因被派去工作而中断了正常休息时间的,应当给予补休。

第一百二十二条　因船舶、船上人员或者货物出现紧急安全需要,或者为了帮助海上遇险的其他船舶或者人员,船长可以暂停执行休息时间制度,直至情况恢复正常。

情况恢复正常后,船长应当根据实际情况尽快安排船员获得充足的补休时间。

第一百二十三条　船舶应当将船上工作安排表张贴在易见之处。

船舶应当对船员每天休息时间进行记录,并制作由船长或者船长授权的人员和船员本人签注的休息时间记录表发放给船员本人。

船上工作安排表和休息时间记录表应当参照《国际劳工组织(ILO)和国际海事组织(IMO)编制船员船上工作安排表和船员工作时间或休息时间记录格式指南》,并使用船上工作语言和英语制定。

第一百二十四条　船长在安排船员值班时,应当充分考虑女性船员的生理特点和国家的有关规定。

第一百二十五条 船员不得酗酒。值班人员在值班前四小时内禁止饮酒,且值班期间血液酒精浓度(BAC)不高于 0.05% 或呼吸中酒精浓度不高于 0.25 mg/L。

第一百二十六条 船员不得服用可能导致不能安全值班的药物。

第一百二十七条 航运公司应当制定相应的措施防止船员酗酒和滥用药物。船员履行值班职责或者有关安全、防污染和保安值班职责的能力受到药物或酒精的影响时,不得安排其值班。

第九章 法律责任

第一百二十八条 船员有下列情形之一的,由海事管理机构处 1 000 元以上 1 万元以下罚款;情节严重的,并给予暂扣船员适任证书 6 个月以上 2 年以下直至吊销船员适任证书的处罚:

(一)未按照要求保持正规瞭望;
(二)未按照要求履行值班职责;
(三)未按照要求值班交接;
(四)不采用安全航速航行;
(五)不按照规定守听航行通信;
(六)不按照规定测试、检修船舶设备;
(七)发现或者发生险情、事故、保安事件或者影响航行安全的情况未及时报告;
(八)未按照要求填写或者记载有关船舶法定文书;
(九)在船上值班期间,体内酒精含量超过规定标准;
(十)在船上履行船员职务,服食影响安全值班的违禁药物;
(十一)不遵守本规则规定的其他情形。

第一百二十九条 船长有下列情形之一的,由海事管理机构处 2 000 元以上 2 万元以下罚款;情节严重的,并给予暂扣船员适任证书 6 个月以上 2 年以下直至吊销船员适任证书的处罚:

(一)未确保按照规定为船舶配备足额的适任船员;
(二)未按照要求安排值班;
(三)未保证船舶和船员携带符合法定要求的证书、文书以及有关航行资料;
(四)未保证船舶和船员在开航时处于适航、适任状态;
(五)未保证船舶安全值班;
(六)未按照规定在驾驶台值班;
(七)不遵守本规则规定的其他情形。

第十章 附 则

第一百三十条 本规则下列用语和缩写的含义:

(一)"海船",系指航行于海上以及江海直达的一切类型的机动和非机动船只。
(二)"游艇",系指《游艇安全管理规定》定义的船舶。
(三)"航运公司",系指承担安全与防污染管理责任和义务的航运企业,包括船舶所有人、经营人、管理人和光船承租人。
(四)"驾驶员",系指大副、二副、三副的统称。
(五)"轮机员",系指大管轮、二管轮、三管轮的统称。

（六）"无线电操作员"，系指 GMDSS 一级无线电电子员、GMDSS 二级无线电电子员、GMDSS 通用操作员、GMDSS 限用操作员的统称。

（七）"轮机值班"，系指一个人或组成值班的一组人履行其职责，包括一个高级船员亲临机舱或不亲临机舱履行其高级船员的职责。

（八）"《无线电规则》"，系指经过修正的国际电信联盟的《无线电规则》。

（九）"工作时间"，系指要求船员为船舶工作的时间。

（十）"休息时间"，系指工作时间以外的时间，但不包括短暂的休息。

第一百三十一条　本规则的值班规定系海船船员的最低值班要求。航运公司或船舶可以根据不同的航线、船舶种类或等级制定相应值班程序和要求，但是不得低于本规则的值班规定。

第一百三十二条　未满 100 总吨的海船参照本规则制定相应的船员值班程序和要求，在合理和可行的范围内符合本规则的要求，并充分考虑保护海洋环境和保证此类船舶以及同一海域中其他船舶的安全。

第一百三十三条　进入中华人民共和国内水、领海和管辖水域的外国籍船舶的船员值班，应当符合中华人民共和国政府缔结或者参加的有关国际公约的相应规定。

第一百三十四条　本规则自 2013 年 2 月 1 日起施行，1997 年 10 月 20 日交通部颁布的《中华人民共和国海船船员值班规则》（中华人民共和国交通部令 1997 年第 11 号）同时废止。

二、值班人员工作意识方面要求

情景意识对安全有很大的影响：工作人员的理解力、判断力和适应性越强，情景意识就越高，事故风险就越小，安全系数就越高；工作人员不良身体和心理状况、经验与操作技能差、领导与管理技能低，导致低情景意识的产生，安全性就低，发生事故的可能性就很大；同时，工作人员对工况的熟悉程度越高，对局面和条件的感知越清晰准确，团队协作能力越强，情景意识自然越高，是预防和控制轮机事故发生的有效方面。保持良好的情景意识是预防和控制事故发生的有效措施。

根据情景意识原理及案例分析并结合轮机资源管理理念，良好情景意识的保持表现在以下六个方面：(1)身心状况；(2)经验与训练；(3)理解力与操作技能；(4)适应性与熟悉程度；(5)注意力与判断力；(6)领导与管理技能。

第三节　船舶人员管理公约、法规

一、海事劳工公约 MLC 2006

（一）公约的构成

《2006 年海事劳工公约》在结构上分为三个层次，即正文条款（Articles）、规则（Regulations）和守则（Code）。条款和守则规定了核心权利和原则，以及批准公约成员国的义务。条款和规则只能由大会在《国际劳工组织章程》框架下修改。守则包含了规则的实施细则。它由 A 部分（强制性标准）和 B 部分（非强制性导则）组成。守则可以通过本公约所规定的简化程序来修订。由于守则涉及具体实施，对守则的修正必须仍放在条款和规则的总体范畴内。

规则和守则是公约的标准,在内容上分为五个标题(Titles)。标题一为"海员上船工作的最低要求",包括了"最低年龄、体检证书、培训和资格、招募与安置"等方面的内容;标题二为"就业条件",包括海员就业协议、工资、工作或休息时间、休假的权利、遣返、船舶灭失或沉没时对海员的赔偿、配员水平、职业和技能发展和海员就业机会等;标题三为"船上居住、娱乐设施、食品和膳食",包括居住舱室和娱乐设施、食品和膳食等;标题四为"健康保护、医疗、福利及社会保障",包括船上和岸上医疗、船东的责任、保护健康和安全保护及防止事故,获得使用岸上福利设施和社会保障等;标题五为"符合与执行",包括了检查与发证、港口国监督、船上及岸上投诉程序及船员提供国应尽的义务等。

（二）公约的性质

国际劳工组织(ILO)自2001年以来,经过近五年的努力,整合并修订了自20世纪20年代以来的现有ILO 60多个公约及建议书,形成了一本综合海事劳工公约,并于2006年2月23日在日内瓦举行了第94届大会暨第十届海事大会上以314票赞成、0票反对、4票弃权的绝对多数通过了该综合"国际海事劳工公约"。该公约将在达到至少30个国家批准且这些国家的商船总吨位占世界商船总吨位的33%之日起十二个月后生效。

该公约适用于任何吨位的通常从事商业活动的所有海船,但专门在内河或在遮蔽的水域或与其紧邻水域或在港口规定适用水域航行的船舶、军船或军辅船、从事捕鱼或类似捕捞的船舶、用传统方法制造的船舶(例如独桅三角帆船和舢板)除外;200总吨以下国内航行船舶可免除守则中的有关要求。

按公约规定,公约生效后,舱室标准对现有船舶将不进行追溯。

公约要求500总吨及以上国际航行船舶应持有"海事劳工证书"和"符合声明",并规定公约生效后,缔约国可对非缔约国的到港船舶进行港口国监督(PSC)检查。

国际海事界普遍认为,海事劳工公约的通过在世界劳工史和海运史上具有划时代的意义,必将对海事界产生深远的影响,并将构成今后全球质量航运(Quality Shipping)的重要内容。这项被称为全球120万海员的"权利法案",将与国际海事组织(IMO)的《国际海上人命安全公约》《国际防止船舶造成污染公约》《海员培训、发证和值班标准国际公约》一起,构成世界海事法规体系的四大支柱。公约一旦生效也将会对我国船公司的船员管理运作、船员的福利待遇、船员职业安全与健康、船员招募与安置、船舶设计与建造等诸方面带来一系列较大影响。虽然按公约规定的程序,公约生效尚需一定的时间,但造船界和航运界等有关单位应予高度重视,尽早研究公约的有关要求,以人为本,不断改善船员在船上工作和生活的条件,为公约生效后的实施提前做好准备。

《2006年海事劳工公约》的根本目标是:

(1)在正文和规则中规定一套确定的权利和原则;

(2)通过守则允许成员国在履行这些权利和原则的方式上有相当程度的灵活性;和

(3)通过标题五确保这些权利和原则得以妥善遵守和执行。

（三）公约的规则和守则的主要内容

公约的规则和守则按以下标题被划归为五个领域。

(1)标题一:海员上船工作的最低要求;

(2)标题二:就业条件;

(3)标题三:起居舱室、娱乐设施、食品和膳食服务;

(4)标题四:健康保护、医疗、福利和社会保障;

(5)标题五:遵守与执行。

1. 海员上船工作的最低要求

海员上船工作的最低要求包括最低年龄、体检证书、培训和资格、招募与安置以及海员身份证件等方面的内容。

(1)最低年龄:明确未成年人不得上船工作,最低年龄为 16 岁。

(2)体检证书:海员须有体检证书证明其健康情况适合其履行职责,体检标准有国际指南。

(3)培训和资格:确保海员经过培训或具备履行其船上职责的资格,STCW 规则规定了海员适任标准。

(4)招募和安置:确保海员有机会利用有效和良好规范的海员招募和安全系统。各成员国应向经批准的海员招募和安置服务机构颁发许可证。

(5)海员身份证件:确保海员能获得身份证件。

2. 就业条件

就业条件包括海员就业协议、工资、工作或休息时间、休假的权利、遣返、船舶灭失或沉没时对海员的赔偿、配员水平、海员职业和技能发展及就业机会等方面的内容。

(1)海员就业协议:确保海员得到公平的就业协议。海员和船东提前终止"海员就业协议"应发出预先通知的最短期限。最短期限的长度应在与有关船东和海员组织协商后确定,但不得短于 7 天。

(2)工资:确保所有海员均应根据其就业协议定期获得全额工作报酬。在 B 部分包括最低工资。

①各成员国应要求按不超过一个月的间隔并根据任何适用的集体协议向在悬挂其旗帜的船舶上工作的海员支付其应得的报酬。

②应给海员一个应得报酬和实付数额的月薪账目,包括工资、额外报酬,以及在其报酬采用的货币或兑换率不同于曾经达成一致的货币或兑换率时所用的兑换率。

③"基本报酬或工资"一词系指正常工作时间的报酬,无论这一报酬如何构成;它不包括加班报酬、奖金、津贴、带薪休假或任何其他额外酬劳;"合并工资"一词系指包括基本工资和与工资有关的其他津贴在内的工资或薪资;合并工资可包括对所有加班工作给予的补偿和所有其他与工资相连的津贴,或者,它也可以包括部分合并工资内的某些津贴。

④出于计算工资之目的,在海上和港口的正常工作时间每天不应超过 8 小时;对于由基本报酬或工资所涵盖的每周正常工作时间,应由国家法律或条例确定,但每周不得超过 48 小时。加班补偿率不应低于每小时基本报酬或工资的 1 倍和 1.25 倍。所有加班时间应由船长或船长指定的人员进行记录,并至少按每月的间隔由海员签字。

(3)工作或休息时间:确保海员享有的规范工作或休息时间。

海员的正常工时标准应以每天 8 小时,每周休息 1 天和公共节假日休息为依据。

应考虑到海员疲劳带来的危险,特别是那些职责涉及航行安全以及船舶的安全和保安操作的海员,对海员的工作或休息时间应做如下限制:

①最长工作时间:

在任何 24 小时时段内不得超过 14 小时;且在任何 7 天时间内不得超过 72 小时。

②最短休息时间:

在任何24小时时段内不得少于10小时;且在任何7天时间内不得少于77小时。

③休息时间最多可分为两段,其中一段至少要有6小时,且相连的两段休息时间的间隔不得超过14小时。

船员经常进出的地点应张贴一份船上工作安排表,该表应至少包括每一岗位在海上和在港口的工作时间、最长工作时间和最短休息时间。

应保持对海员的日工作时间或其日休息时间进行记录,以便监督。记录应采用主管当局确定的标准格式。该表格应以船上的一种或多种工作语言和英文制订。海员应得到一份由船长或船长授权人员以及海员本人签字认可的有关其本人记录的副本。

出于船舶、船上人员或货物的紧急安全需要,或出于帮助海上遇险的其他船舶或人员的目的,船长可中止工作时间或休息时间安排,要求一名海员从事任何时间的必要工作,直至情况恢复正常。一旦情况恢复正常,船长应尽快地确保所有在计划安排的休息时间内从事工作的海员获得充足的休息时间。

(4)休假的权利:确保海员有充足的休假。

各成员国应通过法律和条例,确定在悬挂其旗帜的船舶上工作的海员的最低年休假标准,并充分考虑到海员对这种休假的特殊需要。

海员带薪年休假的权利应以每服务两个月最低2.5日历天为基础加以计算。合理的缺勤不应被视作年假。禁止达成放弃享受最低带薪年休假的任何协议。

根据由主管当局或适用的集体协议确定的条件,因参加认可的海事职业培训班或出于患病或受伤或因生育等原因造成的缺勤,应算作服务期的一部分。

在年休假期间的报酬水平应为国家法律或条例或适用的海员就业协议中规定的海员正常报酬水平。对于受雇期短于1年的海员,或在雇佣关系终止的情况下,休假的权利应按比例计算。

下述情况不应算作带薪年休假的一部分:船旗国认可的公共和传统假日,不论其是否发生在带薪年休假假期内;在由各国主管当局或通过适当的机制确定的条件下,因患病、受伤或生育而不能工作的期间;在履行就业协议期间准许海员的短期上岸休息;以及主管当局或通过各国适当的机制确定的条件下,任何类型的补休。

(5)遣返:确保海员能够回家。

①海员在以下情形有权得到遣返:如果当海员在国外时海员就业协议到期;如果其海员就业协议被船东终止或被海员出于合理的理由终止;如果海员不再具备履行其就业协议中职责的能力或在具体情形下不能指望其履行这些职责。具体如:因患病或受伤或其他健康问题需要其遣返且身体状况适于旅行时;在船舶失事时;由于破产、变卖船舶、改变船舶登记或任何其他类似原因而船东不能继续履行其法律或契约义务时;在船舶驶往战乱区域而船员不同意前往的情况下;以及根据仲裁裁定或集体协议而终止或中断雇用,或出于其他类似原因终止雇佣。

②海员在有权得到遣返前在船上服务的最长期间应少于12个月;以及船东应给予的遣返权利,包括遣返的目的地、旅行方式、船东负担的费用项目和将做出的其他安排方面的内容。

禁止船东要求海员在开始受雇时预付遣返费用,禁止船东从海员的工资或其他收益中扣回遣返费用,除非根据国家法律或条例或其他措施或适用的集体谈判协议,海员出现严重失职而被遣返。

由船东承担的遣返费用应至少包括:到达遣返目的地的旅费;从海员离船时起至抵达遣返

目的地时止的食宿费；如果本国法律、条例或集体协议有规定,从海员离船时起至抵达遣返目的地时止的工资和津贴；将海员个人行李30公斤运至遣返目的地的运输费；以及必要时,提供医疗使海员身体状况适合前往遣返目的地的旅行。

等待遣返所用的时间和遣返旅行时间不应从海员积累的带薪年假中扣减。

船东负责通过适当和迅速的方式对遣返做出安排。通常的旅行方式应为乘坐飞机。成员国应规定海员可被遣返的目的地。目的地应包括：海员同意接受雇佣的地点、集体协议规定的地点、海员的居住国或可能在聘用时双方同意的其他地点。海员有权从规定的目的地中选择其将被遣返的地点。

如果有关海员在国家法律或条例或集体协议规定的合理的时间内未提出遣返要求,其应享的遣返权利可能失效。

(6)船舶灭失或沉没时对海员的赔偿：确保在船舶灭失或沉没时对海员进行赔偿。

海员有权就由于船舶灭失或沉没所造成的伤害、损失或失业得到充分的赔偿。

在任何船舶灭失或沉没的各种情况下,船东就这种灭失或沉没所造成的失业向船上每个海员支付赔偿。在海员实属失业期间,赔偿金额的比率应相等于就业协议中可支付工资的比率,但向任何一个海员支付的赔偿总额可仅限于两个月的工资。

(7)配员水平：为了船舶运营的安全、高效和保安,确保海员在人员充足的船上工作。

各成员国应要求悬挂其旗帜的所有船舶考虑到海员的疲劳以及航行的性质和条件,在船上配有充足数目的海员以确保船舶的安全、高效操作,并充分注意到在各种条件下的保安。

(8)海员职业和技能开发及就业机会：促进海员的职业发展和技能开发及就业机会。

各成员国应建立海员登记册,定期评审海员登记册名单的总人数,使之达到符合航运业需求。应有国家政策促进海员就业并鼓励在其领土内居住的海员的职业发展和技能开发以及更多的就业机会。

3. 起居舱室、娱乐设施、食品和膳食服务

起居舱室、娱乐设施、食品和膳食服务包括船上居住舱室和娱乐设施、食品和膳食等方面的内容。确保海员在船上有体面的起居舱室和娱乐设施；确保海员获得根据规范的卫生条件提供的优质食品和饮用水。

(1)起居舱室和娱乐设施：在A部分包括房间和其他起居舱室空间的尺寸；取暖和通风；噪声和振动及其他环境因素；卫生设施；照明；起居舱室的净高；卧室的要求。这些标准在PSC检查中作为重要项目。但公约生效后,舱室标准对现有船舶将不进行追溯。

(2)食品和膳食：确保船员得到根据规范的卫生条件提供的优质食品和膳食。包括对船上厨师要求,年满18周岁,持船上厨师资格证书。在海员受雇期间,应为船上的海员免费提供食物。船长或经船长授权,在船上对以下方面开展有记录的经常性检查：食品和饮用水供应；用于储存和处理食物和饮用水的所有场所和设备；以及用于准备和供应餐食的厨房或其他设备。

4. 健康保护、医疗、福利和社会保障

健康保护、医疗、福利和社会保障包括船上和岸上医疗、船东的责任、保护健康和安全保护及防止事故、获得使用岸上福利设施和社会保障等。

(1)船上和岸上医疗：保护海员健康并确保其迅速得到船上和岸上医疗,包括医疗设备、医疗指南。船上医疗箱内药品应由主管当局指定负责人员妥善维护,并每隔不超过12个月进

行定期检查。

(2)船东的责任:确保海员得到保护免受与其工作相关的疾病、受伤或死亡的财务影响。船东支付的费用包括船东投保和应支付的医疗费用。

船东应根据以下最低标准,对船上工作的所有海员的健康保护和医疗负责。

①对于在其船上工作的海员,船东应有责任对海员从开始履行职责之日起到遣返之日期间的疾病和受伤承担费用;

②船东应提供财务担保,保证对海员因工伤、疾病或危害而死亡或长期残疾的情况提供国家法律或海员就业协议或集体协议所确定的赔偿;

③船东应有责任支付医疗费用,包括治疗及提供必要的药品和治疗设备,以及在外的膳宿,直到该患病或受伤海员康复,或直到该疾病或机能丧失被宣布为永久性的;以及如果发生海员受雇期间在船上或岸上死亡的情况,船东应有责任支付丧葬费用。

④如果疾病或受伤造成工作能力丧失,船东应有责任:只要患病或受伤海员还留在船上或者在海员得到遣返以前,向其支付全额工资;以及从海员被遣返或到达上岸之时起直到身体康复,或直到有权根据有关成员国的法律获得保险金(如果早于康复的话),按照国内法律或条例或集体协议的规定向其支付全额或部分工资。

⑤船东支付医疗和膳宿费用的责任限制和船东向离船海员支付全部或部分工资的责任限制在从患病或受伤之日起均不少于16周的期限内。

⑥以下情况可排除船东的责任:在船舶服务之外发生的其他受伤;受伤或患病是因患病、受伤或死亡海员的故意不当行为所致;以及在接受雇用时故意隐瞒的疾病或病症。

(3)保护健康和安全及防止事故:确保海员的船上工作环境有利于职业安全和健康。

各成员国应确保悬挂其旗帜的船舶上的海员得到职业健康保护,并且在一个安全和卫生的环境下在船上生活、工作和培训。

一切职业事故、职业伤害和疾病均应报告,从而能够对其开展调查以及保持、分析和公布完整的统计数据,并应考虑到保护有关海员的个人数据。报告不应局限于伤亡事故或涉及船舶的事故。统计数据应包括职业事故、职业伤害和疾病的次数、性质、原因和影响,并如果可行,应明确指出事故发生在船上的什么岗位、事故的类型以及在海上还是在港口。

(4)获得使用岸上福利设施:确保海员获得使用岸上设施和服务以及在船上工作期间身心健康。

(5)社会保障:确保采取措施向海员提供社会保障的保护。全面社会保障保护需要考虑的分项包括:医疗、疾病津贴、失业津贴、老年津贴、工伤津贴、家庭津贴、生育津贴、病残津贴和遗属津贴等9个分项。各成员国所提供的保护应至少包括上述所列9个分项中的3个,即医疗、疾病津贴和工伤津贴。

5. 遵守与执行

该部分包括检查与发证、港口国监督、船上及岸上投诉程序及船员提供国应尽的义务等。

公约要求500总吨及以上国际航行船舶应持有"海事劳工证书"和"符合声明",并规定公约生效后,缔约国可对非缔约国的到港船舶进行港口国监督(PSC)检查。

(1)船旗国的责任:确保各成员国就悬挂其旗帜的船舶实施根据公约应负的责任。

海事劳工证书和海事劳工符合声明(或海事劳工遵守情况声明):各成员国要求船舶携带和保存一份符合公约要求的海事劳工证书和一份海事劳工符合声明。

海事劳工证书,证明该船舶上的海员工作和生活条件,包括海事劳工符合声明中所包括的持续符合措施,已经过检查并满足国家法律或条例或其他实施本公约之措施的要求。

海事劳工符合声明,陈述在海员的工作生活条件方面实施本公约的国家要求,并列明船东为确保符合对有关船舶的要求所采取的措施。

500总吨或以上国际航行船舶应携带由主管机关或主管机关认可的组织签发的海事劳工证书和海事劳工符合声明。海事劳工证书有效期不得超过五年,在第二和第三个周年日之间举行一次中期检查,以确保持续符合国家履约法规的要求。中期检查的范围和深度应与证书换证检查相同。在中期检查通过后应对证书进行签注。

海事劳工符合声明应有两个部分:第Ⅰ部分应由主管当局编制,第Ⅱ部分应船东编制并明确所采取的确保在两次检验之间持续符合国内要求的措施和为确保不断改进而建议的措施。主管机关或认可组织应对第Ⅱ部分予以认证并应签发海事劳工符合声明。

海事劳工符合声明应附在海事劳工证书之后。在任何情况下,主管机关核实海事劳工符合声明的间隔期不得超过3年。

(2)港口国的责任:使各成员国能够履行公约关于在外国船舶上实施和执行公约标准方面进行国际合作的责任。

港口国授权官员可要求到港船舶出示海事劳工证书和海事劳工符合声明,如发现问题或有投诉指称船上的海员工作和生活条件不符合公约要求,则可以进行一次更详细的检查。

如果有理由相信某些缺陷构成了对公约要求(包括海员的权利)的严重违反,或对海员的安全、健康或保安构成重大威胁,禁止船舶在采取必要措施前离港。

"投诉"系指对于海员、专业机构、协会、工会或总体而言,由那些关心船舶安全,包括关心船上海员的安全或健康危害的任何人提交的信息。

(3)劳工提供责任:确保各成员国履行其在公约下关于海员招募和安置以及对其海员提供社会保护的责任。

二、与船员管理有关的法律、法规

(一)中华人民共和国劳动法的有关规定

《中华人民共和国劳动法》(以下简称《劳动法》)已由中华人民共和国第八届全国人民代表大会常务委员会第八次会议于1994年7月5日通过;根据2009年8月27日第十一届全国人民代表大会常务委员会第十次会议对《劳动法》第一次修正;根据2018年12月29日第十三届全国人民代表大会常务委员会第七次会议对《劳动法》第二次修正。

1.《劳动法》的构成和性质

《劳动法》共107条,分为13章,其主要内容包括总则;促进就业;劳动合同和集体合同;工作时间和休息、休假;工资;劳动安全卫生;女职工和未成年职工特殊保护;职业培训;社会保险和福利;劳动争议;监督检查;法律责任和附则。其宗旨是保护劳动者的合法权益,调整劳动关系,建立和维护适应社会主义市场经济的劳动制度,促进经济发展和社会进步。

2.《劳动法》的相关内容

(1)《劳动法》的总则

第一条　为了保护劳动者的合法权益,调整劳动关系,建立和维护适应社会主义市场经济的劳动制度,促进经济发展和社会进步,根据宪法,制定本法。

第二条　在中华人民共和国境内的企业、个体经济组织(以下统称用人单位)和与之形成劳动关系的劳动者,适用本法。

国家机关、事业单位、社会团体和与之建立劳动合同关系的劳动者,依照本法执行。

第三条 劳动者享有平等就业和选择职业的权利、取得劳动报酬的权利、休息休假的权利、获得劳动安全卫生保护的权利、接受职业技能培训的权利、享受社会保险和福利的权利、提请劳动争议处理的权利以及法律规定的其他劳动权利。

劳动者应当完成劳动任务,提高职业技能,执行劳动安全卫生规程,遵守劳动纪律和职业道德。

第四条 用人单位应当依法建立和完善规章制度,保障劳动者享有劳动权利和履行劳动义务。

第五条 国家采取各种措施,促进劳动就业,发展职业教育,制定劳动标准,调节社会收入,完善社会保险,协调劳动关系,逐步提高劳动者的生活水平。

第六条 国家提倡劳动者参加社会主义义务劳动,开展劳动竞赛和合理化建议活动,鼓励和保护劳动者进行科学研究、技术革新和发明创造,表彰和奖励劳动模范和先进工作者。

第七条 劳动者有权依法参加和组织工会。

工会代表和维护劳动者的合法权益,依法独立自主地开展活动。

第八条 劳动者依照法律规定,通过职工大会、职工代表大会或者其他形式,参与民主管理或者就保护劳动合法权益与用人单位进行平等协商。

第九条 国务院劳动行政部门主管全国劳动工作。

县级以上地方人民政府劳动行政部门主管本行政区域内的劳动工作。

(2)劳动合同

第十六条 劳动合同是劳动者与用人单位确立劳动关系、明确双方权利和义务的协议。

建立劳动关系应当订立劳动合同。

第十七条 订立和变更劳动合同,应当遵循平等自愿、协商一致的原则,不得违反法律、行政法规的规定。劳动合同依法订立即具有法律约束力,当事人必须履行劳动合同规定的义务。

第十八条 下列劳动合同无效:

(一)违反法律、行政法规的劳动合同;

(二)采取欺诈、威胁等手段订立的劳动合同。

无效的劳动合同,从订立的时候起,就没有法律约束力。确认劳动合同部分无效的,如果不影响其余部分的效力,其余部分仍然有效。

劳动合同的无效,由劳动争议仲裁委员会或者人民法院确认。

第十九条 劳动合同应当以书面形式订立,并具备以下条款:

(一)劳动合同期限;

(二)工作内容;

(三)劳动保护和劳动条件;

(四)劳动报酬;

(五)劳动纪律;

(六)劳动合同终止的条件;

(七)违反劳动合同的责任。

第二十五条 劳动者有下列情形之一的,用人单位可以解除劳动合同:

(一)在试用期间被证明不符合录用条件的;

(二)严重违反劳动纪律或者用人单位规章制度的;
(三)严重失职,营私舞弊,对用人单位利益造成重大损害的;
(四)被依法追究刑事责任的。

第二十九条 劳动者有下列情形之一的,用人单位不得依据本法规定解除劳动合同:
(一)患职业病或者因工负伤并被确认丧失或者部分丧失劳动能力的;
(二)患病或者负伤,在规定的医疗期内的;
(三)女职工在孕期、产期、哺乳期内的;
(四)法律、行政法规规定的其他情形。

第三十二条 有下列情形之一的,劳动者可以随时通知用人单位解除劳动合同:
(一)在试用期内的;
(二)用人单位以暴力、威胁或者非法限制人身自由的手段强迫劳动的;
(三)用人单位未按照劳动合同约定支付劳动报酬或者提供劳动条件的。

(3)劳动争议

第七十七条 用人单位与劳动者发生劳动争议,当事人可以依法申请调解、仲裁、提起诉讼,也可以协商解决。

第七十九条 劳动争议发生后,当事人可以向本单位劳动争议调解委员会申请调解;调解不成,当事人一方要求仲裁的,可以向劳动争议仲裁委员会申请仲裁。当事人一方也可以直接向劳动争议仲裁委员会申请仲裁。对仲裁裁决不服的,可以向人民法院提起诉讼。

第八十二条 提出仲裁要求的一方应当自劳动争议发生之日起60日内向劳动争议仲裁委员会提出书面申请。仲裁裁决一般应在收到仲裁申请的60日内做出。对仲裁裁决无异议的,当事人必须履行。

第八十三条 劳动争议当事人对仲裁裁决不服的,可以自收到仲裁裁决书之日起15日内向人民法院提起诉讼。一方当事人在法定期限内不起诉又不履行仲裁裁决的,另一方当事人可以申请人民法院强制执行。

(4)法律责任

第八十九条 用人单位制定的劳动规章制度违反法律、法规规定的,由劳动行政部门给予警告,责令改正;对劳动者造成损害的,应当承担赔偿责任。

第九十条 用人单位有下列行为之一,由公安机关对责任人员处以十五日以下拘留、罚款或者警告;构成犯罪的,对责任人员依法追究刑事责任:
(一)以暴力、威胁或者非法限制人身自由的手段强迫劳动的;
(二)侮辱、体罚、殴打、非法搜查和拘禁劳动者的。

第九十五条 用人单位违反本法规定的条件解除劳动合同或者故意拖延不订立劳动合同的,由劳动行政部门责令改正;对劳动者造成损害的,应当承担赔偿责任。

第一百零二条 劳动者违反本法规定的条件解除劳动合同或者违反劳动合同中约定的保密事项,对用人单位造成经济损失的,应当依法承担赔偿责任。

(二)了解中华人民共和国劳动合同法的有关规定(新版)

《中华人民共和国劳动合同法》(以下简称《劳动合同法》)已由中华人民共和国第十届全国人民代表大会常务委员会第二十八次会议于2007年6月29日通过,现予公布,自2008年1月1日起施行。《全国人民代表大会常务委员会关于修改〈中华人民共和国劳动合同法〉的决定》已由中华人民共和国第十一届全国人民代表大会常务委员会第三十次会议于2012年

12月28日通过,自2013年7月1日起施行

《劳动合同法》的构成和性质:

(1)《劳动合同法》共分8章,有98条,其主要内容包括总则、劳动合同的订立、劳动合同的履行和变更、劳动合同的解除和终止、特别规定(集体合同、劳务派遣和非全日制用工)、监督检查、法律责任和附则。这是自《劳动法》颁布实施以来,我国劳动和社会保障法制建设中的又一个里程碑。《劳动合同法》的颁布实施,对于更好地保护劳动者合法权益、构建和发展和谐稳定的劳动关系、促进社会主义和谐社会建设,具有十分重要的意义。

第一,制定《劳动合同法》是尊重劳动、保护劳动者的重要举措。劳动者是社会主义国家的主人,切实保护广大劳动者的合法权益,是我国社会主义现代化建设的根本要求,也是社会主义制度生命力和优越性的体现。《劳动合同法》通过对劳动合同的订立、履行、解除、终止等做出符合社会主义市场经济要求和我国国情的规定,在尊重用人单位用工自主权的基础上,要求用人单位必须与劳动者订立书面劳动合同、规定用人单位必须全面履行劳动合同,引导用人单位合理约定劳动合同期限,规范用人单位解除和终止劳动合同行为,要求用人单位在解除和终止劳动合同时必须依法支付经济补偿,从而在劳动者十分关心的这些问题上,有效地保护劳动者的合法权益。

第二,制定《劳动合同法》是落实科学发展观、构建社会主义和谐社会的重要内容。劳动是人类社会最基本的社会活动,劳动关系是最基本的社会关系,所以,以人为本,重要的是要以劳动者为本;社会和谐,重要的是劳动关系的和谐。劳动关系和谐稳定,是保证企业正常的生产经营秩序、促进经济社会和谐发展的前提和基石。在劳动关系中,用人单位与劳动者一方面有共同的利益,另一方面又有不同的利益需求,是一对既统一又对立的矛盾共同体。《劳动合同法》在维护用人单位合法权益的同时,侧重于维护处于弱势一方的劳动者的合法权益,以实现双方之间力量与利益的平衡,从而促进劳动关系和谐稳定,促进社会主义和谐社会的构建。

第三,制定《劳动合同法》是完善劳动保障法律体系的重要举措。劳动合同在保护劳动者各项劳动保障权益中发挥着关键作用。劳动合同一方面可以从形式上确立劳动关系,从而为劳动者获得劳动报酬、休息休假、社会保险等各项法定权益奠定了基础;另一方面又从内容上具体约定了劳动者的工资、工作内容、工作时间等权益,从而为劳动者实现和保障自身的权益提供了依据。劳动合同的重要性,决定了《劳动合同法》在劳动保障法律体系中处于基础地位。制定《劳动合同法》,不仅可以直接维护劳动者的劳动合同权益,而且还可以起到间接维护劳动者的其他各项劳动保障权益的作用。由此可见,《劳动合同法》的出台,标志着我国在完善劳动保障法律体系方面迈出了重要的一步。

(2)劳动合同应当具备以下条款:

①用人单位的名称、住所和法定代表人或者主要负责人;

②劳动者的姓名、住址和居民身份证或者其他有效身份证件号码;

③劳动合同期限;

④工作内容和工作地点;

⑤工作时间和休息休假;

⑥劳动报酬;

⑦社会保险;

⑧劳动保护、劳动条件和职业危害防护;

⑨法律、法规规定应当纳入劳动合同的其他事项。

劳动合同除前款规定的必备条款外,用人单位与劳动者可以约定试用期、培训、保守秘密、补充保险和福利待遇等其他事项。

(3)劳动合同期限三个月以上不满一年的,试用期不得超过一个月;劳动合同期限一年以上不满三年的,试用期不得超过二个月;三年以上固定期限和无固定期限的劳动合同,试用期不得超过六个月。同一用人单位与同一劳动者只能约定一次试用期。以完成一定工作任务为期限的劳动合同或者劳动合同期限不满三个月的,不得约定试用期。

试用期包含在劳动合同期限内。劳动合同仅约定试用期的,试用期不成立,该期限为劳动合同期限。

(4)下列劳动合同无效或者部分无效:
①以欺诈、胁迫的手段或者乘人之危,使对方在违背真实意思的情况下订立或者变更劳动合同的;
②用人单位免除自己的法定责任、排除劳动者权利的;
③违反法律、行政法规强制性规定的。

对劳动合同的无效或者部分无效有争议的,由劳动争议仲裁机构或者人民法院确认。

劳动合同部分无效,不影响其他部分效力的,其他部分仍然有效。

(5)有下列情形之一的,劳动合同终止:
①劳动合同期满的;
②劳动者开始依法享受基本养老保险待遇的;
③劳动者死亡,或者被人民法院宣告死亡或者宣告失踪的;
④用人单位被依法宣告破产的;
⑤用人单位被吊销营业执照、责令关闭、撤销或者用人单位决定提前解散的;
⑥法律、行政法规规定的其他情形。

(6)用人单位有下列情形之一的,依法给予行政处罚;构成犯罪的,依法追究刑事责任;给劳动者造成损害的,应当承担赔偿责任:
①以暴力、威胁或者非法限制人身自由的手段强迫劳动的;
②违章指挥或者强令冒险作业危及劳动者人身安全的;
③侮辱、体罚、殴打、非法搜查或者拘禁劳动者的;
④劳动条件恶劣、环境污染严重,给劳动者身心健康造成严重损害的。

(三)《中华人民共和国船员管理条例》

《中华人民共和国船员条例》于2007年3月28日国务院第172次常务会议通过(以下简称《船员条例》)。2007年4月14日中华人民共和国国务院令第494号公布;2013年7月18日国务院令第638号第一次修订;2013年12月7日国务院令第645号第二次修订 2014年7月29日国务院令第653号第三次修订;根据2017年3月1日国务院令第676号《国务院关于修改和废止部分行政法规的决定》第四次修订;2019年3月2日国务院批准第五次修订,2019年3月18日国务院令第709号发布;2020年3月27日国务院令第726号《国务院关于修改和废止部分行政法规的决定》第六次修订。

《船员条例》共73条,分为8章,其主要内容包括总则、船员注册和任职资格、船员职责、船员职业保障、船员培训和船员服务、监督检查、法律责任和附则。

本条例所称船员,是指依照本条例的规定取得船员适任证书的人员,包括船长、高级船员、普通船员。

(1) 条例从提高船员素质、明确船员的职责、维护船员合法权益和保证船员有序流动等方面进行了规定。

在提高船员素质方面，主要从四个方面进行了规定：第一，建立了船员注册制度；第二，建立了船员任职资格制度；第三，建立了船员培训许可制度；第四，明确了船员上船应当完成相应的专业培训、特殊培训和适任培训。

在明确船员职责方面，主要从六个方面进行了规定：第一，规定了船员应当携带有效的船员证书；第二，规定了船员不得隐匿、篡改或者销毁有关船舶法定证书、文书；第三，规定了船员应当遵守船舶的管理制度和值班规定；第四，规定了船员应当参加船舶应急训练、演习，落实各项应急预防措施；第五，规定了船员发现或者发生险情、事故或者保安事件以及影响航行安全的情况，应当及时报告，在不严重危及自身安全的情况下，尽力救助遇险人员；第六，规定了船员不得利用船舶私载旅客、货物，不得携带违禁物品。

在维护船员合法权益方面，主要从七个方面进行了规定：第一，明确了船员用人单位和船员应当按照国家有关规定参加工伤保险、医疗保险、养老保险、失业保险以及其他社会保险，并依法按时足额缴纳各项保险费用；第二，明确了船员生活和工作的场所应当符合国家船舶检验规范中有关船员生活环境、作业安全和防护的要求；第三，明确了船员服务机构向船员用人单位提供船舶配员服务时，应当督促船员用人单位与船员依法订立劳动合同；第四，明确了船员用人单位应当根据船员职业的风险性、艰苦性、流动性等因素，向船员支付合理的工资，并按时足额发放给船员，任何单位和个人不得克扣船员的工资；第五，明确了船员用人单位应当向在劳动合同有效期内的待派船员，支付不低于船员用人单位所在地人民政府公布的最低工资；第六，明确了船员除享有国家法定的节假日外，还享有在船舶上每工作 2 个月不少于 5 日的年休假，船员用人单位应当向在年休假期的船员，支付不低于船员在船服务期间平均工资的报酬；第七，明确了船员要求遣返和选择遣返地点的权利。

在保证船员有序流动方面，主要从四个方面进行了规定：第一，建立了船员服务许可制度；第二，明确了船员服务机构应当建立船员档案，加强船舶配员管理，掌握船员的培训、任职资历、安全记录、健康状况等情况；第三，明确了船员服务机构应当向社会公布服务项目和收费标准；第四，明确了船员服务机构为船员提供服务，应当诚实守信，不得提供虚假信息，不得损害船员的合法权益。

条例的颁布实施，将有利于加强船员管理，有利于提高船员素质，有利于维护船员的合法权益，有利于规范船员服务行业，有利于保障水上交通安全和促进航运的健康发展。

(2) 船员应当依照本条例的规定取得相应的船员适任证书。

申请船员适任证书，应当具备下列条件：

① 年满 18 周岁（在船实习、见习人员年满 16 周岁）且初次申请不超过 60 周岁；

② 符合船员任职岗位健康要求；

③ 经过船员基本安全培训。

参加航行和轮机值班的船员还应当经过相应的船员适任培训、特殊培训，具备相应的船员任职资历，并且任职表现和安全记录良好。

国际航行船舶的船员申请适任证书的，还应当通过船员专业外语考试。

申请船员适任证书，可以向任何有相应船员适任证书签发权限的海事管理机构提出书面申请，并附送申请人符合本条例规定条件的证明材料。对符合规定条件并通过国家海事管理机构组织的船员任职考试的，海事管理机构应当发给相应的船员适任证书及船员服务簿。

船员适任证书应当注明船员适任的航区(线)、船舶类别和等级、职务以及有效期限等事项。

参加航行和轮机值班的船员适任证书的有效期不超过5年。

(3)船员服务簿应当载明船员的姓名、住所、联系人、联系方式、履职情况以及其他有关事项。

船员服务簿记载的事项发生变更的,船员应当向海事管理机构办理变更手续。

(4)中国籍船舶的船长应当由中国籍船员担任。

(5)中国籍船舶在境外遇有不可抗力或者其他特殊情况,无法满足船舶最低安全配员要求,需要由本船下一级船员临时担任上一级职务时,应当向海事管理机构提出申请。海事管理机构根据拟担任上一级船员职务船员的任职资历、任职表现和安全记录,出具相应的证明文件。

(6)曾经在军用船舶、渔业船舶上工作的人员,或者持有其他国家、地区船员适任证书的船员,依照本条例的规定申请船员适任证书的,海事管理机构可以免除船员培训和考试的相应内容。具体办法由国务院交通主管部门另行规定。

(7)以海员身份出入国境和在国外船舶上从事工作的中国籍船员,应当向国家海事管理机构指定的海事管理机构申请中华人民共和国海员证。

申请中华人民共和国海员证,应当符合下列条件:

①是中华人民共和国公民;

②持有国际航行船舶船员适任证书或者有确定的船员出境任务;

③无法律、行政法规规定禁止出境的情形。海事管理机构应当自受理申请之日起7日内做出批准或者不予批准的决定。予以批准的,发给中华人民共和国海员证;不予批准的,应当书面通知申请人并说明理由。

中华人民共和国海员证是中国籍船员在境外执行任务时表明其中华人民共和国公民身份的证件。中华人民共和国海员证遗失、被盗或者损毁的,应当向海事管理机构申请补发。船员在境外的,应当向中华人民共和国驻外使馆、领馆申请补发。中华人民共和国海员证的有效期不超过5年。

持有中华人民共和国海员证的船员,在其他国家、地区享有按照当地法律、有关国际条约以及中华人民共和国与有关国家签订的海运或者航运协定规定的权利和通行便利。

(8)在中国籍船舶上工作的外国籍船员,应当依照法律、行政法规和国家其他有关规定取得就业许可,并持有国务院交通主管部门规定的相应证书和其所属国政府签发的相关身份证件。

在中华人民共和国管辖水域航行、停泊、作业的外国籍船舶上任职的外国籍船员,应当持有中华人民共和国缔结或者加入的国际条约规定的相应证书和其所属国政府签发的相关身份证件。

(四)《中华人民共和国海船船员适任考试和发证规则》

《中华人民共和国海船船员适任考试和发证规则》已于2020年7月2日经第21次部务会议通过,现予公布,自2020年11月1日起施行。

第一章 总 则

第一条 为了提高海船船员素质,保障海上人命和财产安全,保护海洋环境,根据《中华人民共和国海上交通安全法》《中华人民共和国船员条例》以及我国缔结或者加入的有关国际

第五章 船舶人员的安全管理

公约,制定本规则。

第二条 本规则适用于为取得中华人民共和国海船船员适任证书(以下简称适任证书)而进行的考试以及适任证书、适任证书特免证明和外国适任证书承认签证的签发与管理。

第三条 交通运输部主管全国海船船员适任考试和发证工作。

交通运输部海事局在交通运输部的领导下,对海船船员适任考试和发证工作进行统一管理。

交通运输部海事局所属的各级海事管理机构按照交通运输部海事局确定的职责范围具体负责海船船员适任考试和发证工作。

第四条 海船船员适任考试和发证应当遵循公平、公正、公开、便民的原则。

第二章 适任证书

第一节 适任证书基本信息

第五条 适任证书包含以下基本内容:

(一)持证人姓名、性别、出生日期、国籍、持证人签名及照片;

(二)证书编号;

(三)持证人适任的航区、职务;

(四)发证日期和有效期;

(五)签发机关名称和签发官员署名;

(六)规定需要载明的其他内容。

参加航行和轮机值班的适任证书还应当包含证书等级、职能,有关国际公约的适用条款,持证人适任的船舶种类、主推进动力装置类型、特殊设备操作等内容。

第六条 持证人适任的航区分为无限航区和沿海航区,但无线电操作人员适任的航区分为 A1、A2、A3 和 A4 海区。

第七条 船员职务分为:

(一)参加航行和轮机值班的船员:

1. 船长;

2. 甲板部船员:大副、二副、三副、高级值班水手、值班水手,其中大副、二副、三副统称为驾驶员;

3. 轮机部船员:轮机长、大管轮、二管轮、三管轮、电子电气员、高级值班机工、值班机工、电子技工,其中大管轮、二管轮、三管轮统称为轮机员;

4. 无线电操作人员:一级无线电电子员、二级无线电电子员、通用操作员、限用操作员。

(二)不参加航行和轮机值班的船员。

第八条 船长、驾驶员、轮机长、轮机员适任证书分为:

(一)船长、大副、轮机长、大管轮无限航区适任证书分为二个等级:

1. 一等适任证书:适用于 3 000 总吨及以上或者主推进动力装置 3 000 千瓦及以上的船舶;

2. 二等适任证书:适用于 500 总吨及以上至 3 000 总吨或者主推进动力装置 750 千瓦及以上至 3 000 千瓦的船舶。

(二)二副、三副、二管轮、三管轮无限航区适任证书适用于 500 总吨及以上或者主推进动力装置 750 千瓦及以上的船舶。

(三)船长、大副、轮机长、大管轮沿海航区适任证书分为三个等级:

1. 一等适任证书：适用于3 000总吨及以上或者主推进动力装置3 000千瓦及以上的船舶；

2. 二等适任证书：适用于500总吨及以上至3 000总吨或者主推进动力装置750千瓦及以上至3 000千瓦的船舶；

3. 三等适任证书：适用于未满500总吨或者主推进动力装置未满750千瓦的船舶。

（四）二副、三副、二管轮、三管轮沿海航区适任证书分为二个等级：

1. 一等适任证书：适用于500总吨及以上或者主推进动力装置750千瓦及以上的船舶；

2. 二等适任证书：适用于未满500总吨或者主推进动力装置未满750千瓦的船舶。

高级值班水手、高级值班机工适任证书适用于500总吨及以上或者主推进动力装置750千瓦及以上的船舶。

值班水手、值班机工适任证书等级分为：

（一）无限航区适任证书适用于500总吨及以上或者主推进动力装置750千瓦及以上的船舶；

（二）沿海航区适任证书分为二个等级：

1. 一等适任证书：适用于500总吨及以上或者主推进动力装置750千瓦及以上的船舶；

2. 二等适任证书：适用于未满500总吨或者主推进动力装置未满750千瓦的船舶。

电子电气员和电子技工适任证书适用于主推进动力装置750千瓦及以上的船舶。

在拖船上任职的船长和甲板部船员所持适任证书等级与该拖船的主推进动力装置功率的等级相对应。

不参加航行和轮机值班的船员适任证书不分等级。

第九条 船员职能根据分工分为：

（一）航行；

（二）货物操作和积载；

（三）船舶作业和人员管理；

（四）轮机工程；

（五）电气、电子和控制工程；

（六）维护和修理；

（七）无线电通信。

船员职能根据技术要求分为：

（一）管理级；

（二）操作级；

（三）支持级。

第十条 适任证书持有人应当在适任证书适用范围内担任职务或者担任低于适任证书适用范围的职务。但担任值班水手职务的船员必须持有值班水手或者高级值班水手适任证书，担任值班机工职务的船员必须持有值班机工或者高级值班机工适任证书。

第二节 适任证书的签发

第十一条 取得适任证书，应当具备下列条件：

（一）年满18周岁（在船实习、见习人员年满16周岁）且初次申请不超过60周岁；

（二）符合船员任职岗位健康要求；

（三）经过船员基本安全培训；

（四）通过相应的适任考试。

参加航行和轮机值班的船员还应当经过相应的船员适任培训、特殊培训,具备相应的船员任职资历,并且任职表现和安全记录良好。

国际航行船舶的船员申请适任证书的,还应当通过船员专业外语考试。

第十二条　不参加航行和轮机值班的海船船员申请适任证书的,应当提交下列材料:

（一）海船船员适任证书申请表;

（二）海船船员健康证明;

（三）身份证件;

（四）符合海事管理机构要求的照片;

（五）基本安全培训合格证。

第十三条　参加航行和轮机值班的海船船员初次申请适任证书的,应当取得本规则第十二条规定的不参加航行和轮机值班的海船船员适任证书,并提交下列材料:

（一）海船船员适任证书申请表;

（二）海船船员健康证明;

（三）身份证件;

（四）符合海事管理机构要求的照片;

（五）基本安全培训合格证;

（六）专业技能适任培训合格证;

（七）岗位适任培训证明或者航海教育毕业证书;

（八）船员服务簿;

（九）船上见习记录簿;

（十）适任考试合格证明;

（十一）现持有的适任证书。

第十四条　参加航行和轮机值班的海船船员申请适任证书所载职务晋升、航区扩大、吨位或者功率提高的,应当提交第十三条规定的材料。

持有三副、三管轮适任证书申请二副、二管轮适任证书者,免于提交本规则第十三条第（七）、（九）、（十）项规定的材料。

按照本规则规定免于船上见习者,免于提交第十三条第（九）项规定的材料。

第十五条　参加航行和轮机值班的海船船员按照第十九条申请适任证书再有效的,应提交第十三条规定的除第（七）、（九）、（十）项外的材料;按照第二十条申请适任证书再有效的,应提交第十三条规定的除第（七）项外的材料,及经过模拟器培训和知识更新培训证明材料,按照本规则规定免于船上见习者,免于提交第十三条第（九）项规定的材料。

第十六条　按照第二十四条规定拟在特殊类型船舶上任职的,除提交本规则第十二条、第十三条、第十四条、第十五条规定的相应材料外,还应当提交相应的特殊培训合格证。

第十七条　海事管理机构对于发证申请,经审核符合本规则规定条件的,应当按照《中华人民共和国行政许可法》《交通行政许可实施程序规定》的要求签发相应的适任证书。

对初次申请适任证书的船员,海事管理机构应当同时配发船员服务簿。

第十八条　参加航行和轮机值班的船员适任证书有效期不超过5年,不参加航行和轮机值班的船员适任证书长期有效。适任证书有效期截止日期不超过持证人65周岁生日。

第十九条　持有船长和高级船员适任证书者,满足下列条件之一,可以在适任证书有效期

届满前12个月内或者届满后3个月内向有相应管理权限的海事管理机构申请适任证书再有效:

(一)从申请之日起向前计算5年内具有与其适任证书所记载范围相应的不少于12个月的海上服务资历,且任职表现和安全记录良好。其中,无限航区的船员不少于6个月是在无限航区的船舶上任职;船长、轮机长担任大副、大管轮或者二副、二管轮担任三副、三管轮的,可以作为原职务适任证书再有效的海上任职资历。

(二)从申请之日起向前计算6个月内具有与其适任证书所记载范围相应的不少于3个月的海上服务资历,且任职表现和安全记录良好。

第二十条 未满足本规则第十九条规定的船长和高级船员,申请适任证书再有效的,应当符合下列规定:

(一)未满足第十九条规定,或者适任证书过期3个月及以上5年以下的,应当参加模拟器培训和知识更新培训,并通过相应的抽查项目的评估;

(二)适任证书过期5年及以上10年以下的,应当参加模拟器培训和知识更新培训,并通过相应的抽查科目的理论考试和项目的评估;

(三)适任证书过期10年及以上的,应当参加模拟器培训和知识更新培训,通过相应的抽查科目的理论考试和项目的评估,并在适任证书记载的相应航区、等级范围内按照《船上见习记录簿》规定完成不少于3个月的船上见习。

第二十一条 适任证书损坏或者遗失时,持证人除应当向原证书签发的海事管理机构提交补发申请及本规则第十二条第(一)、(三)、(四)项或者第十三条第(一)、(三)、(四)项要求的材料外,还应当满足下列要求:

(一)适任证书损坏的,应当缴回被损坏的证书原件;

(二)适任证书遗失的,应当提交证书遗失说明。

补发的适任证书的有效期截止日期与原适任证书的有效期截止日期相同。

第二十二条 因违反海事行政管理规定被吊销适任证书者,自证书被吊销之日起2年后,通过低一级职务的适任考试,可以按照本规则第十三条的规定提交相应材料,向原签发适任证书的海事管理机构申请低一级职务的适任证书。

海事管理机构对通过适任考试的,应当签发其相应的适任证书。

第二十三条 曾在内河船舶、海洋渔业船舶或者军事船舶上任职的人员,具备下列条件的,可以按照交通运输部海事局的规定申请相应的适任证书:

(一)拟申请证书的等级和职务不高于其在内河船舶、海洋渔业船舶或者军事船舶上相应的证书等级和职务,其中可以申请的职务最高为大副或者大管轮;

(二)在内河船舶、海洋渔业船舶或者军事船舶上的水上任职资历能够与本规则规定的海上任职资历相适应,且任职表现和安全记录良好;

(三)参加相应的岗位适任培训,并通过与申请职务相应的理论考试和评估。

第三节 特殊类型船舶船员的特殊要求

第二十四条 拟在油船、化学品船、液化气船、客船、高速船、使用气体或者其他低闪点燃料船舶等特殊类型船舶或者极地水域船舶上任职的,还应当按照相关规定完成相应的特殊培训,并取得培训合格证。

第二十五条 在两港间航程50海里及以上的客船上服务的船长、大副、二副、三副、轮机长、大管轮、二管轮、三管轮,都应当持有适用于相应航区的一等适任证书。

第二十六条 申请适用于两港间航程50海里及以上客船驾驶员、船长适任证书的,应当具备下列条件:

(一)申请适用于客船三副适任证书者,应当在其他种类的500总吨及以上海船上担任三副满12个月,任职表现和安全记录良好,并至少在客船上任见习三副3个月;或者通过三副适任考试,在客船上完成18个月的船上见习,任职表现和安全记录良好;

(二)申请适用于客船二副适任证书者,应当在其他种类的500总吨及以上海船上担任二副满12个月,任职表现和安全记录良好,并至少在客船上任见习二副3个月;或者持有客船三副适任证书并在相应航区、船舶等级的海船上担任三副不少于12个月,任职表现和安全记录良好,其中曾经担任客船三副至少6个月;

(三)申请适用于客船大副适任证书者,应当在其他种类的3 000总吨及以上海船上担任大副满24个月,任职表现和安全记录良好,并至少在客船上任见习大副3个月;或者持有客船二副适任证书并在相应航区、船舶等级的海船上担任二副不少于12个月,其中曾经担任客船二副至少6个月,通过大副考试,至少在客船上任见习大副3个月,任职表现和安全记录良好;

(四)申请适用于客船船长适任证书者,应当在其他种类的3 000总吨及以上海船上担任船长满24个月,任职表现和安全记录良好,并至少在客船上任见习船长3个月;或者持有客船大副适任证书并在相应航区、船舶等级的海船上担任大副不少于18个月,任职表现和安全记录良好,其中曾经担任客船大副至少6个月,通过船长考试,且至少在客船上任见习船长3个月。

第二十七条 初次申请适用于两港间航程50海里及以上客船轮机长、大管轮适任证书者,应当在其他种类的3 000千瓦及以上海船上担任相应职务满12个月,任职表现和安全记录良好,并在客船上任相应见习职务3个月;初次申请适用于两港间航程50海里及以上客船二管轮、三管轮、电子电气员适任证书者,应当在其他种类的750千瓦及以上海船上担任相应职务满12个月,任职表现和安全记录良好,并在客船上任相应见习职务3个月。

通过三管轮、电子电气员适任考试者,在客船上完成规定的18个月船上见习,任职表现和安全记录良好,可以申请适用于客船的三管轮、电子电气员适任证书。

第三章 适任考试

第二十八条 适任考试包括理论考试和评估。

理论考试以理论知识为主要考试内容,重点对海船船员专业知识的掌握和理解程度进行测试。

评估通过对相应船舶、模拟器或者其他设备的操作,国际通用语言听力测验与口试等方式,重点对海船船员专业知识综合运用、操作及应急等能力进行技能测评。

第二十九条 适任考试科目、大纲由交通运输部海事局统一制定并公布。相关海事管理机构应当在职责范围内制定并公布适任考试具体计划,明确适任考试的时间、地点、申请程序等相关信息。

第三十条 符合本规则附件中申请海船船员适任证书要求,申请参加相应适任考试的,应当按照公布的申请程序向有相应权限的海事管理机构提供下列信息:

(一)身份证件;
(二)所申请考试的适任证书类别;
(三)符合海事管理机构要求的照片;
(四)相应培训证明和海上任职资历。

第三十一条 海事管理机构应当于适任考试开始5日前向申请人发放准考证,并告知申请人查询适任考试成绩的途径等事项。

第三十二条 适任考试有科目或者项目不及格的,可以在初次适任考试准考证签发之日起3年内申请5次补考。逾期不能通过全部适任考试的,所有适任考试成绩失效。

第三十三条 海事管理机构应当在考试结束后10日内公布成绩。适任考试成绩自全部理论考试和评估成绩均合格之日起5年内有效。

第四章 特免证明

第三十四条 中国籍船舶在境外遇有不可抗力或者其他导致持证船员不能履行职务的特殊情况,无法满足船舶最低安全配员要求,需要由本船下一级船员临时担任上一级职务时,应当到签发该船员适任证书的海事管理机构办理特免证明事宜。

第三十五条 办理船长、驾驶员、轮机长、轮机员特免证明的,应当符合下列条件:

(一)办理船长、轮机长特免证明的,应当持有大副或者大管轮适任证书,并在自办理之日起前5年内,具有不少于12个月的不低于其适任证书所记载船舶、航区、职务的任职资历,任职表现和安全记录良好,且船长、轮机长不能履行职务的情况是因不可抗力原因造成;

(二)办理大副、大管轮特免证明的,应当持有二副、二管轮适任证书,并在自办理之日起前5年内,具有不少于12个月的不低于其适任证书所记载船舶、航区、职务的任职资历,且任职表现和安全记录良好;

(三)办理二副、二管轮特免证明的,应当持有三副、三管轮适任证书,并在自办理之日起前5年内,具有不少于6个月的不低于其适任证书所记载船舶、航区、职务的任职资历,且任职表现和安全记录良好;

(四)办理三副、三管轮特免证明的,应当持有高级值班水手、值班水手或者高级值班机工、值班机工适任证书,并在自办理之日起前5年内,具有不少于12个月的不低于其适任证书所记载船舶、航区、职务的任职资历,任职表现和安全记录良好。

本条第一款规定的船员以外的其他船员,不予办理特免证明。

第三十六条 办理特免证明的,应当向海事管理机构提交包含下列内容的材料:

(一)办理理由;
(二)船舶名称、航行区域、停泊港口;
(三)拟办理签发对象的资历情况;
(四)相关证明材料。

第三十七条 海事管理机构应当核实有关情况,对符合第三十五条规定条件的,应当在3日内办理有效期不超过6个月的特免证明,但船长或者轮机长特免证明的有效期不超过3个月。不符合条件的,应当在3日内告知申请人不予办理特免证明的理由。

第三十八条 一艘船舶上同时持特免证明的船长和高级船员总共不得超过3名。

第三十九条 当事船舶抵达中国第一个港口后,特免证明自动失效。失效的特免证明应当及时缴回原办理的海事管理机构。航运公司应当及时为当事船舶安排持相应适任证书的人员补充空缺职位。

第五章 承认签证

第四十条 持有经修正的《1978年海员培训、发证和值班标准国际公约》(以下称STCW公约)缔约国签发的外国船长和高级船员适任证书的船员在中国籍船舶上任职的,应当取得由海事管理机构签发的外国船员适任证书的承认签证。

第四十一条 申请承认签证的,应当向海事管理机构提交下列材料:
(一)所属缔约国签发的适任证书原件;
(二)表明申请人符合 STCW 公约和所属缔约国有关船员管理规定的证明文件;
(三)申请人的海船船员身份证件。

第四十二条 交通运输部海事局应当按照 STCW 公约和本规则规定的标准、条件等内容,对申请承认签证船员所属缔约国的有关船员管理制度从下列方面进行评价:
(一)有关船员适任培训、考试及发证制度是否符合 STCW 公约要求;
(二)是否按照 STCW 公约要求建立了有效的船员质量标准控制体系;
(三)船员适任条件等相关要求是否低于本规则规定的相关标准。

对于按照本条第一款进行评价的结果表明该缔约国的有关船员管理制度不低于 STCW 公约及本规则相关要求,我国可以与之签署船员证书互认协议。船员持有与我国签署船员证书互认协议的缔约国所签发的船员证书,方可向我国申请承认签证。其中,签发船长、大副、轮机长、大管轮适任证书承认签证前,申请人还应当参加与申请职务相应的海上交通安全、环境保护等方面的培训,并经海事管理机构考核合格。

第四十三条 承认签证的有效期不得超过被承认适任证书的有效期,且最长不得超过 5 年。当被承认适任证书失效时,相应的承认签证自动失效。

第六章 航运公司及相关机构的责任

第四十四条 航运公司及相关机构应当保证被指派任职的船员满足下列要求:
(一)持有适当、有效的适任证书,熟悉自身岗位职责;
(二)熟悉船舶的布置、装置、设备、工作程序、特性和局限性等相关情况;
(三)具有良好工作语言运用及沟通能力,确保在紧急情况下和执行安全、防污染和保安职能时,能够有效履行职责。

第四十五条 航运公司及相关机构应当建立并完善船员培训制度,按照以下要求加强对本公司、机构船员的培训:
(一)按照交通运输部海事局的规定制定并执行有关培训、见习等方面的培训计划,并在培训、见习记录簿内如实填写或者记载;
(二)采取有效措施,确保应当由本公司、机构负责的其他各类船员培训有效实施。

第四十六条 航运公司及相关机构应当备有完整、最新的船员管理法规和相关国际公约。航运公司及相关机构应当建立船员档案,对船员录用、培训、资历、健康状况以及有关船员考试、证书持有情况等信息进行连续有效的记录和管理,并确保可以供随时查询。

第七章 监督管理

第四十七条 海事管理机构应当对船员履行职责、安全记录等情况进行监督检查,加强对船员适任能力的监管。

第四十八条 有下列情形之一的,海事管理机构可以组织对负有责任的船员适任能力进行考核:
(一)船舶发生碰撞、搁浅或者触礁的;
(二)在航行、锚泊或者靠泊时,从船上非法排放物质的;
(三)违反航行规则的;
(四)以其他危及海上人命、财产安全和海洋环境的方式操作船舶的。

按照本条第一款对船员进行适任能力考核的,应当根据本规则规定的船员适任要求通过抽考、现场考核等方式进行。对于考核结果表明船员不再符合适任条件的,海事管理机构应当注销其适任证书或者承认签证。

第四十九条　按照第四十八条被注销适任证书的船员,可以按照海事管理机构的要求参加低一级职务的评估,海事管理机构签发与其考核结果相适应的适任证书。

第五十条　负责船员适任考试和发证的海事管理机构应当配备满足适任考试、发证要求的人员、设备、场地和资料,建立相关的质量管理体系并通过交通运输部海事局的审核。

第五十一条　海事管理机构应当加强对从事船员适任考试、发证工作人员岗位培训和考核。不符合上岗条件的,不得从事船员适任考试、发证工作。

第五十二条　海事管理机构应当建立船员信息数据库、船员证书电子登记系统等船员档案,并按照交通运输部海事局的规定具备相应信息的查询功能。

第五十三条　海事管理机构应当公开海船船员适任考试和发证管理的事项、办事程序、举报电话等信息,自觉接受社会的监督。

第五十四条　除海事管理机构依法实施外,任何机构和个人不得以任何理由扣留或者吊销船员适任证书。

第八章　法律责任

第五十五条　隐瞒有关情况或者提供虚假材料申请适任证书的,海事管理机构不予受理或者不予签发适任证书,并给予警告;申请人在1年内不得再次申请与前次申请等级、职务资格、航区相同的适任证书。

第五十六条　以欺骗、贿赂等不正当手段取得适任证书的,由签发证书的海事管理机构或者其上级海事管理机构吊销有关证书,并处2 000元以上2万元以下罚款。

以欺骗、贿赂等不正当手段取得特免证明、承认签证的,或者伪造、变造、买卖特免证明、承认签证的,由海事管理机构收缴有关证书,处2 000元以上2万元以下罚款。

第五十七条　伪造、变造或者买卖适任证书的,由海事管理机构收缴有关证书,处2万元以上10万元以下罚款,有违法所得的,还应当没收违法所得。

第五十八条　船员未在培训、见习记录簿内做出如实填写或者记载的,由海事管理机构处1 000元以上1万元以下罚款;情节严重的,并给予暂扣船员适任证书6个月以上2年以下直至吊销船员适任证书的处罚。

第五十九条　船长未在船员服务簿内如实记载船员履职情况的,由海事管理机构处2 000元以上2万元以下罚款;情节严重的,并给予暂扣适任证书6个月以上2年以下直至吊销适任证书的处罚。

第六十条　因违反本规则或者其他水上交通安全法规的规定,被海事管理机构吊销适任证书的,自被吊销之日起2年内,不得申请适任证书。

第六十一条　海事管理机构有下列情形之一的,由交通运输部海事局责令改正;情节严重的,限制或者取消其开展适任考试和发证的权限:

(一)违反行政许可法规规定的程序开展适任考试和发证工作的;

(二)超越权限开展适任考试或者签发适任证书的;

(三)对不具备条件的申请人签发适任证书的。

第九章　附则

第六十二条　适任证书、特免证明、承认签证由交通运输部海事局统一印制。

船上培训、见习记录簿的具体格式和内容由交通运输部海事局统一规定。

第六十三条　本规则下列用语的含义:

(一)海船,是指航行于海上以及江海直达的各类船舶,但不包括军事船舶、渔业船舶、体育运动船舶和非营业性游艇;

(二)无限航区,是指海上任何通航水域,包括世界各国的开放港口和国际通航运河及河流;

(三)沿海航区,是指我国沿海的港口、内水和领海以及国家管辖的一切其他通航海域;

(四)A1 海区,是指至少由一个具有连续数字选择呼叫(即 DSC)报警能力的甚高频(VHF)岸台的无线电话所覆盖的区域;

(五)A2 海区,是指除 A1 海区以外,至少由一个具有连续 DSC 报警能力的中频(MF)岸台的无线电话所覆盖的区域;

(六)A3 海区,是指除 A1 和 A2 海区以外,由具有连续报警能力的国际海事卫星组织(INMARSAT)静止卫星所覆盖的区域;

(七)A4 海区,是指除 A1、A2 和 A3 海区以外的海区;

(八)非运输船,是指工程船舶、拖船等不从事货物(或者旅客)运输的机动船舶;

(九)安全记录良好,是指自申请之日起向前计算 5 年内未发生负有主要责任的一般事故及以上等级事故;

(十)实践教学,是指航海类院校或者培训机构组织实施的实验教学、工厂实习教学和船上实习;

(十一)航运公司,是指船舶所有人、经营人、管理人或者光船承租人;

(十二)相关机构,是指海船船员服务机构和海员外派机构。

第六十四条　下列船舶船员的适任考试和发证不适用本规则,按照交通运输部海事局的相关规定执行:

(一)在两港间航程不足 50 海里的客船或者滚装客船上任职的船长和高级船员;

(二)在未满 100 总吨船舶上任职的船长和甲板部船员;

(三)在主推进动力装置未满 220 千瓦船舶上任职的轮机部船员;

(四)仅在船籍港和船籍港附近水域航行和作业的船舶上任职的船员;

(五)在公务船、水上飞机、地效翼船、非营业性游艇、摩托艇、非自航船上任职的船员。

依照本条第一款规定取得适任证书的第(二)(三)项船员和在公务船上任职的船员,可以按照交通运输部海事局的规定,免除船员培训和考试的相应内容,申请本规则的相应适任证书。

第六十五条　海船在内河行驶,其船长、驾驶员应当按照交通运输部海事局规定取得相应航线的《海船船员内河航线行驶资格证明》证书,但申请引航的除外。

持有有效适任证书的内河船舶船员,经过相应的培训、考试,并经航线签注,可以在特定航线江海直达船舶上担任相应职务,具体办法由交通运输部海事局制定。

第六十六条　我国缔结或者加入的国际公约对普通船员适任证书有效期有特别规定的,按照其规定执行。

第六十七条　本规则施行前已经取得海船船员适任证书和正在接受海船船员教育、培训的人员的考试和发证工作,由交通运输部海事局在相关国际公约规定的时间内,采取相应的过渡措施,逐步进行规范。

第六十八条　本规则自 2020 年 11 月 1 日起施行。2011 年 12 月 27 日交通运输部发布的

《中华人民共和国海船船员适任考试和发证规则》(交通运输部令 2011 年第 12 号),2013 年 12 月 24 日以交通运输部令 2013 年第 18 号发布的《关于修改〈中华人民共和国海船船员适任考试和发证规则〉的决定》,2017 年 3 月 28 日以交通运输部令 2017 年第 8 号发布的《关于修改〈中华人民共和国海船船员适任考试和发证规则〉的决定》,同时废止。

(五)《中华人民共和国船舶最低安全配员规则》

现行的《中华人民共和国船舶最低安全配员规则》于 2018 年 8 月 1 日起施行。规则规定,每条船都应持有海事局审核办理的《船舶最低安全配员证书》,考虑船舶种类、技术设备、主机功率、航区、航程等因素,每条船舶最低安全配员有所不同(见表 5-2)。

表 5-2 轮机部最低安全配员表

	轮机部		
	航区和功率	一般规定	附加规定
所有船舶	海上 3 000 kW 及以上	轮机长、大管轮、二管轮、三管轮各 1 人,值班机工或高级值班机工 3 人(国际航行船舶配备高级值班机工 1 人,值班机工 2 人)	(1)连续航行时间不超过 36 h,可减免三管轮和值班机工各 1 人; (2)AUT-0 自动化机舱可减免二管轮、三管轮和值班机工 2 人; (3)AUT-1 自动化机舱可减免三管轮和值班机工 2 人; (4)BRC 半自动化机舱可减免值班机工 2 人
	750 kW 及以上至未满 3 000 kW	轮机长、大管轮各 1 人、值班机工或高级值班机工 2 人(国际航行船舶配备高级值班机工 1 人,值班机工 1 人)	连续航行时间超过 16 h,须增加轮机员 1 人和值班机工 1 人(自动化机舱及 BRC 半自动化机舱除外)
	220 kW 及以上至未满 750 kW	轮机长、轮机员各 1 人,值班机工 2 人	(1)连续航行时间超过 24 h,须增加二管轮 1 人(自动化机舱及 BRC 半自动化机舱除外); (2)连续航行时间不超过 8 h,可减免值班机工 1 人; (3)连续航行时间不超过 4 h,可再减免三管轮 1 人
	75 kW 及以上至未满 220 kW	轮机长、值班机工(自动化机舱、BRC 半自动化机舱及机驾合一可减免)1 人	连续航行时间不超过 8 h,可减免值班机工 1 人
	未满 220 kW	轮机长,值班机工各 1 人(机驾合一的免)	连续航行时间超过 4 h,须增加轮机员 1 人(机驾合一的免)
	港内	二管轮、三管轮(或轮机员)各 1 人,值班机工 1 人(机驾合一可减免)	未满 750 kW,可减免二管轮 1 人;未满 75 kW,可减免三管轮(或轮机员)1 人;机驾合一,可再减免值班机工 1 人

(根据 2018 年 11 月 28 日《交通运输部关于修改〈中华人民共和国船舶最低安全配员规则〉的决定》第二次修正。)

《中华人民共和国船舶最低安全配员规则》

第一章 总则

第一条 为确保船舶的船员配备,足以保证船舶安全航行、停泊和作业,防治船舶污染环境,依据《中华人民共和国海上交通安全法》《中华人民共和国内河交通安全管理条例》和中华人民共和国缔结或者参加的有关国际条约,制定本规则。

第二条 中华人民共和国国籍的机动船舶的船员配备和管理,适用本规则。

本规则对外国籍船舶做出规定的,从其规定。

军用船舶、渔船、体育运动船艇以及非营业的游艇,不适用本规则。

第三条　中华人民共和国海事局是船舶安全配员管理的主管机关。各级海事管理机构依照职责负责本辖区内的船舶安全配员的监督管理工作。

第四条　本规则所要求的船舶安全配员标准是船舶配备船员的最低要求。

第五条　船舶所有人(或者其船舶经营人、船舶管理人,下同)应当按照本规则的要求,为所属船舶配备合格的船员,但是并不免除船舶所有人为保证船舶安全航行和作业增加必要船员的责任。

第二章　最低安全配员原则

第六条　确定船舶最低安全配员标准应综合考虑船舶的种类、吨位、技术状况、主推进动力装置功率、航区、航程、航行时间、通航环境和船员值班、休息制度等因素。

第七条　船舶在航行期间,应配备不低于按本规则附录一、附录二、附录三所确定的船员构成及数量。高速客船的船员最低安全配备应符合交通部颁布的《高速客船安全管理规则》(交通部令1996年第13号)的要求。

第八条　本规则附录一、附录二、附录三列明的减免规定是根据各类船舶在一般情况下制定的,海事管理机构在核定具体船舶的最低安全配员数额时,如认为配员减免后无法保证船舶安全时,可不予减免或者不予足额减免。

第九条　船舶所有人可以根据需要增配船员,但船上总人数不得超过经中华人民共和国海事局认可的船舶检验机构核定的救生设备定员标准。

第三章　最低安全配员管理

第十条　中国籍船舶配备外国籍船员应当符合以下规定:

(一)在中国籍船舶上工作的外国籍船员,应当依照法律、行政法规和国家其他有关规定取得就业许可;

(二)外国籍船员持有合格的船员证书,且所持船员证书的签发国与我国签订了船员证书认可协议;

(三)雇佣外国籍船员的航运公司已承诺承担船员权益维护的责任。

第十一条　中国籍船舶应当按照本规则的规定,持有海事管理机构颁发的《船舶最低安全配员证书》。在中华人民共和国内水、领海及管辖海域的外国籍船舶,应当按照中华人民共和国缔结或者参加的有关国际条约的规定,持有其船旗国政府主管机关签发的《船舶最低安全配员证书》或者等效文件。

第十二条　船舶所有人应当在申请船舶国籍登记时,按照本规则的规定,对其船舶的最低安全配员如何适用本规则附录相应标准予以陈述,并可以包括对减免配员的特殊说明。海事管理机构应当在依法对船舶国籍登记进行审核时,核定船舶的最低安全配员,并在核发船舶国籍证书时,向当事船舶配发《船舶最低安全配员证书》。

第十三条　在境外建造或者购买并交接的船舶,船舶所有人应当向所辖的海事管理机构提交船舶买卖合同或者建造合同及交接文件、船舶技术和其他相关资料办理《船舶最低安全配员证书》。

第十四条　海事管理机构核定船舶最低安全配员时,除查验有关船舶证书、文书外,可以就本规则第六条所述的要素对船舶的实际状况进行现场核查。

第十五条　船舶在航行、停泊、作业时,必须将《船舶最低安全配员证书》妥善存放在船备查。

船舶不得使用涂改、伪造以及采用非法途径或者舞弊手段取得的《船舶最低安全配员证书》。

第十六条　船舶所有人应当按照本规则的规定和《船舶最低安全配员证书》载明的船员配备要求，为船舶配备合格的船员。

第十七条　船舶所有人应当在《船舶最低安全配员证书》有效期截止前1年以内，或者在船舶国籍证书重新核发或者相关内容发生变化时，凭原证书向船籍港的海事管理机构办理换发证书手续。

第十八条　证书污损不能辨认的，视为无效，船舶所有人应当向所辖的海事管理机构申请换发。证书遗失的，船舶所有人应当书面说明理由，附具有关证明文件，向船籍港的海事管理机构办理补发证书手续。

换发或者补发的《船舶最低安全配员证书》的有效期，不超过原发的《船舶最低安全配员证书》的有效期。

第十九条　船舶状况发生变化需改变证书所载内容时，船舶所有人应当向船籍港的海事管理机构重新办理《船舶最低安全配员证书》。

第二十条　在特殊情况下，船舶需要在船籍港以外换发或者补发《船舶最低安全配员证书》，经船籍港海事管理机构同意，船舶当时所在港口的海事管理机构可以按照本规定予以办理并通报船籍港海事管理机构。

第四章　监督检查

第二十一条　中国籍、外国籍船舶在办理进、出港口或者口岸手续时，应当交验《船舶最低安全配员证书》。

第二十二条　中国籍、外国籍船舶在停泊期间，均应配备足够的掌握相应安全知识并具有熟练操作能力能够保持对船舶及设备进行安全操纵的船员。

无论何时，500总吨及以上（或者750千瓦及以上）海船、600总吨及以上（或者441千瓦及以上）内河船舶的船长和大副，轮机长和大管轮不得同时离船。

第二十三条　船舶未持有《船舶最低安全配员证书》或者实际配员低于《船舶最低安全配员证书》要求的，对中国籍船舶，海事管理机构应当禁止其离港直至船舶满足本规则要求；对外国籍船舶，海事管理机构应当禁止其离港，直至船舶按照《船舶最低安全配员证书》的要求配齐人员，或者向海事管理机构提交由其船旗国主管当局对其实际配员做出的书面认可。

第二十四条　对违反本规则的船舶和人员，依法应当给予行政处罚的，由海事管理机构依据有关法律、行政法规和规章的规定给予相应的处罚。

第二十五条　海事管理机构的工作人员滥用职权、徇私舞弊、玩忽职守的，由所在单位或者上级机关给予行政处分；构成犯罪的，依法追究刑事责任。

第五章　附则

第二十六条　《船舶最低安全配员证书》由中华人民共和国海事局统一印制。

《船舶最低安全配员证书》的编号应与船舶国籍证书的编号一致。《船舶最低安全配员证书》有效期的截止日期与船舶国籍证书有效期的截止日期相同。

第二十七条　本规则附录一、附录二、附录三的内容，可由中华人民共和国海事局根据有关法律、行政法规和相关国际公约进行修改。

第二十八条　本规则自2018年8月1日起施行。

第六章 船舶应急反应计划

第一节 安全及应急程序

一、船舶机舱设备的应急状态

船舶新技术及轮机新技术的发展,对轮机员的要求也越来越高,要适应现代船舶的工作要求,必须熟悉船舶机舱设备的应急状态。

(一)船舶机舱设备

船舶的大小、种类、用途、航线等情况不同,机舱设备也有所不同,甚至是有较大的变化。如客船、邮轮、化学品船、集装箱船等,其机舱各有特色,但总体来说,船舶机舱的设备包括:

1. 主推进动力装置

主推进动力装置是推动船舶航行的装置,包括主机、传动设备、轴系及机舱外部的推进器。主机是能量转换装置,产生的能量通过传递装置传递给推进器,使船舶克服阻力以某一航速航行。船舶主机的类型有:柴油机、蒸汽机、燃气轮机、核动力装置、综合电力推进系统、燃料电池动力装置。现代船舶的主机形式通常是柴油机。

2. 船舶发电机(又称副机)

远洋船舶上都是由柴油机作为原动机带动的发电机,为船舶提供用电。从安全考虑,一般船舶配有两台以上发电机,作为备用。

3. 舵机

舵机是保持或改变船舶航向,保证安全航行的重要设备。

4. 锅炉

锅炉是给船舶提供热能的装置。油船锅炉分主锅炉和辅锅炉,其他船舶只有辅锅炉。

5. 空压机

压缩空气是船舶的原始动力。空压机提供一定压力的压缩空气。

6. 防污染设备

防污染设备是用来处理船上的含油污水、生活污水、油泥及各种垃圾的设备。它包括油水分离器(附设有排油监控设备)、生活污水处理装置及焚烧炉。

7. 其他辅助设备

其他辅助设备包括分油机、造水机、压载水处理装置、制冷装置(包括空调、伙食冰机)等。

8. 管系

管系由各种阀件、泵、管路、滤器和热交换器等组成,用以输送各种流体工质,以维持船舶的各种机械设备正常运转。按管系用途的不同,可分为动力系统和辅助系统。

(1)动力系统:为主推进装置和发电机及锅炉服务的管路系统。它包括燃油系统、滑油系统、海淡水冷却系统、蒸汽系统、压缩空气系统、排气及废气利用系统。

(2)辅助系统:为船舶平衡、稳性、人员生活和安全服务的管路系统。它包括压载水系统、舱底水系统、日用海淡水系统、通风系统、空调系统、冷藏系统和消防系统等。

9. 自动化设备

船舶自动化设备主要由主、辅机的遥控单元,温度、压力、液位的自动控制调节单元,机舱各设备的工况监测、报警、打印等设备组成。

10. 电气设备

电气设备包括发电机、船舶电站及机械设备相关的控制箱等。

11. 应急设备

机舱的应急设备包括应急消防泵、油类速闭阀、应急空压机、防火挡板、逃生通道、应急照明等。

(二)机舱各设备的应急状态

船舶机舱设备的应急状态是指设备正常运行时,设备的参数,如温度、压力、消耗率等超出了正常的范围,影响了设备性能的正常发挥,会给设备造成伤害的一种状态。这种状态通常有以下表现:

1. 设备性能方面

①功能异常。表现在启动困难、功率不足、转速不稳、自动停车等。

②温度异常。表现在油、水温度过高或过低,排烟温度过高等。

③压力异常。表现在燃油、滑油、冷却水压力失常,扫气压力、压缩压力和爆发压力不正常等。

④示功图异常。柴油机做功不正常,测试出的示功图图形异常,计算出的汽缸功率不符合要求。

2. 设备外观显示方面

①外观反常。船机运转中油、水、气等有跑、冒、滴、漏等现象,排烟异常,如冒黑烟、蓝烟或白烟等。

②消耗反常。运转中燃油、滑油和冷却水的消耗量过多,或不但不消耗反而增加。例如,曲柄箱油位增高。

③气味反常。在机舱内嗅到橡胶、绝缘材料的"烧焦"味,变质滑油的刺激性气味等。

④声音异常。在机舱听到柴油机的敲缸声、拉缸声、增压器喘振声,还有螺旋桨鸣音及各种工作不正常的声音等。

作为一名轮机管理人员,应当熟悉机舱设备运行时的正常状态,能够做到快速区分正常与应急状态的现象,及时正确地处理应急状态,减少以至杜绝人为因素事故的发生,以保证设备的安全运行。

二、应急程序与计划的响应与行动

为了防止船舶机舱设备应急状态的出现,轮机管理人员必须做好预防工作,对机械设备做好定期维护保养计划。根据 ISM 规则的要求,凡从事国际航行的船舶及经营国际航运的公司,应建立、实施和保持一个安全管理体系(SMS),并经主管机关或其授权的机构进行认证审核。按照安全管理体系的要求,各公司主管人员依据相关法规及规范要求和设备制造厂说明书的规定,对机舱设备制订详细的维护保养计划,对船上可能出现的应急状态,公司应制定、阐述相应的应急程序。各船务公司及船舶针对本公司船舶的特点,都制订了相应的应急程序及应急计划,通常有:

(1)溢油应急反应计划;
(2)全船失电应急反应程序;
(3)主机故障的应急操作程序;
(4)舵机故障的应急操作程序;
(5)机舱堵漏的应急处理程序;
(6)机舱火灾的应急处理程序。

其中关于机舱设备的应急程序主要有船舶主机故障的应急操作、全船失电及舵机失灵的应急程序。每一种应急反应程序都有相应的报告程序,一般的格式为:

报告应包括但不仅限于下列内容:
(1)船名和船舶呼号;
(2)报告人姓名和职务;
(3)损害事故发生的日期和时间(标准时间);
(4)船位及船速;
(5)简要概述船舶的损害情况和船舶状态(吃水和倾斜);
(6)天气条件(风、雾、雨、冰等情况)、海况;
(7)正在采取的措施和将要采取的措施;
(8)需要的协助;
(9)已获得的协助;
(10)通信安排。

同时,发生应急情况时应做好航海日志、车钟记录簿、轮机日志等记录。

作为一名轮机管理人员,应熟悉机舱各设备的运行状态及参数的正常范围,熟悉本船关于机械设备应急程序,能够做出正确反映,应具有良好的情景意识,遇事不慌乱,沉着冷静,减少事故的发生。

三、船舶机舱设备控制系统的控制方式

随着轮机新技术的发展和不断完善,机舱设备控制系统的自动化程度越来越高,很大程度

上减轻了轮机人员的劳动强度和维护保养工作量,提高了工作效率,减少了人为操作失误的因素。机舱设备的控制方式有遥控、自动控制及本地控制。

遥控是指设备的运行能够在远离设备现场进行控制,即能够在机舱集控室或驾驶台进行控制。如主机的启动、停止、加减速均能在集控室或驾驶台进行控制。

自动控制是指设备由一定的参数控制,能够自行启动、停止,控制参数通常是温度、压力及液位。如锅炉的水位自动控制、空压机的自动启动和停止等。

本地控制是指在设备现场进行启动、停止的操作。

在机舱设备的控制系统中, 遥控 ←→ 本地 ←→ 自动 。

下面介绍机舱常见的设备控制系统的转换:

1. 主机遥控系统操作部位的转换

在主机遥控系统中,可以在驾驶台操纵主机,也可以在集控室操纵主机,而且在自动遥控失灵的情况下,还可在机旁应急操纵主机。在上述三个操纵部位中,机旁操纵的优先级最高,其次是集控室,驾驶台操纵的优先级最低。为了确保安全,避免因操纵部位转换而产生扰动,在正常情况下,驾驶台和集控室之间的操纵部位转换要满足如下两个条件:

(1)集控室遥控车钟发出的正、倒车或停车车令必须与驾驶台遥控车钟发出的正、倒车或停车车令一致,否则操纵部位切换阀将被连锁机构锁定而无法切换,这一条件是驾驶台和集控室之间的操纵部位转换必须满足的条件。

(2)集控室遥控车钟发出的转速设定值必须与驾驶台遥控车钟发出的相等,否则切换中因车令设定转速改变而使主机转速变化,产生切换扰动,但这一条件不是必备的条件。

转换方法:以 Auto Chief-Ⅳ 型主机遥控系统为例,如图 6-1 所示。

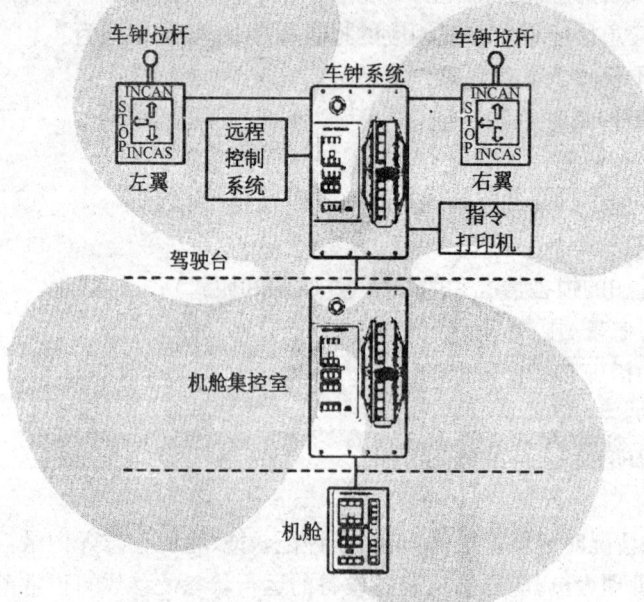

图 6-1 主机操作部位的转换

这是实际车钟系统的结构组成。

①轮机员在集控室操作面板上确认当前的操作部位:机旁、集控室、驾驶台。

②集控室转到驾驶台:将集控室操作面板上的转换开关转到驾驶台:ECR→BCR,驾驶台确认。

③驾驶台转到集控室:将集控室操作面板上的转换开关转到驾驶台：BCR→ECR,集控室确认。

④集控室转到机旁控制:将集控室的转换开关转到机旁控制:ECR→LOC。集控室到机旁是应急控制方式,需要将联锁装置解除才能进行机旁操作。

2. 船舶发电机的控制方式转换方法

船舶发电机的控制方式是指启动方式和并车方式。

发电机的启动可以是机旁启动,也可以是遥控启动及自动启动,并车方式有手动并车和自动并车。

①发电机的启动

现代船舶发电机的启动控制方式有"自动""机旁""遥控"操作方式的转换,并能满足"机旁"优先于"遥控","遥控"优先于"自动"。"优先"是指当转换开关置于"自动"时,也应能做"遥控"或"机旁"操作;置于"遥控"时,也可以实现"机旁"操作,但不能有"自动"的功能;置于"机旁"时,"自动""遥控"的功能均被取消。船舶电站中各台主发电机组一般都是采取互为备用的原则,备用机组的燃油、压缩空气备好,有预热和预润滑,无阻塞,当操作选择开关置于"自动"位置,则认为机组已进入"备好"状态。当接到启动指令时能自动启动柴油机。一个启动指令可以允许三次启动。当转速和滑油压力达到规定值时,发出启动成功信号。发电机启动控制如图6-2所示。

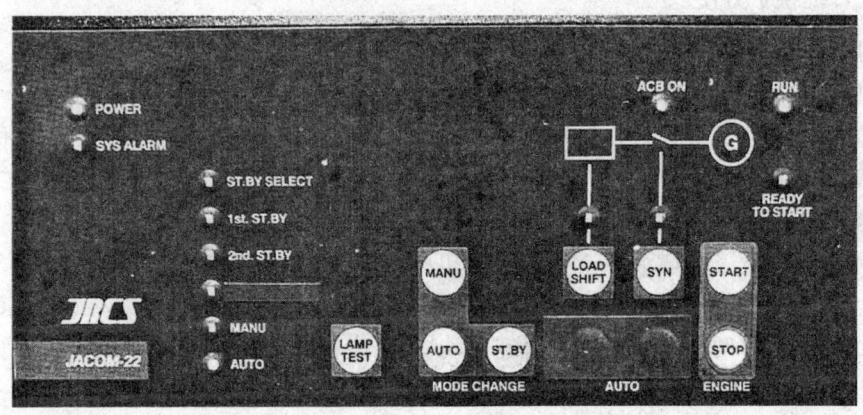

图 6-2 发电机启动控制

②发电机的并车

发电机的并车方式有手动并车和自动并车。两种并车方式的操作方式选择是通过电站的操作选择开关来控制的。

3. 空压机的自动控制

船舶空压机多采用自动控制,只有在应急和检修试车时才用手动控制。它的控制方式转换在本地控制箱上如图6-3所示。

空压机的启停一般是由装在气瓶上的压力继电器控制,通常设有两个压力继电器分别控制两台空压机,其接通和切断值都相差一定值。例如一台2.5 MPa启动,3 MPa停车;另一台则2.4 MPa启动,2.9 MPa停车。当前者单独工作不足以维持气瓶压力在2.5 MPa以上时,气压降至2.4 MPa,则另一台空压机启动工作。一般应定期(每月)利用次序转换装置将两个压力继电器与其所控制的空压机的主次关系互换。

图 6-3 空压机控制盘

空压机的遥控是将本地控制开关转换到遥控位置,在集控室控制台上进行手动操作,其工作过程同"就地"手动控制过程一样。遥控自动启动的工作过程同"就地"自动控制过程是一样的。根据控制位置开关的变换,在实际工作中,根据具体工作要求选择控制方式和控制地点,为操作者提供了方便。

4. 机舱其他辅助设备的控制方式

机舱其他辅助设备的控制方式一般都有手动与自动及遥控的方式。

操作位置的转换开关设在本地操作控制箱上。如海淡水泵的启停控制,可以在本地控制,也可以在集控室控制;锅炉水位的控制采取的是自动控制和手动控制方式。

两种操作方式互为备用。

船舶中为主机服务的燃油泵、滑油泵、冷却水泵等泵浦,为了控制方便和工作可靠均设置两套机组。这两套机组不仅能在机旁控制(LOCAL),也能在集控室进行遥控(REMOTE),且当运行机组出现故障时能实现备用机组的自动切换,使备用机组立即启动并投入工作,从而保证主、辅机处于正常工作状态。

四、船舶推进控制系统的各部件/装置从系统中隔离并进行手动控制的方法

船舶推进控制系统通常分为气动式、电动式、电-气式和微机控制四种类型。

尽管不同厂家生产的船舶推进控制系统在实现方案和实现手段上不尽相同,但各厂家都必须共同遵守相关船级社所规定的船舶建造和入级规范。总体上讲,船舶推进控制系统的主要功能应包括五个方面,即操作部位转换功能、逻辑程序控制功能、转速与负荷控制功能、安全保护与应急操作功能和车钟通信功能。

现代船舶建造常见的推进控制系统形式:

(1)日本的 Nabtecso M-800III 推进控制系统。

(2)挪威 Kongsberg 公司研制的 Auto Chief C20 推进控制系统。

(3)推进控制系统的气动控制系统,如常见的 MAN B&W MC 主机的控制系统。

尽管控制系统的型式不同,但是控制系统的手动控制方法基本一致。当船舶推进控制系统有关部件/装置出现故障,而不能及时地修复,所采取的措施就是把相关的部件/装置从控制

系统中隔离出去,采取机旁手动控制操作。

如 MAN B&W MC 主机的控制系统中的某个气动阀件故障而又无法修复,集控室及驾驶台操作失灵,只能转换为机旁的手动操作。

控制系统的开关量传感器、温度、压力、液位等参数传感器故障,无备件更换,短接。

五、机舱各设备在电源或动力失效时的立刻补救及应急程序

1. 机舱设备在电源失效即全船失电时的应急程序

(1)船舶在正常航行中全船失电时的应急程序

①立即通知驾驶台值班人员,通知轮机长下机舱;

②同时启动备用发电机,合上电闸并以最短时间恢复供电;

③若另一备用发电机自动启动,则应立即合闸供电;

④恢复保证正常航行必需的各主要设备供电;

⑤重新启动主机,恢复正常航行;

⑥如情况特殊,船舶因避碰急需用车,只要主机有可能短期运转则应执行驾驶台命令;

⑦若备用发电机组不能启动供电,则应启动应急发电机,现代化船舶上的应急发电机是自动启动、自动供电,保证机舱关键设备和助航设备的供电;

⑧待发电机恢复正常供电后,再启动各辅助设备,恢复船舶正常航行状态。

(2)船舶在狭窄水道或进出港航行中全船失电的应急程序

①立即通知驾驶台;

②同时启动备用发电机,合上电闸,并以最短时间恢复供电;

③若另一备用发电机自动启动,则应立即合闸供电;

④尽最大可能以最短时间恢复主机所需的转速;

⑤主机操纵应有专人看护,并随时同驾驶台取得联系;

⑥如果情况紧急,船长必须用车,可按车令强制启动主机而不考虑主机后果。

(3)船舶在锚泊中或靠泊装卸货中船舶失电的应急程序

①启动备用发电机,合上电闸并以最短时间恢复供电;

②若另一备用发电机自动启动,则应立即合闸供电;

③切除非重要负载,如起货机、通风机等;

④待确认正常后恢复供电。

以上几种情况的船舶失电,均应在恢复正常供电后,仔细分析、检查故障原因,及时排除。

2. 船舶动力失效时的应急程序

船舶动力失效是指主机在正常运行当中,因故障的发生导致主机不能运转,进而导致船舶处于停航状态。

针对不同船舶及不同机型,各公司按照 ISM 规则要求制定了相应的应急程序。

当发生船舶主机失灵时,按应急部署集合。

(1)在航行中,因发电机失电造成的主机停车,值班轮机员按照失电应急程序快速恢复主机的运行。

(2)在航行中,因主机本身的机械故障导致的停车:

①报告驾驶台及轮机长;

②值班轮机员根据故障现象、报警提示，尽快查找故障。

③若是主机某缸的活塞、高压油泵、排气阀、喷油器等故障，临时需要更换时，轮机长应通知船长主机停车的原因和可能需要停车的时间。只要有可能，应在降速或停车前，驾驶台和轮机长协商，以保证甲板值班驾驶员采取必要的船舶安全预防措施。

④如果船上不能恢复主机运转，则根据报告程序向有关部门报告。

（3）在航行中，因主机安保系统引起的故障停车：

①根据报警指示迅速判别是安保系统中哪一参数超限引起的主机停车故障，立刻启用备用泵（系统）或调整已超限的参数回到正常范围，重新启动主机；

②若某个保护参数超限，为保证主机进出港、靠离码头或恶劣天气航行，可将某参数取消（如凸轮轴滑油低压、推力块高温保护、增压器进口滑油压力低）或短接保护装置，以保证临时启动主机，以保证船舶安全；

③针对安保系统装置故障及临时短接，事后应复位并尽快查明排除保护系统装置的故障。

六、紧急状况下机舱主要装置或设备（诸如管系、控制系统等）必要的隔离程序或措施

为保证船舶安全航行，轮机人员应当熟悉在紧急情况下机舱重要设备/装置的隔离程序或措施。

1. 在紧急情况下主机遥控系统的隔离措施

当船舶在海上航行，为保证船舶安全，在紧急情况下把影响主机运行的故障警报隔离开，越过这些限制，即"越控"。

船舶主机的越控操作是指在紧急情况下，主机的控制系统操作越过这些影响主机正常运转的因素，继续以正常的转速运行，如当主机冷却水温度过高，按控制系统的要求应该自动停车，但因船舶所处的海况及海域或因紧急避让，而不能使主机停下来，正是因为有越控操作按钮，驾驶台让主机继续运转而不停车，以保证船舶的安全。越控按钮设在驾驶台控制站，而且只有船长有权操作。

主机不能进行越控的故障：

①超速；

②主机滑油压力低。

主机越控的使用条件：

①必须满足在狭窄、密集航区且为紧急避让；

②确保人员安全，即舍机保船；

③恶劣海况。

越控操作对主机的损害很大，除非情况特殊，否则不允许采用。采用"越控应急"操作模式时，通知机舱值班人员做好相应措施，应尽量减少不必要的损失。在"越控"位置操作时，值班轮机员要仔细观察主机的工作情况，有异常要做好记录，以便在用后进行处理。值班驾驶员和值班轮机员应把"越控"操作的开始时间和结束时间分别记入航海日志和轮机日志。

2. 紧急情况下消防管系的隔离措施

在船舶消防系统中，在管系的布置上，按照相关的公约及规范要求，在机舱外且容易达到的地方，在消防总管上设置隔离阀，隔离阀应是截止阀。其作用是，在机舱失火的紧急情况下，主消防泵失去作用，机舱内的消防管路也会被破坏，这时消防水会从烧毁的地方流失，依靠应

急消防泵及通过国际通岸接头从岸上接消防水来灭火时,关闭隔离阀,将机舱部位的消防管系隔离开来,以免消防水倒灌,影响灭火效果。

隔离阀的状态保持开启,只有在机舱失火的紧急情况下关闭此阀。按照机舱失火的应急程序操作。

七、舵机设备在全船断电或其他导致动力故障时立刻进行恢复的应急程序,以及在机旁进行遥控自动舵与手动舵的转换操作应急程序

(1) 一般应急程序

①航行中发现舵机失灵,驾驶台应先转换为辅助操舵系统,并通知船长和机舱值班人员;

②机舱值班人员立即启动辅助或应急操舵装置,同时通知轮机长;

③轮机长迅速到舵机房,组织机舱人员进行相应的操作和抢修;

④船长到驾驶台,按照舵机的损坏情况指挥船舶的应急操纵。

(2) 当舵机因电源故障而失灵时采取的应急措施

船长应在驾驶台亲自指挥,并召集甲板部人员采取应急措施:

若船舶在海上航行,则:

①值班驾驶员应按《国际信号规则》和《国际海上避碰规则》规定显示号灯、号型;

②加强瞭望,并用VHF发布通告;

③可利用主机操纵船舶,安全离开航线,若水深合适,应随时准备抛锚;

④应换用任何备用转舵装置。

若船舶正在进出港或狭水道航行,则应:

①立即备锚,尽快选择合适地点抛锚;

②按《国际信号规则》和《国际海上避碰规则》显示号灯、号型;

③加强瞭望并用VHF发布通告,提醒来往船只注意安全;

④必要时要求港方派拖船协助拖航。

(3) 当舵机因控制系统故障而失灵时的应急程序

舵机的控制系统故障,是指驾驶台不能有效地通过主、辅操舵装置操纵舵机的紧急状态,此时应采取如下应急措施:

①在舵机应急操纵过程中,值班轮机员不能远离操纵台,按车令操纵主机,执行船长和轮机长的命令;

②船长应安排一名驾驶员和水手到舵机房,负责接听驾驶台的舵令,配合轮机员操纵舵机;

③轮机员应指导值班水手的操舵,尽快使其能独立操作应急操舵装置;

④机舱人员应加强轮机值班,尽全力抢修驾驶室主、辅操舵装置,使其尽快恢复功能;

⑤向公司汇报驾驶室主、辅操舵装置失灵的经过,并请求驶向最近海岸有能力修复主、辅操舵装置的有关港口进行修复;

⑥轮机长做详细的事故报告:发生故障的时间、海况、地点、原因、抢修经过和采取的措施及可能需要的支援。

第二节　内部通信系统

一、船舶内部通信系统的组成、作用和位置分布

1. 船舶操纵信号设备

船舶操纵信号设备是提供船舶驾驶员了解各种航行机械设备运转情况，得以正确指挥和操纵，提高船舶操纵性能，实现船舶正常安全航行的重要设备。

（1）电气传令钟

电气传令钟又称电车钟或机舱传令钟，是用在驾驶室、机舱集中控制室和机旁操作部位之间传送主机运转情况的命令和回令的装置。电气传令钟按其传信原理可分为3种：

①利用指示灯系统传信原理的灯光传令钟；

②利用直流自动同步传信原理的直流电动传令钟；

③利用自整角机同步传信原理的交流电动传令钟。

（2）舵角指示器

舵角指示器是一种能指示出实际转舵角度的仪器，内有照明设备，左右各刻有35°，可以检查操舵装置工作的准确性和灵敏性，并在人工操舵时用以直接指导操舵的动作，舵角指示器随时指示出实际舵角。舵角指示器布置在机舱集控室、驾驶台及舵机间。

舵角指示器由发讯器中的电位计和标成舵角刻度的毫伏计组成，当舵带动发信电位计触点转动时，电位计两臂阻值变化，引起收信器指针转到相应位置，指示实际舵角。

（3）主机转速测量系统

船舶航行时，其船速与主机转速有关。因此，船上必须设有远距离测量主机转速装置。主机转速测量也是主机遥控、安保系统中的一个重要环节，为主机遥控、安保系统提供转速信号，且主机安保系统用的转速测量装置应设有独立的传感器，与转速指示、控制用的传感器分开。

主机转速测量装置通常安装在主机飞轮端。主机的转速表布置在机旁、集控室、驾驶台及轮机长房间，根据船舶的需要来安装。

（4）调距桨传令钟和指示器

在设有调距桨的船上，控制调距桨的角度以实现对船的船速、前进、后退的控制。调距桨传令钟用于驾驶台和机舱之间传递控制命令；调距桨的桨角指示器用于驾驶台和机舱之间传递执行的桨角信号。

2. 电气信号装置

船舶内部电气信号装置用于向旅客、船员传递安全有关的声、光信号和指示，通常有以下种类：

（1）通用紧急报警系统

通用紧急报警系统位于驾驶室，由驾驶台操作，在紧急情况下向全船人员发出召唤全船人员至集合部位的紧急报警。

(2)火灾自动报警系统

火灾自动报警系统由驾驶室或消防控制站操作,在失火时,向全船发出紧急报警。

(3)灭火剂释放报警系统

灭火剂释放报警系统对将充满二氧化碳或其他灭火剂的处所,如机舱、泵舱,在施放之前和释放过程中发出紧急报警。

(4)探火报警系统

探火报警系统由手动或自动探火装置发出报警。在消防控制图上,标注了探火系统各个探火装置布置的位置,如机舱的主机上部、锅炉的上部等。

(5)机器报警

机器报警是由机器的故障或类似的情况而引起的报警。如主机滑油压力低、排烟温度高等。主机有一个独立的报警处理系统。

(6)呼叫系统

呼叫系统由一个人向另一个人或一群人要求联系、支援和/或采取行动,为此发出的信号和指示,如冷库呼叫系统、轮机员安全呼叫系统、轮机员值班呼叫系统、驾驶员安全呼叫系统等。

(7)船用广播系统

在《国际救生规则》中,IMO 的强制性要求为船舶必须安装通用报警和船令广播设备。船令广播系统的主要用途是通过扬声器装置向船员或旅客工作、休息或经常活动的所有场所发布有关信息,以便使全体在船人员在特殊情况下,服从船舶的整体安排或向船上某一位置集结。船令广播系统允许从广播站直接广播,也可由安装在船舶驾驶台、船首、船尾或主管机关认为必要的船上某处的遥控站进行广播。遥控站比广播站有优先权。

船用广播系统可用作通用报警的补充,但一般不应用其代替通用报警系统。

二、船舶内部通信系统的使用方法

船舶内部对通信系统的使用方法有着严格的要求。

1. 船舶操纵信号设备的使用方法

船舶操纵信号是由驾驶台根据船舶航行状态及应急要求发出的操纵指令,轮机人员按照驾驶台的指令执行。

船令车钟的操作:

驾驶台发出车钟指令,轮机人员根据车钟的指示进行回复指令。

舵角指示器是驾驶台根据船舶航行的要求进行操作舵机,操作方式有自动舵、手动操作及应急操作。

主机转速测量系统:驾驶台根据船舶的状态要求,利用车钟给出指令,轮机人员按照车钟的要求,把主机转速调整到驾驶台所要求的转速上。

调距桨传令钟和指示器:

在调距桨的船上,主机的转速是一定的,改变主机的运转方向及控制船速,靠改变调距桨的桨角,即 PITCH。通过加减 PITCH 控制主机,控制船速。

2. 电气信号装置的使用方法

船舶通用报警系统,用于船舶发生火灾或重大海损事故等紧急情况下,对全体船员和旅客发布紧急动员信号。系统由关闭器、警钟、警灯及接线盒等组成。关闭器是系统的控制器,装在驾驶室内,并有指示系统电路工作的指示灯。警钟安装在全船有人到达而又能听清音响信号的地点。警灯安装在无线电室等需要免除声音干扰的地方,机舱和舵机间等噪声大的舱室应同时安装警钟和警灯。在客船和客货船上,警钟系统设计成对旅客和船员相互独立的两大部分,以便在重大事故发生的情况下,可以分别也可以同时对船员和旅客进行紧急报警。

火灾自动报警系统:驾驶台根据火灾警报控制站的指示,根据火灾的部位发出相应的警报,全体船员按照火灾的应急部署执行各自的任务。

机舱警报:机舱因机器、设备故障而发出声、光报警,值班人员应先消声,再确认警报。

呼叫系统:常见的是值班呼叫。当呼叫下一班当值时,在集控室操纵台上有相应的呼叫按钮或开关,如呼叫轮机长,则把转换开关转换到 C/E(轮机长)位置,按下按钮,轮机长房间有相应的回应。

船用广播系统的使用,在船舶发生紧急情况下,利用广播召集在船人员进行应急准备。

三、中国船级社对船内通信与信号设备的有关规定

中国船级社《钢质海船入级规范》对"船内通信与信号设备"做如下规定:

1. 一般要求

(1)各种不同用途的船内通信装置,其声响信号应有不同的音色,以利辨别。

(2)具有 2 个或以上的设备并联工作的船内通信装置,当其中 1 个(或几个)设备切断或发生故障时,应不影响其余设备的工作。

(3)各种自动声、光警报器,应设有能切断声响信号而不切断发光信号的装置。

(4)各种自动报警和指示信号系统,均应设有检查其动作是否正常的试验装置。

(5)安装在驾驶室的重要指示器应有适当的照明并附有亮度调节器或遮光罩。

2. 传令钟

(1)在船上应设置把驾驶室的命令发送至机舱的主机传令钟,主机传令钟应具备复示装置。

(2)应于驾驶室内设置主机传令钟的失电听觉和视觉报警器,该报警器一般应由蓄电池供电。若采用船电时,则不应与传令钟接入同一电源线路上。

(3)主机传令钟系统一般应在主机操纵台附近设有主机错向报警装置。

(4)主机传令钟若有 2 个及以上的发信器时,则每个发信器之间应有机械或电气的联动或联锁装置。

3. 指挥电话和其他通信设备

(1)下列处所之间若以电话为主要通信工具时,则应为声力电话或蓄电池供电的指挥电话:

①驾驶室—机舱。

②驾驶室—应急操舵站及舵机站。

上述①、②应为直通电话,若在通信系统中具备插入忙线通话时,则①、②可采用如图 6-4 所示方式。

③驾驶室—火警信号站及消防设备集中控制站、船首、船尾。

④驾驶室—无线电室(若驾驶室与无线电室相毗邻,且能进行有效的通信联系时,可免除

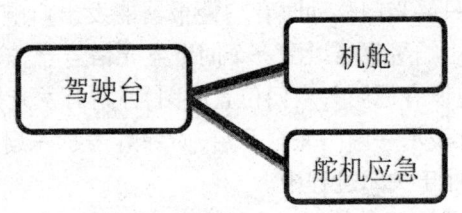

图 6-4　插入忙线通话时的方式

两者之间电话通信的要求)。

(2)指挥电话应保证在船舶各种工况下通话清晰。

(3)安装在噪声较大的舱室内的电话,若影响通话时,则应装设在隔音室或隔音罩内。

(4)应设有固定式、可携式或两者兼备型式的应急通信设备,以供船上应急控制站、救生艇筏集合和登乘地点与驾驶室和消防控制站等要害部位之间进行双向通信。

4. 通用紧急报警系统

(1)船舶应设单向发信的通用紧急报警系统,在全船所有起居处所、通常船员工作的处所以及客船的开敞甲板均应听到该系统的报警。报警器被触发后一直保持报警状态,直至人工将其关闭或由于广播系统工作而暂时中止。

在客船上,该报警信号应通过两组独立的线路分别向船员和旅客发出。

(2)在主电源供电失效时,通用应急报警系统应能自动转换至应急电源供电。

(3)通用紧急报警系统应能在驾驶室、消防控制站控制。

(4)通用紧急报警系统的分电箱应设在舱壁甲板以上的适当处所,由分电箱引出的每一分路的绝缘板上均需设熔断器保护。

(5)在所有的门和通道都关闭的情况下,在居住舱室内睡眠位置和距离声源 1 m 处,音响报警信号的声压级至少应达到 75 dB(A),并至少要比船舶在较好天气状况下航行时的正常设备操作的环境噪声级高出 10 dB(A)。声压级应在基频附近的 1/3 倍频带之内。在任何情况下,某一处所内的音响报警信号声压级应不得超过 120 dB(A)。

(6)除电铃外,各种听觉信号的频率应为 200~2 500 Hz。

5. 有线广播系统

(1)应设有能将指令有效地发送到各居住处所、服务处所、控制站以及开敞甲板的有线广播系统。

(2)在主电源供电失效时,有线广播系统应自动转换至应急电源供电。

(3)如果有线广播系统能符合相应要求以及对通用紧急报警系统的要求,则可兼作通用紧急报警系统和发送火灾报警信号。

6. 其他警报装置

(1)在厨房内应设有听觉和视觉警报器,以保证工作人员偶然被闭锁在伙食冷藏库内时能发出求救信号,但冷藏库的门如能从内部开启时则可免予设置。

(2)水密门关闭和开启指示装置和预告水密门关闭的听觉报警器,应符合现行 SOLAS 公约的有关规定。对 1992 年 2 月 1 日或以后建造的客船规定:

①应设置一个与该区域内其他警报器不同的声响警报器。当该门用动力遥控关闭时,这种警报器应在门开始移动前至少 5 s 但不超过 10 s 发出声响,且连续发声报警直至该门完全

关闭。在手动遥控操纵时,只要当门移动时音响警报器能发出声响即可。在乘客区域和高环境噪声区域,要求在门上的声响警报器增配一个间歇发光信号器。

②驾驶室内的集控台应设有标明每扇门位置的图,并附有发光指示器,以显示每扇门的开启或关闭状态。应使用红灯表示一扇门完全开启,而绿灯表示一扇门完全关闭。当遥控关闭门时,红灯应以闪烁表示门处于关闭过程中。

(3)灭火剂施放预告信号以及其他听觉和视觉报警装置应符合如下规定:

①对于任何经常有人员在内工作或出入的处所,应设有施放灭火剂的自动声响报警装置。该报警装置在灭火剂施放之前应至少工作 20 s。

②二氧化碳系统应设置 2 套独立的控制装置,以将二氧化碳释放至被保护处所,并确保报警装置的动作。其中一套控制装置应用于将气体从所储存的容器中排出;另一套应用于开启安装在将气体输送至被保护处所的管路上的阀门。

第三节 轮机值班时的快速反应

为了应对船舶发生的各种紧急情况,SOLAS 公约规定,每艘船舶应制定相应的应变部署:每艘船舶都应按主管机关规定(中国籍 500 总吨及以上的货船、载客 12 人及以上的客船,都必须配备我国主管机关认可的统一印制的货船或客船应变部署表),根据本船设备和人员情况,编制应变部署表与应变须知。船舶应变部署一般分为救生(包括弃船求生和人落水救助)、消防、堵漏和综合应变等。轮机值班人员根据报警的类别,应做出快速反应。

一、船舶发生火灾时值班轮机人员的快速反应

船舶发生火灾时,全体船员按船舶消防应变部署表规定的集合地点集合,按消防应变部署表规定的职责行动。

1. SOLAS 公约的消防演习规定

(1)演习应尽可能按实际应变情况进行。

(2)每位船员每月应至少参加一次弃船演习和消防演习。若有 25% 以上船员未参加该特定船上的上个月弃船和消防演习,应在该船离港后 24 h 内举行该两项船员演习。当船舶是第一次投入营运、经重大修理或有新船员时,应在开航前举行这些演习。客船每周应举行一次弃船演习和消防演习。

(3)每次消防演习计划应根据船舶类型、货物种类和实际可能发生的各种应急情况而制订。

(4)每次消防演习应包括:

①向集合地点报到,并准备执行应变部署表规定的任务;

②启动消防泵,要求至少使用 2 支所要求的水枪,以显示该系统处于正常的工作状态;

③检查消防员装备及其他个人救助设备;

④检查有关的通信设备;

⑤检查演习区域内水密门、防火门、挡火风闸和通风系统的主要进口和出口的操作;

⑥检查供随后弃船用的必要装置。

(5)演习中使用过的设备应立即放回,保持其完整的操作状态,如在演习中发现有任何故障和缺陷,应尽快修补。

2. 消防演习的组织

①消防演习应按应变部署表中的消防部署进行。大副任消防演习的现场指挥,负责指挥消防队、隔离队和救护队。

②演习要求:消防演习时,应假想船上某处发生火警,组织船员扑救。假想的火警性质及发生的地点应经常改变,以便船员熟悉各种情况。全体船员必须严肃对待演习,听到警报后,应按照消防应变部署的规定,在 2 min 内携带指定器具到达指定地点,听从指挥,认真操演。机舱应在 5 min 内开泵供水。

③演习评估:消防演习后,由现场指挥进行讲评,并检查和处理现场,还要对器材进行检查和清理,使其恢复至可用状态。必要时,船长可召开全体船员大会,进行总结。

④演习记录:演习结束后,应将每次演习的起止时间、地点、演习内容和情况,如实记入航海日志。

3. 船舶发生火灾时值班轮机人员的快速反应

轮机值班人员在船舶发生火灾时应做出快速反应,立即启动消防泵或应急消防泵,其应急程序:

①在值班过程中发现火灾应立即大声呼叫,发出消防警报,就近使用灭火器材进行灭火。

②在值班时听到火灾警报后,应立即就位并按应变部署表的分工进行灭火。

③若火灾发生部位在机舱,则探火人员应在轮机长的指挥下,迅速查明火源,掌握燃烧物名称、特性、火烧面积、火势蔓延方向等,并报告船长。

④如有人在火场受威胁,应立即采取抢救措施,如确定火场无人应关闭通风口和其他开口,停止通风并切断火场电源,然后控制火势。

⑤根据火灾的部位,正确使用消防系统,特别是隔离阀的正确操作。

⑥如采用封闭窒息方法灭火,必须在经过相当长的时间之后,并组织足够的消防力量做好扑灭复燃的准备,才能逐步打开封闭设施,再视情况缓慢予以通风。

二、船舶发生人员落水时值班轮机人员的快速反应

若发生人员落水,机舱值班人员按应变部署表的职责分工进行紧急救助。

(1)轮机长进入机舱,以保证动力设备正常运转;

(2)值班轮机员按照驾驶台的指令操纵主机;

(3)若需要释放救生艇,轮机员负责操纵艇机;

(4)轮机值班人员巡回检查机械设备,确保机械设备正常运转,尤其是主机、发电机及舵机;

(5)保持机舱与驾驶台通信畅通。

三、船舶发生溢油时值班轮机人员的快速反应

针对溢油事故的预防及应对,根据 MARPOL 73/78 附则 Ⅰ 第 37 条和附 Ⅱ 第 17 条的要求,凡 150 总吨及以上的油船和 400 总吨及以上的非油船,均应备有经主管机关认可的"船上油污染应急计划"(Shipboard Oil Pollution Emergency Plan, SOPEP,以下简称"计划")。

该计划用于帮助船员处理意外排油,其主要目的是制定必要的措施,以控制或减少排放和减轻其影响。但船舶发生溢油事故时,值班轮机人员应迅速做出反应,按应变部署表的职责进行分工:

(1)报告轮机长;

(2)轮机长亲临现场指挥,判断溢油的性质并报告船长;

(3)采取有效措施,关闭有关阀件,防止事态扩大;

(4)利用溢油的应急设备,清理及收集现场的溢油;

(5)若溢油进入海面,则不要轻易用洗衣粉及去油剂消除溢油,应报告船长,由船长向有关当局报告,请求支援与救助;

(6)记录事故发生的时间、地点、油的种类、数量。

四、船舶堵漏时值班轮机人员的快速反应

当船舶发生进水事故时,立即按应变部署表的职责分工进行紧急救助。

1. 当进水部位发生在机舱以外

(1)轮机长立即进入机舱,负责动力装置的正常运行;

(2)机舱除值班人员外,其他人员按应变部署表,协助甲板部船员携带堵漏工具进行堵漏;

(3)轮机值班人员按照驾驶台车令进行操作主机;

(4)根据堵漏指挥人员的命令进行排水。

对排水量进行正确的估算:

根据《国际海上人命安全公约》(1974)的规定,一般船舶要有 2 台舱底泵,客船要求至少装设 3 台动力舱底泵与总管相连接。每一台动力舱底泵应能使流经排水总管的水流速度不小于 122 m/min。

若按此流速计算,则每一台动力舱底泵的排水量便可计算出。

$$Q_{排} = 5.75 d_1^2 \times 10^{-3}$$

式中:$Q_{排}$——每台舱底泵的排水量,m^3/h;

d_1——舱底水总管的内径,mm。

2. 当进水部位在机舱内

(1)轮机长立即进入机舱,负责指挥堵漏;

(2)值班轮机员保证动力装置的正常运行;

(3)启动应急舱底吸入阀进行排水;

(4)查明进水原因,实行有效的堵漏措施;

(5)对排水的有效性进行评估,及时向船长报告,以便采取安全的措施。

3. 船舶进水后应采取的排水次序原则

(1)船舶破损进水有纵横倾时,先排吃水大的一端舱室的水,后排其他舱室的水;

(2)先排小裂缝或小破洞舱室的水,后排大破洞进水的舱室;

(3)先排自由液面大的舱室的水,后排自由液面小的舱室的水;

(4)先排机炉舱、舵机房等重要舱室的进水,后排其他舱室的水;

(5)先排上层舱室的水,后排下层舱室的水。

4. 堵漏应变部署及演习

根据《国际海上人命安全公约》(1974)的规定,对于水密门、舷窗、阀以及泄水孔、出灰管与垃圾管的关闭机械的操作演习,应每周举行一次。对航期超过一周的船舶,在离港前应举行一次全面演习。此后,在航行中至少每周举行一次。

堵漏的警报信号是二长声一短声,连放一分钟。听到警报信号后,除固定值班人员外,所有船员应在两分钟内携带有关的堵漏器材在指定地点集合,由现场指挥布置抢救方案和操作演习,演习中每一个船员要明确职责,熟悉堵漏器材的使用方法。演习完毕后,要检查、保养器材,并放回原固定位置。

五、溢油污染的处理措施

1. 通信联络信息和报告

海上发生溢油事故后,首先是报告和评估,按照"溢油应急计划"的报告程序,应向有关当局报告:

报告应按规定的统一格式填写,其内容包括:

AA. 船名、呼号、船旗国;

BB. 发生事故的日期、时、分;

CC. 事故位置,用纬度(N、S)和经度(E、W)表示;

DD. 与岸标的距离和真方位表示的船位;

EE. 真航向;

FF. 航速(节);

II. 预定航线;

MM. 监听电台频率;

NN. 下次报告日期、时、分;

PP. 船上货物及燃油的数量和种类;

QQ. 缺陷、故障、损坏简况;

RR. 污染简况,包括估计溢出量;

SS. 天气和海况简况(风向、风速、浪向、浪高);

TT. 与船舶所有人、经营人、代理人联系的细节;

UU. 船舶尺寸和类型(船型、船长、船宽、吃水、载重吨、总吨);

XX. 附加资料(事故简况;外援需要;正在采取的措施;船员人数及受伤细节;保赔协会或当地相应机构细节;其他)。

船舶发生污染事故,需要进行通信联系的应包括:沿海国家和地区联系人;港口联系人;与船舶有关的重要联系人("破损稳性和剩余结构强度岸基电脑计算程序"服务提供者/船舶管理公司、船东/营运人等)。

2. 溢油污染的处理措施

应该防止石油继续溢漏,采取停泵、堵塞甲板泄水孔,打开或关闭有关阀门、调驳舱柜存油等减少溢出手段;然后要控制溢油的继续扩散,如使用围油栏、集油剂等方式;再采取适当措施将溢油回收,可用人工回收、撇油器、回收船、吸油材料等方法。

(1)将溢油控制在较小范围内并阻止其进一步扩散和漂移所采取的措施称为溢油围控。

所使用的设备主要有麦秆、玉米秸、稻草、围油栏、缆绳、网具等。

①围油栏

围油栏是防止溢油扩散、缩小溢油面积、配合溢油回收的最常用的也是较为有效的设备。围油栏主要有围控、集中、诱导和防止潜在溢油等作用。

发生溢油事故后,溢油在外界因素的影响下,会迅速任意地扩散和漂移,形成大面积污染。在开阔水域、近岸水域或港口发生溢油时,及时布放围油栏,能够将扩散的溢油及时围控,并通过围油栏拖带或缩小围拢范围,可以将油膜集结到较小的范围内进行回收。这样既可以防止溢油扩散,也可以增加油膜厚度,便于回收和进行其他处理。在溢油量大,风、流、浪的影响较大,在现场围控溢油不可能的时候,或者为了保护海岸或水产资源,可以利用围油栏将溢油诱导到能够进行回收作业或污染影响较小的海面上,根据现场情况可设多道围油栏。防止潜在溢油通常指在有可能发生溢油或存在溢油风险的地方,根据当地水域情况,提前布放围油栏进行溢油防控。这样可以在真正出现溢油时,防止溢油扩散,采取回收措施,将围控中的溢油及时回收。船舶在码头进行油类装卸作业或在锚地进行油类过驳时,通常都要按照规定要求提前布放围油栏进行防控;对搁浅、沉没的船舶在尚未打捞前,也要根据实际情况进行适当的围控。

目前常用的围油栏有固体浮子式、充气式、气幕式三种类型。各种类型的围油效果都受流速和浪高的限制。

② 集油剂

集油剂是一种防止溢油扩散的界面活性剂,亦可以说是一种化学围油栏,适合在港湾附近使用。

用化学凝聚剂阻止扩散,在油膜周围撒布一种比溢油的扩散压大的化学药剂,它在水面上扩散并压缩油膜,使油膜面积大大缩小,阻止溢油扩散,收缩溢油,从而将溢油集中起来。撒布化学凝聚剂的作业比铺设围油栏容易且迅速。使用化学凝聚剂对防止煤油、柴油等轻油和重油的扩散是行之有效的方法。但集油剂不能与分散剂同时使用,也应避免同时用吸油材料,另外要防止混入碱类或洗涤剂,否则集油剂的效力将下降;还要注意对人体的防护。

(2)海上溢油的回收

用物理的方法回收溢油,是清除海面溢油较为理想的办法,既可避免溢油对环境的进一步危害,又能回收能源。物理回收方法包括人工回收、机械回收和溢油吸附材料回收。

溢油吸附材料指能将溢油渗透到材料内部或吸附于表面的材料。理想的溢油吸附材料应疏水、亲油,溢油吸附量大,亲油后能保留溢油且不下沉,还应有足够的回收强度。吸油材料便于携带,操作方便,适用于吸附很薄的油层,通常在大型溢油事故的处理后期或较小的溢油事故中使用。溢油吸附材料按其原料属性分为天然吸附材料和合成吸附材料。天然吸附材料主要有稻草、锯末、鸡毛、玉米秸、珍珠岩等,营运船上通常准备的是锯末。合成吸附材料主要包括聚氨酯、聚乙烯、聚丙烯、尼龙纤维和尿素甲醛泡沫等,具有较高的亲油性和疏水性。合成吸附材料可以做成多种形状,船上习惯使用的是吸油毡、吸油栏和吸油颗粒。

溢油吸附材料用于溢油未扩散时清除围油栏以外的油以及围油栏以内的油;有两道围油栏时,清除两道围油栏之间的油;利用溢油回收机械收油使油层变薄、回收效率下降,用吸油材料吸附较薄的油层;当溢油到达岸边及不易处理的狭窄海域时,用吸油材料吸附;吸油材料还可用于对水面上的浮油进行阻拦或做记号。

第七章 船用工具及测量仪表

第一节 黏合塑料及黏合剂

一、黏合塑料

塑料是以单体为原料,通过加聚或缩聚反应聚合而成的高分子化合物,其抗形变能力中等,介于纤维与橡胶之间,由合成树脂及填料、增塑剂、稳定剂、润滑剂、色料等添加剂组成。

根据塑料理化特性的不一样,可以把塑料分两种:一是热固性塑料,二是热塑性塑料。

热固性塑料是指在受热或其他条件下能固化或具有不溶(熔)特性的塑料。温度很低甚至在室温下就会固化,谈不上有熔化温度,但是一旦固化了,无论加热到多少度都不熔化。

热塑性塑料是指加热后会熔化,可流动至模具冷却后成型,再加热后又会熔化的塑料。

塑料的应用领域广阔。在各种应用中,常常需要进行塑料与塑料、塑料与金属或塑料与其他材料的粘接。合适的工艺条件与黏合剂的选择是良好粘接的关键。与铆接、焊接、螺栓连接相比,塑料的粘接有以下几个优点:

①接头处应力均匀;
②强度与质量比值高;
③表面平滑;
④能有效地防潮、耐腐蚀;
⑤绝缘、耐振及经济、简便等。

粘接的要点:

①被粘接表面应力求平整、清洁,但不要抛光。光泽的表面不利于粘接。
②被粘接表面切忌有油污、灰砂、杂质、脱模剂等,即使只有微量都会降低粘接强度。
③注意黏合剂的工艺条件。
④选择合适的接头形式。塑料的接头形式有搭接、对接、斜接、凹凸接等多种形式。

具体选择可以考虑以下原则:

①尽量使胶层受到的力为剪切力或拉力；
②尽量避免胶层受剥离力和不均匀离力的作用；
③在可能的情况下，尽量增大黏合面积。

目前塑料的粘接主要通过溶剂、溶液黏合剂和部分聚合物黏合剂来实现。

1. 溶剂粘接

溶剂粘接是凭借溶剂对被粘接塑料的溶解和粘接后溶剂的挥发而实现粘接。能溶解塑料的溶剂即可作为该种塑料的黏合剂。所选用的溶剂，其挥发性不宜太大，因为挥发太快会造成未粘接区产生内应力、裂纹。若挥发太慢，粘接时间将加长。通常是在溶剂中加入适量的稀释剂以调节其挥发性。用溶剂粘接时，被粘接的塑料制品最好事先经过热处理，不然在涂覆溶剂后常会有破裂的危险。

2. 溶液粘接

溶液粘接的原理与溶剂相同。不同之处仅在于黏合剂是溶剂和被粘塑料或与它相似的树脂所配成的溶液。溶液粘接通常也只适用于热塑性塑料。由于溶液中存有树脂，所以溶剂虽在粘接后自己挥发出去，但是树脂却留在粘接处。这样，粘接处如有细小的孔隙就会被填塞，对粘接强度更有益。

3. 部分聚合产物粘接

部分聚合产物黏合剂是指由塑料的部分聚合产物或其他部分聚合产物和催化剂、促进剂组成的混合物。它们在粘接后都能于室温下或比被粘塑料软化点低的温度下进行近于完全的聚合。这类黏合剂可以粘接热塑性塑料和热固性塑料。使用此类黏合剂时，接头应考虑使用机械加工方式或砂磨，使结合表面粗糙以有利于增加粘接强度。

热塑性塑料加热会熔化，但熔化温度和塑料的品种有关。比如：聚氯乙烯的软化温度一般为 75~90 ℃；聚苯乙烯的软化温度一般为 70~115 ℃；聚丙烯的软化温度一般为 160~170 ℃；聚乙烯（密度为 0.92 g/cm^3）的软化温度一般为 110 ℃；聚乙烯（密度为 0.94 g/cm^3）的软化温度一般约为 120 ℃；聚乙烯（密度为 0.96 g/cm^3）的软化温度一般约为 130 ℃；有机玻璃的软化温度一般为 126~160 ℃；醋酸纤维素的软化温度一般为 125~175 ℃；聚丙烯腈的软化温度一般为 130~150 ℃。

塑料容易燃烧，燃烧时会产生有毒气体，例如聚苯乙烯燃烧时产生甲苯，这种物质少量会导致失明，吸入会产生呕吐等症状；PVC 燃烧会产生氯化氢有毒气体。即使在高温环境中，也会导致塑料分解出有毒成分，比如苯等。因此在加热塑料的时候，特别要采取一些安全措施：

①塑料的耐热温度是一定的，加热不能超过其耐热温度。
②很多塑料加热温度较高时会释放出有害物质，因此塑料加热的时候，要避免长时间高温加热。

二、黏合剂与黏合

（一）黏合剂粘接的基本原理、特点和使用注意事项

黏合剂又称胶接剂或胶黏剂，简称胶，是使物体与另一物体紧密连接为一体的非金属媒介材料。在两个被粘物面之间黏合剂只占很薄的一层体积，但使用黏合剂完成胶接施工之后，所得到胶接件在机械性能、物理性能和化学性能方面，能满足实际需要的各项要求。黏合剂具有良好的胶接性能，能把两种相同或不同的固体材料胶接在一起，可部分代替焊接、铆接、螺纹连

接、套接及机械装配等连接方法,能减轻工作重量、简化生产工艺、降低制造成本、提高产品质量和劳动生产率,还可用作密封、堵漏的密封剂。

1. 粘接机理

胶接时,黏合剂被涂敷于两个固体表面,这两个固体称为被粘物。由于黏合剂易于流动,易把被粘物表面凹凸不平的部分填满,并使它们牢固地结合为一体。实践证明,理想的黏合效果要求黏合剂必须具备三个条件:

①易于流动;

②充分浸润被粘物表面;

③能和被粘物表面之间发生物理的、化学的或物理和化学的变化。

胶接部分由被粘物、表面层、界面层、黏合剂等组成。

2. 黏合理论

目前常用的黏合理论有以下四种:

(1) 吸附理论

吸附理论认为,黏合作用是黏合剂与被粘物分子和原子在界面上相互吸附而产生的。分子间的相互作用力为次价力,是物理吸附;原子间的相互作用力为主价力,是化学作用。因此,胶接力是物理和化学共同作用的结果。

(2) 化学结合理论

化学结合理论认为,被粘物之间的胶接作用是通过黏合剂与被粘物之间的化学作用力即主价力实现的。此理论只适用于与被粘物有反应的黏合剂,但不能解释其他黏合剂。

(3) 机械结合理论

机械结合理论认为,液体状胶黏剂流入被粘物表面的凹凸不平和多孔隙中,固化后,黏合剂与被粘物互相咬合。此理论不能解释表面光滑(如玻璃)的被粘物胶接。

(4) 相互扩散理论

相互扩散理论认为,涂有黏合剂的被粘物表面,由于被黏合剂溶解或溶胀,使黏合剂和被粘物相互越过界面层而扩散缠结起来获得胶接力。此理论只适用于可被黏合剂溶解或溶胀的高分子固体材料的胶接。

此外,还有如静电吸引、极性、弱界面层等黏合理论。由于受到各种因素的制约,如被粘物的品种、性质、表面状态和黏合剂的组成,上述理论均有一定的局限性。总之,目前尚无解释所有胶接现象的完善理论,因此一般认为黏合机理应当是上述两种或多种黏合理论的综合。

3. 粘接的特点

①可以将任何形状、尺寸的同种或异种材料的构件牢固地连接在一起;

②粘接不会像焊接那样改变材料的基本组织,不会引起零件的变形和硬度降低等问题;

③能部分代替焊接、铆接、键连接与螺纹连接,粘接结构质量轻,装配简单;受力面积大,应力分布均匀,减轻应力集中,延长零件使用寿命;

④设备工艺简单,容易操作,成本低,生产效率高;

⑤可获得多种特殊性能,如良好的密封、导电、绝缘以及耐腐蚀性能;

⑥粘接的不足之处是:与铆接、螺纹连接和焊接等工艺相比,粘接层的结合强度较低、抗冲击性能和抗老化性能较差、粘接接头的耐热性较低。

4. 黏合剂的使用注意事项

①黏合剂的型号要选择恰当,黏合剂与接触介质不应相溶。应尽量选择毒性小且与工作条件相适应的胶种;当必须采用有毒胶种时,应采取防护措施。

②控制黏合剂胶层的厚度,保证胶层均匀。一般无机黏合剂的厚度为 0.1~0.2 mm,有机黏合剂的厚度则为 0.03~0.1 mm。胶层中的溶剂要充分挥发,采用稀释剂时应注意用量。

③多组分的胶种配制时应按比例,在规定的时间内使用并一次性用完,现用现配,超过有效期或变质干固的黏合剂不能使用。

④购买和使用胶种时要注意组分(量)、使用方法和贮存时间。

⑤在振动较强的地方,不宜进行涂胶工艺。使用黏合剂时,还必须避免紧固转矩不足、螺丝松动以及结果不合理等。

⑥使用温度和压力不应超过黏合剂的使用范围。

⑦结合面的间隙不可过大或翘曲不平。

⑧高温固化剂要注意保持稳定的固化温度。室温固化时要注意季节以及相对湿度。热固性胶在固化后应逐渐自然冷却以免胶层收缩过快。

⑨应采用恒温箱、红外灯、烘道等固化加温设备,严禁用明火烤胶。尽量避免胶层长时间处于高温或日晒夜露的环境中。

(二)黏合剂的黏合连接形式

粘接是指同质或异质物体表面用黏合剂连接在一起的技术,其具有应力分布连续、重量轻、密封性能强、多数工艺温度低等特点。粘接特别适用于不同材质、不同厚度、超薄规格和复杂构件的连接。以下是十种粘接的方式、方法。

1. 瞬间粘接

瞬间黏合剂使用时不需要加热、加压,具有固化快、粘接强度大的特点。

2. 结构件粘接

结构件粘接是指那些能够承受较长时间的负荷和较大应力物体的粘接,如建筑物、飞机等结构件的粘接。根据不同的用途,还应有各种不同的特殊性能。

3. 液态密封堵漏

有些黏合剂在常温下是流动性的液体,涂在各种连接或需要密封的部位,形成有弹性的胶层,能代替通常的垫片,起密封作用。

4. 水下粘接

水下粘接用于水坝或桥梁的建造,在造船工业和国防工业中,它可以把陆上的预制件与水中和水下的部件连接起来,从而大大简化施工工艺,加快施工进度。

5. 油面粘接

油面粘接不需要先在表面涂油,简化了工艺,并有良好的粘接强度。

6. 热熔粘接

热熔粘接是将一种固体在加热熔化成流体后才能胶粘,黏合冷却后恢复成固体,形成牢固的粘接件。热熔胶黏剂由热塑性聚合物配以增黏剂等配置而成。

7. 耐高温粘接和超低温粘接

一般的胶黏剂能耐 100 ℃ 以下的温度。无机胶黏剂能耐 600 ℃ 左右,其中以陶瓷胶黏剂为最佳,可以耐 1 300 ℃的高温。耐超低温胶黏剂能在-196 ℃甚至更低温度(-269 ℃)时保持很高的强度和韧性。

8. 压敏粘接
压敏粘接用于商品标签的粘接、线束的捆扎和高光洁金属板表面的保护等。

9. 医用粘接

10. 其他粘接
此外,还有用于电子器件引线的导电粘接、以银粉为导体的导电胶用于光学玻璃粘接的高透明度的光学玻璃胶以及对光敏感的光敏固化胶和电子束固化胶等。

(三)环氧树脂的局限性及使用方法

环氧树脂泛指分子中含有两个或两个以上环氧基团的有机高分子化合物。它是环氧氯丙烷与双酚 A 或多元醇的缩聚产物。由于环氧基的化学活性,可用多种含有活泼氢的化合物使其开环,固化交联生成网状结构,因此它是一种热固性树脂。通常是在呈液体的状态下,经常温或加热进行固化,达到最终的使用目的。

环氧树脂自己不能固化,需要相同类型的环氧树脂固化剂。

1. 使用方法
①用干的棉布或砂纸将粘接面的灰尘、油污、铁锈除去,再用丙酮或三氯乙烯等清洗剂擦拭,以清洁接着表面。
②按比例充分搅拌均匀即可使用,为了保证使用效果,也可以真空混合。
③每次调胶量不宜过多,须在可操作范围内用完,否则会在使用过程中发生固化,造成施工困难,并会影响粘接质量,或因不能继续使用和凝固而导致材料被浪费。
④每加入一种组分必须搅匀后加另一种组分。
⑤从加入固化剂到开始涂胶的间隔时间不宜过长,以免因黏合剂固化而影响粘接力。时间间隔控制在:室温低于 20 ℃时为 2 h,室温高于 35 ℃时为 0.5 h。
⑥零件黏合表面经处理后保持清洁,在涂胶前将零件加热至 30~40 ℃,以增加黏合剂的流动性和渗透力,并使胶合面中的水汽蒸发。将配置好的黏合剂均匀地涂刷在零件待胶合的表面上,涂层的厚度一般控制在 0.2~0.4 mm 的范围内。涂胶后即将两粘接件贴合加压,有条件的话用夹具固定。
⑦粘接件涂胶贴合后在室温下(25 ℃)自然固化 24 h 即可使用。若需要缩短固化时间,可在自然固化 4~5 h 后,从低温逐渐加温至 50~80 ℃保温 1 h,加速固化。
⑧粘接直面、倒挂面时,涂胶后需要用胶带帮贴或用 502 胶定位。
⑨平时储藏在干燥通风的仓库内,不宜露天堆放,应与胺类化合物隔离,切忌受潮,可长期使用。

2. 使用注意事项
①使用胶水时最好戴编织手套或橡胶手套,以免不小心弄脏手。
②皮肤接触时,用肥皂清洗;如眼睛不小心接触到,马上用大量清水清洗,严重者及时就医。
③在大量使用的工作场所,应保持通风且禁止烟火。
④当有大量泄漏时,先打开窗户通风且注意烟火,再用沙子覆盖,最后进行清除。

(四)金属间黏合的操作方法

金属间的黏合主要是通过金属专用胶水来实现的,下面介绍金属胶的使用方法和注意事项:

1. 使用方法

①在金属胶水使用前先用干棉布或砂纸将金属接着面的灰尘、油污、铁锈等除去,再以丙酮或三氯乙烯等清洗剂擦拭,以清洁接着表面。

②将金属材质需要进行粘接的部位打磨粗糙,以增加粘接强度。

③金属胶水拧开前盖,即可使用,瓶口如有胶水先用棉布将胶水擦拭干净,再可套上针头或 PE 滴管后使用,得以控制胶水流量,保证粘接的效果。

④金属胶水涂抹在被接着面,将金属材质的粘接面粘接在一起,并压紧待其粘接定位,并保持至硬化为止,硬化时间数秒不等。金属专用胶水约 30 min 即可达到实用强度,24 h 后可得到高强度。

⑤金属胶水使用后清理瓶口,并将盖子旋紧。

⑥金属胶水使用完毕,存放在阴凉干燥处。

2. 使用注意事项

①金属胶使用前,需要把金属接着面的灰尘、油污、铁锈等除去,要保持接着面的干净,否则影响金属胶的粘接。

②在等待金属胶硬化的时候,尽量不要用手去触碰金属物品。

③在粘接位置均匀地涂上胶水,一定要涂抹均匀,否则影响粘接强度。

(五)连接塑料的方法

塑料因其具有质轻、耐冲击性好、透明性好、绝缘性好、成型性好、着色性好、加工成本低等诸多优点被广泛应用于医疗器械、汽车及日用产品中。自从人类早期的时候想把矛头绑在树棍上,装配就成为人类重要的努力方向,塑料件最终使用性能在很大程度上取决于塑料件之间的连接方式。科学家及相关工程技术人员经过长期的研究和实践,开发出很多不同的塑料连接方式。下面介绍一下塑料的连接方法:

1. 黏合剂连接

同质或异质物体表面用胶黏剂连接在一起的技术,其中胶黏剂是指通过界面的黏附和内聚等作用,能使两种或两种以上的制件或材料连接在一起的天然的或合成的、有机的或无机的一类物质,统称为胶黏剂,又叫黏合剂,习惯上简称为胶。简而言之,胶黏剂就是通过黏合作用,能使被粘物结合在一起的物质。黏合剂连接如图 7-1 所示。

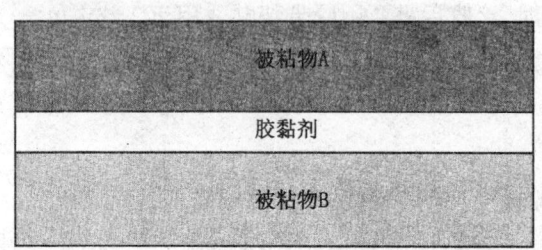

图 7-1 黏合剂连接示意图

很多塑料黏合剂会在使用后的几天甚至几周的时间内产生更牢固的连接。即使黏合看起来很牢固了,也要在使用黏合剂后的至少 24 h 内避免黏合部位承受重压或受热。

2. 溶剂连接

溶剂溶解塑料表面,使塑料表面间材料混合,当溶剂挥发后,就形成了接头。溶剂连接如图 7-2 所示。

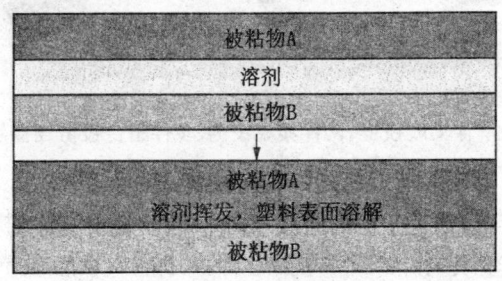

图 7-2　溶剂连接示意图

3. 紧固件连接

紧固件连接(如图 7-3 所示)是应用紧固件来连接塑料件,其中有压入紧固件、自攻螺钉和螺栓连接等。通常所指的压入紧固件是通过其杆上的某种凸起与塑料空形成干涉配合而连接塑料件的。自攻螺钉是利用自攻的螺纹连接而不用再攻制螺纹孔。

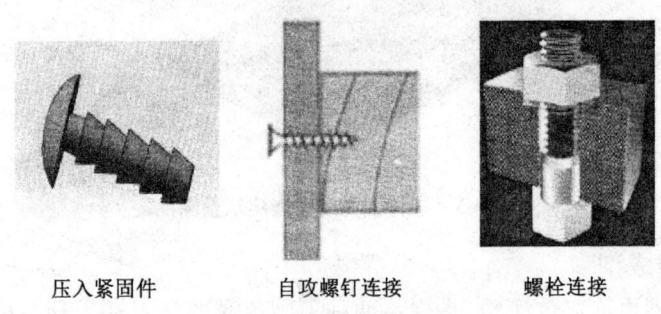

图 7-3　紧固件连接示意图

4. 铰链连接

铰链连接可分为单件集成铰链、两件集成铰链和多件组合铰链三种类型,如图 7-4 所示。其中单件集成铰链是两个部件作为一个整体通过模塑成型得以实现,而不需要其他的附加部件。两件集成铰链先通过模塑成型的方式分别加工两个单独的塑料件,最后通过组装连接。多件组合铰链除加工两个单独的塑料件,还需要使用附加的零件,比如杆或金属等铰链部件。它的优点是可重复开合,集成铰链通常设计在箱内或者靠近内部,因而减小了零件的外形尺寸;缺点是模塑成型的模具精度要求高且模具一般较为复杂,需要丰富的开发经验进行活动铰链的合理设计。

5. 嵌件模塑成型

嵌件模塑成型指在注塑件模具内装入预先准备的异材质嵌件后注入树脂,熔融的材料与嵌件接合固化,制成一体化产品的成型工法。其中螺纹嵌件是在塑料件中产生螺纹的主要途径,这种方式能提供较自攻螺纹更好的连接强度。嵌件品不仅限于金属制品,也有布、纸、电线、塑料、玻璃、木材、线圈类、电气零件等多种制品。嵌件成型利用了树脂的绝缘性和金属的导电性的组合,制成的成型品能满足电气产品的基本机能。模内镶件注塑成型装饰技术即

图 7-4 单件集成铰链、两件集成铰链、多件组合铰链连接示意图

IMD(In-Mold Decoration),IMD 是目前国际较常用的表面装饰技术。其主要用于家电产品的装饰及功能控制面板、汽车仪表盘、空调面板、手机外壳/镜片、洗衣机、冰箱等领域。IMD 将已成型的装饰片材放入注塑模内,然后将树胶注射在成型片材的背面,使树脂与片材接合成一体固化成型的技术。

嵌件模塑成型的主要优点在于:树脂的易成型性、弯曲性与金属的刚性、强度及耐热性的相互组合补充可结实地制成复杂精巧的金属塑料一体化产品。

图 7-5 嵌件模塑成型连接示意图

6. 多零件模塑成型

多零件模塑成型也称双色注塑,是指将两种不同色泽的塑料注入同一模具的成型方法。它能使塑件出现两种不同的颜色,并能使塑件呈现有规则的图案或无规则的云纹状花色,以提高塑件的实用性和美观性。

图 7-6 所示为多零件注塑成型连接示意图。它有两个料筒,每个料筒的结构和使用均与普通注塑成型料筒相同。每个料筒都有各自的通道与喷嘴相通,在喷嘴通路中还装有启闭阀。成型时,熔料在料筒中被熔化好后,由启闭阀控制熔料进入喷嘴的先后顺序和排出料的比例,然后由喷嘴处注射入模腔,便可得到各种混色效果不同的塑料制品。

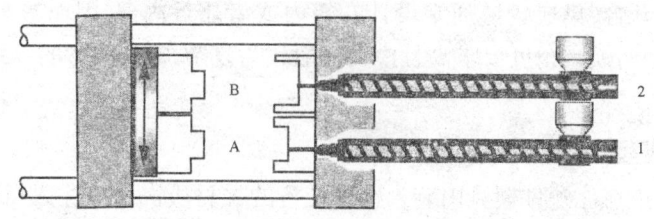

图 7-6 多零件模塑成型连接示意图

7. 模塑螺纹连接

模塑螺纹连接是指通过注塑模具的设计直接将螺纹在塑料零件上成型,进而实现与其他带有同样牙型、公称直径等参数的螺纹连接,如图 7-7 所示。

塑胶制品上的螺纹分为外螺纹与内螺纹两种,外螺纹通常采用滑块来脱模,内螺纹则采用绞牙方式脱模。其中外螺纹结构比较简单,制品成型后在塑胶制品上会留下分型线痕迹,若分型线痕迹明显会影响产品外观和螺纹的配合。其原理是依靠斜导柱的作用滑开,然后顶针顶出产品。内螺纹模具又可分为:(1)强制脱螺纹结构(非旋转式)。(2)非强制脱螺纹结构(旋转式)。当前模塑螺纹主要是用在瓶盖的制作方面。

图 7-7 模塑螺纹技术制作的瓶盖图

8. 塑料攻丝螺纹连接

塑料攻丝螺纹连接是指先在塑料件上钻孔再攻丝以形成螺纹,进而利用该螺纹与其他零件进行连接,该方式和在金属上类似。

它的优点在于:该工艺对塑料零件的形状没有任何要求,并可以通过精密机械工具获得定位精确的孔。

9. 压力配合连接

压力配合也称作受力配合、干涉配合及收缩配合,将装配关系属于过盈配合的轴与孔在一定压力的作用下装配在一起,也可以采用对孔加热以扩大孔或者对轴进行冷却以缩小轴的尺寸来进行两个部件间的装配,装配后两件恢复至同温时而产生过盈配合,如图 7-8 所示。它利用被连接塑料件的孔与轴的弹性变形,装配后能传递一定的扭矩或轴向力。

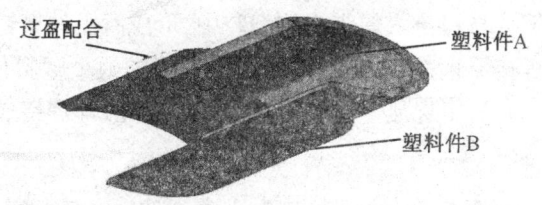

图 7-8 压力配合连接示意图

10. 卡扣连接

卡扣是用于一个零件与另一零件的嵌入连接或整体闭锁的机构,通常用于塑料件的连接,其材料通常由具有一定柔韧性的塑料材料构成。卡扣连接最大的特点是安装拆卸方便,可以做到免工具拆卸。可拆卸式卡扣结构示意图如图 7-9 所示。

一般来说,卡扣由定位件和紧固件组成。定位件的作用是在安装时,引导卡扣顺利、正确、快速地到达安装位置。而紧固件的作用是将卡扣锁紧于基体上,并保证使用过程中不脱落。根据使用场合和要求的不同,紧固件又分可拆卸紧固件和不可拆卸紧固件。可拆卸紧固件通常被设计成当施加一定的分离力后,卡扣会脱开,两个连接件分离。这种卡扣常用于连接两个需要经常拆开的零件。不可拆卸紧固件需要人为将紧固件偏斜,方能将两零件拆开,多用于使用过程中不拆开零件的连接与固定。

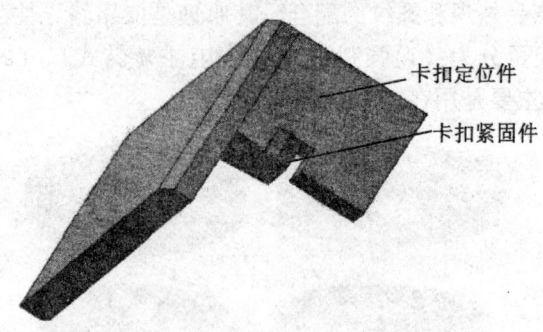

图 7-9　可拆卸式卡扣结构示意图

11. 塑料铆焊

塑料铆焊接工艺特别适用于连接不同材料制成的零件(例如塑料与金属)。一个零件上有铆柱,伸入另一个零件的孔中。然后通过塑料的冷流或熔化,铆柱变形,形成铆钉头,将两个零件机械性锁紧在一起,如图 7-10 所示。通过改变焊头的设计,可以获得多种不同的铆钉头设计。

冷铆焊接:在冷铆焊接中,通过高压使铆柱变形。冷流使得铆柱区域产生大的应力,因此仅适用于延展性较好的塑料。

热铆焊接:在热铆焊接中,压缩焊头发热,因此在铆柱上形成铆钉头所需压力较小,铆钉头中产生的残余应力也较小。该方法可应用于较冷铆焊范围广得多的热塑性材料中,包括玻璃填充材料。其接头质量取决于工艺参数(如温度、压力和时间等)的控制。

热气铆焊接:在热气铆焊接中,以过热空气流的方式为铆柱加热,通过铆柱周围的气管传热,然后将独立的冷焊头放低,压缩铆柱。

超声波铆焊接:在超声波铆焊接中,利用焊头提供的超声波能量将铆柱熔化。在焊头持续的压力过程中,熔化的铆柱材料流入焊头内的型腔中,形成所需的铆钉头设计样式。

塑料件焊接工艺:焊接原理都是一样的,先把要焊接的两个塑料件对接面加热到熔化,然后增加焊接面的对接压力,稳定保压一定时间至焊接面固化,即焊接成功。

12. 感应焊接

感应焊接主要采用高周波设备高压整流自激高周波电子管振荡瞬间产生电磁波电流电场,利用被加工的 PVC、TPU、EVA、PET 等塑胶、塑料材料在电磁波电场内其塑胶、塑料材料的内部分子产生极性化摩擦生热,加上一定的压力使所需要热合焊接的塑料、塑胶产品达到熔接效果。

13. 旋转焊接

旋转摩擦式塑料焊接机一般用来焊接两个圆形热塑性塑料工件。焊接时,一个工件被固定在底模上,另一个工件在被固定的工件表面进行自转运动。由于有一定的压力作用在两个

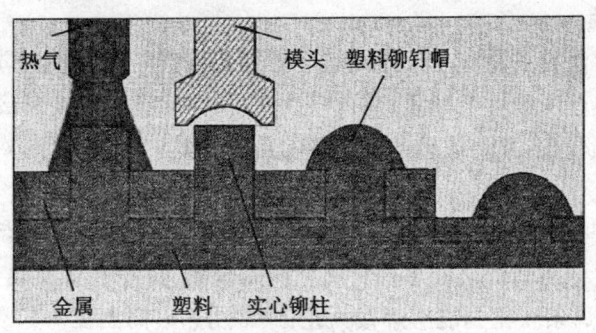

图 7-10 常见塑料铆焊连接示意图

工件上,工件间摩擦产生的热量可以使两个工件的接触面熔化并形成一个牢固且密闭的焊接件,如图 7-11 所示。其中定位旋熔是在设定时间旋转,瞬间停在设定的位置上,成为永久性的熔合。

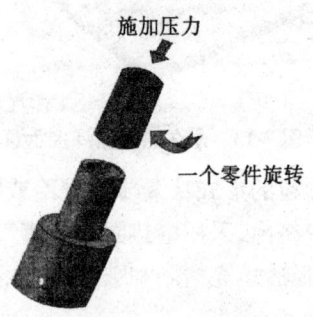

图 7-11 旋转焊接示意图

14. 热板熔接

热板熔接是指将要连接的两块塑料件的边放到恒温器控制的热板上加热直至表面熔化,然后采用较小的压力将软化了的两表面压在一起实现塑料件的连接,如图 7-12 所示。另外有一种常用的热板热合工艺,首先将需要连接的两个部件叠放在一起,使用电热管等途径使热合板发热,热合板下降至两部件的上部件,同时对热合板施加一定的压力,热合板将两部件接触区域熔化然后固化连接在一起。这种工艺主要用于高分子树脂膜材与塑料件的密封连接。

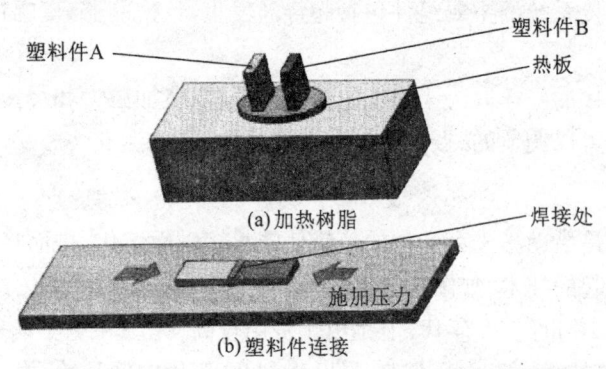

图 7-12 热板熔接示意图

15. 热气体焊接

热气体焊接的方法有三种:点焊、永久热气体焊和挤焊。它们的基本原理一样,通过电机所产生的风带走电热丝所产生的热量,从而得到流动的热空气,使被焊接的两个塑料件与焊条加热呈熔融状态而黏合在一起,从而达到焊接的目的。其中点焊用于永久焊接前将各件固定在一起。

点焊为对材料进行临时焊接,不需要焊条即可完成,并且需要使用点焊焊嘴。

永久热气体焊要使用与焊接的零件材料相同的焊条,焊嘴在焊接区域上以扇形来回迅速移动,直到V形槽和焊条软化到能够焊接为止,通常用热滚筒压在一起,如图7-13所示。

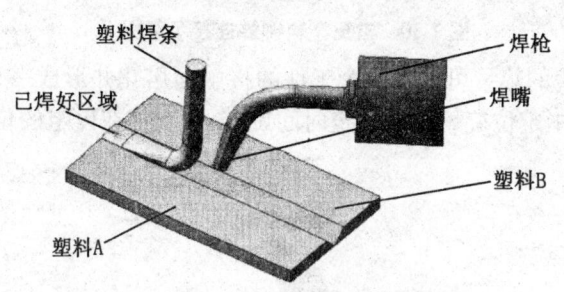

图7-13　永久热气体焊接示意图

挤焊是指填充树脂或者以颗粒的形式从漏斗处进给或者以筒上的焊条的形式给出,然后从由电动机驱动的单螺杆熔室中挤出,采用电热圈或者热气体进行加热,结合面用连接在挤出机上的热气体预热器进行加热,最后填充树脂和被焊接件熔化而连为一体。

16. 超声波焊接

超声波焊接是通过超声波发生器将50/60 Hz电流转换成15、20、30或40 kHz电能。被转换的高频电能通过换能器再次被转换成为同等频率的机械运动,随后机械运动通过一套可以改变振幅的变幅杆装置传递到焊头。焊头将接收到的振动能量传递到待焊接工件的接合部,在该区域,振动能量通过摩擦方式转换成热能,致使两个塑料的接触面迅速熔化,加上一定压力后,使其融合成一体。当超声波停止作用后,让压力持续几秒钟,使其凝固成型,这样就形成一个坚固的分子链,达到焊接的目的,如图7-14所示。焊接强度能接近于原材料强度。超声波不仅可以用来焊接硬热塑性塑料,还可以用来加工织物和薄膜。

一套超声波焊接系统的主要组件包括超声波发生器、换能器/变幅杆/焊头三联组、模具和机架。

超声波塑料焊接的好坏取决于换能器焊头的振幅、所加压力和焊接时间等三个因素,焊接时间和焊头压力是可以调节的,振幅由换能器和变幅杆决定。

17. 激光焊接

激光焊接技术是借助激光束产生的热量使塑料接触面熔化,进而将热塑性片材、薄膜或模塑零部件黏结在一起的技术,如图7-15所示。

它最早出现在20世纪70年代,但是由于费用较高,无法和更早的塑料粘接技术(如振动焊接技术、热板焊接技术)相竞争,但是从20世纪90年代中期开始,由于所需要的设备费用下降,激光焊接技术才渐渐受到人们的欢迎。

当被粘接的塑料零部件是非常精密的材料(如电子元件)或要求无菌环境(如医疗器械和

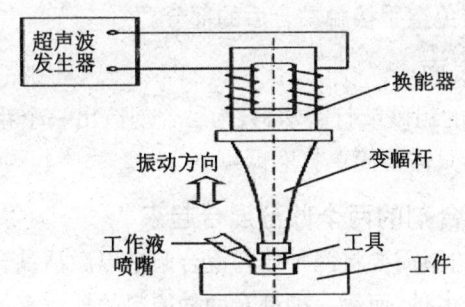

图 7-14 超声波焊接示意图

食品包装)时,激光焊接技术就能派上很大用场。激光焊接技术速度快,特别适用于汽车塑料零部件的流水线加工。另外,对于那些很难使用其他焊接方法粘接的复杂几何体,可以考虑使用激光焊接技术。

激光焊接的优点主要有:焊接设备不需要和被粘接的塑料零部件相接触;速度快;设备自动化程度高,很方便地用于复杂塑料零部件加工;不会出现飞边;焊接牢固;可以得到高精度的焊接件;无振动技术;能产生气密性的或者真空密封结构;最小化热损坏和热变形;可以将不同组成或不同颜色的树脂粘接在一起。

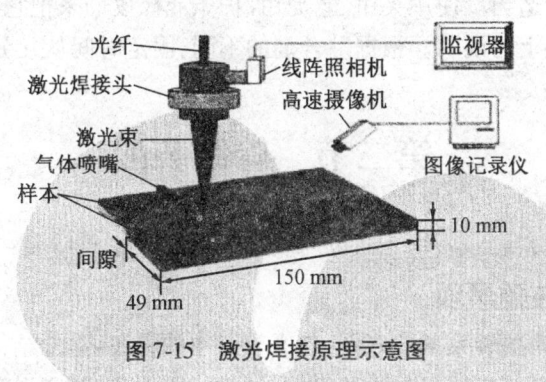

图 7-15 激光焊接原理示意图

18. 热金属丝焊接

热金属丝焊也被称作电阻焊,使用金属丝在连接的两个塑料件之间传递热量使得塑料件表面熔化,并施加一定的压力而使其连接在一起。

金属丝放置在要连接零件中的一个表面上,当电流通过金属丝时,利用它的电阻使金属丝生热,并将热量传递给塑料件。焊接完后金属丝仍留在塑料制品内,而伸出连接处以外的部分在焊接后剪掉。一般会在零件上设计沟槽或其他的定位结构,以保证金属丝在合适的位置。

(六)黏合剂连接塑料的操作方法

塑料用黏合剂来连接是船上一种比较有用的方法,这一方法不仅操作方便,连接效果也较好,下面介绍一下使用黏合剂把塑料连接在一起的操作方法:

1. 选择合适的黏合剂

塑料制品有很多种,黏合剂也有很多种,如果选择不当会造成胶接不良,有时甚至会对需要修复的制品造成损坏,所以黏合不同品种的塑料,需要用到不同种类的黏合剂。

2. 清除塑料表面上的油脂

使用肥皂、塑料专用清洁剂清洗塑料的表面,或者将其浸泡在异丙醇中,并使其彻底干燥。

为了尽量减少油脂残留,应避免空手接触黏合后的部分。

3. 打磨要黏合的塑料表面

简单地使用120~200目的粗砂纸打磨塑料,为黏合创造出一个粗糙表面。使用钢丝绒或者金刚砂布也可以,但是塑料只需要简单打磨即可。

4. 如果需要的话,将黏合剂的两个部分混合起来

由两个部分组成的环氧树脂需要将两种原料混合起来以激活黏合性。仔细阅读外包装上的说明,因为环氧基树脂有很多种,而每一种都对两种原料的配比有特定的要求。有一些在混合后几小时内都可以使用,另一些则只能在混合后几分钟之内使用。

需要黏合的两个物品都需要涂抹黏合剂。使用小刷子在需要黏合的两面都均匀地涂上一层黏合剂。对于比较小的物品,如塑料模型上的断裂部件,也可以使用针尖来涂抹。

如果使用的是液状黏固剂(不是聚酯黏合剂或者塑料黏合剂),应当先固定住物件,然后用涂抹装置在两个物件之间的缝隙涂抹一条黏合剂。

轻轻地将两个物件按压在一起。按压它们以使得其在适当的位置,并且挤出气泡。不要太用力按压,黏合剂可能会被挤压出来。如果黏合剂泄漏出来了,擦去多余的黏合剂。但是如果使用的是丙烯酸黏合剂,不要擦除,等它自然挥发即可。

保持两个物件位置适当。使用夹钳、老虎钳、护条或橡皮筋来把它们固定住。固定的时长请参阅黏合剂的外包装上的说明。根据黏合剂的不同,固定时间从几分钟到24 h不等。

第二节　管路装配

一、管路装配的注意事项

(1)施工者应熟悉有关管系的原理图,熟悉管路中的设备、附件结构用途。

(2)检查管子制作是否有明显的质量问题,如管子变形、法兰变形等;管子附件是否齐全。

(3)安装前检查管子端面封口是否存在,如失去保护,应重新返回车间清洁并封口。

(4)管路安装应从管子分布密度大的区域开始,同时考虑安装层次和步骤。一般按照先下层、后上层,先里档、后外档,先大管、后小管的顺序进行,并先装总管和阀箱。

(5)管路安装应自然对中,不得强行连接。

(6)船校管安装时应留意管子伸入法兰的长度,以保证内场焊接的质量。

(7)有色金属管、水管和外径不超过32 mm的钢管,应用机械方法切割和开孔;对外径超过32 mm的钢管允许使用气割方式。

(8)布置打样管时,应注意配电板及主要仪器上方不能设置油、水和蒸汽管的可拆接头,并尽可能远离主配电板。

(9)打样管布置时,应注意管子的美观性以及管子、阀件的可维修性和操作性。

(10)打样管不得影响其他设备的拆装维修。

(11)管子与管子之间、船体之间、设备之间都应有一定间隙,避免振动摩擦引起的损伤。

(12)包扎绝缘的高温管与电缆相距不得小于100 mm;燃油、滑油管不得紧靠排气管。

(13)仪表管安装敷设应平直、整齐、牢固、美观,尽可能成束排列,敷设在导板上。

（14）仪表管分散处要靠近设备、船体结构及附近管路安装；在进压力表处要有两圈缓冲盘管。

（15）镀锌管焊接后用富锌底漆修补焊缝，补漆前应将焊缝打磨光顺。

（16）对已封好的管子，应安装一根、开封一根，在未形成封闭管路时，应将管口封住，以防杂物入内。

（17）管子支架应尽量设置在船体纵横梁、船壳骨架和其他船体构件上，严禁将管子支架直接装焊在船体外板上。上建外壁及主通道两侧轻围壁尽量避免装焊支架，如无法避免，应尽可能装焊在扶强位置。

（18）支架底应采用全焊或包角双面焊，薄壁板可采用单面焊。

（19）凡是现场切割过的管码，切割部位必须平整、打磨光顺。

（20）管码应按规范要求布置，并加装平面垫圈与弹簧垫圈；支架安装结束，紧固螺栓从螺母后的伸出量应有 2~4 牙。

（21）镍铜管、紫铜管、黄铜管的管子与管码之间应添加橡胶片或帆布衬垫，衬垫应比码脚大约 4 mm，且应放置中间。

（22）水密部位动火必须严格遵守有关规定。

二、管子弯曲的最小半径和过滤器的选择

（一）管子弯曲最小半径

金属材料当其所受外力超过材料的屈服极限时，将产生塑性变形，这就是管子弯曲的基本原理。

管子在弯曲时，其管壁外侧因受拉伸而变薄，内侧因受压缩而变厚，但其中性层 $M-M$ 处不受压力，因此其长度和厚度都不改变。由于拉伸和压缩作用的结果，在弯曲过程中，管子截面有改变，产生由圆形变成椭圆形的趋势。此时椭圆形的短轴位于管子的弯曲平面 $B-B$ 上，而长轴在 $A-A$ 上（如图 7-16 所示）。这种变形随着弯曲半径、弯曲角度和管子材料、管径大小而有所不同。

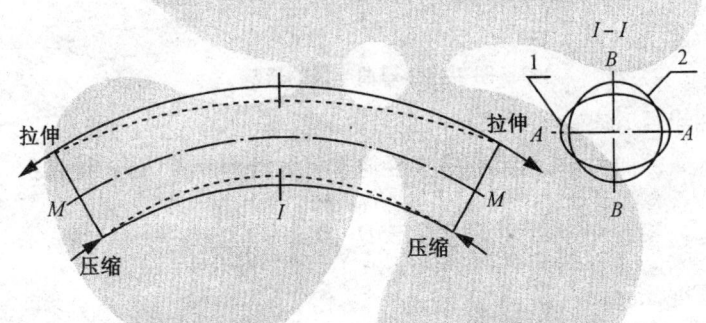

图 7-16 弯曲时管子截面的变化

1—弯曲后管子的椭圆形截面；2—管子原来的圆形截面

管子弯曲时要考虑到弯曲半径对变形的影响：管子的弯曲半径由管材的拉伸与压缩变形极限来确定。如果管子的弯曲处有一个较大的弯曲半径［如图 7-17（a）所示］，那么金属组织 C_2-C_3 的长度比原来长度 $C-C_1$ 略微缩短些，变形程度很小。在弯曲半径比较小的时候，弯曲前后的金属组织长度相差很大［如图 7-17（b）所示］，因此，变形程度也就增强。所以管材弯曲时的间塑性特性是用相对伸长率来评定的。假如不考虑管子椭圆度和其他原因，且认为弯

曲开始与终了的变形是近似的(即均匀变形)，那么：
$$L = aR = 常数$$

弯管的外侧：
$$L_1 = \alpha(R + \frac{D}{2}) \tag{7-1}$$

弯管的内侧：
$$L_2 = \alpha(R - \frac{D}{2}) \tag{7-2}$$

平均伸长率或压缩率：
$$\delta_{平均} = \frac{L_1 - L}{L} = \frac{L_2 - L}{L} = \frac{D}{2} \tag{7-3}$$

式中：L——沿弯管轴线展开的弧长；
α——弯曲角度，rad；
R——弯曲半径，mm；
D——管子外径，mm。

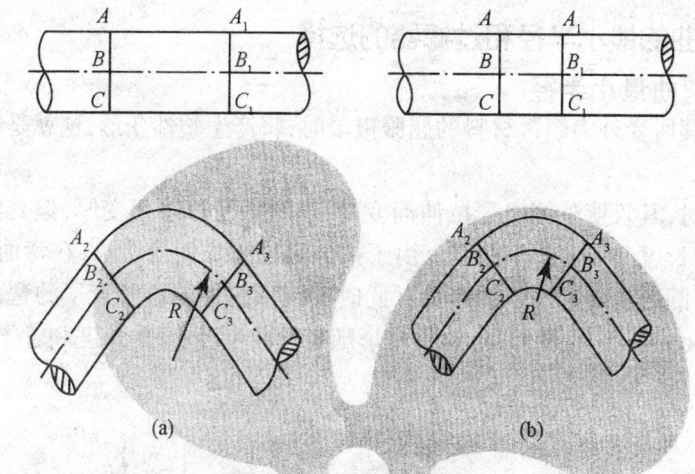

图 7-17　弯曲半径的影响

选择最小弯曲半径时应首选考虑管材的最大伸长率。

如果没有其他条件的限制，最小弯曲半径通常可按经验公式(7-4)计算：
$$R_{最小} = 9.25D\sqrt{0.2 - \frac{S}{D}} \tag{7-4}$$

式中：S——管壁厚度，mm；
D——管子外径，mm。

为保证质量，管子的弯曲半径应符合下列规定：

(1) 热弯的管子：钢管 $R \geqslant 3D$；铜和铜合金管 $R \geqslant 2D$；受水击的管子 $R \geqslant 5D$。

(2) 焊接的管子：弯头 $R \geqslant d$，d 为管子内径。

(3) 弯管机冷弯的管子：直径 >110 mm 和蒸汽管必须符合(1)中的规定；直径 ≤110 mm 时，$R \geqslant 1.5D$。

（二）过滤器

过滤器的作用是过滤介质中的各种杂质，以保证系统中的机械和设备正常工作。根据工作介质的不同，滤器可分为海水滤器、油滤器和空气滤器等。

1. 海水滤器

海水滤器主要用在海水泵的吸入管路上，以防止海水中的杂质进入泵内。它主要由箱体、箱盖、滤板（滤网）组成，其滤网的流通面积一般为管路的流通截面积的 1.5~2 倍。这种海水滤器的规格为：公称直径为 40~500 mm，耐压能力在 0.1 MPa 以下。

2. 油滤器

油滤器用来过滤滑油、燃油中的杂质，以保证主机的燃烧或润滑质量及其他动力机械的正常运行。油滤器有粗、细滤器两种，粗、细滤器的过滤能力主要是由滤器中的滤芯决定的。油滤器常见类型为圆筒形网式粗滤器、金属薄片式滤器和滑油自清滤器等。

滑油自清滤器的主要优点是工作可靠、性能稳定、自动冲洗、使用维修方便，而且在清洗排污过程中，过滤器仍能正常工作。滑油自清滤器的过滤原理是利用压缩空气反冲，将杂质排出。

3. 空气滤器

空气滤器的作用是滤出压缩空气中的杂质，以保证系统的正常工作。它由滤器本体、滤网、螺塞和盖板组成，压缩空气进入滤器，杂质被滤网挡住，清洁的空气从滤器中排出。

三、弯管的方法、填料与残留物的清除方法以及管路缺陷的检查方法

（一）弯管的方法

在船舶建造过程中，管子的弯制是不可缺少的工艺过程之一。由于机舱设备拥挤、船体结构和空间位置的限制、金属热胀冷缩以及其他因素的影响，管子要相应地弯制成各种形状。

弯管的方法主要分为冷弯和热弯两种。冷弯是在常温下用弯管机直接弯管，热弯则是将管子的弯曲部分加热到一定温度后，再用机械（弯管机）或是手工进行弯管。弯制工艺的选择主要取决于管材特性、弯制功率、弯曲半径、工厂设备条件等因素，原则上小直径管子采用冷弯为宜，而较大直径的管子多数采用热弯工艺。例如镀铸钢管适宜冷弯，因其在热弯时，表面镀层要脱落，需重新镀层；而塑料管只宜热弯，因其冷态下无法弯曲。

冷弯和热弯各有其优缺点：冷弯需要消耗更多的弯曲功率，金属会产生加工硬化，且回弹和残余应力都比热弯大，而且冷弯不能弯制曲率半径很小的急转弯头。但是冷弯不会破坏金属原来的性质，冷弯后可以不用清洗和除去氧化皮，并且不会发生热变形。

热弯具有冷弯不能比拟的适应性。例如，在一根管子上两相邻弯头之间直线距离可留得很小，甚至能不留直管段间隔进行连续弯曲；能将冷延性很差的材料加工成弯头；能加工冷弯时需花费较大机械能的弯头，并能将冷弯时管子易破裂的脆性材料弯曲成形。热弯可以在管子上弯成小半径弯头。对于碳素钢管和大多数的合金钢管，热弯的弯曲半径要比冷弯小得多，弯曲半径可小到管子外径的 0.7~1.5 倍。热弯尚存在如下缺点：设备复杂、加工成本高、生产效率低和表面光洁度差。对于铜管来说采用冷弯工艺，由于免除了高温加热，根除了产生"氢病"的可能性。

由于以上原因在部颁船用弯管技术条件（CB/Z97—68）中明确规定：各种管子在可能情况下，应尽量采用冷弯，仅在如下情况下，才允许采用热弯。

(1) 管子弯曲半径小于冷弯所规定的弯曲半径或小于现有模子的弯曲半径。
(2) 管子形状复杂或弯头间无直线管段不能在弯管机上固紧。
(3) 管壁过薄,冷弯后容易产生较大瘪陷和折皱。
(4) 直径较大或不常用管子,目前尚无该种模子。
(5) 管壁太厚无法冷弯时。

(二) 填料及残留物的清除方法

管路内填料及残留物的清除主要通过机械和化学清洗来实现,对于清洗质量要求较高的管路,一般采用化学清洗法。用化学方法清洗时,其操作步骤和方法如下:

1. 管件的要求

进行化学清洗管件的成形尺寸应控制在一定尺寸范围内,每根管件90°弯头不得超过三个,以保证清洗干净;管件焊接处不许有漏焊,气孔、焊渣、毛刺在化学清洗前必须清除干净,否则交上道工序返工;制造合格的管子报检后入库,在安装前的一星期内由安装管工领出交送清洗,清洗后至安装过程中注意保持管内清洁,做到尽快装船。

2. 管件装挂

需清洗的管子逐根缠丝装挂在吊架上,注意避免管件大面积叠合;弯管吊挂时应将弯曲部分向下,保证空气能够逸出,管内壁全部浸到槽液,避免出现死角。

3. 化学除油

除油液加温至沸腾时,应立即停止加热,同时给液面添加少量冷水使液温稍降,防止碱液溢出。除油过程中吹入压缩空气,帮助除油液翻动,以提高除油效果;为保证管内腔除油质量,除油过程中提起吊架1~2次,以更换管腔溶液。

4. 热水清洗

化学除油后应进行热水清洗,在60 ℃以上的热水中浸泡3~5 min,然后用流动冷水清洗。

5. 酸洗

将管子全部浸泡于酸洗液中,待锈层松动,用手轻拭铁锈,易掉时取出,为防止过度腐蚀,浸泡时间一般为2 h左右,具体浸泡时间由操作者依管壁锈层情况和气温高低酌情延长或缩短。清洗溶液的游离酸含量在20 g/L以下,或$FeSO_4$浓度高达150 g/L时,溶液应补充酸液或更换新液。

6. 流动冷水冲洗

用压力水冲洗锈层至管壁清洁,风压不小于0.392 MPa。

7. 浸酸

冲洗干净的管子由于受氧化作用很快产生浮锈,需浸入酸中3~10 s以去浮锈,然后用流动冷水清洗。

8. 中和

浸酸后的管子浸入5~10 g/L的碳酸钠溶液中进行中和处理,然后再用流动冷水清洗。

9. 钝化

经漂洗后的管件应立即浸泡于钝化液中处理,然后用无油、无水的压缩空气将管子逐根吹干。

10. 检验与保养

自检管内外清洗质量后向检验员报检。检验的管件主要包括：溶液配方及工艺符合要求；外表面氧化皮是否除尽，不允许有污渍、脏物、沙粒和锈斑存在；钢管外观呈现金属本色，铜管外呈红铜光泽（允许因钝化膜或管材材质不同引起的色泽差异）；内表面用手电筒检查，管壁呈金属原来色泽。无氧化皮或锈斑（允许少量粉末状锈蚀残留物存在）；清洗后的管子内外表面不允许有酸碱存在，可用石蕊纸抽查部分管件，若发现有酸碱残液存在，则必须重新中和及清洗。检验合格的管件按要求进行保养，钢管油管内壁应涂 13#锭子油保养；管端凡开口处均用特制的塑料闷盖或相应的封盖封口，包封必须牢固，必要时加入铅封；钢管管子外壁涂刷防锈底漆；铜管可根据管件不同用途，外壁涂刷油漆；然后放置于清洁干燥的地方妥善保管，如无良好的存放场地，清洗后应尽快安装。

(三) 管路缺陷的检查方法

管路缺陷的检查常用的方法有 X 射线检测法、超声波检测法、磁粉检测法和着色（渗透）检测法。

1. X 射线检测法

X 射线检测法：利用射线在穿透被检物各部分时强度衰减的不同，检测被检物中缺陷的一种无损检测方法。

(1) 射线探伤的工作原理

当射线穿透被检验的金属时，由于原子对射线的吸收与散射作用，射线的强度被削弱，材料的厚度越大，强度减弱就越多。如果在 X 射线穿透过程中，遇到材料内部的各种缺陷，如气孔、夹渣、裂缝等，由于这些缺陷对射线的衰减作用比毗邻的致密金属要小得多，从而使照相底片或荧光屏上呈现不同黑度的影像，由此即可判别缺陷的性质、大小和分布状态等。

(2) 射线探伤的特点

射线探伤的主要优点是：适用于所有材料，底片可永久保存，较直观地展示内部缺陷的大小、形状和位置等。

在应用中，射线检测技术存在的主要问题是：检测成本高；射线照相检测技术对裂纹类缺陷有方向性限制，较难发现垂直于射线方向的裂纹；缺陷的深度很难辨别；厚件的曝光时间长，需要两面都能操作。另外，射线对人体有害，需要采取适当的防护措施。

2. 超声波检测法

超声波检测法：利用超声能透入金属材料的深处，并由一截面进入另一截面时，在截面边缘发生反射的特点来检查零件缺陷的一种方法，当超声波束自零件表面由探头通至金属内部，遇到缺陷与零件底面时就分别发出反射波来，在荧光屏上形成脉冲波形，根据这些脉冲波形来判断缺陷位置和大小。

(1) 脉冲反射式超声波探伤的原理

超声波在两种不同声阻抗的介质的交界面上将会发生反射，反射回来的能量的大小与交界面两边介质声阻抗的差异和交界面的取向、大小有关。脉冲反射式超声波探伤仪就是根据这个原理设计的。

(2) 超声波探伤的主要特性

超声波探伤的优点：

①适用的材料广，金属和非金属均可；

②穿透能力强,可显示内部缺陷,探测深度可达数米(厚度5~3 000 mm);
③可在构件的一侧实现检测;
④灵敏度高,可发现与直径十分之几毫米的空气隙反射能力相当的反射体;
⑤在确定内部反射体的方向、大小、形状及性质方面较为准确;
⑥适合于自动化与计算机处理与显示;
⑦操作安全、快速、便捷,对人体无害;
⑧设备轻便,既可以用于实验室,也可用以工程现场。
超声波探伤的缺点:
①对探伤人员的素质要求高;
②对粗糙、形状不规则、薄或非均质材料难以检查;
③对所发现缺陷做十分准确的定性、定量表征仍有困难;
④仪器较为昂贵。

3. 磁粉检测法

磁粉检测法:用来检测铁磁性材料表面和近表面缺陷的一种检测方法。

(1)磁粉检测的原理

磁粉探伤是利用铁磁性材料被磁化后,由于不连续的存在,工件表面和近表面的磁力线发生局部畸变而产生漏磁场(即磁感应线离开和进入表面时形成的磁场)。该磁场能够吸附施加在工件表面的磁粉,形成在合适光照下可见的磁痕,从而显示在不连续的位置、不同的形状和大小的磁痕。

(2)磁粉检测的特点

磁粉检测的优点:
①能直观显示出缺陷的位置、大小、形状和严重程度,并可大致确定缺陷的性质;
②具有很高的检测灵敏度,能检测出微米级宽度的缺陷;
③能检测出铁磁性材料工件表面和近表面的开口和不开口的缺陷;
④综合使用多种磁化方法,几乎不受工件大小和几何形状的影响,能检测出工件各个方向的缺陷;
⑤检查缺陷的重复性好;
⑥单个工件检测速度快,工艺简单、成本低、污染轻。

磁粉检测的缺点:
①只能检测铁磁性材料;
②只能检测工件表面和近表面的缺陷,且仅能显示缺陷的长度和形状,难以确定其深度;
③受工件几何形状影响会产生非相关显示;
④通电法和触头法磁化后,易产生打火烧伤;
⑤对剩磁有影响的工件,经磁粉探伤后还需要退磁和清洗;
⑥试件表面不得有油脂或其他能黏附磁粉的物质。

4. 着色(渗透)检测法

着色(渗透)检测法是一种以毛细管作用原理为基础的检查表面开口缺陷的无损探伤方法。

(1)工作原理

基本原理是利用毛细现象使渗透液渗入缺陷,经清洗除去表面渗透液,而缺陷中的渗透残留,再利用显像剂的毛细管作用吸附出缺陷中残留渗透液而达到检验缺陷的目的。

(2)渗透检测的特点

渗透探伤的优点是设备简单、成本低廉、操作较为容易、缺陷显现直观、容易判断、不受材料种类的限制,广泛应用于各种金属材料和非金属材料的表面开口缺陷的检查。

渗透探伤不能用于检验多孔性材料,所用试剂有一定的毒性,并对工件表面光洁度有一定的要求,使它的应用范围受到一定的限制。

四、管路退火、正火或消除应力的处理方法

在管路的制作、装配、加工、焊接过程中会产生应力,应力的存在对管路的使用存在很大影响,因此需要消除。一般通过退火、正火和回火等方式来消除管路内残余应力。

1. 退火

退火指的是将钢加热至适当温度保温,然后缓慢冷却(炉冷)的热处理工艺。

通过退火可以达到以下目的:

(1)降低硬度,便于切削加工;

(2)消除内应力,防止零件变形开裂;

(3)提高塑性,便于冷变形加工;

(4)细化晶粒,为最终热处理做组织准备。

根据钢的成分和处理目的的不同,退火可分为:重结晶退火和低温退火。重结晶退火又分为完全退火、球化退火、等温退火和扩散退火;低温退火可分为再结晶退火和去应力退火。

完全退火是将工件加热到 $Ac3+30\sim50$ ℃保温后缓冷的一种退火工艺。

球化退火是将工件加热到 $Ac1+30\sim50$ ℃,充分保温后缓冷至 600 ℃左右,使珠光体中的渗碳体球化后出炉空冷。

等温退火是亚共析钢加热到 $Ac3+30\sim50$ ℃,共析、过共析钢加热到 $Ac1+30\sim50$ ℃,保温后快冷到 $Ar1$ 以下的某一温度下(一般为 $600\sim700$ ℃)停留,待相变完成后出炉空冷。

均匀化退火又称扩散退火,是将钢加热到略低于固相线温度,长时间保温,随炉冷却,使钢的碳化物和组织均匀化,但其组织粗大,要进行完全退火或回火。

再结晶退火是低碳钢制件加热到再结晶温度以上 $100\sim200$ ℃保温后缓冷的操作。

去应力退火是将钢加热到温度为 $500\sim650$ ℃,经适当保温后,随炉缓冷到 $200\sim300$ ℃以下,最后出炉在空气中冷却,又称低温退火。

2. 正火

正火是将亚共析钢加热到 $Ac3+30\sim50$ ℃,共析钢加热到 $Ac1+30\sim50$ ℃,过共析钢加热到 $Accm+30\sim50$ ℃保温后空冷的工艺。

正火的目的:

(1)提高硬度,便于切削加工;细化组织,消除过热缺陷;

(2)用正火代替中碳钢、中合金钢的大直径或形状复杂零件的调质处理;

(3)减少网状二次渗碳体,提高钢的综合机械性能。

3. 回火

回火是指将淬火钢加热到 $A1$ 以下的某温度保温后冷却的工艺。回火的目的是减少或消

除淬火内应力,稳定工件尺寸。

根据回火温度范围,可将回火分为三类。低温回火,一般回火温度为150~250 ℃;中温回火,一般回火温度为350~500 ℃;高温回火,一般回火温度为500~650 ℃。

第三节 测量仪器

在船舶维修和保养的过程中,通过使用通用测量量具来完成测量,而测量仪器的测量对象、范围、精度随着仪器的不同也不尽相同,因此要掌握测量仪器的选择和使用以及平时维护管理的要求。船舶在制造和维修过程中,用到的测量仪器有很多,比如:直角尺、塞尺、游标卡尺、外径和内径千分尺、百分表、卡规、天平等。下面就介绍船上常用的一些量具及使用方法和维护管理要求及注意事项。

一、直角尺

直角尺,如图7-18所示,常用在测量或在大型工件上划线时,作为找正工件位置的基准。

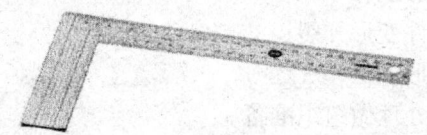

图 7-18 直角尺

(一)直角尺的使用方法

(1)直角尺一般用于检验精密量具;1级用于检验精密工件;2级用于检验一般工件。

(2)使用前,应先检查各工作面和边缘是否被碰伤。直角尺的长边的左、右面和短边的上、下面都是工件面(即内外直角)。将直尺工作面和被检工作面擦净。

(3)使用时,将直角尺靠放在被测工件的工作面上,用光隙法鉴别工件的角度是否正确。注意轻拿、轻靠、轻放,防止零件变曲变形。

(4)为求精确测量结果,可将直角尺翻转180°再测量一次,取两次读数算术平均值为其测量结果,可消除直角尺本身的偏差。

(二)直角尺的使用注意事项

(1)不使用无合格证、超过使用周期的角尺。

(2)合理选用相应精度角尺。检验精密量具选用00、0级角尺,检验精密零件选用1级角尺,检验一般零件选用2级角尺。

(3)使用前需把角尺工作面及工件被检面擦净,检查各工作面不要有碰伤、毛刺和锈蚀,以免损坏角尺,影响测量精度。

(4)直角尺的长边测量面和短边测量面是工作面,所以只能用这两个面去测量,而不允许用长边和短边的侧面以及侧棱去测量。

(5)使用时,将角尺放在被测工件的工作面上,用光隙法或塞尺鉴别工件角度是否正确。检验工件外(内)角时,须使直角尺的内(外)边与被测工件接触,当把角尺的一边紧贴住工件工作面后,应轻轻压住,不要过分施加压力,以免使角度发生变化,然后使角尺的另一边与工件工作面相吻合,按光隙大小来断定工件是否合格。

(6)测量时应注意角尺的安放位置,不能歪斜。角尺应放置在与形成直角两面交线相垂直的平面内,即垂直地紧靠在被测工件上,否则会产生测量误差。

(7)在使用和安放工作边较长的90°角尺时,尤应注意防止工作边弯曲变形。

(8)为求得精确的测量结果,测量时可将90°角尺翻转180°再测一次,取两次读数的算术平均值为其测量结果,这样便可消除角尺本身的偏差。

(9)测量时,不要把角尺在工件表面上来回拉动,应当测完一处,使角尺离开工件表面后再测另一处。

(10)不要在开动的机器上测量运转的工件,否则损坏角尺、工件角度测不准,且易出事故。

(11)使用时注意角尺和工件温度的一致性,不要测量过冷、过热的工件。角尺不要长时间握在手中。

(三)直角尺的保养

直角尺的精密度、可靠性、使用寿命在很大程度上取决于维护保养的状况,为此直角尺的日常保养方法须做到以下几点:

(1)按周期检定,获取合格证书。

(2)使用前角尺和工件必须清洗擦净。

(3)使用直角尺要轻拿轻放,最好戴手套,不准用手接触角尺工作面。搬运中,不许只提角尺的长边,而应一手托短边,一手扶长边。

(4)直角尺不要倒着放。

(5)测量后,角尺应清洗擦净、涂上防锈油,放入专用盒中,置于干燥和温暖(温度为18~20 ℃)的地方,不许把角尺与其他工具、夹具堆放在一起。

二、塞尺(又称厚薄规)

塞尺如图7-19所示。使用塞尺时,采用试测法。首先用目力判断被测间隙的大小,然后选用厚的尺片(或者多片拼起来)去塞,如果塞不进去,或者进去太松了,则换一片(或者去掉一片或两片)再塞,一直试到恰好能塞进去,不松也不紧,这厚度尺寸即为被测间隙大小。塞尺一般用于测量两机件相互之间的微小间隙,如气阀间隙、活塞环搭口及天地间隙等。使用时以钢片在间隙内能推动又能拉动,且有摩擦力的感觉为准。

1. 塞尺的使用方法

(1)先将要测量工件的表面清理干净,不能有油污或其他杂质,必要时用油石清理,否则会影响测量精度。

(2)形成间隙的两工件必须相对固定,以免因松动导致间隙变化而影响测量效果。

(3)根据目测的间隙大小选择适当规格的塞尺逐个塞入。如用 0.03 mm 的塞尺能塞入,而用 0.04 mm 的塞尺不能塞入,这说明所测量的间隙值为 0.03~0.04 mm。使用时根据机件之间配合间隙大小选出一片或数片塞尺,重叠在一起塞进间隙内,使钢片在间隙内既能推动又能拉动,且有明显摩擦力的感觉。

(4)当间隙较大或希望测量出更小的尺寸范围时,单片塞尺已无法满足测量要求,可以使用数片叠加在一起插入间隙中(在塞尺的最大规格满足使用间隙要求时,尽量避免多片叠加,以免造成累计误差)。如间隙片最大规格为 0.5 mm,间隙尺寸大约在 0.65 mm 时,就需要使用 0.5 mm 与 0.15 mm 叠加测量。

(5) 如果钢片在间隙内很松动或无法推动,则应更换一片较厚或较薄的钢片重新测量。

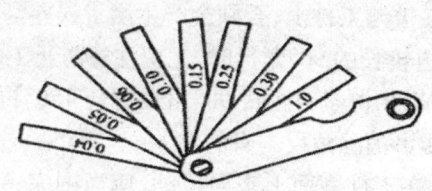

图 7-19　塞尺

2. 塞尺的使用注意事项

(1) 根据结合面的间隙情况选用塞尺片数,但片数愈少愈好。
(2) 测量时不能用力太大,以免塞尺遭受弯曲和折断,不能测量温度较高的工件。
(3) 使用塞尺时不能戴手套并保持手干净、干燥。
(4) 观察塞尺有无弯折、生锈,以免影响测量的准确度。
(5) 擦拭塞尺上的灰尘和油污,以免影响测量的准确度。
(6) 测量时不能强行把塞尺塞入测量间隙,以免塞尺弯曲或折断。
(7) 塞尺不能用于测量温度较高的工件,以免炭化。
(8) 塞尺较薄且较锋利,防止划伤手或其他身体部位。

三、卡尺

1. 游标卡尺

游标卡尺如图 7-20 所示,可用于测量工件的内、外径尺寸,如内径、外径、高度、厚度和深度等。

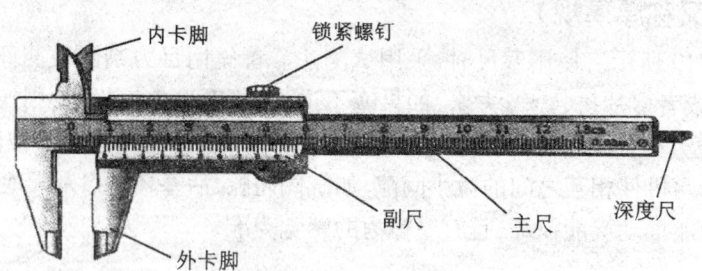

图 7-20　游标卡尺

2. 深度游标卡尺

深度游标卡尺用于测量工件深度尺寸、台阶高度等。

3. 高度游标卡尺

高度游标卡尺用于测量工件的高度和精密划线。

在轮机检修测量中,游标卡尺是常用的长度测量仪器,船舶上常用于测量机器零部件的外尺寸、内尺寸和深度。游标卡尺规格按精度一般有 0.01 mm 和 0.02 mm 两种;按量程分常用的有 100 mm、150 mm、200 mm 和 300 mm 四种。维护和保养好游标卡尺可保证其测量精度。

4. 游标卡尺的使用方法

使用游标卡尺时,应采用正确的操作方法,否则不仅影响测量的准确度,还会影响卡尺本身的精度。

(1)使用游标卡尺前,应先检查它的零位是否正确,即当两个卡脚的测量面接触时,主尺和游标尺上的0线是否对齐。零位不准确的游标卡尺应避免使用。

(2)测量外尺时,应先把量爪张开得比被测量尺寸稍大;测量内尺寸时,应把量爪缩得比测量尺寸小些,然后慢慢推或拉游框,使游框量爪轻轻地接触被测量面。测量内尺寸时不要使劲转动卡尺,应该轻轻推动卡尺,找出最大值;测量好后,用游框紧固螺钉把游框固定,轻轻取出卡尺,再进行读数。取出卡尺时不应歪斜,以免游标卡尺错位。测量孔时,取出卡尺要使量爪沿孔的轴线方向滑出来。

(3)量爪与被测表面推触的力不要太大,否则游框量爪会倾斜一个角度,造成测量数值不准。量爪与被测表面也不能卡得太松,否则两者间有间隙,测得的尺寸不准。

使用有微调装置的卡尺,在游框量爪将被测表面推触时,先把微调架紧固螺丝拧紧,然后旋转微调螺母,使游框微量游动。这时应边微调、边微量移动卡尺,做试验测量,直到两个量爪的测量表面与被测表面接触为止。再拧紧游框紧固螺钉,最后取出卡尺进行读数。

(4)量爪与被测表面的相对位置正确与否也是影响测量准确的一个关键。测量外径时,为了使量爪测量表面与被测表面正确接触,除需上下微量移动量爪、试验接触松紧外,还应摆动卡尺,以确定量爪的最小开度。测量内孔时,主尺量爪触在孔壁上不动,用上下、左右摆动卡尺的办法来确定游框量爪的正确位置。

(5)测量时使用量爪的中间部位,同时量爪不能歪斜。

(6)刀口外测量爪一般用来测量弯曲零件或小尺寸零件,不要用它测量大尺寸零件,以免磨损过快。

(7)测量大尺寸零件时,应该用双手操作卡尺。

(8)测量较长的零件,要多量几个位置,以期得到正确的测量结果。

(9)用三用游标卡尺的测深直尺测量深度时,卡尺要垂直放置,不能向前后、左右任一方向倾斜。

5. 游标卡尺的维护和保养方面的要点

(1)禁止把游标卡尺的两个量爪当作螺丝扳手用,或把量爪的尖端用作划线的工具或圆规。

(2)卡尺受到损伤或者发觉量爪的测量面和主尺等表面上有不平、毛刺、弯曲和变形等情况时,绝对不允许用手锤、锉刀等粗笨的工具自行修理。这不但修不好受损部位,反而会增大游标卡尺的测量误差。卡尺损伤应到专门修理部门修理,检验合格后方能使用。

(3)不能在游标卡尺的刻度附近打钢印或记号,否则会使游标卡尺变形,造成刻线不准确。

(4)不可使用纱布或普通的磨料来擦刻度尺表面的锈迹或污物。不能用尖针来描剔尺上的刻度线,这样会使刻线描弯或描粗,影响刻线的精确性。

(5)游标卡尺不应放在强磁场附近,如测量仪表的磁性吸盘附近,以免使游标卡尺磁化。

(6)不使用时,游标卡尺应平放,否则会使主尺弯曲变形;不要把游标卡尺和其他工具或杂物堆放在一起;使用完毕后应放在专用盒内,避免生锈或脏污。

(7)数显游标卡尺除需注意以上几点外,还应注意放置在干燥、温度适当的地方。避免强光照射,更应注意主面清洁。

四、千分尺

千分尺又称百分尺或分厘卡,千分尺有外径千分尺和内径千分尺之分。

(一)外径千分尺

外径千分尺如图 7-21 所示,其用于测量精密工件的外形尺寸。外径千分尺是比游标卡尺更精密的测量仪器,船舶上常用于测量压铅法中铅丝的厚度、轴瓦的厚度以及轴的外径。外径千分尺精度一般为 0.01 mm(可估读到 0.001 mm),量程以 25 mm 为一挡,设有多挡,可根据实际需要选用。

1. 外径千分尺的使用方法

(1)测量前先用干净的软布擦净千分尺的两个测量表面,被测件的测量部位也应擦干净,接着核对千分尺的零位。

(2)测量时用测力装置使千分尺的测量表面与零件保持一定大小的测量力。当千分尺的测量表面与零件接触时,应转动棘轮;当千分尺的测量表面与零件接触,并具有一定大小的测量力时,再转动棘轮(这时千万不要转动微分筒,更不能用力猛转微分筒,以免损坏千分尺);当发出清脆的"嗒、嗒、嗒"三声后,即停止转动,将测微螺杆固定住,轻轻取下千分尺后,再进行读数。

(3)在比较大的范围内调整千分尺时,应用手轻轻转动微分筒,而不能旋转棘轮。只有当千分尺的测量表面与被测零件将要接触时,才用手旋转棘轮。

(4)测量时不要过快转动微分筒,以免活动杆的测量表面撞到被测零件上,把千分尺撞坏。

(5)测量时,要使整个测量表面与被测零件表面接触,不能用测量表面的边缘测量。

(6)测量时应轻轻晃动千分尺或被测量零件,使测量表面与被测量表面接触位置正确,并接触良好,反映出正确的读数。

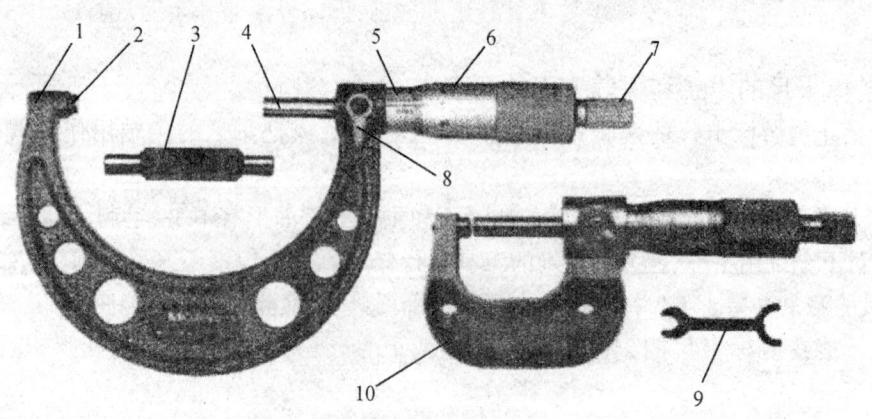

图 7-21　外径千分尺

1—尺架(弓形架);2—测砧;3—校对杆;4—量杆;5—固定套筒;6—活动套筒;7—棘轮;8—制动环;9—随尺扳手;10—隔热装置

2. 维护和保养方面的要点

(1)轻拿轻放防碰撞,万一被撞须校验,禁止擅自拆开。
(2)保持清洁防锈蚀,擦拭清污用棉布,测头微开贮存在盒中。
(3)防污、防湿、防磁化、防酸、防磨、防振动,定期校验保持精度。

(二)内径千分尺

内径千分尺如图 7-22 所示。用于测量精密零部件的内径尺寸。内径千分尺是比游标卡尺更精密的长度测量仪器,船舶上常用于测量气缸内径等内尺寸。内径千分尺精度一般为 0.01 mm(可估读到 0.001 mm),量程有很多,可根据实际需要选用。

1. 内径千分尺的使用方法

(1)依被测物孔径大小来选择适当的内径千分尺。
(2)将内径千分尺测试头放入被测物孔中,放入时被测物须放平,内径千分尺应正直。
(3)测试时,左手三手指拿着内径千分尺刻度表下的圆棒,右手旋转内径分厘卡最上端之旋转钮。
(4)当测试头测量面与被测物孔内径轻微接触时,右手转动旋钮使其发出3~5声轻响。

2. 维护和保养方面的要点及注意事项

(1)选取接长杆,尽可能选取数量最少的接长杆来组成所需的尺寸,以减少累计误差。在连接接长杆时,应按尺寸大小排列,尺寸最大的接长杆应与微分头连接。如把尺寸小的接长杆排在组合体的中央时,则接长后千分尺的轴线,会因管头端面平行度误差的积累而增加弯曲,使测量误差增大。
(2)使用测量下限为 75(或 150)mm 的内径千分尺时,被测量面的曲率半径不得小于 25(或 60)mm,否则可能由内径千分尺的测头球面的边缘来测量。
(3)测量时必须注意温度的影响,防止手的传热或其他热源,特别是大尺寸内径千分尺受温度变化的影响较显著。测量前应严格等温,还要尽量减少测量时间。
(4)测量时,固定测头与被测表面接触,摆动活动测头的同时,转动微分筒,使活动测头在正确的位置上与被测工件手感接触,就可以从内径千分尺上读数。所谓正确位置是指:测量两平行平面间距离,应测得最小值;测量内径尺寸,轴向找最小值,径向找最大值。离开工件读数前,应用锁紧装置将测微螺杆锁紧,再进行读数。
(5)由于内径千分尺没有测力装置,要掌握好测力的大小。要刚好接触到被测表面,避免旋转力过大损坏千分尺或造成很大误差。
(6)用内径千分尺测量孔径时,被测表面必须擦拭干净,同时每一截面至少要在相互垂直的两个方向上进行,深孔要适当增加截面数量。
(7)正确读数,要正视量具读数装置,不能斜视。
(8)为了提高测量精度,应考虑内径千分尺修正量的使用。
(9)避免高温和阳光直接辐射,经常维护,应防磁、防锈,非计量人员严禁拆卸或调整量具。

五、百分表

百分表(如图 7-23 所示)是采用比较测量方法测量通孔、盲孔及深孔的直径或形状误差的精密测量仪器。百分表与千分表外形结构相似,但精度不同。百分表的精度为 0.01 mm,千分表的精度为 0.001 mm。

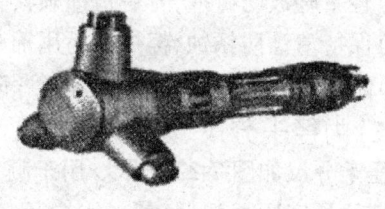

三点式内径千分尺

图 7-22 内径千分尺

1. 百分表的使用方法

百分表的灵敏度较高,使用前应仔细检查,以免在测量中产生不应有的误差。检查前应将测杆擦净。百分表使用前的检查主要有灵敏度检查、稳定性检查和外观检查。

图 7-23 百分表

（1）灵敏度检查。检查测量杆移动是否灵活,指针与分度盘之间是否有摩擦,分度盘有无晃动。如果测量杆移动有卡滞现象,指针有跳动现象,则该百分表就不能使用。

（2）稳定性检查。拨动测头或提动测杆数次,检查指针是否回到原位。如果不能回到原位,则表的稳定性不好,不能使用。

（3）外观检查。检查百分表的外观状况,看表玻璃是否破裂,表盘上有无积尘,后盖密封是否严密,测杆、测头等活动部分是否有锈蚀或碰伤等。外观状况不好的百分表最好不要使用。

2. 维护和保养方面的要点

（1）百分表应固定在可靠的表架上,根据测量需要,可选择带平台的表架或万能表架。

（2）百分表应牢固地装夹在表架夹具上,如与装套筒紧固时,夹紧力不宜过大,以免使装夹套筒变形,卡住测量杆,应检查测杆移动是否灵活。夹紧后,不可再转动百分表。

（3）百分表测杆被测工件表面必须垂直,否则将产生较大的测量误差。

（4）测量圆柱形工件时,测杆轴线应与圆柱形工件直径方向一致。

（5）测量前必须检查百分表是否夹牢,否则影响其灵敏度。为此可检查其重复性,即多次提拉百分表测杆略高于工件高度,放下测杆,使之与工件接触,在重复性较好的情况下,才可以进行测量。

（6）在测量时,应轻轻提起测杆,把工件移至测头下,缓慢下降测头,使之与工件接触,不允许把工件强迫推至测头下,也不允许急骤下降测头,以免产生瞬时冲击测头,给测量带来误差。对工件进行调整时,也应按上述方法操作。在测头与工件表面接触时,测杆应有 0.3~1 mm 的压缩量,以保持一定的起始测量力。

(7) 根据工件的不同形状,可自制成各种形状测头进行测量:如可用平测头测量球形的工件;可用球形测头测量圆柱形或平表面的工件;可用尖测头或曲率半径很小的球面测头测量凹面或形状复杂的表面。测量薄形工件厚度时须在正、反两方向上各测量一次,取最小值,以免由于弯曲,不能正确反映其尺寸。

(8) 测量杆上不要加油,免得油污进入表内,影响表的传动机构和测杆移动的灵活性。

3. 使用注意事项

(1) 测量前应将测杆、测头、装夹套筒和被测零件的测量表面擦净。

(2) 百分表应通过装夹套筒夹持在百分表架上,千万不要把百分表卡持在不稳固的地方;否则不仅会造成测量结果不准确,而且可能把表摔坏。

(3) 夹持百分表时夹紧力不要过大,以免装夹套筒变形,把测杆卡住或卡滞得不能灵活移动。百分表夹好后,应提起测杆 1~2 mm,再轻轻放下,这样反复两三次,检验测杆移动是否灵活。

(4) 为了使测量时读数方便,在进行测量前把指针指到分度盘的零位上。百分表核对零位有两种方法:一种是旋转分度盘,使盘上的 0 线对准指针;另一种是调整百分表架上悬臂杆的位置,即调整百分表的高低位置,使指针对准分度盘上的 0 线。通常用前一种方法,因为比较方便。这种方法具体的操作步骤是:使触头与被测表面接触,并使指针转过一圈,然后把表紧固。让表针先转一圈的目的是在测量中既能读出正数,也能读出负数。转动分度盘,使其上的 0 线与指针对准。再提起测杆 1~2 mm,并让其自行下落,检查指针是否仍与指针 0 线重合。如果重合,说明零位核对好。如果指针不与 0 线重合,则再转刻度盘,使 0 线与指针重合,随后将测杆提起、放下试几次,直到核对好零位为止。零位核对好后,即可进行测量。

测量前也可以不核对零位,使测头与被测表面接触,并使指针转过一圈左右,指针停在什么位置,就以该处作为测量的起始位置。

(5) 测量平面时,百分表的测杆应与平面垂直;否则不仅测量误差大,严重时会把测量杆卡住,使其不能活动,甚至损坏百分表。

(6) 测量圆柱形零件表面时,测杆中心线要垂直通过零件的轴线。

(7) 测量时不要使测杆移动的距离太大,更不能使测杆移动距离超出它的测量范围,否则会使表面零件损坏。

(8) 粗糙的工作表面和凹凸不平的表面不要用百分表测量,以免损坏测头或百分表。

(9) 不要拆卸表的后盖,防止灰尘和潮气侵入。不得让水、油或其他液体侵入。

(10) 百分表要轻拿轻放,不使表受剧烈振动,不要敲打表的任何部位,不要让测头突然撞到被测零件上。

(11) 不要过多拨动测头,使它做无效的运动,否则将加速表内零件磨损。

六、卡规

卡规是有两只脚或爪的量具,用于测量距离,如图 7-24 所示。卡规通常分为内径卡规和外径卡规两种。卡规可以用来测量厚度、直径、口径及表面间的距离,也可用来检测曲轴各部位长度尺寸,但由于曲轴品种不一样,因此都随轴专用。

在检验时,如果被测轴通过卡规的"通"端,而通不过卡规的"止"端,说明该轴的实际尺寸在规定的极限尺寸范围之内,是合格的。如果被检轴通不过卡规的"通"端,说明轴的实际尺寸大于轴的最大极限尺寸,该轴不合格。如果卡规的"通"端和"止"端都能从轴上通过,说明该轴的直径太小,比允许的最小极限尺寸还小,属不合格品。

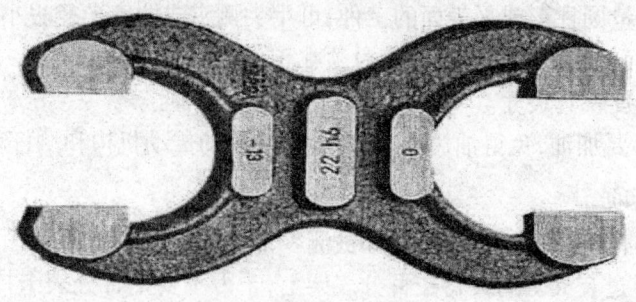

图 7-24　卡规

卡规有两种:一是双头的,"通"端和"止"端分别做在两头。为识别,用文字标出"通"端和"止"端,或在止端附近涂上红漆;二是单头的,"通"端和"止"端做在同一头,使用时很方便。

1. 卡规测量时注意事项

(1)把卡规用力地卡压在工件上面是错误的。这样会使卡规的两个测量脚由于压力而稍稍向外弹开,以致影响测量准确度,并能把大于允许误差(超过最大极限尺寸)的工件误认为合格品;会使卡规测量面受到磨损,甚至使卡规因受过大的压力而引起永久变形;会使工件表面受到破坏和损伤,尤其是软金属(如铝和铜制工件)和表面粗糙的工件更容易受到破坏和损伤。

(2)把卡规歪斜地拿着测量工件是不正确的,这样会把合格件误认为不合格件或把不合格件当作合格件。所以应当端正地拿着卡规,并垂直于被测工件的中心线进行测量。测量时卡规的测量面要平行于被测工件的轴心线,不得歪斜。

(3)使用卡规时,应该手握绝热护板,防止手上热量传到卡规上。

七、天平

天平是测量物体的质量以及测量两物体是否等重的测量仪器,如图 7-25 所示。

图 7-25　天平

1. 天平的使用方法

(1)要放置在水平的地方。游码要归零。

(2) 调节平衡螺母(天平两端的螺母)调节零点直至指针对准中央刻度线。

(3) 左托盘放称量物,右托盘放砝码(左物右码)。根据称量物的性状应放在玻璃器皿或洁净的纸上,事先应在同一天平上称得玻璃器皿或纸片的质量,然后称量待称物质。

(4) 添加砝码从估计称量物的最大值加起,逐步减小。托盘天平只能称准到 0.1 g。加减砝码并移动标尺上的游码,直至指针再次对准中央刻度线。

(5) 过冷、过热的物体不可放在天平上称量。

(6) 应先在干燥器内放置至室温后再称(或在特殊器皿中称量)。物体的质量=砝码重量+游码所显示的读数。

(7) 取用砝码必须用镊子轻拿轻放,取下的砝码应放在砝码盒中,称量完毕,应把游码移回零点。

(8) 称量干燥的固体药品时,应在两个托盘上各放一张相同质量的纸,然后把药品放在纸上称量。

(9) 易潮解的药品,必须放在玻璃器皿上(如:小烧杯、表面皿)里称量,如氢氧化钠等。

(10) 砝码若生锈,测量结果偏小;砝码若磨损,测量结果偏大。

2. 天平的使用注意事项

(1) 要放置在水平的地方。

(2) 使用前要使天平左右平衡(游码必须归零,平衡螺母向相反方向调,使用口诀:左高端,向左调)。

(3) 砝码不能用手拿,要用镊子夹取。千万不能把砝码弄湿、弄脏(这样会让砝码生锈,砝码质量变大,测量结果不准确),游码也要用镊子拨动。

(4) 被测物体的质量不能超过天平量程或低于天平游码最小刻度。

(5) 潮湿的物体和化学药品不能直接放在天平的盘中。

(6) 称量时注意左物右码(游码示值以左边对齐刻度线为准)。

(7) 称量后要把游码归零,砝码用镊子放回砝码盒。

第四节　密封剂及填料

一、密封剂的种类及使用方法

密封剂又称密封胶,是用于机械产品静密封部位的一种新型高分子密封材料,亦称液态垫片。密封剂能较容易地填充在法兰、阀门、弯头、接头、插口、筒体及结合面较复杂的螺纹连接等结合部分的间隙中,形成均匀、连续、稳定的可剥离性或黏性、黏弹性薄膜,阻止流体介质的泄漏,起到密封垫片的作用。

密封胶既不像涂料那样涂在机械表面起保护作用,又不像黏合剂那样靠胶的结合力将设备各部分胶接在一起,而是作为一种密封填料,加在设备各部件的接合面之间起密封作用。密封胶具有流动性,一般呈液态或膏状,具有较好的密封性能,又有良好的耐热、耐压、耐油、耐化学试剂的特性,使用方便,价格便宜,因此在机械行业应用广泛。

1. 密封剂的分类

密封剂主要有两类,即液态密封剂和厌氧密封剂。密封剂通常可按化学成分、应用范围、固化特性、强度及涂膜特性分类。

（1）按化学成分分类

按基料所用的高分子材料分类：

①树脂类，如环氧树脂、聚氨酯等；

②橡胶类，如丁腈橡胶、聚硫橡胶等；

③混合类，如聚硫橡胶和酚醛树脂、氯丁橡胶和醇酸树脂等；

④天然高分子类，如虫胶、阿拉伯胶等。

（2）按应用范围分类

按应用范围可分为耐热类、耐寒类、耐压类、耐油类及耐化学腐蚀类等。

（3）按固性特性分类

按固性特性可分为固化密封胶、非固化密封胶和厌氧型密封胶。

（4）按强度分类

按强度可分为结构类和非结构类两大类。

（5）按涂膜特性分类

按涂膜特性可分为不干性粘接型密封胶、半干性黏弹型密封胶、干性固化型密封胶和干性剥离型密封胶。

2. 密封剂及液力密封的使用

（1）密封剂的使用方法

①预处理：预处理的目的是除去密封面上的油污、漆皮、铁锈及灰尘等。柴油和汽油是常用的清洗液，精密的或小面积机械零件可用丙酮、醋酸乙酯及香蕉水等溶剂洗刷，大的密封面常用氢氧化钠、碳酸钠、偏硅酸钠等碱溶液清洗。

比较理想的方法是利用三氯乙烯蒸气进行处理。漆皮可用火焰喷灯烧焦后再用除锈剂或上述方法洗涤。

②机械处理：密封面上金属氧化物皮层可采用机械处理的方法除去。其中以喷砂效果最佳，沙砾材质根据被处理材料的软硬程度合理选择，硬金属可用铁砂，而铝类软金属可用砂子或氧化铝。

③化学处理：化学处理的目的也是除去氧化膜，经化学处理后的密封面，形成致密、均匀的新氧化膜，有利于胶液浸润，加上表面极性增大，黏附力显著提高。

密封面经化学处理后，需烘干处理。要严格控制烘干温度和时间，切勿久放，烘干后应立即涂胶。

④预装：为了检查密封件在预处理后是否有变形而影响装配，要进行预装。对变形的密封面要进行修锉，密封间隙要均匀，间隙最好为 0.1~0.2 mm，最大不超过 0.8 mm，以适合密封装配的要求。

⑤调胶：严格按照配方及操作顺序进行，调和要均匀。

⑥涂胶：在预处理后立即进行，要注意涂匀。常用方法有手涂、喷涂、滚涂、压注、压力浸胶和真空浸胶等。单件、少量的涂胶多用手工，采用各种形状的毛刷、刮勺和滚轮。大面积涂敷可采用喷枪，但胶液要稀。用高黏稠胶修补缝隙可用压注法。大批量铸铁的涂胶可用压力或真空浸胶法。

⑦固化：在胶层固化过程中温度和时间起重要作用，同时需要一定的压紧力。加热温度取决于胶的固化特性。室温固化胶大多需放置 24 h，才能达到较好的性能；热固化胶的固化时间

一般为 1~3 h;厌氧型需隔绝空气方能固化,室温固化需 24 h,若加入固化促进剂数分钟即可固化。

⑧检验:检查胶层涂敷是否均匀,厚薄是否一致,固化是否完全充分。常用的检验方法有超声波、声发射、X 射线辐照、红外线以及全息摄影等。

⑨修整:修整是为了除去加压固化后挤出多余胶边,提高外观质量,修整时勿使胶层剥离。

(2)液力密封的使用方法及注意事项

使用方法如下:

①表面处理:使用前先将密封面上的油污、漆皮、铁锈、灰尘等清除。

②涂胶:将胶均匀地平涂于密封面或螺纹上,常用的方法有手涂、压注、压力浸胶和真空浸胶等。

③固化:待胶膜稍干不黏手,连接紧固即可。在胶层固化过程中,温度和时间起到重要作用,同时需要一定的压力,一般需放置 24 h。

④修整:除去加压固化后挤出的多余胶边,提高外观质量,修整时注意不要使胶层剥离。

注意事项:

①结合面间隙不可过大,若间隙大于 0.2 mm,可与固体垫片连用;

②控制胶层厚度,保证均匀;

③密封胶与接触介质不应相溶,不明材料用前先试用,胶条干燥后与介质进行耐介质性测试,若发生胶条溶解等现象不宜使用;

④注意使用方法及贮存时间、储存环境(最佳贮存温度不超过 35 ℃);

⑤在振动大的地方,不宜进行涂胶工艺;

⑥使用的温度和压力不应超过密封胶的使用范围。

二、密封垫片的种类及使用方法

流体工程装置都是由很多组件构成的,为防止在相连接的组件接触处产生泄漏,通常是在接触面间放置片状密封件,并施加一定的压紧力,利用密封件的弹性或塑性变形使之与被连接件紧密接触,从而防止流体的泄漏。这个密封件即称为密封垫片或密封环。

密封垫片按其材质、形状、应用的压力、温度、介质性质等工况条件以及密封部位的结构,而有不同的分类方法。

按材质不同,可划分为非金属密封垫片(即软质密封垫片)、金属密封垫片(即硬质密封垫片)和金属与非金属复合垫片(又称半金属密封垫片)。

1. 非金属密封垫片

非金属密封垫片又称软质密封垫片,一般是由非金属材料组成,具有质软、弹性好的特点。在应用时,不需要很大的预紧压力,即可达到阻止流体泄漏的目的。非金属密封垫片一般用于流体压力 5 MPa 以下,温度不超过 300 ℃ 的工况条件。非金属密封垫片常用的有软木质密封垫片、石棉橡胶板密封垫片、纤维质密封垫片、橡胶质密封垫片、石棉质密封垫片、聚四氟乙烯及其他塑料密封垫片等。

(1)安装使用要求

①密封垫片与法兰密封面应清洗干净,不得有任何影响连接密封性能的划痕、斑点等缺陷存在;

②密封垫片外径应比法兰密封面外径小,密封垫片内径应比管道内径稍大,两内径的差一

一般取密封垫片厚度的2倍,以保证压紧后,密封垫片内缘不致伸入容器或管道内,以免妨碍容器或管道中流体的流动;

③密封垫片预紧力不应超过设计规定,以免密封垫片过度压缩而丧失回弹能力;

④密封垫片压紧时,最好使用扭矩扳手,对大型螺栓和高强度螺栓,最好使用液压上紧器,拧紧力矩应根据给定的密封垫片压紧通过计算求得,液压上紧器油压的大小亦应通过计算确定;

⑤安装密封垫片时,应按顺序依次拧紧螺母,但不应拧一次就达到设计值,一般至少应循环2~3次,以便密封垫片应力分布均匀;

⑥对易燃、易爆介质的压力容器和管道,换装密封垫片时应使用安全工具,以免因工具与法兰或螺栓相碰,产生火花,导致火灾或爆炸事故;

⑦管道如有泄漏,必须降压处理后再更换或调整安装密封垫片,严禁带压操作。

(2)使用注意事项

①用增强布增加了强度的橡胶板密封垫片容易导致增强布之间的渗透泄漏发生;为避免渗透泄漏,一般选择其他的密封垫片;

②因流体的不同,密封垫片有可能会产生膨润、溶解,因此必须选择适合该流体的材质;

③如果用较大紧固力紧固时,密封垫片会从螺栓与螺栓之间挤出,需注意不要过度紧固;

④全平面密封垫片用于 Class 150/PN2.0 以下法兰密封;

⑤如果密封垫片相对柔软,则不易平滑地装在法兰上,因此对于某种法兰而言一般推荐使用 4.0 mm 以上的垫片。

2. 半金属密封垫片

金属复合垫片又称半金属密封垫片,具备非金属的柔软性、压缩性和所需螺栓载荷低等优点,又具备金属材料的强度高、回弹性好、能承受高温的特点。金属复合垫片包括缠绕式垫片、金属包覆垫片、金属冲齿板柔性石墨复合垫片和柔性石墨金属波齿复合垫片等。

(1)使用方法

①拧紧螺栓时,要使垫片受力均匀,对称把紧。

②选择合理的垫片压缩量,一般以 0.6~1.2 mm 为宜。压缩量过大,会降低垫片的回弹率,使垫片失去像弹簧似的容易吸收振动的特性。

③DN500 以上的管道垫片安装,可采取短管法兰平面装配,而后再对接管道的方法。

④螺栓拧紧顺序如图 7-26 所示。

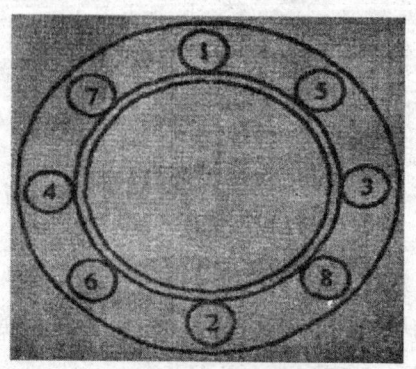

图 7-26　螺栓拧紧顺序

(2)使用注意事项

①垫片密封元件的宽度应比非金属软垫片的宽度小。在制作用于凹凸面、平面和突面法兰的垫片时,不能随便用非金属软垫片的宽度尺寸来代替半金属垫片的密封元件的宽度尺寸。因为半金属垫片在压紧应力在 70 MPa 左右时才达到合理的压缩变形,从而产生良好的密封效果。如果随意加大垫片本体密封面的宽度,势必造成压紧力降低,垫片肯定不能达到标准的压缩变形量,因而不能产生良好的密封效果。如果超范围地加大压紧力,又必然会使法兰和螺栓产生大量变形,结果会导致泄漏。

②基本型垫片最好不要用于凹凸面法兰。这是因为基本型垫片在法兰轴向压紧力的作用下,垫片内圈的焊点容易开焊,这样不但会引起泄漏,而且垫片软填料散落会污染物料和堵塞管道。

③在高温、深冷或冷热频繁交变、振动较大、强腐蚀介质等恶劣条件下,用于平面和突面法兰的垫片最好加装合理材料的内环。

④绝不能用低材质垫片取代高材质垫片。

3. 金属密封垫片

金属密封垫片又称硬质密封垫片。基于金属材料的特点,在高温、高压及载荷变化频繁等苛刻的操作条件下,可以首选金属材料制成的密封垫片。准备的金属密封垫片主要包括金属环形垫片、金属齿形垫片和金属透镜垫片。

作为间隔两种紧固件的使用,密封垫片也可用于分配负荷线程紧固件,在安装使用上有一定的要求,否则会直接影响到紧固件两个物体之间的使用效果,甚至造成紧固件的早期损坏。

安装使用方法如下:

①密封垫片的表面要保持清洁,不允许黏附泥沙杂质或机械损伤,法兰密封面应清洗干净。

②密封垫片的尺寸:通常密封垫片的外径应比法兰密封面的外径稍小,密封垫片的内径应比管道的内径稍大,两外径或两内径的差值一般取密封垫片厚度的 2 倍,以保证压紧后不致由于垫片的变形、延伸而阻碍流体的畅通。

③在准确掌握法兰密封面尺寸的基础上,用专用工具裁切密封垫片材料,严禁用敲砸法兰棱缘的办法获得垫片。成批生产某种几何形状的密封垫片时,应利用模具冲压;批量少的可用法兰密封面涂颜料贴印的方法进行剪裁制造。

④密封垫片在预紧前,应了解垫片的预紧密封比压值。预紧时,应使用扭矩测力扳手,对大型螺栓或高强度螺栓,最好用油压旋紧机,以控制旋紧力矩,避免预紧压力过大,使垫片丧失弹性而影响密封。

⑤密封垫片预紧时,为了使垫片受力均匀,拧紧螺栓时,要对称依次进行,而不是一次压紧就达到设计值,应重复按顺序逐渐旋紧到设计值,一般循环 2~3 次。

⑥更换密封垫片时,对输送易燃、易爆流介质(如氢气、氧气、液化天然气等)的管道,应该选用安全工具,避免因敲击碰撞产生火花,导致火灾。安全工具的材料多选用木质、铜或镀铜合金。

三、密封填料的种类及使用方法

输送流体的机械,如阀门、泵等,其运动件与本体之间是介质泄漏的主要渠道。为阻止泄漏,目前主要采取的方法是填料密封,即在机体上做出填料函,将富有压缩性和回弹性的填料放入其内,依靠压盖的轴向压紧力转化为径向密封力,从而起到密封作用,这种填料就叫作密封填料。

(一)密封填料的分类

密封填料的结构形式有很多,主要有:编织型、平型、O 形、V 形、U 形、波纹型、碗形、膏粉型、叠合型、组合型。其中用得最多的是编织型密封填料。编织型密封填料按组成材质分类为有机组合纤维、无机纤维、天然纤维、人工纤维。

(二)密封填料的使用

1. O 形密封圈的使用

O 形密封圈是一种小截面的圆环形密封元件,其常用截面形状成 O 形,所以称为 O 形密封圈。当然截面形状也有方形、X 形、H 形等异形截面。O 形圈通常是用合成橡胶制造的。主要安装在常用的矩形沟槽和端面倒角槽中使用,也安装在燕尾槽等异形槽中。

(1) O 形密封圈的密封原理

O 形橡胶密封圈的密封原理是当 O 形密封圈安装在沟槽和密封面之间时,会产生一定的压缩量,由此产生的反弹力给予被密封的光滑面和沟槽底面以初始的压缩应力,从而起预紧或初始密封作用。

由于预密封作用,O 形圈与被密封光滑面和沟槽底面紧密接触。这样当流体通过间隙进入沟槽时,只能对 O 形圈的一侧面起作用。在工作状态下,流体通过间隙加到 O 形圈一侧的内压力进一步加大时,把 O 形圈推向沟槽另一侧面而挤压变形成 D 形状态,并把这种压力传递到密封接触面。因此,由于最初的过盈压力作用,密封压力实际上大于所施加的流体压力。

流体压力越大,O 形圈变形越大,从而传递给接触面的压力也越大,密封作用也就越强。

(2) O 形密封圈的使用条件

O 形密封圈是近几年广泛应用于船舶管路密封的一种密封件。O 形密封圈一般使用在工作压力:0~300 MPa;工作速度:≤15 m/s;工作温度:-55~250 ℃。O 形圈是液压与气压传动系统中使用最广泛的一种密封元件。

O 形密封圈主要用于机械部件在静止条件下防止液体和气体介质的泄漏,在某些情况下,O 形密封圈还能用作轴向往复运动和低速旋转运动的动态密封元件,根据不同的条件,需要选择不同的材料。

O 形密封圈选用时通常要尽量大界面的 O 形圈,在相同间隙的情况下,O 形密封圈被挤入间隙的体积应当小于其被挤入的最大允许值。

O 形密封圈是一种双向作用密封元件,安装时径向或轴向方面的初始压缩,赋予 O 形密封圈自身的初始密封能力。由于系统压力而产生的密封力与初始密封力合成总的密封力,随着系统压力的提高而提高。O 形密封圈在静密封场合,有着较为突出的作用。然而,在动态的适当场合中,O 形密封圈也常被广泛应用,但受到密封处速度和压力的限制。

一般 O 形密封圈的速度和压力达到以下要求:

①静态场合最大往复速度可达 0.5 m/s;

②无挡圈时,最大可达压力 20 MPa,最大旋转速度可达 2 m/s;

③有挡圈时,最大可达压力 40 MPa。

(3) O 形密封圈的优点:

①O 形密封圈结构简单,原材料成本低廉;

②O 形密封圈规格、材质多样,适用方面广泛;

③O形密封圈具有设计简单、结构小巧、重量轻、拿取轻便、工人在作业时装卸方便；
④O形密封圈适用于多种形式的密封，例如：动密封、静密封、机械、汽车等。

2. 机械密封

机械密封是指由至少一对垂直于旋转轴的端面、在液体压力和补偿机构弹力或磁力的作用下以及在辅助密封的配合下保持贴合相对滑动而构成的防止流体泄漏的装置。

(1)机械密封安装的方法

①安装时在与密封相接处的表面应涂一层清洁的机械油，以便能顺利安装；
②设备的密封腔部位在安装时应保持清洁，密封零件应进行清洗，保持密封端面完好无损，防止杂质和灰尘进入密封部位；
③在安装过程中严禁敲打和碰击，以免使机械密封副破损而造成密封失效；
④设备转轴的径向跳动应≤0.04 mm，轴向窜动量不允许大于0.4 mm；
⑤安装静环压盖时，拧紧螺丝必须受力均匀，保证静环端面与轴垂直；
⑥安装后用手推动动环，能使动环在轴上灵活移动，并有一定弹性；
⑦安装后用手盘动转轴，转轴应无轻重感觉；
⑧设备在运转前必须充满介质，以防止干摩擦而使密封失效。

(2)机械密封安装时注意事项

①机械密封的选择要选择品质高的材料，因为其属于较高精度的机械部件，所以对材料要求比较高；
②在机械密封轴面进行润滑操作，可减少摩擦的磨损，也可以提高机械密封的使用寿命，降低成本。

3. 迷宫式密封

迷宫式密封是在密封腔和旋转轴之间，由一组密封齿片形成一系列有规则的节流间隙和膨胀空腔，通过介质的黏性摩擦以及能量的转化产生逐级节流效应，从而实现密封。

四、密封垫片和密封填料的区别

密封分为静密封和动密封两大类。

静密封称为固定密封，它是指被密封的组件间无相对运动的情况。通常静密封是靠密封垫片来实现的。

动密封称为运动密封，它是指工作状态下被密封组件间存在着相对运动的情况。密封填料是实现动密封的主要手段之一。所以密封垫片和密封填料的区别主要是密封垫片用在静密封装置中，而密封填料使用在动密封装置中。

影响密封垫片和密封填料的因素：

(1)密封面的表面状况：密封面的形状及表面粗糙度对密封性有一定的影响，表面光滑有利于密封。软质垫片由于它易于变形因而对表面状况不敏感，而对硬质垫片来说，表面状况影响极大。

(2)密封面的接触宽度：密封面与垫片或填料的接触宽度越大，则流体泄漏所需通过的路径越长，流阻损失也就越大，因而有利于密封。但在相同的压紧力下，接触宽度越大，则密封比压降减小。所以，要根据密封件的材质情况寻求适宜的接触宽度。

(3)流体的性质：流体的黏度对填料及垫片的密封性有很大影响。黏度大的流体由于其流动性差而易于密封。液体的黏度远大于气体,因而液体较气体易于密封。

(4)流体的温度:温度的高低影响流体的黏度,从而对密封性产生影响。温度升高,液体黏度下降,而气体黏度增大。另一方面,温度的变化常使密封组件产生变形而易于引起泄漏。

(5)垫片及填料的材质:软质材料在预紧力的作用下易于产生弹性或塑性变形,从而堵塞流体泄漏的通道,因而有利于密封;但软质材料一般不能承受高压流体的作用。

(6)密封面的比压:密封面间单位接触面上的法向作用力,称密封面比压。密封面比压的大小是影响垫片或填料密封性的重要因素。通常,通过施加预紧力在密封面上产生一定比压,使密封件产生变形以减小或消除密封接触面间的缝隙,阻止流体通过,达到密封的目的。

(7)外部条件的影响:管道系统的振动、连接组件的变形、安装位置的偏移等原因都会对密封件产生附加作用力,从而对密封造成不利的影响。

要使密封可靠,必须认真考虑上述因素。

第五节　专用工具和测量仪器

进行有关保养工作时,使用推荐的随机配备的专用工具要比使用标准工具更简便和省时间。缺乏专用工具不仅难以完成某些保养维修工作,还可能损坏设备。为了提高设备的可维修性并延长设备的使用寿命,各设备都随机配备推荐的专用工具,因此专用工具的种类和数量越来越多,一般都随设备一起供应或订购,如柴油机的液压拉伸器、缸套的拆装专用工具、活塞的拆装专用工具、主轴瓦的拆装专用工具及各种专用扳手、专用拉具、专用吊环螺钉、专用顶丝、专用液压工具、气动工具、专用测量工具、清洗工具、研磨工具等。

专用工具一般都是为某主机、辅机拆装方便而专门设计制造的,通常由生产厂家随机配备。机型不同,专用工具也有所不同,下面主要以低速柴油机为例说明专用工具和专用量具:

1. 液压拉伸工具

该工具是大型柴油机中常用的装置,如图 7-27 所示,其主要用于拆装大型柴油机的气缸盖等螺母。其主要工作原理是利用螺栓材料本身的弹性变形,借助液压的力量把螺栓拉伸至一定长度,使螺母与其压紧的平面能处于松弛的状态,以便用扳手旋紧或旋松螺母达到螺栓上紧或旋松的目的。使用时要根据说明书中所规定的缸头螺母旋紧力的大小,用手动高压液压泵给出相应的标准压力来进行螺母的拆装工作。为了保证液压工具的良好状态,应定期地对

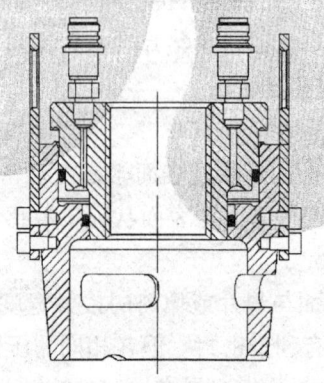

图 7-27　液压拉伸工具

液压拉伸器进行保养,同时在使用时要根据说明书的规定正确地安装和操作。

该工具也可拆装主机的其他紧固螺母,如活塞杆下部的海底螺母、十字头轴承螺母、连杆大端轴承螺母和主轴承螺母等。

2. 气缸套拆装专用工具

该工具用于拆装柴油机气缸套,如图 7-28 所示,为中小型柴油机气缸套的拆卸工具,它主要由上横梁、带吊环的螺杆、上托横梁、螺母等组成。

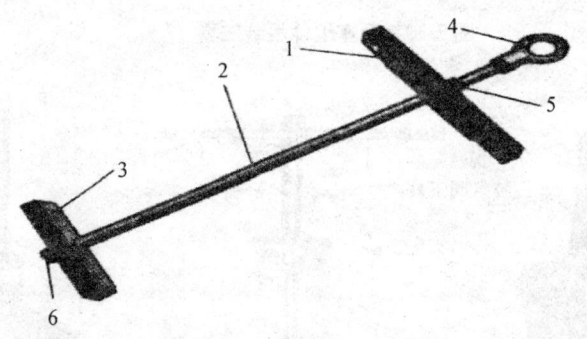

图 7-28 气缸套拆装工具

1—上横梁;2—带吊环的螺杆;3—上托横梁;4—吊环;5、6—螺母

3. 活塞装入气缸套的专用工具

该工具主要在安装活塞时使用。使用时要平稳地放置在气缸体上平面,注意定位销的位置。将带环的活塞涂上滑油并保证环的搭口互相错位后,放入气缸套内,依靠专用工具的锥形喇叭口将活塞环逐渐收拢,压入气缸套,如图 7-29 所示。

图 7-29 活塞导套

4. 活塞环拆装专用工具

该工具专用于活塞环的拆装,适用于拆缸径较大的柴油机活塞环。使用时要注意不能用力过猛,以免折断活塞环。

5. 其他专用工具

其他的一些专用工具如图 7-30、图 7-31 所示。

6. 大型低速柴油机常用的排气阀研磨机

排气阀研磨机在研磨时,固定好阀杆及阀座,调整好砂轮角度。研磨阀杆的角度调整到 30.5°,研磨阀座的角度调整到 30°,阀座的最大研磨量是 2.3 mm,阀杆的最大研磨量是 2 mm。值得注意的是,现代新型柴油机配备新型的排气阀和阀座不需要研磨,而且维护间隔和寿命都相对较长,目前只有 MAN B&W 可生产。

图 7-30　活塞组件吊装工具

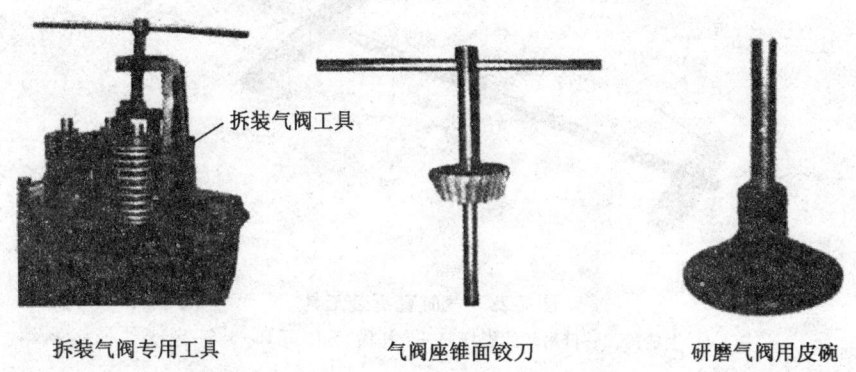

图 7-31　气阀维修工具

7. 桥规

桥规主要用来测量曲轴的桥规值和主轴颈的下沉量。柴油机主轴颈的下沉量主要是由主轴承下瓦磨损和主轴颈磨损导致的。桥规是随机专用工具，其结构随机型不同而异，基本结构如图 7-32 所示。柴油机的桥规铭牌上一般标有柴油机台架试验时测量的各道主轴承的桥规值，作为在以后使用中测量比较的依据。前后两次测量的桥规值之差即主轴瓦下瓦相应时间段的磨损量。

8. 缸套内径千分尺（量缸表）

缸套内径千分尺（量缸表）是用于测量缸套内径的一种专用千分表。为方便测量，大型柴油机都随机配套量缸表，结构如图 7-32 所示。其结构由千分表、连接杆、固定量杆和活动量杆组成，如图 7-33 所示。连接杆的一端与千分表相连，另一端与固定量杆和活动量杆组成的可调测量棒相连。

内径千分表在使用时需要用一个外径千分尺按零件尺寸先对内径千分表进行校正，使千分表的指针指向零位，并把可调测量棒上的紧固螺母拧紧后再进行实际测量。为适应不同尺寸缸径的需要，固定测量杆有一组不同尺寸的杆可供选择，同时调整垫片也有一组可供选配。

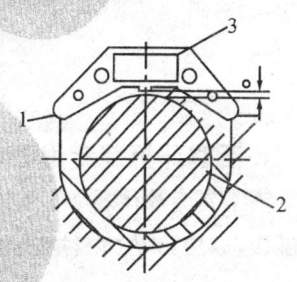

图 7-32　桥规基本结构图
1—桥规；2—主轴颈；3—桥规值

在测量气缸内径时，根据气缸内径的大小配上适当的测量棒，把一个外径千分尺调到与标准缸径相同。再将内径千分表的测量棒放到外径千分尺里进行调校，一般测量棒调校后的长度比缸径稍大（视缸套磨损情况而定），再将千分表放到气缸内进行测量。

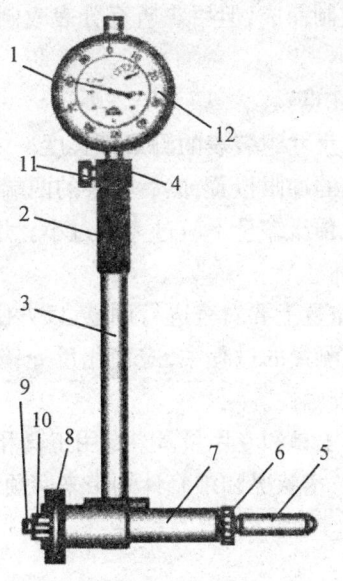

图 7-33　内径量表

1—百分表;2—胶木手柄;3—表杆;4—紧固器;5—可换测头;6—滚花锁紧螺母;7—主体;8—定位护桥;9—活动量头;10—定位护桥支脚;11—紧固螺钉;12—表盘

9. 臂距表

臂距表也称为拐挡表,用于测量曲柄臂距变化的数值,是一种特殊的百分表,它的测量精度为 0.01 mm。一般船用柴油机都随机配备专用臂距表,其结构由臂距表、重锤、测量杆等组成,如图 7-34 所示。这种表测量臂距差时,曲柄臂张开时,臂距值增大,表的指针指向正(+)值或读数增大方向;曲柄臂缩合,臂距值减小,则表的指针指向负(-)值或读数减小方向。这样,表上指针的正负或读数的增减与臂距的增减相一致。

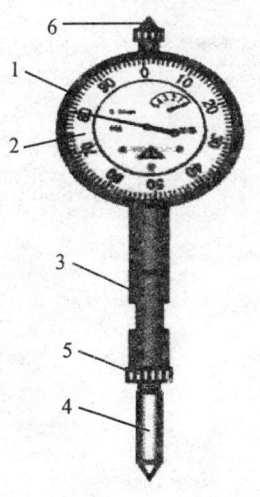

图 7-34　曲轴量表

1—百分表;2—表盘;3—接杆;4—可换测头;5—滚花锁紧螺母;6—活动量头(锥形)

臂距表也可用普通百分表改制而成,但用普通百分表改制时表上指针读数正负的增减与臂距表指针正负的增减相反。

使用臂距表时,应注意以下几点:

①应根据曲轴臂距值的设计尺寸组装表的测量杆长度。

②装表前要确认曲柄臂内侧的冲眼位置,然后将表的两端牢固地顶在曲柄臂上的冲眼内,以防测量中表脱落摔坏。装表时预压缩量不应过大或过小。过大,在曲柄收缩时会压坏表;过小,在曲柄张开时会使表掉下摔坏。

③表装好后,在第一个测量位置上要对表进行调零,以方便测量时读数。

④有些不带重锤的臂距表在测量的过程中,应使用反光镜查看表上数值。不要用手转动表盘查看读数,以免影响测量的准确性。

以上是船上几种常见的专用工具和专用量具。专用工具和专用量具都应保持良好的状态及良好的精度,否则会给机器的技术状况和维修计划带来麻烦。

第八章
船舶防污染公约及法规

海上交通运输相对其他运输方式具有更低的运输成本,承担了世界货运总量的80%以上,是世界各国和各地区之间经济、贸易和文化交流的重要手段。随着经济全球化进程的不断加快,全球性的海上贸易得到了空前的发展,营运船舶数量、种类和吨位不断增加。同时海上运输又呈现了许多新特点,如船舶运输的大型化和专用化、货物的品种和形态的多样化、海上石油和散装液体化学品运量的逐年增大等,因此海洋环境面临的潜在威胁变得更加突出。由于海洋污染具有持续性强、扩散范围大、对人类的危害严重的特点,因此必须加强船舶防污染管理,高度重视保护海洋环境。

为了防止船舶造成海洋污染、促进海洋环境保护,IMO通过了一系列防止船舶造成海洋污染的相关公约,主要有《经1978年议定书修订的1973年国际防止船舶造成污染公约》(MARPOL 73/78)、《2004年国际船舶压载水和沉积物控制与管理公约》(BWM 2004)、《1972年防止倾倒废物及其他物质污染海洋的公约》(LC 1972)、《1969年国际干预公海油污事故公约》(INTERVENTION 1969)、《1969国际有污染损害民事责任公约》(CLC 1969)、《1990年国际油污防备、反应与合作公约》(OPRC 1990)等。

第一节 船舶防污染国际公约的相关规定

为了保护海洋环境,防止污染损害,一系列国际性、区域性和各沿海国关于防止船舶污染海洋的公约、协议和法规相继制定、修订、生效和实施,且随着海洋污染的日趋严重和公众环保意识的不断增强,强制性防污法规越来越齐全,标准越来越高,执行也越来越严格。

一、MARPOL公约关于船舶防污染的相关规定

(一)MARPOL 73/78 附则Ⅰ——防止油类污染规则的相关规定

1. 定义

(1)油类系指包括原油、燃油、油泥、油渣和炼制品(本公约附则Ⅱ所规定的石油化学品除外)在内的任何形式的石油,以及不限于上述一般原则,包括本附则附录中所列的物质。

(2)油性混合物系指含有任何油类的混合物。

(3)燃油系指船舶所载有并用作其推进和辅助机器的燃料的任何油类。

(4)油船系指建造为或改造为在其装货处所主要装运散装油类的船舶,并包括全部或部分装运散装货油的兼装船,本公约附则Ⅱ中所定义的任何"NLS液货船"和经修订的SOLAS 74公约第Ⅱ-1/3.20条中所定义的任何气体运输船。

(5)原油油船系指从事原油运输业务的油船。

(6)成品油油船系指从事除原油以外的油类运输业务的油船。

(7)兼装船系指设计为装运散装货油或者装运散装固体货物的船舶。

(8)最近陆地系指最近的按照国际法划定的领海基线。

(9)特殊区域系指由于海洋学和生态学以及其运输的特殊性质等方面公认的技术原因,需要采取防止海洋污染的特殊强制办法的海域。本附则规定的特殊区域有10个:地中海区域;波罗的海区域;黑海区域;红海区域;海湾区域;亚丁湾区域;南极区域;西北欧水域;阿拉伯海的阿曼区域、南部南非区域。其中西北欧水域包括北海及其近海水域,爱尔兰海及其近海水域,克尔特海、英吉利海峡及其临近水域和紧接爱尔兰西部的东北大西洋部分水域。

(10)油量瞬间排放率系指任何一瞬间每小时排油量(L/h)除以同一瞬间的船速(n mile/h),其单位为(L/n mile)。

(11)舱柜系指由船舶的永久结构所形成的并设计为装运散装液体的围蔽处所。

(12)边舱系指与船壳边板相连的任何舱柜。

(13)中间舱系指纵向舱壁间的任何舱柜。

(14)污油水舱系指专用于收集舱柜排出物、洗舱水和其他油性混合物的舱柜。

(15)清洁压载水系指这样一个舱内的压载水,该舱自上次装油后,已清洗到如此程度,以致倘若在晴天从一静态船舶将该舱中的排出物排入清洁而平静的水中,不会在水面或邻近的岸线上产生明显的痕迹,或形成油泥乳化物沉积于水面以下或邻近的岸线上。如果压载水是通过经主管机关认可的排油监控系统排出的,而根据这一系统的测定查明该排出物的含油量不超过15ppm,那么,尽管出现有明显的痕迹,仍应确定该压载水是清洁的。

(16)专用压载水系指装入这样一个舱内的压载水,该舱与货油及燃油系统完全隔绝并固定用于装载压载水,或固定用于装载本公约各附则中所指各种油类或有毒物质以外的压载水或货物。

(17)百万分比(ppm)系指按体积的百万分比计算的油污水的含油率。

(18)含油舱底水系指可能被由机器处所中的渗漏或维护工作产生的油污染的水。进入舱底水系统(包括舱底水井、舱底水管系、内底或舱底水储存柜)的任何液体被视为含油舱底水。

(19)含油舱底水储存柜系指在其排放、过驳或处理前收集含油舱底水的舱柜。

(20)残油(油泥)舱系指储存残油(油泥)的舱柜,通过标准排放接头和其他任何认可的处理措施可从该舱直接处理油泥。

(21)特别敏感区域(PSSA)系指在该区域中由于生态学或社会经济或科学上的原因,容易遭受海上交通带来的环境损害,需要IMO采取特别的措施予以保护的区域。现有的特别敏感区域主要包括澳大利亚大堡礁(The Great Barrier Reef);古巴的撒巴那-卡玛居埃(Sabana-Camagùey)群岛;马尔佩洛岛周围海域;佛罗里达珊瑚岛群周围海域;瓦登海;帕拉卡斯国家自然保护区;西欧水域;加纳利群岛;加拉帕戈斯群岛;波罗的海;博尼法乔海峡。

2. 例外

对于如下情况可不受本附则规定的排放条件和标准的限制：

(1)将油类或油性混合物排放入海，系为保障船舶安全或救护海上人命所必需者；

(2)将油类或油性混合物排放入海，系由于船舶或其设备遭到损坏的缘故：

①但须在发生损坏或发现排放后，为防止排放或使排放减至最低限度，已采取了一切合理的预防措施；和

②但是，如果船东或船长是故意造成损坏，或轻率行事而又知道可能会招致损坏，则不在此例；或

(3)将经主管机关批准的含油物质排放入海，用以对抗特定污染事故，以便使污染损害减至最低限度。但任何这种排放，均应经拟进行排放所在地区的管辖国政府批准。

3. 排油控制

(1)对所有船舶机器处所操作性排油的要求

①除上述例外情况以及本条第②、③和⑥规定外，应禁止将任何油类或油性混合物排放入海。

②特殊区域外的排放

除非符合下列条件，应禁止400总吨及以上的船舶排放油类或油性混合物入海：

(i)船舶正在航行途中；

(ii)油性混合物经本附则要求的滤油设备加工处理；

(iii)未经稀释的排出物含油量不超过15ppm；

(iv)油性混合物不是来自油船的货泵舱的舱底；

(v)如是油船，油性混合物未混有货油残余物。

③特殊区域内的排放

除非符合下列条件，应禁止400总吨及以上的船舶排放油类或油性混合物入海：

(i)船舶正在航行途中；

(ii)油性混合物经滤油设备加工处理(该系统应保证通过该系统排放入海的油性混合物的含油量不超过15ppm；应装有报警装置，在不能保持这一标准时发出报警；还应装有在排出物的含油量超过15ppm时能保证自动停止油性混合物排放的装置)；

(iii)未经稀释的排出物含油量不超过15ppm；

(iv)油性混合物不是来自油船的货泵舱的舱底；

(v)如是油船，油性混合物未混有货油残余物。

④就南极和北极区域而言，禁止任何船舶将任何油类或油性混合物排放入海。

⑤本条中的任何规定，并不禁止仅有部分航程在特殊区域内的船舶在特殊区域以外按本条的规定进行排放。

⑥对南极区域以外任何区域内小于400总吨船舶，应按下列规定将油类和油性混合物留存在船上或排放入海：

(i)船舶正在航行途中；

(ii)船上所设经认可的设备正在运转以保证未经稀释的排出物含油量不超过15ppm；

(iii)油性混合物不是来自油船的货泵舱的舱底；

(iv)如是油船，油性混合物未混有货油残余物。

(2)对油船货物区域操作性排油的控制要求

①特殊区域外的排放

除非符合下列条件,禁止将油类或油性混合物排放入海:

(ⅰ)油船不在特殊区域之内;

(ⅱ)油船距最近陆地50海里以上;

(ⅲ)油船正在途中航行;

(ⅳ)油量瞬间排放率不超过30升/海里;

(ⅴ)排入海中的总油量,对于1979年12月31日或以前交船的油船而言,不得超过这项残油所属的该种货油总量的1/15 000,对于1979年12月31日以后交船的油船而言,不得超过这项残油所属的该种货油总量的1/30 000;

(ⅵ)油船所设的本附则要求的排油监控系统以及污油水舱正在运转。

②特殊区域内的排放

在特殊区域内,除清洁压载水和专用压载水的排放外,禁止油船将货油区域的油类或油性混合物排放入海。

③对小于150总吨的油船的要求

将油留存在船上以及随后将所有经污染的洗涤液排入接收设备。用于冲洗和流回到贮存柜中去的全部油和水应排入接收设备,除非设有适当的装置以保证对允许排入海水中的流出物有足够的监测以符合本条的规定。

4. 对防油污设备的要求

1)对所有船舶机器处所设备的要求

(1)除本条(ⅲ)的规定外,凡400总吨及以上但小于10 000总吨的任何船舶,应装有符合(6)规定的滤油设备。

(2)除本条(ⅲ)规定之外,凡10 000总吨及以上的任何船舶,应装有符合(7)规定的滤油设备。

(3)固定不动的旅店客船和水上仓库之类船舶,不必安装滤油设备。这种船舶应设有储存柜,其容积足够留存船上含油舱底水的总量,并使主管机关满意。所有含油舱底水均应留存船上,以便随后排入接收设备。

(4)主管机关应保证小于400总吨的船舶尽可能装有将油类或油性混合物留存船上或按本附则相关规定将其排放的设备。

(5)主管机关可对下述船舶免除本条(1)和(2)的要求:

①任何专门从事在特殊区域内航行的船舶,或

②任何按《国际高速船安全规则》发证(或其尺度和设计在该规则范围内),从事定期营运且返程时间不超过24小时的船舶,并包括这些船舶不载运旅客/货物的迁移航程,

③对上述①和②的规定,下列条件应予满足:

(ⅰ)船舶设有储存柜,其容积足够容纳留存于船上含油舱底水的总量,并使主管机关满意;

(ⅱ)所有含油舱底水均留存船上,以便随后排入接收设备;

(ⅲ)主管机关确认在船舶停靠的港口或装卸站设有足够数量的接收设备,以接收该含油舱底水;

(ⅳ)当需要备有《国际防止油污证书》时,应在证书中签署,说明该船是专门从事在特殊区域内的航行或被视为是高速船和有确定业务;和

（v）排放的数量、时间和港口应记入油类记录簿第Ⅰ部分内。

（6）滤油设备的设计，应经主管机关批准，而且应保证通过该系统排放入海的油性混合物的含油量不超过15ppm。

（7）本条（2）所述的滤油设备除应符合（5）的规定。此外，该系统应装有报警装置，在不能保持这一标准时发出报警。该系统还应装有在排出物的含油量超过15ppm时能保证自动停止油性混合物排放的装置。

2）对油船货物区域设备的要求

（1）排油监控系统

150总吨及以上的油船应装有一个经主管机关批准的排油监控系统。排油监控系统的设计和安装应符合本组织制定的油船排油监控系统指南和技术条件。主管机关可接受在该指南和技术条件内详述的具体布置。

（2）油水界面探测器

150总吨及以上的油船应备有经主管机关认可的有效的油水界面探测器，以便能迅速而准确地确定污油水舱中的油/水分界面，其他舱柜如需进行油水分离并拟从其中将排出物直接排放入海者，也应有这种探测器。

5. 对船舶构造的要求

1）残油（油泥）舱

（1）凡400总吨及以上的船舶，但本条中（iv）仅在合理和可行的范围内适用于1979年12月31日或以前交船的船舶。

（2）残油可通过本附则中所要求的标准排放接头直接从残油舱排至接收设备，或通过其他任何认可的残油处置措施直接从残油舱进行处置。

（3）应设置残油舱，并：

①应参照机型和航程长短，残油舱有足够容量接收按本附则要求不能以其他方式处理的残油（油泥）；

②应设置指定的泵，能从残油舱抽吸残油以第（2）条所述措施进行处置；

③残油舱不应设置至舱底水系统、含油舱底水储存舱、内底或油水分离器的排放接头，但：

（i）可设置通往含油舱底水储存舱或舱底水井的泄水管并设有手工操作自闭阀和布置用于沉积水的后续视觉监控，或设置替代布置，但该布置应不直接连接舱底水排放管系；

（ii）油泥舱排放管路与舱底水管路可连接到引至本附则所述的标准排放接头的共用管路；两个系统到引至本附则所述的标准排放接头的可共用管路的连接应不允许油泥驳至舱底水系统；

（iii）残油舱不应设置带有直接舷外排放接头的管系，除本附则所述的标准排放接头外；

（iv）残油舱的设计和建造应能便利其清洗和将残油排入接收设备。

（4）2017年1月1日以前建造的船舶应布置或不迟于2017年1月1日或以后进行的首次换证检验符合本条③规定。

2）标准排放接头

为了使接收设备的管路能与船上机舱舱底和油泥舱残余物（即舱底水和油渣）的排放管路相连接，在这两条管路上均应装有符合表8-1要求的标准排放接头。

表 8-1　舱底水和油渣排放接头法兰的标准尺寸

项目	尺寸
外径	215 mm
内径	按照管路的外径
螺栓圆直径	183 mm
法兰槽口	直径为 22 mm 的孔 6 个,等距分布在上述直径的螺栓圆上,开槽口至法兰盘外沿,槽口宽 22 mm
法兰厚度	20 mm
螺栓和螺帽:数量、直径	6 个,每个直径 20 mm,长度适当
法兰应设计为能接受最大内径不大于 125 mm 的管路,以钢或其他同等材料制成,表面平整。这种法兰,连同一个油密材料的垫圈,应能承受 6 kg/cm² 的工作压力	

3）泵舱底保护

对于所有 2007 年 1 月 1 日及以后建造的 5 000 载重吨及以上的油船,要求泵舱底保护。即泵舱应设双层底,且每一双层底舱处所的横切面上的垂直深度应不小于 $B/15$ 或 2 m(取两者之中小者),但最小深度不得小于 1 m。如果泵舱的底板位于基线以上至少 $B/15$(B 为船舶最大宽度)或 2 m,或当泵舱的浸水不导致压载或货油转驳系统失效时,不需要双层底保护。

4）燃油舱保护

（1）燃油舱保护要求

对于适用范围内的船舶的所有燃油舱(单个燃油舱的最大转载容量不超过 30 m³ 的小燃油舱除外),应满足双壳双底的要求,或者,如通过计算燃油意外溢油参数符合一定的标准,则不必设置双壳双底;对于单个燃油舱的容量不能超过 2 500 m³;不超过 30 m³ 的小燃油舱的总舱容不能超过 600 m³;如果燃油管路位于与船底或与舷侧的距离小于双壳双底所要求的最小距离,应在燃油舱内或紧邻燃油舱安装阀门或类似的关闭装置,并能从一个方便进入的封闭处所内操纵这些阀门。该封闭处所应能从驾驶室或主机控制位置进入,而不需穿过露天干舷甲板或上层建筑甲板。阀门应在遥控系统发生故障(关闭位置的故障)时予以关闭,并应在海上航行期间当舱内有燃油时保持关闭状态,除非进行过驳燃油操作时可打开。

（2）燃油舱设置

①除自升式钻井装置以外,对于合计燃油舱容为 600 m³ 及以上的船舶,燃油舱应位于底壳板型线以上,且任何一处不小于规定的距离:$h = B/20$ m,或 $h = 2.0$ m(取小者),B 为船宽,h 的最小值为 0.76 m。在艏部弯曲区域和艉部无明显弯曲的部位,燃油舱边界线应与船中部平底板线平行,如图 8-1 所示。

②对于合计燃油舱容为 600 m³ 及以上但小于 5 000 m³ 的船舶,燃油舱应位于侧壳板型线的舷内侧,且任何一处距离都不小于下述规定的在垂直于侧壳板的任何横截面量得的距离 $w = 0.4 + 2.4 C/20 000$ m,C 为船舶燃油舱加装 98% 时的燃油总量,w 的最小值为 1.0 m,但是对于单舱舱容小于 500 m³ 的燃油舱,w 的最小值为 0.76 m,如图 8-2 所示。

③对于合计燃油舱容为 5 000 m³ 及以上的所有船舶,燃油舱应位于侧壳板型线的舷内侧,且任何一处距离都不小于下述规定的在垂直于侧壳板的任何横截面量得的距离 $w = 0.5 + C/20 000$ m,或 $w = 2.0$ m(取小者),w 的最小值为 1 m,如图 8-2 所示。

④对位于距离船底小于 h 或距离船侧小于 w 处的燃油泵管线,应在燃油舱内或紧靠燃油舱处装有阀门或类似的关闭装置。这些阀门应能够从一个由驾驶台和主机控制站随时可进入

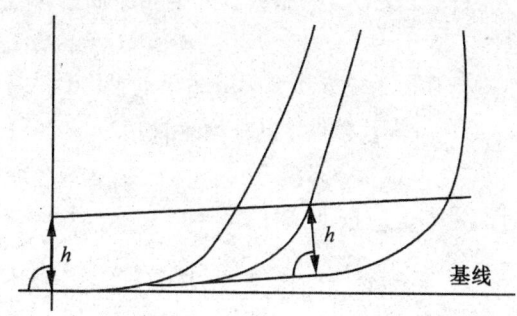

图 8-1　燃油舱边界线

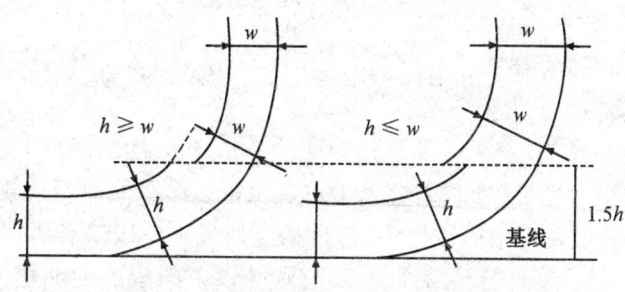

图 8-2　燃油舱边界线

而不需穿过露天干舷甲板或上层建筑甲板的封闭处所进行操作。这些阀门应在遥控系统失效时（不能进入关闭状态）关闭，并且在舱内装有燃油时，在海上任何时候都应保持关闭，除非在燃油输送作业期间可开启。

⑤燃油舱内的泵吸井可以伸到由距离 h 定义的边界线下的双层底中，但条件是这种井应尽实际可能小，且井底至底壳板之间的距离不得小于 $0.5h$。

⑥根据极地规则，对 2017 年 1 月 1 日或以后建造的，总燃油装载容量小于 600 m³ 的适于极地的 A 类和 B 类船舶，所有燃油舱均应与船体外壳隔离，且不小于 0.76 m 的距离。此规定不适用于最大单个容量不大于 30 m³ 的小燃油舱。

⑦对于内河航行船舶，燃油舱的布置应尽可能避免因船舶的碰撞而造成的溢油，对单舱容积为 30 m³ 及以上的燃油舱，其布置距船体外板的最小距离不得小于 0.76 m。

⑧作为①和②或③的代替，船舶应符合以下所规定的事故性燃油溢漏性能标准：

（i）在发生碰撞或搁浅时防止燃油污染事故的水平应根据下述平均泄油量参数进行评估

当 600 m³ $\leqslant C <$ 5 000 m³ 时，$O_M < 0.0157 - 1.14E - 6C$

当 $C \geqslant$ 5 000 m³ 时，$O_M < 0.010$

其中，O_M——平均泄油量参数；C——总燃油舱容。

（ii）在计算平均泄油量参数时，应适用以下一般性假定：

应假定船舶为装载至部分载重线吃水 dP 处，且无纵倾或横倾，所有的燃油舱应假定为装满其 98% 的舱容；燃油的名义密度一般应取值为 1 000 kg/m³。如果燃油的密度被专门限制到一个更低的值，则可采用该更低的值；就这些泄油量的计算而言，除非另有规定，每个燃油舱的渗透率应取 0.99。

（iii）在组合泄油量参数时，应采用下列假定：

船侧破损和舱底破损的平均泄油量应分别进行计算，然后组合成无因次泄油量参数 O_M，

$O_M = (0.4 O_{MS} + 0.6 O_{MB}) / C$,其中 O_{MS} 为船侧破损平均泄油量,O_{MB} 为船底破损平均泄油量,C 为总燃油舱容。

对于船底破损,应分别进行 0 m 和 2.5 m 潮汐条件下的平均泄油量计算,$O_{MB} = 0.7 O_{MB}(0) + 0.3 O_{MB}(2.5)$,其中 $O_{MB}(0)$ 为 0 m 潮汐条件下的平均泄油量,$O_{MB}(2.5)$ 为 2.5 m 潮汐条件下的平均泄油量。

(iv) 船侧破损平均泄油量 O_{MS} 应按下式计算:

$$O_{MS(0)} = C_3 \sum_{i}^{n} P_{S(i)} O_{S(i)} \, (m^3)$$

式中,i 为所考虑的每个燃油舱;n 为燃油舱的总数;$P_{S(i)}$ 是因船侧破损而穿透燃油舱 i 的概率;$O_{S(i)}$ 是因船侧破损燃油舱 i 的泄油量,假定等于燃油舱 i 在充装至 98% 舱容时的燃油总容积。

6. 防止油污染的特殊措施

对油船货物区域的要求主要包括:

1) 专用压载舱

1982 年 6 月 1 日以后交船的载重量 20 000 吨及以上的原油油船及载重量 30 000 吨及以上的成品油油船,均应设置专用压载舱,并符合相应的规定。1982 年 6 月 1 日以后交船的载重量 20 000 吨以下的原油油船及载重量 30 000 吨以下的成品油油船,可以任一货油舱作压载。

2) 双壳体和双层底

1996 年 7 月 6 日及以后交船的载重量 600 吨及以上的油船需要双船壳和双层底保护。对于 5 000 载重吨及以上的油船要求整个货油舱由压载舱或非货油舱加以保护,5 000 载重吨以下的油船需要双层底舱或处所保护。

1996 年 7 月 6 日以前交船的 5 000 载重吨及以上的油船(满足边舱保护和分舱稳性的部分船舶除外)需要双船壳和双层底保护。对于该类船舶,MARPOL 73/78 将它们分为 3 大类,并分别规定了满足双船壳和双层底保护的最后生效时间。

3) 污油水舱

(1) 150 总吨及以上的油船,应设有(2)至(4)所要求的污油水舱装置,对 1979 年 12 月 31 日或以前交船的油船,可指定任一个货油舱作为污油水舱。

(2) 应有清洗货油舱和从货油舱将污压载水的残余物与洗舱水过驳至经主管机关批准的污油水舱的适当设备。

(3) 在该系统中,应有将油性废弃物以这样一种方式过驳至污油水舱或一组污油水舱的装置,即能使排入海中的任何排出物符合要求。

(4) 污油水舱或一组污油水舱的布置,应有留存洗舱后所产生的污油水、残油和污压载水残余物所必需的容量。除非达到主管机关接受的标准,污油水舱的总容量不得小于船舶载油总量的 3%。

(5) 污油水舱的设计,特别是其入口、出口、挡板或堰(如设有时)的位置,应能避免油类的过分湍流和被带走或与水形成乳化。

(6) 1979 年 12 月 31 日以后交船的 70 000 载重吨及以上油船至少应设置两个污油水舱。

7. 油类记录簿

根据 MARPOL 73/78 附则 I 的规定,凡 150 总吨及以上的油船,应备有油类记录簿(Oil

Record Book)第Ⅰ部分(机舱的作业记录)和第Ⅱ部分(货油和压载作业记录)。即油船应备有两种油类记录簿:一种用于机器处所的操作,由轮机部保管;一种用于货油的操作,由大副保管。凡400总吨及以上的非油船,应备有油类记录簿第Ⅰ部分(机舱的作业记录)。

1)油类记录簿的记载内容

所有船舶机器处所油类记录簿的记载,应按下列的记载细目一览表所规定的作业代号和细目数码填写。

油类记录簿有统一规定的格式,每当船舶进行下列任何一项作业时,均应详细记入油类记录簿。

(1)油类记录簿第Ⅰ部分——机舱的作业记录

①150总吨及以上的油船和400总吨及以上的非油船,应备有油类记录簿第Ⅰ部分(机器处所的作业)。

②船舶进行下列任何一项机器处所的作业,应逐项填入油类记录簿:

(ⅰ)燃油舱的压载和清洗;

(ⅱ)燃油舱污压载水或洗舱水的排放;

(ⅲ)残油(油泥)的收集和处理;

(ⅳ)机器处所内积存的舱底水向舷外排放或处理;

(ⅴ)添加燃油或散装润滑油;

(ⅵ)意外或其他特殊情况下的排放。

(2)油类记录簿第Ⅱ部分——货油和压载作业记录

①凡150总吨及以上的油船,应备有油类记录簿第Ⅱ部分(货油/压载的作业)。这种油类记录簿不论是作为船上的正式航海日志的一部分或作为其他文件,均应按本附则附录Ⅲ中所规定的格式。

②船舶进行下列任何一项货油/压载的作业时,应逐项填写油类记录簿第Ⅱ部分:

(ⅰ)货油的装载;

(ⅱ)航行中货油的内部转驳;

(ⅲ)货油的卸载;

(ⅳ)货油舱和清洁压载舱的压载;

(ⅴ)货油舱的清洗(包括原油洗舱);

(ⅵ)压载水的排放,但从专用压载舱排放者除外;

(ⅶ)污油水舱的排放;

(ⅷ)污油水舱排放作业后,所使用的阀门或类似装置的关闭;

(ⅸ)污油水舱排放作业后,关闭清洁压载舱与货油和扫舱管路隔离所需阀门;

(ⅹ)残油的处理。

③对于150总吨以下的油船,应由主管机关制订适合的油类记录簿。

2)油类记录簿格式

在油类记录簿首页说明之后,是机器处所的作业细目一览表,其具体内容见表8-2所示。

(1)填写格式

在油类记录簿的记载细目一览表之后,是每项作业的记载表,格式见表8-3。

表 8-2 记载细目一览表

（A）燃油舱的压载或清洗
1. 压载燃油舱的编号。
2. 从上次装油后是否已清洗，如未清洗，说明上次所装的油类。
3. 清洗过程：
　.1 清洗开始和结束的船位和时间；
　.2 注明采用哪种方法清洗油舱（用化学品清洗、蒸汽清洗、水涮；使用的化学品种类和数量，以 m^3 计；
　.3 注明洗舱水驳入的油舱编号。
4. 压载：
　.1 压载开始和结束时的船位和时间；
　.2 压载水的数量（如果油舱未予清洗）。
（B）从（A）项所述燃油舱排放污压载水或洗舱水
5. 燃油舱的编号。
6. 开始排放时的船位。
7. 终止排放时的船位。
8. 排放期间的船速。
9. 排放的方法：
　.1 通过 15ppm 设备；
　.2 排入接收设备。
10. 排放的数量。
（C）残油（油泥）的收集和处理
11. 残油的收集。
留存在船上的残油（油泥或其他油渣）的数量。这个数量应每周记录一次（编者注，仅指在 IOPP 证书附录格式 A 和格式 B 中第 3.1 项所列的油舱），系指这个数量必须每周记录一次，无论该航次持续时间是否超过一周。
　.1 注明油舱的编号；
　.2 油舱的舱容以 m^3 计；
　.3 留存残油的总量以 m^3 计；
　.4 通过人工方式收集残油的数量以 m^3 计。
12. 残油的处理方法。
注明处理的残油数量，同时注明从油舱中排出和留存在油舱中的数量，以 m^3 计：
　.1 排入接收设备（注明港口）①；
　.2 驳入另一（或其他）油舱（注明油舱编号及油舱总容量）；
　.3 已焚烧（注明焚烧作业的全部时间）；
　.4 其他方法（具体说明）。

---

① 船长应从包括油驳和油槽车在内的接收设备的操作人员处得到一份收据或证明，详细记录驳运的油舱冲洗水、污压载水、残油或含油混合物的数量，连同驳运的时间和日期。该收据或证明，如附于油类记录簿时，可有助于船长证明其船舶未涉嫌油污染事故。该收据或证明应与油类记录簿一同保存。

续表

（D）机器处所积存的舱底水非自动方式排出舷外或其他方法处理

13. 排放或处理的数量，以 m³ 计。
14. 排放或处理的时间（开始和结束）。
15. 排放或处理的方法：
   .1 通过 15ppm 设备（说明开始和结束时的船位）；
   .2 排入接收设备（注明港口）；
   .3 驳入污油水舱或储存柜（编者注：指在 IOPP 证书附录格式 A 和格式 B 中第 3.3 项所列的污水舱）：注明油舱编号；注明留存在舱柜内的总量，以 m³ 计。

（E）机器处所积存的舱底水以自动方式排出舷外或其他方法的处理

16. 通过 15ppm 设备，将该系统定为自动向舷外排放方式时的时间和船位。
17. 将该系统定为自动将舱底水输入储存柜（注明柜号）的作业方式时的时间。
18. 将该系统定为手动作业方式时的时间。

（F）排油监控系统的状况

19. 系统失效时间。
20. 系统已修复运转时间。
21. 故障原因。

（G）意外或其他异常的排油

22. 发生的时间。
23. 发生时船舶所在地点或船位。
24. 油的种类和大概数量。
25. 排放或溢漏的情况、原因和一般说明。

（H）加装燃油或散装润滑油

26. 装油：
   .1 加油的地点；
   .2 加油的时间；
   .3 燃油的种类和数量以及油舱的编号（说明加油的数量和油舱的总存量，以 t 计）；
   .4 润滑油的种类和数量以及油舱的编号（说明加油的数量和油舱的总存量，以 t 计）。

（I）补充的作业程序和一般说明

表 8-3　油类记录簿填写举例

船名：

船舶编号或呼号：

~~货油/压载的作业（油船）~~ */机器处所的作业（所有船舶）　1/2

日期	代号（字母）	细目（编号）	作业记录/主管高级船员的签名
Date	Code(letter)	Item(number)	Record of Operations/Signature of Officer in Charge
13-Mar-2011	C	11.1	No. 1 Sludge Tank/ No. 2 Sludge Tank/ F.O Drain Tank/ Dirty L.O Tank/ Incinerator Waste Oil Tank
			一号油渣柜/二号油渣柜/燃油泄放柜/污滑油柜/焚烧炉废油柜
		11.2	12.42 m³/9.10 m³/11.34 m³/11.34 m³/0.5 m³
		11.3	2.56 m³/3.24 m³/3.34 m³/0.96 m³/0.0 m³

续表

日期	代号(字母)	细目(编号)	作业记录/主管高级船员的签名
		11.4	0.70 m³ Collected from No.1 A/E Sump Tank
			自 No.1 副机油底壳收集 0.7 m³
			C/E: STRONG CHENG 轮机长：程斯壮 13-03-2011
15-Mar-2011	C	12.3	0.33 m³ Sludge from No.1 Sludge Tank/2.47 m³ Retained
			自一号油渣柜驳出 0.33 m³ 残油(渣油)，存 2.47 m³
			Burned in Incinerator for 17.5 h
			在焚烧炉中燃烧 17.5 h
			C/E: STRONG CHENG 轮机长：程斯壮 15-03-2011
16-Mar-2011	C	12.2	3.30 m³ Sludge Transferred from F.O Drain Tank/ 0.08 m³ Retained
			自燃油泄放柜驳出 3.30 m³ 残油(渣油)，存 0.08 m³
			3.30 m³ to No.1 Sludge Tank, Retained in Tank 5.72 m³
			至一号油渣柜 3.30 m³，存 5.72 m³
			C/E: STRONG CHENG 轮机长：程斯壮 16-03-2011
17-Mar-2011	C	12.4	0.16 m³ Water Evaporated from Incinerator Waste Oil Tank/ 0.28 m³ Retained
			焚烧炉废油柜中 0.16 m³ 水挥发掉，存 0.28 m³
			C/E: STRONG CHENG 轮机长：程斯壮 17-03-2011
18-Mar-2011	D	13	5.60 m³ Bilge Water from Bilge Water Holding Tank Capacity 29.72 m³, 0.30 m³ Retained
			自舱底水舱中驳出舱底水 5.60 m³，总容量 29.72 m³，存 0.30 m³
		14	Start: 0915 End: 1120
			开始：0915 结束：1120
		15.1	Through 15ppm Equipment Overboard
			Position Start: 18°50.0′N /115°24.2′E
			Position End: 18°23.0′N /115°17.0′E
			通过 15ppm 处理装置处理出海

*不适用者划去。 船长签名_____

船名：
船舶编号或呼号：
~~货油/压载的作业(油船)~~*/机器处所的作业(所有船舶) 2/2

日期 Date	代号(字母) Code(letter)	细目(编号) Item(number)	作业记录/主管高级船员的签名 Record of Operations/Signature of Officer in Charge
			开始船位：18°50.0′N /115°24.2′E
			结束船位：18°23.0′N /115°17.0′E
			C/E: STRONG CHENG 轮机长：程斯壮 18-03-2011
20-Mar-2011	C	11.1	No.1 Sludge Tank/ No.2 Sludge Tank/ F.O Drain Tank/ Dirty L.O Tank/ Incinerator Waste Oil Tank

续表

日期	代号(字母)	细目(编号)	作业记录/主管高级船员的签名
			一号油渣柜/二号油渣柜/燃油泄放柜/污滑油柜/焚烧炉废油柜
		11.2	12.42 m³/9.10 m³/11.34 m³/11.34 m³/0.5 m³
		11.3	5.50 m³/3.24 m³/0.10 m³/1.02 m³/0.02 m³
			C/E: STRONG CHENG　　　轮机长：程斯壮　20-03-2011
22-Mar-2011	C	12.1	9.87 m³ Sludge Transferred from:
			No. 1 Sludge Tank 5.80 m³/0.12 m³ Retained
			No. 2 Sludge Tank 3.24 m³/0.01 m³ Retained
			Dirty L. O Tank 0.83 m³/0.20 m³ Retained
			9.87 m³ 残油自下述油柜驳出：
			一号油渣柜 5.80 m³, 存 0.12 m³
			二号油渣柜 3.24 m³, 存 0.01 m³
			污滑油柜 0.83 m³, 存 0.20 m³
			to Reception Facilities of Singapore
			至新加坡港口接收设施
			C/E: STRONG CHENG　　　轮机长：程斯壮　23-03-2011
22-Mar-2011	H	26.1	Singapore　　　　　　　　新加坡
		26.2	Start: 0900　　　　　End: 1700
			开始：0900　　　　　结束：1700
		26.3	680.120 MT of ISO 380cSt HFO 1.5%S Bunkered in Tanks:
			344.000 MT Added to No. 1P F.O Tank, Now Containing 345.240 MT
			336.120 MT Added to No. 1S F.O Tank, Now Containing 339.280 MT
			680.120 t 380 cSt，含硫量为 1.5%的重油分别注入：
			一号左燃油舱 344.000 t, 存 345.240 t
			一号右燃油舱 336.120 t, 存 339.280 t
			C/E: STRONG CHENG　　　轮机长：程斯壮　23-03-2011

* 不适用者划去。　　　　　　　　　　　　　　　　　　　船长签名_____

（2）注意事项

①应在油类记录簿指定的页上描绘本船油水舱柜布置图，并填写各油水舱柜的容积（或直接粘贴舱柜布置图复印件），舱柜名称应按照国际防止油污证书（IOPPC）中的格式记录。

②油类记录簿中每页的船名、登记号或呼号应认真填写，不得遗漏；非油船，应将每页之首的货油/压载作业（油船）的字样划线删除。

③填写油类记录簿第二栏和第三栏应采用记载细目一览表中规定的项号和序号，即除第四栏用文字写明外，其余三栏均应为字母或数字。

④对残油的处理操作，无论是用焚烧炉烧掉或排入接收设备都要详细记录，如排入岸上接收装置，要向残油接收单位索要"残油接受证明"。

⑤油类记录簿应逐行、逐页使用，不得留有空白间隔；所要求的记载细节，应按年、月、日顺序记入空栏内，日期应以"DAY-MOUTH-YEAR"格式记录，例如，11-MAR-2011；所有操作应按在船执行的时间顺序记录；IOPPC 中第 3.1 项所列的油舱中留存的残油（油渣）的数量应每周记录一次；IOPPC 中第 3.3 项所列舱底水储存舱留存量的记录是自愿的，并非公约的要求；与油水分离设备有关的项目一般性维修记录仍是自愿的，无须在油类记录簿中记录；含油垃圾的焚烧或排岸处理和使用过的滤器处理应只在垃圾记录簿中记录；MEPC.187（59）决议 2011 年 1 月 1 日强制生效后，代码 C 11.4 项开始使用，该项指的是从 IOPPC 中第 3.1 项未列入的处所收集残油，如从分油机放残柜收集残油（此处的放残柜是指附录 3.1 中未包括的舱柜，如已列入附录 3.1 中，此种转驳必须记入"C 12.2"）、从机器设备油底壳收集残油、向残油（油

泥)舱中加入燃油(残油舱内所有存量视为残油)、从舱底水柜收集残油(这种情况下还需记录污水的处理操作,即"D 15.1 或 15.3"项记录,此项操作很少遇到;油水分离器运行时的自动排油不属于此类)。

⑥注意 I 项的记录。如记录了 F 19 项排油监控系统失效时间,则 I 项也要记录出海阀的关闭等;MARPOL 附则 I 有关阀门和/或设备的封闭/解除封闭;所有从货舱污水舱内向机舱污水储存舱收集、驳移都应记录代码 I;IOPPC 中第 3.3 项所列舱底水储存舱留存量自愿记录;燃油向岸上的回驳等。

⑦如果已在油类记录簿中错误记录,应立即通过在错误文字中间划单横线方式删除,使错误记录仍然清晰可见。错误的记录应签名并注明日期,下面附新的修正记录。

⑧一旦遗漏了以前的操作项目,补记时按表 8-4 格式进行。

表 8-4　遗漏项目的补记

日期	代号(字母)	细目(编号)	作业记录/主管高级船员的签名
dd-month-yyyy(1)	I		前期遗漏操作记录补充记录
dd-month-yyyy(2)	C	12.2	×× m³ 油泥自(3.1 下所列舱室 & 标记名称),×× m³ 留存
			至(3.1 下所列舱室 & 标记名称),存舱×× m³
			签名(1)(主管高级船员,姓名 & 职务)dd-month-yyyy
			签名(2)(主管高级船员,姓名 & 职务)dd-month-yyyy

说明:日期(1)应为以前的实际操作日期,日期(2)应为当前时间即补记日期,签字(1)补记者签署,签字(2)漏记者签署。

⑨所有项目由高级船员或与操作有关的主管高级船员填写和签字,每一页记录完毕应速交船长审阅、签字。

(3) IOPP 证书附录格式 A(或 B)第 3 项示例

在油类记录簿的最后有 IOPP 证书附录格式 A(或 B),记录油类记录簿时应关注一下其中的第 3 项。

3. 残油(油渣)的留存和处理措施以及舱底水储存舱/柜*

3.1　该船设有如下残油(油渣)舱(如表 8-5 所示):

表 8-5　残油(油渣)舱

舱室编号	舱室位置		容积(m³)
	肋位号(由)—(至)	横向位置	
No. 1 Sludge Tank	120—121	PORT	12.42
No. 2 Sludge Tank	120—121	STBD	9.10
F.O Drain Tank	116—118	PORT	11.34
Dirty L.O Tank	116—118	CENTER LINE	11.34
Incinerator Waste Oil Tank	114—116	STBD	0.50
		总容积	44.70

3.2　除残油舱设施外,附加处理残油的措施:

3.2.1　残油焚烧炉,处理能力　500　L/h 或 kcal/h 或 kW··············√

3.2.2　以残油为燃料的辅锅炉·······························—

3.2.3 其他可接收的设施,予以说明..................
3.3 该船设有如下储存舱柜用来留存船上的含油舱底水(如表8-6所示):

表8-6 留存船上含油舱底水的储存舱柜

舱室编号	舱室位置		容积(m³)
	肋位号(由)—(至)	横向位置	
Bilge Water Holding Tank	125—134	CENTER LINE	29.72
		总容积	44.70

* 公约未要求舱底水储存舱,3.3项的填写是自愿的。

3) 法律效力

应及时将每项作业详细地记入油类记录簿的第Ⅰ部分或第Ⅱ部分。船舶事故造成任何油类和油性混合物的排放,不论是有意的还是意外的,均应记入油类记录簿,并说明排放情况和理由。每项记录应由该项作业的操作负责人签字,每记完一页由船长签字。记完最后一页应留船保存3年。

油类记录簿第Ⅰ部分或第Ⅱ部分的记录,对于持有 IOPPC 的船舶,至少应为英文、法文或西班牙文的一种。若同时使用船旗国的官方文字做记录,在遇有争议或不相一致的情况时,应以该船旗国的官方文字记录为准。

油类记录簿应存放于船上在所有合理时间可随时取来检查的地方。缔约国的主管当局,可对停靠本国港口或近海装卸站的适用船舶检查油类记录簿,可将记录簿中的任何记录制成副本,并要求船长证明该副本是该项记录的正确副本。经船长证明为船上油类记录簿中某项记录的真实副本,在任何法律诉讼中可作为该项记录中所述事实的证据。对油类记录簿的检查和制作正确副本应尽快进行,而不对船舶造成不当延误。

8. 船上海洋污染应急计划

1) 适用范围

根据 MARPOL 73/78 附则Ⅰ第37条和附则Ⅱ第17条的要求,凡150总吨及以上的油船和400总吨及以上的非油船,均应备有经主管机关认可的"船上油污染应急计划"(Shipboard Oil Pollution Emergency Plan, SOPEP,以下简称"计划");150总吨及以上准予装载散装有毒液体物质的船舶应备有经主管机关认可的"船上有毒液体物质海洋污染应急计划";对于同时满足上述两条件的船舶,可以以"船上海洋污染应急计划"(Shipboard Marine Pollution Emergency Plan, SMPEP)替代上述两"计划"。"计划"可以以中国船级社《船上海洋污染应急计划编制指南》(2007)为基础进行编写。计划编制的目的是指导船长和船上高级船员有效处理油类或有毒液体物质的意外排放,以确保采取必要措施,组织或最大限度地降低意外排放并减轻其对水域环境的影响。有效的"计划"确保从结构上以合理、安全和及时的方式采取必要的措施。计划不仅适用于操作性溢油,还包括帮助船长应付船舶发生事故排放时所需的指导。编制计划时要考虑到处于应急情况下的人员,面临着各种压力和复杂工作。在这种紧急情况下,缺乏有效的计划会使一些明智的关键人员陷于混乱、错误和失败,导致时间上的延误和浪费,使处境变得更糟,其结果可能使船舶及船员面临更大的危险和环境损害。因此计划必须确切、实用、易于操作;船上人员和岸上船舶管理人员都能理解;定期进行评估、检查和修改。

计划应使用船长和高级船员的工作语言或他们精通的语言编制,以方便使用。当船长和高级船员更换导致使用的语言与计划不一致时,计划应译成新船长和高级船员适应的语言。如果所用语言不是英文,还应提供英文的译文。计划至少应包括"公约"所要求的下列几个方面的强制性规定:

(1)船长或负责管理该船的其他人员应遵循的油类污染事故报告程序;

(2)在发生油类污染事故时,需要联系的当局或人员名单;

(3)为减少或控制事故引起的油类的排放,船上人员将立即采取行动的详细说明;

(4)在处理油类污染事故中,为协调国家与地方当局的船上行动,要求在船上进行联系的程序和要点;

(5)所有5 000载重吨及以上的油船,应能快速获取"破损稳性和剩余结构强度岸基电脑计算程序"服务。

除上述强制性的规定外,对地方要求、保险公司、船东/经营者的方针等,也可以纳入计划中。这些内容可以包括图解和图纸、船载相应设备、公众事务、记录保持、货物具体应对资料和参考材料等。

2)强制性规定部分

MARPOL 73/78 附则Ⅰ规定,"计划"至少应由下述四部分组成:

(1)报告要求

根据 MARPOL 73/78 第8条和议定书Ⅰ的要求,应该把油类或有毒液体物质实际的或可能的排放情况通知最近沿海国家,以便使沿海国家有可能估计此项事故受到的污染威胁以及采取适当的行动进行援救和协调行动。

船长或负责管理该船的其他人员,按照 IMO A.851(20)决议通过的《船舶报告制度及报告要求总则(包括涉及危险货物、有害物质和/或海洋污染物事故报告指南)》为基础确定报告程序。

①报告时间

(i)实际排放

无论何时发生下列情况都必须做报告:

a. 由于船舶或设备损坏引起排放;

b. 为了确保船舶安全和在海上救生引起排放;

c. 超过现行公约允许排放总量或瞬时排放率;

d. 螺旋桨轴和尾轴油封装置损坏而引起的排放。

(ii)可能发生的排放

当发生下述情况,船长判断可能发生排油时,需向最近沿岸国报告:

a. 船舶发生碰撞、搁浅、火灾、爆炸、结构受损、船舱进水、货物移动等影响船舶安全的故障;

b. 舵机、推进器、发电系统、关键的航行设备发生故障或失灵,使航行安全性下降。

②报告内容

报告应按规定的统一格式填写,其内容包括:

AA. 船名、呼号、船旗国

BB. 发生事故的日期、时、分

CC. 事故位置,用纬度(N、S)和经度(E、W)表示

DD. 与岸标的距离和真方位表示的船位

EE. 真航向

FF. 航速（节）

II. 预定航线

MM. 监听电台频率

NN. 下次报告日期、时、分

PP. 船上货物及燃油的数量和种类

QQ. 缺陷、故障、损坏简况

RR. 污染简况，包括估计溢出量

SS. 天气和海况简况（风向、风速、浪向、浪高）

TT. 与船舶所有人、经营人、代理人联系的细节

UU. 船舶尺寸和类型（船型、船长、船宽、吃水、载重吨、总吨）

XX. 附加资料（事故简况；外援需要；正在采取的措施；船员人数及受伤细节；保赔协会或当地相应机构细节；其他）

③报告程序

（i）初始报告发生排油或可能发生排油立即报告，包括上述的 AA~XX 项信息；

（ii）补充报告根据需要对初始报告做进一步补充或提供有关油污事态发展信息，报告格式与初始报告一样；

（iii）附加报告依据沿岸国的要求提供更详细的信息，报告格式也与初始报告一样。

（2）油污事故中需联系的当局或人员名单

船舶发生污染事故，需要进行通信联系的应包括：沿海国家和地区联系人；港口联系人；与船舶有关的重要联系人（"破损稳性和剩余结构强度岸基电脑计算程序"服务提供者/船舶管理公司、船东/营运人等）。这些人的单位、姓名、地址、电话、电传、传真号码等，列入附录的表中，而且随着人员更换和电话号码等的变动，这些信息必须经常更新。

（3）为减少或控制油类排放的措施

为确保"计划"的实施，"控制排放的措施"应为船长和其他高级船员在发生溢漏事故时，如何迅速采取有关控制排放措施提供指导，以制止和减少排放。为此所有船员无论在什么时候，一旦发现船上溢漏事故，应立即报告船长或船上其他负责人。而船长及其他负责人接到事故报告后，应立即发出溢漏报警，并组织船员按表 8-7 所示的船舶溢油应变部署表做出应急响应。

每艘船舶应有本船溢油应变部署表，在表中应注明：溢油报警信号、船员集合地点、每个船员负责的部位和应变职责等。

中华人民共和国国家质量监督检验检疫总局于 2010 年 11 月 10 日发布了船舶溢油应变部署表（GB/T 16559—2010）国家标准，2011 年 3 月 1 日起实施。该标准规定了当船舶发生溢油时，全体船员的应变反应、分工部位和职责，并要求在船上相应位置如驾驶台、机舱、餐厅、居住区等公共场所张贴相应的船舶溢油应变部署表。

（4）国家和地方协作

在抗油污染行动中，船舶与沿海国家或港口当局快速有效的协作对于减少污染事故的危害影响是至关重要的。当发生海洋污染事故，船长为实施计划做出应急响应前，必须与沿海国家或港口当局取得联系，并提供计划附录中所列资料，以便得到核准。船长按计划提供的指导实施响应时，应向沿海国家或港口当局报告船上所采取的响应措施的人员和相关的回收程序，

以便与沿海国家和港口当局保持密切的联系。由于沿海国家和港口当局的性质和职责在各国之间和各港口之间都有较大的差异,因此船长必须明白自己船上的职责和响应机构及沿海国家或港口当局的职责和响应机构。

表8-7 船舶溢油应变部署表示例

船舶溢油应变部署表

报警信号:● — — ●　　　　　　　　　　　　　集合地点:主甲板

编号	职务	负责部位	职责
	船长	驾驶台/现场	总指挥,对外联系
	大副	溢油现场	协助轮机长做好溢油现场指挥工作
	二副	驾驶台/现场	驾驶台值班,采取应急措施,做好现场记录
	三副	溢油现场	提供并携带防污器材,艇长,指挥放艇,回收清除溢油
	水手长	溢油现场	提供并携带防污器材,协助指挥放艇,回收清除溢油
	木匠	溢油现场	检查甲板排水孔,关闭有关通道,回收清除溢油
	水手	溢油现场	艇员,协助放艇,随艇下,回收清除溢油
	轮机长	溢油现场	现场指挥,组织人员回收清除溢油
	大管轮	机舱/现场	管理机舱设备和电站/回收清除溢油
	二管轮	溢油现场	控制有关阀门,防止溢油扩散,做好现场记录
	三管轮	溢油现场	协助放艇,随艇下,操纵艇机,回收清除溢油
	电机员	机舱/现场	管理电站,回收清除溢油
	机工长	溢油现场	提供并携带应急工具和防污器材,现场回收清除溢油
	机工	溢油现场	艇员,协助放艇,随艇下,回收清除溢油
	管事	生活区/现场	检查居住区火情,关闭有关通道,回收清除溢油
	大厨	厨房/现场	检查厨房火情,关闭有关通道,回收清除溢油
	医生	溢油现场	携带医疗急救器械和药品
	其余船员	溢油现场	携带防污器材,回收清除溢油

船名:M. V. SUEZ　　船长:_____　　制表:程斯壮　　日期:××××年××月××日

(来源:中国船级社《船上海洋污染应急计划编制指南(2007)》)

3)非强制性部分

MARPOL 73/78 附则Ⅰ规定除上述强制部分外,计划应有由地方或船公司要求提供的指导,如图表和图纸、应急反应设备、公关事务、记录保存、计划检查及演练等。

9. 国际防止油污证书

根据 MARPOL 73/78 的规定,150 总吨及以上油船和 400 总吨及以上非油船在航行缔约国所辖的港口或近海装卸站,应持有国际防止油污证书(International Oil Pollution Prevention Certificate,简称 IOPP 证书)。

150 总吨及以上的油船和 400 总吨及以上的其他船舶应进行下列检验:

(1)初次检验。在船舶投入营运以前或在首次签发本附则所要求的证书以前进行。该检验应包括对船舶的结构、设备、系统、附件、布置和材料的完整检验。该检验应确保其结构、设备、系统、附件、布置和材料完全符合本附则的适用要求。

(2)换证检验。按主管机关规定的间隔期限进行,但不得超过 5 年。换证检验应确保其结构、设备、系统、附件、布置和材料完全符合本附则的适用要求。

(3)中间检验。在证书的第二或第三个周年日前/后3个月之内进行,应取代1次年度检验。中间检验应确保设备及其附属的泵和管系,包括排油监控系统、原油洗舱系统、油水分离设备和滤油系统完全符合本附则的适用要求,并处于良好的工作状况。该中间检验应在证书上签注。

(4)年度检验。在证书的每周年日前/后3个月之内进行,包括对结构、设备、系统、附件、布置和材料的全面检查,以确保其已得到保养,同时确保其继续满足船舶预定营运的要求。该年度检验应在证书上签注。

(5)附加检验。在规定的调查导致进行修理后或在任何重大修理或换新后应进行全面或部分检验。该检验应确保已有效进行了必要的修理或换新,确保这种修理或换新所用的材料和工艺在各方面均属合格,且船舶在各方面都符合本附则的要求。

(二)MARPOL 73/78 附则Ⅱ——控制散装有毒液体物质污染规则的有关规定

1. 定义

(1)液体物质系指在温度为37.8℃时,绝对蒸汽压力不超过0.28 MPa的物质。

(2)有毒液体物质系指《国际散装化学品规则》第17或18条的污染类别栏中所指明的或根据第6.3条规定经临时评定列为X、Y或Z类的任何物质。

(3)化学品液货船系指建造为或改造为用于散装装运《国际散装化学品规则》第17条所列的任何一种液体货品的船舶。

(4)有毒液体物质货船系指建造为或改建为用于散装运输有毒液体物质货物的船舶,包括本公约附则Ⅰ定义的核准用于散装运输全部或部分有毒液体物质货物的油船。

(5)清洁压载水系指装入一个舱内的压载水,该舱自上次用于装载含有X、Y或Z类物质的货物以来,已予彻底清洗,所产生的残余物也已按本附则的相应要求全部排空。

(6)专用压载水系指装入一个舱内的压载水,该舱与货物和燃油系统完全隔离并固定用于装载压载水,或固定用于装载本公约各附则中所定义的各种油类或有毒液体物质以外的压载水或货物。

(7)国际散装化学品规则系指由IMO海上环境保护委员会以MEPC.19(22)决议通过的并经IMO修正的《国际散装运输危险化学品船舶构造和设备规则》,但这些修正案应按照本公约第16条规定的有关附则附录的修正程序予以通过和生效。

(8)南极区域系指南纬60°以南海域。

2. 有毒液体物质的分类

有毒液体物质应分为以下四类:

X类——这类有毒液体物质,如从洗舱或排除压载的作业中排放入海,将被认为会对海洋资源或人类健康产生重大危害,因而应严禁向海洋环境排放该类物质。

Y类——这类有毒液体物质,如从洗舱或排除压载的作业中排放入海,将被认为会对海洋资源或人类健康产生危害,或对海上的休憩环境或其他合法利用造成损害,因而对排放入海的该类物质的质和量应采取限制措施。

Z类——这类有毒液体物质,如从洗舱或排除压载的作业中排放入海,将被认为会对海洋资源或人类健康产生较小的危害,因而对排放入海的该类物质应采取较为宽松的限制措施。

其他物质——以OS(其他物质)形式被列入《国际散装化学品规则》第18章污染类别栏

目中的物质,并经评定认为不被列入本附则第6.1条所规定的X、Y或Z类物质之内,因为目前认为当这些物质从洗舱或排除压载的作业中排放入海时,对海洋资源、人类健康、海上休憩环境或其他合法的利用并无危害。排放仅含有被列为"其他物质"的物质的舱底水或压载水或其他残余物或混合物,不应受本附则任何要求的约束。

3. 有毒液体物质残余物排放控制

(1) 排放规定

①应禁止把X、Y或Z类物质的残余物或临时归类的类似残余物或压载水、洗舱水或含有此类物质的其他含混合物排放入海,除非此类排放完全符合本附则所含的适用操作要求。

②在根据本条进行的任何预洗或排放程序前,相关货舱应根据手册中所规定的程序最大限度地被排空。

③禁止装载未经分类、临时归类或本附则第6条涉及的物质,或禁止装载压载水、洗舱水或含有此类残余物的其他混合物,同时禁止此类物质排放入海。

(2) 排放标准

①如果本条规定允许把X、Y或Z类物质的残余物或临时分类的此类物质或压载水、洗舱水或含由此类物质的其他混合物排放入海,应符合下列排放标准:

(i) 船舶在海上航行,自航船航速至少为7 kn,或非自航船航速至少为4 kn;

(ii) 在水线以下通过水下排放口进行排放时不应超过水下排放口的最高设计速率;

(iii) 排放时距离最近陆地不少于12 n mile,水深不少于25 m。

②2007年1月1日之前建造的船舶,对于将Z类物质或临时评定为此类物质的残余物或含有此类物质的压载水、洗舱水或其他混合物在水线以下排放入海并无强制规定。

③对Z类物质,主管机关可对仅在本国主权或所辖水域内航行的悬挂其国旗的船舶免除关于排放时距最近陆地不少于12 n mile的要求。

(3) X类物质残余物的排放

①已被卸完X类物质货物的货舱,在船舶离开卸货港口之前,应予以预洗。清洗的残余物其质量浓度等于或低于0.1%之前应被排入接收设备。其浓度指标由检查员从排入接收设备的残余物中提取样品进行分析后确定。当浓度达到要求后,应将舱内剩余的洗舱水继续排入接收设备,直到该舱排空。这些作业应在货物记录簿内做相应记录,并由检查员签署。

②预洗后灌入舱内的任何水均可按上述排放标准排放入海。

(4) Y和Z类物质残余物的排放

Y和Z类物质残余物均可按上述排放标准排放入海。

(5) 南极区域排放

禁止任何有毒液体物质或含有此类物质的混合物排放入南极海域。

(三) MARPOL 73/78 附则Ⅲ——防止海运包装有害物质污染规则的有关规定

1. 定义

(1) 有害物质指那些在《国际海运危险货物规则》(IMDG规则)中确定为海洋污染物的物质或符合本附则附录所述标准的物质。

(2) 包装形式指IMDG规则中对有害物质所规定的盛装形式。

2. 包装

根据其所装的特定物质,包装件应能使其对海洋环境的危害减至最低限度。

3. 标志和标签

（1）盛装有害物质的包装件，应加上永久的标记或标签，以指明根据 IMDG 规则的相关规定该物质为有害物质。

（2）在盛装有害物质包装件上加标记和标签的方法应符合 IMDG 规则的相关规定。

4. 积载

有害物质应予正确积载和系固，以使对海洋环境的危害减至最低限度，而不致损害船舶和船上人员的安全。

5. 限量

对某些有害物质，由于科学和技术上的合理原因，可能需要在禁止运输或对某一船舶的装载数量方面加以限制。在限制数量时应充分考虑船舶的大小、结构和设备，同时还应考虑这些物质的包装和固有性质。

6. 例外

（1）禁止将以包装形式装运的有害物质抛弃入海，但为保障船舶安全或救护海上人命所必需者除外。

（2）在遵守本公约规定的情况下，应根据有害物质的物理、化学和生物学上的特性采取相应措施，以对其泄漏物冲洗出船外进行控制，但这种措施的执行应不致损害船舶和船上人员的安全。

7. 关于操作要求的港口国监督

（1）当船舶停靠在另一缔约国港口或近海装卸站时，该船应接受该缔约国正式授权官员根据本附则进行的有关操作要求的检查。

（2）如有明显理由确信该船船长或船员不熟悉船上主要的防止有害物质污染程序，该缔约国应采取包括进行详细的检查在内的措施，并按要求确保该船在按本附则的要求调整至正常状态前，不得开航。

（3）本公约规定的港口国监督程序应适用于本条。

（4）本条的任何内容均不得解释为限制缔约国在本公约明确规定的操作要求方面进行控制的权利和义务。

（四）MARPOL 73/78 附则Ⅳ——防止船舶生活污水污染规则的有关规定

1. 定义

（1）新船系指在本附则生效之日或以后订立建造合同的船舶，或无建造合同但在本附则生效之日或以后安放龙骨或处于相应建造阶段的船舶；或在本附则生效之日后 3 年或 3 年以上交船的船舶。

（2）现有船舶系指非新船的船舶。

（3）生活污水系指任何形式的厕所和小便池的排出物和其他废弃物；医务室（药房、病房等）的洗手池、洗澡盆和这些处所排水孔的排出物；装有活畜禽货物处所的排出物；或混有上述排出物的其他废水。

（4）集污舱系指用于收集和储存生活污水的舱柜。

（5）国际航线系指从某一适用本公约的国家至该国以外的港口的航线，或者相反。

2. 适用范围

本附则的规定适用于以下从事国际航行的船舶：

(1) 400 总吨及以上的新船和小于 400 总吨但经核定可载运 15 人以上的新船；

(2) 本附则生效之日 5 年后（即 2008 年 9 月 27 日及以后的），400 总吨及以上的现有船舶和 400 总吨以下但经核定可载运 15 人以上的现有船舶。

3. 生活污水的排放控制

1) 除客船外的船舶在所有区域排放生活污水以及客船在特殊区域外排放生活污水的要求

除下述情况外，禁止将生活污水排放入海：

(1) 船舶在距最近陆地 3 n mile 以外，使用主管机关认可的系统，排放业经粉碎和消毒的生活污水，或在距最近陆地 12 n mile 以外排放未经粉碎或消毒的生活污水。但在任何情况下，不得将集污舱中储存的或来自装有活体动物处所的生活污水即刻排光，而且应在航行途中，船舶以不低于 4 kn 的航速航行时，以适当速率排放；排放速率应经主管机关按 IMO 制订的标准予以认可；或

(2) 船舶配备的经认可的生活污水处理装置正在运行，该装置已经主管机关验证符合 IMO 制定的各项操作及性能要求，同时，该装置的试验结果已写入该船的国际防止生活污水污染证书，并且排出物在其周围的水中不会产生可见的漂浮固体，也不会使周围的水变色。

上述规定不适用于在某一国家所辖水域内营运的船舶，也不适用于来自其他国家的访问船舶，这些船舶在该水域内按照该国可能施行的较宽要求排放生活污水。

如生活污水与 73/78 防污公约其他附则要求的废弃物或废水混在一起，则除应符合本附则的要求外，还应符合其他附则的要求。

2) 客船在特殊区域内排放生活污水的要求

(1) 对新客船，应禁止在特殊区域内排放生活污水，但不早于 2019 年 6 月 1 日；

(2) 对现有客船，应禁止在特殊区域内排放生活污水，但不早于 2021 年 6 月 1 日。

但满足下述条件者除外：

船舶所设经批准的生活污水处理装置正在运转，该装置已由主管机关验证符合公约的操作要求，且排出物在其周围的水中不应产生可见的漂浮固体，也不应使周围海水变色。

4. 设备及构造要求

1) 设备及构造要求

凡符合本附则的各项规定的每艘船舶，均应配备下列之一的生活污水系统：

(1) 生活污水处理装置，该装置应经主管机关型式认可，并考虑到 IMO 制定的标准和试验方法。参照 MEPC.2(Ⅵ) 决议通过的《关于生活污水处理装置国际排放标准的建议和性能试验指南》(称为旧标准)；MEPC 于 2006 年 10 月 13 日在其第 55 届会议上以 MEPC.159(55) 号决议通过了《经修订的实施生活污水处理装置排出物标准和性能试验导则》(称为新标准)，新标准适用于 2010 年 1 月 1 日或以后安装上船的生活污水处理装置，即在该日期后吊装到不论新、旧船舶上的生活污水处理装置均应满足新标准的要求；或

(2) 经主管机关认可的生活污水粉碎和消毒系统，该系统应配备令主管机关满意的各项设施，用于船舶在距最近陆地不到 3 n mile 时临时储存生活污水；或

(3) 集污舱，该集污舱的容量应参照船舶营运情况、船上人数和其他相关因素，能存放全

部生活污水,并使主管机关满意。集污舱的构造应使主管机关满意,并应设有能指示其集存数量的目视装置。

2) 标准排放接头

为了使接收设备的管路能与船上的排放管路相连接,两条管路均应装有符合表8-8的标准排放接头。

对于型深为 5 m 及以下的船舶,排放接头的内径可为 38 mm。

对于专项营运的船舶,即客滚船,船舶排放管路可选择配备一个主管机关接受的排放接头,如快速连接接头。

表8-8 生活污水排放接头法兰的标准尺寸

项目	尺寸
外径	210 mm
内径	按照管路的外径
螺栓圆直径	170 mm
法兰槽口	直径为 18 mm 的孔 4 个,等距分布在上述直径的螺栓圆上,开槽口至法兰盘外沿,槽口宽 18 mm
法兰厚度	16 mm
螺栓和螺帽:数量,直径	4 个,每个直径 16 mm,长度适当
法兰应设计为能接受最大内径不大于 100 mm 的管路,以钢或其他同等材料制成,表面平整,连同一个油密材料的垫圈,应能承受 6 kg/cm^2 的工作压力	

5. 生活污水处理装置的排放标准

生活污水处理装置应经主管机关的型式认可,并考虑到 IMO 制定的标准和试验方法。

2012 年 10 月 5 日 IMO 以 MEPC.227(64)决议通过了《2012 年生活污水处理装置排放标准和性能试验导则》(称为 2012 标准)。导则要求 2016 年 1 月 1 日以后安装上船的生活污水处理装置,应满足的排放标准与 2006 标准相同,但此决议补充了试验用原水稀释的规定,并增加了关于客船在特殊区域排放生活污水的性能指标(总氮及总磷)的要求。各标准的对比如表8-9所示。

表8-9 船舶生活污水处理装置排放标准

排放指标	IMO 旧标准	IMO 2006 标准	IMO 2012 标准	USCG	Alaska
悬浮固体 SS(mg/L)	50	35	35	150	30
生化需氧量 BOD$_5$(mg/L)	50	25	25	—	30
化学需氧量 COD(mg/L)	—	125	125	—	—
大肠杆菌群 (个/100 毫升)	250	100	100	200	20
pH 值	6~9	6~8.5	6~8.5	—	6~9
余氯(mg/L)	尽可能低	<0.5	<0.5	—	10
实验天数(天)	10	16	16	10	30
总氮(mg/L)	无要求	无要求	20	无要求	无要求
总磷(mg/L)	无要求	无要求	1.0	无要求	无要求

(五) MARPOL 73/78 附则 V——防止船舶垃圾污染规则的相关规定

1. 定义

(1) 货物残余指本公约其他附则未涵盖，且在装载或卸载后仍留在甲板上或货舱内的任何货物的残余物，包括装载和卸载的多余货物或溢出物，无论其处于潮湿或干燥条件下或是夹带在洗涤水中，但不包括进行清扫后在甲板上残留的货物灰尘或船舶外表面上的灰尘。

(2) 食用油指用来或拟用来预制或烹饪食物的可食用的任何类型油或动物脂肪，但不包括用这些油预制的食物本身。

(3) 生活废弃物指其他附则未涵盖的在船上起居处所产生的所有类型废弃物。生活废弃物不包括灰水。

(4) 在航途中指船舶在海上包括偏离最短直线航道的航行。就实际航行目的而言，会造成海上大范围实际又合乎情理的排放。

(5) 食品废弃物指船上产生的任何变质或未变质的食物，包括水果、蔬菜、乳制品、家禽、肉制品和食物碎屑。

(6) 垃圾指产生于船舶正常营运期间并需要持续或定期处理的各种食品废弃物、生活废弃物和作业废弃物、所有塑料制品、货物残余、焚烧炉灰渣、食用油、渔具和动物尸体等。

(7) 特殊区域指这样的一个海域，在该海域中，由于其海洋学和生态学的情况以及其运输的特殊性质等公认的技术原因，要求采取特殊的强制办法以防止垃圾污染海洋。就本附则而言，特殊区域为地中海区域、波罗的海区域、黑海区域、红海区域、海湾区域、北海区域、南极区域和大加勒比海区域。

(8) 焚烧炉灰渣指用于焚烧垃圾的船上焚烧炉产生的灰和熔渣。

2. 在特殊区域外排放垃圾

(1) 船舶仅在航途中时才应允许在尽可能远离最近陆地的特殊区域外将下述垃圾排放入海，但在任何情况下不得：

① 在距最近陆地不到 3 n mile 处将通过粉碎机或磨碎机的食品废弃物排放入海。这种业经粉碎或磨碎的食品废弃物，应能通过筛眼不大于 25 mm 的粗筛。

② 在距最近陆地不到 12 n mile 处将未按上述①规定处理的食品废弃物排放入海。

③ 在距最近陆地不到 12 n mile 处将不能用通用的卸载方法回收的货物残余排放入海。根据本组织制定的指南，这些货物残余不应包含任何被分类为对海洋环境有害的物质。

④ 根据本组织制定的指南，对于动物尸体应尽可能远离最近陆地排放入海。

(2) 可将货舱、甲板和外表面洗涤水中包含的清洁剂或添加剂排放入海，但根据本组织制定的指南，这些物质必须对海洋环境无害。

(3) 如果垃圾与其他被禁止排放或具有不同排放要求的物质混在一起或被其污染，则应适用其中更为严格的要求。

3. 对处理垃圾的特殊要求

(1) 除本条(2)的规定外，从事于海底矿物资源的勘探、开发以及相关的海上加工的固定或移动平台和停靠这种平台或其相距在 500 m 以内的一切其他船舶，禁止处理本附则所规定的任何物料。

(2) 位于距陆地 12 n mile 以外的这种固定或移动平台和停靠这种平台或与其相距在 500 m 以内的一切其他船舶，可允许已通过粉碎机或磨碎机的废弃食物处理入海。这种业经粉碎或磨碎的食品废弃物应能通过筛眼不大于 25 m 的粗筛。

4. 在特殊区域内处理垃圾

1)船舶仅在航途中时才应允许在特殊区域内以如下方法将下述垃圾排放入海：

（1）食品废弃物排放入海应尽可能远离最近陆地，但距最近陆地或最近冰架应不少于 12 n mile。食品废弃物应业经粉碎或磨碎并应能通过筛眼不大于 25 mm 的粗筛。食品废弃物不应被任何其他类型的垃圾污染。不允许在南极区域排放外来的禽类产品，包括家禽和家禽部分，除非其已经过无菌处理。

（2）将通常无法使用的卸载方法回收的货物残余排放入海应满足下述所有条件：

①根据本组织制定的指南，舱室洗涤水中包含的货物残余、清洁剂或添加剂中无任何被分类为对海洋环境有害的物质；

②驶离港和下一个到达港都在特殊区域内且船舶在这两个港口间航行时不会驶离特殊区域；

③根据本组织制定的指南，这些港口不具备合适的接收设备；

④含有货物残余的货舱洗涤水应尽可能远离最近陆地或最近冰架排放，但距最近陆地或最近冰架应不少于 12 n mile。

2)可将甲板和外表面洗涤水中包含的清洁剂或添加剂排放入海，但根据本组织制定的指南，这些物质必须对海洋环境无害。

3)南极区域除适用于 1)规定外，还适用于下列规定：

（1）各缔约国承担义务保证为在其港口内的来往于南极区域的船舶，按其使用需要尽快设置接收所有船舶垃圾的足够的设备，而不对船舶造成不当延误。

（2）各缔约国应确保悬挂本国国旗的所有船舶在进入南极区域前，船上具有足够的能力留存在该区域作业时产生的所有垃圾，并已签订协议，保证船舶离开该区域后将这些垃圾排入接收设备。

4)如果垃圾与其他被禁止排放或具有不同排放要求的物质混在一起或被其污染，则应适用其中更为严格的要求。

5. 垃圾公告板、垃圾管理计划和垃圾记录簿

1)垃圾公告板

总长为 12 m 及以上的船舶均应张贴告示以使船员和乘客知晓本附则关于垃圾处理的规定。告示应以船上人员的工作语言书写，对航行于其他缔约国政府管辖权范围内的港口或近海装卸站的船舶，告示还应以英文、法文或西班牙文书写。

2)垃圾管理计划

100 总吨及以上的船舶和核准载运 15 人或以上人员的船舶，均应备有一份船员必须遵守的垃圾管理计划。该计划应就减少、收集、储藏、加工和处理垃圾以及船上设备使用等提供书面程序，还应指定负责执行该计划的人员。该计划应基于本组织制定的指南，并使用船员的工作语言书写。

3)垃圾记录簿

400 总吨及以上的船舶和核准载运 15 名或以上人员、航行于其他公约缔约国管辖权范围内的港口或近海装卸站的船舶，均应备有一份垃圾记录簿。该垃圾记录簿不论是船舶的正式、航海日志的一部分，还是其他形式，其格式应与表 8-10 相同：

(1)垃圾记录簿应记录每次排放入海或至接收设备或完成的焚烧作业,并应由主管高级船员在排放或焚烧当日签署。船长应在垃圾记录簿完成记录的每一页上署名。垃圾记录簿的每项记载应至少用英文、法文或西班牙文书写。如果这些记载也使用该船船旗国的官方语言书写,在发生争执或有不同意见时,以船旗国的官方语言的记载为准。

(2)每次排放入海记录应包括日期和时间、船位(纬度和经度)、垃圾种类和被排放垃圾的估算量(以立方米计)。对于货物残余的排放,除上述外还应记录排放开始和结束的位置。

(3)每次完成的焚烧记录应包括日期、时间、船位(纬度和经度)、焚烧的垃圾种类和每种被焚烧的垃圾的估算量(以立方米计)。

(4)每次排放至港口接收设备或另一艘船舶的记录应包括排放的日期和时间、港口或设备或船名、被排放垃圾的种类和每种被排放垃圾的估算量(以立方米计)。

(5)垃圾记录簿连同从接收设备获得的收据应存放于船上或固定或浮动平台上的在所有合理时间随时可供检查的地方。该记录簿应自最后一次记录日期起保留2年。

(6)如发生本附则规定的任何例外排放或意外落失,应在垃圾记录簿中记录,或对任何小于400总吨的船舶,应在该船的正式航海日志中记录该排放或落失的日期和时间、该排放或落失时港口或船位(纬度、经度和水深,如已知)、该排放或落失的原因、排放或落失的物品细目、排放或落失的垃圾种类、每种垃圾的估算量(以立方米计)以及为防止或尽量减少这种排放或意外落失已采取的合理预防措施和一般说明。

表8-10 垃圾记录簿格式

船　名 _____ 船舶编号或呼号 _____ IMO 编号 _____

垃圾种类:
1　塑料制品
2　漂浮的垫舱物料、衬料、包装材料
3　粉碎的纸制品、碎布、玻璃、金属、瓶子、陶器等
4　纸制品、碎布、玻璃、金属、瓶子、陶器等
5　食品废弃物
6　焚烧炉灰渣(可能包含有毒或重金属残余的塑料制品除外)

注意:在特殊区域内禁止排放除食品废弃物以外的任何垃圾。只有排放入海的垃圾必须分类。除分类1外,只有排入接收设备的垃圾需要列出总的估算量。

时间/日期	船位	排放入海的估计量(m^3)					排入接收装置或其他船舶的估计量(m^3)		焚烧的估计量(m^3)	证明/签字
		分类2	分类3	分类4	分类5	分类6	分类1	其他		

船长签字 _____ 日期 _____

(六)MARPOL 73/78 附则 VI——防止船舶造成大气污染规则的相关规定

1. 定义

(1)连续进料系指当焚烧炉在正常操作条件下,燃烧室工作温度在850 ℃和1 200 ℃之间时,无须人工辅助把废物送入燃烧室的过程。

(2)排放系指从船舶上向大气或海洋释放受本附则控制的任何物质,包括消耗臭氧物质、氮氧化物、硫氧化物和挥发性有机化合物。

(3)NO_x 技术规则系指由缔约国大会决议通过的《船用柴油机氮氧化物排放控制技术规则》[MEPC.177(58)决议]。

(4)消耗臭氧物质系指在应用或解释本附则时有效的 1987 年消耗臭氧层物质蒙特利尔议定书第 1(4)条中定义的并在该议定书附件 A、B、C 或 E 中所列的受控制物质。在船上可能有的"消耗臭氧物质"包括但不限于下列各项:Halon 1211(溴氯二氟甲烷);Halon 1301(溴三氟甲烷);Halon 2402(1,2-二溴化物-1,1,2,2-四氟乙烷,亦称作 Halon 114B2);CFC-11(三氯氟甲烷);CFC-12(二氯二氟甲烷);CFC-113(1,1,2-三氯-1,2,2-三氟乙烷);CFC-114(1,2-二氯-1,1,2,2-四氟乙烷);CFC-115(氯五氟乙烷)。

(5)排放控制区系指要求对船舶排放采取特殊强制措施以防止、减少和控制 NO_x 或 SO_x 和颗粒物质或所有 3 种排放类型造成大气污染以及随之对人类健康和环境造成不利影响的区域。

(6)残油系指来自燃油或润滑油分离器的油泥,主机或副机的废弃润滑油,或舱底水分离器、油过滤装置或滴油盘的废油。

(7)船上焚烧系指将船舶正常作业时产生的废物或其他物质在船上进行焚烧。

2. 船舶排放控制要求

1)消耗臭氧物质

(1)禁止消耗臭氧物质的任何故意排放。故意排放包括系统或设备的维护、检修、修理或处置过程中发生的排放,但故意排放不包括与消耗臭氧物质的回收或再循环相关的微量释放。

(2)消耗臭氧物质的装置的使用时限

2005 年 5 月 19 日或以后建造的船舶上安装的设备或交付船上的合同日期为 2005 年 5 月 19 日或以后的设备,禁止使用除氢化氯氟烃外的其他含消耗臭氧物质的装置;对于 2020 年 1 月 1 日以前建造的船舶,设备合同交付船上的日期为 2020 年 1 月 1 日或以后,或者无合同交付日期,实际设备交付船上的日期为 2020 年 1 月 1 日或以后,禁止使用含氢化氯氟烃物质的装置(如 R22)。

(3)消耗臭氧物质以及含有此类物质的设备,从船上卸下时,须送至合适的接收设施。

(4)每艘按规定须持有 IAPP 证书的船舶须保存含消耗臭氧物质的设备清单。

(5)按规定须持有 IAPP 证书并具有含消耗臭氧物质的再充注系统的船舶须保存一份消耗臭氧物质记录簿。经主管机关批准,该记录簿可以是现有航海日志或电子记录系统的一部分。

(6)消耗臭氧物质记录簿中的登记,须按物质的质量(kg),就含消耗臭氧物质的设备的全部或部分重新充注、设备的修理或维护、消耗臭氧物质向大气中故意或非故意排放、消耗臭氧物质向陆基接收设施的排放以及向船舶供给的消耗臭氧物质情况及时记录。

2)氮氧化物(NO_x)

(1)适用范围

本条适用于船舶建造时安装的及 2000 年 1 月 1 日后经重大改装的输出功率超过 130 kW 的船用柴油机。但安装于救生艇上仅在应急情况下使用或其他仅在应急情况下使用的船用柴油发动机不受本条规定限制。安装在仅航行于悬挂其国旗的该国主权或管辖范围水域内的船舶上的船用柴油机不受本条规定限制,但此类柴油机应受到由该主管机关制定的NO_x控制替代方法的控制。

(2)氮氧化物排放标准

①氮氧化物排放限值等级标准

氮氧化物排放限值可分成三个等级,如表8-11所示:

表8-11 氮氧化物排放限值

发动机额定转速	氮氧化物排放限值(g/kW·h)		
n(r/min)	第Ⅰ级	第Ⅱ级	第Ⅲ级
$n<130$	17.0	14.4	3.4
$130 \leqslant n<2\,000$	$45.0 \cdot n^{(-0.2)}$	$44.0 \cdot n^{(-0.23)}$	$9 \cdot n^{(-0.2)}$
$n \geqslant 2\,000$	9.8	7.7	2.0

②新装船用柴油发动机氮氧化物排放限值

2000年1月1日或以后至2011年1月1日以前建造的船舶上安装的船用柴油发动机,其氮氧化物排放量应符合第Ⅰ级标准。

2011年1月1日或以后建造的船上安装的船用柴油发动机或在此期间替换或加装的柴油发动机,其氮氧化物排放量应符合第Ⅱ级标准。

2016年1月1日或以后建造并且在北美排放控制区内或美国加勒比海排放控制区内航行,2021年1月1日或以后并且在波罗的海排放控制区或北海排放控制区内航行的船舶上安装的柴油发动机或在此期间替换或加装的柴油发动机,其氮氧化物排放量须符合第Ⅲ级标准。

1990年1月1日或以后但在2000年1月1日以前建造的船舶上所安装的、输出功率超过5 000 kW且每缸排量在90 L或以上的船用柴油发动机,其氮氧化物排放量须符合第Ⅰ级排放标准。

3)硫氧化物(SO_x)和颗粒物质

(1)船上使用的燃油含硫量限值

①2020年1月1日起,船上使用的或为使用而载运的任何燃油的硫含量不应超过0.50% m/m。

②排放控制区域内船上所用燃油的硫含量。

目前,IMO划定的硫氧化物排放控制区(SECA)包括:波罗的海区域、包括英吉利海峡在内的北海海域、北美区域、美国加勒比海区域和根据本附则附录Ⅲ中设定的衡准和程序而指定的任何其他海域,包括任何港口区域。

船舶在SECA内营运时,船上使用的燃油的硫含量不应超过0.10% m/m。

(2)上述燃油硫含量须由供应商按照本附则要求提供证明文件。

(3)若使用不同的燃油以符合SECA内燃油硫含量规定,进入或离开SECA的船舶,须携有一份书面程序表明燃油转换如何完成,在其进入排放控制区域之前规定足够的时间对燃油供给系统进行全面冲洗,以去除所有硫含量超过规定的适用硫含量的燃料。燃油转换作业在进入SECA以前完成时或离开该区域后开始时的日期、时间及船位及届时各燃油舱中低硫燃油的容量须记录在主管机关规定的日志中。

4) 挥发性有机化合物(VOC)

(1) 对液货船 VOC 排放进行控制的缔约国应向本组织提交一份通知书。该通知书应包括所需控制的液货船的尺度、需要蒸气释放控制系统的货物种类以及该控制的生效日期等信息。该通知书应至少在生效日期之前 6 个月提交。

(2) 所有指定液货船挥发性有机化合物释放控制港口或装卸站的当事国,须保证在其指定的港口和装卸站配备经该当事国根据 IMO 制定的蒸气排放控制系统安全标准认可的蒸气排放控制系统,并确保该系统的操作安全及能防止造成船舶的不当延误。

(3) 受到 VOC 排放控制的液货船须配备主管机关认可的蒸气排放收集系统,并须在装载有关货物时使用该系统。根据本条要求安装了蒸气排放控制系统的港口或装卸站可以在生效日期之后的 3 年内接纳没有安装蒸气收集系统的液货船。

(4) 载运原油的液货船须在船上备有并实施经主管机关认可的 VOC 管理计划。该计划应根据 MEPC 制定的指南编写,计划具体到各船并至少:

① 为装载、海上航行和卸货时的 VOC 排放减至最低限度提供书面程序;

② 考虑到原油洗舱产生的额外 VOC;

③ 指定负责实施该计划的人员;

④ 对于国际航行船舶,用船长和高级船员的工作语言编写,如船长和高级船员的工作语言既非英语、法语,也非西班牙语,则应包括其中一种语言的译文。

5) 船上焚烧

(1) 船舶正常操作过程中产生的污泥和油渣可在主或辅发电机或锅炉内焚烧,但不得在港口、码头和内河中时进行。除此之外,船上焚烧只允许在船上焚烧炉中进行。

(2) 禁止在船上焚烧下列物质:

受附则Ⅰ、Ⅱ或Ⅲ管辖的货物之残余物或相关被污染的包装材料;多氯联苯(PCB);所含重金属超过限量的附则Ⅴ定义的垃圾;含有卤素化合物的精炼石油产品;不是在船上产生的污泥和油渣;废气滤清系统的残余物。

(3) 禁止在船上焚烧聚氯乙烯,但在已获发 IMO 型式认可证书的焚烧炉内焚烧除外。

(4) 2000 年 1 月 1 日或以后建造的船舶上的焚烧炉,或 2000 年 1 月 1 日或以后在船上安装的焚烧炉,须符合 IMO 制定的船上焚烧炉标准技术规范的要求。

(5) 按上述(4)要求安装的焚烧炉,在该炉运行期间须随时对燃烧室气体出口温度进行监测。如焚烧炉为连续进料型,在燃烧室气体出口温度低于 850 ℃时,不得将废弃物送入该焚烧装置。如焚烧炉为分批装料型,该装置须设计成其燃烧室气体出口的温度在启动后 5 min 内达 600 ℃ 且随后稳定在不低于 850 ℃ 的温度上。

6) 接收设施

各当事国保证提供充分的设施以满足船舶修理或拆船时接收从船上卸下的消耗臭氧物质以及含有这些物质的设备之需要;满足船舶使用其港口、装卸站或修理港时接收废气滤清系统产生的废气清除残余物之需要,而不对船舶造成不当延误;在拆船厂中用以接收从船上卸下的消耗臭氧物质和含有这些物质的设备的需要。

7) 燃油的质量

(1) 供给本附则所适用的船舶,并用于船上燃烧的燃油须为石油精炼产生的烃的混合物,但允许加入少量用于改善某些方面性能的添加剂;燃油须不含无机酸,不得含有任何会危害船舶安全或对机械性能有不利影响、对人员有害或总体上增加空气污染的附加物质或化学废物。

(2)以石油精炼之外的方法得到的用于燃烧的燃油不得超过本附则规定的硫含量和导致发动机超过本附则规定的氮氧化物排放限值;不得含有无机酸、危害船舶安全或对机械性能有不利影响、对人员有害或总体上增加大气污染。

(3)根据本公约附则Ⅵ须持有 IAPP 证书的每一艘船舶,须以燃油交付单的方式对交付并作为船上燃烧用的燃油的细节加以记录。

(4)燃油交付单中需包括的资料:接受燃油的船舶名称和 IMO 编号;港口;交付开始日期;船用燃油供应商名称、地址和电话号码;产品名称;数量(公吨);15 ℃时的密度;硫含量(%m/m);一份由燃油供应商代表签署和证明的声明,证明所供燃油符合本附则适用款项的要求。

(5)燃油交付单须在燃油交付之后在船上保存 3 年,以供港口国主管当局检查。

(6)燃油交付单须附有一份所供燃油的有代表性的样品。该样品须由供应商代表和船长或负责加油作业的高级船员在完成加油作业后密封并签字,并须由船方保存至该燃油基本用完,无论如何其保存期不得少于 12 个月。

(7)供应商应将燃油交付单的副本保存至少 3 年,供港口国在需要时检查和核实。

3. 国际防止空气污染证书

1)证书的签发

初次检验或换证检验完成后,国际防止空气污染证书(简称 IAPP 证书)应签发给:

(1)从事前往其他缔约国港口或离岸码头航行的 400 总吨及以上船舶;

(2)从事前往其他 1997 年议定书缔约国主权或管辖水域航行的平台和钻井装置。

IAPP 证书由主管机关或经主管机关正式授权的任何个人或组织签发或签注,但在任何情况下,主管机关对证书负有全部责任。

IAPP 证书格式应符合附则附录Ⅰ的规定,且至少使用英文、法文或西班牙文写成。如果还使用发证国的官方语言,出现争议或不相一致时,应以发证国官方语言为准。

IAPP 证书的有效期应由发证主管机关做出规定,但不得超过 5 年。

IAPP 证书在下列任何一种情况下将不再有效:

(1)如果在本附则规定的期限内没有完成相关的检验;

(2)如果证书未按照本附则的要求签注;

(3)当船舶改挂另一国国旗时。若转换船旗是在两个缔约国之间进行,如果在转换船期后 3 个月内提出请求,船舶原先悬挂其国旗的缔约国政府应尽速将变更船旗前该船持有的证书副本连同有关的检验报告副本(如有)转交主管机关。

2)证书的检验

凡 400 总吨及以上的船舶和所有固定式和移动式钻井平台以及其他平台应接受下列规定的检验:

(1)初次检验。在船舶投入营运或首次签发本附则规定的证书前进行。该检验应确保其设备、系统、装置、布置和材料完全符合本附则中适用的要求。

(2)换证检验。在主管机关规定的间隔期进行,但不可超过 5 年。该换证检验应确保其设备、系统、装置、布置和材料完全符合本附则中适用的要求。

(3)中期检验。在证书的第二或第三个周年日前/后 3 个月内进行,它应代替 1 次年度检验。该中期检验应确保船舶的设备和布置完全符合本附则中适用的要求,并处于良好的工作状态。中期检验应在签发的证书上签注。

(4)年度检验。在证书签发的每个周年日前/后3个月内进行,包括对相关的船舶设备、系统、配件、装置及材料的全面检查,以确保其按要求进行维护并使其保持在令人满意的服务状态。年度检验应在签发的证书上签注。

(5)附加检验。在调查所引起的总体或部分修理后,或在做过重大修理或换新后根据情况进行。这种检验应为确保必要的修理或换新的有效性,修理或换新所用的材料和工艺在各方面都能令人满意而且船舶在各方面都符合本附则的要求。

二、国际船舶压载水和沉积物控制与管理公约

2004年2月9日至13日,关于船舶压载水管理的外交大会在伦敦IMO总部召开,大会最终通过了《国际船舶压载水和沉积物控制与管理公约》。2016年9月8日公约达到了生效条件,并于2017年9月8日正式生效。

1. 定义

(1)压载水:为控制船舶纵倾、横倾、吃水、稳性或应力而在船上加装的水及其悬浮物。

(2)压载水管理:单独或合并的机械、物理、化学和生物处理方法,以清除、无害处置、避免摄入或排放压载水和沉积物中的有害水生物和病原体。

(3)有害水生物和病原体:如被引入海洋,包括河口,或引入淡水水道则可能危害环境、人体健康、财产或资源、损害生物多样性或妨碍此种区域的其他合法利用的水生物或病原体。

(4)沉积物:船内压载水的沉淀物质。

(5)压载水容量:船上用于承载、加装或排放压载水的任何液舱、处所或舱室容量,包括被设计成允许承载压载水的任何多用途液舱、处所或舱室的总体积容量。

(6)活性物质:对"有害水生物和病原体"有一般或特定作用或有一般或特定抵抗作用的物质或生物,包括病毒或真菌。

2. 适用范围

除公约另有明文规定外,本公约应适用于:

(1)有权悬挂某一当事国国旗的船舶。

(2)无权悬挂某一当事国国旗但在某一当事国的管辖下营运的船舶。

本公约不适用于:

(1)设计和建造成不承载压载水的船舶。

(2)仅在某一当事国管辖水域内营运的该当事国的船舶,除非该当事国确定此类船舶的压载水排放会损害或破坏本国、相邻或其他国家的环境、人体健康、财产或资源。

(3)仅在某一当事国管辖水域内营运,并得到该当事国授权免除的另一当事国的船舶。

(4)仅在一个当事国的管辖水域内和在公海上营运的船舶,但不包括未根据第(3)项给予授权的船舶。

(5)任何军舰、海军辅助船舶或由国家拥有或营运并在当时仅用于政府非商业服务目的的其他船舶。

(6)船上密封舱柜中的不排放的永久性压载水。

3. 压载水管理计划

每一船舶均应在船上携带并实施压载水管理计划。此种计划应由主管机关批准并考虑到本组织制定的指南。压载水管理计划是各船特定的并应具体说明:

(1)本公约要求的压载水管理有关的该船舶和船员的安全程序。

(2)本公约中所载的压载水管理要求和补充性的压载水管理实践所应采取的行动。

(3)详述沉积物的海上处置程序和岸上处置程序,包括与将在其水域中进行海上排放的国家当局协调的船上海上排放压载水管理程序。

(4)指定在船上负责确保计划得到正确实施的高级船员。

(5)本公约规定的船舶报告要求以船舶的工作语言写成。如果使用的语言不是英文、法文或西班牙文,则应包括其中之一的译文。

4. 压载水记录簿

每一船舶均应在船上备有至少载有附录Ⅱ规定信息的压载水记录簿。该记录簿可以是一种电子记录系统,或可以被合并到其他记录簿或系统中。

压载水记录簿的记录事项应在完成最后一项记录后保留在船上至少两年;此后应在至少三年的期限内由公司控制。在依据公约相关条款排放压载水时,或在发生本公约未以其他方式予以免除的压载水的其他意外或异常排放时,应在压载水记录簿中做出记录,说明排放情况的理由。压载水记录簿应在所有合理时间随时可供检查;对于被拖带的无人船舶,可放在拖船上保存。

每一压载水作业均应及时在压载水记录簿中做出完整记录。每一记录均应由负责有关作业的高级船员签字,每一页填写完毕均应由船长签字。压载水记录簿中的记录事项应以该船的工作语言填写。如果该语言不是英文、法文或西班牙文,则该记录事项应载有其中一种语言的译文。当填写的记录事项也使用了船舶有权悬挂其国旗的国家的官方语言时,在发生争端或有不一致时,应以此种语言填写的记录事项为准。经当事国正式授权的官员,当船舶在该当事国的港口或离岸码头时,可在本条适用的任何船上检查压载水记录簿,并可制作任何记录事项的副本和要求船长证明该副本是真实副本。经此种证明的任何副本应在任何诉讼中被允许作为记录事项中所述事实的证据。压载水记录簿的检查和被证明的副本的制作应从速进行,不应造成船舶不适当的延误。

5. 压载水管理标准

(1)压载水更换标准

船舶按本条进行压载水更换,其压载水容积更换率应至少为百分之九十五。对于使用泵入-排出方法交换压载水的船舶,泵入-排出三倍于每一压载水舱容积应视为达到第1款所述标准。泵入-排出少于压载舱容积三倍,如船舶能证明达到了至少百分之九十五容积的更换,则也可被接受。

(2)压载水性能标准

按本条进行压载水管理的船舶的排放,应达到每立方米中最小尺寸大于或等于50微米的可生存生物少于10个,每毫升中最小尺寸小于50微米但大于或等于10微米的可生存生物少于10个;并且,指示微生物的排放不应超过第2款中所述的规定浓度。

作为一种人体健康标准,指示微生物应包括:

①有毒霍乱弧菌(O1和O139):少于每100毫升1个菌落形成单位(cfu)或小于每一克(湿重)浮游动物样品1个cfu。

②大肠杆菌:少于每100毫升250个cfu。

③肠道球菌:少于每100毫升100个cfu。

6. 压载水更换

（1）为符合第 D-1 条的标准而进行压载水更换的船舶：

①凡可能时，均应在距最近陆地至少 200 海里、水深至少为 200 米的地方进行此种压载水更换并应考虑本组织制定的指南。

②当船舶不能按第 1.1 款进行压载水更换时，应考虑第 1.1 款所述指南，在尽可能远离最近陆地的地方，并在所有情况下距最近陆地至少 50 海里、水深至少为 200 米的地方进行此种压载水更换。

（2）在距最近陆地的距离或水深不符合第 1.1 或 1.2 款中所述参数的海中，经视情与邻近或其他国家协商并考虑到第 1.1 款所述指南，港口国可指定船舶进行压载水更换的区域。

（3）不应为符合第 1 款的任何特定要求而要求船舶偏离其预定航线或推迟航行。

（4）如船长合理地确定：由于恶劣天气、船舶设计或应力、设备失灵或任何其他异常状况，压载水更换会威胁船舶的安全或稳性、其船员或乘客，则应视情不要求进行压载水更换的船舶符合第 1 或 2 款。

（5）当船舶被要求进行压载水更换但却未按本条这样做时，其理由应在压载水记录簿中做出记录。

7. 船舶压载水管理

船舶压载水的管理主要包括两种方式，即压载水置换和压载水处理。就 IMO《国际船舶压载水和沉积物控制和管理公约》（以下简称《压载水公约》）而言，压载水置换要求仅是一种过渡性管理措施，而最终的压载水管理目标是必须对加装到船上的压载水进行处理达到 D-2 标准后，才允许排放。目前实施这一目标的主要手段是通过船舶安装获得型式认可的压载水处理系统（BWMS），对压载水进行处理来满足。

公约附则 B 部分第 3 条根据船舶建造的时间和船舶压载水容量对船舶的压载水处理提出了相应的管理标准，如表 8-12 所示。

表 8-12　压载水管理时间表

船舶建造时间	压载水容量 $C(m^3)$	执行标准
2009 年之前	$1\,500 \leqslant C \leqslant 5\,000$	2014 年之前至少符合压载水更换或压载水性能标准，其后至少符合压载水性能标准
2009 年之前	$C<1\,500$ 或 $C>5\,000$	2016 年之前至少符合压载水性能标准，其后至少符合压载水性能标准
2009 年或之后	$C<5\,000$	至少符合压载水性能标准
2009 年或之后但在 2012 年之前	$C \geqslant 5\,000$	2016 年之前至少符合压载水性能标准，其后至少符合压载水性能标准
2012 年或之后	$C \geqslant 5\,000$	至少符合压载水性能标准

8. 船舶沉积物管理

所有船舶应按本船的压载水管理计划的规定清除和处置被指定承载压载水处所中的沉积物。第 B-3.3 至 B-3.5 条中所述船舶的设计和建造应考虑本组织制定的指南，在不降低安全或营运效率的情况下做到：将沉积物的摄入和不良聚留减至最低程度，便于沉积物的清除和提供用于沉积物清除和取样的安全通道。第 B-3.1 条所述船舶应在可行的范围内符合本款。

9. 高级和普通船员的职责

高级和普通船员应熟知其在供职船舶实施其具体压载水管理方面的职责并应熟知与其职责相应的船舶压载水管理计划。

10. 检验和发证

本公约适用的400总吨及以上的船舶,应接受初次检验、换证检验、中间检验、年度检验和附加检验。为执行本公约的规定的船舶检验应由主管机关的官员进行。但主管机关可将检验委托给为此目的指定的验船师或由其认可的组织。证书应按主管机关规定的、不超过五年的期限颁发。证书应使用本公约中所载格式,以颁证国的官方语言写成。如果使用的语言不是英文、法文或西班牙文,则文本应包括其中一种语言的译文。

三、防止倾倒废物和其他物质污染海洋的公约

《防止倾倒废物和其他物质污染海洋的公约》(Convention on the Prevention of Marine Pollution by Dumping of Wastes and Other Matter),又称《伦敦倾废公约》(London Dumping Convention)或《1972伦敦公约》(1972 London Convention),是为保护海洋环境、敦促世界各国共同防止由于倾倒废弃物而造成海洋环境污染的公约。

本公约各缔约国,希望通过鼓励特定地理区域内具有共同利益的各国缔结适当的协定作为本公约的补充,以改进对海洋环境的保护。

兹协议如下:

第一条 各缔约国应个别地或集体地促进对海洋环境污染的一切来源进行有效的控制,并特别保证采取一切切实可行的步骤,防止因倾倒废物及其他物质污染海洋,因为这些物质可能危害人类健康,损害生物资源和海洋生物,破坏娱乐设施,或妨碍对海洋的其他合法利用。

第二条 各缔约国应按照下列条款的规定,依其科学、技术及经济的能力,个别地和集体地采取有效措施,以防止因倾倒而造成的海洋污染,并在这方面协调其政策。

第三条 为本公约的目的:

(一)1."倾倒"的含义是:

(1)任何从船舶、航空器、平台或其他海上人工构筑物上有意地在海上倾弃废物或其他物质的行为;

(2)任何有意地在海上弃置船舶、航空器、平台或其他海上人工构筑物的行为。

2."倾倒"不包括:

(1)船舶、航空器、平台或其他海上人工构筑物及其设备的正常操作所附带发生或产生的废物或其他物质的处置。但为了处置这种物质而操作的船舶、航空器、平台或其他海上人工构筑物所运载或向其输送的废物或其他物质,或在这种船舶、航空器、平台或构筑物上处理这种废物或其他物质所产生的废物或其他物质均除外。

(2)并非为了单纯处置物质而放置物质,但以这种放置不违反本公约的目的为限。

3.由于海底矿物资源的勘探、开发及相关的海上加工所直接产生的或与此有关的废物或其他物质的处置,不受本公约规定的约束。

(二)"船舶和航空器"系指任何类型的海、空运载工具,包括不论是否是自动推进的气垫船和浮动工具。

(三)"海"系指各国内水以外的所有海域。

(四)"废物或其他物质"系指任何种类、任何形状或任何式样的材料和物质。

(五)"特别许可证"系指按照附件二和附件三的规定,经过事先申请而特别颁发的许可证。

(六)"一般许可证"系指按照附件三规定,事先发放的许可证。

(七)"机构"系指各缔约国按照第十四条第(二)款的规定所指定的机构。

第四条　(一)按照本公约规定,各缔约国应禁止倾倒任何形式和状态的任何废物或其他物质,除非以下另有规定:

1. 倾倒附件一所列的废物或其他物质应予禁止;

2. 倾倒附件二所列的废物或其他物质需要事先获得特别许可证;

3. 倾倒一切其他废物或物质需要事先获得一般许可证。

(二)在发放任何许可证之前,必须慎重考虑附件三中所列举的所有因素,包括对该附件第(二)款及第(三)款所规定的倾倒地点的特点的事先研究。

(三)本公约的任何规定不得解释为阻止某一缔约国在其所关心的范围内禁止倾倒未列入附件一的废物或其他物质。该缔约国应向该"机构"报告这类措施。

第五条　(一)在恶劣天气引起不可抗力的情况下,或对人命构成危险或对船舶、航空器、平台或其他海上人工构筑物构成实际威胁的任何情况下,当保证人命安全或船舶、航空器、平台或其他海上构筑物的安全确有必要时,如果倾倒是防止威胁的唯一办法,并确信倾倒所造成的损失将小于用其他办法而招致的损失,则不适用第四条的规定。进行这类倾倒活动应尽量减少对人类及海洋生物的损害,并应立即向该"机构"报告。

(二)当对人类健康造成不能容许的危险,并且没有其他可行的解决办法的紧急情况下,一缔约国可以作为第四条第(一)款第1项的例外而颁发特别许可证。在发给这类特别许可证之前,该缔约国应与可能涉及的任何国家及"机构"协商,该"机构"在与其他缔约国及适当的国际组织协商后,应根据第十四条规定,立即建议该缔约国应采取的最适当的程序。该缔约国应于必须采取行动的时间内,并遵守避免损害海洋环境的普遍义务,而在最大可能范围内遵循这些建议,并报告该"机构"其所采取的行动。各缔约国保证在这类情况下互相帮助。

(三)任何一个缔约国在批准或加入该公约时或在此以后,可以放弃第(二)款规定的权利。

第六条　(一)每一缔约国应指定一个或数个适当的机关,以执行下列事项:

1. 颁发在倾倒附件二所列的物质之前及为倾倒这类物质,以及出现第五条第(二)款所规定的情况时所需要的特别许可证;

2. 颁发在倾倒一切其他物质之前及为倾倒这类物质所需要的一般许可证;

3. 记录许可倾倒的一切物质的性质和数量,以及倾倒的地点、时间和方法;

4. 为本公约的目的,个别地或协同其他缔约国和主管的国际组织对海域状况进行监测。

(二)缔约国的适当机关,应按第(一)款规定对于准备倾倒的下列物质预先颁发特别许可证或一般许可证:

1. 在其领土上装载的物质;

2. 其领土上登记或悬挂其国旗的船舶或航空器所装载的物质,如果这类物质系在非本公约缔约国的领土上装载。

(三)根据上述第(一)款第1、2项规定颁发许可证时,适当机关应遵守附件三的规定以及其认为有关的其他标准、措施和要求。

（四）每一缔约国应直接地或通过根据区域协定设立的秘书处向该"机构"以及必要时向其他缔约国报告本条第（一）款第3、4项所规定的情报及按照本条第（三）款采用的标准、措施和要求。应遵循的程序及这类报告的性质应由各缔约国协商同意。

第七条 （一）每一缔约国应将为实施本公约所必要的措施应用于：

1. 在其领土上登记的或悬挂其国旗的所有船舶和航空器；
2. 在其领土上或领海内装载行将倾倒的物质的所有船舶和航空器；
3. 在其管辖下的被认为是从事倾倒活动的所有船舶和航空器，以及固定或浮动平台。

（二）每一缔约国应在其领土内采取适当的措施，以防止和处罚违反本公约规定的行为。

（三）各缔约国同意合作，以制订有效地适用本公约的程序，特别是适用于公海上的程序，其中包括报告所发现的违反本公约的规定进行倾倒活动的船舶和航空器的程序。

（四）本公约不适用于根据国际法享有主权豁免的船舶和航空器。但是每一缔约国应采取适当措施，确保其拥有或使用的这类船舶和航空器按照本公约的宗旨和目的行动，并应向该"机构"做出相应的报告。

（五）本公约的任何规定均不影响每一缔约国根据国际法原则采取防止海上倾倒的其他措施的权利。

第八条 为促进本公约各项目标的实现，对于保护某一特定地理区域的海洋环境有共同利益的各缔约国，应考虑到特定区域的特征，尽力达成与本公约一致的防止污染（特别是倾倒造成的污染）的区域协定。本公约各缔约国应尽力按这类区域协定的目标及规定行事，该"机构"应将这类协定通知各缔约国。本公约各缔约国应寻求与这类区域协定的各缔约国合作，以制订其他有关公约的缔约国所应遵守的协调程序。特别应注意在监测和科学研究方面的协作。

第九条 本公约各缔约国应通过该"机构"内以及其他国际团体内的协作，促进对在下列方面要求帮助的缔约国的支持：

（一）训练科学和技术人员；

（二）提供科学研究及监测所必需的设备和装置；

（三）废物的处置和处理及其他防止或减轻倾倒引起的污染的措施；

并最好在有关国家内进行，以促进本公约的宗旨及目的。

第十条 依照一国因倾倒废物和其他各种物质而损害他国环境或任何其他区域的环境而承担责任的国际法原则，各缔约国应着手制订确定责任和解决因倾倒引起的争端的程序。

第十一条 各缔约国应在其第一次协商会议上考虑解决有关因解释及适用本公约引起的争端的程序。

第十二条 各缔约国保证，在各主管专门机构及其他国际团体内，促进为保护海洋环境免受下列物质污染而采取措施：

（一）包括油料在内的碳氢化合物及其废物；

（二）并非为倾倒的目的而由船舶运送的其他有害或危险物质；

（三）在船舶、航空器、平台及其他海上人工构筑物操作过程中产生的废物；

（四）包括源于船舶的各种来源的放射性污染物质；

（五）化学和生物战争制剂；

（六）由海底矿物资源的勘探、开发及相关的海上加工而直接产生的或与此有关的废物或其他物质。

第八章 船舶防污染公约及法规

同时各缔约国将在适当的国际组织内促进编订从事倾倒的船舶应使用的信号。

第十三条 本公约不影响依照联合国大会第 2750(XXV)号决议召开的联合国海洋法会议对海洋法的编纂和发展,也不影响任何国家现在或将来关于海洋法和沿岸国管辖权及船旗国管辖权的性质和范围的主张及法律观点。各缔约国同意在海洋法会议后,无论如何不迟于 1976 年,由该"机构"召开会议进行协商,以便确定沿岸国在邻接其海岸的区域中适用本公约的权利和责任的性质和范围。

第十四条 (一)在本公约生效后三个月内,作为公约保存国的大不列颠及北爱尔兰联合王国政府应召集一次缔约国会议,以决定有关组织事项。

(二)各缔约国应指定一个在上述会议召开时存在的主管"机构",负责履行有关本公约的秘书处的职责。不是该"机构"成员国的本公约任何缔约国均应适当分担该"机构"在履行其职责中产生的费用。

(三)该"机构"的秘书处职责应包括:

1. 至少每两年召集一次缔约国协商会议,并根据三分之二以上成员国的要求随时召集缔约国特别会议;

2. 与各缔约国及适当的国际组织协商,在制订与履行本条第(四)款第 5 项所述的程序中,进行准备并提供协助;

3. 考虑各缔约国的询问以及情报,与各缔约国及适当的国际组织协商,对本公约未专门规定的有关本公约的问题,向各缔约国提供建议;

4. 向有关缔约国转交该"机构"按照第四条第(三)款,第五条第(一)款、第(二)款,第六条第(四)款,第十五条,第二十一条规定所收到的所有通知;

在指定"机构"之前,为执行这些职责的目的,有必要由保存国,即大不列颠及北爱尔兰联合王国履行。

(四)各缔约国的协商会议或特别会议应不断审查本公约的履行情况,并且,除其他外可以:

1. 按照第十五条审查并通过对本公约及其附件的修正案;

2. 邀请适当的科学团体与各缔约国或该"机构"协作,并就有关本公约的任何科学或技术问题,特别是各附件的内容,提供咨询意见;

3. 接受并审议按照第六条第(四)款提出的报告;

4. 促进与防止海洋污染有关的区域性组织的协作以及这类组织间的协作;

5. 与适当的国际组织协商,以制定或通过第五条第(二)款所述程序,其中包括确定非常情况和紧急情况的基本标准,以及在这种情况下提供咨询意见和安全处置物质的程序,包括指定适当的倾倒区和提供相应的建议。

6. 考虑可能需要的任何其他行动。

(五)各缔约国在其第一次协商会议上应制订必要的议事规则。

第十五条 (一)1. 按第十四条规定召开的缔约国会议上,可以由到会的 2/3 多数通过对本公约的修正案。修正案在 2/3 的缔约国向该"机构"交存接受证书后第六十天起对接受该修正案的缔约国生效。此后,该修正案在其他任何缔约国交存接受修正案的证书后第三十天起,对该缔约国生效。

2. 该"机构"应通知所有缔约国关于根据第十四条规定召开特别会议的任何请求和在缔约国会议上通过的任何修正案,以及通过的每一修正案对每个缔约国生效的日期。

（二）对附件的修正应以科学或技术上的考虑为依据。在按第十四条规定召开的会议上，以到会2/3多数通过的对附件的修正案，应在每一缔约国通知该"机构"表示接受该修正案后对该缔约国立即生效，并在会议通过该修正案一百天后对所有其他缔约国生效，但在一百天期间内声明在当时不能接受该修正案的缔约国除外。在会议上通过修正案后，各缔约国应尽快向该"机构"表示它们接受修正案。一缔约国可以在任何时候以表示接受的声明来代替先前所做的反对声明，因而其先前反对过的修正案应立即对该缔约国生效。

（三）根据本条规定对修正案的接受或声明反对，均应向该"机构"交存证书。该"机构"应将上述证书的收讫，通知所有缔约国。

（四）在指定"机构"之前，此条中属于秘书处的职责应暂时由作为本公约保存国之一的大不列颠及北爱尔兰联合王国政府临时承担。

第十六条　本公约自1972年12月29日至1973年12月31日在伦敦、墨西哥城、莫斯科和华盛顿对所有国家开放签字。

第十七条　本公约须经批准。批准书应交墨西哥、苏维埃社会主义共和国联盟、大不列颠及北爱尔兰联合王国和美利坚合众国政府保存。

第十八条　1973年12月31日后，本公约应向所有其他国家开放加入。加入书应交墨西哥、苏维埃社会主义共和国联盟、大不列颠及北爱尔兰联合王国和美利坚合众国政府保存。

第十九条　（一）本公约应自第十五份批准书或加入书交存后第三十天生效。

（二）对于在交存第十五份批准书或加入书后批准或加入本公约的各个缔约国，本公约应在该国交存批准书或加入书后第三十天起对该缔约国生效。

第二十条　保存国应通知各缔约国：

（一）按照第十六条、第十七条、第十八条和第二十一条规定关于本公约的签字以及批准书、加入书或退出书的交存情况；和

（二）按照第十九条规定，关于本公约生效的日期。

第二十一条　任何缔约国可以在书面通知一保存国后六个月退出本公约，该保存国应立即将这类通知告知所有缔约国。

第二十二条　本公约应交墨西哥、苏维埃社会主义共和国联盟、大不列颠及北爱尔兰联合王国和美利坚合众国政府保存，其英文、法文、俄文和西班牙文本具有同等效力。保存国应将经认证无误的副本分送所有国家。

下列各全权代表根据本国政府的正式授权签字于本公约，以昭信守。

注：（签名已略）

1972年12月29日订于伦敦、墨西哥城、莫斯科及华盛顿，共四份。

附件一：

（一）有机卤素化合物。

（二）汞及汞化合物。

（三）镉及镉化合物。

（四）耐久塑料及其他耐久性合成材料，如渔网和绳索。这类物质能漂浮在海面或悬浮在水中，以致严重地妨碍捕鱼、航行或对海洋的其他合法利用。

（五）为倾倒的目的而装在船上的原油及其废物、经提炼的石油产品、石油馏出物残渣，以及含上述任何物质的混合物。

注：第（五）款是由1980年召开的第五届缔约国协商会议作的修正。第（五）款原文为

（五）为倾倒的目的装在船上的原油、燃油、重柴油、润滑油和压舱水，以及含有这些产品的混合物。

此修正案于1981年3月11日生效。

（六）在这一领域的国际主管机构（目前是国际原子能机构）根据公共卫生、生物或其他理由，确定为不宜在海上倾倒的强放射性废物和其他强放射性物质。

（七）为生物和化学战争制造的任何形态的物质（固体、液体、半液体、气体或活性物质）。

（八）本附件的上述条款不适用于通过海中物理、化学或生物过程迅速地转化为无害的物质，其前提是这些物质不会：

1. 使可食用的海洋生物变味；或
2. 危及人类和家畜家禽的健康。

如果对这些物质的无害性持有疑问，缔约国可遵循第十四条规定的程序进行协商。

（九）本附件不适用于含有上述第（一）至第（五）项所提及的物质之废物或其他材料（如阴沟淤泥和疏浚污物）的痕量沾污物。这类废物的倾倒相应地适用附件二和附件三的规定。

（十）本附件第（一）款和第（五）款不适用于通过海上焚烧而处置的在这些款项中提及的废物或其他物质。在海上焚烧这类废物和其他物质需要事先获得特别许可证。在为焚烧颁发特别许可证时，缔约国应适用本附件的附录（此附录为本附件整体的一部分）所载"海上焚烧废物及其他物质的管理条例"，并充分考虑各缔约国协商通过的"海上焚烧废物及其他物质管理技术指南"。

注：第（十）款由1978年召开的第三次缔约国协商会议加入原案文。此修正案于1979年3月11日生效。

四、1969年国际干预公海油污事故公约

《国际干预公海油污事故公约》(International Convention Relating to Intervention in the High Seas in Cases of Oil Pollution Casualties)是1969年11月29日政府间海事协商组织在布鲁塞尔海上污染损害国际法会议上签订的公约。1975年5月6日生效。宗旨是：保护沿岸国家利益，避免由于海上事故引起海上和沿岸油污危险的严重后果。

该公约正文有17条；并有附则，包括调解（12条）和仲裁两部分，共19条。主要内容如下：

1. 公约规定了沿岸国，在发生海上事故后，有在公海上采取必要措施的权利，以防止、减轻或消除对其沿岸海区和有关利益产生严重的和紧急的油污危险或油污威胁，但这些措施不能影响公海的自由原则。

2. 本公约不针对军舰或其他属于国家所有或经营的、且当时为政府使用、从事非商业性服务的船舶采取措施。

3. 在采取措施前，应与受海上事故影响的其他国家，尤其是与船旗国进行协商，也可与没有利害关系的专家们进行协商。

4. 所采取的措施如超出前述1、2项的限度，而致使他方遭受的损失，应负赔偿责任。

5. 缔约国之间发生任何争议，又不能协商解决时，可按附则规定，在任一方要求下，提请调解或仲裁。

6. 处理油污费用由肇事船国家负责，若在肇事船被免责的情况下，由各会员国按此比例分担。

1973年政府间海事协商组织通过了修订公约的议定书,把公约的适用范围扩大到非油类的其他污染物,修订议定书于1983年生效。我国于1990年2月23日交存加入书,1990年5月24日对我国生效。

五、1969年国际油污损害民事责任公约

1992年11月,国际海事组织(IMO)在伦敦召开的国际会议上通过了《1969年国际油污损害民事责任公约的1992年议定书》(以下称《1992年责任公约》)。《1992年责任公约》于1996年5月30日生效,目前已有96个国家加入了该公约。

经国务院批准,我国于1999年1月5日向国际海事组织交存了《1992年责任公约》加入书,成为该议定书的缔约国。根据议定书第13条第4款的规定,该议定书于2000年1月5日对我国生效。

1. 适用范围

按照公约第二条的规定,公约适用于在下列区域内造成的污染损害:(1)缔约国的领土,包括领海;和(2)缔约国按照国际法设立的专属经济区;或者,如果缔约国未设立此种区域,则为该国按照国际法确立的,在其领海之外并与其领海毗连的,从测量其领海宽度的基线向外延伸不超过200海里的区域。公约同时还适用于不论在何处采取的用以防止或减少此种损害的预防措施。

"污染损害"系指:(a)油类从船上溢出或排放引起的污染在该船之外造成的灭失或损害,不论此种溢出或排放发生于何处;但是,对环境损害(不包括此种损害的利润损失)的赔偿,应限于已实际采取或将要采取的合理恢复措施的费用;(b)预防措施的费用及预防措施造成的进一步灭失或损害。

"油类"系指任何持久性烃类矿物油,如原油、燃料油、重柴油和润滑油,不论是在船上作为货物运输还是在此种船舶的燃料舱中。

2. 责任主体

在事故发生时的船舶所有人,或者,如果该事故系由一系列事件构成,则第一个此种事件发生时的船舶所有人,应对船舶因该事故而造成的任何污染损害负责。

当发生涉及两艘或更多船舶的事故并造成污染损害时,所有有关船舶的所有人应对所有无法合理区分的此种损害负连带责任。

"船舶"系指为运输散装油类货物而建造或改建的任何类型的海船和海上航行器;但是,能够运输油类和其他货物的船舶,仅在其实际运输散装油类货物时,以及在此种运输之后的任何航行(已证明船上没有此种散装油类运输的残余物者除外)期间,才应视作船舶。

"船舶所有人"系指登记为船舶所有人的人,如果没有这种登记,则是指拥有该船的人。但如船舶为国家所有而由在该国登记为船舶经营人的公司所经营,"船舶所有人"即指这种公司。

"事故"系指具有同一起源的造成污染损害或形成造成此种损害的严重和紧迫威胁的任何一个或一系列事件。

根据公约第7条第8款的规定,对油污损害的任何索赔也可向承担船舶所有人油污损害责任的保险人或提供财务保证的其他人直接提出。

公约还明确规定了只有确定损害是第三人故意造成或明知可能造成此种损害而轻率地作

为或不作为所致,才可以对该第三人提出污染损害赔偿请求。上述第三人包括:(1)船舶所有人的雇员或代理人,或船员;(2)引航员或为船舶提供服务但非属船员的任何其他人;(3)船舶的任何租赁人(不论如何定义,包括光船租赁人)、管理人或经营人;(4)经船舶所有人同意或根据主管公共当局指示进行救助作业的任何人;(5)采取预防措施的任何人;(6)第(3)、(4)和(5)项中所述人员的所有雇员或代理人。

3. 责任相关条款

公约实行严格责任原则。只要油类从船上溢出或排放引起的污染在该船之外造成的灭失或损害,不论此种溢出或排放发生于何处,船舶所有人就要对污染承担民事赔偿责任。但是并不是绝对的,如果船舶所有人能够证实损害是属于以下情况的,则不负责任:

(1)由于战争行为、敌对行为、内战或武装暴动,或特殊的、不可避免的和不可抗拒性质的自然现象所引起的损害;

(2)完全是由于第三者有意造成损害的行为或怠慢所引起的损害;

(3)完全是由于负责灯塔或其他助航设备的政府或其他主管当局在执行其职责时,疏忽或其他过失行为所造成的损害。

如果船舶所有人证明,污染损害完全或部分地由于遭受损害人有意造成损害的行为或怠慢而引起,或是由于该人的疏忽所造成,则该船舶所有人即可全部或部分地免除对该人所负的责任。

4. 责任限额

1992年责任公约大幅提高了船舶所有人的责任限额,规定对于不超过5 000吨位的船舶,限额为3 000 000(2000年修正案已经提高为4 510 000)特别提款权;而对于超过5 000吨位的船舶,除上述金额外,对每一额外吨位另加420(2000年修正案已经提高为631)特别提款权,但该合计金额在任何情况下不应超过59 700 000(2000年修正案已经提高为89 770 000)特别提款权。

如证明该污染损害系由所有人故意造成或明知可能造成此种损害而轻率地作为或不作为所致,则该所有人无权根据本公约限制其赔偿责任。

5. 强制保险制度

1992年责任公约规定,船舶所有人可以选择实行强制保险制度或财务保证制度。实行强制保险制度或财务保证制度有利于受害人得到充分的补偿。

在缔约国登记的载运2 000吨以上散装货油船舶的船舶所有人必须进行保险或取得其财务保证,如银行保证或国际赔偿基金出具的证书等,保证数额按第5条第1款中规定的责任限度决定,以便按本公约规定承担其对油污损害所应负的责任。

缔约国的有关当局在确信上述要求已获得满足之后,应向每艘船舶颁发一份证书,证明保险或其他财务担保根据本公约的规定确属有效。对于在缔约国登记的船舶,这种证书应由船舶登记国的有关当局颁发或认证;对于不在缔约国登记的船舶,证书可由任何一个缔约国的有关当局颁发或认证。

6. 时效和管辖权

油污损害赔偿请求的时效为3年,自损害发生之日起计算。无论如何不得在引起损害的事件发生之日起6年之后提出诉讼。如该事故包括一系列事件,6年的期限应自第一个事件发生之日起算。

公约规定,每一缔约国都应保证它的法院具有处理赔偿诉讼的必要管辖权。当某一事故在一个或多个缔约国的领土(包括领海)或第二条所规定的区域中造成了污染损害时,或在这种领土(包括领海)或区域中采取了防止或减少污染损害的预防措施时,赔偿诉讼可向上述任何一个或多个缔约国的法院提起。上述任何诉讼的适当通知均应送交被告人。

由具有上述管辖权的法院所做的任何判决,如可在原判决国实施而不再需通常复审手续时,除下列情况外,应为各缔约国所承认:

(1)判决是以欺骗取得;

(2)未给被告人以合理的通知和陈述其立场的公正机会。

按上述规定确认的判决,一经履行各缔约国所规定的各项手续之后,应在各该国立即实施,在各项手续中不允许重提该案的是非。

7. 我国机制完善

国际上建立的油污赔偿机制已运行20多年,被实践证明是科学和行之有效的,得到世界上越来越多国家的认可。缔约国发生的船舶油污损害,基本上都可以通过国际油污损害赔偿机制获得赔偿。

1969年责任公约及1992年责任公约为我国处理海上油污事故、保护我国海洋环境和受害者的利益,起到了良好的法律保障作用。"塔斯曼海"油污损害赔偿案就是这方面的佐证。该案是我国加入《1992年国际油污损害民事责任公约》以来的首例向外国船舶公司保险人进行索赔的案件,也是我国海洋行政管理部门在法律框架内提出污染海洋生态环境涉外索赔第一案,开创了维护我国海洋生态权益的先例。尽管如此,我国在油污损害赔偿制度方面仍需要进一步完善。

六、1990年国际油污防备、反应和合作公约

《1990年国际油污防备、反应和合作公约》(OPRC 1990)是为防备海洋油污事故和在发生海洋油污事故时采取有效应急措施和国际合作而制定的公约,1990年11月30日订于伦敦,1995年5月13日生效。我国于1998年3月30日加入,1998年6月30日对中国生效。公约要求缔约国的海洋船舶、近海装置、海港和油装卸设施备有油污应急计划,规定了当事国在发生或可能发生排油的事件时向沿海国报告的程序和有关国家在收到报告后的行动,要求缔约国建立国家的和区域的油污防备和反应系统。其附件对援助费用的偿还做了规定。截至2019年11月25日,已经有113个国家加入该公约,船舶总吨位占世界商船总吨位的76.89%。

根据1990年油污防备和反应国际合作会议的第10号决议,IMO与所有有关国际组织合作,加强了对有害和有毒物质污染防备、反应和合作等问题的研究。考虑到在发生有害和有毒物质污染事故时,必须采取迅速和有效的行动将此种事故可能造成的损害减至最低,IMO 2000年3月14日于伦敦批准通过了《2000年有害有毒物质污染事故防备、反应和合作议定书》(OPRC-HNS 2000),自2000年3月15日起在IMO总部开放供签署。OPRC-HNS 2000要求各当事国建立船舶、海港和处理设施的相关人员备有污染事故应急计划,并建立对污染事故采取迅速有效反应行动的国家系统。同时,在国际污染反应合作、技术合作以及双边和多边合作等方面做了规定。2006年6月14日,葡萄牙作为第15个国家签署该议定书之后,已经达到足够的批准国家数量,议定书于2007年6月14日生效。我国于2009年11月19日加入,公约于2010年2月19日对我国生效。截至2019年11月25日,已经有40个国家加入该公

约，船舶总吨位占世界商船总吨位的 51.95%。

1. 公约内容

本公约的目的是促进各国加强油污防治工作，强调有效防备的重要性，在发生重大油污事故时加强区域性或国际性合作，采取快速有效的行动，减少油污造成的损害。公约要求所有船舶、港口和近海装置都应具备油污应急计划，并且港口国当局有权对此进行监督检查，并规定所有肇事船舶和其他发现油污事故的机构或官员应毫不延迟地向最近的沿岸国报告。各国在接到报告后应采取行动，并进行通报。各缔约国应建立全国性油污防备和响应体系；各国之间可建立双边或多边、地区性或国际性的技术合作。公约由 19 个条款和 1 个附件组成，正文条款主要包括总则、定义、修正、生效、保存等内容，其中第 1 条总则规定公约正文和附则视为一个整体，公约适用范围不包括任何军舰、军用辅助船或由国家拥有或使用并在当时用于政府非商业性服务的其他船舶。第 2 条定义中给出公约中"油""油污事故""船舶""近海装置"等术语的定义，其中"油"系指任何形式的石油，包括原油、燃油、油泥、油渣和炼制产品；"油污事故"系指同一起源的一起或一系列造成或可能造成油的排放，对海洋环境或对一个或多个国家的海岸线或有关利益方构成或可能构成威胁，需要采取应急行动或其他迅速反应措施的事故。第 3 条规定了油污应急计划的要求（MARPOL 附则 I 中有同样的要求），第 4 条给出发生污染事故时报告的要求，包括报告对象和报告程序（报告程序参考 MARPOL 附则 II），第 5 条给出了收到油污报告时的行动要求：当事国收到污染报告或污染信息时，应对事件做出评估，以判断是否发生了油污事故；对油污事故的性质、范围和可能的后果做出评估；将该报告或污染信息连同评估结果、准备采取的措施等信息及时通知其利益受到或可能受到该油污事件影响的所有国家，如果油污事故很严重，将相关信息通知 IMO。附件给出了援助费用的计算和承担原则。

2. OPRC-HNS 2000 协议书

作为公约的议定书，OPRC-HNS 2000 的内容结构与 OPRC 1990 近似，公约正文共 18 条，此外包括和 1 个附件（Annex，或称作附则，但对于本议定书而言习惯上译作附件）。与 OPRC 1990 一样，适用范围不包括任何军舰、军用辅助船或由国家拥有或使用并在当时用于政府非商业性服务的其他船舶。它要求每一当事国应采取不影响由其拥有或使用的这类船舶的作业或作业能力的适当措施，确保此种船舶在合理和可行时，以符合本议定书的方式活动。议定书第 2 条定义包括：

"有害和有毒物质"系指除油类以外的，如果进入海洋环境很可能造成危及人体健康，损害生物资源以及海洋生物，损害舒适度或妨碍其他海洋的合理利用的任何物质。

"有害和有毒物质污染事故"系指任何发生或同一起因而连续发生包括火灾或爆炸，因而导致或可能发生有害和有毒物质的排放、释放或喷出以及因而造成或可能造成对海洋环境或海岸线或一国或多国利益构成或可能构成威胁和需要采取应急行动或其他迅速反应措施的事故。

七、美国 1990 年油污法及船舶反应计划

除了上述在联合国登记注册的国际性公约外，一些有共同利害关系的沿海国家达成的区域性协议在特定的航区内起作用。在大西洋东北、北海、波罗的海和地中海区域的沿岸国家，在这方面已达成了具体协议。沿海国家除参加国际防污公约外，一般都根据本国实际情况，制

定国家性的防污染法规。

(一) 1990年油污法

世界各国除参加国际防污公约外,一般都根据本国实际情况,制定本国的国家防污染法规。如日本政府以法律、运输省令和环境厅告示等规定了防止海洋污染法和有关防止船舶造成污染的具体要求。对违反其法规的船舶,要受到其主管机关的罚款惩处。特别是美国,制定了一整套本国的防止海洋污染法规,如《联邦水域污染控制法》《公海干预法》《外部大陆架地带法》《深水港口法》《防止船舶污染法》《溢油责任信托基金》《1990年油污法》。

美国《1990年油污法》(Oil Pollution Act 1990,简称90油污法,OPA90),是于1989年3月24日,美国"埃克森·瓦尔迪兹"(Exxon Valdez)号油船在阿拉斯加威廉王子湾搁浅,造成海域严重污染和巨大经济损失的背景下制定的。

《1990年油污法》虽然不是国际公法,但对油污损害规定了船东、经营人和光船租船人的严格责任和义务,以及对油船和其他各类船舶设计和安全设备提出了严格要求。凡在美国海域从事航运的船舶都必须在其管理和经营方面遵守其制定的规则,因此引起国际航运界的极大关注。

1. 概况

《1990年油污法》共九章七十八节,涉及已颁布的美国四项法律,即《联邦水域污染控制法》《公海干预法》《深水港口法》和《外部大陆架地带法》(1978年修正案)。

《1990年油污法》从油污责任与赔偿,油污事件的预防与清除等方面,就防止船舶和海洋石油勘探开发等造成的污染,做出了一系列严格规定。

《1990年油污法》对保护美国海域环境和油污受害者的利益起了重要作用,致使油船建造成本和石油运输成本大幅度上升并导致了MARPOL 73/78公约的修正。

2. 油污赔偿

(1) 赔偿限额(责任限制)

责任方(船舶拥有者、经营者或光船租赁该船的任何人)的赔偿责任以及负责方就每一油污事件造成的或在其名下的任何清污费用的总额不超出下列规定的范围:

①3 000总吨以上的液货船限额为每总吨1 200美元,或总额1 000万美元,取其大者;

②3 000总吨以下的液货船限额为每总吨1 200美元,或总额200万美元,取其大者;

③其他船舶限额为每总吨600美元,或总额50万美元,取其大者。

(2) 无限赔偿

如果油污染事故是由于负责方或其代理人、雇员或按照与负责方的合同关系的人员下列行为,则将承担无限赔偿,即不享受责任限制的权力:

①有重大过失或故意不当行为;

②违反适用的联邦安全、构造或操作规则和命令,其中包括没有按规定报告该事故或没有向有关方面提供关于清污活动和一切合理的合作与协助;

③从外部大陆架设施运载货油时,油污染事故所产生的一切清污费用全部由船东或经营人承担,不享受责任限制。

(3) 免责

由下述原因造成的油污事故,可免除赔偿损害和清污费用:

①天灾;

②战争行为；

③第三方的行为或不为，但负责方的雇员或代理人或其行为或不为涉及与负责方的任何合同关系的第三方不在此例。

(4) 拒赔

油污事故由索赔人的严重过失或故意不当行为所造成，则负责方不对索赔人负责赔偿。

3. 对船员的要求

(1) 对船员的酗酒和吸毒进行严厉处罚，严重者追究刑事责任；

(2) 凡到美国的船舶尤其是油船，其船上的船员要接受美国主管机关的考核，其内容包括配员、培训、资历和值班标准。油船还要求"原油洗舱"培训与证书、航行计划及英语能力，必须具备为防止和消除油污行动的应急反应能力。其他国家船员发证标准至少相当于美国法律或美国所接受的国际标准规定的能力，否则禁止其进港。

4. 对液货船航行安全标准的规定

(1) 配备完善足够的航行设备和系统；

(2) 制订符合规定的航行计划和驾驶台常规命令；

(3) 用船旗国官方语言和英文对照的船东管理船舶的规章制度；

(4) 实施船位报告制度；

(5) 威廉王子湾、华盛顿的罗萨里欧海峡和普夫特海峡等水域，强制雇佣拖船护航。

5. 对油船构造和货油系统的要求

(1) 油船必须建造成双层壳体；

(2) 货油舱必须设置液位和舱内压力监测装置、超高液位报警装置；

(3) 设置舱内油气回收装置，保证油气不放入大气。

(二) 船舶响应计划

船舶响应计划(Vessel Response Plans, VRP)是美国联邦法规(Code of Federal Regulations, CFR)关于防止船舶油类以及有害物质污染规则中的一个重要组成部分，规则要求所有在美国水域内营运的油船和 400 总吨以上的非油船的船东或经营人需要向美国海岸警卫队(USCG)准备和提交一份船舶响应计划(非油船需要提交非油船响应计划，NTVRP)，旨在杜绝船舶油类作业过程中的溢油事故，或一旦出现溢油情况，船东、船舶经营人以及船员能够根据计划做出及时的响应，已减小溢油事故所造成的损失。

规则规定船东或经营人提交的船舶响应计划需包括以下 11 个部分的内容：

(1) 基本信息和说明；(2) 通知程序；(3) 船舶溢油减轻程序；(4) 岸基响应活动；(5) 联系列表；(6) 培训程序；(7) 操练程序；(8) 计划复核和更新程序；(9) 船上通知清单和应急程序(仅适用于无人驾驶油船)；(10) 船舶营运的各区域内的各港口长(COTP)的特殊地理附件(GSA)；(11) VRP 覆盖的船舶特殊信息附件。

拥有多艘船舶的船舶所有人或经营人可为每类船舶提交一份船舶响应计划，并且必须确保在船上至少保存一份 VRP 的英文副本和一份海岸警卫队批准函副本。船舶所有人或经营人可在船上保留 VRP 和批准函的电子副本，以代替纸质格式。

第二节　国内防污染相关法律、法规的规定

我国于1982年8月23日通过了《中华人民共和国海洋环境保护法》，并于1983年12月颁布了《中华人民共和国防止船舶污染海域管理条例》。《中华人民共和国船舶污染物排放标准》（GB 3552—1983）和《中华人民共和国海洋倾废管理条例》也分别于1983年4月和1985年3月颁布施行。此外，国务院、交通运输部、港务监督局和船舶检验局当时也先后颁布相应的防污法规、条例和办法。

一、中华人民共和国海洋环境保护法

现行的《中华人民共和国海洋环境保护法》是经1999年12月25日修订和公布的，并于2000年4月1日起生效施行。2017年11月4日，第十二届全国人民代表大会常务委员会第三十次会议决定，通过对《中华人民共和国海洋环境保护法》做出修改。自2017年11月5日起施行。经修订后的《海洋环境保护法》共十章九十八条：第一章总则；第二章海洋环境监督管理；第三章海洋生态保护；第四章防治陆源污染物对海洋环境的污染损害；第五章防治海岸工程建设项目对海洋环境的污染损害；第六章防治海洋工程建设项目对海洋环境的污染损害；第七章防治倾倒废弃物对海洋环境的污染损害；第八章防治船舶及有关作业活动对海洋环境的污染损害；第九章法律责任；第十章附则。

1. 目的、适用范围和义务

为了保护和改善海洋环境，保护海洋资源，防治污染损害，维护生态平衡，保障人体健康，促进经济和社会的可持续发展，制定本法。

本法适用于中华人民共和国内水、领海、毗连区、专属经济区、大陆架以及中华人民共和国管辖的其他海域。在中华人民共和国管辖海域内从事航行、勘探、开发、生产、旅游、科学研究及其他活动，或者在沿海陆域内从事影响海洋环境活动的任何单位和个人，都必须遵守本法。在中华人民共和国管辖海域以外，造成中华人民共和国管辖海域污染的，也适用本法。

一切单位和个人都有保护海洋环境的义务，并有权对污染损害海洋环境的单位和个人，以及海洋环境监督管理人员的违法失职行为进行监督和检举。

2. 管理体制

国务院环境保护行政主管部门作为对全国环境保护工作统一监督管理的部门，对全国海洋环境保护工作实施指导、协调和监督，并负责全国防治陆源污染物和海岸工程建设项目对海洋污染损害的环境保护工作。

国家海洋行政主管部门负责海洋环境的监督管理，组织海洋环境的调查、监测、监视、评价和科学研究，负责全国防治海洋工程建设项目和海洋倾倒废弃物对海洋污染损害的环境保护工作。

国家海事行政主管部门负责所辖港区水域内非军事船舶和港区水域外非渔业、非军事船舶污染海洋环境的监督管理，并负责污染事故的调查处理；对在中华人民共和国管辖海域航行、停泊和作业的外国籍船舶造成的污染事故登轮检查处理。船舶污染事故给渔业造成损害的，应当吸收渔业行政主管部门参与调查处理。

国家渔业行政主管部门负责渔港水域内非军事船舶和渔港水域外渔业船舶污染海洋环境的监督管理,负责保护渔业水域生态环境工作,并调查处理前款规定的污染事故以外的渔业污染事故。

军队环境保护部门负责军事船舶污染海洋环境的监督管理及污染事故的调查处理。

沿海县级以上地方人民政府行使海洋环境监督管理权的部门的职责,由省、自治区、直辖市人民政府根据本法及国务院有关规定确定。

3. 防治船舶及有关作业活动对海洋环境的污染损害

在我国管辖海域,任何船舶及相关作业不得违反本法规定向海洋排放污染物、废弃物和压载水、船舶垃圾及其他有害物质。从事船舶污染物、废弃物、船舶垃圾接收、船舶清舱、洗舱作业活动的,必须具备相应的接收处理能力。

船舶必须按照有关规定持有防止海洋环境污染的证书与文书,在进行涉及污染物排放及操作时,应当如实记录。船舶必须配置相应的防污设备和器材。载运具有污染危害性货物的船舶,其结构与设备应当能够防止或者减轻所载货物对海洋环境的污染。

船舶应当遵守海上交通安全法律、法规的规定,防止因碰撞、触礁、搁浅、火灾或者爆炸等引起的海难事故,造成海洋环境的污染。

国家完善并实施船舶油污损害民事赔偿责任制度;按照船舶油污损害赔偿责任由船东和货主共同承担风险的原则,建立船舶油污保险、油污损害赔偿基金制度。实施船舶油污保险、油污损害赔偿基金制度的具体办法由国务院规定。

载运具有污染危害性货物进出港口的船舶,其承运人、货物所有人或者代理人,必须事先向海事行政主管部门申报。经批准后,方可进出港口、过境停留或者装卸作业。

交付船舶装运污染危害性货物的单证、包装、标志、数量限制等,必须符合对所装货物的有关规定。需要船舶装运污染危害性不明的货物,应当按照有关规定事先进行评估。装卸油类及有毒有害货物的作业,船岸双方必须遵守安全防污操作规程。

港口、码头、装卸站和船舶修造厂必须按照有关规定备有足够的用于处理船舶污染物、废弃物的接收设施,并使该设施处于良好状态。装卸油类的港口、码头、装卸站和船舶必须编制溢油污染应急计划,并配备相应的溢油污染应急设备和器材。

船舶及有关作业活动应当遵守有关法律法规和标准,采取有效措施,防止造成海洋环境污染。海事行政主管部门等有关部门应当加强对船舶及有关作业活动的监督管理。

船舶进行散装液体污染危害性货物的过驳作业,应当事先按照有关规定报经海事行政主管部门批准。

船舶发生海难事故,造成或者可能造成海洋环境重大污染损害的,国家海事行政主管部门有权强制采取避免或者减少污染损害的措施。对在公海上因发生海难事故,造成我国管辖海域重大污染损害后果或者具有污染威胁的船舶、海上设施,国家海事行政主管部门有权采取与实际的或者可能发生的损害相称的必要措施。

所有船舶均有监视海上污染的义务,在发现海上污染事故或者违反本法规定的行为时,必须立即向就近地依照本法规定行使海洋环境监督管理权的部门报告。

二、防治船舶污染海洋环境管理条例

为了防治船舶及其有关作业活动污染海洋环境,依据《中华人民共和国海洋环境保护法》,制定本条例,经国务院批准,自 2010 年 3 月 1 日起施行(1983 年 12 月 29 日国务院发布的《中华人民共和国防止船舶污染海域管理条例》同时废止)。该《条例》共九章七十六条:第一章总则;第二章防治船舶及其有关作业活动污染海洋环境的一般规定;第三章船舶污染物的排放和接收;第四章船舶有关作业活动的污染防治;第五章船舶污染事故应急处置;第六章船舶污染事故调查处理;第七章船舶污染事故损害赔偿;第八章法律责任;第九章附则。主要内容有:

1. 适用范围和主管机关

防治船舶及其有关作业活动污染中华人民共和国管辖海域适用本条例。防治船舶及其有关作业活动污染海洋环境,实行预防为主、防治结合的原则。

国务院交通运输主管部门主管所辖港区水域内非军事船舶和港区水域外非渔业、非军事船舶污染海洋环境的防治工作。海事管理机构依照本条例规定具体负责防治船舶及其有关作业活动污染海洋环境的监督管理。

2. 船舶污染物的排放和接收

(1)船舶在中华人民共和国管辖海域向海洋排放的船舶垃圾、生活污水、含油污水、含有毒有害物质污水、废气等污染物以及压载水,应当符合法律、行政法规、中华人民共和国缔结或者参加的国际条约以及相关标准的要求。

船舶应当将不符合前款规定的排放要求的污染物排入港口接收设施或者由船舶污染物接收单位接收。

船舶不得向依法划定的海洋自然保护区、海滨风景名胜区、重要渔业水域以及其他需要特别保护的海域排放船舶污染物。

(2)船舶处置污染物,应当在相应的记录簿内如实记录。

船舶应当将使用完毕的船舶垃圾记录簿在船舶上保留2年;将使用完毕的含油污水、含有毒有害物质污水记录簿在船舶上保留3年。

(3)船舶污染物接收单位从事船舶垃圾、残油、含油污水、含有毒有害物质污水接收作业,应当编制作业方案,遵守相关操作规程,并采取必要的防污染措施。船舶污染物接收单位应当将船舶污染物接收情况按照规定向海事管理机构报告。

(4)船舶污染物接收单位接收船舶污染物,应当向船舶出具污染物接收单证,经双方签字确认并留存至少2年。污染物接收单证应当注明作业双方名称,作业开始和结束的时间、地点,以及污染物种类、数量等内容。船舶应当将污染物接收单证保存在相应的记录簿中。

(5)船舶污染物接收单位应当按照国家有关污染物处理的规定处理接收的船舶污染物,并每月将船舶污染物的接收和处理情况报海事管理机构备案。

3. 船舶有关作业活动的污染防治

(1)从事船舶清舱、洗舱、油料供受、装卸、过驳、修造、打捞、拆解,污染危害性货物装箱、充罐,污染清除作业以及利用船舶进行水上水下施工等作业活动的,应当遵守相关操作规程,并采取必要的安全和防治污染的措施。从事作业活动的人员,应当具备相关安全和防治污染的专业知识和技能。

(2)船舶不符合污染危害性货物适载要求的,不得载运污染危害性货物,码头、装卸站不得为其进行装载作业。污染危害性货物的名录由交通运输部海事局公布。

(3)载运污染危害性货物进出港口的船舶,其承运人、货物所有人或者代理人,应当向海事管理机构提出申请,经批准方可进出港口或者过境停留。

(4)载运污染危害性货物的船舶,应当在海事管理机构公布的具有相应安全装卸和污染物处理能力的码头、装卸站进行装卸作业。

(5)进行散装液体污染危害性货物过驳作业的船舶,其承运人、货物所有人或者代理人应当向海事管理机构提出申请,告知作业地点,并附送过驳作业方案、作业程序、防治污染措施等材料。海事管理机构应当自受理申请之日起2个工作日内做出许可或者不予许可的决定。2个工作日内无法做出决定的,经海事管理机构负责人批准,可以延长5个工作日。

(6)依法获得船舶油料供受作业资质的单位,应当向海事管理机构备案。海事管理机构应当对船舶油料供受作业进行监督检查,发现不符合安全和防治污染要求的,应当予以制止。

(7)船舶燃油供给单位应当如实填写燃油供受单证,并向船舶提供船舶燃油供受单证和燃油样品。船舶和船舶燃油供给单位应当将燃油供受单证保存3年,并将燃油样品妥善保存1年。

(8)禁止船舶经过中华人民共和国内水、领海转移危险废物。经过中华人民共和国管辖的其他海域转移危险废物的,应当事先取得国务院环境保护主管部门的书面同意,并按照海事管理机构指定的航线航行,定时报告船舶所处的位置。

(9)船舶向海洋倾倒废弃物,应当如实记录倾倒情况。返港后,应当向驶出港所在地的海事管理机构提交书面报告。

(10)载运散装液体污染危害性货物的船舶和1万总吨以上的其他船舶,其经营人应当在作业前或者进出港口前与符合国家有关技术规范的污染清除作业单位签订污染清除作业协议,明确双方在发生船舶污染事故后污染清除的权利和义务。与船舶经营人签订污染清除作业协议的污染清除作业单位应当在发生船舶污染事故后,按照污染清除作业协议及时进行污染清除作业。

4. 船舶污染事故应急处置

(1)本条例所称船舶污染事故,是指船舶及其有关作业活动发生油类、油性混合物和其他有毒有害物质泄漏造成的海洋环境污染事故。

(2)船舶污染事故分为以下等级:

①特别重大船舶污染事故,是指船舶溢油1 000吨以上,或者造成直接经济损失2亿元以上的船舶污染事故;

②重大船舶污染事故,是指船舶溢油500吨以上不足1 000吨,或者造成直接经济损失1亿元以上不足2亿元的船舶污染事故;

③较大船舶污染事故,是指船舶溢油100吨以上不足500吨,或者造成直接经济损失5 000万元以上不足1亿元的船舶污染事故;

④一般船舶污染事故,是指船舶溢油不足100吨,或者造成直接经济损失不足5 000万元的船舶污染事故。

(3)船舶在中华人民共和国管辖海域发生污染事故,或者在中华人民共和国管辖海域外发生污染事故造成或者可能造成中华人民共和国管辖海域污染的,应当立即启动相应的应急预案,采取措施控制和消除污染,并就近向有关海事管理机构报告。发现船舶及其有关作业活动可能对海洋环境造成污染的,船舶、码头、装卸站应当立即采取相应的应急处置措施,并就近向有关海事管理机构报告。接到报告的海事管理机构应当立即核实有关情况,并向上级海事管理机构或者国务院交通运输主管部门报告,同时报告有关沿海地区的市级以上地方人民政府。

(4)船舶污染事故报告应当包括下列内容：
①船舶的名称、国籍、呼号或者编号；
②船舶所有人、经营人或者管理人的名称、地址；
③发生事故的时间、地点以及相关气象和水文情况；
④事故原因或者事故原因的初步判断；
⑤船舶上污染物的种类、数量、装载位置等概况；
⑥污染程度；
⑦已经采取或者准备采取的污染控制、清除措施和污染控制情况以及救助要求；
⑧国务院交通运输主管部门规定应当报告的其他事项。
做出船舶污染事故报告后出现新情况的，船舶、有关单位应当及时补报。

(5)船舶发生事故有沉没危险，船员离船前，应当尽可能关闭所有货舱(柜)、油舱(柜)管系的阀门，堵塞货舱(柜)、油舱(柜)通气孔。船舶沉没的，船舶所有人、经营人或者管理人应当及时向海事管理机构报告船舶燃油、污染危害性货物以及其他污染物的性质、数量、种类、装载位置等情况，并及时采取措施予以清除。

(6)发生船舶污染事故或者船舶沉没，可能造成中华人民共和国管辖海域污染的，有关沿海地区的市级以上地方人民政府、海事管理机构根据应急处置的需要，可以征用有关单位或者个人的船舶和防治污染设施、设备、器材以及其他物资，有关单位和个人应当予以配合。

被征用的船舶和防治污染设施、设备、器材以及其他物资使用完毕或者应急处置工作结束，应当及时返还。船舶和防治污染设施、设备、器材以及其他物资被征用或者征用后毁损、灭失的，应当给予补偿。

(7)发生船舶污染事故，海事管理机构可以采取清除、打捞、拖航、引航、过驳等必要措施，减轻污染损害。相关费用由造成海洋环境污染的船舶、有关作业单位承担。需要承担前款规定费用的船舶，应当在开航前缴清相关费用或者提供相应的财务担保。

(8)处置船舶污染事故使用的消油剂，应当符合国家有关标准。

5. 船舶污染事故调查处理

(1)船舶污染事故的调查处理依照下列规定进行：
①特别重大船舶污染事故由国务院或者国务院授权国务院交通运输主管部门等部门组织事故调查处理。
②重大船舶污染事故由交通运输部海事局组织事故调查处理。
③较大船舶污染事故和一般船舶污染事故由事故发生地的海事管理机构组织事故调查处理。
④船舶污染事故给渔业造成损害的，应当吸收渔业主管部门参与调查处理；给军事港口水域造成损害的，应当吸收军队有关主管部门参与调查处理。

(2)发生船舶污染事故，组织事故调查处理的机关或者海事管理机构应当及时、客观、公正地开展事故调查，勘验事故现场，检查相关船舶，询问相关人员，收集证据，查明事故原因。

(3)组织事故调查处理的机关或者海事管理机构根据事故调查处理的需要，可以暂扣相应的证书、文书、资料；必要时，可以禁止船舶驶离港口或者责令停航、改航、停止作业直至暂扣船舶。

(4)组织事故调查处理的机关或者海事管理机构开展事故调查时，船舶污染事故的当事人和其他有关人员应当如实反映情况和提供资料，不得伪造、隐匿、毁灭证据或者以其他方式妨碍调查取证。

(5) 组织事故调查处理的机关或者海事管理机构应当自事故调查结束之日起 20 个工作日内制作事故认定书,并送达当事人。

6. 船舶污染事故损害赔偿

(1) 造成海洋环境污染损害的责任者,应当排除危害,并赔偿损失;完全由于第三者的故意或者过失,造成海洋环境污染损害的,由第三者排除危害,并承担赔偿责任。

(2) 完全属于下列情形之一,经过及时采取合理措施,仍然不能避免对海洋环境造成污染损害的,免予承担责任:

① 战争;

② 不可抗拒的自然灾害;

③ 负责灯塔或者其他助航设备的主管部门,在执行职责时的疏忽,或者其他过失行为。

(3) 对船舶污染事故损害赔偿的争议,当事人可以请求海事管理机构调解,也可以向仲裁机构申请仲裁或者向人民法院提起民事诉讼。

三、中华人民共和国船舶及其有关作业活动污染海洋环境防治管理规定

《中华人民共和国船舶及其有关作业活动污染海洋环境防治管理规定》已于 2010 年 10 月 8 日由交通运输部颁布,自 2011 年 2 月 1 日起施行。全文共七章六十三条。

1. 总则

为了防治船舶及其有关作业活动污染海洋环境,根据《中华人民共和国海洋环境保护法》《中华人民共和国大气污染防治法》《中华人民共和国防治船舶污染海洋环境管理条例》和中华人民共和国缔结或者加入的国际条约,制定本规定。

防治船舶及其有关作业活动污染中华人民共和国管辖海域适用本规定。

本规定所称有关作业活动,是指船舶装卸、过驳、清舱、洗舱、油料供受、修造、打捞、拆解、污染危害性货物装箱、充罐、污染清除以及其他水上、水下船舶施工作业等活动。

2. 一般规定

船舶的结构、设备、器材应当符合国家有关防治船舶污染海洋环境的船舶检验规范以及中华人民共和国缔结或者加入的国际条约的要求,并按照国家规定取得相应的合格证书。船员应当具有相应的防治船舶污染海洋环境的专业知识和技能,并按照有关法律、行政法规、规章的规定参加相应的培训、考试,持有有效的适任证书或者相应的培训合格证明。

船舶从事下列作业活动,应当按照《中华人民共和国海事行政许可条件规定》的规定,取得海事管理机构的许可,并遵守相关操作规程,落实安全和防治污染措施:

(1) 在沿海港口进行舷外拷铲、油漆作业或者使用焚烧炉的;

(2) 在港区水域内洗舱、清舱、驱气以及排放压载水的;

(3) 冲洗沾有污染物、有毒有害物质的甲板的;

(4) 进行船舶水上拆解、打捞、修造和其他水上、水下船舶施工作业的;

(5) 进行船舶油料供受作业的。

3. 船舶污染物的排放与接收

在中华人民共和国管辖海域航行、停泊、作业的船舶排放船舶垃圾、生活污水、含油污水、含有毒有害物质污水、废气等污染物以及压载水,应当符合法律、行政法规、有关标准以及中华

人民共和国缔结或者加入的国际条约的规定。

船舶在船舶排放控制区内航行、停泊、作业还应当遵守船舶排放控制区大气污染防治控制要求。船舶应当使用低硫燃油或者采取使用岸电、清洁能源、尾气后处理装置等替代措施满足船舶大气排放控制要求。

船舶应当将不符合规定排放要求以及依法禁止向海域排放的污染物,排入具备相应接收能力的港口接收设施或者委托具备相应接收能力的船舶污染物接收单位接收。

船舶污染物接收单位进行船舶垃圾、残油、含油污水、含有毒有害物质污水等污染物接收作业,应当在作业前将作业时间、作业地点、作业单位、作业船舶、污染物种类和数量以及拟处置的方式及去向等情况向海事管理机构报告。接收处理情况发生变更的,应当及时补报。港口建立船舶污染物接收、转运、处置监管联单制度的,船舶与船舶污染物接收单位应当按照联单制度的要求将船舶污染物接收、转运和处置情况报告有关主管部门。

船舶污染物接收单位应当在污染物接收作业完毕后,向船舶出具污染物接收单证,经双方签字确认并留存至少2年。污染物接收单证上应当注明作业单位名称,作业双方船名,作业开始和结束的时间、地点,以及污染物种类、数量等内容。船舶应当将污染物接收单证保存在相应的记录簿中。

船舶进行涉及污染物处置的作业,应当在相应的记录簿内规范填写、如实记录,真实反映船舶运行过程中产生的污染物数量、处置过程和去向。按照法律、行政法规、国务院交通运输主管部门的规定以及中华人民共和国缔结或者加入的国际条约的要求,不需要配备记录簿的,应当将有关情况在作业当日的航海日志或者轮机日志中如实记载。船舶应当将使用完毕的船舶垃圾记录簿在船舶上保留2年;将使用完毕的含油污水、含有毒有害物质污水记录簿在船舶上保留3年。

船舶应当配备有盖、不渗漏、不外溢的垃圾储存容器,或者对垃圾实行袋装。船舶应当对垃圾进行分类收集和存放,对含有有毒有害物质或者其他危险成分的垃圾应当单独存放。船舶将含有有毒有害物质或者其他危险成分的垃圾排入港口接收设施或者委托船舶污染物接收单位接收的,应当向对方说明此类垃圾所含物质的名称、性质和数量等情况。

船舶应当按照国家有关规定以及中华人民共和国缔结或者加入的国际条约的要求,设置与生活污水产生量相适应的处理装置或者储存容器。

4. 船舶载运污染危害性货物及其有关作业

本规定所称污染危害性货物,是指直接或者间接进入水体,会损害水体质量和环境质量,从而产生损害生物资源、危害人体健康等有害影响的货物。交通运输部海事局应当向社会公布污染危害性货物的名录,并根据需要及时更新。

进行船舶油料供收作业的,作业双方应当采取满足安全和防治污染要求的供受油作业管理措施,同时应当遵守下列规定:

(1)作业前,应当做到:检查管路、阀门,做好准备工作,堵好甲板排水孔,关好有关通海阀;检查油类作业的有关设备,使其处于良好状态;对可能发生溢漏的地方,设置集油容器;供受油双方以受方为主商定联系信号,双方均应切实执行;

(2)作业中,要有足够人员值班,当班人员要坚守岗位,严格执行操作规程,掌握作业进度,防止跑油、漏油;

(3)停止作业时,必须有效关闭有关阀门;

(4)收解输油软管时,必须事先用盲板将软管有效封闭,或者采取其他有效措施,防止软管存油倒流入海。

海事管理机构应当对船舶油料供受作业进行监督检查,发现不符合安全和防治污染要求的,应当予以制止。

船舶燃油供给单位应当如实填写燃油供受单证,并向船舶提供燃油供受单证和燃油样品。燃油供受单证应当包括受油船船名,船舶识别号或国际海事组织编号,作业时间、地点,燃油供应商的名称、地址和联系方式以及燃油种类、数量、密度和含硫量等内容。船舶和燃油供给单位应当将燃油供受单证保存3年,将燃油样品妥善保存1年。燃油供给单位应当确保所供燃油的质量符合相关标准要求,并将所供燃油送交取得国家规定资质的燃油检测单位检测。燃油质量的检测报告应当留存在作业船舶上备查。

四、船舶水污染物排放控制标准

《船舶水污染物排放控制标准》已于2018年1月25日由环境保护部颁布,自2018年7月1日起施行。自实施之日起,《船舶污染物排放标准》(GB 3552—1983)废止。

为贯彻《中华人民共和国环境保护法》《中华人民共和国水污染防治法》《中华人民共和国海洋环境保护法》《中华人民共和国防治船舶污染海洋环境管理条例》等法律法规,保护环境,防治污染,促进船舶水污染物排放控制技术的进步,推进船舶污染物接收与处理设施建设,推动船舶及相关装置制造业绿色发展,制定本标准。

1. 适用范围

本标准规定了船舶含油污水、生活污水的污染物排放控制要求和监测要求,含有毒液体物质的污水和船舶垃圾的排放控制要求,以及标准的实施与监督等内容。

适用于中华人民共和国领域和管辖的其他海域内,船舶向环境水体排放含油污水、生活污水、含有毒液体物质的污水和船舶垃圾等行为的监督管理。不适用于为保障船舶安全或救护水上人员生命安全所必需的临时性排放行为。

适用于法律允许的污染物排放行为。在内河和其他特殊保护区域内船舶污染物排放的管理,按照《中华人民共和国环境保护法》《中华人民共和国水污染防治法》《中华人民共和国海洋环境保护法》《中华人民共和国防治船舶污染海洋环境管理条例》等法律法规中关于禁止倾倒垃圾、禁止排放有毒液体物质、禁止在饮用水源保护区排污、防止船载货物溢流和渗漏等具体规定执行。

2. 含油污水排放控制要求

船舶含油污水的排放控制要求按表8-13规定执行。

机器处所油污水污染物的排放控制,应满足船舶在航行中,船舶油污水处理装置出水口出的污水含油量小于15ppm的要求。

3. 生活污水排放控制要求

1)自2018年7月1日起,400总吨及以上的船舶,以及400总吨以下且经核定许可载运15人及以上的船舶,在不同水域船舶生活污水的排放控制分别按(1)和(2)的要求执行。

表 8-13 船舶含油污水排放控制要求

污水类别	水域类别	船舶类别		排放控制要求
机器处所油污水	内河	2021年1月1日之前建造的船舶		自2018年7月1日起,按本标准4.2执行或收集并排入接收设施
		2021年1月1日之后建造的船舶		收集并排入接收设施
	沿海	400总吨及以上船舶		自2018年7月1日起,按本标准4.2执行或收集并排入接收设施
		400总吨及以下船舶	非渔业船舶	自2018年7月1日起,按本标准4.2执行或收集并排入接收设施
			渔业船舶	(1)自2018年7月1日起至2020年12月31日止,按本标准4.2执行; (2)自2021年1月1日起,按本标准4.2执行或收集并排入接收设施
含货油残余物的油污水	内河	全部油船		自2018年7月1日起,收集并排入接收设施
	沿海	150总吨及以上油船		自2018年7月1日起,收集并排入接收设施,或在船舶航行中排放,并同时满足下列要求: (1)油船距最近陆地50 n mile以上; (2)排入海中油污水含油量瞬间排放率不超过30 L/n mile; (3)排入海中油污水含油量不得超过货油总量的1/30 000; (4)排油控制系统运转正常
		150总吨及以下油船		自2018年7月1日起,收集并排入接收设施

(1)在内河和距最近陆地 3 n mile 以内(含)的海域,船舶生活污水应采用下列方式之一进行处理,不得直接排入环境水体:

①利用船载收集装置收集,排入接收设施;

②利用船载生活水处理装置处理,达到2)规定要求后在航行中排放。

(2)在距最近陆地 3 n mile 以外海域,船舶生活污水污染物排放控制按表 8-14 规定执行。

表 8-14 距最近陆地 3 n mile 以外海域船舶生活污水排放控制要求

水域	排放控制要求
3 n mile<与最近陆地间距离≤12 n mile 的海域	同时满足下列条件: (1)使用设备打碎固形物和消毒后排放; (2)船速不低于4 kn,且生活污水排放速率不超过相应船速下的最大允许排放速率
与最近陆地间距离>12 n mile 的海域	船速不低于4 kn,且生活污水排放速率不超过相应船速下的最大允许排放速率

2)在内河或距最近陆地 3 n mile 以内(含)的海域,根据船舶类别和安装(含更换)生活污

水处理装置的时间,利用船载生活污水处理装置处理的船舶生活污水分别执行相应的污染物排放限值。

(1)在2012年1月1日以前安装(含更换)生活污水处理装置的船舶,向环境水体排放生活污水,其污染物排放控制按表8-15规定执行。

表8-15 船舶生活污水污染物排放限值(一)

序号	污染物项目	限值	污染物排放控制监控
1	五日生化需氧量(BOD_5)(mg/L)	50	生活污水处理装置出水口
2	悬浮物(SS)(mg/L)	150	
3	耐热大肠菌群数(个/L)	2 500	

(2)在2021年1月1日及以后安装(含更换)生活污水处理装置的船舶,向环境水体排放生活污水,其污染物排放控制按表8-16规定执行,应执行下条(3)排放控制要求的船舶除外。

表8-16 船舶生活污水污染物排放限值(二)

序号	污染物项目	限值	污染物排放控制监控
1	五日生化需氧量(BOD_5)(mg/L)	25	生活污水处理装置出水口
2	悬浮物(SS)(mg/L)	35	
3	耐热大肠菌群数(个/L)	1 000	
4	化学需氧量(COD_{Cr})(mg/L)	125	
5	pH值(无量纲)	6~8.5	
6	总氯(总余氯)(mg/L)	<0.5	

(3)在2021年1月1日及以后安装(含更换)生活污水处理装置的客运船舶,向内河排放生活污水,其污染物排放控制按表8-17规定执行。

表8-17 船舶生活污水污染物排放限值(三)

序号	污染物项目	限值	污染物排放控制监控
1	五日生化需氧量(BOD_5)(mg/L)	20	生活污水处理装置出水口
2	悬浮物(SS)(mg/L)	20	
3	耐热大肠菌群数(个/L)	1 000	
4	化学需氧量(COD_{Cr})(mg/L)	60	
5	pH值(无量纲)	6~8.5	
6	总氯(总余氯)(mg/L)	<0.5	
7	总氮(mg/L)	20	
8	氨氮(mg/L)	15	
9	总磷(mg/L)	1.0	

在2016年1月1日及以后安装(含更换)生活污水处理装置的船舶,若生活污水处理过程

中由于工艺需求等被稀释,五日生化需氧量、悬浮物、化学需氧量、总氮、氨氮、总磷的水污染物排放浓度按下式换算,耐热大肠菌群数、pH 值和总氯(总余氯)仍以实测浓度作为水污染物排放浓度。

$$\rho = \frac{Q_e}{Q_i} \cdot \rho_{实}$$

式中:ρ——水污染物排放浓度,mg/L;
$\rho_{实}$——水污染物实测浓度,mg/L;
Q_e——混入稀释水后,生活污水处理装置的出水流量,m^3/d;
Q_i——进入生活污水处理装置进行处理的生活污水的流量,m^3/d。

4)在饮用水水源保护区内,不得排放生活污水,并按规定对控制措施进行记录。

4. 含有毒液体物质的污水排放控制要求

1)船舶在沿海排放含有毒液体物质的污水,按表 8-18 规定执行。

表 8-18 含有毒液体物质的污水排放控制要求

污水中含以下任何一种毒液体物质	排放控制要求
(1)X 类物质; (2)Y 类物质中的高黏度或凝固物质; (3)未按规定程序卸货的 Y 类物质; (4)未按规定程序卸货的 Z 类物质	如不能免除预洗,船舶在离开卸货港前应按规定程序预洗,预洗的洗舱水应排入接收设施。其中,X 类物质应预洗至浓度小于或等于 0.1%(质量百分比),浓度达到要求后应将舱内剩余的污水继续排入接收设施,直至该舱排空。预洗后,再向该舱注水产生的含有毒液体物质的污水排放按本标准 2)执行
(1)按规定程序卸货的 Y 类物质; (2)按规定程序卸货的 Z 类物质	按本标准 2)执行;对于 2007 年 1 月 1 之前建造的船舶,含 Z 类物质或暂定为 Z 类物质的污水排放,免除 2)中(3)项中在水线以下通过水下排出口排放的要求

2)在沿海的船舶按规定程序卸货,并按规定预洗、有效扫舱或通风后,含有毒液体物质的污水排放应同时满足下列条件:

(1)在距最近陆地 12 n mile 以外(含)且水深不少于 25 m 的海域排放;

(2)在船舶航行中排放,自航船舶航速不低于 7 kn,非自航船航速不低于 4 kn;

(3)在水线以下通过水下排出口排放,排放速率不超过最大设计速率。

5. 船舶垃圾排放控制要求

1)内河禁止倾倒船舶垃圾。在允许排放垃圾的海域,根据船舶垃圾类别和海域性质,分别执行相应的排放控制要求。

(1)在任何海域,应将塑料废弃物、废弃食用油、生活废弃物、焚烧炉灰渣、废弃渔具和电子垃圾收集并排入接收设施。

(2)对于食品废弃物,在距最近陆地 3 n mile 以内(含)的海域,应收集并排入接收设施;在距最近陆地 3~12 n mile(含)的海域,粉碎或磨碎至直径不大于 25 mm 后方可排放;在距最近陆地 12 海里以外的海域可以排放。

(3)对于货物残留物,在距最近陆地 12 n mile 以内(含)的海域,应收集并排入接收设施;在距最近陆地 12 n mile 以外的海域,不含危害海洋环境物质的货物残留物方可排放。

(4)对于动物尸体,在距最近陆地 12 n mile 以内(含)的海域,应收集并排入接收设施;在距最近陆地 12 n mile 以外的海域可以排放。

(5)在任何海域,对于货舱、甲板和外表面清洗水,其含有的清洁剂或添加剂不属于海洋环境物质的方可排放;其他操作废弃物应收集并排入接收设施。

2)在任何海域,对于不同类别船舶垃圾的混合垃圾的排放控制,应同时满足所含船舶垃圾的排放控制要求。

第九章 防污染设备的管理

第一节 生活污水处理系统

一、船舶生活污水处理方式

船舶生活污水处理装置按污水的排放方式可分为无排放型生活污水处理装置和排放型生活污水处理装置。无排放型生活污水处理装置通常包含船上储存方式和再循环处理方式;排放型生活污水处理装置必须按照国际公约和相关规定的排放要求,对生活污水进行相应处理后再排放。船上一般选用的都是排放型生活污水处理方式,并按其净化方式的不同有生化处理、物理化学处理等方式。

1. 无排放型生活污水处理方式

能满足 MARPOL 73/78 要求的简单常用的方法就是船上安装生活污水储存柜。该储存柜系统将船舶日常产生的生活污水收集、储存起来,当船舶航行到允许排放海域时将储存的生活污水排出舷外或条件允许时排入岸上的接收设备。其简单储存方式系统流程图如图 9-1 所示。

该系统包括生活污水的收集储存和排放两部分,主要设备有储存柜和排出泵。储存柜通常设置两个,两套排出泵、管系采用为相互备用的并联方式,以备必要时的调换使用。由于排出泵易被坚硬的粪便和碎纸片等固体物质堵塞,影响其正常运转而产生臭味,因此,在储存柜的出口专门装设了粉碎机、充气风机和通风管,以维持固体物的漂浮、减少气味和可燃性气体。柜内与外界保持密封,并装有冲洗设备。为了引出柜内产生的可燃气体,要装有带防火罩的透气管。另外,该装置在甲板上装有便于生活污水排往岸上接收设备的管路和标准排放接头。

该方式结构简单,操作管理容易,且对水环境几乎无任何损害。其主要缺点是:储存舱柜的容积较大,特别是在限制海域长期航行或停泊的船舶,必然造成船舶有效装载容积或机舱工作空间的减少;为了防止系统在工作中散发臭味,需适时地进行投药处理,从而使药品的使用费增加;船舶过驳生活污水增加了停港或抛锚时间,降低了船舶的营运效率。

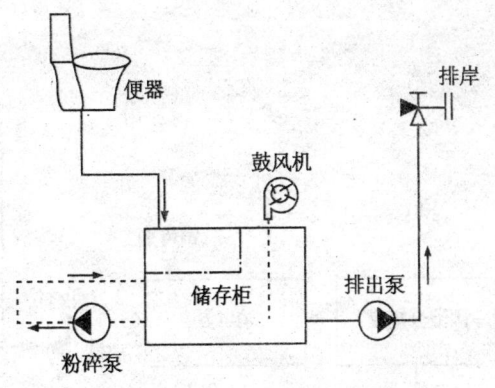

图 9-1 简单储存方式系统流程图

2. 排放型生活污水处理方式

(1) 生化处理方式

该方法通过建立和保持微生物(细菌)生长的适宜条件,利用该微生物群体来消化分解污水中的有机物,使之生成对环境无害的二氧化碳和水,而微生物在此过程中得以繁殖。生物处理法有好氧生物法和厌氧生物法两大类,好氧生物法又分为活性污泥法和生物膜法两种。船上常用以好氧菌为主的活性污泥对污水中的有机物质进行分解处理。

图 9-2 是活性污泥法生化处理方式系统流程图。污水进入曝气池,在不断通入空气的情况下,活性污泥在此消化分解有机物,离开曝气池后的混合液进入沉淀池。在沉淀池中活性污泥沉淀分离,而澄清的水进入投有杀菌药剂的消毒池,经杀菌后的净水排出舷外。从沉淀池中沉淀分离的活性污泥一部分流回曝气池,多余部分定期排出舷外。

生物膜法中的接触氧化法是利用微生物群体附着在其他物体(填料)表面上呈膜状,让其与污水接触而使之净化的方法。生物膜法主要用来除去污水中溶解性和胶体性的有机物。

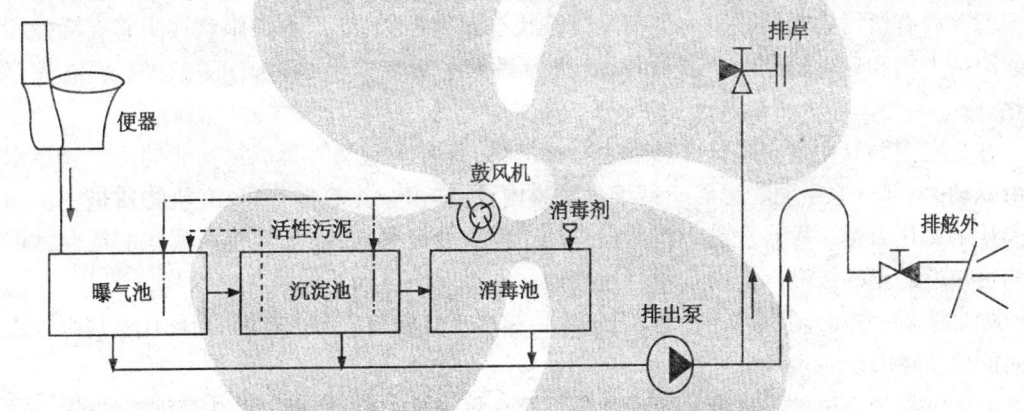

图 9-2 活性污泥法生化处理方式系统流程图

(2) 物理化学处理方式

物理化学处理方式的原理是通过凝聚、沉淀、过滤等过程消除水中的固体物质,使之与可溶性有机物质相脱离来降低生活污水中的 BOD_5 值,然后让液体通过活性炭使之被消毒,最后将符合要求的处理后的生活污水排出舷外。图 9-3 为物理化学处理方式系统流程图。

采用物理化学法处理污水的装置体积小,使用灵活,对污水量的变化适应性较强,工作过程可全面实现自动化。但是,该处理方式的药剂使用量较大,运行成本较高。

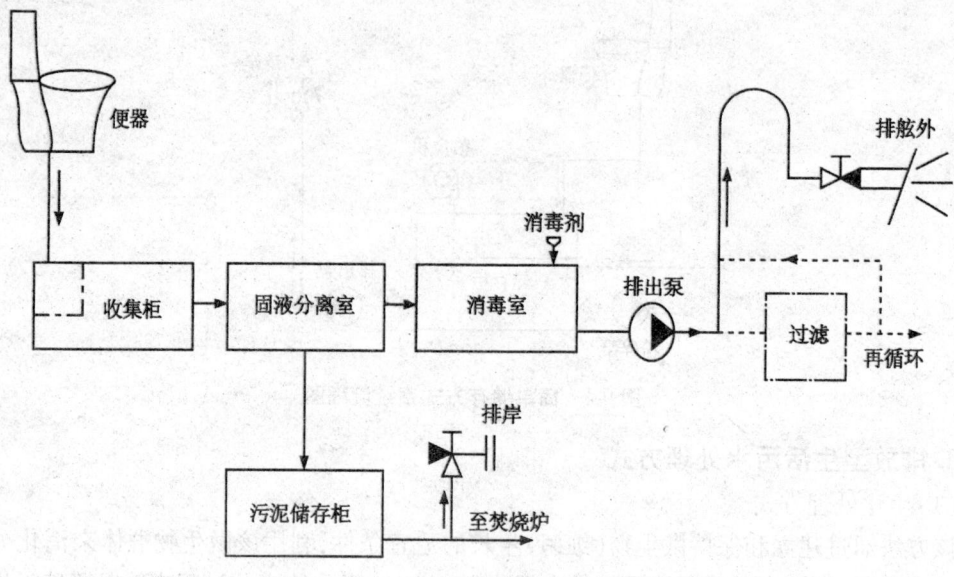

图 9-3 物理化学处理方式系统流程图

二、典型装置实例——WCB 型生活污水生化处理装置

1. 工作原理

图 9-4 为某公司生产的 WCB 型生化法污水处理装置,利用活性污泥和生物膜的处理原理消解有机污染物质。

在一级曝气室内以好氧菌为主的活性污泥菌团形成像棉絮状带有黏性的絮体吸附有机物质,在充氧的条件下消解有机物质变成无害的二氧化碳和水,同时活性污泥得到繁殖,在作为菌团营养的有机污染物质减少时细菌呈饥饿状态以致死亡,死亡的细胞就被附着在活性污泥中的原生生物和后生动物的食物所吞噬,粪便污水中 95% 以上是易消解的有机物质,完全被氧化。

在二级接触氧化室内悬挂有软性生物膜填料,具有吸附消解有机物功能的生物膜在水中自由飘动,大部分原生动物寄居于纤维生物膜内,同样由于充氧的作用,有机物质进一步与生物膜接触氧化分解。污水在进入沉淀柜时其中污泥量已很少,在沉淀柜内累积的活性污泥沉淀物再被返送至一级曝气柜内为菌种繁殖。

如果停机一段时间再启动的话,由于生物膜中尚有细菌的孢子存活,因此比常规曝气法启动时间要快得多。

经过沉淀处理过的污水最后进入消毒柜用含氯药品杀菌,然后由排放泵排至舷外。

污泥排放周期视污水性质和负荷而定,一般三个月左右排放一次多余污泥是适当的。

2. 系统构成

WCB 型生化法污水处理装置构成如图 9-4 所示。回转式鼓风机用于向装置供送空气,风机运转时,由滴油嘴往气缸体内滴入必要的润滑油,使摩擦表面润滑。润滑系统是利用风机工作时产生的压力差而形成的自动供给机油的循环装置,因此风机不能空负载运转。曝气风机不仅为曝气室提供反应所需的氧气,而且还为活性污泥从沉淀消毒柜返回曝气室提供动力。

粉碎泵即排放泵,安装在装置前方,用于排出处理过的排放水,当需要排放本体各腔污泥

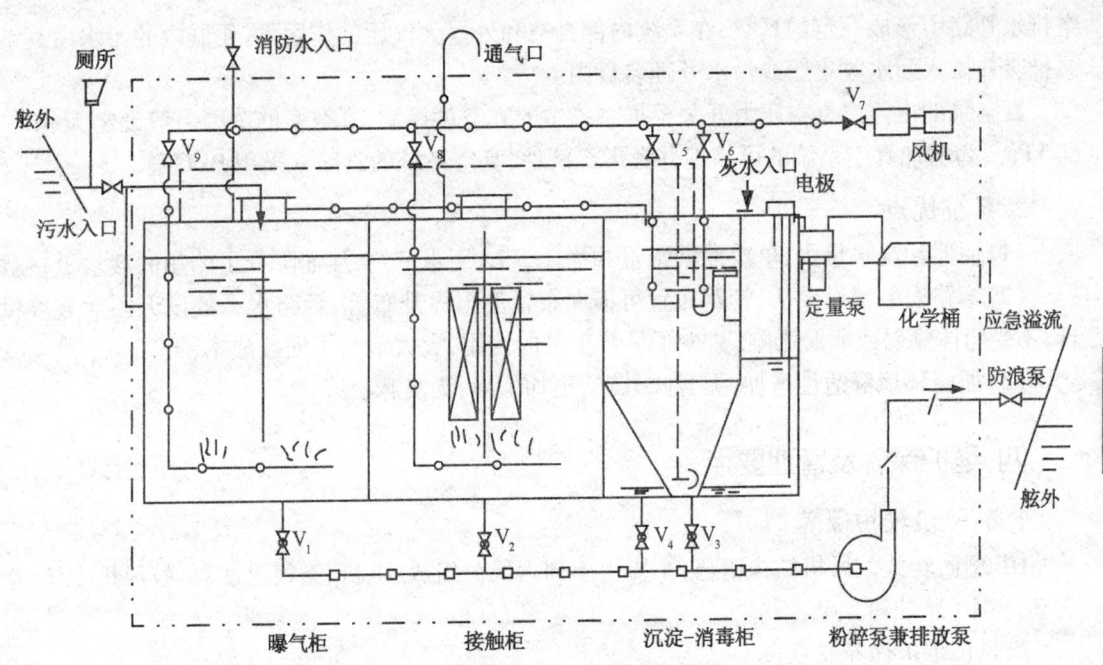

图 9-4　WCB 型生化法污水处理装置

时,也可以排放污泥,此时具有粉碎的功能。

加药泵用于向装置消毒柜添加氯,泵头由几个聚四氟乙烯滚轮组成,由一个电动机通过减速齿轮驱动,含氯液体由加药泵从塑料桶通过一根硅胶管由滚轮挤压到消毒柜内,在泵运转时,始终有一个滚轮接触的压住尼龙管,保证液体不返回到塑料桶内,也不虹吸自流至柜内。

风机由控制箱内"连续-断续"选择开关控制,选择开关转向"连续"时,风机连续运转,转向"断续"时,风机断续运转和停止,其时间可由一个时间继电器控制,通常是运转 20 min,停止 20 min。

粉碎排放泵由控制箱内液位继电器根据消毒柜内液位自动控制泵的启动和停止,控制箱上有"手动-自动"选择转换开关,转向"手动"时排放泵连续运转,但应注意,不要让排放泵无水运转,转向"自动"时,排放泵按下述方式运转。

当液位达到"中位"电极时,泵自动启动,开始排放处理过的水;当液位降到"低位"电极时,泵自动停止,此时加药泵自动加药。经过设定时间(一般为 2 min),自动停止,等待下一周期,周而复始;当液位达到"高位"电极时,控制箱将发出报警信号。

在船上定员减少或船员上岸休息等造成低负荷甚至零负荷时,可以利用装置上的"连续-断续"开关转向"断续",即自动断续起停气泵,使细菌呈抑止繁殖状态,不致因过于富氧而饿死,同时也可节约能耗,待恢复正常运行时可很快"启动"装置。

三、真空污水收集系统

目前一些船舶采用真空抽吸的方式对本船生活污水中的黑水进行收集,常称为真空污水收集系统。

1. 工作原理

真空排水系统是由真空便器、真空管路、真空泵机组等设施组成的一个完全密闭的独立排水系统。工作原理就是利用系统内外的气压差来实现污水的排空和传输,利用真空泵站在真空排水管路中形成一定的真空,在系统内部真空和外界大气压的作用下,便器内的污水由真空泵抽吸并排入污水收集舱或污水处理装置内。

真空泵的启停由真空压力开关根据系统中的真空度控制,真空度的范围一般设定为-40~60 kPa。为增加真空系统的可靠性并考虑经济性,真空系统的管路常采用PVC管。

2. 系统优点

(1)便器冲洗水量少,单次冲洗水量约为1.5 L,用水节约,从而降低了船舶的载水量;

(2)管路安装铺设灵活,管路布置可横向布置甚至提升布置,管路水平敷设无须大坡度设计,不受船体倾斜或颠簸影响,减少了吊装工具的使用,大大节约了安装成本;

(3)如厕环境舒适性增加,无异味外泄,更加干净,无臭味。

四、维护保养及管理要点

1. 鼓风机维护保养

HF型回转式鼓风机结构精巧,主要由下列六部分组成:电机、空气过滤器、鼓风机本体、空气室、底座(兼油箱)、滴油嘴。

鼓风机维护保养要点:

(1)润滑系统的检查

①定期检查油箱内的储油量是否低于最低刻线,如机油不足请加油;

②定期检查机油是否混入水分等污物而变质,如变质请及时更换机油;

③定期清洗油过滤器;

④定期检查滴油嘴的滴油状况是否正常,如滴油嘴脏污可卸下调整螺钉清洗。

(2)空气滤清器的检查:定期检查空气滤清器是否脏污。如脏污可卸下空气滤清器,旋开蝶型螺母,拿开盖子,清洗过滤海绵。(卸滤清器时注意不要把脏物掉进风机主机内。)

(3)三角带的检查:风机运行一段时间后,三角带会伸长。这时要将电机的固定螺栓松开,移动电机,拉紧三角带到合适位置后再将电机固定螺栓紧住,并注意电机皮带轮和风机皮带轮的端面要在同一平面上。同时检查一下皮带轮的顶紧螺丝是否松掉,如松了上紧。

(4)定期检查安全阀的灵活状况,如不灵活需清洗调试,以保证可靠的启闭。

(5)定期检查有无漏油、漏气的部位并修理之,如不能修理需立刻通知生产厂商。

(6)经常检查风机及电机的运行状况,如发现噪声、温度不正常时要及时停机检修。

2. 电气控制箱检修

要保证外部船舶开关处于"断开"位置,控制箱内电流断路器处于"断开"位置;在拆卸某几个电气元件时不必将整个电气控制板拆下来;检查某个电气元件时应该先拆去接线,注意电线上的标记和代号,在必须拆下电气元件时才取下该电气元件;当必须更换某个损坏的电气元件时,应参照电气原理图及原来的接线编号连接电线,只有当确认接线无误后才可以合闸通电试验。

3. 装置管理要点

(1)装置启动前,应先检查并确认电气系统、曝气风机等设备处于正常状态。向曝气室中注入污水,直至有水流入消毒柜为止,然后方可启动曝气风机,并注意观察风压是否正常。

(2)在将生活污水注入曝气室前,应先检查并确认各相关阀门是否处于正常开关位置,加药桶内已装妥氯片,粉碎泵开关已转至自动位置。然后开启曝气室入口阀,让生活污水流入,装置即开始投入正常工作。

（3）装置运行时必须使曝气风机始终运转供气，否则会造成微生物的死亡。船舶即使在非限制区域航行，装置也需要连续地运行，但这时不必进行消毒处理。曝气室中活性污泥的浓度不能过大，因为浓度过大会使污水产生臭味，一般每2~3个月就应将多余的污泥排放一次。

（4）对装置的污泥回流系统需定期检查，如发现供气管堵塞或漏泄，应立即疏通或处理。消毒片应定期补充，投药桶的充填量一般应保持在1/4高度以上。

（5）使用生活污水处理装置期间，应注意尽量不要使用化学药剂清洁厕所，以免杀死微生物群。如必须使用化学药剂，则应将冲洗液直接排往船舷外。

（6）在装置短期停用期间，曝气风机应持续运转；如要长期停用，需放尽装置内污水，并用海水冲洗干净。装置再运行时，为培养微生物，一般需经1个月左右的时间。如果能通过微生物的移植来恢复装置的工作，则准备的时间将大大缩短。

第二节 焚烧炉

根据 MARPOL 73/78 附则Ⅵ，2000年1月1日或以后建造的船舶上的焚烧炉或2000年1月1日或以后船舶上安装的焚烧炉，须符合公约附则Ⅵ附录Ⅳ——《船用焚烧炉的型式认可和操作限制》的要求。符合该要求的焚烧炉须经主管机关按 MEPC 制定的《船用焚烧炉标准技术规范》予以认可。

按要求安装焚烧炉的所有船舶应持有一份制造厂的操作手册，该手册须随焚烧炉存放。

按要求安装的焚烧炉，在该炉运行期间须随时对燃烧室烟气出口温度进行监测。如焚烧炉为连续进料型，在燃烧室烟气出口温度低于850℃的最小许可温度时，不应将废弃物送入该焚烧炉装置。如焚烧炉为分批装料型，该装置应设计成其燃料室烟气出口温度在启动后5 min 内达600℃，且随后稳定在不低于850℃的温度上。

船舶垃圾来源于食品废弃物、舱室、污泥、废油、污油、渣油、油泥及扫舱垃圾等。对不同性质的垃圾采用不同的处理方法：排岸接收或航行中直接投弃、粉碎处理后投弃和焚烧炉焚烧处理等。

焚烧炉用来处理油渣、废油、生活污水处理装置中产生的污泥、食品残渣以及机舱产生的废棉纱和其他可燃的固体垃圾等。其中污油通过污油燃烧器燃烧；固体垃圾经投料口送入炉内燃烧；生活污泥可送入污油柜中与污油混合，经粉碎泵循环粉碎后，通过污油燃烧器送入炉内燃烧。

一般焚烧炉都有一个钢制的外壳、内衬耐火砖形成炉膛，炉膛周围设有固体废物投料口和出灰口。污油燃烧器用以喷入污油、污水和污泥；而辅助燃烧器用以点火助燃。装有排烟风机以保证炉膛呈负压并冷却排烟，防止烟气外漏和发生火灾。此外，还有废油柜、控制箱、废油加热装置和观察孔等。

一、工作原理

如图9-5所示为 ATLAS 200 型焚烧炉，为一典型装置实例，配置1200 SP 型污油混合柜。

焚烧炉炉体是由主燃烧室和两级辅燃烧室组成。主燃烧室用于焚烧固体垃圾和所有形式的可燃非爆炸性的、闪点不低于60℃的污油，由一个速度控制单元自动调节污油供给量；辅燃烧室主要用于焚烧未充分燃烧的废气。主燃烧室和第一级辅燃烧室分别配有燃用柴油的主燃烧器和辅燃烧器，来自主燃烧器的热量用于干燥和点燃固体垃圾和污油。主要技术参数：焚烧污油 24 L/h（最大 40 L/h）；焚烧固体垃圾最大 40 kg/h；烟气温度 250 ℃；装置的运行由 PLC 单元自动控制。

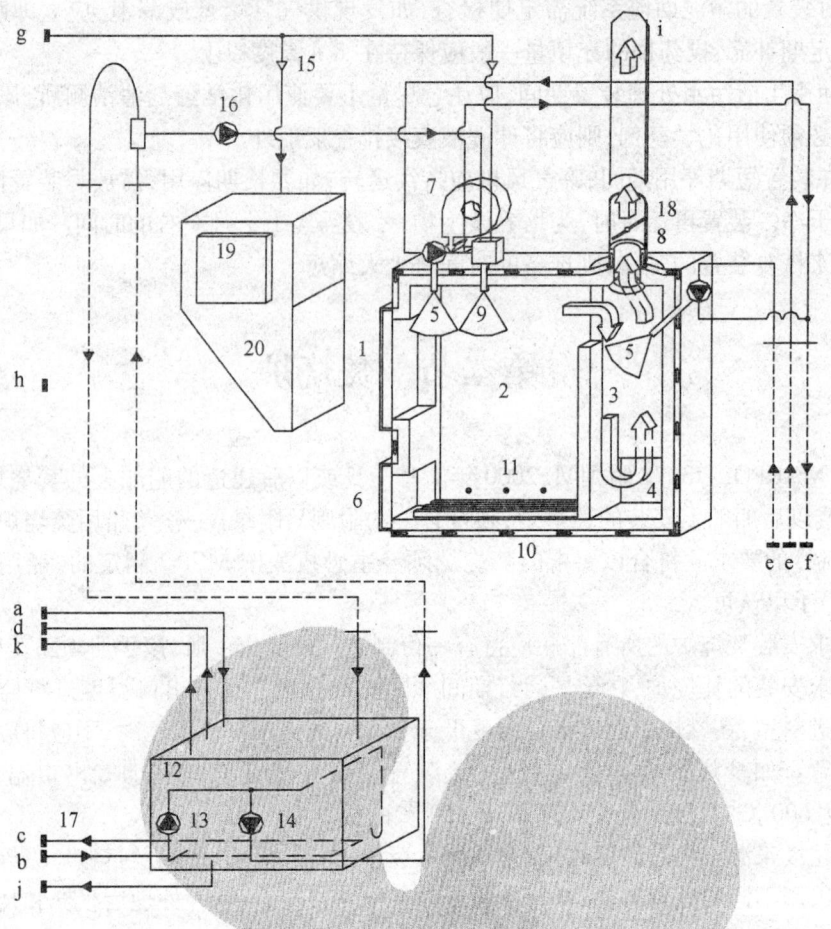

图 9-5　ATLAS 200 型焚烧炉原理图

1—进料门；2—主燃烧室；3—一级辅燃烧室；4—二级辅燃烧室；5—带内置泵的辅助燃烧器；6—出灰门；7—主鼓风机；8—抽吸式空气喷射器；9—污油燃烧器；10—空气冷却双层壁；11—燃烧空气进口；12—污油混合柜；13—粉碎泵；14—循环泵；15—压缩空气；16—污油计量泵；17—加热单元；18—风门挡板；19—加料门；20—加料槽；a—污油进口；b—蒸汽进口；c—蒸汽出口；d—污油柜透气口；e—柴油进口；f—柴油柜（图中未示出）透气口；g—压缩空气进口；h—电源供应；i—烟气出口；j—污油柜放残；k—污油柜溢流

主、辅燃烧室之间用顶端开口的耐高温重质陶瓷墙隔开，辅燃烧室顶装有排烟混合室，既便于维修，又可自由选择排烟管的走向。主燃烧室侧面分别设有固体加料门和出灰门。炉层可分为内、外两层，内炉层敷设耐火材料，内外壳之间通空气隔热，主鼓风机、辅助燃烧器（包括主、辅燃烧器）和废油燃烧器等配套设备组装在炉体上。主鼓风机提供冷却炉壁、燃烧和排烟用的空气。排烟混合室中以空气作介质的文丘里式抽气机抽吸并冷却烟气。

主、辅燃烧器（均为辅助燃烧器）为全自动气流式燃烧器，并配有电点火装置和火焰控制装置。污油燃烧器为压缩空气雾化式燃烧器，适用于燃烧含固体杂质直径不大于 0.8 mm 的油水污泥。压缩空气供应到焚烧炉,用于污油燃烧器、加料槽和速闭阀。为避免空气管的阻塞,设置空气滤器,网孔尺寸最大 20 μm。

装置中使用的主、辅燃烧器的内置泵和污油计量泵是具有自吸能力的泵,并由变速电动机驱动。主、辅燃烧器的内置泵均为齿轮泵,内置滤器,使柴油在焚烧炉柴油柜和燃烧器之间不断地循环。柴油供应管路上装有粗滤器,避免管路堵塞,滤器网孔尺寸最大为 50~75 μm。内置柴油泵设定压力为 10 bar,建议的管路吸入真空压力为 0.4 bar。

污油和生活污水装置产生的污泥焚烧前需作预处理,将二者均匀混合,用粉碎泵反复处理使其中的固相杂质充分搅拌、粉碎和乳化,减少沉淀和放残的需要,用蒸汽加热提高其流动性。装置的这一预处理系统包括污油混合柜(柜内装有加热管、搅拌器等)、粉碎泵和循环泵等。

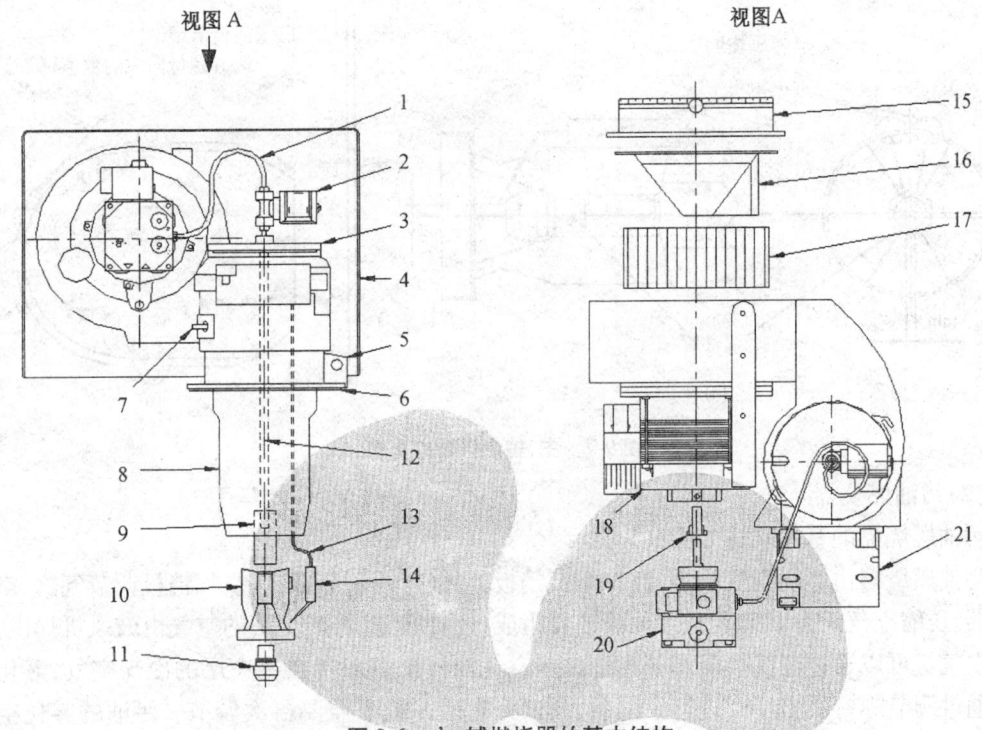

图9-6 主、辅燃烧器的基本结构

1—压力油管;2—电磁阀;3—后盖;4—罩壳;5—法兰;6—法兰垫片;7—火焰探测器;8—火焰通道;9—连接套;10—混合盘;11—喷油器;12—内部压力油管;13—点火电缆;14—点火电极;15—风量调节;16—吸风喷嘴;17—风机叶轮;18—马达;19—联轴器;20—油泵;21—点火变压器

袋装的固态垃圾,在焚烧炉启动前投入主燃烧室。启动时,先点燃主燃烧器,燃烧约 30 min 以加热炉膛,同时启动污油混合柜搅拌器、循环泵和粉碎泵,当炉温达到 800 ℃ 时自动启动废油计量泵,自油水污泥预处理系统抽出的油水污泥被送往主燃烧室焚烧,污油计量泵的转速由主燃烧室的温度自动来调节。污泥含水量在 60% 以下时,污油燃烧器可正常燃烧,若污泥含水过多,热值过低使炉温下降到 800 ℃ 以下时,主燃烧器自动投入工作,以保证正常的焚烧作业。当污油混合柜的液位下降到低位开关动作液位时,便停止污油的燃烧,焚烧炉停炉后自动转入冷却状态。在燃烧和冷却期间,固体加料门紧锁。

单独焚烧固体垃圾时,在主燃烧器辅助燃烧及污油燃烧器工作过程中,若出现温度过高、过低、熄火、雾化压力太低等失常情况时,报警系统会发出报警信号。

二、主要部件结构

（1）主、辅燃烧器

主、辅燃烧器的基本结构如图9-7(a)所示，其分别位于一级燃烧室和二级燃烧室，燃烧器组件由燃油泵、风机及喷油器组成。可以分别根据一、二级燃烧室的温度自动启停。

点火电极及风量的调节如图9-7(b)所示。两电极端部相距3 mm，电极端部距喷嘴中心线7 mm；风量调节时，螺母调向大的数值获得较多的空气。风量调节可用下式计算。

$$L = vt$$

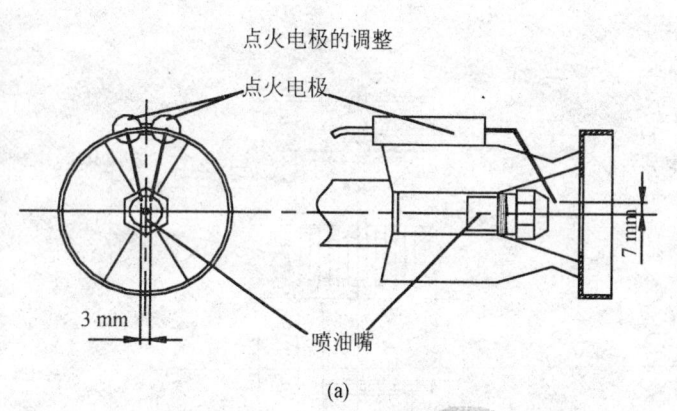
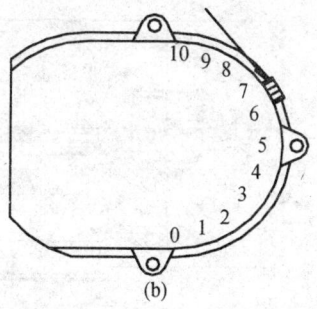

图9-7 主、辅燃烧器的调节

（2）污油燃烧器

污油燃烧器的基本结构如图9-8所示。

污油燃烧器由燃烧空气管道、空气调节挡板、空气挡板调节螺钉、空气挡板调节气缸、空气扰流器、压缩空气压力调节器及污油喷油器组成。污油燃烧器燃烧用的空气由鼓风机提供，燃烧用空气量可以通过空气挡板调节气缸控制空气挡板调节来自空气夹层的冷却空气，雾化空气量通过调节螺钉在出厂时进行了限制，调试完毕后一般不需要再次调节。污油的雾化空气由压缩空气供给，可以通过燃烧器组件上的雾化空气压力调节器来调节雾化控制以达到最好的雾化效果。在污油燃烧器的末端、炉膛内部，还设置有扰流器，使进入燃烧器的燃烧用空气达到扰流效果，提高整个污油燃烧器的燃烧效果。

三、焚烧炉的操作流程

1. 焚烧炉的启动准备

在启动焚烧炉之前，应完成下列准备工作：

（1）打开所有柴油进、出口阀；

（2）打开压缩空气进口阀；

（3）确认压缩空气到主鼓风机及烟气出口通道畅通；

（4）确认出灰门和加料门关闭；

（5）确认污油混合柜中存有污油；

（6）确认焚烧炉柴油柜中存有柴油。

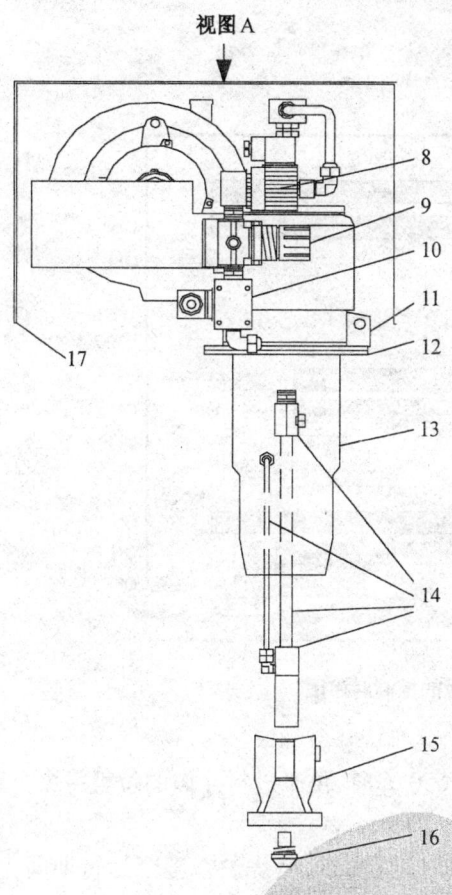
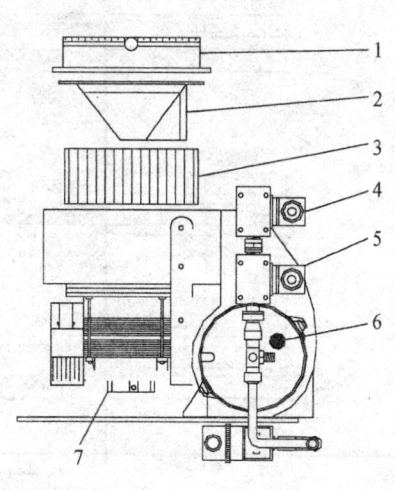

图9-8 污油燃烧器的基本结构

1—风量调节；2—吸风喷嘴；3—风机叶轮；4—电磁阀；5—电磁阀；6—后盖；7—马达；8—电磁阀；9—压力调节阀；10—电磁阀；11—法兰；12—法兰垫片；13—火焰通道；14—油头插件；15—混合盘；16—喷油器；17—罩壳

2. 焚烧炉的运行

ATLAS 200型焚烧炉在实际工作时分为垃圾燃烧模式和污油燃烧模式。

1) 垃圾燃烧模式

当焚烧炉用于燃烧固体垃圾时，一定要注意不能超过焚烧炉限定的最大垃圾填入量和热负荷。当用焚烧炉来焚烧垃圾时，需要在控制箱的液晶屏上通过按钮选择"SOLID"模式。图9-9为焚烧炉在垃圾燃烧模式时的控制时序图。

(1) 启动焚烧炉

①合上电源并启动后，鼓风机启动并持续运转，直到停止焚烧炉；

②一级燃烧器和二级燃烧器的油泵及风机启动并运转，柴油将会在柴油柜、泵、管路中循环；

③一、二级燃烧器开始预扫风；

④小时计启动并计时。

(2) 预热

在预扫风完毕后，二级燃烧器点燃，对整个焚烧炉的炉腔进行预热。

(3) 开始燃烧

①当二级燃烧室内的温度达到100 ℃时，一级燃烧器点燃；

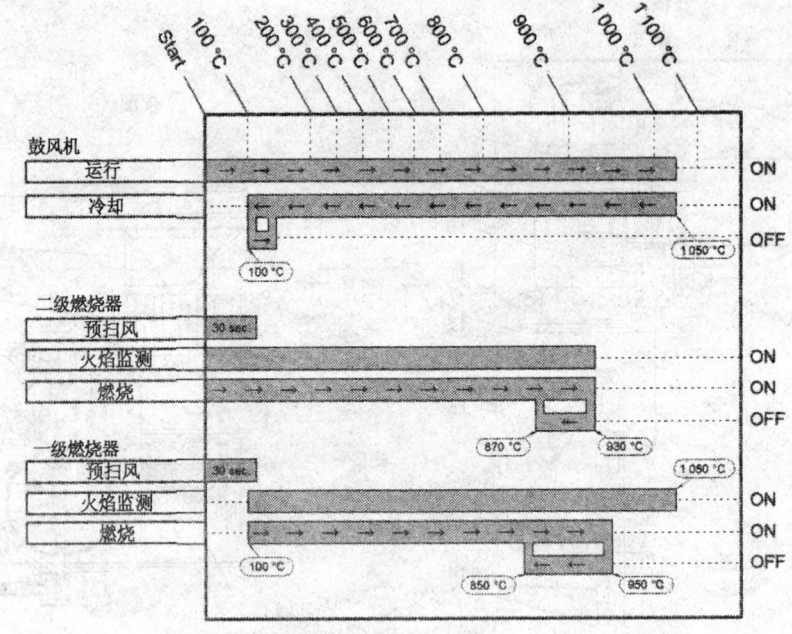

图 9-9 垃圾燃烧模式时的控制时序图

②二级燃烧器持续燃烧；

③为保证排气质量，当二级燃烧室的温度达到 650 ℃ 时，位于进料斗内的垃圾将会自动进入一级燃烧室，这时焚烧炉的温度会快速提高。

在一、二级燃烧室焚烧炉本体上各设置有一个火焰探测器，焚烧炉在整个运行期间，火焰探测器持续工作，并给出信号。如果出现故障，延时 1 s 后，焚烧炉会发出报警，并且除速闭阀外，所有阀门自动关闭。

(4) 燃烧器运行

①当二级燃烧室的温度升高到 930 ℃ 时，二级燃烧器停止工作；当二级燃烧室的温度降低到 870 ℃ 时，二级燃烧器重新投入工作。

②当一级燃烧室的温度升高到 950 ℃ 时，一级燃烧器停止工作；当一级燃烧室的温度降低到 850 ℃ 时，一级燃烧器重新投入工作。

(5) 停止燃烧

①燃烧器将会启动冷却程序；

②一、二级燃烧器上的电磁阀将会关闭；

③鼓风机及一、二级燃烧器上的风机持续运转。

(6) 停炉

①当一级燃烧室内的温度降低到 100 ℃ 时，冷却程序终止；

②鼓风机及一、二级燃烧器上的风机停止运转。

冷却程序在停炉后可能会重复，当 4~6 h，焚烧炉彻底冷却后，可以将主开关转至"OFF"位置。

2) 污油燃烧模式

当焚烧炉用于燃烧污油时，一定要注意不能向焚烧炉内填入高热值的垃圾。当用焚烧炉来焚烧污油时，需要在控制箱的液晶屏上通过按钮选择"SOLID & OIL"模式。图 9-10 为焚烧炉在污油燃烧模式时的控制时序图。

由于船上的污油中含有大量的重油，需要在燃烧前对污油进行加热，如果污油的温度过低，其流动性不好，不能燃烧，污油的加热温度至少为 60~70 ℃，因此需要在燃烧前 3.5~8 h 对污油柜内的污油进行预热。

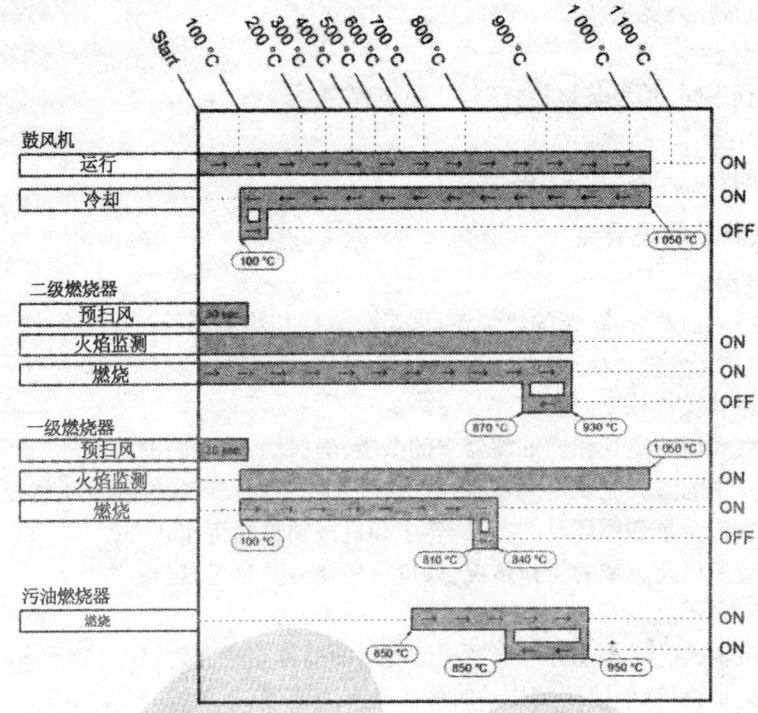

图 9-10　污油燃烧模式时的控制时序图

（1）启动焚烧炉

启动焚烧炉程序同"垃圾焚烧模式"启动程序。

（2）预热

预热程序同"垃圾焚烧模式"启动程序。

（3）开始燃烧

①当二级燃烧室内的温度达到 100 ℃时，一级燃烧器点燃；

②二级燃烧器持续燃烧；

③为保证排气质量，当二级燃烧室的温度达到 650 ℃时，位于进料斗内的垃圾将会自动进入一级燃烧室，这时焚烧炉的温度会快速提高。

④当一级燃烧室内的温度达到 650 ℃时，定量泵将会启动并向各污油燃烧器供油，污油燃烧器开始燃烧；当一级燃烧室内的温度达到 652 ℃时，污油燃烧器上的空气挡板将会开启；当一级燃烧室内的温度达到 950 ℃时，污油燃烧器停止工作，当一级燃烧室内的温度低于 850 ℃时，污油燃烧器重新投入工作。

在一级、二级燃烧室焚烧炉本体上各设置有一个火焰探测器，在焚烧炉整个运行期间，火焰探测器持续工作，并给出信号。如果出现故障，延时 1 s 后，焚烧炉会发出报警，并且除速闭阀外，所有阀门自动关闭。

污油燃烧器也通过位于一级燃烧室的火焰探测器监测。

(4)燃烧器运行

①当一级燃烧室内的温度达到 840 ℃时，一级燃烧器停止工作。当一级燃烧室内的温度低于 810 ℃时，一级燃烧器重新启动。

②当二级燃烧室的温度升高到 930 ℃时，二级燃烧器停止工作；当二级燃烧室的温度降低到 870 ℃时，二级燃烧器重新投入工作。

(5)停止燃烧

停止燃烧程序同"垃圾焚烧模式"停止燃烧程序。

(6)停炉

停炉程序同"垃圾焚烧模式"停炉程序。

3. 维护保养及管理要点

(1)维护保养要点

①定期清洁污油燃烧器、柴油燃烧器、火焰探测器和热电偶等燃烧室组件，确保其处于良好的工作状态；

②定期对运转设备补充油脂；

③及时检查和清洁空气和燃油滤器中的杂质，确保油、气管路的畅通；

④对燃烧室中的防火泥要定期检查，清除表面杂质，如发现裂纹要及时修复；

⑤定期检查定量泵和循环泵的定子、转子和机械轴封的工作状态；

⑥定期检查风机及皮带的工作情况，如皮带松弛需及时上紧。

(2)注意事项

对船上的废油、油渣、含油棉纱以及生活污水的固体物质和垃圾等，最干净、最简便的处理方法就是用焚烧炉烧掉，但使用焚烧炉时应注意下列事项：

①可燃的固体垃圾应在点炉前打开炉门送入焚烧炉内，切不可在焚烧炉工作时打开炉门；

②焚烧炉在点火前应扫气 30 s 以上，驱除炉内油气，防止爆炸；

③焚烧炉污油柜加温到 80~100 ℃，并放掉残水；

④用柴油引燃焚烧炉，待炉温达到一定温度(约 600 ℃)后，再逐渐引入污油燃烧。污油中含有 30%~50% 的水时，一般仍可连续燃烧。因此，当焚烧炉正常运行时，可以停止使用点火柴油；如果不能连续燃烧则需用柴油一直引燃；停炉前应燃用柴油，以冲洗污油管路。

第三节　压载水处理装置

2016 年 9 月 8 日，《国际船舶压载水和沉积物控制与管理公约》(以下简称《压载水公约》)达到了生效条件，并于 2017 年 9 月 8 日正式生效。根据公约要求，船舶需要安装压载水处理装置。

一、压载水处理系统实例

从长远来看 D-1 标准只是一个过渡性的标准，最终所有船舶压载水的排放都必须达到 D-2 标准。近几年，对于压载水处理技术的研究取得了巨大进展，一些压载水处理设备已取得了 IMO 的最终批准，具有实船应用价值。下面简要介绍几种国内外已取得 IMO 型式认可的，满足《压载水公约》D-2 标准要求的压载水处理系统的工作原理及其组成。

1. Pureballast 压载水处理系统

Pureballast 是由 Alfa Laval 公司与 Wallenius Water AB 公司联合研制、共同开发的一套压载水处理系统。2007 年 7 月,该系统获得 IMO 组织活性物质最终审核。该系统采用先进的氧化技术(AOT),具有不使用化学药品、对环境影响小、可自动处理、操作简单、内置自净系统、使用及维护费用低、适用范围广(设计处理能力为 250~5 000 m^3/h)等特点。

根据船舶压载水的数量,可以使用一套或多套 AOT 的 Pureballast 系统,在压载水装载和排放期间进行水处理。该系统配备二氧化钛催化剂,能在光激发时产生自由基。生命周期仅为几毫秒的自由基可以分解微生物的细胞薄膜,无须使用化学药剂,也不会产生有害的残留物,对海洋环境和船员提供了保护。同时紧凑的设计很适合安装在机舱中,对空间的要求极低,而且便于安装和维护。此外,Pureballast 系统还实现了完全自动化,使用寿命和船舶的使用寿命相当。

1) Pureballast 的工作原理

Pureballast 压载水处理过程可分为两个阶段:预处理和最终处理。

如图 9-11 所示,压载水泵通过海底门吸入压载水,首先让压载水通过孔径 50 μm 的过滤器以除去大于 50 μm 的生物,然后送入 Benrad AOT Puerifer。小于 50 μm 的生物在压舱水通过光触媒装置时被杀死。在光触媒装置中,用紫外线照射二氧化钛(TiO_2)产生羟基(-OH),利用该基团夺取微生物等细胞膜内的氢元素(H),从而杀死微生物。经过 AOT 处理过的压载水,通过管路送入各压载舱。其中,过滤器还可以消除压载舱中积聚的沉淀物,每次装压载水结束,过滤器要用海水反冲清洗,所有清洗过滤器的反冲水都在压载水装载地点直接返回海洋,所以过滤器中的沉积物不会随船到达下一个港口而造成有害污染。

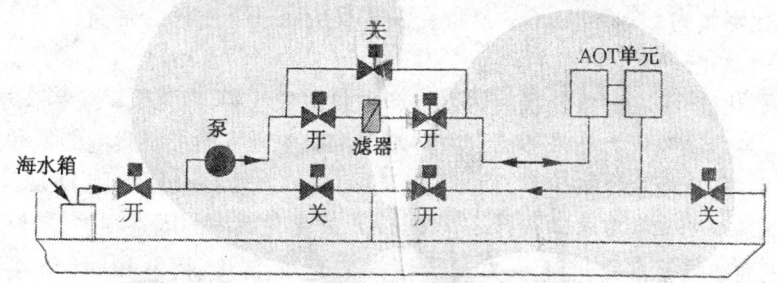

图 9-11 Pureballast 压载状态管路系统图

在最终处理阶段,即排出压载水时(如图 9-12 所示),压载水再次通过光触媒单元,消灭航行期间在船舱中滋生的微生物。为了避免过滤器反冲造成二次污染,压载水排出时不再通过过滤器。整个过程无须任何准备工作或化学剂投放,完全自动化。操作员可以监控报警并可执行本地或遥控操作,一个按钮即可控制系统的启动或停止。

2) Pureballast 的系统组成

Pureballast 系统主要由多组光触媒 Wallenius AOT 单元(根据处理压载水的多少,增减 Wallenius AOT 单元组数)、CIP 单元、过滤器和流量计等组成,其系统组成如图 9-13 所示。

(1) 光触媒 Wallenius AOT 单元

光触媒 Wallenius AOT 单元中,二氧化钛(TiO_2)作为催化剂,在紫外线的照射下,产生羟基(-OH) 系统产生的羟自由基(-OH)具有极强的氧化性,其氧化能力是 H_2O_2、O_3 的 106~109 倍。在羟自由基(-OH)的作用下,几乎所有的有机污染物都会经过一系列过氧自由

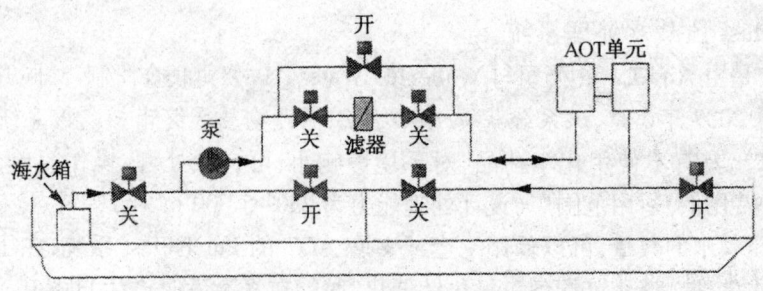

图 9-12　Pureballast 排放状态管路系统图

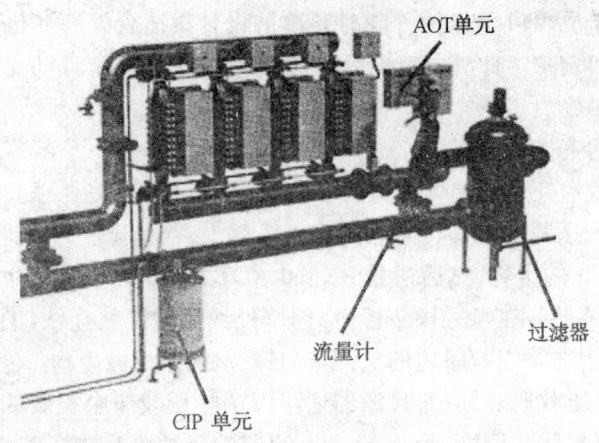

图 9-13　Pureballast 系统组成图

基链反应被氧化降解为 CO_2 和 H_2O。这种在温和反应条件下进行的羟自由基（-OH）强氧化过程被称为高级氧化过程。

光触媒二氧化硅 TiO_2 在紫外线的照射下产生自由羟基场，当有机微生物在水流的带动下通过羟基场时，生命周期仅为几毫秒的自由羟基夺取微生物等的细胞膜内的氢元素（H），分解微生物的细胞薄膜，从而杀死微生物，而不同于超声波的原理是破坏细胞 DNA。在实际应用中，光催化效率是一个非常重要的指标。影响 TiO_2 光催化效率的因素很多，不仅与 TiO_2 自身的晶体结构、表面缺陷等有关，而且一些外界因素如光强、温度、溶液和 pH 值、溶液中的杂质以及氧含量等，都会影响其光催化率。

（2）CIP 单元

CIP 单元是一种防护设施，为密闭的、固定不动的容器一类的物体，依靠热能、物理能、化学能，依靠一定的作用时间，来完成清洗、杀菌的工作。它具有以下的特点：

①不需拆卸设备和管道，即可对其清洗；

②清洗程序可实现自动化；

③可以最少的劳动量、时间、清洗量来获取最佳效果和最大利润。

Pureballast 压载水处理系统中的 CIP 单元，就是根据装置使用需要，为防止海水在光触媒 Wallenius AOT 单元积结水垢而设置的自动清洗设施。作为光触媒装置的洗涤剂使用了从水果中提取的一种酸，不会对环境产生破坏作用。影响 CIP 清洗效果的因素主要有：清洗液的温度、清洗剂的浓度、清洗液体的压力和清洗时间。CIP 系统控制是由设计人员按要求来设置能够调节的流量、温度、浓度、压力、时间等参数仪器和仪表对 CIP 系统进行自动控制，并且按设定的清洗工艺，以最少的时间、工作量、耗能完成清洗的目的。

(3) 过滤器

在压载操作期间,使用一个精度为 50 μm 过滤器,不仅可以阻止较大的有机物伴随压载水进入压载舱,而且可以大大减少压载舱内的沉积物。压载水排出操作时,过滤器通过旁通阀旁通,以防过滤器自动反冲清洗时,其中可能的残存污染物污染压载水排放场所。过滤器每年检查一次。

(4) 流量计

流量计指示 Pureballast 压载水处理系统中的流量在额定范围之内,以确保压载水的处理质量。同时流量计向装置主控系统提供已经吸入或排出压载水多时的有用数据。

2. BalClorBWMS 型压载水处理系统

BalClorBWMS 型压载水处理系统是由青岛双瑞海洋环境工程股份有限公司生产的压载水处理系统。该系统对压载水处理过程分为过滤、灭活和中和三个过程。

1) BalClorBWMS 的工作原理

BalClorBWMS 型压载水处理系统管路布置图如图 9-14 所示。船舶在进行压载操作时,首先让压载水全部通过孔径 50 μm 的过滤器,以除去大于 50 μm 的海生物和固体杂质。经过滤后的海水从过滤器后的海水主管路引一支管进入电解单元电解,电解后的海水又会注回压载水主管路,并随主管路海水进入压载舱,对细菌及微生物进行灭活,残余的活性物质会在压载舱内存在一定时间,以抑制航行过程中细菌和微生物的生长。船舶在进行排载操作时,海水无须进入电解单元和过滤单元,可直接排出舷外,排载口的 TRO 传感器会即时监测排载水中 TRO 浓度(总残余氧化剂浓度),如果 TRO 浓度大于 0.1ppm,系统会自动启动中和单元向海水管中注入中和剂,中和残余的氧化剂,如果 TRO 浓度小于 0.1ppm,中和单元不会启动,排载海水可直接排放。

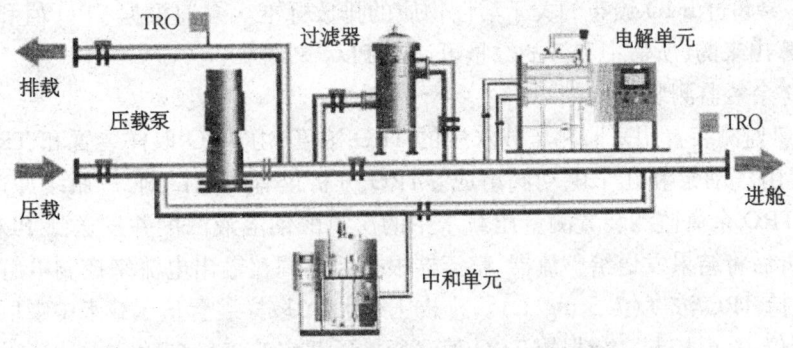

图 9-14 BalClorBWMS 型压载水处理系统管路布置图

2) BalClorBWMS 的系统组成

(1) 过滤单元 AFU

过滤单元由过滤器、排污泵和淡水注入管路组成。过滤器是一个自动反冲洗过滤器,在冲洗过程中只有很小的压力降,不会影响系统工作。该过滤器可以有效过滤大于 50 μm 的海生物和固体杂质。当前后压差变化超标或者达到设定时间时,系统将自动反冲洗 2~3 min,被反冲洗污水通过排污泵排至舷外。

(2) 电解单元 EDU

电解单元主要作用是电解海水产生次氯酸钠,用于杀灭海水中的病菌,由电解槽、旋风式分离器、抽风机、气体探测器等组成。

①电解槽:是整个系统的核心部件,其应用于船舶全寿命周期。被过滤过的压载水有大约1%引入电解槽,在直流电的作用下发生电解反应,电解后的海水又被注回压载水主管路。

②旋风式分离器:应用旋风分离原理分离在电解过程中产生的氢气。重力、惯性力和离心力的复合作用推动次氯酸钠溶液径向向外向下通过液管出口流出,同时氢气会向里、向上通过气管排出。

③抽风机:是BalClorBWMS装置的最重要设备之一,其主要目的是稀释电解产物氢气,至少是释放前的100倍,以确保船舶操作的安全。

④气体探测器:包括氢气探测器和氯气探测器。把气体的浓度值转换成4~20 mA的标准电流值并传送给PLC。经过逻辑分析,控制器将通过发送声、光报警信号和记录报警的时间及浓度值回复所收到的信号,同时如果气体的浓度值达到超高报警值,整个系统将会关闭。

⑤海水增压泵:在压载期间,如果是在淡水区域或者含盐分低的海水区域,需要先启动海水增压泵,少量的在艉尖舱过滤的压载水被泵进电解装置。

⑥加药单元:由加药泵、电磁流量计和气动阀组成,经电解后的海水通过加药单元注回压载管路。

(3) 中和单元 ANU

中和单元用于中和排载水中残余的氧化剂。其由中和罐和计量泵组成。

①中和罐:是一个容积为 1 m³ 的容器,用来配置中和剂(中和剂有效期为 3 个月)。中和剂采用硫代硫酸钠,它与次氯酸钠发生反应生成无毒产物。配药方法:先注入淡水至中和罐液位达总高度的一半,加入固体硫代硫酸钠(每立方米需加入 290 kg 硫代硫酸钠),再重新注入淡水至满,开启搅拌器,连续搅拌 20 min。

②计量泵:计量泵被用来泵出一定量的中和物和残余氧化物作用,确保 TRO(总残余氧化物)水平不要超过 IMO 颁布的关于活性物质的排放标准。泵速根据 TRO 值和所排放压载水的流量计算出来的,所需中和液的数量可通过 PLC 来调节。

(4) TRO 余氯监测装置

TRO 余氯监测装置用来监测压载水中的 TRO 浓度,由 TRO 取样装置和 TRO 分析仪组成,取样装置由气动泵和几个电动阀组成。TRO 分析仪有两瓶试剂,一瓶缓冲剂,一瓶指示剂。压载时 TRO 余氯监测装置测量压载水中的次氯酸钠溶液浓度并发送到 PLC,PLC 与设定值比较分析后将结果发送给整流器,整流器根据结果调整输出电流来控制电解产生次氯酸钠的量,以维持 TRO 浓度(7.5 mg/L)。排放压载水时,取样装置从压载水中吸取少量压载水到 TRO 分析仪中,由控制系统根据 TRO 值和所排压载水的流量自动分析计算出所需中和剂的量。

3) 日常操作与维护

(1) 在设备进行压载/排载运行前,先确认相关的阀门处于正确的打开/关闭状态。注意:如果船舶要进入淡水区域或含盐量低的海水区域压载,要预先把艉尖舱压载一定量的含盐量高海水,以备作电解海水。

(2) 确认 TRO 的试剂(包括缓冲剂和指示剂两种)已配置好并正确安放在 TRO 上,并保证试剂的注入管路通畅。(TRO 的指示剂配置后有效期为 3 个月,缓冲剂有效期为 1 年。)

(3) 进行排压操作时,确认中和单元的中和液已配置好,并高于液位报警值(20 cm)。

(4) 设备停止运行后,关闭相关的管路阀门和设备气源,并将 TRO 的指示剂取出,冷藏保存。

(5)压载作业结束前,要至少手动反冲洗过滤器 5~6 次,以彻底冲洗过滤器,作业结束后,最好用淡水冲洗过滤器 8~16 次以置换滤器内海水,如果没有足够的淡水,也至少要用淡水注满滤器。

(6)开始排载后,前 10 min 左右管路有可能流量不稳定,TRO 一直显示测试值,10 min 后显示正常数值。

(7)TRO 每 2 min 取样一次,整流器电流依据取样四次动作一次。

(8)投药泵出口压力≥0.2 MPa,保证电解液能完全注入压载管路。

二、船舶对压载水的管理及操作

为确保船舶在进行压载水处理的过程中满足公约的排放标准,实现对船舶压载水处理系统的有效管理,在压载水系统使用和维护及管理的过程中,需注意以下事项:

(1)船舶在港区排放压载水时,船长应向港口当局申请,被允许后方能实施排放。

(2)当进行吸、排压载水操作前,大副应计算水舱变动前、后的船舶稳性及强度,确认在安全范围内后填写压载水记录簿交由木匠或水手长通知轮机员执行。在吸、排压载水过程中,木匠或水手长应保持与主管轮机员的联系,及时测量舱柜,做到不满溢,以免损坏船体和设备;同时,大副应告知值班驾驶员保持对压载水操作过程的监控。

(3)值班轮机员按大副指令,开泵吸、排压载水,在压载水记录簿的"操作人员记录栏"中记录启、停泵的时间及使用泵的编号。大副根据木匠或水手长的测量记录在压载水管理计划中做好船舶压载水管理记录。吸、排工作结束后,木匠或水手长应取回压载水记录簿。

(4)开始排、注压载水和结束压载水操作后,木匠或水手长在压载水记录簿的"木匠或水手长记录栏"中记录开始前、结束后的测量数值。除此以外,还应在航海日志、轮机日志中记录压载水吸、排开始及结束的时间信息和船位信息。

(5)对于遥控操作压载水管理系统的船舶,值班驾驶员应根据大副指令负责监控压载水的吸、排操作,同时木匠或水手长应负责压载水吸、排的具体操作。

(6)船舶经过大风浪或在港区内需要变动压载水前,值班轮机员应提前检查各类管路、阀门及压载水处理设备处于良好状态。排放压载水时,木匠或水手长应连续监控排出压载水的情况。如果有任何异常情况,应及时报告值班驾驶员并立即停止排放,以避免可能的污染事故。

(7)《压载水公约》要求营运船舶在加装压载水时尽量避免吸入沉积物,并定期对压载舱的沉积物进行清除和处理。当船舶在对压载舱内的沉积物进行清除时,应根据《压载水公约》和相关导则、压载水管理计划中的相关内容以及港口的具体要求,清除压载舱内的沉积物,送至港口接收设施进行无害化处理。

第四节 油水分离器

一、关于对油水分离器的要求

1. 油水分离器的技术条件要求

（1）15ppm 舱底水分离器应有牢固的结构，适于船上使用，并要注意在船上的预定位置。

（2）若预定将其设在可能有易燃空气的位置，则应符合此类处所的相关安全规定。作为 15ppm 舱底水分离器一部分的任何电气设备应设在非危险区域，或应由主管机关认证为可在危险区域安全使用。设在危险区域的所有活动部件的布置应避免形成静电。

（3）15ppm 舱底水分离器应设计为自动运转，但应有故障保护布置来避免在出现故障时有任何排放。

（4）向 15ppm 舱底水分离器送舱底水改为送油，送舱底水改为送乳化舱底水，或送油和/或水改为送空气，不得导致排向舷外的任何混合物的含油量超过 15ppm。

（5）开动该系统应不需费神。对用于机舱舱底水的设备，该系统的开动应不需对阀和其他设备做任何调整。该设备应能在不予照应情况下，以正常功能运行至少 24 h。

（6）15ppm 舱底水分离器所有易损易坏的活动部件应易于接触，以便维修。

2. 油水分离器的安装要求

（1）为以后在船上检查起见，应按实际可行程度在尽量靠近 15ppm 舱底水分离器出口的排液管垂直部分设一取样点。应在关停装置舷外出口后面及附近装有再循环设备，使包括 15ppm 舱底水报警装置和自动关停装置在内的 15ppm 舱底水分离系统能在舷外排放停止的情况下进行试验（见图 9-15）。再循环设备的安装应能防止在所有工作条件下出现任何绕过油水分离器的情况。

（2）给送泵的排量不应超过 15ppm 舱底水分离器额定容量的 110%，泵和电机的规格应记在型式认可证书上。

（3）15ppm 舱底水分离器应固定装有一个标牌，用以说明制造厂或主管机关认为必要的所有运行或安装限制。

（4）设有 15ppm 舱底水分离器的船舶应始终携有一份操作和保养手册。

二、油水分离器的工作原理、设备结构及组成

（一）油水分离器的工作原理

油水分离的方法较多，主要有物理分离法、化学分离法和生物处理方法等。

物理分离法是利用油水的密度差或过滤吸附等物理现象使油水分离的方法，主要特点是不改变油的化学性质而将油水分离，主要包括重力分离法、过滤分离法、聚结分离法、气浮分离法、吸附分离法、超滤膜分离法及反渗透分离法等；化学分离法是向含油污水中投放絮凝剂或聚集剂，其中絮凝剂可使油凝聚成凝胶体而沉淀，而聚集剂则使油凝聚成胶体使其上浮，从而达到油水分离的一种方法；电浮分离法是把含油污水引进装有电极的舱柜中，利用电解产生的气泡在上浮过程中附着油滴而加以分离，从而实现油水分离的方法，实际上是一种物理化学分

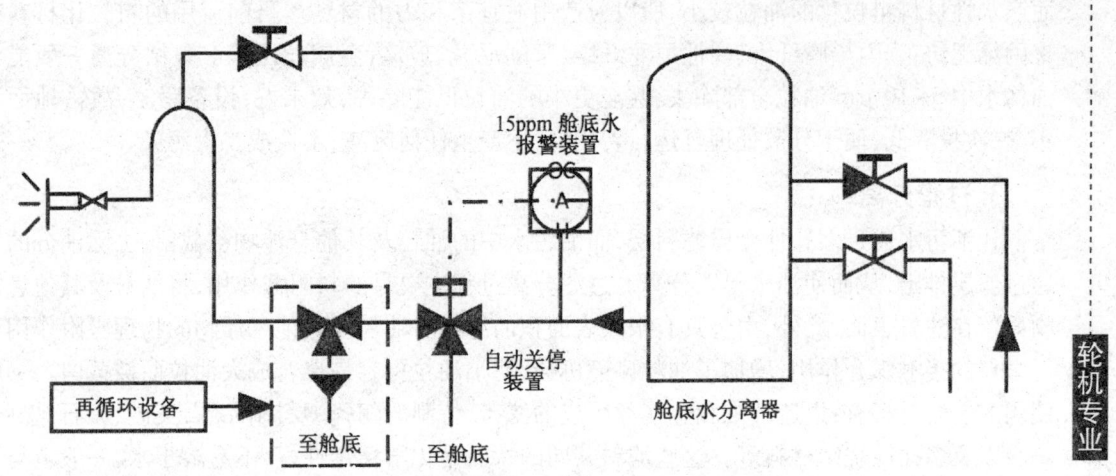

图 9-15 舱底水分离器的安装要求

离方法;生物处理法有活性污泥法、生物滤池法等。由于船舶条件所限,目前在船用油水分离器中采用最多的方法是物理分离法,而物理分离法中又以重力分离、聚结分离、过滤分离和吸附分离为主。下面将主要介绍这四种物理分离法。

1. 重力分离

利用油水的比重差(或密度差),使油浮于上部,而后排入污油柜中,下部清水若符合排放标准则可排出舷外。重力分离法如按其作用方式的不同,还可分为机械分离法、静置分离法和离心分离法三种。

机械分离法是让含油污水流过斜板、波纹板细管和滤器等,使之产生涡流、转折和碰撞,以促使微小油粒聚集成较大的油粒,再经密度差的作用而上浮,从而达到分离的目的。

静置分离法是将含油污水贮存在舱柜内,在单纯的重力作用下,经过沉淀使油液自然上浮以达到分离的目的。这种方法需要较长的时间和较大的装置,同时也难以连续使用。

离心分离法是利用高速旋转运动产生的离心力,使油、水在离心力和密度差的作用下实现分离,它的特点是油污水在分离器中的停留时间很短,所以分离器体积较小。

重力分离法的优点是:结构简单,操作方便,缺点是分离精度不高,只能分离自由状态的油,而不能分离乳化状态的油。一般认为油粒直径小于 50 μm 就很难分离,不能满足 15ppm 的排放要求。因此,船用油水分离器都采用重力分离法作为第一级分离。

2. 聚结分离

当含油污水通过聚结分离元件时,让它们互相碰撞以使油粒聚合增大,油污水中的微细油珠被聚结成较大的油粒(在这种分离过程中,由于微小油粒逐渐聚合长大,因此这种分离过程称聚结,也叫作粗粒化过程),在外力的作用下,粗粒化后的油粒脱离聚结分离元件的表面,利用油水比重差,克服阻力迅速上浮,从而达到提高油水分离精度满足排放要求的目的。微细油珠的粗粒化过程可分为截留、聚结、脱离和上浮四个步骤。粗粒化的程度与聚结元件的材料选择以及材料充填的高度和密度等有关。提高油水分离效果,聚结分离元件(粗粒化元件)的材料是关键。为了强化油粒聚结效果,使聚结后剥离的油粒直径大,上浮速度快,进口处宜选用孔隙小的粗粒化材料,出口处宜选用孔隙大的粗粒化材料做成聚结元件。多孔介质对油的亲和性也影响聚结效果,亲油性强则剥离时可能形成油包水现象,容易堵塞,不宜长期连续使用,而亲水性材料粗粒化的油粒较小,所以应选用适宜亲和力的材料。目前应用的粗粒化材料有聚丙烯无纺布、丙烯腈纤维、弹性尼龙纤维、车削尼龙、玻璃、金属丝网等。聚结分离一般能将油污水中 5~10 μm 油粒全部除去,甚至更小的油粒也能除去,效果好,设备紧凑,故占地面积小,一次投资低,便于分散处理且运行费用低,不产生任何废渣,不造成二次污染。

3. 过滤分离

让油污水通过多孔性介质滤料层,而油污水中的油粒及其他悬浮物被截留,去除油分的水通过滤层排出,从而使油水得以分离。过滤分离过程主要靠滤料阻截作用,将油粒及其他悬浮物截留在滤料表面,此外,由于具有很大表面积的滤料对油粒及其他悬浮物的物理吸附作用和对微粒的接触媒介作用,增加了油粒碰撞机会,使小油粒更容易聚合成大油粒而被截留。一般使用的过滤材料有:人造纤维和金属丝织成的滤布、特制的陶瓷塑料制品、石英砂、卵石、煤屑、焦炭以及多孔性烧结材料等。这些滤料共同的特点是化学稳定性好,不易溶于水,一般不与污染物质起化学反应,不会产生有害或有毒的新污染物,同时还具有足够的机械强度。任何一种过滤介质对污染物的过滤能力都有一定的限度。如果油污水中含有的悬浮固体物过多,将会大大缩短过滤介质堵塞时间,促使过滤效果变差,甚至过滤过程过早中断。因滤料达到饱和状态后,必须进行反冲洗,使滤料重新获得良好过滤性能。如强度不够,会在反冲洗时由于不断碰撞和摩擦而使滤料产生粉末,并随冲洗水流一起流失掉,增加滤料损耗。反过来,在过滤时粉末又会聚积于滤料表层,增加流动阻力,滤速增大,过滤质量恶化。

使用粒状介质作滤料时,要依据过滤要求及工艺条件选用适宜的滤料粒径的范围及在此范围内各种粒径的数量比例。在一定范围内,还应尽可能选用孔隙率大的滤料,即滤料的孔隙体积与整个滤层体积的比值大,水力阻力损失小,滤层含污能力大,过滤效果好。

用粒状介质组成的滤料层,理想的状态应是各层粒径沿水流方向逐渐减少。这样整个滤料的作用都能充分发挥出来,含污能力高,水头损失速度慢,过滤使用时间增长,对仅用一种滤料做成的滤层,当水流方向自上而下流动时,实际难以保持粒径自上而下逐渐减少的状态。因为反冲洗时,整个滤层处于悬浮状态,而且必然有粒径大、重量大的滤料悬浮在下层,粒径小、重量小的滤料悬浮于上层,反冲洗停止后,就会自然形成粒径上小下大的滤层,这样的滤层对过滤是很不利的。因此,为提高滤料过滤性能,可改变水流方向或采用两种以上滤料组成多层滤料层。

过滤分离法通常是油污水处理过程的终端手段,做精分离用。

4. 吸附分离

利用多孔性的固体吸附材料直接吸附油污水中的油粒以达到油与水分离的目的。

固体吸附材料表面的分子在其垂直方向上受到内部分子的引力,但外部没有相应引力与之平衡,因此,存在吸引表面外测其他粒子的吸引力,由固体表面分子剩余吸引力引起的吸附称为物理吸附,由于分子间的引力普遍存在,所以物理吸附没有选择性,而且可吸附多层粒子,直到完全抵消固体表面引力场为止。

吸附是一种可逆过程,被吸附的粒子由于热运动,会摆脱固体表面粒子引力从表面脱落下来重新回到污水中,这种现象称作脱附。当吸附速度与脱附速度相等时,吸附达到平衡状态,这时单位重量吸附材料所吸附的油量称为吸附量,它是表面吸附材料吸附能力的参数,比表面积(单位重量吸附材料所具有的表面积)愈大,吸附量愈大。常用的吸附材料具有良好的亲油性,有:纤维材料、硅藻土、砂、活性炭、焦炭和各种高分子吸附剂如分子筛等。吸附分离法主要是用来直接回收微小的油粒，一般用作油污水处理的精分离手段。吸附材料吸附油料达到饱和时，失去油水分离效能，因此，吸附材料达到饱和之前就应更换，而吸附材料的更换和处理都比较困难，并且需要用大量吸附材料，所以吸附分离主要用于含油量很少的细分离。

近年来，为达到排放标准提高的要求（油分浓度小于15ppm），油水分离器多为重力式分离器配以过滤、吸附等组合方式，即有粗分离和细分离（精分离）两部分组成。

粗分离部分都是用于第一级，主要采用重力分离法，处理容易上浮的分散油滴。重力分离法结构形式有多层斜板式、多层隔板式、细管式和多层波纹板式等。

细分离部分用于第二级和第三级，多采用聚结法、过滤法、吸附法等，用以去除油污水中的微细分散油滴和乳化油滴。细分离部分结构形式有圆筒式和填充式，采用最多的是以纤维材料构成的圆筒式分离元件，其特点是结构紧凑、元件容易更换。填充式是在油水分离器中填充有形纤维等过滤吸附材料，截留和吸附微小油滴。在其吸饱油后，可进行反冲洗，但当压力降达到一定值时，就必须更换过滤吸附材料。

（二）油水分离的结构及组成——典型装置实例

实际使用的船用舱底水分离器种类繁多，主要以重力分离法，再加上聚结分离或过滤分离或吸附分离等的方式，也有通过离心分离的方式进行油水分离，以满足国际公约规定的排放标准的要求。下面简要介绍 TURBULO MPB 舱底水分离器、ZYF 型真空式舱底水分离器、HFM 型舱底水分离器和 BilgeMaster-E 型离心式舱底水分离器的基本结构组成及其工作原理。

1. TURBULO MPB 型舱底水分离器

TURBULO MPB 型舱底水分离器是利用重力-聚结原理的二级油水分离器。其外观结构如图 9-16 所示。

图 9-16　TURBULO MPB 型舱底水分离器
100——级分离筒；125—聚结元件；200—二级分离筒；245—圆筒式分离元件

油污水从左侧一级分离器 100 的左上部泵入，在分离器上部粗分离后，污水迅速分散，由于流速较慢，污水在向下流动的过程中，大颗粒油滴上浮到分离筒顶部的集油室，含有较小油滴的污水则向下通过聚结元件 125（High Efficiency Coalescer，HEC）。聚结元件表面亲油，呈多孔海绵状结构，具有高比表面积和低压头损失，在污水中具有足够的稳定性，污水中的污垢不会对其造成损害，即使有一定程度的脏污也无须对其进行更换，只需将聚结元件拆下，用热水冲洗干净即可重新使用。污水通过聚结元件时,由于聚结元件表面的亲油性,含有污水中的小油滴会短暂吸附在其表面,经过聚结长大,最后在浮力的作用下逐渐上浮进入分离筒顶部的集油室。细小油滴则随处理后的污水,一并经两分离筒底部的连通阀进入二级分离筒200。

二级分离筒内装有多个圆筒式分离元件245(Hydrocarbon Separator, HycaSep),每个元件外形一致,材质为高分子聚合纤维,具有良好的吸油性能。每一分离元件分上、下两级,经中间挡板和顶部支架固定在分离筒内,构成了二级分离筒内两级油水聚合分离层。进入二级分离筒的污水从分离筒的底部经下层分离元件的外表面流入,细小油滴经聚合后从水中分离;流入下层分离元件内腔体的水沿腔体轴线向上流动,进入上层分离元件的内腔体,在水流压力的作用下,向外流出上层分离元件,其间,细微油滴被进一步分离。经处理后满足要求的清水从二级分离筒的上部排出阀流出。

二级分离筒内上、下两层分离元件虽均由聚合纤维构成,但由于处理的水质不同,因此上层聚合纤维比下层聚合纤维更聚密,空隙更小,能分离的油滴也更细微。在工作过程中,如果压力损失过大,则需对分离元件进行更换,而不是对其进行清洗。新的分离元件压力差约为0.015 MPa,最大可用压力差约为0.14 MPa。

在一级分离筒的上部装有油位检测电极,可以感知分离筒上部的油位,控制排油阀打开或关闭,间歇地进行排油。二级分离筒上、下腔体内的集油量很小,采用人工方法定期通过手动排油阀排出。在一级分离筒上部集油室还装有电加热器,可以保证高黏度污油在环境温度较低的情况下顺利排出。

新舱底水分离器在一级分离筒中的聚合元件顶部可能有选装的一层临时过滤垫,其作用是防止新船时期的大量污垢进入,在分离器正式运行前应撤除该垫。如装有该垫,分离器会贴有标签。此外,舱底水分离器在首次投入运行时,需冲洗数次(每周两次,每次半小时),以免颗粒、铁锈等形成堵塞。

2. ZYF 型真空式舱底水分离器

ZYF 型舱底水分离器依靠后置螺杆泵抽吸的作用使舱底水分离器的分离筒内保持一定的真空,油水在真空状态下进行重力分离,避免了污水泵造成乳化对分离效果的影响。ZYF 系列油水分离器属于重力-聚结组合式二级分离器,其工作原理如图 9-17 所示。

其基本工作原理是:当分离器在运行过程中,单螺杆泵组 23 在分离装置排出口处抽吸处理后的排水过程中,使分离筒内产生真空度,舱底水经过污水吸入滤器 18 和上部气动三通阀 12 进入分离筒内部扩散喷口,进行初步的重力分离,被分离的大油滴浮至顶部集油室,含有小油滴的污水向下由环形室进入第一级集油器 5,在内部进行首次聚结分离,聚结形成的较大油滴逆向上浮至顶部集油室,污水继续由中心通道向下,进入第二级集油器 2 后向外腔流动,聚结后的大油滴停留在环形室顶部。符合排放标准的水(含油量小于 10ppm)则向下经分离器底部排出,流向气动三通阀 22,进入单螺杆泵组 23 吸入口,从泵的排出口排出再经过气动三通阀 24 排向舷外。当分离出的污油在顶部聚集到一定程度时,油位探测器 8 触发信号,使气源电磁阀 15 开启,压缩空气同时进入三只气动三通阀 12、22、24 的顶部气缸,推动活塞向下,关闭常通口,打开常闭口,舱底水暂停进入分离器,分离后的水暂停排出。由于单螺杆泵组 23 仍在继续运转,使来自海水管的海水由气动三通阀 22 进入单螺杆泵组 23 的吸入口,泵出后再通过气动三通阀 24 进入分离器底,逆向经过聚结元件 2、5 进行反向冲洗,向分离器内部补充海水,并使分离器内部由真空变成压力状态。聚集的污油通过上部气动三通阀 12 排向污油柜。第二级集油器属于精分离过程,聚集在环形室顶部的污油较少,当顶部集油室排油时,环形室第二级自动排油阀3就会自动开启将污油或油水混合液排放至舱底水舱。

ZYF系列油水分离器将污水泵后置,属于真空式油水分离器。真空式油水分离器具有如下特点:

(1)水泵后置,真空抽吸含油污水,进出水泵的液体为处理后的清水,无杂质和泥沙,泵的磨损小,工作可靠;

(2)避免了油污水的乳化,筒内的真空度同时起到了气浮分离的效应,提高了油水分离效果;

(3)可采用电动柱塞泵和螺杆泵,密封性好,自吸能力强,磨损小,工作可靠;

(4)分离装置中的聚合元件能自动反向冲洗,不会堵塞,长期使用不需要更换。

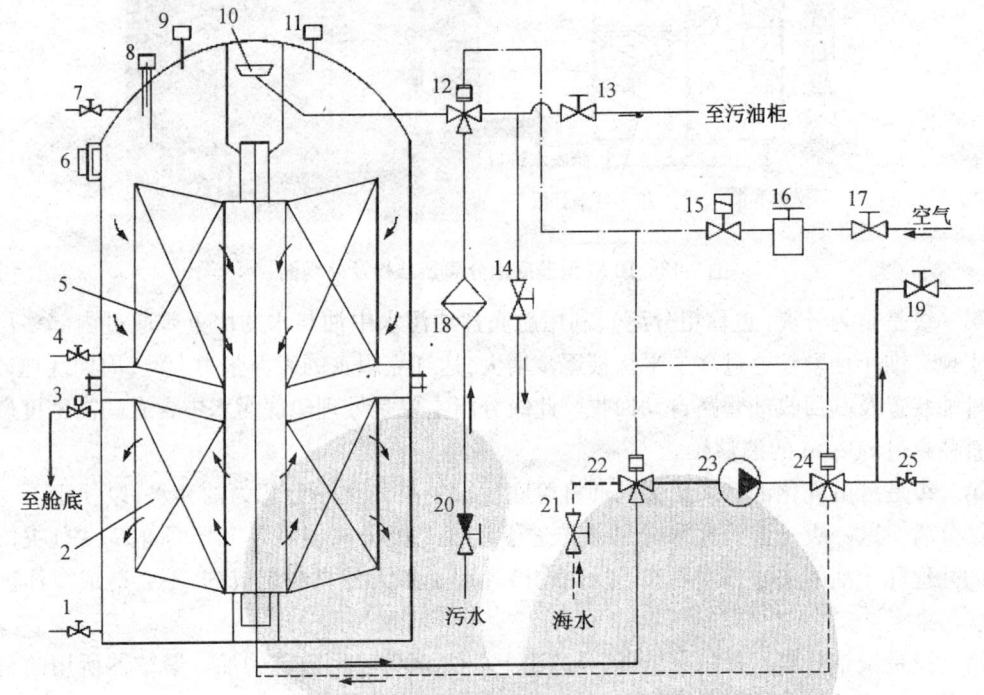

图9-17　ZYF型真空式油水分离装置原理系统图

1—下排污阀;2—第二级集油器;3—第二级自动排油阀;4—上排污阀;5—第一级集油器;6—电加热器;7—检油旋塞;8—油位探测器;9—真空压力传感器;10—污水进入喷口;11—温度控制器;12、22、24—气动三通阀;13—排油截止阀;14—反冲洗管截止阀;15—气源电磁阀;16—空气压力控制阀;17—气源截止阀;18—污水吸入滤器;19—净水出口;20—污水吸入止回阀;21—海水吸入截止阀;23—单螺杆泵组;25—取样旋塞

3. HFM型舱底水分离器

近年来,船舶燃、滑油广泛使用各种添加剂,致使机舱含油污水中含有更多性能相对稳定的化学乳化油,因而依靠常规的二级油水分离器分离难度增大,分离的效果也变差。国际海事组织意识到超标排放的可能性、普遍性和严重性,第49次环保会通过了MEPC.107(49)决议《船舶机器处所舱底水防污染设备指南和技术条件》,增加了对舱底水分离器处理乳化油的要求,适用于2005年1月1日或以后安装龙骨的新船和改装的油水分离器。

HFM型舱底水分离器是日本HSN-KIKAIKOGYO CO.LTD公司研制生产的新型油水分离器,目前已经成为MEPC.107(49)决议《船舶机器处所舱底水防污染设备指南和技术条件》认可的型式。

其基本结构和工作原理如图 9-18 所示。

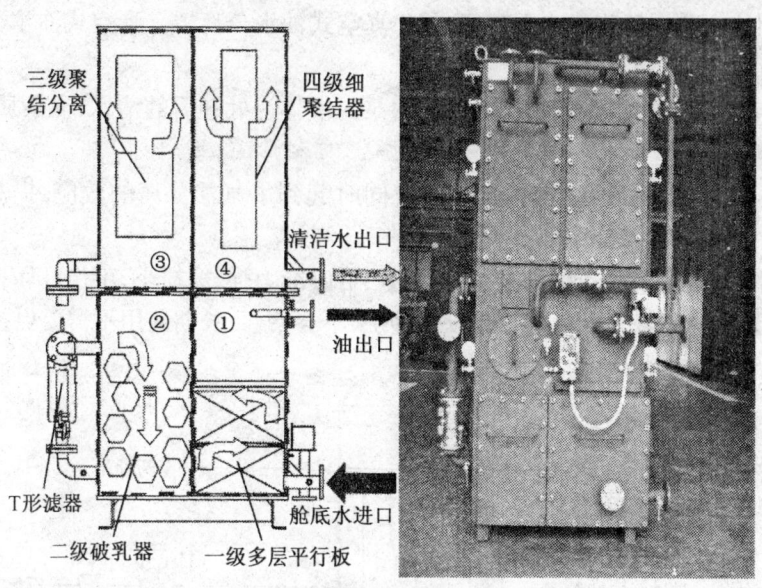

图 9-18　HFM 型舱底水分离器结构及外观图

第一级是重力分离(也称粗分离),利用舱底含油污水中油与水的比重差通过内部多层平衡板实现。细小油颗粒通过多层平衡板逐步增大,达到克服水的表面张力上浮,周期性地通过自动排油装置及其回收油管路自动回收。此级分离主要是处理舱底污水中含有的高密度燃料油和直径超过 60 μm 的油颗粒。

第二级是分解乳化油。采用破乳剂将舱底污水中的乳化油分解为油和水,以便于下一级的聚结分离。这一级是该舱底水分离器先进于常规二级分离器满足 MEPC.107(49) 决议所要求的处理乳化油的关键技术所在。所用的破乳剂是由天然材料制成的,不会造成海洋环境的二次污染。

第三级是聚结分离。采用聚结器,分离出上一级 90% 已经破乳的油。聚结器所用的材料主要由 15~20 目左右的不锈钢滤网和耐腐蚀的玻璃纤维组成。一般情况下聚结器长时间工作也无须更换清洁。若聚结器脏堵,只要用蒸汽或热水清洗即可。

第四级采用细聚结器进行精分离。细聚结器把第三级未分离的细小油粒聚结长大浮出水面,最终经过四级分离达到排放标准的水通过外部连接管路排出船外。

在此舱底水分离器的第一级和第二极的连接管路上,安装有一个 T 形自清滤器,该滤器可有效地保护第三级聚结器免受渣粒和杂物的脏堵。

4. BilgeMaster-E 型离心式舱底水分离器

BilgeMaster-E 型离心式舱底水分离器是由德国 GEA 公司生产的离心分离式油水分离器。其满足 MEPC.107(49) 决议《船舶机器处所舱底水防污染设备指南和技术条件》中排放标准的相关要求。

其工作原理简图如图 9-19 所示。从图中可以看出,舱底水经污水供给泵吸入后首先经过自清滤器进行过滤。自清滤器可以将直径大于 0.4 mm 的杂质过滤掉,由于油水分离器的分离盘片之间的距离也大约为 0.4 mm,通过自清滤器过滤后可以有效降低流道的结垢。在自清滤器前后安装有压差传感器,用于监控其脏堵情况,如果超过设定的压差,自清滤器将会自动反冲洗,反冲洗产生的杂质收集在自清滤器的底部,可以根据设定情况自动地排出至油渣舱。经过滤后的含油舱底水经过加热器进行加热,如果加热温度达到设定温度(85℃),舱底水经过三通阀进入油水分离器,如果加热温度未达到设定温度,舱底水将经过三通阀回流至舱底水舱。舱底水经过在油水分离器内的离心分离后,分离出的污油将排放至污油舱,净水经过油分浓度检测装置检测合格后(小于等于15ppm)气动三通阀动作,将符合规定的净水排放至舷外(在气动三通阀排舷外管路的下游还设有手动三通阀,可以通过手动三通阀转换选择排舷外或者回流至舱底水舱)。污水供给泵为变频调节,通过变频器控制频率在 20~74 Hz 内,根据油分浓度检测数值的大小自动调节进入油水分离器的舱底水的流量,以保证良好的分离效果,使排出净水的油分浓度低于 15ppm。

除上述满足 IMO MEPC.107(49)的基本要求外,该装置还可增设一个 5ppm 的吸附滤器(BilgeMaster-E Cleandesign 型离心式舱底水分离器),通过该滤器可以将经本装置处理后的含油舱底水中的含油浓度降低至 5ppm,能够更好地保护环境。如果吸附滤器产生故障,可以将其旁通而不影响系统的正常工作。

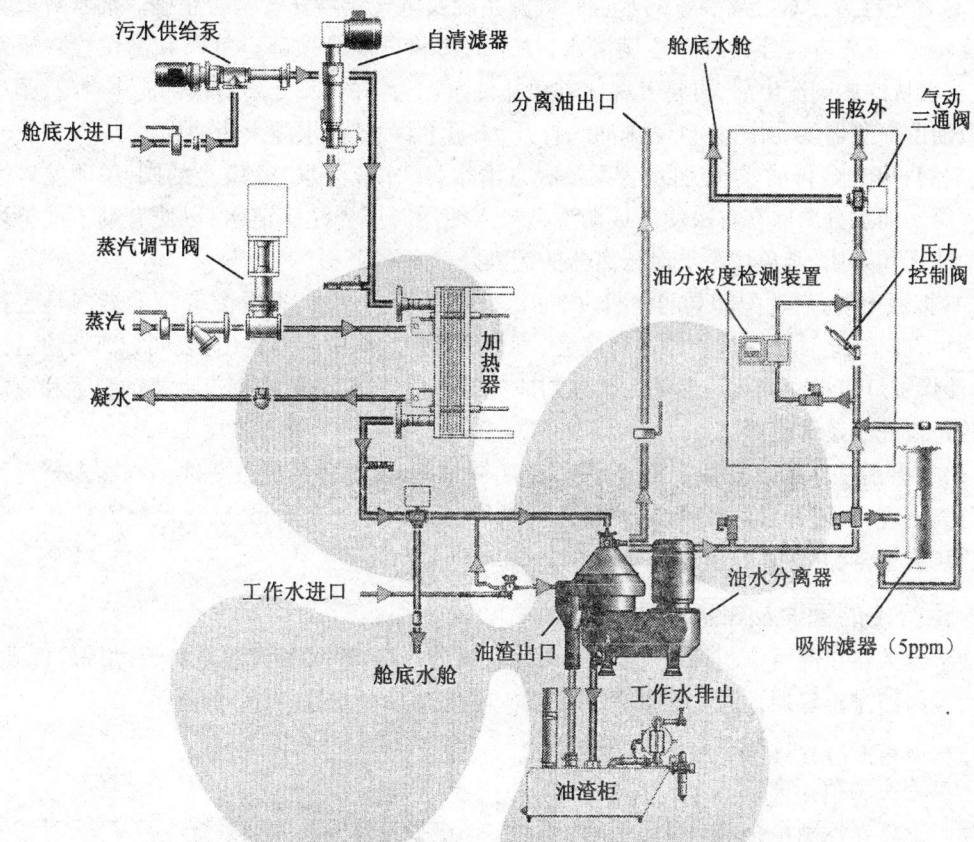

图 9-19　BilgeMaster-E 型离心式舱底水分离器工作原理简图

三、油水分离器的供水泵及油分浓度监测装置(15ppm 报警装置)

油水分离器的供水泵形式应采用容积式泵。如往复泵、单螺杆泵等乳化程度最小,容易将油水进行分离。现在船舶油水分离器常用的供水泵为单螺杆泵。

公约规定,船舶油水分离器必须在有油分浓度监测装置时才能使用,以便对排放水的含油浓度、排放总量及瞬时排放率进行测定、记录和控制。若排放水中含油浓度超过规定的标准,检测器就发出声、光报警，并自动切断舷外排放。轮机人员应立即检查舱底水处理系统的工作情况，并排除故障，直到水中含油浓度符合标准为止。

目前，常用光学方法来检测水中含油浓度，它又分为光学浊度法、红外线吸收法、紫外线吸收法和荧光法。

四、油水分离器的操作

不同型式的油水分离器在其使用说明书中都规定了它的操作程序。正确地使用和操作是保证油水分离器充分发挥其分离能力的先决条件和重要保证。轮机人员应仔细阅读其使用说明书，了解其工作原理、操作运行及维护要求等。通常的操作步骤如下：

1. 启动的检查及准备

（1）使用分离设备和过滤系统排放前，应先征得驾驶员同意，并注意监视海面是否有明显油迹。

（2）首先检查油水分离装置的水、油、气源系统及电气线路安装是否正确。油水分离首次启动运转时，首先应向分离筒内注满清水，注水时应将分离筒顶部空气阀和高位检查旋塞打开，直至水从这些阀流出后，再将其关闭并停止注水。否则的话，分离器顶部充满空气，很可能会导致油位探测器误动作，将自动排油阀打开，大量的污水/清水灌入污油柜。

（3）打开出水、排油、泵前引水管系及吸入清水（海水或淡水）管系上的阀，关闭舱底油污水吸入阀。油水分离器在首次使用或清洗后投入使用时应先注满清水，以便有助于洗掉可能黏附的油污和杂质，避免油污水对分离器的污染。

（4）接通电源，启动配套泵的电机，向油水分离装置内供水，查看配套泵的转向是否符合箭头指示方向。此时自动排油指示灯应亮；直至顶部空气阀中有水溢出，表明分离器内已注满水，排油指示灯应自动熄灭。启动污水泵前应先打开舷外排出阀，检查自动排油装置和应急操纵手轮是否处于正常位置。

（5）打开舱底水吸入管系上的阀，然后关闭清水阀，由配套泵将舱底油污水输入分离装置进行分离处理；同时开启监控系统，调整排放水的含油指标为15ppm，确认监控系统和自动停止排放装置正常，并一直处于运行中。

2. 运行中的管理及注意事项

油水分离器在使用中若管理不善，分离性能就会下降，排水中含油量将超过排放标准，甚至将大量污油排出舷外，因此，必须严格按照各项管理要求使用油水分离器。

日常检查的内容包括：

①检查控制箱

油水分离器控制箱有输油泵电控箱、自动排油电控箱及排油监控系统电控箱等，有的是结合在一起，有的是分开的。在检查时，主要查看各电控箱能否对相关的用电设备正常供电及控制，有关指示灯能否亮。若电源指示灯不亮，则可能是总配电板或分配电板上油水分离设备电源开关未合闸，或电控箱内保险丝断了。

②检查分离器和管路

查看油水分离器本体，确认：无严重锈蚀、无锈穿现象；铭牌明显，标明的处理能力与证书相符；查看本体上取样口的阀门，畅通、开关自如。

查看有无不经油水分离器而直接排往舷外的旁通管路。若有，必须割除。若暂时不具备割除的条件,允许临时用盲板封死。查看管路是否锈蚀严重,有无漏水现象。

③检查排油监控系统

可通过试验,检查油水分离器排油监控系统的报警功能。

具有自动停止排放功能的油水分离器排油监控系统,还需检查油水分离器在超过15ppm时能否使分离器专用配套泵停止运转,或能否使油水分离器排水管路上的气动、电磁、气动/电磁组合式等的三通阀动作。若不能,则说明油水分离器排油监控系统本身的故障或三通阀故障。

三通阀故障可能有:电磁阀故障;气动三通阀驱动气体未达到设定气压;三通阀本身漏气。

④检查排油电磁阀

可通过从油水分离器自动排油按钮转换到手动排油按钮时的下列现象判断其正常:排油电磁阀,手触有振感,且可听到动作声;排油指示灯亮;观察镜中,可看到有污油排出等。

如油水分离器排油电磁阀设计成处于自动排油状态,可以通过在控制箱内的强制性动作试验按钮,查看排油电磁阀是否处于良好工作状态。

⑤检查油位探头

油位探头通常在非排油状态。油水分离器腔体内充满水时,探头上的工作指示灯是亮的(工作指示灯需打开探头盖才能看到)。若只是油位探头指示灯不亮,可能是油水分离器排油电磁阀故障。若油位探头工作指示灯不亮,而相应排油电磁阀开启指示灯亮,可能是探头受到污染,需要抽出来擦洗干净。若油位探头工作指示灯不亮,且相应油水分离器排油电磁阀开启指示灯也不亮,或相应探头取样口有污油排出,则可能是油水分离器探头本身故障,电信号不能传送到电磁阀处。

⑥检查运转情况

检查油水分离器专用配套舱底水泵在供电后能否正常运转,所附连的压力表、真空表或混合型的压力、真空表是否有指示,根据油水分离器泵的出口压力来判断泵的工作状态。在泵运转过程中,还需查看泵是否漏水(有时会出现盘根漏水的现象)。

3. 油水分离器使用注意事项

油水分离器在使用中应充分注意排油、加热和清洗。

①一定要按油水分离器说明书规定的条件(油水分离器工作压力、额定处理量、泵类型、转数等)使用油水分离器。调整排出水管路上阀的开度,保持分离器内具有一定压力,以利于分离器内污油排出。观察压力表、真空表等指示值是否正常,探测配套泵轴承表面温度是否在允许的范围内。设有电加热器温度自动控制的分离装置,应注意查看分离器上的温度表,以防温度过高产生故障。严禁分离器内无水时启动加热器。

②运行中特别注意避免油水分离器超负荷。所谓超负荷,即超过其达到排放标准的分离能力。如果供水量过大,或排油装置失控、积油过多,都会降低分离效果,造成污油污染分离器内壁。检验超负荷的方法:一是检查低位检验旋塞,当它有油流出时说明积油过多,应立即排油,如果自动排油失灵应改为手动排油;二是通过出水口水样的观察,如果发现有可见的油迹,应停止分离器工作。

③观察处理后的排出水的水质和油分浓度报警器的工作情况。在刚启动油水分离器或运行一段时间后,经常出现油分浓度检测装置误报警,可能是由于油分浓度检测装置的玻璃管内壁脏污,此时应视情况手动清洁。

④要定期排放集油室中空气,防止自动排油装置因存气太多而失灵。

⑤油水分离器的供水泵多为单螺杆泵或柱塞泵,运行中千万不能空转,不允许泵在关阀时运行。无自动控制停泵装置或未设置泵干运转保护的油水分离器,应注意在舱底油污水吸空前及时停泵,避免配套泵空转而烧坏。

⑥为保证分离效果,根据气候条件和污水中油种的不同,采用加热的方法提高分离效果。蒸汽加热器一般用0.25~0.3 MPa的饱和蒸汽加热到40~60 ℃为宜,以加速油滴上浮和黏附内壁上的污油脱落。

⑦每次运行油水分离器时,切忌一次将舱底水柜彻底排空。以免舱底水柜内积存在上部的污油大量进入油水分离器,显著降低其性能。

⑧在油污水排放完后停用分离器之前,应引入海水继续运行20~30 min,用以清洁油水分离器及其监控系统,以免被油污堵塞和污染。停泵后,应关闭油水分离器的进、出口阀,防止筒内充满的水泄漏,减轻内壁氧化腐蚀。

⑨每次使用油水分离器进行舱底水排放,均应记入油类记录簿。

⑩经常注意检查保养。定期进行清洗分离器内部或调换集结元件,一般1~2个月应清洗一次,为清洗沉积在分离元件表面上的蜡质等黏附物,最好用50~60 ℃的热水清洗,但也有的分离器不能用热水或蒸汽清洗,这一点应引起注意。一定不能用任何种类清洁剂清洗油水分离器。

要及时排出聚集在分离器集油室内的油,自动排油装置如发生故障时,应采用手动排油。

五、含油污水的排放要求

根据MARPOL公约要求,含油污水的排放要满足:含油污水的浓度不超过15ppm。油水分离器应有自动停止排放装置。在适用情况下,自动停止排放装置指当排出含油污水含油量超过15ppm时用于自动关停油性混合物的任何舷外排放的装置。该自动停止排放装置为一种阀门装置,装于15ppm舱底水分离器的排出口处,当排出含油污水含油量超过15ppm时自动将排向舷外的排出含油污水引至舱底水舱。

六、每次排放舱底水的记录

根据公约要求,每次排放舱底水必须记录的内容:

(D) 机器处所积存的舱底水非自动方式排出舷外或其他处理

13 排放或处理的数量,以立方米计。

14 排放或处理的时间(开始和结束)。

15 排放或处理的方法:

.1 通过15ppm设备(说明开始和结束时的船位);

.2 排入接收设备(注明港口);

.3 驳入污油水舱或污水储存柜(编者注:指在IOPP证书附录格式A和格式B中第3.3项所列的污水舱):注明油舱编号;注明转驳的数量和留存在舱柜内的总量,以立方米计。

(E) 机器处所积存的舱底水自动方式排出舷外或其他处理

16 系统转为自动方式操作,通过15ppm设备向舷外排放时的时间和船位。

17 系统转为自动方式操作,将舱底水驳入污水储存柜的时间(注明舱柜号)。

18 系统转为手动方式操作时的时间。

(F) 排油监控系统的状况

19 系统失效时间。
20 系统恢复运转时间。
21 故障原因。

现在远洋船舶中涉及最多的是 D 项,F 项不常遇到,E 项很少用。

第五节　防污染管理文件及操作记录

一、VOC(挥发性有机化合物)管理计划的相关要求

1. VOC(挥发性有机化合物)的成分

VOC 的成分主要包括烷烃、烯烃、芳烃、醛类或酮类等物质,具有特殊的刺激性气味,而且部分已被列为致癌物,如氯乙烯、苯、多环芳烃等,部分 VOC 对臭氧层也有破坏作用,如氯氟烃和氢氯氟烃。

2. VOC 的物理特性

①熔点低,易分解,易挥发;
②常温下,大部分为无色液体,具有刺激性或特殊气味;
③大部分不溶于水或难溶于水,易溶于有机溶剂;
④相对蒸气密度比空气重;
⑤大部分易燃易爆。

3. VOC 管理计划的相关要求

载运原油的液货船须在船上备有并实施经主管机关认可的 VOC 管理计划。该计划应根据 MEPC 制定的指南编写,计划具体到各船并至少:
①为装载、海上航行和卸货时的 VOC 排放减至最低限度提供书面程序;
②考虑到原油洗舱产生的额外 VOC;
③指定负责实施该计划的人员;
④对于国际航行船舶,用船长和高级船员的工作语言编写,如船长和高级船员的工作语言既非英语、法语,也非西班牙语,则应包括其中一种语言的译文。

二、垃圾管理计划的相关内容

1. 垃圾管理计划

100 总吨及以上的船舶和核准载运 15 名或以上人员的船舶,均应备有一份船员必须遵守的垃圾管理计划。该计划应就减少、收集、储藏、加工和处理垃圾以及船上设备使用等提供书面程序,还应指定负责执行该计划的人员。该计划应基于本组织制定的指南,并用船员的工作语言书写。

2. 垃圾记录簿

400 总吨及以上的船舶和核准载运 15 名或以上人员、航行于其他公约缔约国管辖权范围内的港口或近海装卸站的船舶,均应备有一份垃圾记录簿。

(1)垃圾记录簿应记录每次排放入海或至接收设备或完成的焚烧作业,并应由主管高级船员在排放或焚烧当日签署。船长应在垃圾记录簿完成记录的每一页上署名。垃圾记录簿的每项记载应至少用英文、法文或西班牙文书写。如果这些记载也使用该船船旗国的官方语言书写,在发生争执或有不同意见时,以船旗国的官方语言的记载为准。

(2)每次排放或焚烧记录应包括日期、时间、船位、垃圾种类和被排放或焚烧的垃圾的估算量。

(3)垃圾记录簿应存放于船上或固定或浮动平台上的在所有合理时间随时可供检查的地方。该记录簿应自最后一次记录日期起保留2年。

三、防海生物系统的相关要求

船舶防海生物系统(Marine Growth Preventing System,MGPS)是船舶海水系统的一个非常重要的装置,如图9-20所示。它的作用是预防海洋生物吸附和腐蚀海水系统的海底门、海水管道及海水冷却器等设备上。

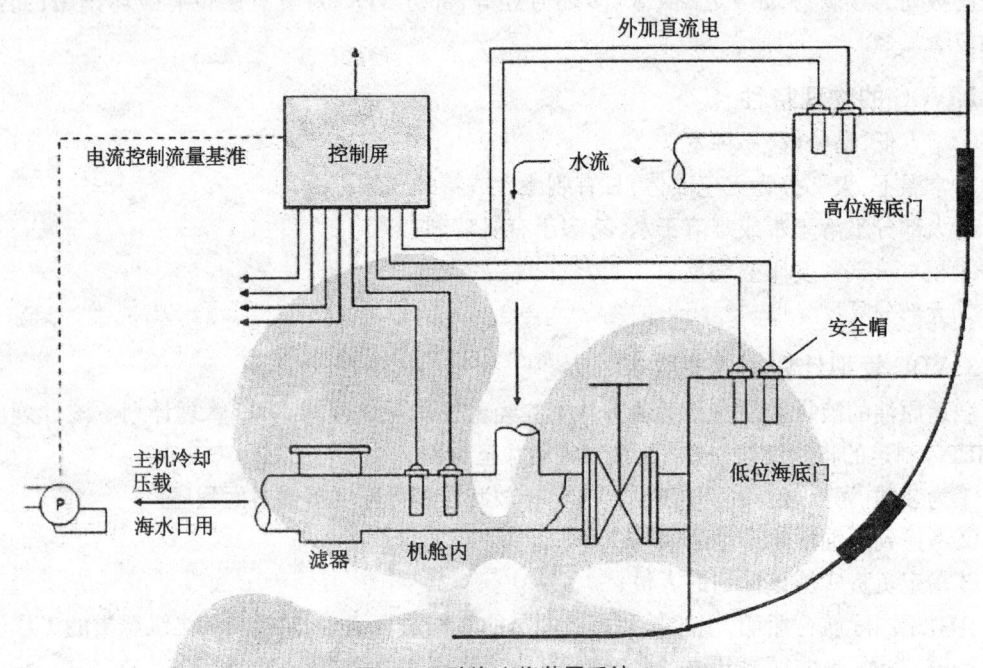

图9-20 防海生物装置系统

目前最常用的防海生物装置主要有2种,即电解海水装置防污装置和电解铜、铝铁防污装置。防海生物装置的类型及其处理量是根据船舶和海上设施的海水的用量及其用途而决定的。

(1)电解海水装置是通过铂钛电极或者另外的特制电极对海水进行电解,在电解过程中产生有效的氯离子来杀死海生物,电解海水产生的次氯酸钠、次氯酸及氯气,这些都是强氧化剂,能够有效地杀死海水中的生物及幼虫,从而达到防海生物的目的。

电解海水防海生物装置对海生物的防治比较彻底,同时对海洋环境无污染,对于海水管系还能起到阴极保护功效(直接电解海水方式)。

(2)目前大多数船舶采用的防海生物装置是电解铜/铝(铁)防海生物装置,通常此种装置电极会安装在船舶的高低位海底及应急海底门上,有利于电极的定期检查及更换。

这种直接式电解铜、铝装置是现代船舶最常见的形式。它具有结构简单，安装方便，成本低等特点，不需要专门的摆放空间，但更换阳极不方便。

这种防海生物装置的控制系统采用PLC控制面板进行操作。其操作方法如下：

（1）接通电源。

（2）根据说明书设定高/低位海底门阳极的工作电流。在正常情况下，工作电流是不需要更改的，但进行了海底门的转换，则需进行相应的更改。

（3）日常检查：电线连接、电极的电流/电压等参数。

（4）海底门应定期进行开关试验，防止海底门被海生物堵塞。

（5）平时进行海底门滤器清洗时，尽量关闭控制盘上的开关。

四、压载水管理公约的相关要求

1. 压载水管理计划

每一船舶均应在船上携带并实施压载水管理计划。此种计划应由主管机关批准并考虑到本组织制定的指南。压载水管理计划是各船特定的并应具体说明：

（1）本公约要求的压载水管理有关的该船舶和船员的安全程序。

（2）本公约中所载的压载水管理要求和补充性的压载水管理实践所应采取的行动。

（3）详述沉积物的海上处置程序和岸上处置程序，包括与将在其水域中进行海上排放的国家当局协调的船上海上排放压载水管理程序。

（4）指定在船上负责确保计划得到正确实施的高级船员。

（5）本公约规定的船舶报告要求以船舶的工作语言写成。如果使用的语言不是英文、法文或西班牙文，则应包括其中之一的译文。

2. 压载水记录簿

每一船舶均应在船上备有至少载有附录Ⅱ规定信息的压载水记录簿。该记录簿可以是一种电子记录系统，或可以被合并到其他记录簿或系统中。

压载水记录簿的记录事项应在完成最后一项记录后保留在船上至少两年；此后应在至少三年的期限内由公司控制。在依据公约相关条款排放压载水时，或在发生本公约未以其他方式予以免除的压载水的其他意外或异常排放时，应在压载水记录簿中做出记录，说明排放情况的理由。压载水记录簿应在所有合理时间随时可供检查；对于被拖带的无人船舶，可放在拖船上保存。

每一压载水作业均应及时在压载水记录簿中做出完整记录。每一记录均应由负责有关作业的高级船员签字，每一页填写完毕均应由船长签字。压载水记录簿中的记录事项应以该船的工作语言填写。如果该语言不是英文、法文或西班牙文，则该记录事项应载有其中一种语言的译文。当填写的记录事项也使用了船舶有权悬挂其国旗的国家的官方国家语言时，在发生争端或有不一致时，应以此种语言填写的记录事项为准。经当事国正式授权的官员，当船舶在该当事国的港口或离岸码头时，可在本条适用的任何船上检查压载水记录簿，并可制作任何记录事项的副本和要求船长证明该副本是真实副本。经此种证明的任何副本应在任何诉讼中被允许作为记录事项中所述事实的证据。压载水记录簿的检查和被证明的副本的制作应从速进行，不应造成船舶不适当的延误。

第六节　保护海洋环境的积极措施

一、船舶加油时的积极措施

船舶在加装燃油时，为防止跑、冒油，保护海洋环境，应采取积极有效措施，防止污染海洋的事故发生。严格按照ISM体系规定执行加油程序，做好加油计划，正确管理好加油阀件，由专人值守。

二、装/卸油

严格按照油船的装卸货油程序进行操作。

装货作业：

(1) 控制流速：装货流速应符合规定的安全标准要求，以防止静电产生。

(2) 控制装载量。

(3) 在作业过程中：①检查装货动态、流量、压力等；②检查有无渗漏现象；③检查系缆情况；④判断货舱的装载量及货舱转换时间。

(4) 装货完成，在脱开软管及吊臂前，应用空气或氮气吹除管内残油。

卸货作业：

卸货排量限制：根据管径、舱容、设备规定的压力或规定的其他具体条件，确定合适的流量。卸货过程应注意观察泵及管路上是否有发热，应定期检查泵舱内气体浓度，确保安全。

三、化学品和危险货物运输

严格按照《船舶载运危险货物应急程序》《国际海运危险货物守则》执行。

四、油舱清洗、货舱清洗、排出舱底水（货舱与机舱的舱底水）、压载水置换、驱气和除气

(1) 油舱清洗：洗舱人员严格遵守油船操作安全规定，认真执行洗舱计划。洗舱水处理，严格按照相关公约及法规规定进行排放；或由岸上接收处理。

(2) 货舱清洗水及机舱舱底水的排放：清洗水严格按照相关公约及法规进行排放。

(3) 油船货舱驱气/除气

驱气：用惰性气体驱除油气，惰性气体密度略小于油气；

除气：用新鲜空气驱除油气或惰性气体，新鲜空气密度略小于油气和惰性气体。

遵守IBC规则。

(4) 压载水置换

目前主要采用以下两种置换方法：

①排空-注入法

此方法的基本原理是将压载舱的压载水全部排出，直到把压载水排空为止，然后用深海海水重新加满。

该方法中，压载水的排空和注入通过已有的压载水管系和压载泵就可以实现。IMO规则

推荐应在压载舱完全没有吸入时,才可以将压载水排出舱外。因此,在满负荷压载时,载荷大的变化将会影响到船舶的稳性、结构强度、吃水以及纵倾。

②径流法

此方法的基本原理是把深海海水从舱底泵入使压载水从舱顶连续不断地溢出,直到换掉足够量的压载水,以减少残留在舱中的微生物的数量。

巴西提出了一种新的置换压载水的方法——稀释法,即用3倍于舱容的水量从顶边舱注入,底部流出。此方法比底部注入、顶部流出产生的紊流大,有利于搅起沉积物,效果更好。

五、其他垃圾、生活污水

其他垃圾及生活污水均应按照 MARPOL 公约的要求进行处理与排放。

第十章
领导力和团队工作技能运用

第一节　机舱资源管理

一、机舱资源管理概述

现代船舶在船舶设计和制造技术领域取得了一系列重大进展和突破,在较大程度上改进了结构安全性与综合性能。然而,在安全方面的改进却不能令人满意,人为因素在使用先进的设备的情况下仍然出现,并且这种情况越来越明显,这充分说明了人为因素是导致海上事故的主要原因。

大量海难事故的统计分析表明,海难事故中有80%以上与人为因素有关。所谓人为因素是指人的行为或使命对一特定系统的正确功能或成功性能的不良影响。1997年6月23日,国际海事组织所属的海上安全委员会和海洋环境委员会经过与有关国家专家的长期研究,联合发布了《人为因素统一术语》,将海上事故中人为因素的主要表现归纳为五点:

(1)人的行为能力的降低:主要体现在易激动(冲动)、恐慌、焦虑、个人问题、精神创伤、酗酒、服用药物或吸毒、注意力不集中、伤害、思维疾病、身体疾病、消极、故意误操作、疲劳、士气低落、缺乏自律、视力障碍、工作负荷过大。

船舶航行中操作人员的行为有几个重要方面。第一,船员心理状态,当船员在船舶航行中处于不良的心理状态,比如紧张、激动、孤独等情绪时,就很容易造成感知错误,继而产生错误判断,再者就会直接导致操作失误。第二,船员的生理方面,这方面主要包括船员身体健康程度和疲劳程度两个方面。由于船舶长期在海上航行,船员不仅要能够长时间持续工作,还要承受不同航区气候的变化。故船员的身体健康与否会对船舶航行安全构成直接影响。同时,船员的大脑疲劳在生理上表现为感觉迟钝、动作不准确且灵敏性降低,在心理上表现为注意力不集中、思维迟缓、反应慢、心情烦躁等。因此,疲劳会使不安全行为增加,船舶操纵质量下降,导致船舶安全事故或潜在安全事故增加。

(2)海上环境:环境因素是指航区天气、海况以及船舶自身等因素。主要体现在自然环境险恶、机舱设计方面的不良情况对人为因素的影响。

影响海运安全的气象海况条件包括能见度、风(浪)、洋流和潮汐等。例如：在大风浪中航行，船员必须争取并充分利用一切有利因素，努力避免船舶陷入被动而形成险局。一旦出现险情，不要惊慌失措，要齐心协力战胜困难，树立战胜大风浪的信心。轮机部门要尽全部力量保障主机、辅机和舵机处于良好可使用状态，保证船舶动力正常，只有这样才能掌握主动权，使船舶在大风浪中不致失控。另外，海域交通环境因素也非常重要，在近海岸最容易发生海上事故，原因不仅仅是由于航道狭窄，还包括这一地区有大量的浅滩、暗礁、沉船等阻碍正常航行的障碍物，还有就是在这一海域的船舶通航密度增大，进而造成船舶发生碰撞事故的概率增大。

(3) 安全管理：主要体现在操作知识不足、对相应局面的联系/认识不足、缺乏联系和协调、对规则和标准的认识不足、对船舶操作程序不了解、对岗位职责不了解、缺乏语言技能等。

统计分析表明，人为因素中约有80%可以通过有效的管理加以控制的，即通过强化公司的内部管理和船舶的安全管理加以控制。海事检查发现，地方和民营船舶公司所属船舶的安全缺陷明显多于国家骨干航运企业所属船舶。只有积极而且有效的管理，才能将航运公司的各个部门、船上各个环节和不同的个体有机地联系在一起，进而减少事故的发生。

(4) 营运：主要体现在不遵守纪律、指挥失败、监督不足、协调或联系不足、硬件资源管理不善、配员不合适、没有足够的人力资源、工作计划不良、规章或程序实践不良以及错误应用。

(5) 脑力劳动：主要体现在缺乏对局面的认识、缺乏洞察力、辨认错误、识别错误。

现在船舶设备的可靠性已远远大于人的操作可靠性，人的失误对船舶安全构成了更大的威胁，这就使得提高船舶安全的关注点逐步转移到人的身上。国际海事界和航运界也意识到，对于船舶安全和防污染的管理，必须正视人为因素和管理机构的职能。为此，IMO和相关组织进行了大量研究，并制定了一系列的规则和标准，其中包括 IMO 对相应公约的修改，IACS 针对船舶安全问题采取了一系列行动，发布了重要的统一要求(United Requirements, UR)以及货物装卸、检验和维修方面的指南文件。尽管这些公约、修正案对改善船舶安全发挥了重要作用，然而从总体上讲，在船舶安全系统中，人为因素问题并没有得到很好的解决，为此，国际海事组织将与人为因素相关的工作列为21世纪的工作重点之一。

为解决人为因素引起的安全问题，早在20世纪90年代，瑞典、挪威、芬兰和荷兰等欧洲国家的交通与海事安全主管部门、船东协会、航运公司和引航员协会等借鉴北欧航空公司(SAS)为飞行人员成功举办飞行团队管理和控制课程(Crew Resource Management, CRM)的经验，结合船舶实际情况，开发了"驾驶台资源管理"(Bridge Resource Management, BRM)培训课程。STCW 78/95 公约将 BRM 内容纳入 STCW 规则的 B 部分，作为一项建议性指导。

船舶机舱的资源远比驾驶台丰富，对于其资源的管理，直接影响着船舶营运的安全、海洋环境的保护、航运企业的经济效益和对外的信誉。因此，在 BRM 培训课程的基础上，结合轮机部门的实际情况开发了"机舱资源管理"培训课程(Engine Room Resource Management, ERM)。

2005年1月10日—14日，IMO 在第36次 STCW 预备会议中，签署通过了一项关于 STCW 78/95 的 B-Ⅷ/3-2 部分的修正案。该修正案将 ERM 列为一项建议性指导。2009年2月2日—6日，IMO 在 STW 分委会第40次会议中，将 ERM 的原则性要求移至 A 部分，进一步完善了第Ⅷ章的修正案初稿。2010年1月，IMO 在 STW 分委会第41次会议上完成了终稿。2010年6月，国际海事组织通过了《STCW公约马尼拉修正案》，修正案将"机舱资源管理""领导力和团队工作技能的运用"纳入 STCW 规则的 A 部分。

二、机舱资源管理的构成与原则

（一）资源与管理

1. 资源的含义

广义的资源指人类生存发展和享受所需要的一切物质和非物质的要素，所以资源包括物质和非物质的要素。狭义的资源仅指自然资源，是指在一定的时间、地点的条件下能够产生经济价值的，以提高人类当前和将来福利的自然环境因素的总和。

目前，在资源概念的解释和使用上有多种情况。总起来讲，资源是指在一定历史条件下被人类开发利用以提高自身福利水平或生存能力的，具有某种稀缺性，受社会环境约束的各种环境要素或事物的总称。

通常我们将资源按以下几种情况分类：
(1) 按资源的基本属性不同分为：自然资源、社会资源；
(2) 按利用限度划分：可再生资源、不可再生资源；
(3) 按其性能和作用的特点：硬资源、软资源；
(4) 按资源的更替特点：可更新资源、不可更新资源；
(5) 按自然资源的固有属性：可耗竭性、可更新性、可重复使用性、发生的差异性等。

2. 管理的含义

长期以来，许多中外学者从不同的研究角度出发，对管理做出了不同的解释。直到目前为止，管理还没有一个统一的定义。西方各个管理学派，按照其各自的管理理论，对管理的概念有不同的解释。其中有以下几种情况：
(1) 管理是一种程序，通过计划、组织、控制、指挥等职能完成既定目标。
(2) 管理就是决策。决策程序就是全部的管理过程，组织则是由作为决策者的个人所组成的系统。
(3) 管理就是领导，则强调管理者个人的影响力和感召力对管理工作的重要意义。
(4) 管理就是做人的工作，它的主要内容是以研究人的心理、生理、社会环境影响为中心，激励职工的行为动机，调动人的积极性。

综合各种观点，对管理的比较系统的理解应该是：管理是管理者或管理机构，在一定范围内，通过计划、组织、控制、领导等工作，对组织所拥有的资源（包括人、财、物、时间、信息）进行合理配置和有效使用，以实现组织预定目标的过程。

这一定义有四层含义：第一，管理是一个过程；第二，管理的核心是达到目标；第三，管理达到目标的手段是运用组织拥有的各种资源；第四，管理的本质是协调。

3. 资源管理的含义

资源管理是指对所拥有或应当拥有的资源进行组织、协调、控制、改进，以使其正常发挥其效用的过程。所拥有的资源一般可分为人、机、料、信息、环境等五种主要资源，而这些资源是企业生存和发展所必备的条件，没有资源或没有完备的资源就不能或不可能正常进行企业经营运作，不可能有目的地产出，也就不会有满意的产品或服务。"皮之不存，毛将焉附？"所谓的质量也就没有意义了。因此，从某种意义上说，企业管理，特别是质量管理，就是对资源的管理。

(二)机舱资源管理的构成

机舱资源管理,属于管理科学的范畴。它是管理科学的一个具体的分支和应用。机舱资源管理是轮机人员充分利用船舶机舱人力、物力、信息、环境等各种资源,通过机舱组织和程序的执行,充分发挥轮机部团队的作用,对各种信息充分沟通和交换,明确各自在机舱各项工作中的职责,对机舱现有的各种机械动力设备、安全设备,进行合理配置和有效使用,减少和杜绝潜在的人为失误,以达到船舶安全营运的目的。

机舱资源的构成如图10-1所示。《STCW公约马尼拉修正案》中强调的是机舱人力资源(软资源)的管理。

(三)机舱资源管理的原则

《STCW公约马尼拉修正案》关于机舱资源管理的内容在STCW规则第A-Ⅷ/2节"值班安排和应遵循的原则"及第3部分"值班的一般原则"中,要求值班应基于下列驾驶台和机舱的资源管理原则:

(1)应确保根据情况合理地安排值班人员;
(2)在安排值班人员时应考虑人员的资格或适合能力的局限性;
(3)应使值班人员理解其个人角色、责任和团队角色;
(4)船长、轮机长和负责值班的高级船员应保持适当的值班,并最有效地使用可用资源,如信息、装置/设备和其他人员;
(5)值班人员应理解装置/设备的功能和操作,并熟练使用;
(6)值班人员应理解信息及如何回应来自每一工作站/装置/设备的信息;
(7)所有值班人员应适当地共享来自工作站/装置/设备的信息;
(8)值班人员在任何情况下应保持适当的相互交流;
(9)对为安全而采取的行动产生任何怀疑时,值班人员应毫不犹豫地通知船长/轮机长/负责值班的高级船员。

STCW规则第A-Ⅲ节"关于轮机部的标准"的适任项"保持安全的轮机值班"要求具备机舱资源管理原则的知识,包括:

(1)资源的分配、分派和优先排序;
(2)有效的沟通;
(3)决断力和领导力;
(4)具有和保持情景意识;
(5)考虑团队经验。

适任项"领导力和团队工作或管理技能的运用"要求:

(1)船上人员管理和培训的实用知识;
(2)国际海事公约和建议以及相关国内立法的知识;
(3)运用任务和工作量管理的能力,包括计划和协调、人员指派、时间和资源的限制、优先排序;
(4)运用有效资源管理的知识和能力,包括资源的分配、分派和优先排序、船上和岸上的有效沟通、决策反映出团队的经验、决断力和领导力(包括激励)、具有并保持情景意识;
(5)运用决策技能的知识和能力,包括局面和风险评估、识别并考虑选项、选择行动方案、评价结果的有效性。另外,STCW规则第B-Ⅷ/1节"关于适于值班的指导"涉及的"防止疲劳"和"防止滥用药物和酗酒"也应在机舱资源管理的培训内容中。

(四)机舱资源管理的特点

机舱资源管理的工具是机构,没有机构也无法实现管理。机舱配备的一定编制的技术管理人员,他们的组织形式就是机构。管理的手段是"法"。所谓"法",广义上,不仅包括有关法规、规范和公约,也包括航运企业内部和船舶各种规章制度。机构是由人员组成的,"法"是靠人员制定和执行的。人除了制定和执行"法"以外,还要传递信息了解情况,同时又运用信息进行联系。机舱资源管理的对象有物、财、时间和信息,同时也包括人。机舱所属的各种设备、备品、燃油、物料、材料以及工具仪器等就是物;在管理中达到某些经济指标,如节油、节水以及节省修理费用等就是财;提高船舶装卸效率,加快船舶周转(其中也包括其他因素的影响,如自然条件、调度、货源等)就是时间;各种形式的交流经验,互通情报,就是信息。而所有这些都离不开人,都要通过人去完成。所以人是主导因素。机舱资源涉及的范围甚广,具体内容也相当复杂,基本内容如图10-1所示。其中人力资源管理是整个机舱资源管理的核心。

机舱资源管理体系中人是主体,机舱的各项工作都要落实到人,所以机舱管理很大程度上是人员管理。很多事例说明,在其他条件相同的情况下,由于不同的人在管理上差异所表现出来的生产能力是截然不同的。所以搞好人力资源管理,提高人的责任意识,提高人的技术业务能力,调节好人与人之间的关系,是搞好机舱资源管理的关键。

三、机舱资源管理的重要性

船舶机舱资源管理培训的目的在于通过进一步加强安全工作理念的学习与教育,使船舶机舱人员能在正确思想认识的基础上,提高思想认识,转变思想理念,端正自己的工作态度,熟悉与掌握一些实用的船舶资源管理的相关知识与方法,进而提高自己在船舶安全管理方面的水平,形成一种人人重视安全、自觉遵守各项安全制度、自觉维护船舶安全的安全文化,从根本上减少和消除人为因素造成的海事事故。

机舱资源管理的内容与以往许多技术或技能性学习与培训不同,通过对船舶机舱资源管理理论与知识的学习,可使船舶机舱人员能更好地做到以下各点:

(1)转变思想理念,端正工作态度

为了有计划、有组织、有控制、有激励、有协调、有创新性地将船舶安全管理水平上升到一个新台阶,船舶轮机人员必须通过船舶机舱资源管理的理论与知识的学习,改变理念、端正态度、规范行为来理顺工作思路与关系,改变和完善自己的工作行为,从而能将相关的理论知识与管理方法应用到实际工作中,确保船舶及其人员、机器和环境的安全。

(2)提高情景意识,及时发现和中止失误链与事故链

船舶机舱人员应能正确认识和了解各种内、外界因素对船舶航行安全的影响,掌握船舶的实际状态,始终保持高度的情景意识,对即将发生的情况或局面做出正确的判断,检查和监督其他轮机部成员所采取的操作行动,注意这些行动对船舶航行安全的影响,利用团队的智慧,规避风险。船舶事故大多数是由人为失误造成的。每一事故都是由一系列失误链或事故链引发的。正确了解工作环境情况,认识每一个失误链或事故链的形成过程与迹象,并能采取相应的措施,及时破断失误链或事故链,就可以终止失误链或事件链的发展从而避免事故的发生。为此,船舶轮机员应对船舶机舱设备的安全操作和管理做出周全的计划,并加以认真的实施和全程监控,以达到预期的安全目标。

(3)注重不同文化意识与背景,保持良好的通信与交流

轮机长或其他相关人员在从事船舶安全管理的工作中,应始终贯穿人性化管理的理念。

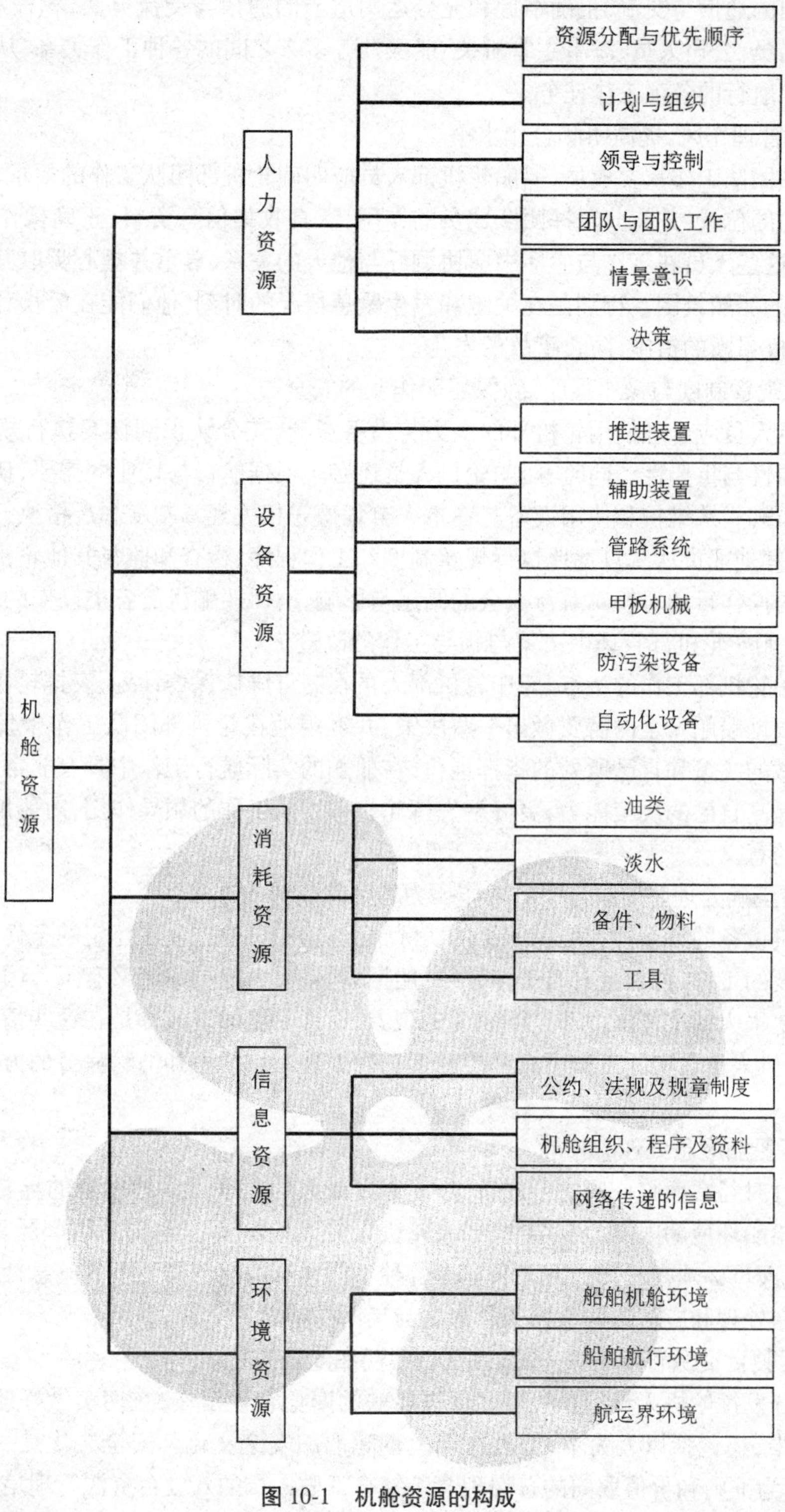

第十章 领导力和团队工作技能运用

```
                    ┌─ 资源分配与优先顺序
                    ├─ 计划与组织
          ┌─ 人力资源 ─┼─ 领导与控制
          │          ├─ 团队与团队工作
          │          ├─ 情景意识
          │          └─ 决策
          │
          │          ┌─ 推进装置
          │          ├─ 辅助装置
          ├─ 设备资源 ─┼─ 管路系统
          │          ├─ 甲板机械
          │          ├─ 防污染设备
机舱资源 ─┤          └─ 自动化设备
          │
          │          ┌─ 油类
          ├─ 消耗资源 ─┼─ 淡水
          │          ├─ 备件、物料
          │          └─ 工具
          │
          │          ┌─ 公约、法规及规章制度
          ├─ 信息资源 ─┼─ 机舱组织、程序及资料
          │          └─ 网络传递的信息
          │
          │          ┌─ 船舶机舱环境
          └─ 环境资源 ─┼─ 船舶航行环境
                     └─ 航运界环境
```

图 10-1　机舱资源的构成

应充分注意船员在生理、心理方面的特点；特别应注重相关人员之间，包括和外部人员之间各自的文化意识与背景，了解不同国家与民族之间的文化差异，并采用尊重、理解、学习等方法化解异国异族之间在信息沟通方面的障碍。同时，他们还应采取多种有效的手段加强和保持内

部与外部之间的通信与交流,正确掌握和充分运用适当的通信与交流方法,积极有效地沟通、协调自己与船员、公司人员、海事主管机关、船级社等多方之间的各种工作关系,从而有序和安全地完成船舶航行的各项工作任务。

(4) 改进管理作风,提高团队合作水平

作为船舶团队工作重要成员,船舶轮机部人员应明确轮机部团队工作的要求,摆正自己在该团队成员中的位置,并充分发挥团队成员的作用,认真收集信息资料,正确操作和管理机器设备。同时,这些人员在工作与生活中应协调好与他人的关系,尊重并虚心听取其他人员的意见,形成和谐的船舶氛围。特别是在关键和发生紧急情况的时刻,他们能在船长和轮机长的指挥下,采取积极果断的措施,防止事故的发生。

(5) 执行规章制度与操作程序,确保船舶作业的安全

船舶轮机人员应合理使用轮机部的人力与设备资源,充分认识到认真执行规章制度与操作程序的必要性与重要性。同时,船舶轮机人员还必须根据航行与作业的需要,认真地按照规定的各类操作规程来维护和使用设备。在本人自觉遵守相关规章制度和严格执行操作程序的基础上,监督其他船员认真自觉地执行规章制度和工作程序,检查和监督其他轮机部工作团队人员所采取的操作行动对船舶航行安全的结果与影响,确保船舶机舱各类操作的安全。

(6) 探讨船舶轮机部管理中决策与领导工作的改进

鉴于船舶轮机部工作的特点,船舶轮机部人员在制订维修保养计划、安排轮机设备检修等过程中必须根据船舶安全的需要做出一些决策,并客观地在轮机部团队工作中发挥领导的作用。他们所做的决策和自己所处的指挥地位,在船舶的实际航行工作中具有非常重要的作用。如何改进和提高自己的决策能力,更好地发挥轮机部团队工作的领导作用,对船舶安全航行具有非常积极的意义。

(7) 掌握正确处理船舶航行中的工作压力和消除疲劳的方法

由于轮机设备的复杂性和船舶航行的实际情况,船舶机舱作业在特定的条件下,是一项高难度和高强度的工作,再加上有时工作繁忙、船期周转快,而船员编制又有限等因素,船舶轮机人员极易产生很大的工作压力和过于疲劳的现象,而许多船舶事故都是在这些情况下发生的。为此,船舶轮机人员在实际工作中有必要掌握正确处理工作压力和消除疲劳的方法,以提高船员的续航力。

(8) 提高船舶应急处理的技能

船舶航行时经常面临一些由于设备、环境原因或人的因素而突然发生的异常情况与紧迫局面。因为船舶环境的限制与复杂性,如果轮机人员稍有处理不当,即可引起严重的后果。为此,船舶轮机人员必须在工作中熟悉和掌握各种不同紧急情况与局面下的应急处理方法,并不断提高自己在处理和应对这些不同紧急情况与局面的技能。

(9) 与驾驶台资源管理培训一起,旨在创建船舶安全文化

为了充分发挥轮机人员的积极性和促进船舶的安全管理工作,在切实做好船舶机舱资源管理的工作中,还包括以人为本,努力在船上创建船舶安全文化。安全文化是一种以保证安全、维护安全为准则和价值取向的普遍理念。结合驾驶人员的驾驶台资源管理培训,使得全船人员都能转变观念、端正态度,在维护和保证人员以及财产安全方面统一认识,创建一种自觉遵守安全操作制度、自觉执行各项安全管理规程、主动查找安全方面漏洞、人人为保证船舶安全做贡献的安全文化。

四、机舱资源管理的原则知识

(一)资源的分配、分派和优先排序

1. 机舱资源的分配和分派

作为一个轮机部门的领导,针对自己手里掌握的资源,无论是"人"的资源,还是"物"的资源、"信息"的资源、"环境"的资源或者"管理"的资源,首先要学会区分。知道所拥有的资源是重要的资源,还是一般的资源,甚至劣质的资源。然后进行合理的分配、分派或排序,所谓用其所长、避其所短、因人而异、因物而异、因时而异、因地而异、因变而异。

(1) 人力资源

在所有的资源里,"人"的资源是第一位的,即人的因素是第一性的。作为轮机部门的领导,必须了解下属的知识结构、实际技能、身体健康、心理承受能力和敬业精神及职业道德水平,知人善任、用其所长、避其所短,倡导一个"团结、紧张、严肃、活泼"的和谐环境。在使用经济方法调节时,要奖勤罚懒、奖优罚劣、赏罚分明。同时还要关心下属人员的成长,为他们设计发展规划,开展思想教育和业务学习,做好轮机部人员的职业道德、业务技术的训练工作。

(2) 设备资源

对"设备资源"要学会区分设备是关键设备还是一般设备。主机、副机、应急设备和防污染设备均属于关键设备,值班管理时要多加以关注,维修保养时要排在前列;其他的一般设备也要在负责的责任范围内进行检查、操作和测试;但须分清主次、轻重和缓急。

(3) 消耗资源

对"消耗资源"也要根据燃油、滑油、淡水、备件、物料和工具的排序进行管理和补充。在提倡低碳环保的现今,燃润油料是最重要的,以其保证船舶的安全运行和海洋防污染。

(4) 信息资源

"信息"的资源也要根据它的来源、重要性、急迫性、显性的或隐性的进行及时的、适当的反馈和处理。对于影响船舶安全、人身安全和关键设备安全的信息要引起足够的注意,及时做出反应和响应,必要时须报告上级领导和有关部门,并根据他们的指示和建议采取相应行动。

(5) 环境资源

一位优秀的管理人员应充分关注"环境"资源带来的影响,并做出合理的排序。如航运界环境资源(航运市场、货源、运价、汇率、保险、索赔、法规等因素)带来的影响;船舶航行环境资源(船舶航线、天文条件、水文条件、航行区域等因素)带来的影响;船舶机舱环境资源(机舱的温度、湿度、空气新鲜度、噪声、振动等因素)带来的影响。然后根据具体情况,做出正确的判断,采取相应的措施。

2. 优先排序

优先排序问题一直是运筹学、系统工程以及科学管理领域中一个十分活跃的研究课题,同时也是在实际中应用最广的运筹学分支之一,特别是对于在现有资源条件下提高工作效率和经济效益有重要的作用。优先排序是按时间的先后,将有限的人力、物力资源分配给不同的工作任务,使预定的目标最优或近似最优的问题。一般来说,优先排序涉及需要完成的人的因素、设备因素,工作时间、工作性质、资源运用等多种指标,是根据事情的重要程度决定优先顺序的。为什么要按照事情的重要程度来决定优先顺序呢?举一个例子:有一个非常大的桶,桶旁边放了一些大石块、小石块、水和沙子,你怎么做才能最大限度地把这些东西都放进桶里呢?

正确的顺序是先放大石块,再放小石块,再放沙子,最后放水,如果按照反过来的顺序,先把水倒进去,再放沙子,再放小石块,最后放大石块,这个桶就装不下这么多的东西。其实,人的精力就像这个桶的容量一样是有限的。大石块就相当于那些非常重要的事情,那些小石块、沙子和水其实就相当于那些琐碎的小事,如果先去处理那些琐碎的小事,到最后大的事情反而会被忽略到一边。所以要按照事情的重要程度来确定优先顺序,这样能够节省你的精力和时间,专注于你要做的事情。

应该按照什么来确定事情的优先顺序呢？这是一个仁者见仁、智者见智的问题。为了进一步说明这个问题,我们根据事情的重要和紧急程度的不同,将事情划分成为四种类型:

第一类就是既重要又紧急的事情。比如,房屋着火或者客户打来的投诉电话,对这种事情我们的态度是马上处理,防止危机进一步扩散。

第二类是重要但不紧急的事情。如平时要做的工作规划、预算,和客户沟通、同事之间的交流等,虽然不紧急但是一定要花很多时间。

第三类是不重要但是很紧急的事情。比如说,在工作的时候,你的父母或者好朋友突然打来电话,询问你的工作情况。事情虽然不是很重要,但是父母或好朋友打来电话仍需处理。所以要尽量减少这类事情的发生,无意义的闲聊应该杜绝。

第四类是非重要又非紧急的事情。

这四种类型的事情有一个规律:如果不把时间投资在重要但不紧急的事情,就一定会吃苦头。这类事情会使你的工作不能正常进行。

下面对优先排序在机舱资源中的应用进行介绍。

（1）确保在任何情况下保持轮机安全值班

STCW 公约要求值班制度的安排能使所有值班人员的效率不致因疲劳而削弱,并且班次的组织能使航次开始的第一个班及其后各班次人员均已充分休息,或者用其他办法使其适于值班。负责轮机值班的高级船员在轮机长的领导下,应能在召唤时立即到达机舱,在需要时,应在其负责的任何时间内始终身在机舱。全体船员应了解由于操作不当或意外事故对海洋环境造成污染的严重后果,并应遵照国际公约和我国有关防止船舶造成污染的法律、法规的要求,制定出本船防污染的具体措施,采取切实有效的手段,防止船舶对海洋环境造成污染。

（2）对船舶设备的安全管理

负责轮机值班的轮机员是轮机长的代表,在任何时候,主要负责对影响船舶安全的关键机械设备进行安全有效的操作和保养;并根据需要,负责值班责任范围内的一切机械设备的检查、操作和测试,确保在任何时候均能保证安全值班;特别注意对应急设备和防污染设备的维护、保养和管理,使之处于随时可用状态。

（3）工作性质的安全优先排序

依照 CWBT 和 PMS 的原则,根据轮机部维修保养工作任务的长期性或者短期性、工作要求的紧迫性或者日常性、工作对象的日常运转管理性或者维护修理性,从安全管理的前提出发,进行优先排序,然后付之于实际行动。

（4）对事故原因的排序

开展科学的轮机管理,对已发生的船舶事故、人身伤亡事故和机损事故的原因进行排序是十分重要的。统计资料证明,在人为因素造成的事故中,普通船员发生的概率要大于干部船员发生的概率,操作级船员发生的概率要大于管理级船员发生的概率。所以,轮机部门的领导,加强对下属人员的培训、教育和提高就非常必要,对事故原因进行及时、科学的排序也非常必要。

(二)有效的沟通

1. 沟通的含义和特征

(1)沟通的含义

沟通也称为信息交流,是指发信者把信息(也包括发信者的思想、知识、观念、意图、想法等在内)按照可以理解的方式传递给收信者,达到相互了解和协调一致的效果,以确保组织目标的实现。这个过程主要由信息的发信者、信息的接收者和信息传播媒介三个环节构成,而且实际上信息的发信者和接收者都有一个信息处理系统,这是一个最简单的沟通过程。

沟通有各种各样的类型,最常见的就是人与人之间的沟通,此外还有人与机器之间、机器与机器之间的信息交流。在管理的领导职能中,主要是人与人之间的沟通在起作用。

沟通应具备一些基本条件:

①沟通必须在两个或两个以上人之间进行;

②沟通必须有一定的沟通客体,即沟通情况等;

③沟通必须有传递信息情报的一定手段,如语言、文字等。

(2)沟通的特征

人与人之间的沟通,有一些特别的特征,区别于人机和机器与机器之间的沟通方式。

①人与人之间的沟通是通过语言文字来进行的。

②人与人之间的沟通,不仅仅有信息的交流,同时还伴随着情感态度的交流。

③人与人之间的沟通,受到人们心理因素的强烈影响。例如情绪好的时候和情绪差的时候沟通效果会有很大的不同。

④人与人之间的沟通存在一些特殊的障碍。例如,随着信息在人们之间的传播,信息会被过滤。另外,人们对信息的理解存在着选择性的认知,再就是情绪障碍、语言语义障碍等。另外一个方面的沟通障碍就是非语言提示,沟通不仅仅通过语言、人的动作同时也传达着信息。

2. 沟通的分类与作用

(1)沟通的分类

①正式沟通与非正式沟通;

②上行沟通、下行沟通和平行沟通;

③单向沟通和双向沟通;

④口头沟通和书面沟通。

(2)沟通的作用

①沟通有利于消除误会,确立互信的人际关系,营造良好的工作氛围,增强组织的凝聚力。

②沟通有利于协调组织成员的步伐和行动,确保组织计划和目标的顺利完成。

③沟通有利于领导者准确、迅速、完整地了解组织及部属的动态,获取高质量的信息,有助于提高领导工作的效率。

④沟通有利于加强组织与外部环境的联系,同外部环境进行物质、信息及能量的交换,保证组织与环境协调一致。

⑤沟通有利于激励下属的斗志,激发整体创新智慧,增强组织的持续发展动力。

3. 沟通的技巧

怎样克服各种各样的沟通障碍呢?尤其是人与人之间的沟通,怎样来提高沟通的效率呢?

这里有几方面的技巧。

(1) 有效地运用反馈

反馈是改善沟通效率的一种比较有效的工具。在沟通的时候,通过这种积极的反馈,就可以提高对方的沟通意愿。

(2) 要简化语言

沟通主要靠语言来进行,但并不是说得越多越好,实际上在很多场合下恰恰相反。为了有效地进行沟通,必须简化语言。可以自觉地运用"5W1H"的方式来进行沟通。"5W1H"实际上是阐述事情或者表达自己观点的一个简单的要领,即①What 何事;②Who 何人;③When 何时;④Where 何地;⑤Why 何因;⑥How 如何。

如果在表达自己观念的时候,能够自觉地运用"5W1H"来组织语言,沟通效能会得到很大的提高。

(3) 要遵循 6C 守则

为了有效地进行沟通,在沟通过程中要遵循 6C 守则,即清晰(Clear)、简明(Concise)、准确(Correct)、完整(Complete)、有建设性(Constructive)、礼貌(Couscous)。

清晰——表达的信息要清楚明白,不能模棱两可,能被接收者所理解。

简明——表达同样多的信息要尽可能占用少的信息载体容量,这样既可以降低信息保存、传输和管理成本,也可以提高信息使用者处理或阅读的效率。

准确——是衡量信息质量的最重要指标,直接决定了沟通结果。不同的信息会导致不同的结论和沟通结果。

完整——表达的信息描述要完整,没有遗漏,否则会因为断章取义或片面的信息导致判断错误或沟通错误。

有建设性——主要强调的是沟通的目的性。

礼貌——情绪和感受是影响人们沟通效果的重要因素,礼貌、得体的沟通形式有利于沟通目标的实现。

(4) 善于倾听

上帝给我们两只耳朵、一张嘴,意思就是让我们多听、少说。

倾听和听有区别。听是单从姿态讲,听到没听到,也许是另外一回事。而倾听意味着非常关注地接受对方给你的信息的传达。在很多管理人员的培训中,怎样听人讲话,是一个很重要的方面。听是需要有技巧的,善于倾听的人,尽管他本人也许言语不是很多,但是却能充分地进行沟通,能充分地让人理解。这就说明,作为管理者,听的本领同说的本领是同样重要的。在国外常常有这样的培训课程来训练或者教导管理者如何倾听别人的意见。例如要正面地面对讲话者,要用点头或者一些符号来表达对讲话者的赞许,鼓励他说下去。要让人感到放松等等,通过各种各样的措施来提高听的效率。

(5) 善于抑制自己的情绪

不要让自己的情绪影响沟通的效果。人的情绪每天有高潮和低潮。在沟通的时候,就要善于自我调节,尽量使自己保持一种最佳状态,从而提升沟通的效率。

4. 有效沟通

(1) 有效沟通的内涵

达成有效沟通须具备两个必要条件:首先,信息发送者清晰地表达信息的内涵,以便信息接收者能确切理解;其次,信息发送者重视信息接收者的反应并根据其反应及时修正信息的传递,免除不必要的误解。两者缺一不可。有效沟通主要指组织内人员的沟通,尤其是管理者与被管理者之间的沟通。

(2)有效沟通的原则

①能听话:不随意插断对方的话,听懂别人的想法。

②能赞美:沟通对象的话,有道理的地方,应适当予以赞美。

③能平心静气:沟通双方如无平心静气的心理准备,沟通起来就易于"斗气"。

④能变通:解决事情的方案绝对不止一个。

⑤能清楚说明:举个例子,"某块地有一英亩",听的人不见得清楚,再加以解说"一英亩大约等于一个足球场";从来没去过足球场的人还不清楚,那就再加以举例说"好像我们会议室的几倍大"。

⑥能幽默:举个例子,有一次美国总统里根打电话给众院议长欧尼尔,他说:"依神的旨意,你我为敌,只能到下午六点,现在是下午四点,我们就把它假装现在是六点,好不好?"一句话,就此解决了彼此沟通的障碍,多高明呀!

(3)沟通障碍

所谓沟通障碍,是指信息在传递和交换过程中,受噪声的干扰而失真或中断。沟通障碍包括传送障碍、接受障碍、信道障碍。

克服沟通障碍的艺术有:①建立正式、公开的沟通渠道;②克服不良的沟通习惯;③领导者要善于聆听。

(4)提高全员的沟通技巧

组织全员沟通技巧的培训,提高员工的沟通能力。

①改变沟通心态

建立平等、尊重、设身处地、欣赏、坦诚的沟通心态。

②清晰和有策略地表达

对不同的事情,采取不同的表达方式。

口语沟通做到简洁、清晰、对事不对人、注重对方感受;同时多利用身体语言及语音语调等,使对方利于理解,并产生亲和感。

书面沟通做到有层次、有条理、学会运用先图、后表、再文字的表达方式。

③仔细倾听

专注、耐心、深入理解式地倾听发言者所表达的全部信息,做到多听少说。

④积极反馈

对信息发送者所表达的信息给予积极的反馈(书面或口语回复、身体语言反馈、概括重复、表达情感等)。

5. 管理沟通

管理沟通分为外部沟通和内部沟通。

(1)外部沟通

外部沟通是通过公共关系手段,利用大众传媒、内部刊物等途径,与客户、政府职能部门、周边社区、金融机构等,建立良好关系,争取社会各界支持,创造好的发展氛围;二是企业导入企业形象识别系统,把理念系统、行为系统、视觉系统进行有效整合,进行科学合理的传播,树立良好企业形象,提高企业的知名度、美誉度、资信度,为企业腾飞和持续发展提供好的环境。

(2) 内部沟通

内部沟通是指为了实现组织的目标,组织内部领导班子成员之间、领导与下属之间、组织各部门之间以及职工之间关系的协调与信息交流。

内部沟通有两个70%值得注意。作为一个领导,每天大概有70%的时间是用来沟通的;在工作中所遇到的问题、障碍,70%是由沟通不畅造成的。一般来说,在内部沟通中容易存在三大障碍和问题:向上沟通无胆,向下沟通无心,平行沟通无肺。那么,领导如何破解这三个问题? 作为领导,要赋予下属胆量和勇气,让他们敢于反映问题,在和员工沟通时,要用心用情,在和同事或各单位各部门之间沟通时,要敞开心扉,共享经验。

6. 团队中的沟通方式

(1) 上行沟通

上行沟通指团队成员或基层一线工作人员通过一定的渠道与管理决策层所进行的信息交流。它有两种表达形式:一是层层传递,依据一定的组织原则或组织程序逐级向上反映;二是越级反映,减少中间层次,让决策者与团队成员直接对话。

通过上行沟通,小组成员可以直接向领导反映自己的意见,获得一定程度的心理满足;领导者或管理者可以通过这种方式了解整个部门或小组的状况,与下属形成良好的关系。但是在沟通过程中,下属因级别不同有心理距离,形成一些沟通障碍;害怕受到打击报复,不愿反映真实意见;经常性的信息被层层过滤,导致曲解,出现适得其反的结果。

成员不要畏惧或回避与领导者进行沟通,当然同时还要讲究一定的策略:

① 尽量不要给上司出问答题,而要出选择题;

② 永远不要只问问题,而不准备答案;

③ 准备随时随地沟通。

(2) 下行沟通

管理者通过向下沟通的方式传送各种文件精神、政策指令到组织的下一级成员,这些信息一般包括:有关的工作指示、计划安排,工作内容的描述,成员应遵循的政策、程序、规章,成员绩效的反馈等。

通过下行沟通,小组成员了解了小组目标和领导意图,增强成员对所在团队的向心力和归属感;协调组织内部各个层次的活动,加强组织原则和纪律性,使组织机构正常地运转。但是,如果这种方式使用过多,会造成领导者高高在上的印象,小组成员会产生抵触情绪,影响团队的凝聚力;来自最高决策层或公司管理层的信息经过层层过滤,容易被耽误、搁置。

相对而言,下行沟通比较容易,领导者居高临下,例如,船长随时都能用公共广播发出呼叫或指令;上行沟通因为权力距离的固有影响,会比较困难。传统的管理方式偏重于下行沟通,领导风格趋向专制;而现代管理方式中上行沟通和下行沟通并用,强调信息反馈,增加成员参与决策的机会。

(3) 平行沟通

平行沟通是指在组织系统(船舶)中,层次相当的个人及小组之间所进行的信息传递和交流。它包括一个系统内部各小组之间的沟通;小组内部成员之间的沟通。平行沟通既可以采取正式沟通的形式,也可以采取非正式沟通的形式。而通常以后一种方式居多,尤其是在正式的或事先拟定的信息沟通计划难以实现时,非正式沟通往往是一种极为有效的补救方式。

平行沟通可以使办事程序、手续简化,节省时间,提高工作效率;可以使系统内部各个小组之间相互了解,有助于培养整体观念和合作精神,克服本位主义倾向;可以增加员工之间的互谅互让,培养员工之间的友谊,满足员工的社会需要,使员工提高工作兴趣,改善工作态度。但其缺点表现在,平行沟通如果头绪多,信息量大,容易造成混乱;成员之间的平行沟通也可能成为其发牢骚、传播小道消息的一条途径,造成团队士气涣散的消极影响。

(三) 决断力和领导力

1. 领导

所谓领导,是指管理者运用其权力和管理艺术,指挥、引导、带动、激励和影响组织成员,协调他们的行动,激发他们的积极性和创造性,使他们为实现组织目标而做出努力和贡献的过程。

具体地说,领导职能是指领导者对组织成员施加影响,使他们以高昂的士气、饱满的热情为实现组织目标而努力,具体包括指导、沟通和激励等工作。

指导工作是领导者对下属的指点和引导,使他们明确方向和任务。具体指导方式包括以指令、指示形式指导和身先士卒、以身作则等形式指导。

在组织的集体活动中,领导者应当通过引导、指挥、指导等活动,帮助组织成员最大限度地实现组织的目标。尽管引导、指挥、指导等活动在形式上略有差异,但共同的要求都是:领导者不是站在组织成员的后面去推动、去督促,而是作为带头人来引导他们前进,鼓舞人们去奋力实现组织的目标。拿破仑·波拿巴曾说过:"只有糟糕的将军,没有糟糕的士兵。"我国也有俗语:"干部,干部,先走一步。"这些都说明,领导者只有站在群众的前面,以身作则,身先士卒,才能真正起到指挥的作用。

沟通工作是领导者与同事或下属交流思想、互通信息、协调关系,在相互理解基础上求同存异,增强组织的凝聚力。沟通是消除隔阂、解决矛盾和冲突的有效途径。

激励工作是领导者把实现组织目标与满足个人需要有机结合起来,通过激励元素激发和强化下属工作的动力。

要有效发挥领导的作用,除进行以上指导、沟通和激励工作外,领导者还必须正确认识权力的性质和作用,努力提高自身素质,不断改善领导作风,从实际出发选择领导方式,并充分发挥领导集体的作用。

2. 决断力

(1) 决断力的含义

随着领导力时代的来临,越来越多的领导和研究人员将目光从管理转移到领导上来。领导力对于企业的重要性已经得到国内外学者的共识,决断力作为领导力的重要方面,已经得到世界各国成功领导者的高度重视。一项关于国内外大型企业失败的权威研究表明,外国企业的失败大多在于执行,存在于管理环节;而中国企业的失败大多在于决策,存在于领导环节。可见,在中国,很多决策者欠缺决断力,决断力的培养工作任重道远。

相比较而言,国内对于决断力的研究尚缺乏权威的观点,还未达成普遍共识。有学者从行政角度对决断力做出如下定义:决断力,就是要求领导者对于客观形势、具体事务及时做出肯定的判断,并根据这种判断来下定决心、制订计划、部署力量、付诸行动。有学者从企业管理角度进行研究,认为决断力是指领导者善于审时度势,能够及时做出正确的选择,并能坚决地去贯彻执行的意志品质。它是决策心理因素的重要组成部分。有学者认为,决断力是指领导者快速判断、快速反应、快速决策、快速行动及快速修正的综合能力。总之,国内对于决断力的研究尚未形成定论。但是,研究者都对决断力的重要性给予充分肯定,指出决断力是领导者综合素质中最重要的一种能力。敢于决断、善于决断是成大事的首要前提。在关键时刻,领导者就要坚决地做出最后定论,以引导自己所在的组织夺取胜利或规避风险。

综合国内外学者的观点,给出决断力的定义如下:决断力,是指决策者能够审时度势,及时正确地做出抉择,并且坚定不移地贯彻执行的优秀品质。决断力贯穿于决策制定的全过程,主要表现为信息处理力、问题洞察力、思维直觉力、方案分析力、行为创新力、决策执行力和品格意志力。

(2)决断力的特征

决断力是领导力的主要组成部分,具有以下几方面的特征:

①及时性

及时性就是要求决策者在决策时必须善于捕捉时机,当机立断。在认准方向时,凡是能当场决定的问题绝不推到以后,凡是半天能解决的问题绝不拖上一天,凡是今天能拍板的问题绝不等到明天。优柔寡断就会坐失良机,事倍功半。决策者在必须拍板决断之际,决心下得是否正确、是否及时、是否坚决,直接与问题处理的好坏成败相联系。人们常说:"当断不断,反受其乱。"从心理学的角度看,这是决策者的思维活动陷入了摇摆不定的振荡中,思维若是在各个决策方案的固定思路中进行,难以鉴别各方案的优劣差别,结果就是被"布里丹小驴"引入歧途,出现决策中的"布里丹效应",长时间在两种以上方案或目标中犹豫不决,难做决策,其结果必然是使决策时机丧失殆尽,错失良机。

②准确性

决断不同于武断,更有别于独断。武断、决断与独断都有一个"断"字,即判断、裁决的意思,这说明三者都是对某件事做决定或进行判断,但不同之处在于其判断的方式。武断主要指主观轻率地做决定,而决断是建立在理性思考上当机立断;独断往往仅凭独断者的一己之力,而决断更多时候是集体智慧的结晶。正如有学者指出:"武断者坏事,也不管事实如何,也不问群众意见如何,就盲目拍板定案。如再有不同意见者,则拍案定众。这其实是主观主义、命令主义的表现。武断者,不考虑决策是否科学,凭主观臆断,凭权利决断。结果往往是断小事生非,断大事成害。"独断缺少群策群力,往往变为武断。与之相区别的是,决断力求准确,更要避免"不谋而断"(未经过筹划就草率决断)或者"断而不谋"(草率或漫不经心做决定)。

③灵活性

灵活性是决策者决断的方式应伴随决策环境的改变而改变。当然,其目的是提高决断的准确性,灵活性是准确性的衍生。灵活性要求决策者在决断时进行创新和变革,换句话说就是要超越管理、进行领导。

④顽强性

决断力的顽强性包含两层含义:一是在既定目标确定之后,锲而不舍,不达目的誓不罢休;二是在意外的重大挫折面前所表现出来的意志坚定性。由于受各方条件的限制,决策者所做的决定很可能带有风险性。因此,对决策必须有风险意识,不回避风险,敢于承担风险。从决策过程来看,其关键是选择,选择必然存在风险,决断追求准确,但是在面对风险的情况下,选择的更多是满意而非最优。对决策者而言,其意志的顽强性在组织的突发变故面前,具有稳定军心的巨大魅力。这一点对于身处茫茫大海上的船员极为重要,船长、轮机长及其他高级船员在面临突发问题时,需要有足够的顽强性。

⑤过程性

现代决策理论认为决策是一个过程。决策的过程性决定了决断力的过程性。尽管决断力需要及时,但是作为一种决策力,它体现于决策的整个过程。组织中的决策并不是单项决策,而是一系列决策的综合,每个决策本身就是一个过程。

⑥复合性

复合性的特征在很大程度上与决策的过程性及决断力的过程性有关。决断力是一种合力,具体包括决策前的信息处理能力,识别问题的洞察力,确定决策标准、给标准分配权重、拟订方案、分析方案、选择方案时的分析能力、直觉能力和创新能力以及实施方案时的执行力、意志力。

从内涵来看,决断力涉及五个基本要素:"的",即决断的方向;"境",即对客观形势的评估;"时",即时间把握;"机",即决断切入点的把握;"具",即决断过程中可利用的手段和条件。这五个要素构成了复合性的整体,成为决策者在决断时必须考虑的问题。

⑦关键性

决断力是现代成功领导者的核心品质。正如一些学者论述的那样,决断力是领导力的一部分,是关键性的一部分。

(四)情景意识的获得及保持

1. 情景意识的含义

情景意识是人们对于事故发生的一种预知和警惕,是指在一个特定的时间对影响机器的因素和条件的准确感知,能敏捷地察觉和了解周围情况的变化及影响,能正确考虑和计划好即将面临的局面,能随时知晓与团队任务相关的即将发生的事情,能够识别失误链和在事故发生前将其破断的能力等。

2. 情景意识对安全的影响

情景意识是安全意识的一个重要组成部分,在船舶安全中起着相当关键的作用。情景意识是指识别一个失误链和在事故发生前将其破断的能力,可随时知晓与团队任务相关的将要发生的事情,识别和找出失误。情景意识对安全有很大的影响:工作人员的理解力、判断力和适应性越强,情景意识就越高,事故风险就越小,安全系数就越高;工作人员不良的身体、心理、经验、操作技能及较低的领导与管理能力都会导致低的情景意识,这样安全性就低,发生事故的可能性就大;同时,工作人员对工况的熟悉程度越高,对局面和条件的感知越清晰准确,团队协作能力越强,情景意识自然越高,是预防和控制轮机事故发生的有效方面。

3. 机舱管理中情景意识的培养

(1)轮机知识的积累是情景意识培养的基础

知识是一切文明意识产生的根源。没有相关的轮机知识,对轮机管理中情况和条件的变化就缺少联想的基石,甚至是熟视无睹,更谈不上灵活运用轮机知识来推断变化的原因或预料即将发生的结果,轮机情景意识就成了无源之水、无本之木。轮机人员应自觉地进行系统性的轮机理论知识的学习,将设备说明书研究透彻,弄清各种运行参数的具体内涵,结合公司安全管理体系搞清方方面面的规定标准和安全裕量;并随着新科技在船舶上的广泛应用,不断更新专业知识与技术,从而使自己储备足够数量的专业知识。同时,要重视专业知识间的联系,有意识地沟通书本与实际、不同知识点之间的纵横交叉联系,使自己所获得的专业知识不是一个孤立的点,而是能够融会贯通、有机配合的网络化、一体化的知识结构,以提高轮机知识的质量。只有这样,掌握了数量足够和质量较高的专业知识的轮机人员才具备产生相应的情景意识的基础和做出相应专业判断的前提条件。

(2) 加强轮机管理的关联研究是培养情景意识的关键

轮机本身就是一个多学科的共同结晶，设备种类异常繁多，运行环境变化多端，这些便造就了各船有各船的情景，不同时段有不同时段的情景。轮机人员工作在这样一个不断变化的情境当中，如何去把握这样一个庞大的系统的种种变化呢？这就要靠轮机人员对整个系统进行关联研究，能"窥一斑而知全豹"，形成对应的情景意识。具体的关联包括轮机内部系统间的关联、轮机与运行环境间的关联、轮机与人的干预之间的关联等。如排气温度高，从内部关联考虑，要检查喷油设备是否发生异常、气缸状态有无变化、排温表有无失灵等；从外部关联考虑，要核查是否由于航行工况改变导致了负荷增加、抑或是环境温度升高等；从人的干预的关联考虑，油门是否被人为增加了、是否更换了不同品质的燃油等。只有充分地加强轮机管理的关联研究，对人、机、环境三者内部关系有清楚的了解，"以不变应万变"，才能使得轮机人员在任何时候都能对轮机参数的变化产生相应的条件反射，形成良好的情景意识，进行全面认识和预见，对这一系统进行妥善的管理和控制。

对关联研究的方法通常有两种途径。其一，是寻根求源法，即利用很多表面现象都是有其根源的道理来进行推断。比如，主机各缸缸头出水温度高，应首先对照脑海中存储的参数，试问自己主机缸头进水温度高不高，从而判断是否是主机负荷变化引起的；若进水温度也高，要结合海水温度或海水流量有无变化，再检查淡水的循环量及淡水冷却器的冷却能力如何。其二，是内外联系法。轮机运行参数的变化经常受到外部环境变化的影响，如船舶由深水区向浅水区航行情景出现，就要与船舶阻力变大、主机负荷增加相联系，与海水水质、海水流量相关联等。

(3) 良好工作态度的形成是培养情景意识的保证

工作态度包括轮机人员对轮机管理工作的认知要素、情感要素以及行为倾向要素。当轮机人员认识到自身工作的重要性和对轮机管理安全的意义时，就会对工作充满热情和兴趣，表现出工作认真踏实、责任心强、积极主动的特点，能够迅速地注意到异常信息，形成相应的情景意识，便于及时发现和解决问题。反之，会缺乏主动性，对异常信息和潜在的问题就不能形成相应的情景意识，造成事故隐患。轮机人员是否具有良好的工作态度，将直接影响到轮机人员对情景的感知状态，其情景意识的高低与工作态度良好与否密切相关。因此，对轮机人员工作态度的培养是一项不容忽视的任务。培养轮机人员良好的工作态度，可从以下三方面入手：

第一，应提高轮机人员对轮机管理工作的认识，使其明确轮机管理工作的重要性及意义，并使之内化为自我的认知观念。第二，应充分调动一切积极因素，激发轮机人员对轮机管理工作的兴趣。第三，应严格管理制度，借助公司安全管理体系等使轮机人员在工作中形成良好的行为习惯，养成对工作兢兢业业、认真负责、一丝不苟的作风。

(4) 重视注意力的分配是情景意识培养的重要环节

情景意识形成的整个映射过程是由轮机人员感官所收集的信息触发的，并且感官收集的信息的数量及其质量对形成的情景意识正确与否有着决定性的影响。这些信息可能包括：船舶驾驶台信息，如船舶位置、航向、航速、载货状态、风、流的方向及强弱、航道环境和交通状况、驾驶台用车用舵情况等；轮机部信息，如主机、副机、锅炉、甲板机械、其他设备的各种参数技术状态及轮机人员的操作信息等。收集的信息太少，可能遗漏判据，难以形成相应的情景意识；质量不高的信息太多，可能产生干扰，影响情景意识的形成质量。而收集的信息太少或太多本质上均是由注意力分配不合理引起的。实践证明，每个人注意力的容量是有限的。某位轮机人员将注意力过于集中于某一个点，他必然会忽略了其他信息的收集；注意力过于分散，没有集中到对应的关键信息,关注不够,收集的信息质量自然就不会高。可见,合理分配注意力是情景意识形成的重要环节。因此,轮机人员在管理工作中要清楚地了解信息资源与情景意识及管理工作的关系,充分认识注意力的有限性,始终跟踪环境和状态的发展变化,加强对机舱管理信息,尤其是发生变化的信息的警示,提高对信息的掌控能力,有效防止疏忽重要信息或"贪多嚼不烂"现象的发生,从而导致情景意识的丧失或错误。

(5)做好轮机管理中特殊情景的预想是培养情景意识的助推器

情景意识其实是一种触景生"情"的反应能力,只是掌握了大量的知识还是不够的,从知道到做到,看似咫尺之遥,却是两重境界。例如,在机动航行时,驾驶台突然由全速前进转换为全速后退,或主机存在部分参数越限等非正常情况时,一些轮机人员脑子就蒙了,根本不能按车钟指令及时给出相应的转向和转速。这是因为这些轮机人员没有对紧急倒车、参数越限时操车等情景做任何预想,而当这个情景突然到来时,便目不暇接、手忙脚乱,不知道先做什么、后做什么,思维暂时停顿,情景意识出现断档;待克服慌乱,重新镇定下来,忆起紧急倒车、参数越限操车的程序,想按部就班时,船舶的状态和速度等现实情景早已超越起始的情景,错过根据现实情景采取"应景措施"的机会了。所以,轮机管理人员在平时不但要做好正常情况下的情景预想,还要对在轮机管理关键阶段可能出现的特别情况进行情景预想,有备无患,从容应对轮机管理中情景的不断变化。

(6)加强对轮机管理案例的学习研究是情景意识培养的捷径

轮机运行工况变化多端,影响轮机安全的因素千千万万,而公司安全管理体系、设备说明书等只能提供有限的程序帮助,而且其中大多还是基于其他系统、外部环境都正常的逻辑基础之上建立的;另外,单靠自己的经验,不但许多特殊情况个人体验不到,而且由于经历局限于某些常用的情况,还会使某些思维通道因频数效应而畸形发展,导致思维定式的缺陷;所以要想更多地获取各种情况下的情景意识,学习和研究别人的轮机管理案例不失为一个快捷而有效的途径。

4. 机舱管理中良好情景意识的保持

保持良好的情景意识是预防和控制事故发生的有效措施。根据情景意识原理及案例分析并结合机舱资源管理理念,良好情景意识的保持表现在以下六个方面:

(1)身心状况

情景意识是属于思维和思想活动的范畴,是工作态度和情感的产物,身体和心理状况是思维与情感的基础,良好的身体和心理状况是良好的情景意识的基本条件。很难想象一位没有充分的休息、健康状况不良的轮机管理人员会有足够的体力去学习和灵活应用自己的知识和技能,会适应海上多变的自然条件以及机舱繁重、恶劣的工作环境,会保持良好的情景意识。同时强烈的责任心、充分的安全意识、优秀的职业道德水准、顽强的意志、忠于职守的热忱与执着及临危不惧巧于应变的能力等,也都是轮机人员具有良好的情景意识应有的心理表现。

(2)经验与训练

经验和训练是获取知识的重要途径。知识越丰富,理解力、判断力和适应性越强,情景意识自然越高。虽然不同级别的船舶要求轮机员知识的深度、广度有所差别,但随着机舱自动化程度越高,所要求的知识水平就越高。轮机人员日常工作中的传统习惯和适任性操作训练,即当值人员应具有的知识、经验、技能和在各种情况下所要求的戒备以避免危险的做法,都可以作为有效应付不同条件和局面的经验,这些经验可以认为是良好情景意识的基本表现。

(3)理解力与操作技能

理解力与操作技能是良好情景意识的重要表现,理解力与操作技能越强,情景意识越高。机舱是轮机人员操作和控制的重要场所,机舱是船舶的心脏,对船舶安全有着重要的影响。理解力是指能正确地感知动力装置的实际状态与变化趋势,并对轮机各种设备适航状态的完全理解。操作技能是指通过实际技术的训练才能获得的能力,特别是机舱实际操作与维修技术,必须能够适应经常不断变化的各种工况的要求,又能够及时跟上不断更新的现代技术与设备的发展。

(4)适应性与熟悉程度

海上环境千变万化,有时风平浪静,有时狂风恶浪;有时海域宽阔,有时水道狭窄,加上船舶昼夜航行,长时间连续不断的机器振动、噪声使船员得不到充足的睡眠。特别是在机舱的恶劣工作环境中,轮机员必须在短时间内处理这些迅速多变的航行工况。这就要求轮机人员具有良好的适应性,此时稍有不慎就可能发生意外,造成重大损失。同时,轮机人员对轮机工况的熟悉程度越高,认识过程中对局面和条件的感知越清晰明白,在思考、分析和判断上会达成与实际情况的一致性,情景意识就越高。

(5)注意力与判断力

注意力是指轮机人员能敏捷地察觉各自负责维护和保养的设备的实际运行情况与变化趋势。发扬团队精神,同事间及时善意的提醒和知识技能互补,能增加失误链破断的能力,确保轮机设备安全高效运行。信息输入是轮机人员进行判断的前提,这些信息包括:船舶驾驶台信息,如船舶位置、航向、航速、载货状态、风、流的方向及强弱、航道环境和交通状况等;轮机部信息,如主机、副机、锅炉、甲板机械和其他设备的信息等。

为了实现有效而正确的决策判断,轮机人员还必须对信息进行整理、分析,以便正确识别其真伪。因此,轮机人员具有良好的注意力与判断力也是情景意识的重要表现。

(6)领导与管理技能

船舶作业是一项多部门多人员协同配合的工作。轮机长、轮机员、电子电气员、机工是常见的一种工作组合,单凭个人的力量是很难保持高水平情景意识的。在轮机部工作的领导与管理中,要获得良好的情景意识,在注意物的不安全状态的同时,要密切注意人的不安全行为。充分发挥每一位轮机部成员的作用与相互间的支持和监督是十分必要的。良好的轮机部领导与管理技能是保证该团队所有成员具有良好的情景意识的关键,也是预防和控制轮机事故发生的有效措施。

(五)团队合作经验

船舶是一个整体,船员是一个团队,整体有整体的大局,团队有团队的利益,任何个体只有依托整体和团队才能有效发挥其作用。一个没有组织纪律性、没有服从意识的船员,即使他的能力再强,也势必会给船舶的整体工作带来危害;一个没有团队精神的船员只能导致船舶上不和谐的工作局面。

1. 团队的含义

所谓团队,指的是具有不同知识、技术、技能、技巧,拥有不同信息,相互依赖紧密的一流人才所组成的一种群体。团队有几个重要的构成要素,总结为"5P":

(1)目标(Purpose)

团队应该有一个既定的目标,为团队成员导航,知道要向何处去。没有目标,这个团队就没有存在的价值。

(2)人(People)

人是构成团队最核心的力量。3个(包含3个)以上的人就可以构成团队。

目标是通过人员具体实现的,所以人员的选择是团队中非常重要的一个部分。在一个团队中可能需要有人出主意,有人订计划,有人实施,有人协调不同的人一起去工作,还有人去监督团队工作的进展,评价团队最终的贡献。不同的人通过分工来共同完成团队的目标,在人员选择方面要考虑人员的能力如何,技能是否互补,人员的经验如何。

(3)团队的定位(Place)

团队的定位包含两层意思:

①团队的定位,团队在组织中处于什么位置,由谁选择和决定团队的成员,团队最终应对谁负责,团队采取什么方式激励下属?

②个体的定位,作为成员在团队中扮演什么角色？是订计划还是具体实施或评估？

(4)权限(Power)

团队当中领导人的权利大小跟团队的发展阶段相关,一般来说,团队越成熟,领导者所拥有的权力相应越小,在团队发展的初期阶段领导权是相对比较集中的。

团队权限关系的两个方面:

①整个团队在组织中拥有什么样的决定权？比方说财务决定权、人事决定权、信息决定权。

②组织的基本特征。比方说组织的规模多大,团队的数量是否足够多,组织对于团队的授权有多大,它的业务是什么类型。

(5)计划(Plan)

计划的两层面含义:

①目标最终的实现,需要一系列具体的行动方案,可以把计划理解成目标的具体工作的程序。

②提前按计划进行可以保证团队的顺利进度。只有在有计划的操作下团队才会一步一步地贴近目标,从而最终实现目标。

2. 高效团队的特征

除了上述五个基本构成要素,高绩效的团队还具有以下一些特征。

(1)清晰的目标

高效的团队对所要达到的目标有清晰的了解,并坚信这一目标包含着重大的意义和价值。而且,这种目标的重要性还激励着团队成员把个人目标升华到群体目标中去。在有效的团队中,成员愿意为实现团队目标做出承诺,清楚地知道希望他们做什么工作,以及他们怎样共同工作来最终完成任务。

(2)充分的人际技能

高绩效团队的成员之间的角色是经常发生变化的,这要求团队成员具有充分的人际技能,即勇于面对并协调成员之间的差异。由于团队中的问题和关系时常变换,成员必须能面对和应付这种情况。成员之间有高度的相互作用和影响,因而易于调整彼此的关系。

(3)相互的信任

成员间相互信任是有效团队的显著特征,也就是说,每个成员对其他人的品行和能力都确信不疑。而信任这种东西是相当脆弱的,它需要花大量的时间去培养而又很容易被破坏。而且,只有信任他人才能换来被他人的信任,不信任他人只能导致不信任。

组织文化和管理层的行为对形成相互信任的群体内氛围很有影响。如果组织崇尚开放、诚实、协作的办事原则，同时鼓励员工的参与和自主性，它就比较容易形成信任的环境。

(4) 一致的承诺

高效的团队成员对团队表现出高度的忠诚和承诺，为了能使团队获得成功，他们愿意去做任何事情。我们把这种忠诚和奉献称为一致的承诺。成员对团队具有认同感，他们很看重自己属于该团队的身份。成员对团队目标具有奉献精神，愿意为实现团队目标而发挥自己最大的潜能。电视剧《亮剑》中的独立团骑兵连连长孙德胜，能够在全连只剩一兵一马的情况下，仍然发动正式进攻，就是这种奉献精神的表现。

(5) 良好的沟通

这是高效团队一个必不可少的特征。团队成员之间以他们可以清晰理解的方式传递信息，包括各种言语和非言语信息。此外，良好的沟通还表现在管理者与团队成员之间健康的信息反馈上，这种反馈有助于管理者对团队成员的指导，以及消除彼此之间的误解。如同一对共同生活多年的夫妻，高效团队中的成员也能迅速并有效地分享彼此的想法和情感。

(6) 成员的工作自主性和精神状态

在高绩效团队中，成员被分配了合适的角色，并对其工作具有一定的自主权。成员有较强的工作动机和良好的精神状态，充满自信和自尊。目前的一些非传统型企业实行灵活的工作时间制度，正是为了充分调动员工的工作自主性和精神状态。

(7) 有效的领导

高绩效团队的领导者能为团队建立愿景，指明前途，鼓舞成员的信心，帮助他们更充分地挖掘自己的潜力。领导者往往担任的是教练或后盾的角色，他们对团队提供指导和支持，而不是试图去控制下属。这不仅适用于自我管理团队，当授权给小组成员时，它也适用于任务小组、交叉职能型团队。对于那些习惯于传统方式的管理者来说，这种从上司到后盾的角色变换，即从发号施令到为团队服务，实在是一种困难的转变。当前很多管理者已开始发现这种新型的权力共享方式的好处，或通过领导培训，逐渐意识到它的益处；但仍然有些脑筋死板、习惯于专制方式的管理者无法接受这种新概念。这些人应当尽快转变自己的老观念，否则就将被取而代之。

(8) 内部支持和外部支持

高绩效团队必须有一个支持环境。从内部条件来看，团队应拥有一个合理的基础结构，这包括：适当的培训，一套清晰而合理的测量系统用以评估总体绩效水平，一个报酬分配方案以认可和奖励团队的活动，一个具有支持作用的人力资源系统。恰当的基础结构应能支持团队成员，并强化那些取得高绩效水平的行为。从外部条件来看，管理层应该给团队提供完成工作所必需的各种资源。

3. 团队的作用

在组建团队之前，必须明确组建团队的目的，组织团队只是手段而不是目标。团队的功能主要表现在两个方面：一是更好地完成组织任务，二是更好地满足个体人员的心理需求。在完成组织任务方面，团队与传统的部门结构或其他形式的稳定性团体相比所具有的优点主要在于：

(1) 它可以使不同的职能并行进行，而不是顺序进行，从而大大节省了完成组织任务的时间；

(2) 当完成某项任务需要综合技能、判断力和经验才能时，团队明显增加个人产出；

(3) 在应对不断变化的环境时,团队要比传统的部门或其他形式的固定工作部门更具弹性,反应速度也更快;

(4) 它可以由团队成员自我调节、相互约束,促进员工参与决策过程,增强组织的民主气氛,并且削减组织中的某些中层管理职能;

(5) 团队不仅仅可以使组织提高效率,改进工作绩效,还可以提高工作的满意度,因为团队加强了员工的参与度,提高了员工的技能,也促进了员工工作的多元化。

团队主要通过以下途径满足成员的心理需求:

(1) 获得安全感。个体在团队中可免于孤独、寂寞、恐惧感等。

(2) 满足自尊的需要。个体在团队中的地位,如受人欢迎、受人尊重、受人保护、承认他的存在价值等,都能满足个体自尊的需要。

(3) 增强自信心。在团队中通过成员交换意见得出一致的看法,可使个体将某些不明确、没有把握的看法弄明白,从而增强自信心。

(4) 增强力量感。个体在团队中与其他成员相互支持、相互帮助、相互依存,能使个人具有力量感。

(5) 团队还可以成为进行有效信息沟通的窗口。在团队中,人们可以利用各种正式和非正式渠道,互通信息、交换情报,加强与各方面的联系。

(6) 团队还能协调人际关系,促进成员之间的相互激励。团队可以有针对性地做好成员的思想工作,化解隔阂和矛盾,促进成员间思想和感情的交流,激发成员你追我赶、奋发向上、团结互助完成组织目标。

(7) 团队还有制约个体行为的功能。有关心理学家的研究指出,改变个体的不良行为,如果单纯从个体出发,往往效果不佳。要改变一个人的行为,可以借助于团队的影响和压力,从外在舆论、环境上改造人的行为。

4. 团队成员的角色及作用

"天生我材必有用",讲的是人们在人类社会活动过程中,任何人都会有自己的价值和贡献。其实,团队中的各成员更是如此。从团队成员性格和行为的角度可以将团队成员分成如下八种类型(如图10-2所示):

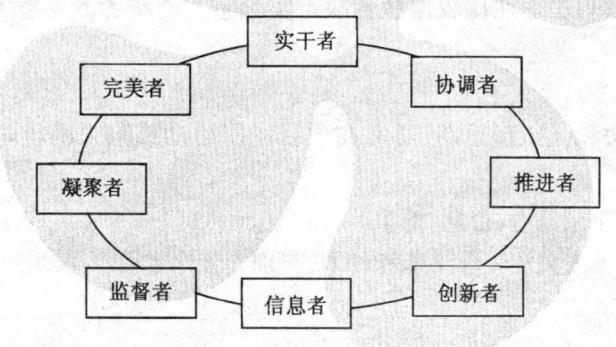

图10-2 团队成员的角色类型

以下分别从角色描述、典型特征、作用、优点、缺点几个方面简单分析一下这八种角色。

(1) 实干者

角色描述:实干者非常现实、传统,甚至有点保守,崇尚努力,计划性强,喜欢用系统的方法解决问题;实干者有很好的自控力和纪律性。对团队忠诚度高,为团队整体利益着想而较少考虑个人利益。

典型特征：有责任感、高效率、守纪律，但比较保守。

作用：由于其可靠、高效率及处理具体工作的能力强，因此在团队中作用很大；实干者不是根据个人兴趣而是根据团队需要来完成工作。

优点：有组织能力、务实，能把想法转化为实际行动；工作努力、自律。

缺点：缺乏灵活性，可能会阻碍变革。

(2)协调者

角色描述：协调者能够引导一群不同技能和个性的人向着共同的目标努力。他们代表成熟、自信和信任，办事客观，不带个人偏见；除权威之外，更有一种个性的感召力。其在团队中能很快发现各成员的优势，并在实现目标的过程中能妥善运用。

典型特征：冷静、自信、有控制力。

作用：擅长领导一个具有各种技能和个性特征的群体，善于协调各种错综复杂的关系，喜欢平心静气地解决问题。

优点：目标性强，待人公平。

缺点：个人业务能力可能不会太强，比较容易将团队的努力归为己有。

(3)推进者

角色描述：说干就干，办事效率高，自发性强，目的明确，有高度的工作热情和成就感；遇到困难时，总能找到解决办法；推进者大都性格外向且干劲十足，喜欢挑战别人，好争端，而且一心想取胜，缺乏人际间的相互理解，是一个具有竞争意识的角色。

典型特征：具有挑战性、好交际、富有激情。

作用：推进者是行动的发起者，敢于面对困难，并义无反顾地加速前进；敢于独自做决定而不介意别人的反对。推进者是确保团队快速行动的最有效成员。

优点：随时愿意挑战传统，厌恶低效率，反对自满和欺骗行为。

缺点：有挑衅嫌疑，做事缺乏耐心。

(4)创新者

角色描述：创新者拥有高度的创造力，思路开阔，观念新，富有想象力，是"点子型"的人才。他们爱出主意，其想法往往比较偏激和缺乏实际感。创新者不受条条框框约束，不拘小节，难守规则。

典型特征：有创造力、个人主义、非正统。

作用：提出新想法和开拓新思路，通常在项目刚刚启动或陷入困境时，创新者显得非常重要。

优点：有天分，富于想象力，智慧、博学。

缺点：好高骛远，不太关注工作细节和计划，与别人合作本可以得到更好的结果时，却喜欢过分强调自己的观点。

(5)信息者

角色描述：信息者经常表现出高度热情，是一个反应敏捷、性格外向的人。他们的强项是与人交往，在交往的过程中获取信息。信息者对外界环境十分敏感，一般最早感受到变化。

典型特征：外向、热情、好奇、善于交际。

作用：有与人交往和发现新事物的能力，善于迎接挑战。

优点：有天分，富于想象力，智慧、博学。

缺点：当初的兴奋感消逝后，容易对工作失去兴趣。

(6) 监督者

角色描述：凝聚者监督者严肃、谨慎、理智、冷血，不会过分热情，也不易情绪化。他们与群体保持一定的距离，在团队中不太受欢迎。监督者有很强的批判能力，善于综合思考谨慎决策。

典型特征：冷静、不易激动、谨慎、精确判断。

作用：监督者善于分析和评价，善于权衡利弊来选择方案。

优点：冷静、判别能力强。

缺点：缺乏超越他人的能力。

(7) 凝聚者

角色描述：凝聚者是团队中最积极的成员，他们善于与人打交道，善解人意，关心他人，处事灵活，很容易把自己同化到团队中。凝聚者对任何人都没有威胁，是团队中比较受欢迎的人。

典型特征：合作性强，性情温和，敏感。

作用：凝聚者善于调和各种人际关系，在冲突环境中其社交和理解能力会成为资本；凝聚者信奉"和为贵"，有他们在的时候，人们能协作得更好，团队士气更高。

优点：随机应变，善于化解各种矛盾，促进团队合作。

缺点：在危机时刻可能优柔寡断，不太愿意承担压力。

(8) 完美者

角色描述：完美者具有持之以恒的毅力，做事注重细节，力求完美；他们不大可能去做那些没有把握的事情；喜欢事必躬亲，不愿授权；无法忍受那些做事随随便便的人。

典型特征：埋头苦干，守秩序，尽职尽责，易焦虑。

作用：对于那些重要且要求高度准确性的任务，完美者起着不可估量的作用；在管理方面，完美者崇尚高标准严要求，注意准确性，关注细节，坚持不懈。

优点：坚持不懈，精益求精。

缺点：容易为小事而焦虑，不愿放手，甚至吹毛求疵。

以上每个角色在不同领域中均有各自的擅长。在团队中，通常创新者首先提出观点，信息者及时提供信息，实干者开始运筹计划，推进者希望散会后赶紧实施，协调者在想谁干合适，监督者开始泼冷水，完美者吹毛求疵，凝聚者润滑调试等，团队的价值就在于通过反复组合而达到完美。应指出的是，一个人在团队中的角色并不完全是单一的，有时一个人可以充当不同的角色。

从以上的描述可知：实干者善于行动，团队中如果缺少实干者，则会太乱；协调者善于寻找到合适的人，团队中如果缺少协调者，则领导力不强；推进者善于让想法立即变成行动，团队中如果缺少推进者，则工作效率将会不高；创新者善于出主意，团队中如果缺少创新者，则思维会受到局限；信息者善于发掘最新"情报"，团队中如果缺少信息者，则会比较封闭；监督者善于发现问题，团队中如果缺少监督者，则工作绩效不稳定甚至可能大起大落；凝聚者善于化解矛盾，团队中如果缺少凝聚者，则人际关系将会变得紧张；完美者强调细节，团队中如果缺少完美者，则工作会比较粗糙。

5. 轮机部团队工作

团队工作(Team work)，又称小组工作，是指与以往每个人只负责一项完整工作的一部分

（如一道工序、一项业务的某一程序等）不同，由数人组成一个小组，共同负责完成这项工作。在小组内，每个成员的工作任务、工作方法以及产出速度等都可以自行决定。在有些情况下，小组成员的收入与小组的产出还挂钩，这样一种方式就称为团队工作方式，其基本思想是使全员参与，从而调动每个人的积极性和创造性，使工作效果尽可能好。这里工作效果系指效率、质量、成本等的综合结果。

在远洋船上工作生活过的人大概都有这样的经历，当身体不适的时候，特别渴望同事给予关心和安慰。这并不是说关心和安慰对身体的康复有多么神奇的疗效，重要的是让船员感觉到个人受到了重视，感觉到这个集体的温暖，一旦有了困难会得到帮助，从而有安全感。如若这个集体发生了问题，需要他的时候，他也会毫不犹豫地挺身而出，这就是团队精神。这样的团队精神对于我们这种相对封闭、独立、危险的工作和生活环境的人而言，是大有裨益的，对企业而言更是十分需要的。

所谓团队精神，简单来说就是大局意识、协作精神和服务精神的集中体现。团队精神的核心是协同合作，反映的是个体利益和整体利益的统一。良好的团队精神可以充分发挥集体的潜能。当然，团队精神并不是以牺牲自我为前提，相反，团队精神尊重个人兴趣和成就，培养和肯定每个成员的特长，从而充分发挥每个成员的作用。

有团队精神的团队，团队成员的个人智商可能是100，但加在一起的团队智商可能会达到150甚至更高；而反过来缺乏团队精神的团队，即使个人智商达到120，但团队组合到一起的智商只有60~70。出现这种情形的关键要素就是团队中的文化成分，也就是所说的团队精神。

（1）团队精神包含的内容

①团队的凝聚力

团队的凝聚力是针对团队和成员之间的关系而言的。团队精神表现为团队强烈的归属感和一体性，每个团队成员都能强烈感受到自己是团队当中的一分子，把个人工作和团队目标联系在一起，对团队表现出一种忠诚，对团队的业绩表现出一种荣誉感，对团队的成功表现出一种骄傲，对团队的困境表现出一种忧虑。

当个人目标和团队目标一致的时候，凝聚力才能更深刻地体现出来。

②团队合作的意识

团队合作意识指的是团队和团队成员表现为协作和共为一体的特点。团队成员间相互依存、同舟共济，互敬互重、礼貌谦逊；他们彼此宽容，尊重个性的差异；彼此间是一种信任的关系、待人真诚、遵守承诺；相互帮助、互相关怀，大家彼此共同提高；利益和成就共享、责任共担。良好的合作氛围是高绩效团队的基础，没有合作就谈不上最终很好的业绩。

③团队高昂的士气

这一点是从团队成员对团队事务的态度体现出来的，表现为团队成员对团队事务的尽心尽力及全方位的投入。

（2）团队精神在船舶上的体现

良好的团队精神在船舶上至少体现在四个方面：

①良好的团队精神可以预防事故的发生，有益于安全工作。事故的发生有多方面因素，人的因素占很大的成分。大家相互协作，取长补短，彼此提醒，事故就一定会大幅度减少。

②良好的团队精神有助于增加船员之间互相沟通、交流，实现船舶的准班、节能增效的目标。降本增效不是一句空洞的口号，需要大家共同努力、共同钻研，才能取得显著效果。

③良好的团队精神可以促进船员个人事业的发展。每个人在工作上都可能遇到这样或那

样的问题,如果和周围的人经常沟通,就会及时化解一些矛盾,解决相关问题,对自己的个人业务也会有促进和帮助,一旦有了发展的机遇也能很好把握。

④良好的团队精神可以健全人格,完善提高个人素质。集体中的每个人各有各的长处和缺点,只有融入这个团队,才会发现对方的美,同时也能在比较中看到自己的不足,逐步培养自己求同存异、与人为善的素质,形成良性循环。在日常生活中,培养良好的与人相处的心态,并在日常生活中运用,这不仅是培养团队精神的需要,而且也是获得人生快乐的重要方面。

(3) 团队精神的培育

在船员中打造良好的团队精神,其特殊性要求船上的每一个人都要承担起责任,齐心协力,众志成城。第一,要营造一个相互信任的氛围。彼此信任是最坚实的基础,它会增加船员对船舶的认可,让大家在心理上有充分的安全感,从而才能真正把"以船为家"的观念落实下来。第二,要建立合理有效的沟通机制。多一些沟通、交流,始终抱着合作的心态,多理解别人的苦衷,多设身处地为别人想一想,要懂得以恰当的方式同他人合作,用恰当的方式让别人接受,学会被别人领导和领导别人,这样工作起来就会得心应手、事半功倍了。第三,是强化业务知识、提高敬业精神。态度并不能解决所有的问题,远洋船员不仅要有高度的责任感、良好的敬业精神,同时还应该有丰富的技能,多几手,成为某方面的专长,能够帮助别人解决问题。帮助别人的同时也是在帮助自己,使别人快乐的同时也使自己快乐。第四,是船舶管理人员的带头作用。"火车跑得快,全靠车头带。"管理干部的行为有着极强的示范意义。他们应该注意自己的言行举止,有宽广的胸怀和长者的风范,懂得关心和体恤下属,有包容之心,能够营造大家庭的环境。

远洋船舶大部分时间远离陆地,各项工作需要船上人员协同完成,如果仅仅抱着"各人自扫门前雪"的态度,是远远不够的,尤其是在特殊情况下,各自为政,互不买账,不仅"门前雪"扫不好,还会造成整艘船的工作任务完不成,甚至会出现危情和险境。在现实生活中因只顾"自扫门前雪"而造成各种事故和灾难的事例不胜枚举。良好的团队精神,可以融洽船上气氛,消除各种压力所带来的负面影响。远洋船舶上每个人的个性和具体情况不同,工作生活中难免会出现各种问题,很容易产生一些消极的想法,严重的甚至以生命为代价。以前曾经发生的一些安全事件,让人痛心。倘若这些船舶团队精神强,船上的船员兄弟能够很好地融入团队,那么悲剧就可以避免了。"人心齐,泰山移。"应该吸取既往的教训,相互体贴,彼此关心,从各个渠道用各种方法培养船员良好的团队意识,打造船舶良好的团队精神,这样就一定能够过关斩将,战胜各种困难险阻,完成各项工作任务,为公司增光添彩。

第二节 船上人员管理及训练

一、轮机部组织机构与人员管理

(一) 轮机部组织机构及成员的基本职责

1. 船舶组织机构

远洋货轮一般都在万吨以上,全船人员一般定员 19~24 人。除船长、政委外,高级船员 8 人,普通船员 10 人,厨师 2 人。船员组织结构分为甲板部(包括事务部)、轮机部。每个部门内部都有明确的岗位分工。

（1）甲板部

甲板部主要负责船舶航海、船体保养和船舶营运中的货物积载、装卸设备、航行中的货物照管；主管驾驶设备包括导航仪器、信号设备、航海图书资料和通信设备；负责救生、消防、堵漏器材的管理；主管舱、锚、系缆和装卸设备的一般保养；负责货舱系统和舱外淡水、压载水和污水系统的使用和处理。

（2）轮机部

轮机部主要负责主机、锅炉、辅机及各类机电设备的管理、使用和维护保养；负责全船电力系统的管理和维护工作。

（3）事务部

事务部主要负责全船人员的伙食，生活服务和财务工作。

2. 轮机部组织机构及成员的基本职责

轮机部人员分为三个级别：管理级、操作级和支持级。

（1）管理级

①轮机长

a. 轮机长在船长和政委的领导下，熟悉和执行公司的安全和环境保护方针，对全船机械、动力、电气设备（无线电通信导航和由甲板部使用的电子仪器除外）的操作和维护负总责，是全船机电设备的技术总负责人，确保全船机电设备的适航。

b. 制订本船各项机电设备的操作规程、保养检修计划、值班制度，贯彻执行各项规章制度，保证"船舶安全管理体系"在船保持和运行，确保安全生产。

c. 负责组织轮机员（电子电气员/冷藏员）制订修船计划、编制修理单和预防检修计划，组织领导修船，进行修船工作的验收。

d. 负责燃润料、物料、备件的申领，造册保管和合理使用，节约能源，降低成本。

e. 负责保管轮机设备的证书、图纸资料、技术文件，及时报告船长申请检验。

f. 经常亲自检查机电设备的运行情况，调整不正常的运行参数，检查和签署轮机日志、电机日志等。

g. 培训和考核轮机人员。

h. 在发生紧急事故时指挥机舱人员进行抢修和抢救工作。

i. 监督和签署轮机员（电子电气员/冷藏员）的调任交接工作。

②大管轮

a. 大管轮是轮机长的主要助手，在轮机长的领导下进行工作，轮机长不在时代理轮机长的职务。大管轮负责领导轮机部人员进行机电设备管理、操作、保养和检修工作，教育所属人员严格遵守工作制度、操作规程和劳动纪律，保证轮机部的各项规章制度得以正确执行，保证按时完成轮机部的航次作业计划和昼夜计划工作。

船上有电子电气员、冷藏员时，电助、电工和冷藏机工的工作分别由电子电气员、冷藏员领导。不设冷藏员的船舶由大管轮执行冷藏员的职务。

b. 大管轮负责维持机舱秩序，对机舱、工作间、材料间、备件工具及机电设备的整洁进行监督和检查，防止锈蚀、损坏或遗失，负责轮机部各舱室的油漆工作。

c. 负责保持轮机部有关安全的设备，如应急舱底阀、风油应急开关、机舱水密门、安全阀、机舱灭火设备、起重设备、危险警告牌、重要的防护装置等等处于使用可靠状态，定期进行必要的检查试验，并负责指导有关人员熟悉正确的管理和使用方法。做好防火防爆、防污染、防冻、防进水、防盗和防工伤等工作。

在船舶发生紧急事故时，按照应变部署表规定的职务，协助轮机长指挥轮机部人员做好应急抢救工作。

d.负责管理主机、轴系及直接为主机服务的辅机，并负责管理舵机、冷藏机，贯彻执行操作规程，并对操作管理方法随时提出改进意见，经轮机长批准执行。

在抢修主机或主机吊缸检修、主机大修后试验、新到任轮机长首次试验主机时，大管轮均应在场。

大管轮对所负责的机械设备应按预防检查制度制订预防检修计划，进行检查、测量、修理和记载，并保管修理记录簿。

除分工负责的机械设备外，还应负责轮机长指定由他负责的部分辅机和设备，并完成轮机长指派的其他工作。

e.负责编制本人管理的机械设备的计划修理单、航次修理单和自修计划；审核和汇编其他轮机员的修理单和自修计划，并维护机舱的安全。

f.负责综合轮机部的预防检修和自修计划，在轮机长批准后执行。负责组织检查人员协助其他轮机员做好预防工作，指导轮机部人员的检修技术和使用工具的方法。

g.负责贯彻执行轮机部备件和物料的定额制度，及时收集、综合并审查工具、备件、物料的申领单交轮机长核定，组织验收、保管和盘点并监督备件物料的合理使用。

负责轮机部通用物料及本人主管机械设备的备件、润滑油的申领、验收和报销。

h.负责保管本人使用的技术文件、仪器、工具等。

i.负责安排航行及停泊时的检修工作，组织领导检查、清洁、油漆工作。在航行时，轮值航行班，停泊时与二、三管轮轮流值班，并按轮机长的指示安排航行值班及停泊值班的人员。协助轮机长领导所属人员的政治思想学习和技术业务学习，提高所属人员的政治思想和技术水平。合理安排工作，注意劳逸结合，督促做好轮机部使用的舱室、浴室、厕所的清洁卫生工作。负责安排轮机部船员的公休计划，提交轮机长审核。

j.监督轮机部一般船员的交接工作。

（2）操作级

①二管轮

a.在轮机长和大管轮的领导下进行工作，负责管理发电原动机及为它服务的机械设备、机舱内部分辅机和轮机长指定由他负责的其他设备。

此外，还应贯彻执行操作规程及各项制度，不断研究改进所负责的机械设备的使用管理办法，报轮机长批准后执行。

b.负责制订本人主管的机械设备的预防检修计划，进行检查、测量及修理，记载并保管修理记录簿。

c.负责编制本人主管的机械设备的计划修理单和航次修理单，提交大管轮审核。修船期间，协助监工，验收并参加自修工作。

d.负责本人主管的机械设备的备件和专用物料的申领、验收和报销，妥善保管，防止锈蚀、损坏或遗失。

e.负责加装燃油（驳油），进行燃油的测量、统计和记录工作。到港前，将燃油存量正确数字报送轮机长。加装燃油时，负责检验质量，监督向指定油柜灌油，防止错装或满溢，核定装油数量。清洗油柜时，监督清洗质量，防止中毒窒息及爆炸，负责检查加油管路、燃油加热管及其灭火管系的可靠性。

f. 负责保管拨交本人使用的技术文件、仪器、工具和备件等。

g. 在航行时轮值航行班。停泊时，领导由大管轮指派的人员进行检修工作，并与大管轮、三管轮轮流值班。

②三管轮

a. 在轮机长和大管轮的领导下进行工作，负责管理甲板机械及泵浦间、救生艇发动机、应急消防泵、空调机、副锅炉及其附属设备的机舱内部分辅机等，以及轮机长指定的其他辅机和设备。

还应贯彻操作规程和各项制度，不断研究改进所负责的机械设备的使用管理方法，报轮机长批准后执行。

b. 负责制订本人主管的机械和设备的预防检修计划，进行检查测量及修理，记载并保管修理记录簿。

c. 负责编制本人主管的机械设备的计划修理单和航次修理单，提交大管轮审核。修船期间，协助监工，验收并参加自修工作。

d. 负责本人主管的机械设备的备件和专用物料的申领、验收和报销，监督妥善保管，防止锈蚀、损坏或遗失。

e. 负责保管拨交本人使用的技术文件、仪器、工具和备件等。

f. 在航行时轮值航行班，停泊时领导由大管轮指派的人员进行检修工作，并与大管轮、二管轮轮流值班。

（3）支持级

值班机工，即轮机部日常营运和工作中的支持级人员。在轮机员的领导下，熟悉和执行公司安全和环境保护方针，执行机炉舱和机械设备的检修、保养工作。

（二）轮机部人员管理

船长、轮机长、大副和大管轮是管理级船员，应当掌握人事管理的经验。同时，作为操作级船员的驾驶员和轮机员是负责值班的高级船员，值班期间必须行使其权力，管理负责值班的团队，这其中也包含人事管理的具体运用。在此基础上，管理级和操作级船员还要利用自己人事管理的经验，提高自己的知识水平，以达到提高和岸上人员协作的能力。

1. 对轮机人员的组织管理

我国和国际上对船舶及机舱的组织管理已经历史地形成了一套行政管理方式，在组织机构上具有严密的岗位责任制，按分工负责的原则把全体轮机人员组织起来。

所谓行政管理方式，是依靠行政机构和领导者的权力，通过行政命令直接对管理人员发生影响。行政管理主要采用命令、指示、规定、指令性计划、规章制度等方式进行控制。

轮机长不仅是轮机部的行政负责人，也是全船机械、动力、电气设备的技术总负责人，具有行政权力和技术权威。

轮机长和大管轮对轮机人员管理的另一特点就是技术管理。为了实现船舶良好营运，必须制定切实有效的技术措施、修理计划、操作规程等。在技术上，轮机长负有领导责任，值班轮机员也是作为轮机长的代表在值班期间代表轮机长对全体值班人员进行领导、指导和监督。

行政管理和技术管理是相辅相成、融为一体的。技术管理通过行政方法付诸实现，行政管理依靠技术管理得以落实。轮机长的行政管理水平是调动轮机人员积极性的关键因素；轮机长的技术能力是提高轮机管理水平，增进船舶经济效益的决定条件。

2. 对轮机人员的技术训练

轮机人员的技术水平是搞好轮机管理、降低运输成本、确保船舶安全生产的重要条件,船舶设备技术的发展更需要不断地提高船员的文化、技术水平,所以轮机长和大管轮应努力做好轮机人员的业务学习、技术训练工作。

《STCW 公约》对各种功率范围的各类轮机人员规定了发证所要求的最低知识,轮机长和大管轮也应通过培训工作使船员达到各类人员最低知识所要求的水平。

除了上述规定的要求外,轮机长和大管轮还应充分利用技术管理指导性文件,结合本船实际情况,提高船员的管理水平。如制造厂提供的使用说明书、维修手册、试验报告等都是做好管理工作的指导性文件。由于机型和技术的迅速发展,厂家还不断发出一些技术指南,这些文件对船舶技术管理工作的改进很有帮助,依此修正操作规程有利于延长设备的使用寿命。对于船舶主管部门所发的指示和事故通报也应认真组织学习,吸取教训。

3. 对轮机人员的协调和激励

(1) 协调工作

搞好机舱管理工作应使全体轮机人员团结一致,相互协作,发挥集体优势。轮机长和大管轮应注意下列协调工作:

①部门之间的协调。与船长协商安排好船舶航行、停泊、装卸、修理时的各项工作。轮机部、甲板部的工作应互相支持,互相协助,互相谅解,互相配合。以船舶整体利益、公司整体利益为重,克服小团体主义倾向。

②轮机员之间的协调。轮机员之间既要有明确的分工,又要分工不分家。轮机长和大管轮可根据维修保养的轻重缓急协调轮机员的工作,也可根据轮机员的不同特点适当调整其分工职责。

③轮机员与电子电气员(若本船安排)的协调。在轮机长领导下轮机员与电子电气员应互相协作,共同做好各项维修保养工作;在分析故障时如有不同看法,轮机长应实事求是地给予指导和分析。

④机工之间的协调。机工之间因技术水平不同,值班与白班的责任不同,值班的班次不同,交接班时难免发生争执,应根据规章制度进行协调。

(2) 业务考核和举荐

轮机长应对轮机部人员的技术水平、工作态度、工作能力、工作成效等情况进行考核。对不能胜任工作者应及时提出调换,对优秀人才应向上级推荐。

(3) 奖励

行政管理还必须辅之以经济手段,本着多劳多得,少劳少得,不劳不得的分配原则,对工作积极的船员给予奖励,激励船员的生产、工作、创新积极性。目前在船上实行职务工资、航行津贴、节油奖、自修津贴、扫舱津贴、效益奖等。

二、文化意识、内在特质、态度、行为与跨文化沟通

1. 文化意识

文化是人们在相互交往中获得知识、技能、体验、观念、信仰和情操的过程。文化只有在社会结构发挥功能时才能显现出来,如果离开社会结构体系就观察不到文化。

文化具有明显的地域性,不同的国家、民族、人种具有不同的生活和工作模式,每一种文化

模式都有自己的价值体系和行为准则,并与造成这种差异的特定社会环境相联系。

文化意识是船员应具备的一个基本素质,具体地说,它要求船员对所工作的船舶机舱团队人员的文化背景、生活习惯、行为方式和思考方式等有深入的了解,能站在对方文化背景的立场上协作处理各种问题。实际上,在跨国公司的管理中,许多劳动关系纠纷的产生、劳资矛盾的激化,并非是简单的双方在经济利益上的博弈的失衡,很多时候是由于劳动关系的主体双方文化背景的差异造成的一种文化碰撞,而这种文化上的不协调又致使劳动关系的和谐度受到侵害。因为对一种文化的忽视和不了解,就是对一个群体的忽视和不了解,而这会给公司带来巨大的损失。这一点在跨国公司中表现得尤其明显。

船员被派遣工作后,他和该船的其他船员一起组成了一个新的团队或者群体。如何来协调和管理具有多元文化背景的团队,这对于船员来说是一种新的挑战。船员往往希望生活在其他文化背景中的人们与自己一样,能按自己的方式处理问题,也希望他人的工作责任和权利与自己社会中的情况一样,但这些想法有时会落空,而如果船员又没有意识到这一点,甚至认为团队其他成员和自己过不去,就会使团队成员之间的关系处于紧张状态,甚至会对船舶的安全状况产生不利的影响。

2. 内在特质

要达到管理的最佳效果,首先要利用好一切资源。在诸多资源中,人力资源是最重要的因素。设备的使用可以通过说明书的学习,掌握其性能。但人没有说明书,但每个人的性格及特点都不尽相同,要管理好、使其发挥最大效能,我们就得研究人的内在特质。

决定人的差异主要因素就是文化的差异,这就是人的内在特质,决定着文化。决定文化差异的背景因素包括:宗教、教育、文艺、艺术、运动、音乐和其他兴趣、身体健康、食物与饮料、职业与培训、家庭、社会和经济背景、朋友与关系等。文化差异表现在以下几个方面:语言差异、价值观的差异、认识差异、生活和工作方式的差异、民族的文化差异等。

3. 态度

态度是管理心理学的重要研究内容。著名心理专家郝滨曾指出:"对一份工作的主观评价,在很大的程度上决定了工作态度和工作效率。"人们的态度在很大程度上受到价值取向的影响。不过,态度针对具体的人或事物,而价值取向则更为广泛。态度是个体对某一对象所持有的评价和行为倾向。态度的对象是多方面的,其中有客观事物、人、事件、团体、制度及代表具体事物的观念等。

工作态度是个体在一定环境中对工作做出积极或消极反应的心理倾向。工作态度与责任心紧密相关。一个人的责任心如何,决定着他在工作中的态度。如果没有责任心,即使很有才能,也不一定能做好工作。只有有了责任心,才会认真主动积极勤奋地工作,才会以工作为重,主动承担责任,努力克服困难,才会积极思维,缜密考虑,避免失误和差错,主动寻找方法,为实现既定目标,做好自己的工作。反之,没有责任心,就不可能认真地对待工作,在工作中就极易出现疏忽、过失和差错。

4. 行为

行为是指人们一切有目的的活动。它是由一系列简单动作构成的,在日常生活中所表现出来的一切动作的统称。

影响人类行为的因素是多种多样的,概括起来可以分为两个方面,即外在因素和内在因素。外在因素主要是指客观存在的社会环境和自然环境的影响,内在因素主要是指人的各种心理因素和生理因素的影响,在这里主要是指各种心理因素,诸如人们的认识、情感、兴趣、愿望、需要、动机、理想、信念和价值观等。而对人类行为具有直接支配意义的,则是人的需要和动机。管理心理学所要研究的人类行为,就是在心理活动影响下,由人的内在动机所支配的行为。

5. 跨文化沟通

跨文化沟通是指发生在不同文化背景下的人们之间的沟通。进行跨文化沟通时,应该注意以下几点:

(1) 认识文化差异

对于不同的文化,知道什么可以做、什么是禁忌,才能避免误会。比如:我们大多数人点头表示同意,摇头表示反对,但尼泊尔正好与我们相反,摇头表示同意。

(2) 尊重其他文化

每个人都会认为自己的文化是最好的。其实文化只有不同,没有好与坏之分。要和睦相处,就得互相尊重。

(3) 协同文化差异

只有认识文化差异和尊重其他文化,才能协同,达到默契。

三、失误链与人为失误

(一) 海因里希因果连锁理论

海因里希是最早提出事故因果连锁理论的,他用该理论阐明导致伤亡事故的各种因素之间,以及这些因素与伤害之间的关系。该理论的核心思想是伤亡事故的发生不是一个孤立的事件,而是一系列原因事件相继发生的结果,即伤害与各原因相互之间具有连锁关系。

海因里希提出的事故因果连锁过程包括五种因素:

第一,遗传及社会环境(M)。遗传及社会环境是造成人的缺点的原因。遗传因素可能使人具有鲁莽、固执、粗心等对于安全来说属于不良的性格;社会环境可能妨碍人的安全素质培养,助长不良性格的发展。这种因素是因果链上最基本的因素。

第二,人的缺点(P)。即由于遗传和社会环境因素所造成的人的缺点。人的缺点是使人产生不安全行为或造成物的不安全状态的原因。这些缺点既包括诸如鲁莽、固执、易过激、神经质、轻率等性格上的先天缺陷,也包括诸如缺乏安全生产知识和技能等的后天不足。

第三,人的不安全行为或物的不安全状态(H)。这二者是造成事故的直接原因。海因里希认为,人的不安全行为是由于人的缺点而产生的,是造成事故的主要原因。

第四,事故(D)。事故是一种由于物体、物质或放射线等对人体发生作用,使人员受到或可能受到伤害的、出乎意料的、失去控制的事件。

第五,伤害(A)。即直接由事故产生的人身伤害。

上述事故因果连锁关系,可以用5块多米诺骨牌来形象地加以描述(如图10-3所示)。如果第一块骨牌倒下(即第一个原因出现),则发生连锁反应,后面的骨牌相继被碰倒(相继发生)。

该理论的积极意义在于,如果移去因果连锁中的任一块骨牌,则连锁关系被破坏,事故过程被中止。海因里希认为,企业安全工作的重心就是要移去中间的骨牌——防止人的不安全行为或消除物的不安全状态,从而中断事故连锁的进程,避免伤害的发生。

海因里希的理论有明显的不足,如它对事故致因连锁关系的描述过于绝对化、简单化。事实上,各个骨牌(因素)之间的连锁关系是复杂的、随机的。前面的牌倒下,后面的牌可能倒下,也可能不倒下。事故并不是全都造成伤害,不安全行为或状态也并不是必然造成事故,等等。尽管如此,海因里希的事故因果连锁理论促进了事故致因理论的发展,成为事故研究科学化的先导,具有重要的历史地位。

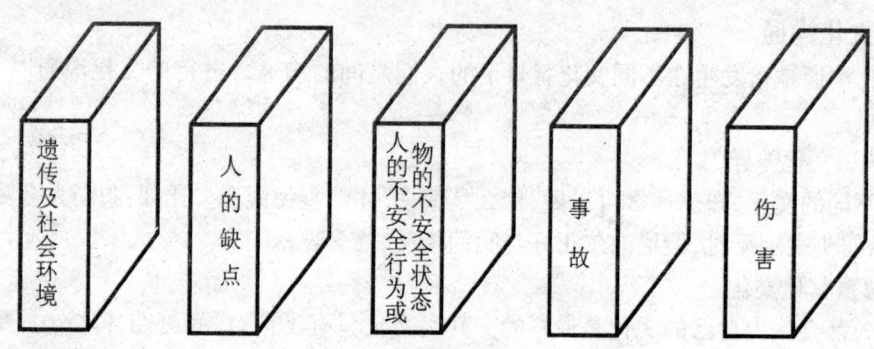

图 10-3 海因里希模型

(二)人为失误

人为失误,即人的行为失误,是指工作人员在生产、工作过程中导致实际要实现的功能与所要求的功能不一致,其结果可能以某种形式给生产、工作带来不良影响的行为。换句话说,人为失误就是工作人员在生产、工作中产生的错误或误差。

1. 人为失误的分类

(1)极限失误:导致操作失败的一种程序上失误。

(2)设计失误:设计不周引起的失误。

(3)操作失误:因操作不正确引起工作失败、程序上的失败,包括使用错误的程序,使用不当的工具也包括动机上的失误。

(4)记忆与注意失误:忘记、看错、想错等。

(5)过程失误:确认失误、解释失误、判断失误,以及操作过程中的失误。

2. 人为失误的原因

人为失误产生的主要原因,是一个很复杂的问题。既有人的主观原因,也有客观原因;有生理、心理因素,也有环境因素。

(1)产生不安全行为的内在因素

船员在船舶生产活动中,产生的不安全行为活动,主要的内在因素是船员本身初始条件的不足所导致不安全行为的发生。

①生理、心理因素上的不足

船员在上岗时,身体健康条件及心理因素没有达到岗位要求,如视力弱、听力差、反应迟钝,身体本身存有不同的疾病,性格孤僻等。

②安全素质差

船员本人缺乏安全意识,没有接受安全知识和安全技能的专业培训,安全认识水平低下,应急应变的能力更差。

③道德品质不良

缺乏服从意识,无组织无纪律,自私自利,道德败坏,以自我利益为中心。

④违背生产规律

不服从管理,不遵守操作规章,冒险蛮干,操作中随心所欲,急于求成等。

⑤身体疲劳

精神不振,神志恍惚,力不从心,偷懒耍滑、作业中睡觉,心不在焉。

(2)产生不安全行为的外在因素

船员产生不安全行为的外在因素,主要是客观环境对船员的身心影响,造成船员不安全行为的发生。主要的外在因素有:

①社会和家庭的影响

由于社会和家庭的原因,使得船员思想情绪反常,加深烦恼和忧虑,思想混乱、注意力不集中,深深陷入苦闷冲动的情绪中。

②客观环境影响

船员在高温、严寒、风、雨、雪的环境中作业,船员在作业中受到噪声、异光、异物等的刺激,身心受到严重的影响和刺激。

③各种信息不准

船员在作业中得到了错误的警报、指令,或者在船舶工作、生活中接受了一些不正确或不准确的信息,造成心慌意乱、恐惧胆怯,作业时措手不及。

④作业使用的设备存在缺陷

船舶设备存在缺陷,技术性能差,超载运行,操作使用的索具不标准,没有安全保护。

⑤船舶管理失控

船舶管理混乱,无章可循,违章操作无人追究,随意放任岗位职责。

3. 人为失误的预防

(1)加强船员的安全意识,坚持预防为主的原则

安全是船舶营运的核心要素,是船舶管理的重要内容。安全意识是一种自觉意识,即遇到某种情况时,会不假思索地按相关的法律、法规、规章办事。这种意识要通过严格训练和反复灌输才能养成。船员端正的安全态度是保证船舶安全营运的基本前提,只有具备正确的安全意识,才能具备良好的安全态度,从而正确调控自身的行为,避免侥幸心理。作为船公司、航海院校或船员培训机构应该把培养船员的安全意识放在船员教育和培训的首要位置,使船员主动防御安全隐患。坚持预防为主的原则,就是要不断地研究和掌握事故发生的规律,提前采取防范措施,要防患于未然,把事故消灭在萌芽状态。必须把重点放在治理事故的致因上,如果知识不足,就要使船员及早学习和教育,提高船员的知识水平,使之能适应管理系统的需要,如果技术不足就要通过科学的训练来培养提高等。

(2)改善人、机、环境系统安全状况,提高系统整体的可靠性

保证机械设备、电器仪表的制造安装质量,提高日常检修维护水平,消除装置设备和电气仪表的隐患。采取科学的手段来弥补人的不足,防止误操作造成事故。如,重要设备或工艺过程,要有紧急停车和放空泄压的安全联锁装置;对重要安全设施要采用限位开关,声、光报警信号和自动停车功能;对易发生人身伤害的转动设备、危险设施、危害场所,安装防护罩、防护栏、警戒线和警示标志。

不断提高系统本质安全化程度,当发生误操作时,系统应给出提示或警报或有防范误操作的执行功能;改善、优化人机界面状况以及环境因素,从而达到提高系统安全性的目的。

(3) 培养船员良好的心理素质

船员长期在海上工作和生活,反复面对着几张同样的面孔,信息得不到交流,单调的海上生活使人沉默寡言、情绪烦躁不稳定,易激动。为适应这种特殊的工作、生活环境,应付各种突发事件,要求船员必须具有健康的体魄和旺盛的精力。船员要掌握一定的运动知识,利用各种手段进行科学的身体锻炼,养成良好的生活习惯和锻炼习惯,建立良好的自身调节能力,丰富自己的生活。

狭窄的生活空间,特殊的工作条件及值班制度,复杂多变的气象条件、时差,意想不到的突发事件,都要求船员具备良好的心理素质。在航海理论知识、实际操作技能和心理素质三者中,心理素质至关重要。良好的心理状态能使人心情愉快、精神饱满、头脑清醒,能提高工作效率,较好地处理各种突发事件。良好的心理素质能使理论知识和操作技能得到正常的发挥,某种程度上还可以弥补理论知识和操作技能的不足,同时还可以感染周围的船员。对于高级船员来讲,良好的心理素质尤其重要。如果遇事不冷静,情绪急躁,手忙脚乱,会使局面陷入混乱。因此,要培养船员良好的心理素质,要求船员掌握一定的航海心理学知识,接受相关的心理训练,以提高船员在实际工作中的心理承受能力和心理调节能力。

(4) 做好团队协作,增强情景意识。

个人的能力并不是保证安全的决定因素,安全取决于全体船员是否协调配合,取长补短,最大程度地发挥船员的整体功能。船舶航行是一项涉及多种因素与条件的综合性工作,轮机部团队要保持人员之间的沟通与合作,以便保证船舶的安全航行。为了降低航行风险,保证航行安全,除了应全面认识人为因素与船舶事故的关系外,还应对船舶事故的综合因素加以认真分析。根据船舶事故发生的实际情况,涉及人的原因及其综合因素包括主体原因及客体原因。主体原因中往往涉及船舶轮机员自身技术方面的原因。客体原因主要有机械设备、环境因素等。这就要求轮机员加强自身素质及技能的训练,制订有效措施来消除或减少人为失误。除此之外,还要重视情景意识与安全的关系,将失误链在事故发生之前破坏掉。由情景意识与安全的关系理论可知,情景意识越好,事故风险越小。低情景意识产生高风险,而高情景意识减少风险。

(三) 领导技巧

鉴于领导力对组织产生的巨大影响力,各国研究者对领导力进行了大量的研究,那么如何才能进行有效的领导呢?

1. 以身作则

美国领导力大师波斯纳和库泽斯的研究结果显示,卓越领导者的五项行为中,排在首位的就是领导者以身作则。"身教"往往比"言传"更为有效。领导者要始终坚持以身作则,这是非常具有挑战性的事情。领导者要做到以身作则,至少应该包括以下三个方面:

第一,要遵守规章制度,不搞特殊化。企业的各项规章制度一旦建立起来,领导者就不要轻易破坏。不要将自己视为特殊一员,领导者也是群体中的一分子,要遵守所立下的各项规章制度。领导者要求别人做到的,自己首先做到,禁止别人做的,自己首先不做。

第二,领导者要身先士卒,冲在最前沿。"领导"二字的含义就是带领和引导,如果领导者不走在最前面,不去业务一线,而是整天躲在办公室里,就不能成为真正的领导者。以身作则的领导者,总能深入企业的最前沿,与企业奋斗在一线的骨干精英们打成一片。

第一次世界大战期间,麦克阿瑟将军下属的一位指挥官米诺赫尔将军说:"我怕总有一天我们会失去他,因为在战况最危急的时候,士兵们会发现他就在他们身边。在每次前进的时候,他总是戴着军帽,手拿着马鞭,和先头部队在一起。他是激励士气的最大资源,整个部队都忠于他。"这就难怪只有 38 岁的麦克阿瑟成为美军历史上最年轻的准将,麦克阿瑟身先士卒的精神,让他成为领导者的楷模。

第三,领导者要控制舌头,要言传身教。教导下属是领导者的责任之一,但是用何种形式来教导非常重要。很多领导者喜欢对下属说教,甚至在对下属工作不满意的时候,就严厉指责他们。其实,影响和改变他人,说教是最差的方法,没有人喜欢被说教,最好的方式就是言传身教,以行动作为教导下属的主要方式,并要控制舌头,尽量减少语言的说教。

2. 制定愿景

在吉姆·柯林斯著名的《基业长青》一书中,作者指出,那些真正能够流芳千古的宏伟基业都有一个共同点:有令人振奋并可以帮助员工做重要决定的愿景。

愿景就是公司对自身长远发展和终极目标的规划和描述。缺乏理想与愿景指引的企业或团队会在风险和挑战面前畏缩不前,他们对自己所从事的事业不可能拥有坚定的、持久的信心,也不可能在复杂的情况下,从大局、从长远出发,果断决策,从容应对。

一些人错误地认为,企业管理者的工作就是将 100% 的精力放在对企业组织结构、运营和人员的管理和控制上。这种依赖于自上而下的指挥、组织和监管的模式虽然可以在某些时候起到一定效果,但它会极大地限制员工和企业的创造力,并容易使企业丧失前进的目标,使员工对企业未来的认同感大大降低。相比之下,为企业制定一个明确的、振奋人心的、可实现的愿景,对于一家企业的长远发展来说,其重要性更为显著。处于成长和发展阶段的小企业可能会将更多精力放在求生存、抓运营等方面,但即使如此,管理者也不能轻视愿景对于凝聚人心和指引方向的重要性;对于已经发展、壮大的成功企业而言,是否拥有一个美好的愿景,就成为该企业能否从优秀迈向卓越的重中之重。

3. 授权

很多领导者追求自己对权力的掌控,他们习惯于指挥部下,并总是将部下以努力换来的成绩大部分归功于自己。这种"大权在握""命令为主"的管理方式很容易造成以下几种情况:

一是管理者身上的压力过大,员工凡事都要请示领导,等待管理者的命令。

二是团队过分依赖于管理者,团队的成功也大半取决于管理者个人能否事无巨细地处理好所有问题——而通常说来,没有哪个领导可以事事通晓,也没有哪个领导可以时时正确。

三是整个团队对于外部变化的应对能力和应对效率大幅降低,因为所有决策和命令都需要由管理者做出,员工在感知到变化时只会习惯性地汇报给领导。

因此,"授权"比"命令"更重要,也更有效。但是,管理者该如何做好授权呢?这其中最重要的就是权力和责任的统一。即在向员工授权时,既定义好相关工作的权限范围,给予员工足够的信息和支持,也定义好它的责任范围,让被授权的员工能够在拥有权限的同时可以独立负责和彼此负责,这样才不会出现管理上的混乱。也就是说,被授权的员工既有义务主动地、有创造性地处理好自己的工作,并为自己的工作结果负责,也有义务在看到其他团队或个人存在问题时主动指出,帮助对方改进工作。为了做好授权,可以预先设定好工作的目标和框架,但不要做过于细致的限制,以免影响员工的发挥。

4. 监督

监督就是对现场或某一特定环节、过程进行监视、督促和管理,使其结果能达到预定的目标。要做好有效监督,可采用以下步骤:①施加控制;②减少风险;③强化角色;④提供支持;

⑤维持界限;⑥提供反馈;⑦论功行赏;⑧分析总结。

实施监督时,应注意以下事项:
①在被授权人执行任务中,除非发生重要错误,否则不做任何干涉;
②认同被授权人所达成的目标,应鼓励并按自己的方案执行;
③留意可能出错的现象,但容忍一些轻微的错误;
④随时准备为被授权人提供你的参考想法、鼓励和帮助;
⑤避免亲自去做,除非不得已,否则不要轻易收回授权。

(四)船上人员的培训

1. 船员培训的种类

(1)根据《中华人民共和国船员培训管理规则(2019)》的规定,船员培训按照培训内容分为船员基本安全培训、船员适任培训和特殊培训三类。船员培训按照培训对象分为海船船员培训和内河船舶船员培训两类。

①船员基本安全培训

指船员在上船任职前接受的个人求生技能、消防、基本急救以及个人安全和社会责任等方面的培训,包含以下培训项目:海船船员基本安全、内河船舶船员基本安全。

②船员适任培训

指船员在取得适任证书前接受的使船员适应拟任岗位所需的专业技术知识和专业技能的培训,包括船员岗位适任培训和船员专业技能适任培训。

a. 船员岗位适任培训分为海船船员岗位适任培训和内河船舶船员岗位适任培训。其中,海船船员岗位适任培训包含以下培训项目:船长、轮机长、大副、大管轮、二副、二管轮、三副、三管轮、电子电气员、值班机工、值班水手、电子技工、全球海上遇险和安全系统(GMDSS)操作员、引航员、非自航船舶船员、地效翼船船员、游艇操作人员、摩托艇驾驶员。

b. 船员专业技能适任培训仅针对海船船员,包含以下培训项目:精通救生艇筏和救助艇、精通快速救助艇、高级消防、精通急救、船上医护、保安意识、负有指定保安职责船员、船舶保安员、船上厨师和膳食服务辅助人员。

③特殊培训

指针对在危险品船、客船、大型船舶等特殊船舶上工作的船员所进行的培训,分为海船船员特殊培训和内河船舶船员特殊培训。其中,海船船员特殊培训包含以下培训项目:油船和化学品船货物操作基本培训、油船货物操作高级培训、化学品船货物操作高级培训、液化气船货物操作基本培训、液化气船货物操作高级培训、客船船员特殊培训、大型船舶操纵特殊培训、高速船船员特殊培训、船舶装载散装固体危险和有害物质作业特殊培训、船舶装载包装危险和有害物质作业特殊培训、使用气体或者其他低闪点燃料船舶船员基本培训、使用气体或者其他低闪点燃料船舶船员高级培训、极地水域船舶操作船员基本培训、极地水域船舶操作船员高级培训、水上飞机驾驶员特殊培训。

(2)根据《中华人民共和国海船船员船上培训管理办法(2018)》的规定,为取得中华人民共和国海船船员适任证书、培训合格证或者船员履职而进行的船上培训,包括船上见习、船上熟悉培训、船上知识更新培训。

①船上见习

包括职务晋升船上见习、吨位(功率)提高船上见习和培训合格证船上见习。

②船上熟悉培训

是指船员履职前在船开展的安全熟悉培训、保安熟悉培训、液货船货物特性和操作熟悉培训等岗位熟悉培训。

③船上知识更新培训

是指航运公司为本公司自有船员在船开展的适任证书和培训合格证再有效知识更新培训。

公司是实施船上培训的责任主体,应制订并完善船上培训管理制度,指定专人负责,保障船上培训的有效实施,并保持完整的培训记录。公司应编制船上培训记录簿,用于记录船员在船培训情况。

船长全面管理船上培训工作,审核船上培训实施计划,定期检查学员的培训情况,确保船上培训师有效履行职责和船上培训计划有效实施;负责签署或授权轮机长签署学员船上培训的意见。

公司应按照体系管理要求、相应制度、船上培训计划及规定的船上培训内容,组织实施船上培训。

公司和开展培训的船舶,应确保开展船上培训不影响船舶的航行安全和正常操作,使船上培训师有适当的时间和精力从事相应的船上培训工作。

学员在船上培训期间,应在每项培训完成后在船上培训记录簿中如实记载。学员在船上见习期间,应在船上培训师的指导下完成规定内容的培训,及时在船上见习记录簿中如实记载,并保持连续记载,以供随时检查。

船上培训师应在船上见习学员完成每一项见习任务后,对其进行评估并在船上见习记录簿中填写评估意见;对未按要求完成见习任务的,应及时告知,督促其按要求完成见习任务,并再次进行评估和记载。学员无法完成船上见习记录簿中所列原定计划内容时,船上培训师应予以记录并及时报告船长。

船长应在学员完成在本船见习任务后,根据其见习记录、船上培训师的评估意见以及对学员船上见习的检查情况,在船上见习记录簿中填写鉴定意见,签名并加盖船章,送交公司。

公司在收到船上见习记录簿后,由公司培训师根据见习记录、鉴定意见和公司跟踪管理情况,在船上见习记录簿中客观、公正地填写公司的鉴定意见,清楚说明学员是否已完成规定的船上见习任务、是否达到船上见习记录簿规定的相关能力要求,以及见习期间的表现情况,加盖公司公章后留存船上见习记录簿副本,原件交与学员本人。

(3)船公司进行的培训

在船舶上工作的船员的专业性强,人员构成复杂,对船员的综合素质要求高,为保证船舶人员管理,需对船员开展多层次、多任务培训。主要培训有:公约、法规的专题培训、模拟器培训、新设备新技术培训、安全管理体系培训等。

(4)船员本身需要的培训

从管理的角度讲,船员的技能分为三种类别:业务和技术技能、人际关系处理技能以及解决问题的技能。船上人员的培训的目的是提高船员其中一项或多项技能。

2. 船上人员培训的程序

(1)在职培训程序

船舶船员上船工作前,按照安全管理体系文件的规定,应当到相关职能部门接受岗前培训或业务指导,并做好相关培训记录。船长、政委、轮机长、大副上船前,由公司职能部门负责对其进行重点培训或指导;对新聘人员,培训后应进行综合考核。

船员上船后,船长组织在船人员学习公司安全管理体系文件和相关的公约、规定等,并做好记录。对接班船员(包括新接船),船长应及时下达航前指令,对公司体系规定及航前必须具备的应知应会知识提出学习要求,并做好记录。船舶部门长应对本部门人员进行培训,并对其掌握和熟悉的程度进行考核,特别对新聘职务人员的培训,要注重评价实际能力达到工作要求。

(2)脱产培训程序

船员下船后,填写培训需求,以书面形式上报职能部门。职能部门根据所报的培训需求,编制培训计划,报公司主管领导审批后按计划实施,培训计划的实施应当选择多种模式进行,例如本单位内部培训班培训、委托外部培训机构的培训,在实施过程中可根据实际情况做适当调整。培训结束后,船员应以适当的形式向公司相关职能部门汇报学习情况。

3. 船上人员培训的有效性评价

船上人员培训与训练的效果如何,需要建立培训与训练效果评价机制进行评价。评价机制包含评价标准的制定,根据评价标准形成客观公正的评价结果以及将评价结果文件化。进行有效性评价的方法主要有书面描述法、评分表法、多人比较法、目标管理法等。

(1)书面描述法,是指考评者以书面形式描述一个员工的所长、所短、培训与训练所取得的绩效以及在此过程中所表现的潜能,并提出改进建议的一种绩效评估方法。其优点是简单易行;其缺点是评价的客观性受限于考评者的写作及表达能力,可能不能完全展现真实的结果。

(2)评分表法,是一种最古老也最常用的绩效评估方法,它列出一系列培训考核因素,如理论成绩,职务知识,合作性,忠诚度、出勤、诚实和首创精神等,然后,考评者逐一针对表中的每一项,按增量尺度对员工进行评分。评分的尺度通常采用5分制或百分制,根据培训表现打分。其优点是考核数据定量,时间耗费少;其缺点是对具体行为的评价只有分数,没有详细信息。

(3)多人比较法,是将一个员工的培训或训练的成绩与一个或多个其他人做比较。这是一种相对的而不是绝对的衡量方法。该类方法最常用的三种形式是:分组排序法、个体排序法和配对比较法。分组排序法要求评价者按特定的分组将员工编入诸如"前1/5""次1/5"之类的次序中;个体排序法要求考评者将员工按从高到低的顺序加以排列;而在配对比较法下,每个员工都一一与比较组中的其他每一位员工结对进行比较,评出其中的"优者"和"劣者",在所有的结对比较完成后,将每位员工得到的"优者"数累计起来,就可以排列出一个总的顺序。其优点是可以相互比较培训或训练的成果;缺点是员工数量大时,操作困难。

(4)目标管理法,是培训或训练评估的一种方法。事实上,它是对管理人员和专门职业人员进行培训与训练进行绩效评估的首选方法。在目标管理法下,每个员工都确定有若干具体的指标,这些指标是其工作成功开展的关键目标,因此它们的完成情况可以作为评价员工的依据。其优点是结果导向,侧重目标;缺点是耗时费力。

第三节 运用任务和工作量管理的能力

管理任务的实现,需要发挥各项管理职能的作用。管理职能是对管理职责与功能的简要概括。管理有多少职能,不同的管理学派认识不一。本书把计划、组织、领导和控制作为管理的四大基本职能。

(1)计划职能

计划职能是指为实现组织的目的而研究组织活动的环境和条件,在此基础上做出决策、制定行动方案等一系列工作。它是管理的首要职能。计划工作有广义和狭义之分。广义的计划工作是指制订计划、执行计划和检查计划三个阶段的工作过程。狭义的计划工作是指制订计划,即根据组织内外部的实际情况,权衡客观的需要和主观的可能,通过科学的调查预测,提出在未来一定时期内组织所需达到的具体目标以及实现目标的方法。

(2)组织职能

组织职能是指为了实现既定的目标,根据计划安排,对组织拥有的各种资源进行制度化安排,包括组织设计、人员配置、组织变革与发展。

组织设计包括机构设计和结构设计。机构设计是根据计划安排的事务设置相关的岗位和职务,然后按一定标准组合这些岗位和职务,形成不同工作部门。结构设计是根据组织活动和环境特点,规定不同部门之间的相互关系。

人员配置是根据各个岗位活动的要求以及组织成员的素质和技能特点,选拔适当的人员安置在相关的岗位上。人员配置具体涉及人员招聘、选拔、安置、培训、考核、定级、提升及薪酬策划等工作。在人员配置中,管理人员的选聘是组织工作的重心。

组织变革是根据作业活动及其环境的变化,对组织机构和结构做必要的调整。这是消除组织老化、克服组织惰性、优化资源配置、实现组织中人与事动态平衡的需要,是确保组织活力、有效实现组织目标的需要。

(3)领导职能

领导职能是指领导者对组织成员施加影响,使他们以高昂的士气、饱满的热情为实现组织目标而努力,具体包括指导、沟通和激励等工作。

(4)控制职能

控制职能是指管理者根据既定计划要求,检查组织活动,发现偏差,查明原因,采取措施给予纠正,或者根据新的情况对原计划做必要调整,保证计划与实际运行相适应。控制过程包括依据计划制定控制标准,衡量实际业绩,发现偏差,纠正偏差。

控制工作之所以成为管理的一个基本职能,是因为计划的制订和执行在时空上相对分离,只有依靠控制,才能防止或纠正执行中的偏差,把计划落到实处。同时,内外情况的变化需要管理者及时对原计划做必要的调整,避免计划僵化。随着人类有组织活动的规模不断扩大,加强和改善控制显得格外必要。

一、计划与协调

(一)计划

1. 计划的含义

从狭义来讲,计划是一种管理文件,是指组织在未来一定时期中,用文字和指标等具体形式表达的,关于组织成员的行动方针、行动目标、行动内容及行动安排的管理文件。从广义来讲,计划可以泛指计划工作或计划职能。计划的主要内容包括"5W2H",计划必须清楚地确定和描述这些内容:

What——做什么? 目标与内容。

Why——为什么做？原因。
Who——谁去做？人员。
Where——何地做？地点。
When——何时做？时间。
How——怎样做？方式、手段。
How much——需付出多大代价？

2. 计划的制订

狭义的计划是广义工作计划中最适中的一种。这个特点表现在时间一般在一年、半年左右，范围一般都是一个单位的工作或某一大项重要工作，内容和写法要比规划具体、深入，要比设想正规、细致，要比方案简明、集中，要比安排扩展、概要。

下面介绍一些基本、实用的制订计划的办法。

(1) 做好预测

这需要一个周全的思路，把各种可能的情况都要想到，这一工作期不妨长一些，即使是在日常的工作、生活中偶有灵感，也最好赶快记录下来。

①考虑经济形势的变迁。

②以考虑可能遭遇到的困难为着眼点。

③想到事态本身的因果关系。

④预测有机械性与分析性两种类型：

机械性的预测是凭感观的因果关系来预测。这种预测只是简单性的预测，角度不同，得出答案也不同。分析性的预测是从计划观点、心理观点、统计观点来分析。预测方法应该说是一种综合性的方法，所以驾驭难度也较大，但准确率较高。

(2) 设定目标

目标是动力也是出发点，所以制订计划前先确定一个长远目标。

①目标即将来业务发展的指标。

②设立目标要根据预测来确定，目标不是凭空捏造的。

③目标要简单明确。

④设定目标时要让本部门的员工参加。群策群力会使目标制定得更完善，同时也是对员工们的一种激励。

(3) 制定政策

①政策是工作的指导准则，要有贯彻性、调和性。

②政策必须关系到部门。

③要使大家了解政策。

④政策是计划的基本依据。

(4) 制定进程

这部分实际上就是将要贴在办公室墙上的核心内容。根据业务需要，编制一套有秩序的措施和运用人力、财力、物力的步骤，并有效地执行。但所制定的进程必须根据政策不断修正，并予以标准化。

(5) 编制预算

①必须有效运用可用资源。

②设定绩效标准和衡量尺度。

第十章 领导力和团队工作技能运用

以上就是制订计划中必须注意的几项原则,另外不要忘记在制订计划的时候应广泛征求员工们的意见,多与他们进行沟通,因为这是在为整个部门制订计划,而不是为某个人而制订。

3. 具体方案的制定

员工们并不只是"服从命令的工作机器",他们对每一件事、每一项决定都有他们自己的看法和观点。忽视他们的感受,不去听取他们的意见,可不是明智的领导之举。这个道理虽然几乎每位领导都十分明白,有些领导甚至可以对群策群力的好处倒背如流,如数家珍,可不幸的是员工们常常被无视,这的确是很令人沮丧的。也许在一些领导的眼里,员工们只有在谈论家常的时候才会争先恐后、口若悬河,而当在会议上询问他们的看法时却一个个呆若木鸡,那么可否自问,是否做过一些调动员工们参与进言的积极性的工作呢?鼓励员工们踊跃发言的基本方法有以下几个:

(1) 使员工们感觉到自己在组织中的重要性。一般这种重要性的表现有很多,如收入多、位置高、有保障、有归属感、获得赏识等。这里所列举的所有方面,对于一个成功的领导者来说,应该是让每一位员工都能够感受到的。没有人希望自己的发言和意见不受到别人的重视,所以,只有当他们十分清楚地意识到,自己的作用在部门内是不可缺少时,他们才会敢于表达个人的看法。这也许和人与生俱来的自尊心有关系吧!因此理解他们,多给他们一些重视和尊重,他们定会感到自己的作用。

(2) 了解组织中每一个成员的特点。也许有些人天生寡言,尤其是在众人面前,所以当领导需要了解他们的内心活动的时候,只有私下里和他们进行深入交谈。也许有些人不愿招致别人的闲话,信奉"枪打出头鸟",那么只有在帮助他克服了这一心理障碍以后,才有可能在会上听到他的发言。总之,了解员工们的意见其实也不一定要在会议上。平时多深入群众,有助于了解每一位员工,更有助于用不同的方法鼓励员工在上司面前开口讲话。

(3) 保证已经采纳的意见立即执行。这一点至关重要。我们常常可以看到这样的情况,讨论会开得异常成功,员工们在会上讨论热烈,领导微笑着频频点头,最后,大家终于商讨出一项所有人都认可的决议,领导一拍板:"行,就这么办。"几天过去了,迟迟不见行动。几个月过去了,仍不见半点执行决议的迹象。第二次员工大会开始了,发言的人寥寥无几。应该知道,当员工们怀着极大热情加入了决策的讨论,最后却看不到任何回应时,他们再也不会相信领导了。

4. 计划的组织实施

计划编制完成后,就要把计划所确定的目标任务在时间和空间两个角度展开,落实到组织各个单位和个人,规定他们在计划期内应该从事什么活动,达到什么要求,这个过程就是计划的组织实施过程。其行之有效的方法主要有目标管理和"PDCA"循环等。

(1) 目标管理

目标管理是指在计划内,组织以目标作为一切管理活动的出发点、归宿点和手段。它要求把组织的总目标分解为下属单位与成员的分目标。一切活动的进行以目标为导向,活动的结果用目标来评价,管理者通过"目标-责任链"对下级进行领导,并以此来保证组织总目标的实现。

目标管理的程序一般包括三个阶段,即目标的制定与展开、目标的组织与实施、成果的检查与考核。

第一阶段,目标的制定与展开。组织目标的制定是目标管理的中心内容。一般应由组织的领导决策层首先制定出组织的总体目标,然后组织下属各单位依据组织总目标制定出分目标,再由组织各成员依据单位分目标制定出个人目标。在目标制定过程中,首先,要求分目标必须保证总目标的实现,个人目标必须保证组织目标的实现。其次,要求在上、下级之间进行目标协商,各部门之间的目标要相互协调配合。组织对整个目标体系要进行综合平衡。这种从上到下、层层分解、逐级落实组织总目标的过程,就叫作目标展开。在目标展开的过程中,除了必须做好目标分解工作,还要抓好目标责任的落实。以工业企业为例,在企业目标确定之后,首先要把企业总目标逐级分解为各部门、车间、班组和个人岗位等各个层次的分目标,构成企业目标体系。同时,也将目标责任逐级分解落实到各部门、车间、班组和个人岗位,形成企业目标责任体系。整个企业的目标责任体系,则通过"目标-责任链"这条纽带把它连接起来。

第二阶段,目标的组织与实施。自我控制是目标管理的组织实施过程中一个十分重要的指导思想。所谓自我控制,就是组织的下属机构和全体员工都按照自己单位和个人所承担的目标责任,在实现目标的过程中,充分发挥主动性和积极性,进行自主管理,即不断进行自我分析、自我检查、自找差距、自我激励、自我完善。上级的管理则主要表现在指导、协助、授权、提供情报、提出问题、创造条件、纵横协调、改善环境等工作上;此外,就是做好检查和考核工作,实施奖惩。

第三阶段,成果的检查与考核。为了保证目标的实现,对目标实施的全过程必须进行控制和检查。其基本做法是通过信息反馈系统,将组织所属各级单位和全体员工的目标实施情况定期逐级反馈到上级单位,从中发现差异、查明原因,以便及时采取措施纠正偏差。若在检查中发现预定目标与实际情况不符,或因不可抗拒的原因造成无法实现预定目标,则应对原定目标进行调整修改。在检查工作中,可以把自我检查与上级检查相结合,把专业检查与全面检查相结合,把定期检查与经常检查相结合。

在对目标实施过程进行检查、控制的同时,还应对检查结果做出评价和考核,并与经济责任制联系在一起,实施奖励和惩罚。具体做法就是按月份或季度和年度定期组织管理人员对组织下属各级单位和全体员工的目标责任完成情况进行检查考评,并据考评结果决定工资、奖金的发放水平,组织行政的嘉奖惩罚和岗位职务的升降调动。

一个计划期的目标管理过程结束之后,可根据检查考评资料发动广大群众进行总结,以推广成功的经验,吸取失败的教训,并用以指导和改善下一个计划期的目标管理工作,进行新的、更高水平的目标管理循环。

(2)"PDCA"循环

①"PDCA"循环的特征

a. "PDCA"循环是大循环套小循环、小循环保大循环、一环扣一环的综合体系。大循环是指整个组织的计划管理活动的"PDCA"循环,小循环是指组织下属各级单位和部门的计划管理活动的"PDCA"循环。上一级循环是下一级循环的根据,下一级循环又是上一级循环的保证。通过"PDCA"循环,使组织各个方面、各个环节的计划组织实施工作有机结合起来,形成一个相互制约、相互促进的整体,更有利于实现组织的计划目标。

b. "PDCA"循环每循环一次,就提高一步。"PDCA"循环不是原有水平的重复,而是螺旋式的上升,每循环一次,就前进一步.使计划管理水平和组织目标水平上升到一个新的高度,并在新的高度基础上,制定更高的组织目标,不断提高管理水平,开始进行新的更高一级的循环。

c. "PDCA"循环是综合性的开放式的循环。"PDCA"循环是包含组织内部各种资源要素(人力、财力、物力、信息等)和各个职能部门管理活动以及各级下属单位的全方位的、综合性的循环。在循环过程中,要不断根据客观环境的变化,不断适应新情况,解决新问题。在动态管理过程中,进行新的综合平衡。因而循环的四个阶段不是绝对的,各阶段之间也不是截然分开,而是紧密相连的,有时还得一边计划、一边实施、一边检查、一边处理,各个环节交叉进行。

"PDCA"循环体现了计划管理过程是一个从实践到认识,再从认识回到实践,并且不断地通过再认识,再实践,从而使主观认识和客观实际逐步趋于统一的事物发展过程,这正是辩证唯物主义的认识论和方法论在计划管理工作中的具体应用。

②"PDCA"循环的运转

"PDCA"循环的运转程序一般要经历四个阶段八个步骤。

a. 计划制订阶段(P)

编制组织计划可分为四个步骤:

第一步,对组织现状进行分析,找出组织营运中存在的主要问题。

第二步,对组织存在问题的产生原因和影响因素进行分析。

第三步,从影响组织活动的各种可控因素中找出主要因素,以便抓住主要矛盾,解决主要问题。

第四步,针对组织存在的主要矛盾和问题及其产生的主要原因,制订出组织计划和对策措施。

b. 计划实施阶段(D)

这一阶段就是按照计划的要求,切实执行计划,努力实现目标。这是第五步。

c. 计划检查阶段(C)

检查,就是把执行计划的结果与计划预期的目标进行对比,对实施计划的效果进行考核与评价。这是第六步。

d. 计划处理阶段(A)

处理阶段是在计划执行完毕之后的善后阶段。这一阶段包含两个步骤:

第七步,总结经验,吸取教训,巩固成绩,处理问题。这项工作主要通过发动全体员工,上下一起来进行。

第八步,修订计划,克服偏差,协调平衡,以利再战。修订计划可采用滚动计划的方法,使组织计划更适合新的环境变化的要求更切实可行。

在"PDCA"循环的运转过程中,旧的问题解决了又会产生新的矛盾,随着"PDCA"循环的不停运转,矛盾和问题不断地出现又不断地解决,计划管理水平也就不断地得以提高,组织也因而不断地发展和壮大。

(二)领导协调

1. 领导协调的含义与作用

(1)领导协调的含义

所谓领导协调,就是对可能影响组织和谐的各种矛盾、冲突进行调整、控制,使组织保持一种平衡状态,以实现组织的预定目标。

(2)领导协调的对象

①协调群体中的个人。

②协调组织中的群体。

③协调不同的组织。

(3) 领导协调的种类
①纵向协调，是指组织内部上下阶层的协调工作，通常经过指挥渠道来完成。
②横向协调，是指组织内同级阶层之间的协调。
(4) 领导协调的作用
①协调是积极的平衡。
②协调是组合组织力量，实现组织目标的根本手段。

2. 协调的内容

在实践中，协调的内容多种多样，但主要有以下几个方面。
(1) 目标协调
目标是管理活动要达到的最高境界，是一切管理活动的最终归属，但目标作用的发挥需要组织涉及的方方面面之间的关系必须协调。它包括个人与组织、局部与整体、局部与局部、组织与外部等目标的协调。
(2) 利益协调
利益协调是针对组织内部在各种利益，主要是物质利益分配方面已经出现和可能出现的问题而展开的协调，主要是两方面的问题：一方面是职能部门的资源分配问题，要根据部门的职责、作用进行分配。另一方面是从调动全体成员积极性出发确定利益关系，实现组织人员、人员与人员之间的利益协调。
(3) 思想和行为协调
实现管理目标，最重要的是保持行为协调，而行为协调以人员思想的统一认识为前提。所以思想协调应坚持宣传教育为主、其他手段为辅的原则。
(4) 政策和规章制度的协调
做好政策和规章制度的协调工作应强调两方面工作：一是完善政策和规章制度体系，使部门和人员遵循同一标准活动；二是维护组织的权威性，使部门及其人员有令必行、有禁必止。

3. 领导协调冲突的艺术

(1) 冲突的含义
冲突是指两个或两个以上的行为主体，由于在目标、认知与情感方面产生差异，在特定问题上采取相互排斥、对抗、否定等行为或情绪而形成的一种状态。
(2) 冲突的两重性
冲突作为一种矛盾的存在形式，存在着正面与反面、建设与破坏、有益与有害两种功能。在特定的情况下，冲突往往是促进组织向前发展的重要诱因。最早提出冲突不是坏事的是L.A.科塞，他在《社会冲突的功能》一书中提出，有益冲突表现在：
①群体内的分歧与对抗，能造成一个各社会部门相互支持的社会体系；
②让冲突暴露出来，恰如提供一个出气孔，使对抗的成员采取适当方式发泄不满，否则压抑怒气反而酿成极端后果；
③冲突增加内聚力，在外部压力下反而更加团结，一致对外；
④两大集团的冲突可以显现出它们的实力，并最后达到权力平衡，结束无休止的斗争；
⑤冲突可以促进联合，以求共存，或为了战胜更强大的敌人而结成同盟。

有害冲突是组织中具有破坏性的或阻碍组织目标实现的冲突。这种冲突会使人力、物力和精力分散，凝聚力下降，造成人际关系紧张与敌意，降低工作效率。

(3)冲突与发泄——"安全阀"理论

德国社会学家齐尔美,针对传统冲突对策的不彻底性、消极看待和处理冲突的方法而提出的宣泄理论和由此而来的社会冲突论中的"安全阀"理论是很有借鉴意义的。因此,领导者应从多维视角来看待冲突,既要看到它的破坏性,也要看到它的建设性,不能简单地把冲突等同于破坏。面对冲突与矛盾要因势利导,化害为利,而不能一味地采取压制与打击的办法。

(4)处理冲突的艺术

美国西点军校的《军事领导艺术》对领导者可以采取的解决冲突方法归纳为五种:回避、建立联络小组、树立更高目标、采取强制办法、解决问题。

二、人员配备(指派)

1. 组织的含义与类型

在管理学中,组织的含义可以从静态与动态两个方面来理解。从静态方面看,组织指组织结构,即反映人、职位、任务以及它们之间的特定关系的网络。这一网络可以把分工的范围、程度、相互之间的协调配合关系、各自的任务和职责等用部门和层次的方式确定下来,建立组织的框架体系。从动态方面看,组织指维持与变革组织结构,以完成组织目标的过程。通过组织机构的建立与变革,将生产经营活动的各个要素、各个环节,在时间上、空间上科学地组织起来,使每个成员都能接受领导、协调行动,从而产生新的整体职能(大于个人和小集体的简单功能)。

组织的类型一般有正式组织与非正式组织。其中,正式组织一般是指组织中体现组织目标所规定的成员之间职责的组织体系。我们一般谈到组织都是指正式组织。在正式组织中,其成员保持着形式上的协作关系,以完成企业目标为行动的出发点和归宿点。非正式组织是在共同的工作中自发产生的、具有共同情感的团体。非正式组织形成的原因很多,如工作关系、兴趣爱好关系、血缘关系等。非正式组织常出于某些情感的要求而采取共同的行动。

2. 划分组织部门的原则

(1)目标任务原则

企业组织设计的根本目的就是实现企业的战略任务和经营目标。组织结构的全部设计工作必须以此作为出发点和归宿点。

(2)责任权力相结合的原则

责任、权力、利益三者之间是不可分割的,而且必须是协调、平衡和统一的。权力是责任的基础,有了权力才可能负起责任;责任是权力的约束,有了责任,权力拥有者在运用权力时就必须考虑可能产生的后果,不至于滥用权力;利益的大小决定了管理者是否愿意担负责任以及接受权力的程度,利益大、责任小的事情谁都愿意去做,相反,利益小、责任大的事情人们很难愿意去做,其积极性也会受到影响。

(3)分工协作原则和精干高效原则

组织任务目标的完成离不开组织内部的专业化分工和协作,因为现代企业的管理工作量大、专业性强,分别设置不同的专业部门,有利于提高管理工作的效率。在合理分工的基础上,各专业部门又必须加强协作和配合,才能保证各项专业管理工作的顺利开展,以达到组织的整体目标。

(4) 管理幅度原则

管理幅度是指一个主管能够直接有效地指挥下属成员的数目。受个人精力、知识、经验条件的限制，一个上级主管所管辖的人数是有限的，但究竟多少比较合适，很难有一个确切的数量标准。同时，从管理效率的角度出发，每一个企业不同管理层次的主管的管理幅度也不同。管理幅度的大小同管理层次的多少成反比的关系，因此在确定企业的管理层次时，也必须考虑到有效管理幅度的制约。

(5) 统一指挥原则和权力制衡原则

统一指挥是指无论对哪一份工作来说，一个下属人员只应接受一个领导人的命令。权力制衡是指无论哪一个领导人，其权力的运用必须受到监督，一旦发现某个机构或者职务有严重损害组织的行为，可以通过合法程序制止其权力的运用。

(6) 集权与分权相结合的原则

在进行组织设计或调整时，既要有必要的权力集中，又要有必要的权力分散，两者不可偏废。集权是大生产的客观要求，它有利于保证企业的统一领导和指挥，有利于人力、物力、财力的合理分配和使用；而分权则是调动下级积极性、主动性的必要组织条件。合理分权有利于基层根据实际情况迅速而准确地做出决策，也有利于上层领导摆脱日常事务，集中精力抓大问题。

3. 人员配备

人员配备是组织根据目标和任务需要正确选择、合理使用、科学考评和培训人员，以合适的人员去完成组织结构中规定的各项任务，从而保证整个组织目标和各项任务完成的职能活动。

(1) 人员配备的任务

① 物色合适的人选。组织各部门是在任务分工的基础上设置的，因而不同的部门有不同的任务和不同的工作性质，必然要求具有不同的知识结构和水平、不同的能力结构和水平的人与之相匹配。人员配备的首要任务就是根据岗位工作需要，经过严格的考查和科学的论证，找出或培训为己所需的各类人员。

② 促进组织结构功能的有效发挥。要使职务安排和设计的目标得以实现，让组织结构真正成为凝聚各方面力量、保证组织管理系统正常运行的有力手段，必须把具备不同素质、能力和特长的人员分别安排在适当的岗位上。只有使人员配备尽量适应各类职务的性质要求，从而使各职务应承担的职责得到充分履行，组织设计的要求才能实现，组织结构的功能才能发挥出来。

③ 充分开发组织的人力资源。现代市场经济条件下，组织之间的竞争成败取决于人力资源的开发程度。在管理过程中，通过适当选拔、配备、培训和任用人员，可以充分挖掘每个成员的内在潜力，实现人员与工作任务的协调匹配，做到人尽其才、才尽其用，从而使人力资源得到高度开发。

(2) 人员配备的程序

① 制订用人计划，使用人计划的数量、层次和结构符合组织的目标任务和组织机构设置的要求。

② 确定人员的来源，即确定是从外部招聘还是从内部重新调配人员。

③ 对应聘人员根据岗位标准要求进行考查，确定备选人员。

④ 确定人选，必要时进行上岗前培训，以确保能应用于组织需要。

⑤将所定人选配置到合适的岗位上。
⑥对员工的业绩进行考评,并据此决定员工的续聘、调动、升迁、降职或辞退。
(3)人员配备的原则
①经济效益原则。组织人员配备计划的拟定要以组织需要为依据,以保证经济效益的提高为前提;它既不是盲目地扩大员工队伍,更不是单纯为了解决员工就业,而是为了保证组织效益的提高。
②任人唯贤原则。在人事选聘方面,大公无私、实事求是地发现人才、爱护人才,本着求贤若渴的精神,重视和使用确有真才实学的人。这是组织不断发展壮大、走向成功的关键。
③因事择人原则。因事择人就是员工的选聘应以职位的空缺和实际工作的需要为出发点,以职位对人员的实际要求为标准,选拔、录用各类人员。
④量才使用原则。量才使用就是根据每个人的能力大小而安排合适的岗位。人的差异是客观存在的,一个人只有处在最能发挥其才能的岗位上,才能干得最好。
⑤程序化、规范化原则。员工的选拔必须遵循一定的标准和程序。科学合理地确定组织员工的选拔标准和聘任程序是组织聘任优秀人才的重要保证。只有严格按照规定的程序和标准办事,才能选聘到真正愿为组织的发展做出贡献的人才。

三、人的极限

人的能力是有限的,如果超过了人的极限,压力就会大大增加,甚至引发事故。

压力是当人们去适应由周围环境引起的刺激时,人们的身体或者精神上的生理反应,它可能对人们心理和生理健康状况产生积极或者消极的影响。换句话说,压力是人与所处环境的交互作用。来自环境而引起压力的物理或生理要求称为紧张性刺激。这种刺激产生压力或潜在的压力。人们能感觉到压力是代表着超过人的反应能力的一种要求。

紧张性刺激包括像噪声、振动、热、暗光和高加速度等工作环境特征,也包括诸如焦虑、疲劳和危险等的心理因素。这些紧张性刺激体现为主观经验、心理变化和效率降低。它能产生直接或间接的影响。直接影响是指由影响操作者或机器反应精度的信息质量的刺激,如振动降低了视觉输入质量,噪声影响了听觉输入质量。时间压力减少了信息的数量,自然地降低了性能。直接影响也包括噪声对工作记忆的影响以及操作者因关心个人问题而引起的精力分散。因此,操作者可能再次关注所思考的问题,而不是手头的工作。

一些能被观察到的间接影响性刺激(如焦虑或害怕)与其他的直接影响性刺激(如噪声、振动)一样也影响着信息处理的效率。

1. 造成压力的原因

在工作环境中造成压力的原因是多种多样的,压力的起因或来源大体分为三方面:工作压力、家庭压力、社会压力。

(1)工作压力

工作压力是指在工作中产生的压力。它的起源可能有多种情况,如工作环境(包括工作场所物理环境和组织环境等)、分配的工作量及难易程度、工作所要求完成时限长短、员工人际关系影响、工作新岗位的变更等,这些都可能是引发工作压力的诱因。

(2)家庭压力

每一个员工都有自己的个人家庭生活,家庭生活是否美满、和谐对员工具有很大影响。这些家庭压力可能来自父母、配偶、子女及其他亲属等。

(3) 社会压力

有一些压力来自社会方面,包括社会宏观环境(如经济环境、行业情况、就业市场等)和员工身边微观环境的影响。员工所处社会阶层的地位高低、收入状况同样对其构成社会压力。如当员工自身收入状况与其他社会阶层相比或者与其他同行业从业人员相比较低时,对其也会产生压力。

2. 人对压力的反应

人对压力的反应受多种因素影响,例如,人的身体素质、心理承受力、对局面的控制程度和人实际感知潜在压力事件的情况等。克服压力需要某种适应形式。如果不能适应,会导致身体损耗、虚弱和与压力有关的疾病,并导致更加无法承受以后在生活中遇到的压力。另外,成功的适应会使人愉快地成长和具有安全感,对以后的压力更具抵抗力。

(1) 短期反应

短期反应,一方面来自生理方面,另一方面来自精神/情绪方面。

生理方面的反应有:头痛,偏头痛;背痛;眼睛和视力问题;皮肤过敏反应;睡眠紊乱;消化失调;心跳加速;血液胆固醇增加和肾上腺激素/非肾上腺激素含量增加。

精神/情绪方面的反应有:对工作不满;焦虑;沮丧;易怒;失落;家中或单位人际关系破裂;酗酒和吸毒;吸烟和无法放松。

(2) 长期反应

就个体反应而言是指:胃/消化器官溃疡;哮喘;糖尿病;关节炎;中风;高血压;心血管疾病和心理疾病。

对组织反应而言是指:旷工;不守时;员工流动率高;病假率高和生产效率低。

3. 压力对工作的影响

压力对工作的影响是多方面的,主要表现在:旷工、事故、工作表现不稳定、注意力不能集中、出错、不正常的个人外表、与同事关系不佳、焦虑和沮丧等。

(1) 旷工

在星期一早上或早餐或加餐休息时的旷工是压力的典型表现。

(2) 事故

饮酒造成的事故是事故发生平均数的3倍。许多事故的发生与压力有间接的联系。

(3) 工作表现不稳定

有时,个人外部的变化而使工作效率发生高低的交替,这通常是身体中存在压力的征兆。

(4) 注意力不能集中

生活充满压力通常导致人们注意力不能集中,因而人容易心烦意乱,或不能及时完成工作。

(5) 出错

压力是判断错误的根本原因,判断错误容易引起事故,出现这种错误的人却常常责备他人。

(6) 不正常个人外表

一个人外表变得异常,口中常有酒精气味,是处于压力状态下的普遍表现。

(7) 同事关系不佳

人们处于压力状态一段时间后,变得频频发怒,对批评过于敏感。这可能伴有情绪变化,所有这些对同事间关系有直接影响。

（8）焦虑

焦虑是紧张与忧虑、担心、内疚、不安全感共同表现出来的一种状态,是恢复轻松状态的经常性需要。它伴有一些身体症状,如大量出汗、呼吸困难、胃紊乱、心跳加速、尿频、肌肉紧张或高血压。

（9）沮丧

从另一方面说,沮丧更是一种心情状态。其特征是感觉颓废和消沉,以及如感觉没有希望、无用和内疚等的其他表现。它也被描述为丧失对事件逻辑发展认识的一种悲哀。它可轻可重,轻微时可导致工作关系出现危机;严重时表现出生化机制混乱;极端时可能导致自杀。

4. 压力管理

为了预防和减少压力对员工个人和组织造成的消极影响,发挥其积极效应,企业实施适当的压力管理能有效地减轻员工过重的心理压力,保持适度的、最佳的压力,从而使员工提高工作效率,进而提高整个组织的绩效、增加利润。

（1）个体层面的压力管理

①认知性自我管理技能

这是指个体通过对自身和压力源的剖析,减轻压力反应的技能。这种技能包括认知训练、运动和呼吸训练等。认知自己的性格特征、生活习惯和工作状态,聆听自己的压力信号,审视自己对每日生活中面对压力付出的代价,注意可能引起高压力的个人嗜好、特殊生活习惯和工作情况,找出压力来源并积极地减少或消除压力。另外,也可以通过运动放松和呼吸训练来减轻压力。

②应对性自我管理技巧

这是指个体在感觉到很大的压力时如何通过工作和时间的调整,使自身从过分紧张状态恢复到乐观放松心态的技能。时间管理是一个非常好的手段,也就是将任务根据紧急和重要两个维度分类。时间管理的原则可以概括为:列出每天要完成的事情,根据重要程度和紧急程度对事情进行排序,根据优先顺序进行日程安排,努力确定所有任务中最关键的,了解自己日常活动的周期状况,在自己最清醒、最有效率的时间段内完成工作中最重要的部分。

③支持性自我管理技能

这是指个体在面对较大的压力时,通过寻求外部支持性途径排遣压力的技能。建立并扩大支持网络是应对压力的重要途径,它使个体之间可以交流挫折和不满,得到建议和鼓励,并体验到情感上的联系,提供应付压力事件所需的共鸣和支持。

④保护性自我管理技能

这可以增强个体的适应能力,从根本上减少过度压力反应的机会。这些措施包括精神构想、放松技巧、合理膳食和运动调节等。注意养成科学、合理、均衡的饮食习惯;保证充分的睡眠和休息时间;营造舒适放松的生活空间,坚持定期运动等方式都可以有效地缓解压力。

（2）工作层面的压力管理

①合理的工作安排

工作安排是指根据具体工作的重要性和难易程度对任务进行合理的安排,有效的工作安排可以缓解过多的压力。先做不喜欢的工作、然后做喜欢的工作的整体效率要比先做喜欢的工作、后做不喜欢的工作效率高。合理地安排时间,有效的时间管理可以提高工作效率,降低烦琐的工作带来的压力。

②自我工作能力提升

个人的能力与压力感有密切的关系,能力越强,感受到的压力越小,面对压力的态度越积极。对压力的态度积极可使压力变为动力,而对压力的消极态度可使压力变为阻力。个人应注意自身良好的心态和正确人生观的培养,努力增强自身实力,如知识、技术、人际交往等技能,可有效减少因自身能力不足而产生的压力。

(3) 组织如何解压

①改善组织的工作环境和条件,减轻或消除工作条件恶劣给员工带来的压力。给员工提供一个赏心悦目的工作空间,有利于实现员工与工作环境相适应。提高员工的安全感和舒适感,可帮助员工减轻压力。应确保员工拥有做好工作的良好设备条件。

②从组织文化氛围上鼓励并帮助员工提高心理保健能力,学会缓解压力,自我放松。组织可为员工订阅有关保持心理健康与卫生的期刊、杂志,可开设宣传专栏普及员工的心理健康知识,有条件的还可开设有关压力管理的课程或定期邀请专家讲座、报告。可告知员工诸如压力的严重后果、代价,压力的自我调适方法,向员工提供各种锻炼、放松的设备。通过运动和健身释放和宣泄员工的压力。

③组织制度、程序上帮助减轻员工压力,加强过程管理。

第一,领导或管理者应向员工提供组织有关的信息,及时反馈绩效评估的结果,并让员工参与与他们息息相关的一些决策等,使员工知道企业里正在发生什么事情,他们的工作完成得如何等,从而增加其控制感,减轻由于不可控、不确定性带来的压力。

第二,各级主管应与下属积极沟通,真正关心下属的生活,全方位了解下属在生活中遇到的困难并给予尽可能的安慰、帮助,减轻各种生活压力源给员工带来的种种不利影响和压力,并缩短与下属的心理距离。

(4) 船舶抵御压力的方法

①抵御压力对轮机部团队的影响;

②良好的培训;

③岸上管理部门保证船上有足够的适任人员进行工作;

④良好的个人时间管理;

⑤良好的健康状况和充足的睡眠;

⑥按已建立的标准操作程序来开展每项工作;

⑦即使在紧张的工作中,也应用幽默和愉快作为防止压力积累的良药;

⑧按团队的管理方式工作,其他成员可以发现存在的不足。

5. 减轻压力的措施

下述为工作中减轻压力的方法:

(1)清理工作现场。利用一些技术减轻压力,营造一个良好的工作环境。

(2)设计一份未来工作计划表。该计划表分为短期和长期两种,并写在记事本上。小便条或小纸片很容易丢掉,而记事本会提醒你注意,并指导你去做这项工作。无论何时完成它,都可以在记事本中划掉。这样有助于筹划工作,成功地完成了一项工作后感到欣慰。一些人已发现利用软件程序记录每天的工作并自动将未完成的任务顺延到第二天,这是非常有用的一种做法。

(3)每隔 20 min 休息一次。研究表明我们在 20 min 的时间段内工作最有效。休息片刻、闭上眼睛,散散步或做一下深呼吸。只要你可以改变工作的节奏,即使做短时间的中断也是值得的。

(4) 不能中断必须完成的一项工作。若你正在进行一项连续的工作,为了避免他人干扰,可关上办公室的门或在无人打扰的会议室中进行。

(5) 按时回家。学会确定和平衡工作、家庭和私人时间之间的关系。有时,加班让人觉得你愿意做那些推到你头上的工作。

(6) 运用已经讨论的一些技术减少工作量,为自己、家人和朋友留些时间。

(7) 理清工作责任和工作期望值问题。如不知道如何处理某一特殊工作的话,摆脱压力就不是轻而易举的事了。

(8) 使工作更加有趣。研究表明喜欢工作的人会更加投入和机警,且压力较少。关键是将自己的工作变得更像做游戏那样轻松,找到诀窍使工作更有趣。把压力转换成学习的机会或是寻找解决问题的方法。

(9) 决定好哪些是绝对要自己做的,哪些是分派给他人做的工作。分配任务可以节省时间,提高工作效率。在许多情况下,分配任务是对他人能力的一种肯定。

(10) 善于挖掘自己的聪明智慧。若对某项任务不满意,建议采取更加可操作或富有成效的办法。设法利用经验,采取更有效的方法。

一般来说,应该使你和你的团队放松;掌握潜在的压力局面;尽可能进行逼真的培训;对团队成员进行关于压力方面的教育;每次都进行指示和总结;保持身体健康;充分了解你自己。

四、时间和资源的限制

时间资源是对时机性的把握,是完成任务所需的时间跨度,是船舶的重要资源之一。同时,时间使得资源具有以下局限性:

(一) 无法开源

时间的供给量是固定不变的,在任何情况下不会增加,也不会减少,不管你是谁,都是一样的,每天都是 24 h,所以我们无法开源。资源只有在一定的时间内才存在着价值,及时利用资源是保证资源有效性的前提。

(二) 无法节流

时间不能像人力、财力、物力和技术那样被积蓄储藏。不论愿不愿意,我们都必须消费时间,所以无法节流。在有效利用资源的过程中,不会因为情况的紧急和特殊而中断,一旦存在时间限制,应在固定时间内有效利用资源。所谓节约时间就是对时间的合理、充分的利用,就是对资源的珍惜。

(三) 不可取代

任何一项资源的利用都有赖于时间的堆砌,也就是说,时间是任何操作所不可缺少的基本资源。因此,时间是不可取代的,也是不可复制的奢侈品。

(四) 不可再生

时间一旦丧失,则会永远丧失。若消耗了其他可再生资源,在时间允许的情况下尚可再生,但倘若错过了恰当的时间,便无法失而复得。

(五) 人员能力

公司和船舶的管理应当保证与其安全管理体系有关的所有人员充分理解相关法规、规定、规则和指南;应当建立和遵守有关程序,以使船上人员能够获得以一种工作语言或他们懂得的其他语言和书面方式获得有关安全管理体系的信息,并保证船上人员在履行其涉及安全管理体系职责时能够有效地交流。为达到上述目标,公司应制订涉及船员聘用、培训、考核、健康检查以及船员调配等方面的程序,以保证船舶人员具备适任的能力。

(六)工作量、休息和疲劳

目前,航运界已经普遍认识到疲劳是造成人为失误的主要原因之一。它能降低人的工作能力和判断能力,使人反应迟钝,这些足以对航行安全构成严重威胁。

对疲劳的概念,目前还没有个统一的定义,一般而言,疲劳是指降低人的工作水平,使人的工作能力下降的一种状态。在IMO人为因素统一术语中,对疲劳的定义是:"由于身体、精神或情绪上的消耗,导致体力和(或)思维能力上的降低。它可以使行为者能力降低,这种降低包括力量、速度、反应时间、协调性或平衡性。"

1. 疲劳容易引起的现象

(1)不能集中注意力——不能组织有效的活动,注意一些琐碎的小事而忽略了重大的问题,警惕性降低;

(2)决策能力降低——错误的判断和理解,没有注意应该做的事情,具有冒险倾向;

(3)记忆力降低——遗忘掉某项任务或任务的一个部分,工作程序错漏,工作不认真;

(4)反应迟钝——对正常、非正常或紧急情况的反应迟钝;

(5)活动失去控制——不能保持清醒,提起重物时不能尽全力,语言障碍;

(6)行为改变——沉默寡言、沮丧、易发怒及具有反社会的行为;

(7)态度改变——估计不到危险,观察不到警告信号,具有较高的冒险倾向。

2. 疲劳产生的原因

疲劳产生的原因很复杂,可能是长时间的脑力或体力劳动造成的,也可能是不适当的休息或是不理想的环境因素造成的。通常从四个方面加以分析:

(1)船员自身方面,它与船员的生活方式、行为、个人爱好等有关。主要包括:①睡眠和休息;②生物钟或生理节律;③心理和感情因素;④服用药物;⑤工作量。

(2)管理方面,它与船舶的管理及操作有关。主要包括:①组织因素;②航行/航次计划。

(3)船舶方面,它与可能引起疲劳的船舶特性有关。主要包括:①船舶设计;②设备可靠性;③检查与维护;④船舶的运动。

(4)环境方面,它包括外部环境与内部环境两个方面。内部环境可能是噪声、船舶振动、温度等。外部环境有港口情况、天气情况、船舶交通情况等。

对船员而言,公认的疲劳原因有以下几种:①睡眠不足或睡眠质量不高;②休息不够或休息质量不高;③紧张或不安;④噪声或振动;⑤船舶移动;⑥饮食不当、疾病或服用药物;⑦超负荷工作。

3. 睡眠

虽然引起疲劳的原因很多,但有研究表明睡眠问题是造成疲劳的主要原因。美国的一个研究睡眠问题的小组在1993年的一份报告中指出"睡眠不足将导致疲劳和工作能力变差……";在1996年一份提交给MSC第67次会议的报告中也指出"疲劳主要与睡眠的连续性、持续时间和质量有直接关系……没有足够睡眠时间的人,很容易产生疲劳"。统计数据充分证明了这一点。而IMO专家们认为应对疲劳的最有效的方法是保证船员获得高质量和足够的睡眠。毫无疑问,对船员,尤其是值班人员而言,有效的睡眠是保证航行安全的前提。

一个有效的睡眠必须同时具有以下三个条件:①合适的持续时间,每个人所需的睡眠时间不尽相同,通常认为平均 7~8 h 是合适的;②高质量的睡眠;③较好的连续性,睡眠不应被打断。实践证明,一个持续 7 h 的睡眠,其效果远胜于 7 个持续 1 h 的打盹。

4. STCW 公约与 MLC 2006 关于疲劳与值班的要求

(1) STCW 公约第Ⅷ章"值班"中的相关规定

为了防止疲劳,各主管机关应:

①制定和实施值班人员以及被指定安全、防污染和保安职责人员的休息时间制度;

②要求值班制度的安排能使所有值班人员的效率不致因疲劳而受到影响,并且班次的组织能使航次开始的第一个班次及其后各班次人员均已充分休息,或者用其他办法使其适于值班。

(2) STCW 规则 A 部分第Ⅷ章"关于值班的标准"中的相关规定

①主管机关应考虑海员,特别是涉及船舶安全和保安工作职责的海员,由于疲劳所引发的危险。

②为所有负责值班的高级船员或参与值班的普通船员以及涉及指定的安全、防污染和保安职责的人员提供的休息时间应不少于:

任何 24 h 内最少 10 h;以及任何 7 天内 77 h。

③休息时间可以分为至多不超过 2 个时间段,其中一个时间段至少要求有 6 小时,连续休息时间段之间的间隔不应超过 14 h。

(3) MLC 2006 关于工作或休息时间的规定

①海员的正常工时标准应以每天 8 小时,每周休息 1 天和公共节假日休息为依据。

②应考虑到海员疲劳带来的危险,特别是那些职责涉及航行安全以及船舶的安全和保安操作的海员,对海员的工作或休息时间应做如下限制:

a. 最长工作时间:

在任何 24 h 时段内不得超过 14 h;且在任何 7 天时间内不得超过 72 h;或

b. 最短休息时间:

在任何 24 h 时段内不得少于 10 h;且在任何 7 天时间内不得少于 77 h。

c. 休息时间最多可分为两段,其中一段至少要有 6 h,且相连的两段休息时间的间隔不得超过 14 h。

(七) 管理(领导)风格

作为引导和影响个人或组织的领导,必须通过正确发挥自己在工作中的计划、组织、指挥、控制、协调的职能和作用,积极鼓励和调动下属人员的工作积极性,才能带领他们共同实现预定的目标。

所谓领导风格,是指领导者的行为模式。领导风格主要有以下几种:

1. 专制型

团队的权力定位于领导者个人手中,领导者只注重工作的目标,只关心工作任务的完成与否和工作效率的高低,对团队成员个人不太关心。在这种团队中,团队成员均处于一种无权参与决策的从属地位。团队的目标和工作方针都由领导者自行制定,具体的工作安排和人员调配也由领导者个人决定。团队成员对团队工作的意见不受领导者欢迎,也很少会被采纳。

领导者根据个人的了解与判断来监督和控制团队成员的工作。这种家长式的作风导致了上级与下级之间存在较大的社会心理距离和隔阂,领导者对被领导者缺乏敏感性,被领导者对领导者存有戒心和敌意,下级只是被动、盲目、消极地遵守制度和执行指令。团队中缺乏创新与合作精神,而且易产生成员之间的攻击性行为。

2. 官僚教条主义型

官僚教条主义型领导工作"按书本"执行,密切遵守规则和程序。主要表现:一是用规则、纪律和程序来进行管理,管理者和员工都必须执行;二是当遇到规则里没有规定的问题时,官僚教条主义的领导就只能依靠自己的上司来做出判断;三是官僚教条主义的领导没有创造性。

以下情况适合官僚教条主义型领导:一是员工操作危险或精密仪器的时候,需要清晰的工作程序;二是员工做习惯性的工作,也需要清晰的工作程序;三是希望员工理解操作标准和程序;四是员工的安全是第一位的;五是在处理金钱时。

虽然一些员工喜欢和讲究规范的领导一起工作,但是大多数员工却不喜欢这样死板的领导方式。

3. 魅力型

魅力型的领导者有鼓励下属超越他们的预期绩效水平的能力。他们的影响力来自以下方面:有能力陈述一种下属可以识别的、富有想象力的未来远景;有能力提炼出一种每个人都坚定不移赞同的组织价值观系统;信任下属并获取他们充分的信任回报;提升下属对新结果的意识,激励他们为了部门或组织而超越自身的利益。这种领导者不像事务型领导者那样不擅长预测,而是善于创造一种变革的氛围,热衷于提出新奇的、富有洞察力的想法,并且还能用这样的想法去刺激、激励和推动其他人勤奋工作。此外,这种领导者对下属有某种情感号召力,可以鲜明地拥护某种达成共识的观念,有未来眼光,而且能就此和下属沟通,激励他们朝着正确工作方向努力。

4. 民主型或参与型

民主型的领导者注重对团队成员的工作加以鼓励和协助,关心并满足团队成员的需要,营造一种民主与平等的氛围,领导者与被领导者之间的社会心理距离比较近。在民主型的领导风格下,团队成员自己决定工作的方式和进度,工作效率比较高。

民主型团队的权力定位于全体成员,领导者只起到一个指导者或委员会主持人的作用,其主要任务就是在成员之间进行调解和仲裁。团队的目标和工作方针要尽量公之于众,征求大家的意见并尽量获得大家的赞同。具体的工作安排和人员调配等问题均要经共同协商决定。

有关团队工作的各种意见和建议将会受到领导者鼓励,而且很可能会得到采纳,一切重要决策都会经过充分协商讨论后做出。在这种领导风格下,团队成员的工作动机和自主完成任务的能力较强,责任心也比较强。

5. 放任型

放任型的领导者采取的是无政府主义的领导方式,对工作和团队成员的需要都不重视,无规章、无要求、无评估,工作效率低,人际关系淡薄。

放任型团队的权力定位于每一个成员,领导者置身于团队工作之外,只起到一种被动服务的作用,其扮演的角色有点像一个情报传递员和后勤服务员。领导者缺乏关于团体目标和工作方针的指示,对具体工作安排和人员调配也不做明确指导。

放任型领导者满足于任务布置和物质条件的提供,对团队成员的具体执行情况既不主动协助,也不主动监督和控制,听任团队成员各行其是,自主进行决定,对工作成果不做任何评价和奖惩,以免产生诱导效应。在这种团队中,非生产性的活动很多,工作的进展不稳定,效率不高,成员之间存在过多的与工作无关的争辩和讨论,人际关系淡薄,但很少发生冲突。

6. 任务导向型

一个以任务为导向的领导者专注于完成工作,往往采用专制的方式。该任务有清晰明确的计划,组织也是明确的,参与的人知道自己的角色,并有能力执行和服从领导人的命令。然而,这种做法可能会变得过于专制,并会使员产生一种不参与决策和不满的感觉,也不愿意通知领导可能存在风险,并且工作效率低下。

7. 关系型

这种领导风格以人为中心,关系型领导者努力在员工之间营造一种和谐的氛围,是一种不受时间约束的好方法。下列情况下尤其应该使用,例如:需要努力建立和谐的团队氛围、增强团队士气、改善员工之间的交流,以及恢复大家之间的信任等。不适用的情形:它不宜单独使用。由于这种领导风格千篇一律地对员工进行表扬,所以它可能会给那些绩效较差的员工提供错误的导向,可能会让他们感觉到在这个组织之中平凡是可以被容忍的。

8. 交易型

在船舶上,普通船员知道并接受发布命令的高级船员,这是在上船工作时就已经接受的。"交易"是指工作报酬和其他报酬的回报,并且领导有权惩罚工作不符合标准的团队成员。在交易型领导的带领下,团队成员很少能达到他们的满意度,但可以通过一些激励机制来控制,例如加班费的发放。

9. 变革型

变革型的领导者鼓励下属为了组织的利益而超越自身利益,并能对下属产生深远而且不同寻常的影响,如美国微软公司的比尔·盖茨。这种领导者会关心每个下属的日常生活和发展需要,帮助下属用新观念分析老问题,进而改变他们对问题的看法,能够激励、唤醒和鼓舞下属为达到组织或群体的目标而付出加倍的努力。

第四节 运用有效资源管理的知识和能力

一、船上和岸上的有效沟通

通信,指人与人或人与自然之间通过某种行为或媒介进行的信息交流与传递,从广义上指需要信息的双方或多方在不违背各自意愿的情况下无论采用何种方法,使用何种媒质,将信息从某方准确安全传送到另一方。

(一)船内通信系统

船内通信系统主要有船用电话、车钟、广播、警报装置等。《钢质海船入级规范》规定各种不同用途的船内通信装置,其声响信号应有不同的音色,以利于辨别。

1. 船用电话

目前,船舶上使用的电话通信设备大体可分为声力电话、船用指挥电话、船用自动电话。声力电话和指挥电话设备主要用于航行驾驶和操纵各工作部位之间作为指挥和联络通信;而自动电话,则作为日常工作和生活联系之用。

《钢质海船入级规范》要求下列处所之间若以电话为通信工具时,则应为声力电话或蓄电池供电的指挥电话:

(1)驾驶室—机舱。
(2)驾驶室—应急操舵站及舵机舱。
(3)驾驶室—火警信号站及消防设备集中控制站、船首、船尾。
(4)驾驶室—无线电室等。

其中(1)、(2)的电话须为直通电话。

对于船用电话通信系统的使用与管理,要注意以下几点:

(1)目前建造的大型船舶中,都有对讲(直通)电话系统、指挥电话系统和自动电话系统。平时维护重点应是前两种,因为它们结构简单、接通迅速、工作可靠,多作为船舶指挥联络之用,与船舶航行安全直接相关。

(2)必须消除话机的侧音,以免使受话方不能正确理解另一方的意图,影响指挥联络的效果。

(3)自动电话拨号时从话机送出的是脉冲信号,而不是拨号时用劲越大,速度越快越容易接通。

(4)及时排除指挥电话系统的故障。

2. 车钟装置

为了传达驾驶员的车速命令,控制船舶速度,船上设有车钟设备。

(1)车钟的组成及作用

在驾驶室、机舱集控室和主机机侧操纵台旁,各设一个车钟。

车钟的两面各有圆形钟面,上面印有各种速度标志,钟面中央有一指针,针上装有可以前后摇动的扳手。如在有两部推进器的船上,右边的车钟代表右舷的推进主机;左边的车钟代表左舷的推进主机。在船舶利用双车掉头时,切莫搞错左或右。

小船上的车钟多为链条式,由人工操纵,比较笨重。较大型的船舶一般都安装轻便的电传令钟(电车钟)。

车钟是用来传送改变主机转速的发令和回令装置,主要在船舶航行特别是机动航行用车时使用。

(2)车钟的使用和注意事项

①车钟的使用关系到船舶安全,必须注意听清车令,按照指挥人员的命令,正确摇动车钟并复述车令,他人不得任意摇动车钟。在改变车令时,需按规定在车钟记录簿上记录,车钟记录簿用完后不得销毁,应存船备查。

②备车时应校对驾驶室和机舱车钟,校对方法是:先用电话与机舱联系,摇动驾驶室车钟至各个速度的位置,看机舱回令是否指在所要求的速度位置上,如果没有误差表示正常。车钟校对完毕后置于"备车"位置。转车、冲车、试车完毕后置于"停车"位置,表示车已备妥。

③如果摇动车钟,机舱没有回令,应再摇一次。若发现车钟信号不正确或有疑问时,应来回多次摇动,以引起机舱注意。船舶航行过程中,若与前方船舶有碰撞危险需紧急倒车时,驾驶台可连续两次将车钟拉到倒车位置,机舱应立即执行车令。

④改变车速时,应及时观察转速表所指的数值(转数)。

⑤如要定速航行,驾驶台应向机舱重复一次"前进三"车令。

⑥车钟应结构良好,当船舶在任何摇摆或颠簸的情况下,都能正常工作。平时应经常保持

清洁光亮,活动部分须涂上润滑油(脂)。

3. 船舶警报系统

船上应急警报系统有全船性警报系统和局部性警报系统。全船性警报系统通常挂接火灾自动警报系统、烟火探测自动警报系统、手动火警按钮和驾驶台警报器等。局部性警报系统主要有:主机、舵机、供电、锅炉等的故障自动警报系统;用于通知机舱值班人员的值班呼叫警报系统;用于机舱施放二氧化碳前通知机舱人员立即撤离的警报系统。

除上述的声、光警报系统外,船上还使用汽笛和有线广播报警。必要时,船钟、铜锣、口哨等均可用于报警。船员应熟悉各种形式的警报,以免延误宝贵的应急时机。

机舱设备发出的报警信号一般为声、光两种信号。值班人员先确认警报,消声,保留灯光信号,再排除故障。弃船信号的发出是船舶在海上出现紧急情况,驾驶台连续向机舱发出完车信号,通知机舱人员迅速撤离。

(二)机舱值班人员的通信与沟通

1. 值班期间

(1)值班轮机员应当指导本班值班人员,告知其可能对机械设备造成不利影响或者危及人命、船舶安全的潜在危险情况。

(2)值班轮机员应当了解失去舵效或者因机械故障导致失速会危及船舶和海上人命的安全,当发生机舱失火或者机舱中即将采取的行动会导致船速下降、瞬间失去舵效、船舶推进系统停止运转或者电站发生故障或者类似威胁安全的情况,应当立即通知驾驶台。如可能,应当在采取行动之前通知,以便驾驶台有最充分的时间采取一切可能的措施来避免发生海上事故。

(3)值班轮机员应当给予其他机舱值班人员适当的指示和信息,以保持安全值班。常规的机械设备保养应当纳入值班工作。

(4)在进行一切预防性保养、损害控制或维修工作时,值班轮机员应与负责维修工作的轮机员合作。

(5)在下班前,值班轮机员应将值班中有关主、辅机发生的事情完整记录下来,并提醒接班人员注意。

(6)出现紧急情况而需要时,拉响警报并采取一切可能的措施避免船舶及其货物和船上人员遭受损害。

(7)出现下列情况,值班轮机员应当立即通知轮机长,并根据情况采取措施:
①机器发生故障或者损坏,可能危及船舶的安全运行;
②发生可能引起推进机械、辅机、监视系统、调节系统的损坏失常的现象;
③遇到其他紧急情况或感到疑虑时。

2. 值班交接

(1)交、接班轮机员应当清楚下列交接事项:
①轮机长关于船舶系统和机械设备运行的常规命令和特别指示;
②对机械设备及系统进行的所有操作及目的、参与人员以及潜在的危险;
③污水舱、压载舱、污油舱、备用舱、淡水柜、粪便柜、滑油柜等使用状况和液位以及对其中贮存物的使用或者处理的特殊要求;
④备用燃油舱、沉淀柜、日用油柜和其他燃油贮存设备中的燃油液位和使用状况;
⑤有关卫生系统处理的特殊要求;

⑥主机、辅机系统(包括配电系统)的操作方式和运行状况；

⑦监控设备和手动操作设备的状况；

⑧自动锅炉控制装置和其他与蒸汽锅炉操作有关设备的状况和操作模式；

⑨恶劣天气、冰冻、被污染的水域或者浅水引起的潜在威胁；

⑩在设备故障或危及船舶安全的情况下而采取的特殊操作方式和应急措施；

⑪机舱普通船员的任务分派；

⑫消防设备的可用性；

⑬轮机日志的填写情况。

(2)接班轮机员对接班事项不满意或者观察到的情况与轮机日志记录不相符时，不得接班。

(三)机舱与驾驶台的通信与沟通

1. 开航前

(1)船长应当提前24 h将预计开航时间通知轮机长，如停港不足24小时，应当在抵港后立即将预计离港时间通知轮机长；轮机长应当向船长报告主要机电设备情况、燃油、润滑油和炉水存量；如开航时间变更，应当及时更正。

(2)开航前1小时，值班驾驶员应当会同值班轮机员核对船钟、车钟、试舵等，并分别将情况记入航海日志、轮机日志及车钟记录簿内。

(3)主机试车前，值班轮机员应当征得值班驾驶员同意。待主机备妥后，机舱应当通知驾驶台。

2. 航行中

(1)每班交班前，值班轮机员应当将主机平均转数和海水温度等参数告知值班驾驶员，值班驾驶员应当回告本班平均航速和风向风力，双方分别记入航海日志和轮机日志；每天中午，驾驶台和机舱校对时钟并互换正午报告。

(2)船舶进出港口，通过狭水道、浅滩、危险水域或抛锚等情况下需备车航行时，驾驶台应当提前通知机舱准备。如遇雾或暴雨等突发情况，值班轮机员接到通知后应当尽快备妥主机。判断将有恶劣天气来临时，船长应当及时通知轮机长做好各种准备。

(3)因等引航员、候潮、等泊等原因须短时间抛锚时，值班驾驶员应当将情况及时通知值班轮机员。

(4)因机械故障不能执行航行命令时，轮机长应当组织抢修，通知驾驶台报告船长，并将故障发生和排除时间及情况记入航海日志和轮机日志。停车应当先征得船长同意，但情况危急，不立即停车会威胁人身安全或者主机安全时，轮机长可以立即停车并及时通知驾驶台。

(5)因调换发电机、并车等需要暂时停电时，值班轮机员应当事先通知驾驶台。

(6)在应变情况下，值班轮机员应当立即执行驾驶台发出的信号，及时提供所要求的水、气、汽、电等。

(7)值班驾驶员和值班轮机员应当执行船长和轮机长共同商定的主机各种车速，另有指示的除外。

(8)船舶在到港前，应当对主机进行停、倒车试验，当无人值守的机舱因情况需要改为有人值守时，驾驶台应当及时通知轮机员。

(9)抵港前，轮机长应当将本船存油情况告知船长。

3. 停泊中

（1）抵港后，船长应当告知轮机长本船的预计动态，以便安排工作，动态如有变化应当及时更正；机舱若需检修影响动车的设备，轮机长应当事先将工作内容和所需时间报告船长，取得同意后方可进行。

（2）值班驾驶员应当将装卸货情况随时通知值班轮机员，以保证安全供电。在装卸重大件、特种危险品或者使用重吊之前，大副应当通知轮机长派人检查起货机，必要时应当派人值守。

（3）因装卸作业造成船舶过度倾斜，影响机舱正常工作的，轮机长应当通知大副或者值班驾驶员采取有效措施予以纠正。

（4）驾驶和轮机部门应当对船舶压载的调整，以及可能涉及海洋污染的各种操作，建立起有效的联系制度，包括书面通知和相应的记录。

（5）添装燃油前，轮机长应当将本船的存油情况和计划添装的油舱以及各舱添装数量告知大副，以便计算稳性、水尺和调整吃水差。

（四）轮机部与公司职能部门的通信与沟通

1. 轮机部向公司主管部门送报

（1）各种机务报表和维修保养计划执行情况报告；
（2）机舱备件、物料的申领、入库、消耗和库存报表；
（3）机电动力设备事故报告；
（4）有关船机状态的报告；
（5）有关设备安全和性能的特殊情况报告。

2. 公司机务部与轮机部的沟通

（1）审核、确认机舱的备件、物料、油料、修理、检验等申请，批注要求的供船时间、地点和其他相关的要求。

（2）收集最新生效的公约、规则、规范和船旗国、港口国等外部组织的最新要求，及时通报船舶，提示船舶注意相关的营运安全问题。

（3）确认以下方面是否需提供岸基支持：
①备件、物料、油料；
②临时修理或计划修理；
③证书/检验；
④PSC 检查。

（4）在登船时，听取轮机长的工作汇报，对提出的问题在职权范围内做出合理的解释，阐明本人登船的工作任务和需要船方配合的事项。

（5）调查了解主要干部船员的技术状况和人员的配合情况、思想状况。

（6）检查船舶维修保养情况，根据船舶的实际状况，布置下阶段工作，并提交轮机长书面确认。

（7）收集船舶应报送的各种机务报表，在可能情况下审阅并提出意见。

（8）检查船舶的 SMS 运行情况，尤其是各种档案、报表、报告的归档与保管情况。

(五)轮机部与其他人员的通信与沟通

1. 轮机部与加装燃油人员的沟通

(1)加油前

加油开始前,轮机长应携同主管轮机员与供方代表联系,商定如下事项:

①燃油的规格、品种、数量是否符合要求;

②确定装油的先后顺序;

③最大泵油量(添装过程中泵油速度)及其控制方法;

④装油过程中双方的联系方法;

⑤加油泵应急停止方法;

⑥装油开始前,轮机长应亲自或指派主管轮机员检查油驳或油罐的检验合格证和规范图表,弄清油驳的舱位分布及数量,与供油方代表一起测量并记录供油油驳的所有油舱或油罐的油位、油温和密度,计算出储油量;审核驳船装单,如发现不一致,需当即弄清;要核对并记录流量计的初始读数,如为油罐车供油则应检查其铅封是否完好;双方确认后,轮机长在供方提交的装前状况确认书签字;

⑦装油开始前,应提请供油方按正确方法提取油样,并监督取样装置的安装及调整;

⑧检查本船各有关阀门开关是否正确,各项工作准备妥善后,即可通知供方开始供油,并记录开泵时间。

(2)加油中

①开始泵油后,注意倾听装油管的油流声,检查装油舱透气管的透气情况,证实油确已装入指定的油舱中,并及时测量受油舱液面的变化情况。

②在全部装油过程中,要勤测量,记录每次测量值,同时计算加油速度,监督装油速度是否符合约定速度,必要时与供方联系调整。注意装油引起船舶倾斜对测量的影响及可能造成油面首先封住透气管引起的跑油现象发生。

③受油舱中的油已达到本舱容量的70%左右,应打开下一个受油舱的进口阀若干圈,防止溢油。

④换装油舱时,应先全开下一个受油舱的进口阀,然后关闭正在装油的受油舱的进口阀。

⑤在寒冷天气装油时,应适当提高加油温度,防止油入舱后温度下降快,影响测量结果,甚至造成跑油。

⑥油驳上均有油样提取装置,轮机长或主管轮机员应使用油样提取装置,在加油全过程中点滴取样,最后混为3瓶标准油样,每瓶至少1 L,加油完毕后摇匀(约30 s),均分成3份,由双方代表现场铅封瓶口,再将有双方签字的标签贴在瓶上,并注意铅封是否完好,有无铅封号。油样一瓶交油公司,一瓶留船保存一年,一瓶送实验室化验。

⑦加油过程中,当有公证人员(Bunker Surveyor)在船时,如果轮机长对公证人员的工作程序或文件有疑义,应当面提出,并应在加油操作前达成一致。加油数量应以公证人员测量数字为准。但是,船舶轮机长必须组织主管轮机员和其他人员在加油全过程中进行现场监装、监测、监督提取油样。油样应由船方、供方和公证共三方代表签字,船方不得接受供方提供的未经三方代表签字的油样。

⑧在整个受油过程中,取样器要由专人照看,不得离人。

(3)加油后

①待油舱中的油气稳定后(正常情况下,1~2 h可消除90%以上的气泡),轮机长和主管

轮机员与供方代表一起测量并记录装毕后供方油驳所有油舱或油罐的油尺、油温和密度,并结合船舶装油后船舶的吃水差及左右倾斜角,计算得出剩余油量;核对并记录流量计的读数和停泵的时间(如果有流量计)。双方确认一致后,轮机长在供油方提供的加油收据上签字。

②于加油当天,将受油数量记录在轮机日志上。

③如受油过程中发生争议,轮机长与供应代表交涉,并告知船长,待解决后再在加油收据上签字。若现场双方不能通过协议解决,轮机长不要在加油收据上签字,也暂不要让供方代表及油驳等离开现场。如果船期允许,可以通过代理申请第三方实施公证检验,对双方的油舱、油舱的容积、标尺、油泵的流量计及泵油管路等进行检验、测算,做出裁决,同时将此情况报告公司。公证检验时,受油方轮机长及主管轮机员须在现场。如果船期不允许,则轮机长必须在加油收据上加批注(供方不同意加批注时,可书面声明并由双方代表签字),并将此情况通知油公司,同时上报公司,验船费用将由败诉方负担。

2. 轮机部与加装燃油人员的沟通

(1)加油中

①轮机长与供油方代表确认加油品种和数量。

②在加装散装润滑油时,轮机长应同供油方代表确定加油量计量方法,并由主管轮机员(一般为大管轮)与供油方代表,一起记录供油驳的流量表初始数值和船舶相关油舱初始存油量。如果供油驳没有流量表,一般由主管轮机员与供油方代表一起测量供油驳的相关油舱的初始存油量。

③在加装桶装润滑油时,应与甲板部做好桶装润滑油的调运工作,确保吊装作业的顺利和安全。

④开始加油后,应在数分钟之内核实被注入舱(柜)油量,确定油已经注入指定油舱(柜)中。

⑤当受油舱(柜)中的油量达到本舱(柜)高度的3/4时,应打开下一个舱(柜)的进口阀,防止溢油。注意应先全开下一个受油舱(柜)的进口阀,然后关闭正在装油的舱(柜)的进口阀。

⑥若主机气缸油与主机系统油同管,应先加装主机气缸油;若主机系统油与副机系统油同管,应先加装副机系统油。但在换油之前,应尽量清空管系内的残油,尽量减少混油数量。

⑦监督油样的采取,并在油样瓶上做好相关的标记。

(2)加油结束

①等油舱(柜)中的油稳定后,主管轮机员与供油代表一起测量船方的加油舱(柜)的加油量,同时测量供油驳的供油量,确认一致后,由轮机长在供油收据上签字。

②如果发生争议,轮机长应与供油方代表协商,一般应以船方的测量记录为准,如果协商不能达成一致,轮机长应告知船长,由船长决定下一步的措施。

a. 若船期允许,可通过船舶代理申请公证人上船进行公证测量,以公证测量为准,同时将情况上报公司;

b. 如果船期不允许,轮机长在加油收据上加批注,并将情况报告公司;

c. 如果船期不允许,轮机长可以签署书面声明(抗议),并由轮机长与供油方代表签字。

③若加装桶装润滑油,应快驳入油舱(柜)中,在时间不允许的情况下可暂时放在甲板上,但应牢固绑扎,防止被海浪打入海中造成损失及海洋污染。

3. 轮机部与备件物料供应人员的沟通

首先确保供应人员准确无误地理解采购内容,包括型号、色泽、数量、质量要求、供货进度等。其次,与供应人员的沟通一定要充分并形成文字记录,既然是沟通,切忌将自己的主观意志强加给供应人员,所以协商时,要善于引导供应人员积极配合。与供应人员打交道,最忌"以为"两字。很多事就犯在"以为"上,"以为"他听懂了、"以为"他收到了、你"以为"他知道、他"以为"你知道、"以为"没有问题、"以为"不会出事、"以为"能按时交货,不是吗?一解释起来,全是"以为",就是没有确认,最终不能确定,怎么讲也讲不清。而充分有效的沟通才能保证主观上出错的概率最低。把能讲的事讲完、讲到位,并形成双方确认的书面记录,一旦出现事故,是谁犯错一目了然。

二、决策

所谓决策,就是指为了达到一定的目标,从两个以上的可行方案中选择一个合理方案的分析判断过程。

决策能力是指领导者或经营管理者对某件事拿主意、做决断、定方向的领导管理效绩的综合性能力。其包括:经营决策能力、经营管理能力、业务决策能力、人事决策能力、战术与战略决策能力等。

1. 决策者应具备的素养

决策者除了要具备一般领导者的素质,如政治思想素质、道德品格素质、文化素质、组织能力素质、心理素质外,还必须具备以下决策素养。

(1)要有较高的科学素养

列宁讲过,要管理就要内行,就要精通生产的一切条件,就要懂得现代高度的生产技术,就要有一定的科学修养。所谓领导者的科学素养,是指领导者要经过科学的基本训练,具有多方面的科学知识,如数学、信息论、控制论、系统论等基本知识;具有科学的思维方法;特别是要有丰富的本行业的专业知识和工作经验,并且要从感性认识提高到理性认识;要熟悉党的方针、政策,了解经济发展趋势。

(2)要有敏锐的目光和创新精神

决策是创造性活动,它总是以变革现状为出发点和归宿。因此,决策者要目光敏锐,有辨别、分析的能力,能一针见血地看出问题的症结和本质。同时思路要开阔,如果不善于发现问题或者安于现状,就不能前进。可以说没有创新就没有决策。决策者有开拓创新精神,才能着眼一个地区或企业的未来,冲出传统制定新战略,才能冒一定的风险去实现较为先进的决策方案。决策者如果思想保守,不敢承担责任,不敢冒风险,他所做出的决策,也只能是因循守旧、无所作为的决策,不可能促进一个地区或企业的发展。

(3)要有当机立断的魄力

当机立断的魄力是指决策者,必须善于和勇于不失时机地做出决策,迅速实施。这就要求决策者在别人犹豫不前,看不准形势的时候,能够做出准确的判断,及时做出抉择。面对层出不穷的新问题,要审时度势,纵观全局,权衡利弊,把握时机,做出科学的决策,才能促进改革和发展。如果优柔寡断,当断不断,就会错过良机,这是领导的大忌。当机立断的魄力,是建立在真实的情报和细致的方案比较基础之上的,绝不是主观臆断,更不是盲目武断。

(4)要有集思广益的民主作风

民主作风就是在决策过程中充分相信群众,依靠群众。它在领导决策中表现为广征博采,集思广益。在决策前,要认真听取各方面的意见,特别是听取本行业专家的意见;要善于团结与自己意见不同的人,善于听取不同的声音;善于从众说纷纭中,找到客观真实的信息,获得符合客观规律的认识,将各种方案的优点,综合成一种方案。切忌先有结论,然后去搜集与自己相同的意见来论证自己的结论,更不能以权势去压制不同意见。不同意见的充分讨论,是使领导者避免受错误意见愚弄和左右的一个最有效的措施。科学正确的决策必须经过正反两方面意见的交锋,论证后才能产生。而这一切必须以领导者的民主作风作保证。领导者要善于创造一个宽松的、民主的环境和气氛。决策民主化是实现决策科学化的前提和基础。

2. 领导决策应遵循的基本原则

决策是一门科学,有许多规律和原则可循。从实践来看,应遵循以下几条基本原则。

(1)选准目标原则

在决策前,要善于发现问题,分析问题,找出症结所在,准确地确定决策课题。课题不准,决策非但无效,还可能走偏。决策目标是指要达到的目的,决策目的明确与否直接关系到决策效果的好坏。决策目标明确了,选择就会有依据,行动就会有指针性;决策目标不明确,选择就会发生偏移,甚至还会出现目标转换、南辕北辙的惨痛后果。

(2)信息准确原则

现代决策涉及各方面的因素,需要取得比较广泛的准确信息。如果信息是一鳞半爪、道听途说,决策的依据就不可靠。必须深入实际做调查,获取全面的、准确的信息,才能做出符合客观规律的决策。目前一些领导靠听汇报或走马观花式的调查得到的信息往往是片面的,甚至是虚假的,在此基础上做出的决策是不可能正确的。

(3)可行性原则

决策方案必须切实可行,否则即使是再美妙的方案也是纸上谈兵。决策方案是否可行,就要对其有利因素和不利因素,主观条件和客观条件做出周密而细致的分析。对已形成的多种方案的利弊得失,必须进行认真的定量和定性的分析比较,做出评估。只有经过审定、评价、可行性分析后的决策,才能有较大的把握和可实现性。过去靠长官意志、个人拍脑袋决策造成的教训是深刻的。

(4)系统的原则

这是决策的灵魂。任何决策都应从整体出发,以整体利益为重。一切局部的、暂时的利益要服从全局的、长远的利益,然而全局利益又寓于局部利益之中。这个全局和局部的辩证关系,是系统原则的精髓。只有坚持这个原则,才能使决策促进全局和局部的协调发展。

(5)集体决策的原则

在小生产条件下,主要靠个人的经验决策。决策的正误主要取决于决策者的个人学识、经验和胆略等。在大生产条件下,决策的内容是很复杂的,个人的经验决策已行不通了,要吸收多方面的意见。特别要听取专家的意见,进行充分的分析,然后集中正确合理的内容,才能做出科学的决策。一些地区和单位的领导往往搞"家长制""一言堂",个人说了算,这种决策行为在市场经济中必然碰壁。

(6)分层次多系统决策的原则

分层次多系统决策的原则就是根据总的决策目标,由各个层次、各个系统进行具体目标的决策,也就是把总的目标,变成各个层次、各个系统的具体责任。这样,才能最终实现决策目标。一般情况下,上级领导不应过于干涉下级决策,更不能代替下级决策,而应让他们根据本地实际情况自主决策,这样可以增强各级组织的责任,调动他们的积极性,实现总目标。目前,一种很不正常的情况是一些小事也得一把手"拍板"才能解决。这是管理之大忌,必须要改变。责权利相统一,才能推动发展。

三、激励

1. 激励的含义

简单来说,激励就是通过满足人们的需要,引导人们做出预期行为的一种活动。从心理学角度讲,激励是指激发人的行动动机的心理过程,是一个不断朝着期望的目标前进的循环过程。简言之,就是在工作中调动人的积极性的过程。

可以从以下三个方面来理解激励这一概念。

(1)激励是一个过程。人的很多行为都是在某种动机的推动下完成的。对人的行为的激励,实质上就是通过采用能满足人需要的诱因条件,引起行为动机,从而推动人采取相应的行为,以实现目标,然后再根据人们新的需要设置诱因,如此循环往复。

(2)激励过程受内外因素的制约。各种管理措施应与被激励者的需要、理想、价值观和责任感等内在的因素思想吻合,才能产生较强的合力,从而激发和强化工作动机,否则不会产生激励作用。

(3)激励具有时效性。每一种激励手段的作用都有一定的时间限度,超过时限就会失效。因此,激励不能一劳永逸,需要持续进行。

既然激励是通过满足人们的需求来引导人们做出预期的行为,那就意味着管理者要对下属实施激励,首先就要了解下属的需求是什么,然后通过满足他们的需求,使他们的行为按照自己预期的方向来实现预期的目标。

2. 需要激励理论

作为人类行为的原动力,需要是行为科学中激励理论的重点研究对象之一。许多著名的行为科学家曾从不同角度对需要进行了详细的描述。

(1)马斯洛的需要层次论

马斯洛是被人们引用较多的一位美国管理心理学家。他认为,人类的需要可分为5类:生理的需要、安全的需要、社交的需要、尊重的需要,以及自我实现的需要。

①生理的需要,即人类生存最基本的需要,如食物、水、住房、医药等。这是动力最强大的需要,如果这些需要得不到满足,人类就无法生存,也就谈不上其他的需要。

②安全的需要,保护自己免受身体和情感伤害的需要。这种安全需要体现在社会生活中是多方面的,如生命安全、劳动安全、职业有保障、心理安全等。

③社交的需要,包括友谊、爱情、归属、信任与接纳的需要。人们一般都愿意与他人进行社会交往,想和同事们保持良好的社会关系,希望给予和得到友爱,希望成为某个团体的成员等等。这一层次的需要得不到满足,可能会影响人的精神上的健康。

④尊重的需要,包括自尊和受到别人尊重两方面。自尊是指自己的自尊心,工作努力不甘落后,有充分的自信心,获得成就后的自豪感。受人尊重是指自己的工作成绩、社会地位能得到他人的认可。这一层次的需要一旦得以满足,必然信心倍增,否则就会产生自卑感。

⑤自我实现的需要。这是最高一级的需要,指个人成长与发展、发挥自身潜能、实现理想

的需要。自我实现的需要使人希望自己能够充分发挥自己的潜能,做他最适宜的工作。马斯洛认为,如果一个人想得到最大的快乐的话,那么,一个音乐家必须创作乐曲,一个画家必须绘画,一个诗人必须写诗。一个人能做哪样的人、他就必须成为那样的人。

需要层次在企业中的应用如表 10-1 所示。没有满足的需要是激励的开端,而需要的满足则是激励过程的完成。可见,需要是人类行为的出发点、基础和最根本的原因。管理者只有了解了员工的需要以及员工之间需要的差异,然后有针对性地采取管理措施,才能收到良好的激励效果,充分调动员工的工作积极性。

表 10-1 需要层次在企业中的应用

需要层次	激励因素(追求的目标)	应用
生理的需要	工资和奖金 各种福利工作环境	足够的薪金、舒适的工作环境、适度的工作时间、住房和福利设施、医疗保险等
安全的需要	职业保障 意外事故的防止	雇佣保证、退休养老金制度、意外保险制度、安全生产制度、危险工种营养福利制度
社交的需要	友谊、团体的接纳 组织的认同	建立和谐的工作团队,建立协商和对话制度、互助金制度、联谊小组、教育培养制度
尊重的需要	名誉和地位 权力和责任	人事考核制度、职衔、表彰制度、责任制度、授权
自我实现的需要	能发挥个人特长的环境 具有挑战性的工作	决策参与制度、提案制度、破格晋升制度、目标管理、工作自主权

(2)赫茨伯格的双因素理论

"双因素理论"是"保健、激励因素理论"的简称,是美国匹茨堡心理学研究所的赫茨伯格于 20 世纪 50 年代后期提出的。赫茨伯格认为,使员工感到满意的因素与使员工感到不满意的因素是大不相同的。使员工感到不满意的因素往往是由外界环境引起的,使员工感到满意的因素通常是由工作本身产生的。

①保健因素。赫茨伯格发现造成员工非常不满意的原因有:公司政策、行为管理和监督方式、工作条件、人际关系、地位、安全和生产条件等。这些因素改善了,只能消除员工的不满、怠工与对抗,但不能使员工变得非常满意,也不能激发他们的积极性,提高效率。赫茨伯格把这一类因素称为保健因素,就像某些保健物品只能预防疾病,但不能改善身体状况一样。

②激励因素。赫茨伯格还发现使员工感到满意的原因有:工作富有成就感、工作成绩能得到认可、工作本身具有挑战性、负有较大的责任、在职业上能得到发展等。这类因素的改善,能够激励员工的工作热情,从而提高生产率。如果处理不好,也能引起员工的不满,但影响不是很大,赫茨伯格把这类因素称为激励因素。这两类因素如表 10-2 所示。

3. 激励的原则

激励是一门科学,正确的激励应遵循以下原则。

(1)组织目标与个人目标相结合的原则

在激励机制中,设置目标是一个关键环节。目标设置必须体现组织目标的要求,否则激励将偏离实现组织目标的方向。目标设置还必须能满足员工个人的需要,否则无法提高员工的目标效价,达不到满意的激励强度。只有将组织目标与个人目标结合好,使组织目标包含较多的个人目标,使个人目标的实现离不开为实现组织目标所做的努力,才会收到良好的激励效果。

表 10-2　保健因素与激励因素

保健因素	激励因素
金钱	工作本身
监督	赏识
地位	进步
安全	成长的可能性
工作环境	责任
政策与行动	成就
人际关系	……

(2)物质激励与精神激励相结合的原则

员工存在着物质需要和精神需要,相应地,激励方式也应该是物质激励与精神激励相结合。鉴于物质需要是人类最基础的需要,但层次也最低,物质激励的作用是表面的,激励深度有限。因此,随着生产力水平和人员素质的提高,应该把重心转移到以满足较高层次需要即社交、自尊、自我实现需要的精神激励上去。换句话说,物质激励是基础,精神激励是根本,在两者结合的基础上,逐步过渡到以精神激励为主。

(3)外在激励与内在激励相结合的原则

根据赫茨伯格的"双因素理论",在激励中可区分两种因素——保健因素和激励因素。凡是满足员工生存、安全和社交需要的因素都属于保健因素,其作用只是消除不满,但不会带来满意。这类因素叫外在激励。满足员工自尊和自我实现需要,最具有激发力量,可以产生满意,从而使员工更积极地工作,这些因素属于内在的激励因素。内在的激励因素所产生的工作动力远比外在的保健因素要深刻和持久。因此,在激励中,领导者应善于将外在激励与内在激励相结合,以内在激励为主,力求达到事半功倍的效果。

(4)正激励与负激励相结合的原则

根据强化理论,可把强化分为正强化和负强化,也称为正激励与负激励。显然,正激励与负激励都是必要而有效的,不仅作用于当事人,而且会间接地影响周围其他人。通过树立正面的榜样和反面的典型,扶正祛邪,形成一种好的风气,产生无形的压力,使整个群体和组织的行为更积极、更富有生气。但鉴于负激励具有一定的消极作用,容易产生挫折心理和挫折行为,应该慎用。因此,领导者在激励时应该把正激励与负激励巧妙地结合起来,而坚持以正激励为主,负激励为辅。

(5)按员工需要激励的原则

激励的起点是满足员工的需要,但员工的需要存在着个体差异性和动态性,因人而异、因时而异,并且只有满足最迫切需要的措施,其效价才高,其激励强度才大。因此,领导者在进行激励时,必须深入地进行调查研究,不断了解员工需要层次和需要结构的变化趋势,有针对性地采取激励措施,才能收到实效。

(6)坚持民主公正的原则

公正是激励的一个基本原则。如果不公正,奖不当奖,罚不当罚,不仅收不到预期的效果,反而会造成许多消极后果。公正就是赏罚严明,并且赏罚适度。赏罚严明就是铁面无私,不论亲疏,不分远近,一视同仁。赏罚适度就是从实际出发,赏与功相匹配,罚与罪相对应,既不能小功重奖,也不能大过轻罚。

4. 激励的方法

激励的方法多种多样,国内外的先进企业在这方面积累了丰富的经验,大体上有如下行之有效的方法:

（1）目标激励

企业目标是一面号召和指引千军万马的旗帜,是企业凝聚力的核心。它体现了员工工作的意义,预示着企业光辉的未来,能够在理想和信念的层次上激励全体员工。企业应该将自己的长远目标、近期目标大张旗鼓地进行宣传,做到家喻户晓,让全体员工看到自己工作的巨大社会意义和光明前途,从而激发大家强烈的事业心和使命感。

在进行目标激励时,还应注意把组织目标与个人目标结合起来,宣传企业目标与个人目标的一致性。企业目标中包含着员工的个人目标,员工只有在完成企业目标的过程中才能实现其个人目标。应使大家具体地了解:企业的事业会有多大发展,企业的效益会有多大提高,相应地,员工的工资奖金、福利待遇会有多大改善,个人活动的舞台会有多少扩大,使大家真正感受到"厂兴我富,厂兴我荣"的道理,从而激发出强烈的归属意识和巨大的劳动热情。

（2）奖罚激励

"赏罚,政之柄也。"实际上不管奖励也好、奖罚结合也好,尽管有关激励的各种研究和理论已大量涌现,但奖励和惩罚仍是两个有力的激励因素。当然,"赏罚必在至公",不可滥用;尤其是惩罚,它会引起自卫、报复等副作用。坚持正面的奖励和表扬,通常其效果更好。

然而,有的管理人员说,用正面的奖励来满足员工的各种需要,诚然不错,可是有的员工"欲壑难填"怎么办？事实上奖励及表扬的方法是很多的,以下几类都可适当加以选择并应用:

①薪酬与奖励。用加薪、奖金、奖品、礼品等以示奖励。

②增加责任。鼓励员工参与管理,减少外加的监督与控制,实行员工建议制等。

③对个人和群体实行适当灵活的优惠。如实行弹性工作时间、延长休息或午餐的时间、获准提早下班、带薪或无薪的假期、特殊待遇（如为员工装电话、组织旅游等）、单位资助出席专业会议或送海外培训等。

④职务与地位的升迁。诸如获得新的职务、给予委派授权、工作轮换培训、职务多元化、升迁新的职衔、提供更佳的工作场所、被邀请参加高层会议或负责督导更多的下属。

⑤衷心的嘉许与表扬。具体赞扬所取得的成绩,做出坦率、真诚的评价,鼓励继往开来。

⑥社交活动。提供免费工作午餐,增加个人和群体的交往接触,组织运动会、户外活动及聚会,通过社交和与工作有关的场合使员工与上司有更多的相处时间。

（3）评比、竞赛、竞争激励

竞争是市场经济的重要特征之一,组织中经常开展必要的评比、竞赛、竞争,能使员工的情绪保持紧张,提高士气,克服惰性。同时,通过评比竞赛,能使劳动者的业绩得到公正合理的评价,促使他们为企业做出更大的贡献。

（4）榜样激励

榜样激励的方法是在组织中树立先进模范人物和标兵的形象,号召和引导员工向先进模范人物学习,引导员工的行为到组织目标所期望的方向。现在,许多企业都有自己的报纸和内部网站,使榜样激励增添了许多更有效、更丰富、更灵活多样的内容和手段。但榜样的树立,应当坚持实事求是,不要虚构和夸张,以免引起员工的逆反心理。

榜样激励的一个很重要的方面是领导者本人的身先士卒,率先垂范。人们常说身教重于言教,正如一些企业负责人所说:"喊破嗓子,不如做出样子。"领导的一个模范行动,胜过十次一般号召。领导的模范行动,像无声的命令,对其下属有巨大的影响力,可以激发出员工的工作积极性和工作热情。

(5)参与激励

员工是企业的主人,企业应该把员工摆在主人的位置上,尊重他们、信任他们,让他们在不同层次和不同深度上参与决策,听取他们的正确意见,全心全意地依靠他们办好企业。通过参与,形成员工对企业的归属感、认同感,进一步满足自尊和自我实现的需要。TQC小组,员工参与班组民主管理,员工通过职代会参与企业重大决策,是员工参与企业决策和企业管理的主要渠道。其他如奖励员工合理化建议制度、"诸葛亮会"等,都是行之有效的员工参与形式。

(6)感情激励

感情投资在现代管理中是一个非常重要的因素,对人的工作积极性有重大影响。它能密切上下级关系,增强员工的动力,振奋员工的精神。感情激励就是加强与员工的感情沟通,尊重员工、关心员工,与员工之间建立平等和亲切的感情,千方百计创造条件满足他们的合理需要,并且积极为员工排忧解难,办实事,让员工体会到领导的关心、企业的温暖,从而激发出他们的主人翁责任感和爱厂如家的精神。感情激励的技巧在于"真诚"二字。

(7)员工持股激励

员工持股激励是在市场经济条件下,对员工激励的最根本的方法之一。其出发点是实行产权多元化,鼓励员工在企业持股,利润共享。员工持股增加了他们对企业的认同感,使他们迸发出巨大的工作热情和责任感,促使企业效益的提高。

(8)危机激励

危机激励的实质是树立全体员工的忧患意识,做到居安思危,无论是在组织顺利还是困难的情况下,都永不松懈,永不满足,永不放松对竞争对手的警惕。日本学者小山秋义把这种激励方法称为"怀抱炸弹经营""置之死地而后生",唤醒全体员工的危机意识,确保组织立于不败之地。

(9)组织文化激励

推行组织文化有助于建立员工共同的价值观和组织精神,树立团队意识。美国、日本有许多组织全面推行组织文化,取得了非常成功的经验,不但增加了员工对组织的凝聚力和自豪感,而且提高了组织素质和整体实力。优良的组织文化也是组织必不可少的激励手段。

四、评价工作绩效

(一)评估的含义与目的

工作表现的评估是按照一定的标准,采用科学的方法,检查和评定船舶团队成员对职位所规定的职责的履行程度,以确定其工作成绩的管理方法。

其目的主要在于通过对船员全面综合的评估,判断他们是否称职和具备适任性,并以此作为有效船舶资源管理的基本依据,切实保证船员的报酬、晋升、调动、激励、辞退等工作的科学性。同时,也可以检查船舶管理各项政策,如人员配置、船员培训等方面是否有失误。

(二)评估的内容

由于工作表现评估的对象、目的和范围复杂多样,因此工作表现评估的内容也比较复杂,但基本上主要包括德、能、勤、绩四个方面的内容。

1. 德

德是指政治思想和职业道德的表现评估。德的这部分评价是较为重要的评估部分,并且也是其他评估内容的前提和基础。

2. 能

能是指人的能力素质,即职责适任的能力。当然,能力不是静态、孤立存在的。因此,对能力的评估应在素质考察的基础上,结合其在实际工作中的具体表现来判断。能一般包括动手操作能力、认识能力、思维能力、表达能力、研究能力、组织指挥能力、协调能力、决策能力等。对不同的职位,在评估过程中应各有侧重、区别对待。评估内容主要包括:

(1)基本知识、技能:是否具有扎实的专业技术和丰富的实践经验,并在日常工作中充分发挥、运用。

(2)执行能力:能否理解工作要求,动手、实际操作能力强,处理灵活,独立承担本职工作范围内的工作任务。

(3)学习能力:勤奋好学,努力学习各项与工作相关的工作技能,更好地完成工作任务。

(4)表达沟通能力:能否根据对方的心理,抓住重点,巧妙地使人接受意见,交流无间。

3. 勤

勤是指一种工作态度,它主要体现在员工日常工作表现上,如工作的积极性、主动性、创造性、努力程度以及出勤率上。对勤的评估不仅要有对量的衡量,如出勤率,也要有质的评估,即是否以满腔的热情积极、主动地投入工作。评估内容主要包括:

(1)积极性:热爱本职工作,有高标准做好职务范围内业务工作的热情。

(2)纪律性:是否遵守公司各项规章制度及上级指示,忠于自己的职责,表里一致地进行工作。

(3)工作意识:有主人翁精神,工作积极认真,有责任感,具有基本的职业道德。

(4)责任感:自觉把握在组织中的角色,执行任务时,有遇到困难不屈不挠完成工作的意志,对自己的工作行为表示负责的态度。

4. 绩

绩是指员工的工作业绩,包括完成工作的数量、质量、经济效益。在企业中岗位、责任不同的人,其工作业绩的评估重点也有侧重。对绩的考评是对船员工作评估的核心。评估主要包括:

(1)工作目标完工程度:是否出色完成领导交的工作,达到目标(精确、彻底),得到认可。

(2)工作效率:是否能及时按计划完成各项工作任务,时效性高。

(3)工作创新:分析现有工作,提出合理化建议并取得良好效果。

五、短期和长期战略

(一)短期策略

1. 短期策略的定义

短期策略就是发挥集体力量去解决突发问题的策略。其实突发问题并不少见,在我们实际工作中经常遇到,也在不知不觉中使用短期策略。比如:在起锚过程中,锚起不来、绞不动。我们首先需要找到问题所在,是锚机本身问题、液压达不到功率、液压油少了、液压管路问题、电机问题,还是水深超过起锚深度？或是锚被挂住？这时我们经常把四轨、电子电气员、大副、木匠甚至资深水手长喊到一起,查找原因,最终解决问题。在我们传统的思维里,对于这种情况,对于处理突发问题好的船长,我们经常会这样评价:有组织能力、经验丰富、业务好、应变能力强。当然,一条船管理水平好高低与船长的综合素质是分不开的。能否充分调动全体船员的积极性,发挥集体力量来保证船舶安全生产,是评价一个船长工作能力的重要标准。

2. 短期策略的必要性

每一个人都有自己的知识和不同的经验,同时又有盲点,通过STS可以优势互补,可以减少盲点,减少失误概率,从而降低风险,也就是集集体智慧于一身。

3. 短期策略的五个步骤

(1) 找出问题所在:在前面的例子中,首先要找出锚为什么不能启动。这时就需动用一切资源和时间。

(2) 制订计划:每人都根据自己的知识和经验,提供一个解决方案。有人提出用起货机钩头拉锚链,有人提出刹车打死,动车向浅水区移动,各抒己见。

(3) 完善计划:包括计划的比较,充分讨论,周密考虑,是否还有遗漏,取长补短,通过论证,统一意见,最后形成一个完美的计划。先用车向浅水区拖,拖一段,试着绞一点。一个方案不行时,再考虑其他方案。

(4) 概括总结:根据以上的讨论,执行拖锚计划,把计划进行简报,让机舱、大副、木匠及所有相关的人知道全部计划,并全力配合。

(5) 监督执行:按预定方针,船长监督每一个环节进展,根据情况随时调整监督重点。

4. 沟通技巧和质询-回应工具

在使用短期策略过程中,注意运用好沟通技巧和质询-回应工具。

5. 总结

在突发事件发生时,每个人都参与,每个人都在为解决同一个问题承担着不同的分工。

(二) 长期策略

长期策略是指比较全面、长期的发展策略计划。长期策略和短期策略的区别在于策略目标的期限不同,因为长期策略是规划一段时间,而策略的实施是逐步推进的,因此就有长、短期策略之分。

长期策略是个大的方向,因此要长远。但是目标不是一蹴而就的,因此船舶团队,必须一个目标、一个目标地实现,直至达成最终目标,特别是应对一些应急事件和偶发事件,短期策略显得尤为重要。在船舶管理中,要坚持科学发展观,坚持可持续性发展的战略,从长远利益出发。在本任期内,根据人力、物力和船舶现状,首先制订长期计划。在根据具体情况,分清优先次序,即轻重缓急,逐步层层分解成短期目标,分步落实。

第五节　运用决策技能的知识和能力

一、局面和风险评估

1. 风险评估的含义

危险是指可能会引致受伤或伤害的源头,或可能会引致受伤或伤害的情况。风险有两个意思:一是危险会发生的可能性;二是危险事件的后果。

从信息安全的角度来讲,风险评估是对信息资产(即某事件或事物所具有的信息集)所面临的威胁、存在的弱点、造成的影响,以及三者综合作用所带来风险的可能性的评估。作为风险管理的基础,风险评估是组织确定信息安全需求的一个重要途径,属于组织信息安全管理体系策划的过程。

2. 风险评估的任务

风险评估的主要任务包括:
(1)识别评估对象面临的各种风险;
(2)评估风险概率和可能带来的负面影响;
(3)确定组织承受风险的能力;
(4)确定风险消减和控制的优先等级;
(5)推荐风险消减对策。

3. 风险评估的原则

(1)风险评估旨在小心审核操作时可能会造成的伤害,以便能及早判定是否已采取足够的预防措施,还是需要采取更多的措施以防止伤害发生。风险评估的目的在于尽量减少船上的意外和疾病。

(2)评估应首先确立工作场所存在的危险,继而认清执行工作时会产生的重大风险。评估应包括审议现行的预防风险监控措施,如工作许可证、禁区、警告牌或个人保护装备。

(3)任何风险评估必须对工作人员健康与安全的风险进行评估。

4. 风险评估过程注意事项

在风险评估过程中,有几个关键的问题需要考虑:
(1)要确定保护的对象(或者资产)是什么? 它的直接价值和间接价值如何?
(2)资产面临哪些潜在威胁? 导致威胁的问题所在? 威胁发生的可能性有多大?
(3)资产中存在哪些弱点可能会被威胁所利用? 利用的容易程度又如何?
(4)一旦威胁事件发生,组织会遭受怎样的损失或者面临怎样的负面影响?
(5)组织应该采取怎样的安全措施才能将风险带来的损失降低到最低程度?

解决以上问题的过程,就是风险评估的过程。进行风险评估时,有几个对应关系必须考虑:
(1)每项资产可能面临多种威胁;
(2)威胁源(威胁代理)可能不止一个;
(3)每种威胁可能利用一个或多个弱点。

5. 风险评估的三种可行途径

在风险管理的前期准备阶段，组织已经根据安全目标确定了自己的安全战略，其中就包括对风险评估战略的考虑。所谓风险评估战略，其实就是进行风险评估的途径，也就是规定风险评估应该延续的操作过程和方式。

风险评估的操作范围可以是整个组织，也可以是组织中的某一部门，或者独立的信息系统、特定系统组件和服务。影响风险评估进展的某些因素，包括评估时间、力度、展开幅度和深度，都应与组织的环境和安全要求相符合。组织应该针对不同的情况来选择恰当的风险评估途径。目前，实际工作中经常使用的风险评估途径包括基线评估、详细评估和组合评估三种。

6. 风险评估的常用方法

在风险评估过程中，可以采用多种操作方法，包括基于知识（Knowledge-based）的分析方法、基于模型（Model-based）的分析方法、定性（Qualitative）分析和定量（Quantitative）分析，无论何种方法，共同的目标都是找出组织信息资产面临的风险及其影响，以及目前安全水平与组织安全需求之间的差距。

（1）基于知识的分析方法

在风险评估时，组织可以采用基于知识的分析方法来找出目前的安全状况和安全基线之间的差距。

（2）基于知识的分析方法又称作经验方法，它牵涉到对来自类似组织（包括规模、商务目标和市场等）的最佳惯例的重用，适合一般性的信息安全社团。采用基于知识的分析方法，组织不需要付出很多精力、时间和资源，只要通过多种途径采集相关信息，识别组织的风险所在和当前的安全措施，与特定的标准或最佳惯例进行比较，从中找出不符合的地方，并按照标准或最佳惯例的推荐选择安全措施，最终达到消减和控制风险的目的。

二、科学决策

1. 决策方法

面对复杂的问题，在决断风险、决断资源和决断时机等约束条件下，利用好的决策方法、工具和理论来分析、判断、决断问题，使组织收益最大化，是决断的关键。无数的事实和经验证明，采用正确的决策方法和工具，能指引各项领导活动顺利开展；采用错误的决策方法和工具，会招致重大的损失和挫折，甚至导致整个事业的失败。决策者在决断时离不开先进的决策理论、方法以及决策工具的支持。

决策理论的发展大致经历了统计决策理论、序贯决策理论、多目标决策理论、群决策理论、模糊决策理论、集成决策理论等几个阶段，并相应地剔除了许多决策方法。决策方法一般可分为定量决策方法、定性决策方法以及定性与定量相结合的决策方法等三类，如成本效益分析法、资源分配法、关键路径法、经验判断法、实验法、决策树法、程序法、智力激励法、随机决策法、危机决策法、预测法、模拟法、调查研究法、头脑风暴法等。随着信息处理、数据存储与检索手段的进步以及决策模型的日臻完善，决策的方式发生了巨大的变化。管理信息系统、决策支持系统、人工智能系统、实施管理系统等智能化信息系统决策工具的出现，使得决策过程变得更加方便、智能、准确、快速。

2. 科学决策的步骤

科学决策是一个过程，由一整套决策程序（即若干决策步骤）所构成。领导者在决策中的

作用绝不仅仅是"拍板"决断,在"拍板"的前前后后都有大量工作要做。一个完整的决策过程一般需要经过如下几个步骤:

第一步:发现问题,确定目标。

处理事物一般包括三个环节,即发现问题、分析问题和解决问题。可见发现问题是解决问题的起点。客观事物是复杂多变的,因而发现问题和确认问题,不是一件很容易的事,必须要经过调查研究。没有调查,就没有发言权,只有老老实实地深入到实际中去调查,才能发现和确认问题。确认问题以后,就要分析问题,找出问题的主要方面,然后提出解决问题的总体设想,即目标。

第二步:分析价值,拟订方案。

目标确定后,要分析目标价值,就是做这件事的投入与产出合不合算,效益有多少、有没有负效益等。确认了目标价值,就要寻求实现和达到目标的有效途径和办法,即拟订方案。要拟订多种方案备选,只有一种方案是很难实现科学决策的。

第三步:专家评估,选定方案。

对于拟订的若干方案,只有进行充分的评估,才能成为决策的基础。而正确的评估只能由各方面的专家来实现。所谓评估,就是对方案进行定量和定性的分析、预测方案近期和远期、局部和整体、经济和社会的效益,如果同时具备这些效益则是最佳方案。但在现实中,同时具备多种效益的方案是极少的,那么就要在各种方案中进行比较,选出那种正效益较高、负效益较低,即比较满意的方案。

第四步:实验试行,检验效果。

方案选定后就要实施,为了减少失误,在方案全面实施前,一般都要进行实验或试点,以验证方案的可行性和实效性。在实验试点过程中,要认真分析、总结经验和教训,找出带有普遍性的规律来,具体分析出成功与失败的偶然因素和必然因素。如果试点成功,就可进入全面实施阶段。如果失败,则应将结果迅速进行反馈,改变决策。

第五步:修改方案,普遍实施。

这是决策程序的最后一环。如果在实验或试点后证明这个方案在总体上是可行的,那么在修正弊端的基础上,就要全面推广实施。实施方案是一个动态过程,主观和客观条件都在不断地发生变化。因此,要加强方案实施过程中的监督和控制,并且及时进行反馈。如果出现小的偏差,那么只做微调;如果主客观条件发生了大的变化,影响了决策目标的实现,那么就必须对原定目标做根本修改。以上决策程序,只是一般规律,在不同的决策中,各个步骤可以互相交叉进行,有时也可以合并或省略。

三、权威和魄力

1. 权威

权威是权力在人的头脑中的主观反映,是对权力的一种自愿的服从和支持。对权力安排的服从可能有被迫的成分,但是对权威的安排的服从则属于认同。

领导者的权威是权力与威信的统一,是由领导者的素质及其行为所形成的,它标志着领导者的能力是否被他人所承认。具体体现在:能团结与其共同工作的同事和下属,充分调动他们的工作积极性,并通过自己的良好素质与魅力来创建其威信。这些良好的素质包括:①高尚的品德;②高深的专业知识;③丰富的工作经验;④敏锐的观察能力;⑤冷静的思考判断;⑥巧妙的沟通影响;⑦充沛的精神活力;⑧坚定的意志目标;⑨公正的立场和评判。

2. 魄力

魄力是指临事的胆识和果断作风,也指气魄、气势。一个人处理和对待问题时,能发挥自身能动性,忽略不重要细节对整体的影响而做出正确的决定或选择,关键是他能够显示自身才干、自身思维、自身特点。从不拖泥带水也是魄力的一个重要表现,从容、干练,有一定的鼓动性或者说是带动性,这是一种人格魅力。

轮机长要做到有魄力,一是知识全面,这是基础;二是性格强势、干练、突出,看问题容易从整体着眼,这是先天条件;三是以上两点的优势结合。如是,便不难做到有魄力。

四、紧急情况的管理

1. 船上的紧急情况

船上紧急情况可分为四类:

火灾与海损类:火灾/爆炸;船舶碰撞;搁浅/触礁;船舶破损、进水;天气损害;弃船等。

机损与污染类:主机故障;舵机失灵;电源故障;机舱事故;油污染等。

货物损害类:货物移动;海难自救抛货;危险货物事故等。

治安与人员伤亡类:严重伤病;进入封闭场所;人员落水;搜寻和救助;海盗和暴力行为;战区遇险;直升机操作等。

2. 紧急情况下的领导

任何时候都需要领导,紧急情况下领导更能起到核心作用。我们可能都有体会,平时遇到问题可能大伙都参与讨论,因为时间可能不怎么紧迫,即使错了,后果也不会多严重。一旦出现紧急情况,大伙反而鸦雀无声,这时就看船长的意见,船长所做的决定反而不会被质询。

在紧急情况下,所有人都知道一旦指挥失误,就会出现事故,自己有没有绝对把握,从船舶资源管理角度,有时处于震惊期,一时还反应不过来,所以只能保持沉默。这时就要求船长具有较强的应急反应能力。另一种情况,就是船长集中精力关注某一方面时,可能忽略其他因素,如果这时你关注到了,一定及时给予提醒,如果有好的建议,也应积极提出。

3. 船上紧急情况的准备

根据 ISM 规则的规定,对船上可能出现的紧急情况,公司应建立标明、阐述和反应的程序。SMS 文件体系应制订应急文件,应急文件包括船岸应急程序(组织、职责、通信联络和报告、请求援助、应对媒体等)和反应计划(应变部署)。

应对可能出现的船上紧急情况制订相应的处理程序,以便船上一旦发生紧急情况,岸上和船上人员能及时、有效地处理。

船舶应按照规定,定期进行应变演习和训练。应变部署程序至少应包括:消防和救生演习;应急设备的使用;应急发电机操作;舵机失灵时操作;机舱进水;应急救援和疏散;限制区域的救助;危险物质的清除;意外事故;消防设备、救生设备和人员防护设备的维护管理等。

参考文献

[1] 黄连忠. 船舶动力装置技术管理. 大连：大连海事大学出版社，2017.

[2] 孙明，李福海. 船舶管理. 大连：大连海事大学出版社，2014.

[3] 吴宛青. 船舶防污染技术. 大连：大连海事大学出版社，2010.

[4] 蒋德志，张刚. 领导力和团队协作技能运用. 大连：大连海事大学出版社，2017.

[5] 张跃文，程东，李福海，等. 船舶管理. 大连：大连海事大学出版社，2019.

[6] 张钢. 海上货物运输. 大连：大连海事大学出版社，2012.

[7] 崔刚. 船舶结构与设备. 大连：大连海事大学出版社，2016.

[8] 高等学校交通运输类专业教学指导委员会，航海技术教学指导分委员会. 船舶管理(船长/大副). 大连：大连海事大学出版社，2018.

[9] 李斌. 主推进动力装置. 大连：大连海事大学出版社，2012.

[10] 林叶锦. 船舶电气与自动化(轮机自动化). 大连：大连海事大学出版社，2011.